Philip Rosin
Die Schweiz im KSZE-Prozeß 1972–1983

Quellen und Darstellungen zur Zeitgeschichte

Herausgegeben vom Institut für Zeitgeschichte

Band 99

Oldenbourg Verlag München 2014

Philip Rosin

Die Schweiz im KSZE-Prozeß 1972–1983

Einfluß durch Neutralität

Oldenbourg Verlag München 2014

Bibliografische Information der Deutschen Nationalbibliothek
Die Deutsche Nationalbibliothek verzeichnet diese Publikation in der Deutschen National-
bibliografie; detaillierte bibliografische Daten sind im Internet über http://dnb.dnb.de abrufbar.

Library of Congress Cataloging-in-Publication Data
A CIP catalog record for this book has been applied for at the Library of Congress.

© 2014 Oldenbourg Wissenschaftsverlag GmbH
Rosenheimer Straße 143, 81671 München, Deutschland
www.degruyter.com/oldenbourg
Ein Unternehmen von De Gruyter

Herstellung: Karl Dommer
Umschlaggestaltung: hauser lacour

Gedruckt in Deutschland

Dieses Papier ist alterungsbeständig nach DIN/ISO 9706.

ISBN   978-3-486-70507-2
eISBN   978-3-486-76731-5
ISSN   0481-3545

Inhalt

Danksagung

Auf dem langen Weg von der Themenwahl über die Archivrecherchen und die Niederschrift bis hin zur Drucklegung haben verschiedene Personen auf unterschiedliche Weise dazu beigetragen, daß dieses Dissertationsprojekt realisiert werden konnte. Ihnen allen möchte ich sehr herzlich für Ihr Interesse und für Ihre Unterstützung danken.

Im Bereich der Wissenschaft danke ich meinem akademischen Lehrer, Herrn Prof. Klaus Hildebrand, bei dem ich die Ehre und die Freude hatte, zu studieren. Gute Lehrer sind das schönste Geschenk, welches eine Universität einem jungen Menschen machen kann. Auch das Thema zu dieser Doktorarbeit entstand in Absprache mit ihm. Aus gesundheitlichen Gründen konnte die Zusammenarbeit jedoch nicht fortgesetzt werden. Umso mehr danke ich seinem Nachfolger, Herrn Prof. Dominik Geppert, dafür, daß er die Betreuung meiner Dissertation weitergeführt und deren Erstellung mit Rat und Interesse begleitet hat. Darüber hinaus gab er mir die Möglichkeit, als Wissenschaftliche Hilfskraft an seinem Lehrstuhl am Projekt zur Erstellung einer Festschrift zum 200jährigen Jubiläum der Universität Bonn mitzuwirken. Die Zusammenarbeit habe ich als inhaltlich spannend und menschlich angenehm empfunden. Außerdem wurde auf diese Weise mein näheres Interesse an der Universitäts- und Studentengeschichte geweckt. Ebenso herzlich danken möchte ich Herrn Dr. Christoph Studt, der sich mir während des Studiums und in der Promotionszeit bei allen erdenklichen Fragen als freundlicher und geduldiger Gesprächspartner zur Verfügung gestellt hat. Mehrere Generationen von Bonner Geschichtsstudenten werden ermessen können, was ich als Dank hier zum Ausdruck bringe. Herrn Prof. Joachim Scholtyseck danke ich für die Übernahme des Zweitgutachtens und für seine Unterstützung. Herr Prof. Christian Hacke, bei dem ich studiert habe und an dessen Lehrstuhl ich als Studentische Hilfskraft tätig gewesen bin, hat meinen Werdegang mit Interesse und Wohlwollen verfolgt.

Während der Arbeit an meiner Dissertation ergab sich zudem die Möglichkeit zur Kooperation mit dem Institut für Zeitgeschichte München-Berlin, welches in den Jahren 2008 bis 2011 ein Forschungsprojekt über die Geschichte des KSZE-Prozesses durchführte. Besonders danke ich dem damaligen Direktor des IfZ, Herrn Prof. Horst Möller, für die Möglichkeit zur Teilnahme an den regelmäßigen Projekttreffen sowie an der Konferenz „Die KSZE im Ost-West-Konflikt. Internationale Politik und gesellschaftliche Transformation 1975–1990" im Oktober 2010 in München. Für organisatorische und inhaltliche Hinweise danke ich außerdem dem Leiter der Berliner IfZ-Abteilung, Herrn Prof. Hermann Wentker, sowie allen übrigen am Projekt beteiligten Wissenschaftlern und Bearbeitern.

Von Schweizer Seite habe ich ebenfalls viel Unterstützung erfahren. Hervorheben möchte ich an dieser Stelle Herrn Dr. Hans-Jörg Renk, der mir als ehemaliger Diplomat bei der KSZE nicht nur als Zeitzeuge wertvolle Hinweise gegeben und mir seine persönlichen Notizen aus jener Zeit zur Verfügung gestellt hat, sondern auch den Kontakt zu weiteren ehemaligen „KSZE-Veteranen" aus verschiedenen Ländern hergestellt hat, die ich so ebenfalls zu ihren Erfahrungen befragen konnte. Als promovierter Historiker und Schüler von Edgar Bonjour verfügt Herr Dr. Renk über die persönliche Betroffenheit hinaus auch über ein umfangreiches Wissen zur Geschichte der schweizerischen Außenpolitik. Auf diese Weise ist über die Generationen hinweg eine deutsch-schweizerische Freundschaft entstanden.

Im Schweizerischen Bundesarchiv in Bern hat mich Frau Ruth Stalder in die relevanten Aktenbestände eingeführt und meine diesbezüglichen Fragen beantwortet. In gleicher Weise hat sich Herr Philipp Hofstetter meiner Anliegen betreffend die Recherchen im Archiv für Zeitgeschichte der ETH Zürich angenommen. Des weiteren stand mir Herr François Wisard vom Historischen Dienst des Eidgenössischen Departements für Auswärtige Angelegenheiten für Auskünfte zur Verfügung. Thesen und Ergebnisse meiner Forschungen konnte ich bei verschiedenen Gelegenheiten mit Schweizer Wissenschaftlern und Studenten diskutieren. Dem Leiter der Forschungsgruppe der Aktenedition „Diplomatische Dokumente der Schweiz", Herrn Dr. Sacha Zala, danke ich für die Möglichkeit zur Teilnahme an einem Workshop zur Außenpolitik der Schweiz in den 1960er Jahren in Bern. Ebenfalls danke ich Herrn Prof. Martin Lengwiler und Herrn Dr. Heinrich Hartmann von der Universität Basel für die Einladung in das Forschungskolloquium Neuzeit des Departements Geschichte.

Was die materiellen Aspekte betrifft, so danke ich meiner Alma Mater für die Gewährung eines zweijährigen Stipendiums im Rahmen der individuellen Graduiertenförderung der Universität Bonn. Das Institut für Zeitgeschichte hat die Arbeit freundlicherweise in ihre Reihe „Quellen und Darstellungen zur Zeitgeschichte" aufgenommen. Als Ansprechpartnern im Zusammenhang mit der Veröffentlichung danke ich dem ehemaligen Stellvertretenden Direktor des IfZ, Herrn Prof. Udo Wengst, seinem Nachfolger Dr. Magnus Brechtken sowie Frau Gabriele Jaroschka vom Oldenbourg Verlag.

Schließlich möchte ich meiner Familie danken, vor allem meiner Mutter Claudia Rosin-Wilnauer und meinem Stiefvater Herbert Wilnauer, die mir den wichtigen und schönen Forschungsaufenthalt in Bern ermöglicht haben, sowie meinen Großeltern Herbert (+) und Edith Schnee. Herr Adm. a. D. Detlef Kammholz hat den Fortgang des Dissertationsvorhabens begleitet und sich als Korrekturleser zur Verfügung gestellt.

Philip Rosin

Bonn-Lengsdorf, im Mai 2013

Einleitung

Die Rolle der Schweiz in der europäischen Staatenwelt nach 1945 hat in der historiographischen Forschung bisher vergleichsweise wenig Beachtung gefunden.[1] Für den Zeitraum bis zum Ende des Zweiten Weltkrieges ist vor allem die monumentale neunbändige Geschichte der schweizerischen Neutralität von Edgar Bonjour hervorzuheben.[2] Das mag damit zusammenhängen, daß[3] sich der „Sonderfall" Schweiz[4] im Zeitalter des Kalten Krieges fortsetzte. Die Schweiz hielt an ihrer außenpolitischen Neutralität fest und trat weder den Vereinten Nationen noch der Europäischen Wirtschaftsgemeinschaft (EWG) bei. Eine Veränderung ergab sich jedoch Anfang der siebziger Jahre durch die Teilnahme der Eidgenossenschaft an der Konferenz über Sicherheit und Zusammenarbeit in Europa (KSZE). Die Schweizer, so die Bewertung von Bundesaußenminister Hans-Dietrich Genscher, „übernahmen im KSZE-Prozeß eine besonders aktive Rolle; ihr jahrelanger Vertreter [Edouard] Brunner ist mit diesen Bemühungen eng verbunden, die zu einer neuen Dimension der schweizerischen Außenpolitik wurden."[5] Das Engagement der Eidgenossenschaft in der KSZE war keinesfalls selbstverständlich. Ihre Teilnahme an der multilateralen Konferenzdiplomatie der KSZE stellte eine außenpolitische Besonderheit dar und signalisierte eine neue, aktive Rolle der helvetischen Diplomatie in den internationalen Beziehungen: „Un tel engagement de la Suisse était absolument nouveau."[6]

Die Entstehung der KSZE in den siebziger Jahren des 20. Jahrhunderts als gesamteuropäisches Verhandlungsforum vollzog sich vor dem Hintergrund der Entspannungsbemühungen im Ost-West-Konflikt. Die Systemauseinandersetzung zwischen den USA und der Sowjetunion besaß für die Gestalt der internationalen Beziehungen jener Zeit strukturbildenden Charakter, das heißt, kaum ein zwischenstaatlicher Konflikt oder ein innerstaatlicher Umsturz blieben hiervon unbeeinflußt.[7] In Europa bestand die Besonderheit, daß mit der Entstehung

---

[1] Die Außenpolitik der Jahre 1945 bis 1961 in der Amtszeit von Bundesrat Max Petitpierre ist in den letzten Jahren jedoch zunehmend in den Blickpunkt der Geschichtswissenschaft gerückt; vgl. zum Forschungsstand Georg Kreis, Einleitung. Aus der Ära des Kalten Krieges, in: SZG 54 (2004), S. 119-122; Sacha Zala, Publications sur les relations de la Suisse parues depuis la fin de la Guerre froide, in: Relations Internationales 113/2003, S. 115-133; Madeleine Herren, International History – a view from the top of the Alps, in: SZG 49 (1999), S. 375-384.

[2] Edgar Bonjour, Geschichte der schweizerischen Neutralität. 9 Bd., Basel 1965ff.

[3] In dieser Arbeit wird die alte deutsche Rechtschreibung verwendet. Beim Zitieren von Quellen und Literatur schweizerischer Provenienz wird die dort gebrauchte Schreibweise „ss" beibehalten, da der Buchstabe „ß" im Schriftbild nicht existiert.

[4] Paul Widmer, Die Schweiz als Sonderfall. Grundlagen – Geschichte – Gestaltung, Zürich 2007.

[5] Hans-Dietrich Genscher, Erinnerungen, Berlin 1995, S. 304.

[6] Claude Altermatt, La Politique étrangère de la Suisse pendant la guerre froide, Lausanne 2003, S. 37.

[7] Jens Siegelberg, Staat und internationales System. Ein strukturgeschichtlicher Überblick, in: Ders./Klaus Schlichte (Hgg.), Strukturwandel internationaler Beziehungen. Zum Verhältnis von Staat und internationalem System seit dem Westfälischen Frieden, Wiesbaden 2000, S. 11-56, S. 44f.

der Militärbündnisse von NATO und Warschauer Pakt der Konflikt auf beiden Seiten institutionalisiert war. Der Kontinent war geographisch und politisch in zwei Teile getrennt, an deren Grenzen beide Blöcke direkt aufeinandertrafen. Die Schweiz war politisch zwar neutral, mußte aber dennoch befürchten, bei einer Krise oder einem Konflikt zwischen NATO und Warschauer Pakt in Europa hiervon betroffen zu sein.[8]

Charakteristisch für die Stellung der Schweiz in der europäischen Staatenwelt war und ist ihre außenpolitische Neutralität. Allgemein gesprochen haben „[n]eutrale Staaten […] ein vitales Interesse an der Existenz geregelter und konfliktfreier Verhältnisse, weil sie von Instabilität in den internationalen Beziehungen am stärksten betroffen sind und nur über eingeschränkte Handlungsspielräume verfügen."[9] Darüber hinaus zählt die Schweiz bevölkerungsmäßig und geographisch eher zu den kleineren Ländern des Kontinents, zumindest hat sie drei größere Staaten als Nachbarn. Für Kleinstaaten spielt die Bewahrung der eigenen Sicherheit eine besonders wichtige Rolle.[10] So war auch die Schweiz maßgeblich abhängig vom Verhalten der Großmächte und der Entwicklung des regionalen Umfelds. Anders als Großmächte können Kleinstaaten sich jedoch kaum auf ihre militärischen Fähigkeiten verlassen, sondern müssen versuchen, ihre Sicherheit durch das Mittel der Diplomatie zu erhöhen. Dies kann beispielsweise durch Vermittlung zum Abbau von Spannungen, durch Sicherheitsgarantien und Verträge, durch den Beitritt zu Allianzen oder durch die Berufung auf Neutralität geschehen. Wie sich für die Schweiz zeigen sollte, kam die KSZE ihrem Sicherheitsbedürfnis entgegen. Die Entstehung der KSZE führte zu einem gesamteuropäischen, kontinuierlichen Dialog. Zudem existierte mit der Schlußakte von Helsinki seit 1975 ein Dokument mit gemeinsamen Prinzipien und Verhaltensregeln, das trotz unterschiedlicher Interpretation und Umsetzung eine allgemein anerkannte Basis für weitere Verhandlungen schuf. Darüber hinaus bot die multilaterale Konferenzdiplomatie der Schweiz auch die Möglichkeit der Mitarbeit und der Mitsprache in den Ost-West-Beziehungen. In den Worten des schweizerischen Spitzendiplomaten Edouard Brunner zeigte die KSZE, „que la Suisse pouvait se profiler dans une négociation essentiellement politique, et qu'elle n'était pas seulement le nain politique et le géant économique et financier que l'on prétendait."[11]

---

[8] Vgl. Peter Veleff, Angriffsziel Schweiz? Das operativ-strategische Denken im Warschauer Vertrag mit Auswirkungen auf die neutralen Staaten Schweiz und Österreich, Zürich 2007.

[9] Michael Gehler, Neutralität und Neutralisierung in der bipolaren Welt. Zusammenfassung und weiterführende Thesen, in: Dominik Geppert/Udo Wengst (Hgg.), Neutralität – Chance oder Chimäre? Konzepte des Dritten Weges für Deutschland und die Welt 1945-1990, München 2005, S. 203-206, S. 203.

[10] Robert Keohane, Lilliputians' Dilemmas. Small States in International Politics. A Review Article, in: International Organization 23 (1969), S. 291-310, S. 294.

[11] Edouard Brunner, Lambris dorés et coulisses. Souvenirs d'un diplomate, Genf 2001, S. 53.

Fragestellung

Der Verlauf der KSZE wurde wesentlich dadurch beeinflußt, daß es sich eben nicht um reine Block-zu-Block-Verhandlungen zwischen den Mitgliedsstaaten der NATO und des Warschauer Pakts handelte, sondern auch noch eine dritte „Gruppe" von Staaten beteiligt war, unter denen die Schweiz eine führende Rolle einnahm, nämlich die neutralen und blockfreien Länder (N+N-Staaten).[12] Charakteristisch für die N+N-Staaten ist, daß sie sich erst im Verlauf und als Folge der KSZE als eigenständiger Machtfaktor in den multilateralen Verhandlungen herausbildeten und auch keinen mit den beiden Militärbündnissen vergleichbaren Block bildeten, sondern vielmehr eine heterogene Gruppe von zumeist Kleinstaaten darstellten, die themenbezogen und in unterschiedlicher Zusammensetzung kooperierten. Die N+N-Staaten agierten sowohl in der Rolle des Vermittlers zwischen West und Ost als auch als eigenständige Kraft zur Durchsetzung inhaltlicher Ziele. Insofern gewannen diese Länder im Rahmen der KSZE ein spezielles außenpolitisches Gewicht, das sich markant von ihren ansonsten vergleichsweise geringen Machtmitteln und Einflußmöglichkeiten in den internationalen Beziehungen unterschied. Dies galt im besonderen Maße auch für die Schweiz. Die Eidgenossenschaft gehörte in der KSZE „zur Spitzengruppe jener etwa zehn Staaten, die den […] Gang der Konferenz bestimmen sollte."[13]

Es stellt sich also die zentrale Frage, wie es dem neutralen Kleinstaat Schweiz gelang, den Verlauf der KSZE-Verhandlungen mitzubestimmen und hierdurch „eine beinahe weltpolitische Bedeutung"[14] zu erlangen, die im deutlichen Gegensatz zu den objektiv geringen Machtmitteln des Landes stand. Im Rahmen des Buches ist zu untersuchen, welche Interessen die Schweiz im Rahmen der KSZE verfolgte, welche Rolle die Schweiz innerhalb der Gruppe der N+N-Staaten spielte, wie die schweizerische Delegation die Vermittlertätigkeit zwischen den Blöcken gestaltete und wie das Verhalten der Schweiz von anderen Teilnehmerstaaten bewertet wurde.

Aufgrund des Kollegialprinzips des Schweizer Bundesrats[15] und der Regierungsbeteiligung aller relevanten politischen Kräfte[16] ist es nicht möglich, den

---

[12] Michael Zielinski, Die neutralen und blockfreien Staaten und ihre Rolle im KSZE-Prozeß, Baden-Baden 1990, S. 11 f.; die anderen wichtigen N+N-Staaten waren Finnland, Österreich, Schweden und Jugoslawien; die Mikrostaaten Zypern, Malta, San Marino und Liechtenstein spielten zumeist nur eine untergeordnete Rolle.

[13] Hans-Jörg Renk, Der Weg der Schweiz nach Helsinki. Der Beitrag der schweizerischen Diplomatie zum Zustandekommen der Konferenz über Sicherheit und Zusammenarbeit in Europa (KSZE) 1972-1975, Bern 1996, S. 53.

[14] Klaus Hildebrand, Sonderfall der Geschichte. Rezension zu Paul Widmer, Schweizer Außenpolitik und Diplomatie, in: FAZ vom 10. 10. 2003.

[15] Vgl. Urs Altermatt, Schweizer Regierung: Sieben Bundesräte und kein Ministerpräsident, in: Karl Dietrich Bracher/Paul Mikat/Konrad Repgen u. a. (Hgg.), Staat und Parteien. Festschrift für Rudolf Morsey zum 65. Geburtstag, Berlin 1992, S. 237-251.

[16] Zur politischen Verfaßtheit der Eidgenossenschaft vgl. Wolf Linder, Schweizerische Demokratie. Institutionen – Prozesse – Perspektiven, 2. Auflage, Bern 2005.

Untersuchungszeitraum entlang der Amtszeiten von Regierungschefs oder von Koalitionsregierungen festzulegen. Deshalb soll der Verlauf des KSZE-Prozesses den Rahmen der Untersuchung vorgeben. Sie erstreckt sich vom Beginn der multilateralen Vorgespräche im November 1972 in Dipoli über die Verhandlungen in Genf mit der Unterzeichnung der KSZE-Schlußakte am 1. August 1975 in Helsinki und dem ersten KSZE-Folgetreffen in Belgrad (1977/78) bis zum Abschluß des zweiten Folgetreffens in Madrid im September 1983.

Sowohl die verstärkte Multilateralisierung der internationalen Beziehungen seit den siebziger Jahren als auch die politische Besonderheit der Eidgenossenschaft in Europa sprechen für eine breitere Betrachtungsweise der schweizerischen Rolle in der KSZE. Multilaterale Konferenzdiplomatie mit insgesamt 35 Teilnehmerländern erfordert den Blick auf das Verhalten der anderen Delegationen, insbesondere auf das der Großmächte. Die diplomatischen Vorgänge sollen daher jeweils eingebettet werden in die weltpolitischen Entwicklungen und in den Gesamtverlauf der KSZE. Es ist darüber hinaus auch die Bedeutung des KSZE-Prozesses für die Entwicklung der Staatenwelt insgesamt zu untersuchen, denn „[i]nternationale Geschichte vollzieht sich in Staatensystemen."[17] Die Staatenwelt war im Untersuchungszeitraum allgemein vom Kalten Krieg zwischen den USA und der Sowjetunion sowie ihren jeweiligen Verbündeten und speziell vom Aufstieg und Niedergang der Détente-Politik gekennzeichnet. Die Unterzeichnung der KSZE-Schlußakte am 1. August 1975 in Helsinki, die eigentlich die Grundlage für mehr Sicherheit und für eine bessere Zusammenarbeit in Europa darstellen sollte, markierte in Wirklichkeit einen Wendepunkt der Entspannung.[18] Gleichzeitig zeigte sich, daß die KSZE-Schlußakte Auswirkungen auf die Dissidentenbewegungen in Osteuropa hatte, die sich nun auf das Dokument berufen konnten.[19] Die KSZE wurde zu einem dynamischen Prozeß. Im Vorfeld der Belgrader Folgekonferenz kam der Chefredakteur der Neuen Zürcher Zeitung, Fred Luchsinger, in seinem Leitartikel vom 18. Juni 1977 zu der Einschätzung, daß die Schlußakte nicht wie erwartet zu einer Stärkung des Ostblocks geführt habe, sondern „ein politisches Potential ganz anderer Art und in ganz anderer Richtung entfaltete und zur peinlichen Verlegenheit für diverse Regierungen Osteuropas wurde."[20] Diese Arbeit versteht sich somit auch als eine Untersuchung zur Geschichte des Kalten Krieges in der Détente-Ära der siebziger Jahre.

---

[17] Anselm Doering-Manteuffel, Internationale Geschichte als Systemgeschichte. Strukturen und Handlungsmuster im europäischen Staatensystem des 19. und 20. Jahrhunderts, in: Wilfried Loth/Jürgen Osterhammel (Hgg.), Internationale Geschichte. Themen, Ergebnisse, Aussichten, München 2000, S. 93-115, S. 93.

[18] Andréani, The place of the CSCE-Process in the evolution of the East-West Relations in the seventies, in: Carla Meneguzzi Rostagni (Hg.), The Helsinki Process. A Historical Reappraisal, Padua 2005, S. 79-86, S. 80.

[19] Vgl. Daniel Thomas, The Helsinki Effect. International Norms, Human Rights, and the Demise of Communism, Princeton 2001.

[20] Fred Luchsinger, Realitäten und Illusionen. NZZ-Leitartikel zur internationalen Politik 1963-1983, Zürich 1983, Helsinki – vorher und nachher, 18. Juni 1977, S. 295.

Quellenlage und Forschungsstand

Die relevanten Akten des Schweizerischen Außendepartements (EPD/EDA) zur KSZE-Politik befinden sich im Schweizerischen Bundesarchiv in Bern (BAR). Aufgrund einer Sondergenehmigung konnten bereits vor Ablauf der dreißigjährigen Sperrfrist die relevanten Dokumente bis zum Ende des Madrider KSZE-Folgetreffens im September 1983 eingesehen werden. Darüber hinaus sind im Bundesarchiv auch die Handakten der Außenminister Pierre Graber und Pierre Aubert sowie des Rechtsberaters Rudolf Bindschedler verfügbar. Im Archiv für Zeitgeschichte (AfZ) der ETH Zürich befindet sich unter anderem der Nachlaß von Staatssekretär Albert Weitnauer. Herr Dr. Hans-Jörg Renk, der der schweizerischen KSZE-Delegation in Dipoli, Genf, Belgrad und Madrid (bis 1981) angehörte, stellte mir seine persönlichen Notizen zur Verfügung. Da keine offiziellen Sitzungsprotokolle der KSZE-Verhandlungen angefertigt wurden, bilden diese Aufzeichnungen eine wichtige Ergänzung zu den diplomatischen Quellen.

Zur Bewertung der KSZE-Politik der Schweiz durch die Bundesrepublik Deutschland und die DDR wurden Recherchen im Politischen Archiv des Auswärtigen Amts in Berlin sowie in der Außenstelle Berlin-Lichterfelde des Bundesarchivs durchgeführt. Auch einige Dokumente aus dem Archiv des französischen Außenministeriums (Quai d'Orsay) konnten herangezogen werden. Die im Archiv der OSZE in Prag vorhandenen Dokumente – hierbei handelt es sich vor allem um die eingebrachten Vorschläge der Delegationen – sind größtenteils noch gesperrt und konnten daher nicht berücksichtigt werden.

Über die Quellenrecherchen hinaus wurden in mündlicher und schriftlicher Form Zeitzeugengespräche mit ehemaligen, an der KSZE beteiligten Diplomaten aus westlichen, östlichen und neutralen Teilnehmerstaaten geführt.[21] Schon früh sind einige gedruckte Quellensammlungen mit Dokumenten und Reden zur Entstehung der KSZE erschienen, darin sind aber jeweils nur einige wenige Beiträge aus der Perspektive der Schweiz enthalten.[22] Die Zeitschrift „Europa-Archiv" hat in ihrer Schriftenreihe drei Bände mit Aufsätzen und Dokumenten zum KSZE-Prozeß veröffentlicht.[23]

Die Aktenedition „Diplomatische Dokumente der Schweiz" (DDS) umfaßt bisher erst den Zeitraum bis zum Jahre 1966, kann im Rahmen dieser Arbeit jedoch

---

[21] Es handelt sich dabei um Diplomaten aus folgenden KSZE-Teilnehmerländern: Schweiz, Frankreich, Österreich, Bundesrepublik Deutschland, DDR und Finnland.

[22] Friedrich-Karl-Schramm/Wolfram-Georg Riggert/Alois Friedel (Hgg.), Sicherheitskonferenz in Europa. Dokumentation 1954–1972, Frankfurt/Main 1972; Hans-Adolf Jacobsen/Wolfgang Mallmann/Christian Meier (Hgg.), Sicherheit und Zusammenarbeit in Europa. Analyse und Dokumente, 2 Bd., Köln 1973/1978.

[23] Hermann Volle/Wolfgang Wagner (Hgg.), KSZE. Konferenz über Sicherheit und Zusammenarbeit in Europa. Beiträge und Dokumente aus dem Europa-Archiv, Bonn 1976; Hermann Volle/Wolfgang Wagner (Hgg.), Das Belgrader KSZE-Folgetreffen. Der Fortgang des Entspannungsprozesses in Europa. Beiträge und Dokumente aus dem Europa-Archiv, Bonn 1978; Hermann Volle/Wolfgang Wagner (Hgg.), Das Madrider KSZE-Folgetreffen. In Beiträgen und Dokumenten aus dem Europa-Archiv, Bonn 1984.

zur Einführung in die schweizerische Außenpolitik der Nachkriegszeit genutzt werden.[24] Die Akteneditionen „Documents on British Policy Overseas"[25] (DBPO) und die „Akten zur Auswärtigen Politik der Bundesrepublik Deutschland" (AAPD) enthalten punktuelle Hinweise auf die Rolle der Schweiz im KSZE-Prozeß und geben darüber hinaus Einblick in das Handeln von zwei westlichen Teilnehmerstaaten.[26]

Einige schweizerische Entscheidungsträger haben zudem Erinnerungen veröffentlicht, so der spätere Staatssekretär im Außendepartement, Edouard Brunner.[27] Darüber hinaus gab Brunner im Rahmen einer Vortragsveranstaltung des „Institut universitaire de hautes études internationales" in Genf im Jahre 2003 ein längeres Interview zur Geschichte der KSZE.[28] Eine Darstellung der KSZE-Verhandlungen bis zur Unterzeichnung der Schlußakte aus der Perspektive eines Schweizer Diplomaten wurde von Hans-Jörg Renk verfaßt.[29] Die Erinnerungen von Staatssekretär Albert Weitnauer vermitteln einen Eindruck von den internen Debatten über den neutralitätspolitischen Kurs der Schweiz bis Anfang der achtziger Jahre.[30] Die Rolle der N+N-Staaten im KSZE-Prozeß hat Michael Zielinski aus politikwissenschaftlicher Sicht untersucht.[31] Hierauf aufbauend hat Thomas Fischer eine historiographische Studie zur Entstehung der N+N-Gruppe und ihrem Agieren bis zur Konferenz von Helsinki 1975 verfaßt.[32] Zur Geschichte der Konferenz über Sicherheit und Zusammenarbeit in Europa (KSZE) existieren einige Gesamtdarstellungen, die allerdings noch nicht auf Basis unveröffentlichten Quellenmaterials entstanden sind.[33] Die historische Forschung hat sich erst in

[24] Diplomatische Dokumente der Schweiz (DDS) Bd 16 (1945-1947), Zürich 1997; DDS Bd. 17 (1947-1949), Zürich 1999; DDS Bd. 18 (1949-1952), Zürich 2001; DDS Bd. 19 (1952-1955), Zürich 2003; DDS Bd. 20 (1955-1958), Zürich 2004; DDS Bd. 21 (1958-1961), Zürich 2007; DDS Bd. 22 (1961-1963), Zürich 2009.; DDS Bd. 23 (1964-1966), Zürich 2011.
[25] Documents on British Policy Overseas (DBPO), Series III/Vol. II: The Conference on Security and Cooperation in Europe, London 1997.
[26] Akten zur Auswärtigen Politik der Bundesrepublik Deutschland (AAPD) 1972, München 2003; AAPD 1973, München 2004; AAPD 1975, München 2006; AAPD 1976, München 2007; AAPD 1977, München 2008; AAPD 1978, München 2009.
[27] Edouard Brunner, Lambris dorés et coulisses. Souvenirs d'un diplomate, Genf 2001.
[28] Institut universitare de hautes études internationales Genève (Hg.), Le rôle de la Suisse à la CSCE. Témoignage de l'Ambassadeur Edouard Brunner. Recueilli par le Professeur Victor-Yves Ghebali, Genf 2003.
[29] Hans-Jörg Renk, Der Weg der Schweiz nach Helsinki. Der Beitrag der Schweizerischen Diplomatie zum Zustandekommen der Konferenz über Sicherheit und Zusammenarbeit in Europa (KSZE) 1972-1975, Bern 1996.
[30] Albert Weitnauer, Rechenschaft. Vierzig Jahre im Dienst des Schweizerischen Staates, Zürich/München 1981.
[31] Michael Zielinski, Die neutralen und blockfreien Staaten und ihre Rolle im KSZE-Prozeß, Baden-Baden 1990.
[32] Thomas Fischer, Neutral Power in the CSCE. The N+N States and the Making of the Helsinki Accords 1975, Baden-Baden 2009; eine weitere Untersuchung Fischers zu Rolle der N+N-Staaten ist in Vorbereitung.
[33] Victor-Yves Ghébali, La diplomatie de la détente. La CSCE d'Helsinki à Vienne (1973-1989), Brüssel 1989; Peter Schlotter, Die KSZE im Ost-West-Konflikt. Wirkung einer internationalen Institution, Frankfurt/Main 1999; Wilfried von Bredow, Der KSZE-Prozeß. Von der Zäh-

den letzten Jahren in mehreren Sammel- und Tagungsbänden dem Thema zu nähern begonnen.[34] Im Rahmen eines Forschungsprojekts des Instituts für Zeitgeschichte München-Berlin entstehen zur Zeit mehrere Arbeiten zur Geschichte des KSZE-Prozesses.[35]

Die KSZE-Politik der Schweiz ist in zwei Arbeiten näher untersucht worden. Christoph Breitenmoser behandelt in seiner Darstellung der Jahre 1969 bis 1975 die internen Diskussionen und Entscheidungsprozesse in Parlament und Regierung.[36] Die im Jahr 2004 erschienene Dissertation von Thomas Fischer schließt demgegenüber auch die Teilnahme der Schweiz an den Folgekonferenzen von Belgrad und Madrid mit ein. Bei ihm steht jedoch die Frage im Vordergrund, „weshalb die vom Bundesrat seit den 1970er Jahren angestrebte außenpolitische Öffnung des Landes in Form der verstärkten multilateralen Zusammenarbeit ausblieb."[37] Auch Fischer beschäftigt sich also primär mit den Analysen und Debatten innerhalb der schweizerischen Diplomatie und Politik. Georg Kreis weist in seiner Rezension darauf hin, „dass die Studie wegen [...] der Beschränkung auf schweizerische Quellen kaum akzentuierte Rollenerwartungen der Aussenwelt aufzeigen kann und einmal mehr die helvetische Selbstverständigung dominiert."[38] Deshalb soll der Akzent der vorliegenden Arbeit stärker auf der Untersuchung der außenpolitischen Rolle der Schweiz als Vermittler zwischen Ost und West und als diplomatischer Akteur mit eigenen Interessen liegen und außerdem den Blick ausländischer Regierungen auf die KSZE-Politik der Eidgenossenschaft miteinschließen. Die Notwendigkeit einer wissenschaftlichen Untersuchung zu

---

mung zur Auflösung des Ost-West-Konflikts, Darmstadt 1992. Eine geschichtswissenschaftliche Überblicksdarstellung oder Einführung in die Thematik fehlt jedoch bislang.

[34] Elisabeth du Réau/Christine Manigand (Hgg.), Vers la réunification de l'Europe. Apports et limites du processus d'Helsinki de 1975 à nos jours, Paris 2005; Carla Meneguzzi Rostagni (Hg.), The Helsinki Process. A Historical Reappraisal, Padua 2005; Andreas Wenger/Vojtech Mastny/Christian Nuenlist (Hgg.), Origins of the European Security System. The Helsinki process revisited 1965–1975, London/New York 2008; Oliver Bange/Gottfried Niedhart (Hgg.), Helsinki 1975 and the Transformation of Europe, New York/Oxford 2008.

[35] Im Rahmen eines Forschungsprojekts am Münchner Institut für Zeitgeschichte entstehen derzeit mehrere Arbeiten zur Diplomatiegeschichte des KSZE-Folgeprozesses; Matthias Peter, Von Helsinki nach Madrid. Die KSZE-Politik der Bundesrepublik Deutschland 1975–1980; Benjamin Gilde, Österreich und die „humanitäre Dimension" des KSZE-Prozesses 1969–1983; Veronika Heyde, Die französische Politik im Rahmen der KSZE in den 70er Jahren. Entspannung, Sicherheitsordnung, Menschenrechte und nationale Unabhängigkeit; darüber hinaus wird in einigen Arbeiten die Wirkungsgeschichte der KSZE in Osteuropa untersucht [http://www.ifz-muenchen.de/der_ksze_prozess0.html?&L=56904; letzter Zugriff am 28. 8. 2012]; der Pilotband des KSZE-Projekts zur DDR ist bereits erschienen; vgl. Anja Hanisch, Die DDR im KSZE-Prozess 1972–1985. Zwischen Ostabhängigkeit, Westabgrenzung und Ausreisebewegung, München 2012 (Quellen und Darstellungen zur Zeitgeschichte 91).

[36] Christoph Breitenmoser, Sicherheit für Europa. Die KSZE-Politik der Schweiz bis zur Unterzeichnung der Helsinki-Schlussakte zwischen Skepsis und aktivem Engagement, Zürich 1996 (Zürcher Beiträge zur Sicherheitspolitik und Konfliktforschung 40).

[37] Thomas Fischer, Die Grenzen der Neutralität. Schweizerisches KSZE-Engagement und gescheiterte UNO-Beitrittspolitik im kalten Krieg 1969–1986, Zürich 2004, S. 18.

[38] Georg Kreis, Aufbruch ohne Ankunft. Die schweizerische KSZE- und UNO-Politik 1969–1986. Rezension zu Thomas Fischer, Die Grenzen der Neutralität, in: NZZ vom 25. 06. 2005.

den diplomatiegeschichtlichen Aspekten der schweizerischen KSZE-Politik ergibt sich noch aus einem weiteren Grund. Zwar ist es richtig, daß in einem kleinen Land wie der Schweiz – insbesondere vor dem Hintergrund der direkten Demokratie – „die Aussenpolitik der Innenpolitik völlig untergeordnet"[39] ist und in der Forschung daher vorrangig die innenpolitischen Entscheidungsprozesse Beachtung finden. Allerdings wird in neueren Untersuchungen verstärkt auf eine Diskrepanz „zwischen Neutralitätsrhetorik und Neutralitätspraxis"[40] in der schweizerischen Außenpolitik hingewiesen. Die politischen Entscheidungsträger stellten – gerade wegen der hohen Akzeptanz der Neutralität in der Bevölkerung – die Neutralitätspolitik im Kalten Krieg in der Öffentlichkeit nicht wahrheitsgemäß dar. Gegenüber der Bevölkerung wurde das strikte Festhalten an der Neutralität „als rhetorisches Verneblungsinstrument eingesetzt"[41], in der Realität wurde die Neutralitätspolitik jedoch flexibel gehandhabt. Diese Beobachtung läßt sich auch im Zusammenhang mit der KSZE feststellen. So weist Thomas Fischer darauf hin, daß die aktive Rolle der Schweiz in Menschenrechtsfragen bei der Folgekonferenz in Madrid gegenüber der schweizerischen Öffentlichkeit heruntergespielt und die KSZE-Politik statt dessen als Kontinuität der traditionellen Neutralitätspolitik präsentiert wurde.[42] Insbesondere vor diesem Hintergrund ist eine diplomatiegeschichtliche Untersuchung zur Rolle der Schweiz in der KSZE als Beitrag zur „International History"[43] erforderlich, die die nationalen helvetischen Debatten zwar miteinschließt, aber noch darüber hinausgeht.

Die Betonung der innenpolitischen Aspekte hat auch dazu geführt, daß in der Forschung weniger die Bedeutung der schweizerischen Diplomatie für den Verlauf des KSZE-Prozesses gewürdigt, sondern umgekehrt die Auswirkungen des KSZE-Engagements auf die helvetische Außenpolitik hervorgehoben werden. Aussagen wie die von Paul Widmer, die Schweiz habe „in der KSZE mitgeholfen, den demokratischen Wandel in Europa herbeizuführen"[44], sind die Ausnahme. Demgegenüber betont Christoph Breitenmoser „die Vehikelfunktion der KSZE zur Aktivierung der [schweizerischen] Außenpolitik."[45] Nach Ansicht von Urs Altermatt bildete die „aktive Mitarbeit am KSZE-Prozess das herausragende Element der schweizerischen Außenpolitik in den siebziger Jahren."[46]

---

[39] Paul Widmer, Schweizer Außenpolitik und Diplomatie. Von Charles Pictet de Rochemont bis Edouard Brunner, Zürich 2003, S. 14.
[40] Jon A. Fanzun, Die Grenzen der Solidarität. Schweizerische Menschenrechtspolitik im Kalten Krieg, Zürich 2005, S. 16.
[41] Hans Ulrich Jost, Politik und Wirtschaft im Krieg. Die Schweiz 1938-1948, Zürich 1998, S. 201.
[42] Fischer, Grenzen der Neutralität, S. 462.
[43] Herren, International History, S. 376f.
[44] Widmer, Schweizer Außenpolitik, S. 393.
[45] Breitenmoser, Sicherheit für Europa, S. 171.
[46] Urs Altermatt, Geschichte der schweizerischen Außenpolitik. Vom Ende des Zweiten Weltkrieges bis zur Gegenwart (1945-1991), in: Alois Riklin/Hans Haug/Raymond Probst (Hgg.), Neues Handbuch der schweizerischen Außenpolitik, Bern 1992, S. 61-78, S. 72.

Erst in der jüngeren Forschung wird auch Kritik an der KSZE-Politik der Schweiz geäußert. Thomas Fischer hebt zwar ebenfalls hervor, daß das schweizerische Engagement in der KSZE entscheidenden Anteil an der Dynamisierung der Außenpolitik gehabt habe, die hieraus resultierenden Möglichkeiten, insbesondere im Hinblick auf den diskutierten Beitritt zur UNO, seien jedoch nicht genutzt worden.[47] In seiner Dissertation zur schweizerischen Menschenrechtspolitik der Jahre 1961 bis 1978 kommt Jon Fanzun zu dem Ergebnis, die helvetische Außenpolitik habe das Menschenrechtsthema in der Phase bis zur Unterzeichnung der Schlußakte kaum wahrgenommen und sich ihm erst allmählich zugewandt. Aber auch dann noch war die schweizerische Diplomatie, so Fanzun, weiterhin „um einen moderaten Tonfall bemüht und verzichtete auch im KSZE-Prozeß auf die öffentliche Anprangerung von Menschenrechtsverletzungen."[48] Beiden Arbeiten ist gemeinsam, daß sie die Grenzen der schweizerischen Außenpolitik im Kalten Krieg betonen, und hierfür jeweils das Festhalten an der Neutralitätspolitik verantwortlich machen. So hätten es die Entscheidungsträger in Bern laut Fischer bis zum Ende des Ost-West-Konflikts nicht vermocht, sich aus dem „Gefängnis der Neutralität" zu befreien und ein neues Rollenverständnis zu entwickeln.[49] Die Entwicklung einer aktiven Menschenrechtspolitik gestaltete sich gemäß Fanzun deshalb so schwierig, „weil durch diesen Prozeß das Souveränitäts- und Neutralitätsverständnis der Schweiz in Frage gestellt wurde."[50] In dieser Arbeit wird im Sinne der obengenannten Leitfragen hingegen die These vertreten, daß die Schweiz gerade aufgrund des Festhaltens an der außenpolitischen Neutralität in der Lage war, im Rahmen des KSZE-Prozesses Einfluß auszuüben und eine wichtige diplomatische Rolle in den Verhandlungen zu übernehmen.

Aufbau

Zunächst sollen die Grundlinien der schweizerischen Außenpolitik von 1945 bis zum Beginn der Entspannungsperiode im Jahre 1969 dargestellt werden, da in diesem Zeitraum wichtige Weichenstellungen vorgenommen wurden, die sich auf die weitere Entwicklung auswirkten. Im Mittelpunkt stehen dabei die Bedeutung der dauernden Neutralität als dem prägnantesten Merkmal der helvetischen Außenpolitik und die Reaktion der Schweiz auf die Herausbildung der bipolaren Weltordnung des Kalten Krieges. Die Kapitel zwei bis vier beleuchten den Weg der Schweiz von den multilateralen Vorgesprächen in Dipoli im November 1972 über die Genfer Verhandlungsphase bis hin zur Unterzeichnung der KSZE-Schlußakte in Helsinki am 1. August 1975. Die Teilnahme der Schweiz an der KSZE-Folgekonferenz von Belgrad (Oktober 1977 bis März 1978) vollzog sich vor

---

[47] Fischer, Grenzen der Neutralität, S. 465.
[48] Fanzun, Grenzen der Solidarität, S. 308.
[49] Fischer, Grenzen der Neutralität, S. 458.
[50] Fanzun, Grenzen der Solidarität, S. 294.

dem Hintergrund zunehmender Spannungen zwischen den Blöcken. Dabei do-
minierte das vom amerikanischen Präsidenten Carter zur obersten Priorität erklärte Menschenrechtsthema die Agenda. Wie sich die Schweizer Diplomatie auf
die Konferenz vorbereitete und auf die veränderte weltpolitische Lage in Belgrad
reagierte, wird in den Kapiteln fünf und sechs untersucht. Anschließend werden
in Kapitel sieben die Auswirkungen des KSZE-Engagements auf die schweizerische Außenpolitik und die damit verbundene Diskussion innerhalb des Außendepartements über das Verhältnis von Menschenrechtspolitik und Neutralität dargestellt. Die nachfolgenden Kapitel acht bis zehn behandeln die Rolle der Schweiz
auf der im November 1980 eröffneten KSZE-Folgekonferenz in Madrid bis zur
Unterbrechung der Konferenz, während der Konferenzpause und nach Wiederaufnahme der Verhandlungen bis zu ihrem Abschluß im September 1983. Vor
dem Hintergrund des sowjetischen Einmarsches in Afghanistan und des NATO-
Doppelbeschlusses verliefen die Verhandlungen sehr kontrovers. Nach der Verhängung des Kriegsrechts in Polen im Dezember 1981 wurde die Konferenz im
März 1982 zudem für acht Monate unterbrochen. Abschließend wird eine Ein-
ordnung der Rolle Berns in der KSZE in die schweizerische Außen- und Neutralitätspolitik sowie eine Bewertung der KSZE-Politik der Eidgenossenschaft von Dipoli bis Madrid vorgenommen. In diesem Zusammenhang wird auch die Bedeutung des KSZE-Prozesses insgesamt für die Entwicklung des Ost-West-Konflikts
in Europa Erwähnung finden.

Mit Klaus Hildebrand gesprochen, geht es in dieser Darstellung zur internationalen Geschichte im Kontrast zur aktuellen historiographischen Tendenz, „Geschichte als ein vornehmlich subjektiv verstandenes Ensemble aus Sinneswahr-
nehmungen und Deutungsmustern, Symbolen und Repräsentationen, sozialer
Praxis und Ritualen zu verstehen, [...] darum, Sachverhalte zu konstruieren und
Entscheidungslagen zu analysieren, also festzustellen, wie es eigentlich gewesen ist
und warum es so gewesen ist."[51]

---

[51] Klaus Hildebrand, Das vergangene Reich, Deutsche Außenpolitik von Bismarck bis Hitler,
München 2008, Vorwort zur Studienausgabe.

1. Grundlinien schweizerischer Außenpolitik im Kalten Krieg

1.1 Die Bedeutung der Neutralität für die Außenpolitik der Schweiz

Bis heute ist die Schweiz der Inbegriff eines neutralen Staates.[1] Die Herausbildung der Neutralität zum dominanten Prinzip der Außenpolitik vollzog sich als Entwicklungsprozeß über einen längeren Zeitraum.[2] Der Zürcher Professor Paul Schweizer kam im Jahr 1895 am Schluß seiner Untersuchung zur Geschichte der schweizerischen Neutralität zu der idealisierenden Feststellung, diese habe sich „durch eine vierhundertjährige Geschichte bewährt und dabei zu immer größerer Vollkommenheit entwickelt."[3] Traditionelle Erklärungsmuster zur Entstehung der Neutralität der Schweiz gehen zurück bis zum Ausgang des Mittelalters, als die Eidgenossen in der Schlacht von Marignano im Jahr 1515 eine schwere Niederlage gegen französische Truppen erlitten. Die diesem Ereignis nachfolgende außenpolitische Zurückhaltung der Schweiz wurde 1674 durch die Tagsatzung – einer regelmäßigen Zusammenkunft von Abgesandten aller Kantone – erstmals als Beschluß schriftlich fixiert.[4] Mit Blick auf die politische und konfessionelle Heterogenität der Eidgenossenschaft sieht Edgar Bonjour hingegen nicht die äußeren Gegebenheiten, sondern innenpolitische Faktoren als entscheidend an: „Um des gliedstaatlichen Charakters willen haben die Eidgenossen auf kräftige Außenpolitik verzichtet und sich der Staatsmaxime der Neutralität genähert."[5]

Die neuere Forschung hat sich mit Blick auf die Entstehung der Neutralität vom Zeitpunkt des 16. Jahrhunderts und von Marignano als „eine[r] erfundene[n] Tradition"[6] gelöst und betont andere Faktoren. So hätten die Herausbildung der modernen Staatenwelt und die Entwicklung des Völkerrechts in der Frühen Neuzeit der Neutralität zum Durchbruch verholfen.[7] Im Mittelpunkt des neuen Denkens stand die Staatsraison auf Grundlage der Souveränität. Eine weitere wichtige Entwicklung war die Anerkennung der schweizerischen Neutralität durch die europäischen Großmächte infolge der Neuordnung des Kontinents nach den napo-

---

[1] Widmer, Sonderfall, S. 10.
[2] Vgl. Alois Riklin, Neutralität am Ende? 500 Jahre Neutralität der Schweiz, in: Zeitschrift für Schweizerisches Recht 125 (2006), S. 583–598.
[3] Paul Schweizer, Geschichte der schweizerischen Neutralität, Frauenfeld 1895, S. 1030.
[4] Alois Riklin, Die Neutralität der Schweiz, in: Ders./Hans Haug/Raymond Probst (Hgg.), Neues Handbuch der schweizerischen Außenpolitik, Bern 1992, S. 191–209, S. 192.
[5] Bonjour, Geschichte der schweizerischen Neutralität Bd. 1, S. 22.
[6] Thomas Maissen, Wie die Eidgenossen ihre Neutralität entdeckten. Frühneuzeitliche Anpassungen an eine veränderte Staatenwelt, in: Georg Kreis (Hg.), Die Schweizer Neutralität. Beibehalten, umgestalten oder doch abschaffen?, Zürich 2007, S. 51–65, S. 62.
[7] Ders., Die Geburt der Republik. Staatsverständnis und Repräsentation in der frühneuzeitlichen Eidgenossenschaft, Göttingen 2006, S. 209.

leonischen Kriegen. Die von den Regierungen Österreichs, Frankreichs, Großbritanniens, Rußlands und Preußens am 20. November 1815 unterzeichnete Akte von Paris beinhaltete „une reconnaissance formelle et authentique de la neutralité perpétuelle de la Suisse."[8] Darüber hinaus erklärten die Großmächte, „que la neutralité et l'inviolabilité de la Suisse sont dans les vrais intérêts de la politique de l'Europe entière." Dieser Schritt bedeutete „einen Wendepunkt in der Geschichte der Schweiz"[9] Sie verfügte nun über einen festen Platz in der europäischen Staatenwelt und konnte ihre Neutralität als souveränes Recht wahrnehmen. Gleichzeitig wurde ihre Souveränität jedoch de facto eingeschränkt, denn die Erklärung der europäischen Mächte stellte umgekehrt auch ein Verbot zum Abschluß von Bündnisverträgen mit einem anderen Land dar.[10]

Mitte des 19. Jahrhunderts kam es zu einer Auseinandersetzung zwischen der Schweiz und Preußen um das Gebiet Neuenburg. Es war dies „der schwerste außenpolitische Konflikt, den der schweizerische Bundesstaat je zu bestehen hatte."[11] Seit dem Wiener Kongreß war Neuenburg sowohl ein Fürstentum der Hohenzollern als auch Teil des schweizerischen Staatsgebildes. Mit der Errichtung des schweizerischen Bundesstaates infolge des Sonderbundskrieges von 1847/48 wurde auch das Neuenburger Gebiet Teil einer demokratischen Republik. Der preußische König Friedrich Wilhelm IV. hielt seine Besitzansprüche hingegen aufrecht. Anfang September 1856 kam es in Neuenburg zu einem Aufstand preußenfreundlicher Royalisten, der jedoch niedergeschlagen wurde. Friedrich Wilhelm IV. forderte die Freilassung seiner gefangenen Anhänger und wollte seine historischen Besitzrechte wiederhergestellt sehen. Der Konflikt zwischen Preußen und der Schweiz eskalierte bis an den Rand eines Krieges, bevor auf einer Konferenz in Paris im Frühjahr 1857 unter englischer und französischer Vermittlung ein Kompromiß zustande kam. Der Preußenkönig mußte auf seine Besitzansprüche verzichten, im Gegenzug wurden die Gefangenen amnestiert und konnten die Schweiz verlassen. Auch nach der Reichsgründung blieb das Verhältnis zwischen Bern und Berlin problembelastet. Der Höhepunkt der Spannungen war das Jahr 1889, als die Verhaftung des deutschen Geheimpolizisten August Wohlgemuth in der Schweiz sich zu einem diplomatischen Zwischenfall der europäischen Politik ausweitete.[12] Dem Deutschen Reich war die Eidgenossenschaft als Zufluchtsort für politische Oppositionelle ein Dorn im Auge. Nach Ansicht Bismarcks unterstützte die Schweiz hierdurch die Revolution und untergrub seinen Kampf gegen die Sozialdemokratie.[13] In dem zunehmenden Rechtfertigungsdruck der republikanischen Schweiz gegenüber den Entscheidungsträgern in Berlin, Wien und

---

[8] Zit. nach Schweizer, Neutralität, S. 593 ff.

[9] Daniel Frei, Neutralität – Ideal oder Kalkül? Zweihundert Jahre außenpolitisches Denken in der Schweiz, Frauenfeld 1967, S. 9.

[10] Bonjour, Geschichte der schweizerischen Neutralität Bd. 1, S. 221.

[11] Ders., Der Neuenburger Konflikt 1856/57. Untersuchungen und Dokumente, Basel 1957, S. 7.

[12] Vgl. Hans-Jörg Renk, Bismarcks Konflikt mit der Schweiz. Der Wohlgemuth-Handel von 1889. Vorgeschichte, Hintergründe und Folgen, Basel 1972.

[13] Bonjour, Geschichte der schweizerischen Neutralität Bd. 2, S. 464 f.

St. Petersburg in der zweiten Hälfte des 19. Jahrhunderts sieht der Historiker Andreas Suter die Ursache dafür, daß „die Behauptung einer bis zu Beginn der Frühen Neuzeit zurückreichenden Tradition der Schweiz als neutrales Land entstand. Sie war im Kern eine Antwort auf die schwerwiegende außenpolitische Krise und Bedrohung durch die europäischen Monarchien."[14]

Eine besondere Phase der schweizerischen Außenpolitik im 20. Jahrhundert war die Zwischenkriegszeit.[15] Nach dem Ende des Ersten Weltkrieges ging die Schweiz von der vollständigen, „integralen Neutralität" zum Prinzip der „differentiellen Neutralität" über. Sie trat unter dem Vorbehalt des Fortbestands der militärischen Neutralität dem neugegründeten Völkerbund bei, erklärte sich jedoch zur Mitwirkung an Wirtschaftssanktionen bereit.[16] Infolge der gegen Italien wegen des Abessinienkriegs verhängten Sanktionen kehrte die Schweiz im Jahr 1938 kurz vor Ausbruch des Zweiten Weltkrieges jedoch bereits wieder zum Status quo ante zurück.[17] Vor dem Hintergrund der auswärtigen Bedrohung kam es während des Zweiten Weltkrieges in der Schweiz „zu einer gewaltigen Überdehnung des Neutralitätsbegriffs."[18] In Verbindung mit dem Rechtfertigungsdruck der Eidgenossenschaft gegenüber dem Ausland führte dies in der Nachkriegszeit zu einer Dogmatisierung der Neutralität.

Der Begriff der Neutralität besitzt sowohl eine rechtliche als auch eine politische Dimension.[19] Die Neutralitätspolitik umfaßt insbesondere das Instrument der „Guten Dienste". Hierzu gehören Vermittlungsinitiativen zwischen Konfliktparteien sowie die Übernahme von Schutzmachtvertretungen beim Abbruch oder Nichtbestehen diplomatischer Beziehungen zwischen anderen Staaten. Das Neutralitätsrecht hingegen begründet im Fall eines Krieges anderer Staaten gegeneinander besondere Rechte und Pflichten für ein neutrales Land, die während der Zweiten Haager Friedenskonferenz im Jahre 1907 kodifiziert worden sind (Konvention V). Der Schlüsselsatz lautet: „Das Territorium der neutralen Mächte ist unverletzlich."[20] Die den neutralen Staaten auferlegten Pflichten beinhalteten unter anderem die Gleichbehandlung von Kriegsparteien sowie das Verbot von Waffenlieferungen an in Kriegshandlungen verwickelte Mächte.[21]

---

[14] Andreas Suter, Neutralität. Prinzip, Praxis und Geschichtsbewußtsein, in: Manfred Hettling/ Mario König/Jakob Tanner u. a. (Hgg.), Eine kleine Geschichte der Schweiz. Der Bundesstaat und seine Traditionen, Frankfurt/Main 1998, S. 133-188, S. 166.

[15] Vgl. Jean Claude Favez, Geschichte der schweizerischen Außenpolitik. De la Première Guerre mondiale à la Deuxième Guerre mondiale (1914-1945), in: Alois Riklin/Hans Haug/Raymond Probst (Hgg.), Neues Handbuch der schweizerischen Außenpolitik, Bern u. a. 1992, S. 41-59.

[16] Tobias Kaestli, Selbstbezogenheit und Offenheit. Die Schweiz in der Welt des 20. Jahrhunderts. Zur politischen Geschichte eines neutralen Kleinstaats, Zürich 2005, S. 120f.

[17] Bonjour, Geschichte der schweizerischen Neutralität Bd. 3, S. 275f.

[18] Georg Kreis, Kleine Neutralitätsgeschichte der Gegenwart. Ein Inventar zum neutralitätspolitischen Diskurs in der Schweiz seit 1943, Bern u. a. 2004, S. 29.

[19] Fischer, Neutral Power in the CSCE, S. 29f.

[20] Zit. nach Jost Dülffer, Regeln gegen den Krieg? Die Haager Friedenskonferenzen 1899 und 1907 in der internationalen Politik, Frankfurt/Main 1981, S. 302.

[21] Matthias Herdegen, Völkerrecht, 2. Auflage, München 2002, S. 362.

Im Fall der Eidgenossenschaft bedeutet Neutralität mehr als nur das temporäre Abseitsstehen im Falle eines konkreten militärischen Konflikts zwischen zwei Mächten oder Bündnissen. Die Schweiz verfolgt eine Politik der dauernden und bewaffneten Neutralität[22]. Das außenpolitische Verhalten der Schweiz ist also nicht abhängig von einer konkreten Allianzbildung oder Konfliktsituation. Die „dauernde Neutralität" bezeichnet spätestens seit 1815 den Status der Schweiz im europäischen Staatensystem und wird sowohl in Friedens- als auch in Kriegszeiten praktiziert. Für die Nachbarländer und Großmächte bringt dies einerseits Verläßlichkeit, bedeutet für die Schweiz gleichzeitig aber auch Distanz aufgrund nicht vorhandener Bündnisperspektiven. Ein neutraler Staat ist an sich militärisch wenig gefährdet, da er selbst keine aggressiven Absichten verfolgt und auch keiner Allianz angehört. Allerdings gilt dies nur solange, wie die Neutralität von den anderen Staaten akzeptiert und respektiert wird. Diese schmerzliche Erfahrung mußte die Schweiz in den revolutionären Wirren der Jahre 1797/98 beim Einmarsch napoleonischer Truppen machen.[23] Das prägnanteste Beispiel einer Neutralitätsverletzung stellt wohl der Angriff des Deutschen Reiches auf Belgien im Jahre 1914 dar, dessen Neutralität aus rein militärstrategischen Gründen – Realisierung des Schlieffen-Plans zur Niederringung Frankreichs – nicht respektiert wurde.[24] Der potentiellen militärischen Gefährdung waren sich die Entscheidungsträger des neuen schweizerischen Bundesstaates seit seiner Gründung im Jahr 1848 bewußt und haben deshalb der Unterhaltung eigener militärischer Kräfte nicht nur in Kriegszeiten immer eine große Bedeutung beigemessen. In diesem Sinne äußerte der damalige Verteidigungsminister Rudolf Gnägi noch im Jahr 1973: „Aus Gründen des Neutralitätsrechts ist der neutrale Staat der letzte, der seine militärische Bereitschaft aufgeben darf."[25]

Der Status der Neutralität verweist immer auf eine Alternative zum bestehenden Status quo. In Kriegszeiten zeigt die Neutralität optimistisch die Alternative eines friedlichen Zusammenlebens auf, in Friedenszeiten verweist sie pessimistisch auf die potentielle Gefahr eines Krieges.[26] In der Geschichte der Eidgenossenschaft diente die Wahrung der Neutralität wie bereits angedeutet auch dem Ziel, Konflikte innerhalb der Schweiz zu vermeiden, die das heterogene Staatsgebilde hätten gefährden können. Im Zeitalter der Konfessionskriege ging es um die Vermeidung von Spannungen zwischen Protestanten und Katholiken, bezogen auf die europäische Machtpolitik galt es, Ausgleich zwischen den Befürwortern einer Anlehnung an Frankreich, beziehungsweise Österreich zu schaffen. Im Ersten Weltkrieg dann stellte die Parteinahme des deutschsprachigen und des französischsprachigen Landesteils für ihren jeweiligen Kulturraum die neu-

---

[22] Riklin, Neutralität der Schweiz, S. 197.
[23] Bonjour, Geschichte der schweizerischen Neutralität Bd. 1, S. 144f.
[24] Hildebrand, Das vergangene Reich, S. 314.
[25] Zit. nach Renk, Der Weg der Schweiz nach Helsinki, S. 53.
[26] Widmer, Sonderfall, S. 138.

trale Schweiz vor eine „mentale Zerreißprobe, die das Land nur mit Mühe bestand."[27]

Stärker als von den Bestimmungen des Völkerrechts wird die Bedeutung der Neutralität von den politischen Gegebenheiten einer Zeitepoche und den internationalen Rahmenbedingungen bestimmt. Im Europa der Großmächte war nach 1815 ein unparteiischer Kleinstaat wie die Schweiz gefragt, der als ruhender Pol und später auch als Verhandlungsort und Sitz früher internationaler Organisationen im Bereich Post- und Telegraphie dienen konnte, was „ihr internationales Ansehen zweifellos erhöht"[28] hat. Mit ihrer Neutralität trug die Schweiz im 19. Jahrhundert somit zur „auf dem Gleichgewicht der Mächte beruhende[n] Stabilität"[29] des Wiener Systems bei. Am Ende des Zweiten Weltkrieges stellte sich die Situation der Eidgenossenschaft hingegen vollkommen anders dar. Der politische Status der Neutralität war geblieben, doch ihre Bewertung durch die Siegermächte war sehr negativ.

1.2 Die Überwindung der außenpolitischen Isolation

Auf den ersten Blick bedeutete das Jahr 1945 für die Schweiz im Vergleich zu den meisten anderen Ländern Europas keine historische Zäsur.[30] Sie war nicht am militärischen Geschehen beteiligt gewesen, die Erfahrung einer fremden Besatzung war ihr erspart geblieben, und im politischen System und seinen Institutionen herrschte Kontinuität. Dennoch ist dieser Befund zumindest mit Blick auf die Außenpolitik einzuschränken. Die Schweiz sah sich nämlich mit zwei großen Herausforderungen konfrontiert. Erstens hatte die helvetische Diplomatie bisher konstant im Schatten der Hegemonie- beziehungsweise Gleichgewichtsbestrebungen der europäischen Großmächte agiert.[31] Der Zweite Weltkrieg brachte jedoch den endgültigen Zusammenbruch des traditionellen europäischen Staatensystems, „au milieu duquel la Suisse avait toujours conçu sa place comme Etatcharnière neutre."[32] Insofern stellte sich für die Schweiz die Frage nach dem zukünftigen Handlungsrahmen helvetischer Diplomatie in der internationalen Politik. Außenminister Petitpierre formulierte diese Veränderung der Staatenwelt aus Sicht der Schweiz gegenüber seinen Bundesratskollegen im März 1948 folgendermaßen: „L'équilibre européen est aujourd'hui rompu pour longtemps peutêtre. La Suisse n'est plus située entre trois ou quatre Grandes Puissances qui

---

[27] Max Mittler, Der Weg zum Ersten Weltkrieg. Wie neutral war die Schweiz? Kleinstaat und europäischer Imperialismus, Zürich 2003, S. 899.

[28] Bonjour, Geschichte der schweizerischen Neutralität Bd. 2, S. 519.

[29] Henry Kissinger, Das Gleichgewicht der Großmächte. Metternich, Castlereagh und die Neuordnung Europas 1812–1822, Zürich 1986, S. 8.

[30] Fanzun, Grenzen der Solidarität, S. 55.

[31] Vgl. Edgar Bonjour, Europäisches Gleichgewicht und schweizerische Neutralität, Basel 1946 (Basler Universitätsreden 20).

[32] Herbert Lüthy, La Suisse des deux après-guerres, in: Jahrbuch der Neuen Helvetischen Gesellschaft 35 (1964), S. 63–75, S. 72.

avaient un intérêt réciproque à ce que le massif des Alpes ne fût pas dominé par l'une d'elles."[33]

Zweitens hatte das internationale Ansehen der Schweiz stark gelitten. Es war auf einen „Tiefpunkt herabgesunken."[34] Aus der Sicht der Siegermächte hatte sich die Schweiz durch ihr Abseitsstehen von der Anti-Hitler-Koalition und durch eine enge Wirtschaftskooperation mit dem nationalsozialistischen Deutschland kompromittiert.[35] Am Ende des Zweiten Weltkrieges „befand sich die Schweiz in einer gravierenden außenpolitischen Isolation."[36]

Besonders prekär war das Verhältnis zu den neuen Weltmächten USA und Sowjetunion. Aufgrund ihrer strukturellen Gemeinsamkeiten, dem demokratischen Regierungssystem und der kapitalistischen Wirtschaftsordnung, war das bilaterale Verhältnis zwischen den „Schwesterrepubliken" Schweiz und USA bis ins 20. Jahrhundert hinein weitgehend ungetrübt.[37] Dies änderte sich, als die USA als aufstrebende Weltmacht in den beiden Weltkriegen die dritte traditionelle Gemeinsamkeit, den Status der außenpolitischen Neutralität, aufgaben, um ihre eigenen Wertvorstellungen von Freiheit und Demokratie zu verteidigen und zu verbreiten, während die Schweiz an ihrer traditionellen Neutralitätspolitik festhielt. Aus diesen unterschiedlichen Ordnungsvorstellungen heraus resultierte ein Grundkonflikt, der für die bilateralen Beziehungen beider Länder im Zweiten Weltkrieg und zu Beginn des Kalten Krieges charakteristisch sein sollte.[38] Bereits im März 1945 hatten die USA im sogenannten „Currie-Abkommen" mit der Schweiz durchgesetzt, daß die Wirtschafts- und Finanzbeziehungen mit dem „Dritten Reich" weitgehend eingestellt wurden[39]. Nach Kriegsende forderte die amerikanische Regierung von der Schweiz die Herausgabe deutscher Vermögenswerte. Um ihrer Forderung Nachdruck zu verleihen, blieben die schweizerischen Konten in den USA weiterhin eingefroren und auch die „schwarzen Listen", durch die Schweizer Unternehmen vom Handel mit amerikanischen Firmen ausgeschlossen waren, wurden aufrechterhalten.[40] Zur Klärung dieser Fragen beschloß der Bundesrat am 8. März 1946, eine schweizerische Delegation zu Gesprächen mit den westlichen Alliierten in die USA zu entsenden.[41] Nach zähen Verhandlungen wur-

---

[33] DDS Bd. 17, Nr. 61: Le Chef du Département Politique, M. Petitpierre, au Conseil Fédéral, 8./9. März 1948, S. 200.

[34] Edgar Bonjour, Schweizerische Neutralität. Kurzfassung der Geschichte in einem Band, Basel/Stuttgart 1978, S. 206.

[35] Vgl. hierzu den Schlußbericht („Bergier-Bericht") der Unabhängigen Expertenkommission Schweiz – Zweiter Weltkrieg, Die Schweiz, der Nationalsozialismus und der Zweite Weltkrieg, Zürich 2002.

[36] Jakob Tanner, Grundlinien der schweizerischen Außenpolitik seit 1945, Bern 1993, S. 5.

[37] Catherine Schiemann, Neutralität in Krieg und Frieden. Die Außenpolitik der Vereinigten Staaten gegenüber der Schweiz 1941-1949, Chur 1991, S. 3.

[38] Jürg Martin Gabriel, Swiss Neutrality and the „American Century". Two Conflicting Worldviews, Zürich 1998, S. 2.

[39] Jost, Politik und Wirtschaft im Krieg, S. 154.

[40] Walter Spahni, Der Ausbruch der Schweiz aus der Isolation. Untersucht anhand ihrer Außenhandelspolitik 1944-1947, Frauenfeld 1977, S. 63.

[41] DDS Bd. 16, Nr. 67: Bundesrat. Protokoll der Sitzung vom 8. März 1946, S. 206 ff.

de am 25. Mai 1946 das sogenannte „Washingtoner Abkommen" geschlossen.[42] Darin verpflichtete sich die Eidgenossenschaft zur Zahlung einer Summe von 250 Millionen Franken. Außerdem wurden die deutschen Konten liquidiert und zu 50 Prozent den Alliierten ausgehändigt. Im Gegenzug wurden die schweizerischen Konten in den USA freigegeben und der Handel mit schweizerischen Firmen wieder erlaubt.[43] Professor William Rappard, Mitglied der schweizerischen Delegation in Washington, beurteilte das Verhandlungsergebnis als „presque un miracle diplomatique"[44]. In der Tat stellte das Washingtoner Abkommen einen wichtigen Schritt zur Überwindung der Isolation dar, denn es verschaffte „der Schweiz die notwendige Respektabilität, um in Europas Kabinetten, Kongressen und Märkten wieder auftreten zu können."[45]

Noch schwieriger gestaltete sich die Annäherung an Moskau, denn zur Sowjetunion bestanden seit dem Jahre 1918 keine diplomatischen Beziehungen mehr.[46] Wie die meisten anderen Länder waren die Beziehungen in den Wirren, die auf die Oktoberrevolution folgten, abgebrochen worden, als es in Rußland zu Enteignungen und Konfiszierungen von ausländischen Besitztümern gekommen war. Nach dem russischen Bürgerkrieg gab es auch in der Schweiz Überlegungen bezüglich einer Wiederannäherung, die jedoch durch ein tragisches Ereignis jäh unterbrochen wurden. Am 10. Mai 1923 wurde der sowjetische Diplomat Worowski, der sich anläßlich einer internationalen Meerengenkonferenz in Lausanne aufhielt, von einem aus der Sowjetunion heimgekehrten Schweizer erschossen.[47] Dieses Attentat hat in der Folge „das Verhältnis zwischen beiden Ländern außerordentlich belastet und letztlich die Annäherung der Beziehungen unmöglich gemacht."[48] Die Sowjetunion machte die Schweiz für den Vorfall verantwortlich, diese wies die Anschuldigungen von sich. Die Situation eskalierte soweit, daß es im Jahre 1923 zu einer Handelsblockade zwischen beiden Ländern kam. Die Sowjetunion begann nun, über das Ausland Druck auf die Schweiz auszuüben. Sie nahm die Haltung ein, daß sie keine diplomatischen Vertreter zu internationalen Konferenzen entsenden werde, falls diese in der Schweiz stattfänden und auch keine Beobachter zum Völkerbund nach Genf abordnen werde.[49] Damit traf die Sowjetunion die Schweiz an einem empfindlichen Punkt, denn die Rolle des

---

[42] Daniel Frei, Das Washingtoner Abkommen von 1946. Ein Beitrag zur Geschichte der schweizerischen Außenpolitik zwischen dem Zweiten Weltkrieg und dem Kalten Krieg, in: SZG 19 (1969), S. 567-619, S. 601 f.

[43] Urs Altermatt, Vom Ende des Zweiten Weltkrieges bis zur Gegenwart, S. 62.

[44] DDS Bd. 16, Nr. 75: Le Professeur W. E. Rappard au Chef du Département politique, M. Petitpierre, 27. Mai 1946, S. 233.

[45] Jost, Politik und Wirtschaft im Krieg, S. 185.

[46] Alfred Zehnder, Die außenpolitische Lage der Schweiz am Ende des Zweiten Weltkrieges, in: Louis-Edouard Roulet (Hg.), Max Petitpierre. Seize ans de neutralité active. Aspects de la politique étrangère de la Suisse (1945-1961), Neuchâtel 1980, S. 13-32, S. 18.

[47] Dietrich Dreyer, Schweizer Kreuz und Sowjetstern. Die Beziehungen zweier ungleicher Partner seit 1917, Zürich 1989, S. 92.

[48] Walther Hofer, Der Abbruch der Beziehungen mit dem revolutionären Rußland 1917-1927, in: SZG 43 (1993), S. 223-240, S. 233.

[49] Ebd. S. 235.

Gastgebers internationaler Konferenzen und als Sitzland des Völkerbundes stellte einen Kern der helvetischen Außenpolitik dar. Länder wie Deutschland und Frankreich, die jeweils ein Interesse an der Reintegration Rußlands in die internationale Politik hatten, begannen nun, Druck auf die Schweiz auszuüben. Nachdem mehrere Vermittlungsversuche gescheitert waren, wurde bei Verhandlungen in Berlin im April 1927 schließlich eine Einigung erzielt. Die Schweiz drückte noch einmal deutlich ihr Bedauern über den Vorfall im Jahre 1923 aus und erklärte sich zur Entschädigung der Tochter des Ermordeten bereit. Im Gegenzug gab die Sowjetunion ihren Widerstand gegen die Gastgeberrolle der Schweiz auf.[50] Allerdings war das Verhältnis weiterhin so belastet, daß eine Wiederaufnahme der diplomatischen Beziehungen in den folgenden Jahren nicht möglich war. Aktuell wurde die Thematik aus Schweizer Perspektive erst wieder in der Endphase des Zweiten Weltkrieges, als sich abzuzeichnen begann, daß das „Rote Rußland" bei der Frage der Neugestaltung Mittel- und Osteuropas eine ähnlich dominierende Rolle spielen würde wie nach den napoleonischen Kriegen. Ein erster Annäherungsversuch des Schweizer Außenministers Pilet-Golaz erwies sich jedoch als kompletter Fehlschlag. Die Sowjetunion machte den Annäherungsversuch öffentlich und übte via Radio Moskau scharfe Kritik an der schweizerischen Außenpolitik, die sie als „profaschistisch" bezeichnete. Die Absage an die Adresse Berns war eindeutig: „As a result of the above said the Soviet Government refuses to accept the proposals of the Swiss government for the restoration of diplomatic or other relations with Switzerland."[51]

Die demütigende Absage Moskaus führte in der Schweiz zu heftigen Diskussionen, in deren Folge Außenminister Pilet-Golaz im November 1944 von seinem Amt zurücktreten mußte.[52] Sein Nachfolger Max Petitpierre wollte den Kurs der Annäherung an die Sowjetunion fortsetzen, allerdings mit Vorsicht und Geschick, denn, so Petitpierre, „nous devons à tout prix éviter un second échec."[53] Das Verhältnis zwischen Moskau und Bern blieb zunächst weiter gespannt. Die Sowjetunion übte scharfe Kritik an der Behandlung sowjetischer Soldaten, die seit 1941 aus deutscher Kriegsgefangenschaft über die Grenze in die Schweiz geflüchtet und dort interniert worden waren. Petitpierre lud daraufhin eine sowjetische Delegation zu Gesprächen in die Schweiz ein. Nach schwierigen Verhandlungen wurde eine Einigung über die Rückkehr der Internierten gefunden.[54]

In zwei Fällen allerdings handelte es sich um Personen, die sich aus politischen Gründen aus der Sowjetunion abgesetzt hatten, und nicht dorthin zurückkehren

---

[50] Ebd. S. 240.

[51] Zit. nach Dietrich Dreyer, Schweizer Kreuz und Sowjetstern. Die Beziehungen zweier ungleicher Partner seit 1917, Zürich 1989, S. 186.

[52] Christine Gehrig-Straube, Beziehungslose Zeiten. Das schweizerisch-sowjetische Verhältnis zwischen Abbruch und Wiederaufnahme der Beziehungen (1918–1946) aufgrund schweizerischer Akten, Zürich 1997, S. 298f.

[53] DDS Bd. 16, Nr. 3: Exposé du Chef du Département Politique, M. Petitpierre 23. Mai 1945, S. 14.

[54] Widmer, Schweizer Außenpolitik, S. 340f.

wollten, weil ihnen harte Strafen drohten. Da die Sowjetunion als Druckmittel jedoch zwei schweizerische Diplomaten festhielt, sah sich die Schweiz schließlich zum Nachgeben gezwungen.[55] Trotzdem wurde der Dialog mit der Sowjetunion fortgesetzt. Über den Gesandten der Schweiz in Belgrad, Eduard Zellweger, kamen Geheimverhandlungen in Gang, die im März 1946 schließlich zur Wiederaufnahme der diplomatischen Beziehungen mit der Sowjetunion führten.[56] Durch „das Schliessen der russischen Lücke"[57] sowie die Unterzeichnung des Washingtoner Abkommens mit den USA hatte sich die Schweiz im Frühjahr 1946 den neuen globalen Machtverhältnissen angepaßt und gleichzeitig damit begonnen, die außenpolitische Isolation zu überwinden.

Mit Blick auf den Abschluß von Handelsverträgen mit mehreren osteuropäischen Staaten in den Jahren 1945/46, der Vereinbarung eines Freundschaftsvertrages mit Indien (1948) sowie der frühen Aufnahme diplomatischer Beziehungen mit der Volksrepublik China (1950), ist in der Forschung argumentiert worden, die Schweiz sei gar nicht isoliert gewesen.[58] Dem ist entgegenzuhalten, daß mit den genannten Handlungen ja gerade das Ziel verfolgt wurde, die schlechten Beziehungen zu den beiden neuen Weltmächten zumindest teilweise zu kompensieren. Die Handelspolitik als traditionelle Stärke der Schweiz war besonders gut dazu geeignet, die außenpolitischen Handlungsspielräume ab Mitte der vierziger Jahre zu erweitern.[59] Dasselbe Ziel verfolgte die Schweiz auch mit der frühen Annerkennung der Volksrepublik China. Traditionell verhält sich die Schweiz als neutraler Staat in Anerkennungsfragen eher zurückhaltend.[60] Außenminister Petitpierre war jedoch daran gelegen, die Außenpolitik des Landes im Sinne des Prinzips der „Universalität"[61] auf eine breitere Basis zu stellen, also zu möglichst vielen Staaten diplomatische Beziehungen zu unterhalten. Die Wiederaufnahme

[55] Vgl. DDS Bd. 16, Nr. 51: Interne Notiz des Politischen Departements, 04. Januar 1946, S. 152ff.
[56] Georges Perrin, Les relations avec l'URSS et la République populaire de Chine, in: Louis-Edouard Roulet, Max Petitpierre. Seize ans de neutralité active. Aspects de la politique étrangère de la Suisse (1945-1961), Neuchâtel 1980, S. 121-128, S. 124f.
[57] Therese Steffen, Die Aufnahme und Entwicklung von diplomatischen Beziehungen zur UdSSR aus schweizerischer Sicht, in: Schweizerisches Bundesarchiv (Hg.), Integration oder Isolation? Die bilateralen Beziehungen zwischen der Schweiz und den Staaten Mittel- und Osteuropas seit dem Zweiten Weltkrieg, Bern 1996, S. 23-28, S. 28.
[58] Peter Hug, Vom Neutralismus zur Westintegration. Zur schweizerischen Außenpolitik in der Nachkriegszeit, in: Walter Leimgruber/Werner Fischer (Hgg.), „Goldene Jahre". Zur Geschichte der Schweiz seit 1945, Zürich 1999, S. 59-100, S. 85.
[59] Spahni, Der Ausbruch der Schweiz aus der Isolation, S. 267.
[60] Urban Kaufmann, „Nicht die ersten sein, aber vor den letzten handeln". Grundsätze der Anerkennung von Staaten und Regierungen durch die Schweiz (1945-1961), in: Antoine Fleury/Horst Möller/Hans-Peter Schwarz (Hgg.), Die Schweiz und Deutschland 1945-1961, München 2004, S. 69-87, S. 87; dieses Vorgehen ließ sich auch noch im Februar 2008 hinsichtlich der Anerkennung des Kosovo durch die Schweiz beobachten; vgl. Ohne Anerkennung wenig Einfluß im Kosovo, in: NZZ vom 21. Februar 2001.
[61] Walter Kälin/Alois Riklin, Ziele, Mittel und Strategien der schweizerischen Außenpolitik, in: Alois Riklin/Hans Haug/Raymond Probst (Hgg.), Neues Handbuch der schweizerischen Außenpolitik, Bern 1992, S. 167-189, S. 176.

der 1918 abgebrochenen Verbindungen zur Sowjetunion bildete den „grösste[n] außenpolitische[n] Erfolg Petitpierres in seiner frühen Amtszeit".[62]

1.3 Neue Anerkennung in der Ära Petitpierre

In den fünfziger und sechziger Jahren erfuhr die Bedeutung der Neutralität in der schweizerischen Öffentlichkeit „einen markanten Bedeutungszuwachs".[63] Für diese Entwicklung waren mehrere Faktoren verantwortlich. Erstens standen die Schweizer Diplomaten unter einem doppelten Rechtfertigungsdruck. Dabei galt es gegenüber dem Ausland sowohl die Außenpolitik während des letzten Weltkrieges als auch die Nichtmitgliedschaft der Eidgenossenschaft in der UNO und in den meisten europäischen Institutionen schlüssig zu erklären.[64] Zweitens verebbten öffentliche Diskussionen über die zukünftige Ausrichtung der Außenpolitik vor dem Hintergrund des aufkommenden Kalten Krieges bald wieder. Die „Teilung der Welt"[65] beförderte das Festhalten der Schweiz an der bewährten Tradition der Neutralität.[66] Für die Schweiz verband sich mit dieser historischen Erfahrung die Hoffnung, im Krisenfall „von einem weiteren europäischen Großkonflikt verschont zu bleiben."[67] In diesem Zusammenhang wurde auch der Vergangenheitsdiskurs zunehmend von dieser historischen Sichtweise bestimmt, was in der Folge zu einer Überhöhung der Neutralität führte.[68]

Auf offizieller Ebene fand das prinzipielle Festhalten an der Neutralität ihren Ausdruck in den „Internen Leitlinien des Eidgenössischen Politischen Departements zur Neutralitätspolitik" vom 26. November 1954. Das Dokument bezog sich nicht nur auf die Zukunft, sondern formulierte gleichzeitig rückwirkend die idealtypische Variante schweizerischer Neutralitätspolitik seit Mitte der vierziger Jahre.[69] Diese „Neutralitätsdoktrin"[70] begrenzte die Mitwirkung der Schweiz auf internationale Organisationen und Konferenzen mit rein wirtschaftlicher, kultureller und technischer Ausrichtung und verbot die Mitarbeit in politischen Institutionen: „Bei der Teilnahme an internationalen Konferenzen und internationalen Organisationen ist zu unterscheiden, ob diese einen vorwiegend politischen

---

[62] Trachsler, Max Petitpierre, S. 67.
[63] Kreis, Kleine Neutralitätsgeschichte, S. 34.
[64] Ebd. S. 36.
[65] Vgl. Wilfried Loth, Die Teilung der Welt. Geschichte des Kalten Krieges 1941-1955, München 2000.
[66] Tanner, Schweizerische Außenpolitik, S. 7.
[67] Mauro Mantovani, Schweizerische Sicherheitspolitik im Kalten Krieg 1947-1963. Zwischen angelsächsischem Containment und Neutralitätsdoktrin, Zürich 1999, S. 14.
[68] Kreis, Kleine Neutralitätsgeschichte, S. 297 ff.
[69] Der Schweizerische Bundesrat bestätigte das Festhalten an der Maxime der Neutralität in zwei Grundsatzentscheidungen im März 1948 und im Juni 1952; vgl. Daniel Trachsler, Neutral zwischen Ost und West? Infragestellung und Konsolidierung der schweizerischen Neutralitätspolitik durch den Beginn des Kalten Krieges 1947-1952, Zürich 2002 (Zürcher Beiträge zur Sicherheitspolitik und Konfliktforschung 63).
[70] Urs Altermatt, Vom Ende des Zweiten Weltkrieges bis zur Gegenwart, S. 63.

oder vorwiegend wirtschaftlichen, kulturellen oder technischen Aspekt aufweisen."[71] Bei der Implementierung ergaben sich jedoch praktische Probleme. So handelte es sich bei der neuen Weltordnung des Kalten Krieges sowohl um den Konflikt zwischen zwei politischen Systemen als auch um die Auseinandersetzung zwischen zwei Wirtschafts- und Gesellschaftsordnungen. Dieser Situation trug die Neutralitätsdoktrin nicht Rechnung. Die Schweiz beteiligte sich zwar am Marshallplan, obwohl hiermit eindeutig politische Ziele der USA verbunden waren. Eine Mitgliedschaft im Europarat wurde hingegen als politisch bedenklich – vorläufig – abgelehnt. Bundesrat Petitpierre war sich dieser Widersprüche durchaus bewußt. So formulierte er in einer internen Aufzeichnung mit Blick auf den Marshall-Plan: „Il ne me paraît guère douteux, que le plan Marshall qui poursuit un but économique [...] a aussi une portée politique et qu'il contrecarre les plans de l'URSS."[72] Hinzu kam, daß die Schweiz zwar ein neutraler Staat war, mit seiner demokratischen Regierungsform und seinem kapitalistischen Wirtschaftssystem aber sehr viel stärkere Berührungspunkte mit dem Westen besaß als mit den Staaten des Ostblocks.[73] Damit verbunden war auch eine größere Abhängigkeit vom Westen. So verpflichtete sich die Schweiz im Jahre 1951 auf amerikanischen Druck hin im sogenannten „Hotz-Linder-Agreement" dazu, sich an Beschränkungen im Handel mit den Ländern des Ostblocks zu beteiligen.[74] Der Abteilungsleiter der Politischen Abteilung im EPD, Hans Zehnder, erklärte hierzu, man habe vor folgender Wahl zwischen West und Ost gestanden: „Einerseits Lieferung der für unsere Industrie unerläßlichen Rohstoffe und Halbfabrikate gegen Abnahme von Waren unserer traditionellen Exporte. Auf der anderen Seite Lieferungen von wenig interessanten Waren für uns."[75] Vor dem Hintergrund des Kalten Krieges gab es in der Schweiz zudem Befürchtungen hinsichtlich einer militärischen Bedrohung durch die Sowjetunion. Deshalb wurden geheime Kontakte mit verantwortlichen Militärs aus den USA und Großbritannien gepflegt sowie im Rüstungsbereich miteinander kooperiert.[76] Die Neutralitätsdoktrin wurde in der Praxis also ziemlich flexibel gehandhabt.[77] Im Mittelpunkt standen jeweils die

---

[71] Dietrich Schindler (Hg.), Dokumente zur schweizerischen Neutralität seit 1945. Berichte und Stellungnahmen der schweizerischen Bundesbehörden zu Fragen der Neutralität 1945-1983, Bern 1984, S. 16; der Bericht ist auch in der Internetdatenbank DoDiS verfügbar: DoDiS-9564, Der Begriff der Neutralität, 26. November 1954 (www.dodis.ch/9564) [letzter Zugriff am 28. 8. 2012].

[72] DDS Bd. 17, Nr. 06: Notice du Chef du Département politique, M. Petitpierre, 22. Juni 1947, S. 20.

[73] Mantovani, Sicherheitspolitik, S. 13.

[74] André Schaller, Schweizer Neutralität im Ost-West-Handel. Das Hotz-Linder-Agreement vom 23. Juli 1951, Bern 1987, S. 2.

[75] DDS Bd. 18, Nr. 113: Rede des Chefs der Abteilung für Politische Angelegenheiten des Politischen Departements, A. Zehnder, anläßlich der Jahreskonferenz der Schweizerischen Gesandten, 07. September 1951, S. 347.

[76] Mantovani, Sicherheitspolitik; S. 251.

[77] Daniel Möckli, Neutralität, Solidarität, Sonderfall. Die Konzeptionierung der schweizerischen Außenpolitik der Nachkriegszeit 1943-1947, Zürich 2000, S. 271 (Zürcher Beiträge zur Sicherheitspolitik und Konfliktforschung 55).

nationalen Interessen. In der Forschung ist dieses Verhalten als „doppelbödig"[78] bezeichnet worden. Allerdings gab es im „Spannungsfeld"[79] zwischen der Bewahrung der Neutralität und der politisch-wirtschaftlichen Verankerung im Westen wohl keine wirkliche Alternative. Im Grundsatz wurde jedoch an der Neutralität festgehalten. Die Frage nach dem Verhältnis des Landes zu Internationalen Organisationen „zog sich wie ein roter Faden durch die Nachkriegszeit."[80] Dies zeigte sich insbesondere am Umgang der Schweiz mit den Vereinten Nationen. Dabei ergab sich das prinzipielle Problem, daß der Status der Neutralität mit dem Prinzip der kollektiven Sicherheit nur schwer zu vereinbaren ist.[81] In der Zwischenkriegszeit hatte die Schweiz dieses Problem im Hinblick auf ihre Mitgliedschaft im Völkerbund dadurch zu überbrücken versucht, daß sie einerseits eine Anerkennung ihrer Neutralität durch die Mitgliedsstaaten erreichte und andererseits von der „integralen" zur „differentiellen" Neutralität überging, also wirtschaftliche Zwangsmaßnahmen mittrug, sich aber nicht an militärischen Aktionen beteiligte.[82] Bei Gründung der UNO im Jahre 1945 überwog bei den Siegermächten noch die „one world vision". Da die Schweiz sich aus Sicht der Siegermächte nur unzureichend am Kampf gegen das nationalsozialistische Deutschland beteiligt hatte, wurde sie nicht zur Mitgliedschaft in der neuen Organisation eingeladen. Umgekehrt wäre die Schweiz allenfalls bei ausdrücklicher Anerkennung ihrer Neutralität zu einer Mitgliedschaft bereit gewesen, wie Außenminister Petitpierre[83] dem Präsidenten der Generalversammlung der Vereinten Nationen, Paul-Henri Spaak, in einem Brief vom 19. Oktober 1946 mitteilte: „Rien n' empêcherait donc en principe la Confédération d'adhérer aux Nations Unies, si le maintien de son statut international lui était assuré au sein de la nouvelle Organisation. Ce statut international est celui de la neutralité perpétuelle."[84] Diese Bereitschaft bestand jedoch seitens der UNO-Mitgliedsstaaten nicht. Für diesen Fall hatte Petitpierre im selben Brief die Konsequenzen für die Schweiz umrissen: „Si l'on admet, qu'il y a une incompatibilité absolue entre le statut international de la Suisse […] et la qualité de membre des Nations Unies, la Suisse ne peut pas adhérer à celles-ci."[85] In der Folge handelte die Schweiz nach den Prämissen der Neutralitätsdoktrin. Sie blieb der Hauptorganisation fern, trat jedoch den meisten Son-

---

[78] Tanner, Schweizerische Außenpolitik, S. 7.

[79] Möckli, Neutralität, S. 268.

[80] Volker Reinhardt, Geschichte der Schweiz, 2. Auflage, München 2007, S. 117.

[81] Fischer, Grenzen der Neutralität, S. 46.

[82] Riklin, Neutralität der Schweiz, S. 192 f.

[83] Petitpierres Haltung zur UNO war während seiner Regierungszeit durchaus nicht statisch; in den Jahren 1955 und 1959 stellte er zumindest Überlegungen zur Modifikation der schweizerischen Position an, die jedoch ohne Auswirkungen blieben; vgl. Daniel Trachsler, Partizipation oder Alleingang? Die UNO-Beitrittsfrage aus der Sicht Max Petitpierres (1945–1961), in: Politorbis 44 (2008), S. 13–20.

[84] DDS Bd. 16, Nr. 98: Le Chef du Département politique, M. Petitpierre, au Président de l'Assemblée génerale des Nations Unies, P.-H. Spaak, 19. Oktober 1946, S. 300 f.

[85] Ebd. S. 301.

der- und Unterorganisationen der UNO bei.[86] Der Nichtbeitritt der Schweiz zur UNO ist in der neueren Forschung häufiger kritisiert und beispielsweise als eine „verpaßte Chance"[87] bezeichnet worden. Schon 1980 hatte Daniel Frei argumentiert, daß bei der von Bundesrat Petitpierre zugrunde gelegten Unvereinbarkeit von Neutralität und UNO-Mitgliedschaft „nur in der Theorie, nicht aber in der Wirklichkeit ein Gegensatz besteht – aus dem einfachen Grunde nämlich, dass die UNO ihr Prinzip der kollektiven Sicherheit gar nicht verwirklichen kann, solange die Mächte im Sicherheitsrat nicht einig sind."[88] Allerdings stellt sich bei dieser Position umgekehrt die Frage, worin der außenpolitische Nachteil einer Nichtmitgliedschaft zumindest in der Frühphase des Kalten Krieges bestanden haben soll, wenn die UNO im Kalten Krieg doch sowieso politisch handlungsunfähig war. Einziges Gegenbeispiel ist der Korea-Krieg, wo die Schweiz jedoch trotz ihrer Nichtmitgliedschaft in die Internationale Überwachungskommission zur Überprüfung des Waffenstillstandes und zum Austausch von Kriegsgefangenen berufen wurde.[89] Das an die Schweiz herangetragene Gesuch hatte der Vorsteher des Militärdepartements, Karl Kobelt, bereits im Dezember 1951 als Beleg dafür gewertet, „dass auch neutrale Kleinstaaten in der Völkerfamilie wichtige Aufgaben übernehmen können."[90] In der Suez-Krise des Jahres 1956 zeigten sich hingegen die Grenzen der schweizerischen Diplomatie. Zwar transportierte die Swissair UN-Soldaten nach Ägypten, doch eine Initiative des Bundesrats am 6. November 1956 mit einem Aufruf zu einer Friedenskonferenz erfolgte in Unkenntnis der Tatsache, daß Frankreich und Großbritannien am selben Tag auf amerikanischen Druck hin ihre Militäroperation einstellen würden.[91]

Die Schweiz konzentrierte sich in den folgenden Jahren erfolgreich auf ihre Rolle als Vermittlerin und als Gastgeberin für internationale Organisationen und Konferenzen. Insbesondere die Stadt Genf wurde zu einem „carrefour des relations internationales"[92]. Trotz der Nichtmitgliedschaft der Schweiz war Genf europäischer Sitz der Vereinten Nationen. Im Jahre 1954 war die Schweiz zudem Gastgeberin der Indochinakonferenz und im darauffolgenden Jahre trafen sich dort die Regierungen der „Großen Vier" (USA, Großbritannien, Frankreich, Sowjetunion). Anläßlich dieses Ereignisses sprach Bundespräsident und Außen-

---

[86] Urs Altermatt, Vom Ende des Zweiten Weltkrieges bis zur Gegenwart, S. 63.

[87] Peter Hug, Verhinderte oder verpaßte Chancen? Die Schweiz und die Vereinten Nationen 1943–1947, in: Georg Kreis (Hg.), Die Schweiz im internationalen System der Nachkriegszeit 1943–1950, Basel 1996, S. 84–97, S. 84.

[88] Frei, Die Aera Petitpierre, S. 169.

[89] Marius Schwarb, Die Mission der Schweiz in Korea. Ein Beitrag zur Geschichte der schweizerischen Außenpolitik im kalten Krieg, Bern 1986, S. 20 f.

[90] DDS Bd. 18, Nr. 127: Der Vorsteher des Militärdepartements, K. Kobelt, an die Kommandanten der 1.–4. Armeekorps und der Flieger- und Fliegerabwehrtruppen, 22. Dezember 1951, S. 385; für kritische Bewertungen des Korea-Engagements vgl. Kreis, Kleine Neutralitätsgeschichte, S. 65.

[91] Kurt R. Spillmann/Andreas Wenger/Christoph Breitenmoser u. a. (Hgg.), Schweizer Sicherheitspolitik seit 1945, Zürich 2001, S. 52 f.

[92] Claude Altermatt, La politique étrangère de la Suisse, S. 28.

minister Petitpierre aus Schweizer Sicht von einem „sentiment de reconnaissance" und bezeichnete die Wahl Genfs als Verhandlungsort als „un grand honneur"[93]. In der Kubakrise übermittelte die Schweiz, die seit 1961 die Interessen der USA in Havanna vertrat[94], zudem Nachrichten der amerikanischen Regierung an das Castro-Regime. Den erfolgreichen Höhepunkt der „Guten Dienste" der Schweiz stellte dann ihre diskrete und erfolgreiche Vermittlung zur Beendigung des Algerienkriegs dar.[95]

1.4 Die sechziger Jahre zwischen Kontinuität und Wandel

Die sechziger Jahre waren auch in der Schweiz eine Zeit gesellschaftlicher Diskussionen und Veränderungen. Auf der einen Seite gab es den durch die anhaltende Hochkonjunktur genährten Glauben an stetigen Fortschritt und an die Planbarkeit der Zukunft.[96] Auf der anderen Seite waren immer mehr Schweizer Bürger der Meinung, daß es in ihrem Land politische und gesellschaftliche Defizite gab, so beispielsweise hinsichtlich des nicht vorhandenen Frauenwahlrechts.[97] Diese veränderte Wahrnehmung wirkte sich auch auf die schweizerische Außenpolitik aus, für die in den sechziger Jahren die Bundesräte Friedrich Traugott Wahlen (1961–1965) und Willy Spühler (1966–1970) zuständig waren. Neue Themenfelder wie die Entwicklungspolitik, Menschenrechtsfragen und Abrüstung traten in den Vordergrund und führten in der Schweiz zu einer grundsätzlichen Diskussion über die Ausrichtung der Außenpolitik.[98] Eine besondere Dynamik gewann die schweizerische Debatte durch den Übergang zu multilateralen Entscheidungsprozessen in der internationalen Politik der Nachkriegszeit[99] und der damit verbundenen Krise des Bilateralismus.[100] Die Neutralität als Mittel zur Wahrung der staatlichen Unabhängigkeit stand scheinbar im Gegensatz zu dieser Entwicklung.

---

[93] DDS Bd. 20, Nr. 22: Allocation du Président de la Confédération et chef du Département politique, M. Patitpierre, lors de la Conference des Quatre Grands, 21 juillet 1955, S. 57.

[94] Vgl. DDS Bd. 21, Nr. 116: Der amerikanische Staatssekretär, Ch. A. Herter, an den schweizerischen Botschafter in Washington, A. Lindt, 04. Januar 1961, S. 262f.

[95] Vgl. Marc Perrenoud, La Suisse et les Accords d'Evian. La Politique de la Confédération à la fin de la guerre d'Algerie, in: Politorbis 31 (2002), S. 8–39; Olivier Long, Le dossier secret des Accords d'Évian, Lausanne 1988.

[96] Mario König/Georg Kreis/Franziska Meister u. a., Einleitung. Reformprojekte, soziale Bewegungen und neue Öffentlichkeit, in: Dies. (Hgg.), Dynamisierung und Umbau. Die Schweiz in den 60er und 70er Jahren, Zürich 1998, S. 11–20, S. 12 f.

[97] Peter Hug, Der gebremste Aufbruch. Zur Außenpolitik der Schweiz in den 60er Jahren, in: Mario König/Georg Kreis/Franziska Meister u. a. (Hgg.), Dynamisierung und Umbau. Die Schweiz in den 60er und 70er Jahren, Zürich 1998, S. 95–114, S. 112.

[98] Ebd. S. 111 f.

[99] Antoine Fleury, La Suisse et le défi du multilatéralisme, in: Georg Kreis (Hg.), Die Schweiz im internationalen System der Nachkriegszeit 1943–1950, Basel 1996, S. 68–83, S. 68 (Itinera 18).

[100] Hug, Der gebremste Aufbruch, S. 95 ff.

Die Schweiz hatte sich daher auch nicht am beginnenden europäischen Integrationsprozeß beteiligt[101], wollte aber wirtschaftspolitische Nachteile vermeiden. Deshalb wurde nach der Devise „wirtschaftliche Integration ohne politische Partizipation"[102] gehandelt. Ende der fünfziger Jahre gab es Pläne für eine gemeinsame westeuropäische Freihandelszone mit den EWG-Staaten, die aber am Widerstand de Gaulles scheiterte. Als Alternative kam es 1960 zur Gründung der European Free Trade Association (EFTA).[103] Allerdings verfolgte Großbritannien als das wichtigste EFTA-Mitglied das Ziel eines Beitritts zur Europäischen Wirtschafts-Gemeinschaft. Auch die Schweiz überdachte nun ihr Verhältnis zur EWG und strebte – ebenso wie Österreich und Schweden[104] – eine Form der Assoziierung an.[105] In einem Brief an Bundeswirtschaftsminister Ludwig Erhard in seiner Funktion als Vorsitzender des EWG-Ministerrats vom 15. Dezember 1961 erklärte Bundesrat Wahlen das Interesse seines Landes „de rechercher avec la Communauté économique européenne une solution lui donnant la possibilité de contribuer à la formation du marché européen intégré. Au nom du Gouvernement suisse, j'ai l'honneur de vous proposer aujourd'hui l'ouverture de négociations entre la Suisse et la Communauté économique européenne en vue d'atteindre cet objectif d'une manière satisfaisante pour les deux parties."[106] In einer Rede vor dem EWG-Ministerrat am 24. September 1962 in Brüssel betonte Bundesrat Wahlen zudem das Ziel eines gemeinsamen Europäischen Wirtschaftsraums.[107] Die Ablehnung des britischen Beitritts zur EWG durch den französischen Präsidenten Charles de Gaulles im Januar 1963 wirkte sich indirekt auch auf die Assoziationsbestrebungen der Schweiz aus, denn im Juli 1961 hatten sich die EFTA-Mitgliedsstaaten auf ein gemeinsames Vorgehen gegenüber der EWG verständigt.[108] Ohne die Vorreiterrolle Londons erschien der Schweiz eine Annäherung an die europäischen Institutionen wenig attraktiv. Der Gesamtbundesrat war mit dieser Entwicklung jedoch insgesamt nicht unzufrieden, „denn schon die Vorbereitungen

---

[101] Jost, Europa und die Schweiz, S. 148 f.

[102] Vgl. Jakob Tanner, Die Schweiz und Europa im 20. Jahrhundert. Wirtschaftliche Integration ohne politische Partizipation, in: Paul Bairoch/Martin Körner (Hgg.), Die Schweiz in der Weltwirtschaft (15.-20. Jahrhundert), Zürich 1990, S. 409-428.

[103] Die weiteren Mitglieder der EFTA neben der Schweiz waren Großbritannien, Dänemark, Norwegen, Österreich, Portugal und Schweden.

[104] Für einen kurzen Augenblick kam es so zu einer Zusammenarbeit der europäischen Neutralen, die erst später für ihr Verhältnis in der KSZE charakteristisch werden sollte; vgl. Dieter Freiburghaus, Königsweg oder Sackgasse? Sechzig Jahre schweizerische Europapolitik, Zürich 2009, S. 94 ff.

[105] Vgl. Martin Zbinden, Der Assoziationsversuch der Schweiz mit der EWG 1961-1963. Ein Lehrstück schweizerischer Europapolitik, Bern u. a. 2006.

[106] DDS Bd 22, Nr. 34: Le Chef du Département politique, F. T. Wahlen, au Président du Conseil des Ministres de la CEE, L. Erhard, 15 décembre 1961, S. 77.

[107] Vgl. DDS Bd. 22, Nr. 102: Déclaration de la Suisse au Conseil des Ministres de la Communauté économique européenne le 24 septembre 1962 à Bruxelles, S. 219-226.

[108] Martin Zbinden, Die schweizerische Integrationspolitik von der Gründung der OEEC 1948 bis zum Freihandelsabkommen 1972, in: Michael Gehler/Rolf Steininger (Hgg.), Die Neutralen und die europäische Integration 1945-1995, Wien u. a. 2000, S. 389-420, S. 399.

zu einer Assoziation hatten ihm deutlich gemacht, dass eine solch enge Anbindung zu kaum lösbaren materiellen und institutionellen Problemen führen würde."[109] Eine leichte Korrektur der Europapolitik erfolgte dann im Jahre 1963. Wie Bundespräsident Spühler dem Generalsekretär der Organisation am 4. Januar offiziell mitteilte, erklärte die Schweiz ihren Beitritt zum Europarat.[110] Diesem Schritt waren schwierige innenpolitische Diskussionen vorausgegangen.[111] Insbesondere Bundesrat Wahlen hatte sich dafür eingesetzt, daß die Schweiz dem Europarat beitreten sollte.[112]

Eine weitere Veränderung bestand im Aufkommen der Entwicklungshilfe als einem weiteren Feld der Außenpolitik. Von Seiten des Bundesrates wurde das Thema allerdings nicht als eine spezifisch neue Herausforderung im Sinne der „Globalen Fragen" und der Nord-Süd-Problematik verstanden, sondern als traditionelles humanitäres Engagement nach Vorbild der Rotkreuzidee interpretiert: „Die Entwicklungshilfe entspricht der schweizerischen humanitären Tradition, die keine geographischen Grenzen kennt."[113] Während sich die Entwicklungshilfe problemlos mit der Neutralitätspolitik vereinbaren ließ, stellte die zunehmende Bedeutung von Menschenrechtsfragen die Schweizer Diplomatie vor ein Dilemma. Kritik am Verhalten fremder Regierungen wurde als Einmischung in deren innere Angelegenheiten und somit als Verstoß gegen die Neutralität bewertet. Die jüngere Forschung spricht deshalb von einer „asymmetrischen Solidarität."[114] Das humanitäre Engagement der Schweiz stand im Widerspruch zu ihrer Zurückhaltung in menschenrechtlichen Fragen. Dabei spielten neben der Problematik der Neutralität auch die Wirtschaftsinteressen der Schweiz eine wichtige Rolle.[115] Eine leichte Veränderung erfolgte in der Amtszeit von Bundesrat Spühler. Die Schweiz entsandte im Jahre 1968 eine Delegation zur UN-Menschenrechtskonferenz nach Teheran, wo der Berner Delegationsleiter Lindt deutliche Kritik an dem Apartheidregime in Südafrika übte.[116]

Mit Blick auf die Rolle der Schweiz in der europäischen Staatenwelt bis in die späten sechziger Jahre läßt sich Folgendes feststellen. Die Erfahrung der Isolation Ende des Zweiten Weltkrieges war für die Eidgenossenschaft eine traumatische Erfahrung gewesen. Ihr ganzes Streben war deshalb darauf gerichtet, diesen Zu-

---

109 Freiburghaus, Königsweg oder Sackgasse, S. 82.
110 Vgl. DDS Bd. 22, Nr. 120: Le Président de la Conféderation, W. Spühler, au Secrétaire général Du Conseil de l'Europe, L. Benvenuti, 4 janvier 1963, S. 260.
111 Vgl. Rudolf Wyder, Die Schweiz und der Europarat 1949–1971, Bern/Stuttgart 1984 (Schriftenreihe der Schweizerischen Gesellschaft für Außenpolitik 10).
112 Georg Kreis, Friedrich Traugott Wahlen, in: Urs Altermatt (Hg.), Die Schweizer Bundesräte. Ein biographisches Lexikon, 2. Auflage, Zürich 1992, S. 478–483, S. 481.
113 Zit. nach René Holenstein, „Es geht auch um die Seele unseres Volkes." Entwicklungshilfe und nationaler Konsens, in: Mario König/Georg Kreis/Franziska Meister u. a. (Hgg.), Dynamisierung und Umbau. Die Schweiz in den 60er und 70er Jahren, Zürich 1998, S. 115–125, S. 119.
114 Fanzun, Grenzen der Solidarität, S. 82.
115 Holenstein, Entwicklungshilfe und nationaler Konsens, S. 123.
116 Fanzun, Grenzen der Solidarität, S. 85 f.

stand zu überwinden. Durch eine erfolgreiche Außenpolitik gelang es der Schweiz nach 1945, Ansehen in der internationalen Politik zurückzugewinnen. Der Preis dieses Erfolges war das Festhalten an der Neutralitätspolitik. Die Bewahrung und Festigung der Neutralität diente dabei sowohl als Begründung für die Vergangenheit als auch als Mittel zur Wahrung der Unabhängigkeit in der Gegenwart. Dabei profitierte die Schweiz von den Veränderungen der Weltpolitik, insbesondere vom Aufkommen des Kalten Krieges.[117] Diese bipolare Konstellation erlaubte es der Eidgenossenschaft, ihre Neutralität nach innen und nach außen zu rechtfertigen. Zudem war es der Schweiz möglich, an ihre Rolle als internationaler Vermittler und Gastgeber internationaler Konferenzen in der Zwischenkriegszeit anzuknüpfen.[118] Die Herausforderung der Schweiz bestand darin, den Status der Neutralität mit ihrer politischen und wirtschaftlichen Verankerung in der von Hannah Arendt so bezeichneten „atlantischen Zivilisation" des Westens in Einklang zu bringen. In den sechziger Jahren zeigten sich dann zunehmend die Grenzen der bisherigen bilateralen außenpolitischen Konzeption, was in den folgenden Jahren zu internen Diskussionen und zu Akzentverschiebungen – insbesondere im Zusammenhang mit dem schweizerischen Engagement in der KSZE – führen sollte.

1.5 Diplomatischer Dienst und handelnde Akteure

Die Anfänge der modernen schweizerischen Diplomatie waren bescheiden. Zum Zeitpunkt der Gründung des Bundesstaates im Jahre 1848 verfügte die Schweiz nur über zwei Auslandsvertretungen in Paris und Wien. Das zur Wahrnehmung der auswärtigen Beziehungen neu geschaffene Eidgenössische Politische Departement (EPD)[119] bestand lediglich aus dem jährlich wechselndem Bundespräsidenten und einem Sekretär als Mitarbeiter.[120] In den folgenden Jahrzehnten verzichtete die Schweiz im „Bewusstsein sittlich überlegener republikanischer Enthaltsamkeit"[121] auf den Aufbau eines größeren auswärtigen Dienstes. Diplomatie und staatliche Repräsentanz wurden als ein Bestandteil des monarchischen Systems interpretiert, von dem sich die junge Republik bewußt absetzen wollte.

Der Ausbau des Diplomatischen Dienstes bis Mitte des 20. Jahrhunderts verdankt sich wesentlich zwei Bundesräten. Numa Droz (1887–1892) gilt als erster Außenminister der Schweiz.[122] Er schaffte die jährliche Rotation ab, die bisher die Verbindung von Außendepartement und Bundespräsidentenamt bewirkt hatte,

---

[117] Antoine Fleury, De la neutralité „fictive" à la politique de neutralité comme atout dans la conduite de la politique étrangère, in: Politorbis 44 (2008), S. 5–12, S. 8.
[118] Vgl. Madeleine Herren/Sacha Zala, Netzwerk Außenpolitik. Internationale Kongresse und Organisationen als Instrumente der schweizerischen Außenpolitik 1914–1950, Zürich 2002.
[119] Das EPD wurde 1979 in Eidgenössisches Departement für Auswärtige Angelegenheiten (EDA) umbenannt.
[120] Vgl. Claude Altermatt, Les débuts de la diplomatie professionnelle en Suisse (1848–1914), Freiburg i. Ü. 1990.
[121] Daniel Frei, Neutralität – Ideal oder Kalkül?, Frauenfeld 1967, S. 52.
[122] Widmer, Schweizer Aussenpolitik, S. 152.

und organisierte die Strukturen des Departements neu, das nun aus insgesamt zwanzig Mitarbeitern bestand. Nach seinem Abgang wurden die innenpolitisch umstrittenen Reformen jedoch teilweise wieder rückgängig gemacht, herrschte doch in der Bevölkerung mehrheitlich die Meinung vor, „die beste Außenpolitik sei, gar keine zu haben."[123] Bei Ausbruch des Ersten Weltkrieges verfügte die Schweiz somit nur über elf Gesandtschaften.[124]

In der Zwischenkriegszeit wurde der Ausbau von Zentrale und Auslandsvertretungen von Bundesrat Giuseppe Motta (1920–1940) vorangetrieben. Am Vorabend des Zweiten Weltkrieges unterhielt der Diplomatische Dienst der Schweiz 27 Gesandtschaften und verfügte über insgesamt 676 Mitarbeiter, wovon 100 in der Zentrale eingesetzt waren; im Jahre 1945 lag die Mitarbeiterzahl dann bei fast 2000 Personen.[125] Das hatte seinen Grund darin, daß die Eidgenossenschaft während der Kriegszeit als Schutzmachtvertretung über 200 Mandate für insgesamt 43 Staaten wahrgenommen hatte.[126] Ende des Jahres 1973 betrug die Zahl der Diplomaten 1732, davon waren 511 in der Berner Zentrale tätig.

Aufgrund der herausgehobenen Bedeutung der französischen Sprache in der Diplomatie waren Personen aus der Westschweiz im Diplomatischen Dienst lange Zeit überproportional stark vertreten.[127] Zu Beginn der KSZE-Verhandlungen 1972/73 verfügte das EPD über fünf Direktionen (Abteilungen): Politische Direktion, Rechtsdienst, Internationale Organisationen, Entwicklungszusammenarbeit, Verwaltungsangelegenheiten sowie dazu das Generalsekretariat.[128] Neben Bereichen wie Protokoll und Presse gehörte zum Generalsekretariat auch das sogenannte Politische Sekretariat, welches als eine Art Planungsstab fungierte. Hier wurden auch die Angelegenheiten, die im Zusammenhang mit der Europäischen Sicherheitskonferenz standen, bearbeitet.[129] Während der KSZE-Konferenzen lag die Verantwortung bei dem jeweiligen Delegationschef. Zwischen der Konferenz von Helsinki 1975 und dem Belgrader Folgetreffen 1977 gab es im EPD die Stelle eines KSZE-Sachbearbeiters, die von dem bisherigen Delegationsmitglied Hans-Jörg Renk ausgeübt wurde. Organisatorisch war die Stelle sowohl dem Generalsekretariat als auch der Politischen Abteilung I (zuständig für Europa und Nordamerika) zugeordnet. Nach einer Übergangslösung im Nachgang zu Belgrad wurde das KSZE-Thema im Jahr 1980 schließlich der von Edouard Brunner geleiteten Politischen Abteilung I, deren geographische Zuständigkeit mit den KSZE-Ländern identisch war, unterstellt.[130]

---

[123] Flavio Cotti, Vorwort, in: Claude Altermatt, 1789–1998. Zwei Jahrhunderte Schweizer Aussenvertretungen, Bern 1998, S. 3–4, S. 4.

[124] Claude Altermatt, Les débuts, S. 5.

[125] Luzius Wildhaber, Kompetenzen und Funktionen der Bundeszentralverwaltung und des diplomatischen Dienstes im Ausland, in: Alois Riklin/Hans Haug/Hans Christoph Binswanger (Hgg.), Handbuch der schweizerischen Aussenpolitik, Bern 1975, S. 275–284, S. 276.

[126] Claude Altermatt, Zwei Jahrhunderte, S. 33, FN 27.

[127] Ders., Diplomatie, in: Historisches Lexikon der Schweiz, Bd. 3, S. 739–745, S. 745.

[128] Vgl. Staatskalender der schweizerischen Eidgenossenschaft 1972/1973, Bern 1972, S. 48ff.

[129] Wildhaber, Kompetenzen und Funktionen, S. 282.

[130] Gespräch mit Hans-Jörg Renk.

Aufgrund des Kollegialitätsprinzips, welches die kollektive Beschlußfassung durch die sieben Regierungsmitglieder vorschreibt, bedürfen Entscheidungen der mehrheitlichen Zustimmung durch den Gesamtbundesrat. Auch die Zuständigkeit für die Außenpolitik obliegt somit dem Kollektivgremium. Jeder Bundesrat ist jedoch für die organisatorische Leitung seines Departements und für die Einbringung von Anträgen aus seinem Geschäftsbereich selbst verantwortlich (Departementalprinzip).[131] An der Spitze des EPD standen im Untersuchungszeitraum zwei sozialdemokratische Bundesräte aus der Romandie, Pierre Graber (1970–1978) und Pierre Aubert (1978–1987).

Pierre Graber wurde 1908 in Chaux-de-Fonds im Kanton Neuenburg geboren. Nach einer juristischen Ausbildung war er zunächst als Anwalt tätig. Seit 1942 gehörte Graber für die SP dem Nationalrat an und war bis zu seiner Wahl in den Bundesrat im Dezember 1969 zudem als waadtländer Regionalpolitiker tätig gewesen. Als Innenpolitiker hätte Graber eigentlich gerne das prestigeträchtige Finanzdepartement übernommen, doch als Neuling im Bundesratskollegium mußte er sich mit dem EPD begnügen.[132] Seine neue Aufgabe erfüllte er jedoch mit großem Engagement. Im Departement herrschte unter Graber eine kollegiale und vertrauensvolle Atmosphäre. Der Bundesrat ließ seinen Mitarbeiter einen großen Spielraum, mahnte sie jedoch, sich dabei innerhalb der von ihm vorgegebenen Richtlinien zu bewegen. Vom Naturell her eher schüchtern und zurückhaltend, war die große diplomatische Bühne Grabers Sache nicht. So mischte er sich auf dem Empfang anläßlich der Unterzeichnung der KSZE-Schlußakte in Helsinki nur widerwillig zum „small talk" unter die anderen Staatsgäste.

Sein Nachfolger Pierre Aubert pflegte hingegen einen anderen Stil. Im Jahr 1927 ebenfalls in La Chaux-de-Fonds geboren, war Aubert zunächst als Anwalt und Regionalpolitiker tätig gewesen, bevor er seit 1971 seinen Heimatkanton Neuenburg im Ständerat vertrat. In der kleinen Parlamentskammer gehörte Aubert der Außenpolitischen Kommission an und war zudem Mitglied der Parlamentarischen Versammlung des Europarats.[133] Somit brachte er gute Voraussetzungen für sein neues Amt mit. Wie später näher auszuführen sein wird, setzte Aubert neue außenpolitische Prioritäten und war um eine Modernisierung der helvetischen Diplomatie bemüht, doch band er Entscheidungsträger und Mitarbeiter nicht ausreichend in sein Handeln ein. Als Konsequenz scheiterte er fast bei seiner Wiederwahl im Parlament, und die Stimmung im Außendepartement verschlechterte sich. Höhepunkt dieser Entwicklung war die „Affäre Weitnauer", als Aubert seinen höchsten Mitarbeiter entließ. Im Jahr 1986 schließlich lehnte das Stimmvolk das Hauptanliegen des Außenministers, den Beitritt der Schweiz zur

131 Vgl. Arnold Koller, Der Bundesrat im politischen System der Schweiz, in: Franziska Metzger/Markus Furrer (Hgg.), Religion, Politik, Gesellschaft im Fokus. Beiträge zur Emeritierung des Zeithistorikers Urs Altermatt, Freiburg i. Ü. 2010, S. 99–105.
132 Vgl. Pierre du Bois, Pierre Graber, in: Urs Altermatt (Hg.), Die Schweizer Bundesräte. Ein biographisches Lexikon, 2. Auflage, Zürich/München 1992, S. 528–533.
133 Pierre-André Stauffer, Pierre Aubert, in: Ebd. S. 569–574.

UNO, ab. Somit lagen in der Ära Aubert „Glanz und bittere Enttäuschung"[134] eng beinander.

Aufgrund der Besonderheiten des Schweizer Regierungssystems haben die Verwaltungsbeamten in der Führung der einzelnen Departemente (Ministerien) traditionell eine vergleichsweise starke Stellung und sorgen für personelle und inhaltliche Kontinuität. Wie einmal mit Blick auf die Verwaltungsführung der Handelsabteilung des Volkswirtschaftsdepartememts pointiert geurteilt worden ist, könne man „in diesen Spitzenbeamten die eigentlichen Außenminister der Schweiz sehen."[135] Drei mit den Angelegenheiten der KSZE befaßte Diplomaten des EPD, auf deren Denken und Handeln im weiteren Verlauf näher eingegangen werden wird, spielen in der Untersuchung eine zentrale Rolle.

Botschafter Rudolf Bindschedler[136] (1915–1991) war als Rechtsberater des Außendepartements tätig, zudem war er Professor für Völkerrecht an der Universität Bern. Bindschedler hatte entscheidenden Einfluß auf die Festlegung der Neutralitätspolitik im Kalten Krieg, die ihren Ausdruck in den 1954 fixierten neutralitätspolitischen Richtlinien fand, die auch als „Bindschedler-Doktrin" bezeichnet wurden. Einen Auslandsposten versah Bindschedler nicht, vielmehr wurde er über die Jahrzehnte zur „Grauen Eminenz" des Departements. Als Leiter einer internen Arbeitsgruppe in der Entstehungsphase der KSZE sowie als Delegationsleiter bei den Genfer Verhandlungen und dem Belgrader Folgetreffen hatte er wesentlichen Anteil an der Entwicklung der schweizerischen KSZE-Politik. Für den Völkerrechtler Bindschedler bestand das Hauptanliegen in der Schaffung eines gesamteuropäischen Systems der friedlichen Streiterledigung.

Ebenso wie Bindschedler war auch Botschafter Albert Weitnauer[137] (1916–1984) ein Verfechter einer traditionellen Neutralitätspolitik. Sein Schwerpunkt lag jedoch stärker auf dem Feld der Wirtschaft. Während des Zweiten Weltkriegs war Weitnauer im Amt für Materialbeschaffung tätig, später fungierte er im Volkswirtschaftsdepartement als Beauftragter für Handelsverträge und vertrat die Schweiz bei den Verhandlungen über die „Kennedy-Runde" des GATT. Mit seiner Ernennung zum Botschafter in London wechselte Weitnauer Anfang der siebziger Jahre auf die politisch-diplomatische Ebene. Im Jahr 1976 wurde er zum Generalsekretär des EPD und damit zum höchsten Beamten des Departements ernannt. Beim KSZE-Treffen in Belgrad hielt Weitnauer die Eröffnungsansprache der

134 Arnold Fisch, Meine Bundesräte. Von Etter bis Aubert, Stäfa 1989, S. 174.
135 Hans Ulrich Jost, Europa und die Schweiz 1945-1950. Europarat, Supranationalität und schweizerische Unabhängigkeit, Zürich 1999, S. 153; vgl. Marc Perrenoud, Politique économique et relations extérieures, in: Traverse 17 (1/2010), S. 171-183, S. 178 (Themenheft Wirtschaftsgeschichte in der Schweiz).
136 Vgl. Emanuel Diez, Botschafter Bindschedler als Rechtsberater des Politischen Departements, in: Ders./Jean Monnier/Jörg P. Müller u. a. (Hgg.), Festschrift für Rudolf Bindschedler zum 65. Geburtstag, Bern 1980, S. 1-13; Marc Perrenoud, Rudolf Bindschedler, in: Historisches Lexikon der Schweiz, Bd. 2, S. 436.
137 Vgl. Albert Weitnauer, Rechenschaft. Vierzig Jahre im Dienst des schweizerischen Staates, Zürich/München 1981; eine Dissertation zum handelspolitischen Wirken Albert Weitnauers wird derzeit von Philipp Hofstetter (Zürich) vorbereitet.

Schweiz. In der Auseinandersetzung über die Ausrichtung der Neutralitätspolitik mit Bundesrat Pierre Aubert, die 1980 zur Entlassung Weitnauers führte, zeigte sich die Rivalität zwischen Verwaltung und Politik.

Zur bestimmenden Figur der Schweizer Außenpolitik in den achtziger Jahren wurde Botschafter Edouard Brunner[138] (1932–2007), der nach Auslandsverwendungen – unter anderem in Washington und Warschau – seit Anbeginn der KSZE-Beratungen den verschiedenen Delegationen angehörte. In Genf und Belgrad amtierte Brunner als Stellvertreter Bindschedlers, bei der Folgekonferenz in Madrid übernahm er selbst die Leitung der Delegation und drückte der schweizerischen KSZE-Politik seinen Stempel auf. Brunner plädierte für eine stärkere Betonung der Menschenrechte und für eine aktivere außenpolitische Rolle der Schweiz.

---

[138] Vgl. Widmer, Schweizer Außenpolitik, S. 369 ff.; Andreas Wenger/Victor Mauer (Hgg.), Edouard Brunner ou la diplomatie du possible. Actes du colloque en son souvenir (Genève, 24 juin 2008), Zürich 2010.

2. Die Entstehung der Europäischen Sicherheitskonferenz (1969–1972)

2.1 Der Aufstieg der Détente-Politik

Die siebziger Jahre waren das Jahrzehnt der Détente-Politik. Die Realisierung der Europäischen Sicherheitskonferenz war nur möglich vor dem Hintergrund der sich verändernden Rahmenbedingungen in der Staatenwelt des Kalten Krieges.[1] Bei der Periodisierung der Entspannungsphase gibt es unterschiedliche Ansätze. Mit dem Bau der Berliner Mauer am 13. August 1961 und der Kubakrise im Herbst 1962 kam es zur „Stillegung des Kalten Krieges in Europa."[2] Die jeweiligen Einflußzonen waren de facto festgelegt und verstärkt durch den Prozeß der Dekolonialisierung verlagerte sich das Zentrum der Auseinandersetzung zunehmend nach Afrika und Südostasien. Die beiden Weltmächte sahen sich jeweils mit neuen außen- und innenpolitischen Problemen konfrontiert, die sie dazu brachte, sich einander anzunähern. Ob sich die Strukturen des Jahres 1963 als ein „konstruierter Frieden"[3] charakterisieren lassen, ist allerdings umstritten. Zurecht wird darauf hingewiesen, daß es einen deutlichen Qualitätsunterschied in den Ost-West-Beziehungen zwischen den sechziger Jahren mit Entwicklungen wie der Eskalation des Vietnamkrieges und der sowjetischen Invasion in der Tschechoslowakei einerseits und dem Streben nach Normalisierung und kontinuierlichem Dialog Anfang der siebziger Jahre andererseits gab.[4] Allgemein begünstigt wurde die Entwicklung hin zu Kooperation und Kommunikation zwischen den Blöcken durch „de[n] Zwang zur Verhütung eines Nuklearkrieges."[5] Détente bedeutete nicht das Ende des Kalten Krieges, sondern „it meant managing the Cold War in a safer and more controlled manner so as to minimize the possibility either of accidental war or of a destabilizing arms spiral."[6]

---

[1] Georges-Henri Soutou, La place d'Helsinki dans l'évolution de la guerre froide, in: Elisabeth du Réau/Christine Manigand (Hgg.), Vers la réunification de l'Europe. Apports et limites du processus d'Helsinki de 1975 à nos jours, Paris 2005, S. 223–230, S. 223f.

[2] Bernd Stöver, Der Kalte Krieg. 1947–1991. Geschichte eines radikalen Zeitalters, Bonn 2007, S. 144; zu den Entwicklungen speziell in Europa vgl. Jost Dülffer, Europa im Ost-West-Konflikt 1945–1991, München 2004 (OGG 18).

[3] Vgl. Marc Trachtenberg, A constructed Peace. The Making of the European Settlement 1945–1963, Princeton 1999.

[4] Jussi Hanhimäki, Ironies and Turning Points. Détente in Perspective, in: Odd Arne Westad (Hg.), Reviewing the Cold War. Approaches, Interpretations, Theory, London/Portland 2001, S. 326–342, S. 328.

[5] Manfred Görtemaker, Die unheilige Allianz. Die Geschichte der Entspannungspolitik 1943–1979, München 1979, S. 187.

[6] Robert J. McMahon, The Cold War. A very short introduction, Oxford 2003, S. 122.

2.1.1 Periodisierung und Definition

Einen wichtigen Impuls zum Durchbruch der Entspannungspolitik gaben die Regierungswechsel in Washington und Bonn im Jahre 1969. Sowohl die globale Gleichgewichtspolitik der USA unter der Nixon/Kissinger-Administration als auch die Ostpolitik der Regierung Brandt/Scheel in Europa sorgten für neue Dynamik in den internationalen Beziehungen. Im gleichen Zeitraum gelang mit der Budapester Erklärung der Warschauer-Pakt-Staaten vom März 1969 und der finnischen KSZE-Initiative vom Mai 1969 der entscheidende Schritt zur Realisierung einer europäischen Sicherheitskonferenz. Die Jahre 1969/70 lassen sich somit als Beginn der eigentlichen Détente-Ära bezeichnen. Mit Blick auf die Ursprünge der Détentepolitik ist in der jüngeren Forschung auch auf innenpolitische und gesellschaftliche Gründe verwiesen worden.[7] Dieser neuen These zufolge kooperierten die Regierungen der USA, Westeuropas, der Sowjetunion und Chinas „to protect their authority against a wide range of internal challengers. Detente was, in this sense, a direct reaction to to the ‚global disruption‘ of 1968. [...] At its core, detente was a mechanism for domestic fortification.“[8]

Die Unterzeichnung der KSZE-Schlußakte am 1. August 1975 stellte den Zenit der Annäherung zwischen Ost und West dar: „Helsinki, c'était la détente.“[9] Zwar könnte auch der historische Besuch Nixons in Moskau vom Mai 1972 genannt werden, doch würde diese Interpretation den Entspannungsprozeß auf die beiden Supermächte beschränken und sowohl die europäische als auch die multilaterale Ebene der Détente vernachlässigen. Wichtige Protagonisten der Entspannung wie US-Präsident Nixon, Bundeskanzler Brandt und der französische Präsident Pompidou verließen zudem erst 1974 die politische Bühne. Zur gleichen Zeit änderte sich auch das politische Klima in den USA. Ausdruck dessen war das sogenannte Jackson/Vanik-Amendment, mit dem die beiden Senatoren die Verabschiedung eines wichtigen Handelsvertrags mit Moskau an feste Ausreisezusagen für die jüdische Minderheit in der Sowjetunion koppeln wollten, woran die Vereinbarung 1974 schließlich scheiterte. Im Vorfeld der Konferenz von Helsinki sah sich US-Präsident Ford schließlich mit Forderungen konfrontiert, die Schlußakte nicht zu unterschreiben. Vor diesem Hintergrund können die Jahre 1974/1975 als Höhe- und als Wendepunkt der Entspannungspolitik charakterisiert werden.

Entgegen der Wahrnehmung ihrer zeitgenössischen Kritiker war die Entspannungspolitik der Weltmächte antagonistisch ausgerichtet.[10] Es handelte sich um

---

[7] Gemäß dieser Interpretation, Détente „also grew from a common urge for stability among leaders under attack at home. The diplomatic compromises and domestic repressions that accompanied detente reflected the deepening anxieties of government officials. Detente, in this sense, had a social origin that scholars have largely neglected. It was a convergent response to disorder among the great powers"; vgl. Jeremi Suri, Power and Protest. Global Revolution and the Rise of Detente, Cambridge/Mass. 2003, S. 2.

[8] Ebd. S. 213.

[9] Jacques Andréani, Le Piège. Helsinki et la chute du communisme, Paris 2005, S. 11.

[10] John Lewis Gaddis, Strategies of Containment. A critical Appraisal of American National Security Policy during the Cold War, Oxford 2005, S. 287.

die Fortsetzung der Systemauseinandersetzung mit anderen, berechenbareren Mitteln. Auch das Projekt der KSZE hatte nicht eine einvernehmliche „Lösung" im Sinne einer Beendigung des Ost-West-Konflikts zum Ziel, sondern, „Helsinki était un combat."[11] Diese Ambivalenz von „competition and cooperation"[12] war nicht nur kennzeichnend für den KSZE-Prozeß, sondern für die Ära der Entspannungspolitik insgesamt. Besonders deutlich zeigte sich dies in der Phase des Niedergangs in der zweiten Hälfte der siebziger Jahre. Staaten der Dritten Welt wurden nun zum Austragungsort neuer Ost-West-Spannungen.[13] Trotzdem hielt die Carter-Regierung an den Verhandlungen zur Rüstungsbegrenzung (SALT II) fest. Der „letzte Sargnagel"[14] für die Entspannungspolitik war schließlich der sowjetische Einmarsch in Afghanistan im Dezember 1979 und die scharfe amerikanische Reaktion. Die Nichtratifikation des SALT-II-Vertrages und der Erlaß der „Carter-Doktrin" vom Januar 1980 bedeuteten die Abschaffung des amerikanischen Konzepts der „selektiven Entspannung". Ebenfalls im Dezember 1979 war der NATO-Doppelbeschluß gefaßt worden. Um den Jahreswechsel 1979/1980 endete somit das Jahrzehnt der Détente-Politik.

Zusammenfassend läßt sich „Détente" definieren als „a historical phase and manifestation of East-West relationship which gained its momentum during the first half of the 1970s and declined in the second half of that decade. It represents a variant of the Cold War carried out with other means, means which seemed safer for preservation of world peace, without either side having to cease to pursue their aims."[15]

2.1.2 Vorreiterrolle de Gaulles und Neue Ostpolitik

Im Anfang war de Gaulle. In dieser Abwandlung einer Formulierung Arnulf Barings läßt sich die Vorreiterrolle des französischen Staatspräsidenten im beginnenden Entspannungsprozeß der sechziger Jahre zusammenfassen. Charles de Gaulle verfolgte dabei die Vision einer schrittweisen Überwindung der Ost-West-Konfrontation in Europa, was er mit der berühmten Formel „détente, entente, cooperation" umschrieb.[16] Ziel dieser Entwicklung war ein wiedervereinigtes Europa souveräner Nationalstaaten, das „vom Atlantik bis zum Ural" reichen

---

[11] Soutou, La place d'Helsinki, S. 225.

[12] Raymond L. Garthoff, Détente and Confrontation. American-Soviet Relations from Nixon to Reagan, Revised Edition, Washington D. C. 1994, S. 1146.

[13] Vgl. Odd Arne Westad, The Global Cold War. Third World Interventions and the Making of Our Times, Cambridge 2005.

[14] Zbigniew Brzezinski, Power and Principle. Memoirs of the National Security Adviser 1977-1981, New York 1983, S. 189.

[15] Klaus Hildebrand, The Cold War as Détente. The Phenomenology of the World Community of Nation States in the 1970s, in: Vladimir Bilandzic/Milan Kosanovic (Hgg.), From Helsinki to Belgrade – The First CSCE Follow-up Meeting in Belgrade 1977/78, Belgrad 2008, S. 33-47, S. 43f.

[16] Vgl. zur Außenpolitik de Gaulles Maurice Vaïsse, La grandeur. Politique étrangère du général de Gaulle 1958-1969, Paris 1998.

sollte.[17] Das Détente-Konzept des französischen Präsidenten war im Gegensatz zur später praktizierten amerikanisch-sowjetischen Entspannungspolitik kooperativ angelegt, denn es ging von einer Lösung des Ost-West-Konflikts durch beiderseitigen Konsens aus. Als die beiden Hauptpfeiler eines neu zu schaffenden europäischen Gleichgewichtssystems sah de Gaulle natürlich in erster Linie Frankreich selbst sowie die Sowjetunion in der historischen Tradition des zarischen Rußland an.[18] Die USA empfand der General hingegen als machtpolitischen Konkurrenten und als Gefahr für den Frieden in Europa. Den Höhepunkt von de Gaulles Annäherungsversuchen an Moskau stellte sein Staatsbesuch in der Sowjetunion im Jahre 1966 dar. Im Rückblick wird allerdings deutlich, daß das Entspannungskonzept des französischen Staatspräsidenten den Realitäten der internationalen Politik jener Zeit nur unzureichend Rechnung trug. So unterschätzte er die ideologische Komponente in der globalen Systemauseinandersetzung zwischen den Weltmächten, vernachlässigte in seinen Überlegungen die Bedeutung der amerikanischen Militärpräsenz für das Sicherheitsbedürfnis der Staaten Westeuropas und überschätzte die Einflußmöglichkeiten Frankreichs auf die Entwicklung der Ost-West-Beziehungen in Europa. Gleichwohl sollte der durch Präsident de Gaulle in die internationale Politik miteingeführte Entspannungsgedanke über seinen Rücktritt 1969 hinaus die Entwicklung der europäischen Staatenwelt in den folgenden Jahren maßgeblich beeinflussen.[19]

In der Frage der Entspannungspolitik ergab sich zudem ein inhaltlicher Anknüpfungspunkt zwischen de Gaulle und dem bundesdeutschen Außenminister Willy Brandt[20], der nach dem Bonner „Machtwechsel"[21] des Jahres 1969 als erster Sozialdemokrat das Amt des Bundeskanzlers übernahm. Gemeinsam mit Egon Bahr, dem „Architekten" der sogenannten „Neuen Ostpolitik", war Brandt der Überzeugung, daß der Weg zur Entspannung nur über Moskau möglich war, also die Sowjetunion der primäre Ansprechpartner auf östlicher Seite sein mußte. In den sechziger Jahren hatte es bereits zwei andere politische Ansätze gegeben. Bundesaußenminister Gerhard Schröder (CDU) hatte versucht, mit einer „Politik der Bewegung"[22] gleichsam an der Sowjetunion vorbei in engeren Kontakt mit den Staaten Ostmitteleuropas zu kommen. Herbert Wehner (SPD) und in Ansätzen auch Bundeskanzler Kurt Georg Kiesinger (CDU) wollten hingegen direkte Möglichkeiten zur Kontaktaufnahme mit der Führung der DDR auslo-

---

[17] Hans-Dieter Lucas, Europa vom Atlantik bis zum Ural? Europapolitik und Europadenken im Frankreich der Ära de Gaulle (1958–1969), Bonn 1992, S. 358ff.

[18] Hélène Carrère d'Encausse, Conclusion. La Russie dans la géopolitique de Charles de Gaulle, in: Maurice Vaïsse (Hg.), De Gaulle et la Russie, Paris 2006, S. 273–279, S. 274.

[19] John Dubabin, The Cold War. The Great Powers and their Allies, Harlow 2008, S. 324.

[20] Klaus Hildebrand, Willy Brandt, Charles de Gaulle und „la grande Europe", in: HZ 279 (2004), S. 387–408, S. 391.

[21] Vgl. Arnulf Baring, Machtwechsel. Die Ära Brandt-Scheel, Berlin 1998.

[22] Vgl. Franz Eibl, Politik der Bewegung. Gerhard Schröder als Außenminister 1961–1966, München 2001; Torsten Oppelland, Gerhard Schröder (1910–1989). Politik zwischen Staat, Partei und Konfession, Düsseldorf 2002.

ten.[23] Die Niederschlagung des „Prager Frühlings" durch sowjetische Truppen am 21. August 1968 verdeutlichte jedoch die entscheidende Rolle der Sowjetunion in den Ost-West-Beziehungen.

Die Ostpolitik der sozialliberalen Koalition besaß sowohl ein statisches als auch ein dynamisches Element. Es sah einerseits die – allerdings unter Vorbehalt gestellte – Anerkennung der bestehenden Grenzen vor, wollte auf diesem Weg jedoch gleichzeitig Verbesserungen für die Menschen in der DDR und einen Abbau der Spannungen mit dem Ziel einer „europäischen Friedensordnung" erreichen. Bereits in einer Rede vor der Evangelischen Akademie Tutzing im Jahr 1963 hatte Bahr für diesen Ansatz die Formel „Wandel durch Annäherung" geprägt.[24] Nach der Regierungsübernahme des Jahres 1969 startete die neue Regierung eine diplomatische Offensive gegenüber der Sowjetunion, die am 12. August 1970 zum Abschluß des „Moskauer Vertrages" führte. Er beinhaltete die de-facto Anerkennung der bestehenden Grenzen auf Grundlage des Prinzips des Gewaltverzichts.[25] Von bundesdeutscher Seite wurde dem Vertrag jedoch auf maßgebliche Initiative von Außenminister Walter Scheel der „Brief zur deutschen Einheit" beigefügt, in dem auf die fortdauernde Gültigkeit des in der Präambel des Grundgesetzes festgeschriebenen Wiedervereinigungsgebots verwiesen wurde.[26]

Der Moskauer Vertrag war der „Dreh- und Angelpunkt der Neuen Ostpolitik"[27], von dem ausgehend weitere bilaterale Verträge mit der Volksrepublik Polen (1970) und der Tschechoslowakei (1973) ausgehandelt wurden. Die Ostpolitik der Regierung Brandt/Scheel war innenpolitisch umstritten, was sich insbesondere auch am Übertritt mehrerer Koalitionsabgeordneter zu den Unionsparteien und dem versuchten Mißtrauensvotum gegen Bundeskanzler Brandt zeigte. Insbesondere die Vertriebenen fühlten sich mit ihrem Anliegen auf „Heimatrecht" von der Bundesregierung im Stich gelassen.[28]

Im internationalen Kontext führte die neue Ostpolitik dazu, daß die „deutsche Frage" in den Ost-West-Beziehungen an Brisanz verlor und somit der Weg zu multilateralen Gesprächen erleichtert wurde. Zudem war es der Bundesregierung gegenüber der Sowjetunion gelungen, im Zusammenhang mit den Verhandlungen zum Moskauer Vertrag eine Art Junktim zu einer Regelung über Berlin herzustellen: „Das Berlin-Abkommen war die Gegenleistung für den Moskauer-Vertrag, so wie umgekehrt der Moskauer-Vertrag die Gegenleistung für das Berlin-

[23] Für unterschiedliche Interpretationsansätze vgl. Philipp Gassert, Kurt Georg Kiesinger. Kanzler zwischen den Zeiten, München 2006; Dirk Kroegel, Einen Anfang finden. Kurt Georg Kiesinger in der Außen- und Deutschlandpolitik der Großen Koalition, München 1997.
[24] Peter Merseburger, Willy Brandt (1913-1992), München 2004, S. 441 f.
[25] Andreas Rödder, Die Bundesrepublik Deutschland 1969-1990, München 2004, S. 38 f. (OGG 19A).
[26] Arnulf Baring, Machtwechsel. Die Ära Brandt-Scheel, Berlin 1998, S. 410 f.
[27] Werner Link, Die Entstehung des Moskauer Vertrages im Lichte neuer Archivalien, in: VfZ 49 (2001), S. 295-315, S. 295.
[28] Vgl. Manfred Kittel, Vertreibung der Vertriebenen? Der historische deutsche Osten in der Erinnerungskultur der Bundesrepublik (1961-1982), München 2007; Andreas Kossert, Kalte Heimat. Die Geschichte der Vertriebenen nach 1945, München 2008.

Abkommen war."[29] Wie die Krisen der Jahre 1948/49 und 1958 bis 1962 gezeigt hatten, war die ehemalige deutsche Reichshauptstadt die Schwachstelle des Westens. Im Viermächte-Abkommen (1971) wurden zwischen den Regierungen der USA, der Sowjetunion, Großbritanniens und Frankreichs die Berlin betreffenden Fragen geklärt.[30] In direkten Gesprächen einigten sich die Bundesrepublik und die DDR mit dem Grundlagenvertrag vom November 1972 zudem auf generelle Grundsätze in den sogenannten innerdeutschen Beziehungen.[31] Die Unterzeichnung der Ostverträge, der Berlin-Vereinbarung und des Grundlagenvertrages führten dazu, daß aus Sicht des Warschauer Pakts „die deutschlandpolitische Funktion der KSZE größtenteils obsolet"[32] geworden war, als schließlich am 22. November 1972 die Multilateralen Vorbereitungsgespräche zur KSZE begannen. Mit Blick auf den alten Kontinent, „détente represented an era when Europeans, for the first time since World War II, began to build a truly ‚European' order."[33]

2.1.3 Entspannung im amerikanisch-sowjetischen Verhältnis

Den USA und der Sowjetunion ging es im Entspannungsprozeß jeweils darum, im Verhältnis zur anderen Supermacht eigene Probleme und Nachteile auszugleichen und neue diplomatische Handlungsmöglichkeiten zu gewinnen.[34] Das Hauptproblem der Sowjetunion war ihr Legitimationsdefizit. Sie konnte ihre Vorherrschaft in Osteuropa nur auf militärische Stärke gründen. Der Aufruhr des Jahres 1968 in Prag und Warschau war für die sowjetische Führung ein Schock gewesen, stellte sich die angenommene Stabilität im eigenen Herrschaftsbereich doch als ziemlich fragil heraus. Als Konsequenz wurde die Breschnew-Doktrin erlassen. Sie band die Politik der Warschauer-Pakt-Staaten an die Vorgaben Moskaus und beinhaltete bei einer Gefährdung der sozialistischen Herrschaftsordnung ein Interventionsrecht der Sowjetunion.[35] Die Niederschlagung des „Prager Frühlings" bedeutete für die Sowjetunion nach innen das Eingeständnis der mangelnden Wandlungsfähigkeit des sozialistischen Systems. Gleichzeitig sah sich die Moskauer Führung in Gestalt der Volksrepublik China mit einer neuen äußeren Herausforderung konfrontiert. Die Spannungen zwischen Moskau und Peking nahmen Ende der sechziger Jahre bedrohliche Züge an, als es am Fluß Ussuri zu

[29] Link, Die Entstehung des Moskauer Vertrages, S. 311.
[30] Karl-Dietrich Bracher/Wolfgang Jäger/Werner Link (Hgg.), Republik im Wandel 1969–1974. Die Ära Brandt, Stuttgart 1986, S. 199 ff. (Geschichte der Bundesrepublik Deutschland 5/I).
[31] Helga Haftendorn, Deutsche Außenpolitik zwischen Selbstbeschränkung und Selbstbehauptung, Stuttgart/München 2001, S. 205 f.
[32] Hans-Peter Schwarz, Zwischenbilanz der KSZE, Stuttgart 1977, S. 15.
[33] Jussi Hanhimäki, Conservative goals, revolutionary outcomes: the paradox of détente, in: Cold War History 8 (2008) S. 503–512, S. 505.
[34] Ronald E. Powaski, The Cold War. The United States and the Soviet Union 1917–1991, Oxford 1998, S. 167 f.
[35] Georges-Henri Soutou, La guerre de Cinquante Ans. Les relations Est-Ouest 1943–1990, Paris 2001, S. 487 f.

Grenzgefechten zwischen den Armeen beider Länder kam.[36] Die Sowjetunion suchte daher Entlastung in der ideologischen Auseinandersetzung mit den USA, wollte gleichzeitig ihren Hegemonialstatus in Ostmitteleuropa festigen und machtpolitisch auf gleicher Augenhöhe mit Washington verhandeln. Détente bedeutete aus Moskauer Sicht, von den USA als gleichberechtigte Weltmacht in einem bipolaren internationalen System anerkannt zu werden.[37] Das sowjetische Entspannungskonzept beruhte auf dem Konzept der „Friedlichen Koexistenz".[38] Es läßt sich aus östlicher Perspektive definieren als „the parallel existence of states with differing socioeconomic and political systems, characterized by normal diplomatic and economic relations and a minimum set of bilateral and multilateral agreements."[39] Daß sich die Entspannungspolitik innerhalb der Moskauer Parteielite überhaupt als außenpolitische Strategie durchsetzte, war „largely the product of the personal motivations of General Secretary Leonid Breschnew."[40] Hierbei spielten die negativen Erinnerungen an die Schrecken des Zweiten Weltkriegs und die Ablehnung des riskanten außenpolitischen Konfrontationskurses unter Nikita Chruschtschow eine entscheidende Rolle. Breschnew avancierte zum „main architect of détente on the Eastern side of the Cold War divide".[41]

Nicht nur die Sowjetunion, auch die USA sahen sich Ende der sechziger Jahre mit bisher nicht gekannten Problemen konfrontiert. Sie verstrickten sich immer stärker in ihr verhängnisvolles militärisches Engagement in Vietnam, ohne daß ein erfolgreiches Ende absehbar war. Der Krieg wirkte sich zunehmend desaströs auf Politik, Wirtschaft und Gesellschaft in den USA aus.[42] Der seit der Truman-Doktrin bestehende Konsens innerhalb der amerikanischen Bevölkerung über eine aktive Eindämmungspolitik im Kampf gegen den Kommunismus zerbrach. Die Finanzierung des Krieges ließ die Schulden des Staates sprunghaft ansteigen. Gleichzeitig fehlten diese finanziellen Mittel im Rüstungswettlauf mit der Sowjetunion und für innen- und sozialpolitische Maßnahmen wie US-Präsident Johnsons Projekt der „Great Society". Durch die ungewohnte wirtschaftliche und finanzielle Schwäche der USA wurden die Strukturen des von Washington dominierten Weltwirtschafts- und Finanzsystems zunehmend in Frage gestellt. Die teilweise brutale Kriegführung in Vietnam erschütterte den Patriotismus vieler Amerikaner und beschädigte das internationale Ansehen des Landes. Hinzu kamen innenpolitische Probleme. Nach der Ermordung von Martin Luther King im

---

[36] John Lewis Gaddis, Der Kalte Krieg. Eine neue Geschichte, München 2008, S. 187.
[37] Odd Arne Westad, The Fall of Détente and the Turning Tides of History, in Ders. (Hg.), The Fall of Détente. Soviet-American Relations during the Carter Years, Oslo 1997, S. 3–33, S. 13.
[38] Stöver, Der Kalte Krieg, S. 386.
[39] Jurii Pankov, Definition and Dimensions of Détente. A Soviet Viewpoint, in: Daniel Frei (Hg.), Definitions and Measurement od Détente. East and West Perspectives, Cambridge 1981, S. 57–61, S. 58.
[40] Vladislav Zubok, The Soviet Union and détente of the 1970s, in: Cold War History 8 (2008), S. 427–447, S. 430.
[41] Ebd S. 432.
[42] Paul Kennedy, Aufstieg und Fall der Grossen Mächte. Ökonomischer Wandel und militärischer Konflikt von 1500 bis 2000, Frankfurt/Main 1991, S. 601.

April 1968 kam es zu einer Welle von Rassenunruhen. Nur wenige Wochen später wurde der demokratische Präsidentschaftskandidat Robert Kennedy erschossen. Im Januar 1969 übernahm der Republikaner Richard Nixon das Amt des amerikanischen Präsidenten „under the most fractious domestic circumstances since the Civil War."[43] Zusammen mit seinem Nationalen Sicherheitsberater Henry Kissinger verfolgte der neue amerikanische Präsident einen realpolitischen Ansatz und strebte eine Begrenzung des außenpolitischen Engagements nach dem Primat des „nationalen Interesses" an. Die Grundzüge dieser „Nixon-Doktrin" erläuterte der amerikanische Präsident mit Blick auf Asien erstmals am 25. Juli 1969 in einem Pressegespräch auf der Pazifikinsel Guam.[44] Der Umfang des sicherheitspolitischen Engagements sollte zukünftig begrenzt werden. Die USA bekannten sich zur Einhaltung ihrer vertraglichen Verpflichtungen und garantierten das Fortbestehen des nuklearen Abschreckungsschirms sowie den Schutz bei nuklearer Bedrohung eines Verbündeten. Bezogen auf konventionelle Konflikte hingegen wurden eine mögliche amerikanische Beteiligung und die Art der Unterstützung von der jeweiligen amerikanischen Interessenlage abhängig gemacht.[45] Darüber hinaus wollte Washington neuen diplomatischen Handlungsspielraum gewinnen, um dem erlittenen Machtverlust der letzten Jahre entgegenzuwirken. Die USA befanden sich in den Worten Kissingers „in a period, in which American Foreign Policy has to be put on a new foundation."[46] Das Nahziel der USA war die Beendigung des Vietnamkriegs unter ehrenvollen Bedingungen. Hierin lag eine Hauptmotivation für die amerikanische Détente-Politik. Mit der Strategie des „linkage" in den Verhandlungen mit der Sowjetunion sollte beispielsweise die Suche nach einer Friedenslösung in Vietnam mit anderen Politikfeldern wie den Rüstungskontrollverhandlungen „SALT" verknüpft werden.[47] Im Gesamtrahmen der Weltpolitik Ende der sechziger Jahre verfolgten Nixon und Kissinger mit ihrem neuen außenpolitischen Kurs das Ziel „to sustain American global power."[48]

Entscheidend für die Neugestaltung der Außenbeziehungen war aus amerikanischer Perspektive das Verhältnis zur Volksrepublik China und zur Sowjetunion. Dabei kam den USA das „kommunistische Schisma" zwischen Moskau und Peking Ende der sechziger Jahre zugute. Als Kalifornier hatte Nixon eine präzise Vorstellung von der Rolle der USA als pazifische Macht. Obwohl Nixon zu den schärfsten Antikommunisten zählte, war ihm Ende der sechziger Jahre bewußt, daß die Volksrepublik China in den Internationalen Beziehungen nicht einfach

---

[43] Henry Kissinger, Diplomacy, New York 1994, S. 674f.
[44] Robert Dallek, Nixon and Kissinger. Partners in Power, New York 2007, S. 143f.
[45] Christian Hacke, Zur Weltmacht verdammt. Die amerikanische Außenpolitik von J. F. Kennedy bis G. W. Bush, München 2005, S. 148f.
[46] Foreign Relations of the United States 1969–1976 (FRUS), Foundations of Foreign Policy 1969–1972, Nr. 47: White House Background Press Briefing by the President's Assistant for National Security Affairs (Kissinger), December 18, 1969, S. 154.
[47] Gaddis, Strategies of Containment, S. 292.
[48] Jussi M. Hanhimäki, An Elusive Grand Design, in: Fredrik Logevall/Andrew Preston (Hgg.), Nixon in the World. American Foreign Relations 1969-1977, Oxford 2008, S. 25–44, S. 30.

übergangen werden konnte, was er mit der Formel „containment without isolation" umschrieb. [49]

2.1.4 Die Rolle Henry Kissingers

Für Henry Kissinger, der sich in seiner akademischen Karriere in historischer Perspektive intensiv mit Weltordnungsfragen beschäftigt hatte, stand bei Amtsantritt fest, daß die USA auf die Veränderung der bipolaren Strukturen der Internationalen Politik hin zu einer multilateralen Weltordnung reagieren mußten. Unter diesen neuen Voraussetzungen unternahm er den Versuch, „to reestablish international stability and American strength."[50] Kissinger befürwortete ein neues, globales Gleichgewichtssystem der Großmächte, denn „there can be no peace without equilibrium."[51] In den folgenden Jahren verfolgten die USA eine geschickte „Dreiecksdiplomatie" gegenüber Peking und Moskau. In Geheimverhandlungen bereitete Kissinger zunächst den Weg für Nixons historischen Besuch in China im Februar 1972. Sichtbares Zeichen der amerikanisch-chinesischen Annäherung war die Unterzeichnung des sogenannten Shanghai-Communiqués, in dem beide Länder erklärten, daß „neither should seek hegemony in the Asia-Pacific region, and each is opposed to efforts by any other country or group of countries to establish such hegemony."[52] Mit seiner deutlich antisowjetischen Stoßrichtung war dieses Dokument ein Produkt klassischer Gegenmachtsbildung. Allerdings verfolgten Nixon und Kissinger mit der Annäherung an China insgesamt nicht etwa das Ziel einer Konfrontation gegenüber der Sowjetunion. Vielmehr sollte ähnlich der Strategie Otto von Bismarcks beim Abschluß des Zweibundes zwischen dem Deutschen Reich und Österreich-Ungarn im Jahr 1879 eine „Aushilfskonstruktion" geschaffen werden mit dem Ziel, Rußland durch die Perspektive der drohenden Isolierung zu Dialog- und Kompromißbereitschaft zu bewegen. Nach diplomatischer Vorbereitung durch Kissinger reiste Präsident Nixon im Mai 1972 schließlich zu einem historischen Besuch nach Moskau.[53] Mit der Unterzeichnung des SALT-Vertrages wurde ein wichtiger Schritt zur Begrenzung strategischer Waffensysteme getan. Durch eine geschickte Machtpolitik gelang es der Nixon-Administration, die negativen Konsequenzen des Vietnam-Debakels und der schwindenden amerikanischen Dominanz in der Internationalen Politik teilweise abzufedern. In der Einschätzung des Schweizer Außenministers Pierre Graber hat Kissinger „mit Erfolg das Experiment der traditionellen Diplomatie

---

[49] Christian Hacke, Die Ära Nixon-Kissinger. Konservative Reform der Weltpolitik, Stuttgart 1983, S. 49.

[50] Jeremi Suri, Henry Kissinger and American Grand Strategy, in: Fredrik Logevall/Andrew Preston (Hgg.), Nixon in the World. American Foreign Relations 1969-1977, Oxford 2008, S. 67-84, S. 80.

[51] Henry Kissinger, White House Years, New York 1979, S. 55.

[52] Zit. nach Ders., Diplomacy, S. 728.

[53] Powaski, The Cold War, S. 183.

den neuen Gegebenheiten des Atomzeitalters angepaßt."[54] In der jüngeren Forschung wird allerdings grundsätzliche Kritik an Kissingers Konzeption geäußert.
So habe er Außenpolitik nur durch die Brille des Kalten Krieges und der Großmächte betrachtet. Regionale Besonderheiten, längerfristige Konsequenzen und
die Bedürfnisse anderer Länder seien hingegen ausgeblendet und notfalls eigenen
Interessen geopfert worden.[55]

Mit ihrem realpolitischen Ansatz, der die Fähigkeit zu Verhandlungen mit
ideologischen Gegnern beinhaltete, leistete die Nixon-Administration insgesamt
einen wichtigen Beitrag zum Durchbruch der Détente-Politik in den Internationalen Beziehungen. In der globalen außenpolitischen Strategie der USA spielte
das Projekt der Europäischen Sicherheitskonferenz gleichwohl nur eine untergeordnete Rolle.[56] Zudem widersprach das Format der KSZE dem von persönlichen
bilateralen Kontakten und von Diskretion geprägten diplomatischen Stil Henry
Kissingers.[57] Schließlich ist noch darauf hinzuweisen, daß „Détente, both in its
West European and American formulations, did not seek to end the Cold War,
but to make it easier to live with."[58]

2.2 Die Europäische Sicherheitskonferenz als Thema der Ost-West-Beziehungen

Bei dem Vorschlag zur Einberufung einer Europäischen Sicherheitskonferenz
handelte es sich um ein altes Prestigeprojekt der Sowjetunion. Bereits auf der Berliner Außenminister-Konferenz der vier Siegermächte im Jahre 1954 war diese
Forderung vom damaligen sowjetischen Außenminister Molotow erhoben worden.[59] In Verbindung mit einer Neutralisierung Deutschlands wurde vorgeschlagen, „unverzüglich Maßnahmen [zu] treffen, um den Abschluß eines Vertrages
zwischen den europäischen Staaten über kollektive Sicherheit zu fördern, der entsprechende Garantien gegen Aggression und Verletzung des Friedens in Europa
vorsieht."[60] Die Westmächte wurden aufgefordert, „die Initiative zur Einberufung

---

[54] Schweizerisches Bundesarchiv (BAR), E1050.12, 1995/511, Bd. 12 (Parlamentsdienste), Kommission für Auswärtige Angelegenheiten des Nationalrats, Protokoll der Sitzung vom 17. Februar 1977.

[55] Jussi Hanhimäki, The Flawed Architect. Henry Kissinger and American Foreign Policy, Oxford 2004, S. 488 ff.

[56] John J. Maresca, To Helsinki. The Conference on Security and Cooperation in Europe 1973–
1975, Durham/London 1987, S. 213 f.

[57] Jussi M. Hanhimäki, „They can write it in Swahili". Kissinger, the Soviets, and the Helsinki
Accords, in: Journal of Transatlantic Sudies 1 (2003), S. 37–58, S. 40 ff.

[58] Jeremi Suri, Détente and human rights. American and West European perspectives on international change, in: Cold War History 8 (2008), S. 527–545, S. 529.

[59] Ghebali, La diplomatie de la détente. La CSCE d'Helsinki à Vienne, S. 4.

[60] Schramm/Riggert/Friedel, Sicherheitskonferenz, Dok. 256: Vorschlag des sowjetischen Außenministers Molotow über die Gewährleistung der Sicherheit in Europa, 10. Februar 1954,
S. 363.

einer entsprechenden Konferenz der europäischen Staaten zu ergreifen."[61] Mit dieser in den folgenden Jahren immer wieder erhobenen Forderung verfolgte Moskau das Ziel, durch eine Art verspätete Friedenskonferenz die internationale Anerkennung des territorialen Status quo, und damit die Anerkennung ihrer eigenen Hegemonialstellung in Ostmitteleuropa, zu erreichen. Im konkreten Zeitkontext des Jahres 1954 sollte zudem die Westintegration der Bundesrepublik Deutschland aufgehalten oder im Rahmen der sozialistischen Friedensrhetorik zumindest moralisch diskreditiert werden.[62] Entsprechend abweisend reagierten die westlichen Staaten auf den sowjetischen Vorschlag.

Vor dem Hintergrund der aufkommenden Entspannungspolitik nahm die Konferenzidee seit Mitte der sechziger Jahre konkrete Formen an. Die Staaten des Warschauer-Pakts waren hierbei zunächst die treibende Kraft. Auf ihrer Konferenz in Bukarest im Juli 1966 erneuerten sie ihre Forderung nach „Einberufung einer europäischen Konferenz zur Erörterung von Fragen der Gewährleistung der Sicherheit in Europa und zur Anbahnung der europäischen Zusammenarbeit."[63] Adressaten der Erklärung waren „sowohl die Mitglieder des Nordatlantikvertrages als auch die neutralen Staaten."[64] Eine mögliche Teilnahme der USA wurde also nicht explizit ausgeschlossen. Anläßlich des Treffens der kommunistischen Parteien und Arbeiterparteien im Jahre 1967 in Karlsbad wurde der Vorschlag dann jedoch an vier Bedingungen geknüpft[65] und der Teilnehmerkreis eingeschränkt. Als Voraussetzung zur Einberufung einer europäischen Konferenz wurde erstens die Anerkennung der bestehenden Grenzen, insbesondere der Oder-Neiße-Linie und der innerdeutschen Grenze, genannt. Zweitens forderte der Ostblock die diplomatische Anerkennung der DDR und die Aufgabe des Alleinvertretungsanspruchs durch die Bundesrepublik. Weiterhin ging es den sozialistischen Staaten drittens um den Verzicht der Bundesrepublik auf den Besitz oder Mitbesitz von Atomwaffen. Darüber hinaus wurde verlangt, die Ergebnisse des Münchener Abkommens von 1938 für ungültig zu erklären. Es ist auffällig, daß die aufgestellten Bedingungen alle direkt oder indirekt um das Deutschlandproblem kreisen, was dessen zentrale Rolle in den Überlegungen des Warschauer Pakts zum Konferenzprojekt unterstreicht.[66] Was den möglichen Teilnehmerkreis betraf, so sollte es sich nun um eine „Konferenz aller europäischen Staaten"[67] handeln. Im Gegen-

---

[61] Ebd.
[62] Bredow, KSZE-Prozess, S. 35.
[63] Schramm/Riggert/Friedel, Sicherheitskonferenz, Dok. 293: Erklärung der Teilnehmerstaaten des Warschauer Vertrages in Bukarest, 06. Juli 1966, S. 434.
[64] Ebd.
[65] Ebd., Dok. 298: Erklärung der auf der Konferenz in Karlsbad vertretenen kommunistischen und Arbeiterparteien Europas, 26. April 1967, S. 441.
[66] Csaba Békés, The Warsaw Pact, the German Question and the Birth of the CSCE Process 1961-1970, in: Oliver Bange/Gottfried Niedhart (Hgg.), Helsinki 1975 and the Transformation of Europe, New York/Oxford 2008, S. 113-128, S. 115.
[67] Schramm/Riggert/Friedel, Sicherheitskonferenz, Dok. 298: Erklärung der auf der Konferenz in Karlsbad vertretenen kommunistischen und Arbeiterparteien Europas, 26. April 1967, S. 442.

satz zur Verlautbarung von Bukarest schloß die Karlsbader Erklärung eine Beteiligung der USA somit indirekt aus. Erkennbar ist zudem die Absicht des Ostblocks, Unterstützung bei den neutralen Staaten für das Konferenzprojekt zu gewinnen. So wurde in der Erklärung „die Anerkennung des Prinzips der Neutralität"[68] als ein Ziel des Entspannungsprozesses genannt. Demgegenüber war die Diktion gegenüber den USA und der Bundesrepublik in beiden Erklärungen betont feindselig, was im deutlichen Widerspruch zum propagierten Entspannungswillen stand.[69]

Innerhalb der NATO gab es seit Anfang der sechziger Jahre Meinungsverschiedenheiten über die richtige Militärstrategie gegenüber der Sowjetunion, die finanzielle und personelle Lastenteilung zwischen den Westeuropäern und den USA sowie über die Souveränität von Mitgliedsstaaten insbesondere im Bereich der nuklearen Sicherheitspolitik. Den Höhepunkt der Krise des atlantischen Bündnisses stellte im März 1966 die Erklärung des französischen Staatspräsidenten Charles de Gaulle zum Austritt seines Landes aus dem militärischen Teil der NATO dar.[70] Dieser Schritt nährte Befürchtungen hinsichtlich einer möglichen Erosion des Bündnisses, sah der im Jahr 1949 geschlossene NATO-Vertrag doch nach 20 Jahren eine Ausstiegsoption für die Mitgliedsstaaten vor. Bei dem desolaten Zustand der NATO bestand die reale Gefahr, daß Frankreich und eventuell weitere Länder im Jahre 1969 der NATO den Rücken kehren würden. In dieser Situation schlug der belgische Außenminister Pierre Harmel im Herbst 1966 die Ausarbeitung einer umfangreichen Studie zur Zukunft der Allianz vor. Nach einjähriger Arbeit wurde auf der Ministerratstagung der NATO im Dezember 1967 der „Bericht über die zukünftigen Aufgaben der Allianz" (Harmel-Bericht) verabschiedet. Neben der Gewährleistung der militärischen Sicherheit wurde die Rolle der NATO nun um die politische Aufgabe der Entspannung erweitert: „Militärische Sicherheit und eine Politik der Entspannung stellen keinen Widerspruch, sondern eine gegenseitige Ergänzung dar."[71] Die zukünftige Aufgabe des Entspannungsprozesses liege in einem Dialog „zwischen Staaten in Ost und West auf bilateraler oder multilateraler Grundlage".[72] Der Harmel-Bericht wies der NATO also eine zentrale Rolle im Rahmen des Entspannungsprozesses zu.[73] Bei der Umsetzung der Entspannungsmaxime des Harmel-Berichts ging es den NATO-Staaten insbesondere um eine beiderseitige militärische Abrüstung. Hintergrund dieser Überlegungen waren die anhaltend hohen Rüstungsausgaben, die Belastungen der USA in Vietnam und die begrenzten finanziellen Ressourcen der Mitglieder.

---

[68] Ebd.
[69] Manfred Görtemaker/Wichard Woyke/Klaus Nieder, Sicherheit für Europa? Die Konferenz von Helsinki und Genf, Opladen 1974, S. 78.
[70] Vaïsse, La grandeur, S. 385.
[71] Jacobsen/Mallmann/Maier, Dokumente, Dok. 06: Bericht über die zukünftigen Aufgaben der Allianz („Harmel-Bericht"), Dezember 1967, S. 98.
[72] Ebd. S. 99.
[73] Helga Haftendorn, Entstehung und Bedeutung des Harmel-Berichts der NATO von 1967, in: VfZ 40 (1992), S. 169–221, S. 216.

Als Konsequenz der Ergebnisse des „Harmel-Berichts" schlugen die Außenminister der NATO-Staaten auf ihrer Konferenz in Reykjavik im Juni 1968 vor, Verhandlungen über beiderseitige Truppenreduzierungen zu führen und appellierten
an die Mitgliedsstaaten des Warschauer-Pakts, „sich dieser Suche nach Fortschritt
auf dem Wege zum Frieden anzuschließen."[74] Dieses sogenannte „Signal von
Reykjavik" war der Beginn eines „Communiqué-Dialogs"[75] zwischen Ost und
West über die Rahmenbedingungen eventueller Verhandlungen. Allerdings hatten
die NATO und der Warschauer Pakt unterschiedliche Prioritäten bezüglich des
Inhalts eines Dialogs. Während es dem Osten um die Anerkennung des territorialen Status quo ging, wollte der Westen Schritte hin zur beiderseitigen militärischen Abrüstung erreichen. Hier liegen die Wurzeln der später separat voneinander realisierten Projekte KSZE und MBFR. Bei ihrer Konferenz in Budapest im
März 1969 forderten die Mitgliedsstaaten des Warschauer Pakts „das baldige Zusammentreffen von Vertretern aller interessierten europäischen Staaten, um im
gegenseitigen Einvernehmen sowohl die Art und Weise der Einberufung der Konferenz als auch ihre Tagesordnung festzulegen."[76] Als Themenvorschläge wurden
die Bereiche Gewaltverzicht sowie Zusammenarbeit auf den Gebieten Handel,
Wirtschaft, Wissenschaft und Technik genannt. Der sogenannte „Budapester Appell" war insgesamt in einer moderaten Sprache gehalten. Der östliche Vorschlag
erschien nun nicht mehr als ein reines Propagandainstrument, sondern der Budapester Appell ließ ein wirkliches Interesse der Sowjetunion an der Realisierung
des Konferenzprojektes erkennen.[77]

Am 5. Mai 1969 veröffentlichte die Regierung Finnlands eine Erklärung, in der
sie Forderung der Mitgliedsstaaten des Warschauer Pakts nach Einberufung einer
Europäischen Sicherheitskonferenz begrüßte. Darüber hinaus erklärte sie ihre Bereitschaft, „die Rolle des Gastgebers sowohl der Sicherheitskonferenz als auch des
Vorbereitungstreffens zu übernehmen."[78] Wie die jüngere Forschung gezeigt hat,
ging die Anregung ursprünglich von der Sowjetunion aus.[79] Anläßlich einer Vorsprache beim finnischen Präsidenten Kekkonen im April 1969 forderte der sowjetische Botschafter Aleksei Kowalow ein aktives Engagement Helsinkis für das Konferenzprojekt. Finnland, das sich in einem gewissen Abhängigkeitsverhältnis von
der Sowjetunion befand und im Jahre 1948 einem „Freundschaftsvertrag" hatte

---

[74] Schramm/Riggert/Friedel, Sicherheitskonferenz, Dok. 28 Kommunique über die Ministertagung des Nordatlantikrats am 24. und 25. Juni 1968 in Reykjavik. Anhang: Erklärung der
Außenminister über beiderseitige und ausgewogene Truppenverminderung, S. 59.

[75] Breitenmoser, Sicherheit für Europa, S. 25.

[76] Schramm/Riggert/Friedel, Sicherheitskonferenz, Dok. 305: Appell der Budapester Konferenz
der Staaten des Warschauer Vertrages an alle europäischen Staaten vom 17. März 1969,
17. März 1969, S. 453.

[77] Bredow, KSZE-Prozess, S. 38.

[78] Schramm/Riggert/Friedel, Sicherheitskonferenz, Dok. 448: Memorandum der finnischen Regierung, 05. Mai 1969, S. 654f.

[79] Zu den Hintergründen der finnischen KSZE-Initiative vgl. Thomas Fischer, „A mustard seed
grew into a bushy tree". The Finnish CSCE initiative of 5 May 1969, in: Cold War History 9
(2009), S. 177-201.

zustimmen müssen, sah sich Ende der sechziger Jahre mit Forderungen Moskaus konfrontiert, seine Außenpolitik stärker an den Osten anzupassen und insbesondere die DDR anzuerkennen.[80] In dieser Situation nutzte Finnland die KSZE-Initiative als Befreiungsschlag, um Zeit zu gewinnen. Es nahm die sowjetische Anregung zwar auf, interpretierte sie jedoch in ihrem Sinne, indem sie sich als Gastgeberland anbot, die USA und Kanada als Adressaten mit einbezog und einige Monate später einen Sonderbotschafter ernannte, der in den europäischen Hauptstädten die Haltungen zum Konferenzprojekt sondierte. Durch die finnische Initiative wurde die Konferenzidee zu einem realen Thema der internationalen Politik. Die Sowjetunion war bestrebt, das sich nun öffnende „window of opportunity" zu nutzen. Auf dem Treffen der Außenminister der Warschauer-Pakt-Staaten in Prag Ende Oktober 1969 schlug der Ostblock als mögliche Gesprächsthemen den Bereich Sicherheit sowie Möglichkeiten der Zusammenarbeit in den Bereichen Handel, Wirtschaft, Wissenschaft und Technik vor.[81] Auch bezüglich des Teilnehmerkreises zeigte man sich gesprächsbereit, da sich bereits abzeichnete, daß viele Staaten ihre Teilnahme von einer Einbeziehung der USA abhängig machen würden.[82]

In der Erklärung zu Fragen der Europäischen Sicherheit vom 5. Dezember 1969 betonte die Atlantische Allianz zwar ihr generelles Interesse an Verhandlungen mit dem Osten. Allerdings ist eine abwartende Haltung unverkennbar. Ein Entgegenkommen in der Konferenzfrage machten die NATO-Staaten von den weiteren Ergebnissen der schon begonnen Entspannungsschritte im Rahmen der Ostpolitik der Regierung Brandt abhängig, denn „Fortschritte in diesen Gesprächen und Verhandlungen würden dazu beitragen, den Erfolg einer etwaigen späteren Konferenz zu gewährleisten."[83] Darüber hinaus wurden sicherheitspolitische Maßnahmen wie die Vorankündigung militärischer Manöver und der Austausch von Beobachtern angeregt, was im Rahmen des KSZE-Prozesses später als „Vertrauensbildende Maßnahmen" (VBM) bezeichnet werden sollte. Auf der Ministertagung in Rom im Mai 1970 erklärten die NATO-Staaten dann ihre grundsätzliche Bereitschaft zu multilateralen Gesprächen – eine weiterhin positive Entwicklung der Deutschland und Berlin betreffenden Verhandlungen vorausgesetzt. Erstmalig

---

[80] Seppo Hentilä, Neutral zwischen den beiden deutschen Staaten. Finnland und Deutschland im Kalten Krieg, Berlin 2006, S. 124 f.; vgl. Kimmo Rentola, Der Vorschlag einer europäischen Sicherheitskonferenz und die stille Krise zwischen Finnland und der Sowjetunion 1968-1971, in: Dominik Geppert/Udo Wengst (Hgg.), Neutralität – Chance oder Chimäre? Konzepte des Dritten Weges für Deutschland und die Welt 1945-1990, München 2005, S. 177-202.

[81] Schramm/Riggert/Friedel, Sicherheitskonferenz, Dok. 320: Erklärung der Konferenz der Außenminister der Mitgliedsstaaten des Warschauer Vertrages in Prag betr. Europäische Sicherheitskonferenz, 30./31. Oktober 1969, S. 474.

[82] Görtemaker/Woyke/Nieder, Die Konferenz von Helsinki und Genf, S. 83.

[83] Schramm/Riggert/Friedel, Sicherheitskonferenz, Dok. 61: Erklärung der Mitgliedstaaten des nordatlantischen Bündnisses zu Fragen der europäischen Sicherheit, 05. Dezember 1969, S. 107 f.

wurde von westlicher Seite die „Freizügigkeit für Menschen, Ideen und Informationen"[84] als Bestandteil der Konferenzagenda vorgebracht.

In dem „Budapester Memorandum" der Warschauer-Pakt-Staaten vom 21./22. Juni 1970 wurde die Teilnahme der USA und Kanadas an einer möglichen Konferenz explizit erwähnt und von der Sowjetunion damit offiziell akzeptiert.[85] Dieser Schritt ist im Rückblick bemerkenswert, denn damit erkannte die Sowjetunion – über die alliierten Rechte bezüglich Berlins und Deutschland als Ganzes betreffend hinaus – die USA de facto als eine „europäische" Macht an. Mit der Einbeziehung Washingtons war eine wichtige Hürde zur Realisierung des Konferenzprojekts beseitigt. Nachdem der sowjetische Staats- und Parteichef Leonid Breschnew in einer Rede in Tiflis am 14. Mai 1971 die Zustimmung der Sowjetunion zur Einbeziehung des westlichen Vorschlags über beiderseitige und ausgewogene Truppenreduzierungen in die Konferenzverhandlungen bekanntgegeben hatte[86], war allerdings noch unklar, in welchem organisatorischen Verhältnis KSZE und MBFR zueinander stehen sollten. Die USA waren strikt gegen eine Einbeziehung von MBFR in die Verhandlungsagenda der Sicherheitskonferenz, weil sie dadurch eine Komplizierung der Abrüstungsverhandlungen befürchteten. Der amerikanische Sicherheitsberater Henry Kissinger bezeichnete diese Option daher in einer internen Besprechung als „the lousiest way of proceeding."[87] Die Trennung der beiden Themenbereiche KSZE und MBFR wurde in bilateralen amerikanisch-sowjetischen Gesprächen im Frühjahr 1972 vereinbart.[88] Gegenüber Generalsekretär Breschnew erläuterte Kissinger in einer Unterredung am 22. April 1972 in Moskau die Position der USA: „We don't think force reductions should be discussed at a European Security Conference, because a European Security Conference is a much larger forum. We think a force reduction should be discussed in a parallel body among the countries whose forces would be reduced."[89] Die Entscheidung der institutionellen Trennung wurde schließlich während des historischen Besuchs von US-Präsident Nixon in Moskau im Mai 1972 offiziell bestätigt.[90] Im September 1972 einigten sich Amerikaner und Sow-

---

[84] Ebd., Dok. 80: Kommuniqué über die Ministertagung des Nordatlantikrats in Rom, 26./27. Mai 1970, S. 138.

[85] Ebd., Dok. 354: Memorandum der Konferenz der Außenminister der Mitgliedsstaaten des Warschauer Vertrages in Budapest zu Fragen der Einberufung einer gesamteuropäischen Konferenz, 21./22. Juni 1970, S. 521.

[86] Breitenmoser, Sicherheit für Europa, S. 32.

[87] FRUS, European Security, Nr. 87: Minutes of a Senior Review Group Committee Meeting, March 29 1972, S. 266.

[88] Helga Haftendorn, The link between CSCE and MBFR. Two sprouts from one bulb, in: Andreas Wenger/Vojtech Mastny/Christian Nuenlist (Hgg.), Origins of the European Security System. The Helsinki Process Revisted 1965–75, London/New York 2008, S. 237–258, S. 250.

[89] FRUS, European Security, Nr. 91: Memorandum of Conversation, April 22 1972, S. 277.

[90] Vgl. Schramm/Riggert/Friedel, Sicherheitskonferenz, Nr. 439: Sowjetisch-Amerikanisches Kommuniqué über den Besuch des Präsidenten der Vereinigten Staaten von Amerika, Richard M. Nixon, in der Sowjetunion vom 22.–30. Mai 1972, S. 638f.; sowie FRUS, European Security, Nr 95: Memorandum of Conversation, May 24 1972, S. 285ff. und Nr. 96: Telegram from Secretary of State Rogers to the Department of State, May 27 1972, S. 294ff.

jets dann über den zeitlichen Ablauf der jeweiligen Verhandlungen. Die Multilateralen Konsultationen zur möglichen Vorbereitung von KSZE-Verhandlungen würden im November 1972 in Helsinki beginnen. Im Jahr 1973 sollten dann in einem anderen neutralen Land vorbereitende Gespräche über die mögliche Realisierung von MBFR-Verhandlungen aufgenommen werden.[91]

2.3 Die Reaktion der Schweiz auf das Konferenzprojekt

Über die bereits erwähnte Initiative der Warschauer-Pakt-Staaten vom März 1969 zur Einberufung einer Europäischen Sicherheitskonferenz („Budapester Appell") wurde das Eidgenössische Politische Departement (EPD) offiziell durch den ungarischen Botschafter in Bern unterrichtet. Daraufhin umriß das EPD am 5. Mai 1969 in einem Rundschreiben an die diplomatischen Vertretungen die Position der Eidgenossenschaft. Darin wurde festgehalten, daß sich die Schweiz im Fall einer mehrheitlichen Zustimmung der anderen europäischen Staaten einer solchen Konferenz kaum würde entziehen können, denn „elle traiterait des questions qui nous concernent directement ou indirectement."[92] Zugleich wurde einschränkend betont, daß sich die Schweiz als am Zweiten Weltkrieg nicht beteiligtes Land bei Diskussionen über die Kriegsfolgen, insbesondere Grenzfragen betreffend, zurückhalten und generell im Rahmen ihrer Neutralitätspolitik agieren werde. Für die Schweiz standen nicht Probleme der Vergangenheit, sondern der Ost-West-Konflikt und somit die aktuellen Machtverhältnisse in Europa im Vordergrund. In diesem Sinne wurde es als Anliegen der Schweiz bezeichnet, auf eine Teilnahme der USA und Kanadas an einer eventuellen Konferenz hinzuwirken, „par souci d'équilibre entre l'Est et l'Ouest."[93] Die Überlegungen der Schweiz zum Konferenzvorschlag wurden zu diesem frühen Zeitpunkt also wesentlich unter dem Aspekt der möglichen Auswirkungen auf die Schweiz und auf die Ost-West Beziehungen in Europa insgesamt betrachtet. Die Vorstellungen des Ostens waren allerdings noch ziemlich vage und eine Prognose daher kaum möglich. Beim Gespräch von Bundesrat Spühler mit dem sowjetischen Botschafter in Bern, Tschistiakow, am 9. April 1969 zeigte sich der Außenminister dementsprechend zurückhaltend. Er sehe sich momentan noch nicht in der Lage, sich näher zu den Vorschlägen des Warschauer Pakts zu äußern. Die Schweiz werde die Vorschläge gründlich prüfen und zu gegebener Zeit hierzu Stellung nehmen.[94] Das geschah dann in Form einer Pressemitteilung des EPD am 24. Juli 1969, nachdem sich der

---

[91] Haftendorn, The link between CSCE and MBFR, S. 251.
[92] BAR, E 2001 (E), 1980/83, Bd. 136 (Europäische Sicherheitskonferenz), Aux Missions diplomatiques de Suisse, 05. 05. 1969.
[93] Ebd.
[94] BAR, E 2001 (E), 1980/83, Bd. 136 (Europäische Sicherheitskonferenz), Besuch des sowjetischen Botschafters bei Herrn Bundesrat Spühler, 09. 04. 1969.

Bundesrat in seiner Sitzung am 9. Juli 1969 mit der Angelegenheit befaßt hatte.[95]
Die inhaltlichen Aussagen der Pressemitteilung gingen in dieselbe Richtung wie
bereits die internen Anweisungen vom März des Jahres. Das EPD vermied es, eine
eigene qualitative Einschätzung der Konferenzidee vorzunehmen, sondern äußerte nur, „dass die Schweiz das Interesse, das an einer solchen Konferenz besteht,
anerkennt, da ihr nichts gleichgültig sein kann, was den Frieden in Europa betrifft."[96] Die Formulierung zeigt eine gewisse Distanz zum Konferenzprojekt. Darüber hinaus wurde betont, daß eine Teilnahme der Schweiz „nur entsprechend
den Leitlinien ihrer immerwährenden Neutralität erfolgen [könne] und unter Berücksichtigung der Tatsache, daß sie nicht in den letzten Weltkrieg verwickelt
war."[97] Hiermit stellte die Schweiz klar, daß sich ihre Beteiligung an möglichen
Verhandlungen in den Bahnen der Neutralitätspolitik als der obersten außenpolitischen Maxime des Landes bewegen würde. Damit eine Sicherheitskonferenz
aus schweizerischer Sicht sinnvoll war, durfte sie zudem nicht auf die Konsequenzen des Zweiten Weltkrieges und die damit in Verbindung stehende deutsche Teilung begrenzt sein, sondern mußte einen breiteren Rahmen der Ost-West-Beziehungen umfassen. Bundesrat Spühler hatte in diesem Sinne schon in besagtem
Gespräch mit dem sowjetischen Botschafter vom 9. April 1969 die Erwartung geäußert, „die Konferenz solle nicht nur das Problem Deutschland zum Gegenstand
haben."[98] Darüber hinaus formulierte das EPD noch eine weitere, auf den ersten
Blick nicht unbedingt naheliegende Bedingung, die aus Sicht der Schweiz für ein
Zustandekommen der Konferenz erfüllt sein müsse. So wurde betont, die Konferenz müsse „auch außereuropäischen Mächten offenstehen, die seit dem zweiten
Weltkrieg an der Sicherheit Europas beteiligt sind."[99] Gemeint war hiermit eine
Teilnahme der USA und Kanadas. Die Schweiz hatte also von Beginn an ein eigenes Interesse an einer Einbeziehung Washingtons, was einer näheren Erläuterung
bedarf. Wie bereits in der zitierten internen Anweisung vom März 1969 angedeutet, entsprang diese Forderung „einem tiefsitzenden schweizerischen Bedürfnis
nach Gleichgewicht. Die östliche Supermacht sollte nicht ohne ihr westliches Gegenstück am Konferenztisch Platz nehmen können."[100] Eine Konferenz ohne Einbeziehung der USA und Kanadas „serait totalement déséquilibrée en faveur de
l'Union Soviétique"[101], wie Edouard Brunner rückblickend betonte.
   Das Spannungsverhältnis von Hegemonie und Gleichgewicht stellt gewissermaßen ein Grundmerkmal in der neuzeitlichen Geschichte der europäischen

---

[95] BAR, E 2001 (E), 1980/83, Bd. 136 (Europäische Sicherheitskonferenz), Sitzung des Schweizerischen Bundesrates. Auszug aus dem Protokoll, 09.07.1969.
[96] BAR, E 2001 (E), 1980/83, Bd. 136 (Europäische Sicherheitskonferenz), Eidgenössisches
   Politisches Departement. Pressemitteilung, 24.07.1969.
[97] Ebd.
[98] BAR, E 2001 (E), 1980/83, Bd. 136 (Europäische Sicherheitskonferenz), Besuch des sowjetischen Botschafters bei Herrn Bundesrat Spühler, 09.04.1969.
[99] BAR, E 2001 (E), 1980/83, Bd. 136 (Europäische Sicherheitskonferenz), Eidgenössisches
   Politisches Departement. Pressemitteilung, 24.07.1969.
[100] Renk, Der Weg der Schweiz nach Helsinki, S. 28.
[101] Témoignage de l'Ambassadeur Edouard Brunner, S. 2.

Staatenwelt dar.[102] In historischer Perspektive ist die Sicherheit eines neutralen Staates bei einem Gleichgewicht der Großmächte am ehesten gewährleistet und sein Handlungsspielraum dementsprechend am größten.[103] Umgekehrt wird die Existenz des Neutralen beim Übergewicht einer Macht erschwert oder sogar gefährdet.[104] Zwischen schweizerischer Neutralität und europäischem Gleichgewicht besteht insofern „eine Art Verwandtschaft und geheime Anziehungskraft."[105] Durch das sicherheitspolitische Engagement der USA wurde im Kalten Krieg das Gleichgewicht in Europa aufrechterhalten. Es minderte den Handlungsdruck auf die Schweiz, sich in politische, militärische oder wirtschaftliche Strukturen integrieren zu müssen.[106] Die Stellung der neutralen Schweiz in der Staatenwelt hing also paradoxerweise nicht unwesentlich vom Umfang des sicherheitspolitischen Engagements der USA in Europa ab. Die Eidgenossenschaft beurteilte den Ost-West-Konflikt Anfang der siebziger Jahre primär unter dem Aspekt des Mächtegleichgewichts zwischen den Großmächten. Folgerichtig hieß es später in dem Bericht der Arbeitsgruppe des Außendepartements zur Europäischen Sicherheitskonferenz vom 7. Juli 1970, „in schweizerischer Sicht ist es ein vordringliches Anliegen, dass eine ausreichende amerikanische Präsenz in Europa die Glaubwürdigkeit der NATO als Gegengewicht zum Warschauer Pakt gewährleistet."[107]

Mittlerweile hatte sich die finnische Regierung mit ihrer KSZE-Initiative vom 5. Mai 1969 als Organisatorin und Gastgeberin einer möglichen Konferenz ins Gespräch gebracht. Die Schweiz begrüßte diese Initiative. Mit Verweis auf die Neutralität und die Nichtbeteiligung am Zweiten Weltkrieg wurde in einer Aufzeichnung des EPD allerdings aus schweizerischer Sicht betont, daß diese Einschränkungen „ne nous permettent pas de prendre d'initiative dans la préparation de la conférence."[108] Die Schweiz sondierte statt dessen die Haltung anderer europäischer Staaten zum Projekt einer Europäischen Sicherheitskonferenz. Im Gespräch mit dem österreichischen Außenminister Kurt Waldheim am 27. Oktober 1969 regte Bundesrat Spühler die Fortsetzung der bilateralen Kontakte an, da eine übereinstimmende Haltung der beiden neutralen Länder bei dieser Thematik vorteilhaft wäre.[109] Gegenüber dem Staatssekretär im jugoslawischen Außenministerium, Mirko Tapavic, umriß der schweizerische Außenminister bei seinem

[102] Vgl. Ludwig Dehio, Gleichgewicht oder Hegemonie. Betrachtungen über ein Grundproblem der neueren Staatengeschichte. Herausgegeben von Klaus Hildebrand, Zürich 1996.
[103] Klaus Hildebrand, Prinzip Ununiversalität. Neutralität – einst und jetzt, in: FAZ vom 30. 09. 2002.
[104] Bonjour, Kurzfassung, S. 12f.
[105] Ders., Europäisches Gleichgewicht und schweizerische Neutralität, S. 4.
[106] Spillmann/Wenger/Breitenmoser, Schweizer Sicherheitspolitik, S. 79f.
[107] BAR, E 2001 (E), 1980/83, Bd. 138 (Europäische Sicherheitskonferenz), Die Schweiz und die Europäische Sicherheitskonferenz. Bericht der Arbeitsgruppe, 07. 07. 1970.
[108] BAR, E 2001 (E), 1980/83, Bd. 136 (Europäische Sicherheitskonferenz), Brève notice sur la Conférence sur la sécurité européenne, 24. 09. 1969.
[109] BAR, E 2001 (E), 1980/83, Bd. 136 (Europäische Sicherheitskonferenz), Offizieller Besuch des Vorstehers des Eidg. Politischen Departements in Wien vom 26. bis 27. Oktober 1969. Protokoll der beiden Arbeitssitzungen vom 27. Oktober 1969.

Besuch in Belgrad am 29. Oktober 1969 dann erstmalig näher die anzustrebenden inhaltlichen Ergebnisse der multilateraler Verhandlungen. Aus Sicht der Schweiz „sollten die Statuierung der unbeschränkten Souveränität und die Verringerung der Spannungen in Europa die zwei Hauptziele der Konferenz darstellen."[110] Es ging also darum, Gewaltaktionen innerhalb des Warschauer Pakts wie das sowjetische Vorgehen 1956 in Budapest oder insbesondere 1968 in Prag zu erschweren, die Gefahr von Krisen im Ost-West-Verhältnis zu verringern und somit insgesamt die Stabilität und Sicherheit auf dem Kontinent zu erhöhen.

Die Konsultationen mit anderen Regierungen sowie die Ergebnisse der Tagungen des Warschauer Pakts und der NATO im Herbst 1969 führten im EPD zu Überlegungen, eine Arbeitsgruppe zur Europäischen Sicherheitskonferenz zu bilden.[111] Die grundsätzliche Möglichkeit hierzu hatte der Bundesrat bereits mit einem Beschluß in der erwähnten Sitzung vom 9. Juli 1969 eröffnet. Für die Schweiz ergab sich vor dem Hintergrund der fortbestehenden Relevanz des Themas die Notwendigkeit, sich genauer zu den organisatorischen und inhaltlichen Aspekten einer Europäischen Sicherheitskonferenz zu positionieren. Bei einer Besprechung im Außendepartement am 16. Dezember 1969 unter dem Vorsitz des Generalsekretärs des EPD, Pierre Micheli, wurde der Beschluß zur Einrichtung einer internen Arbeitsgruppe gefaßt.[112] Zudem fand eine Aussprache zur Bewertung der Konferenzidee statt, die vom Rechtsberater des EPD und designierten Leiter der Arbeitsgruppe, Rudolf Bindschedler, dominiert wurde. Er äußerte offen die Überzeugung, „dass nichts dahinter steckt."[113] Was darüber hinaus das Ziel der Auflösung der Militärblöcke angehe, „so hat die Schweiz daran kein Interesse, weil sie selbst vom Bestehen des NATO-Bündnisses profitiert."[114] Bindschedler argumentierte hier ganz auf der Linie des Mächtegleichgewichts aus Sicht der Schweiz. Allerdings wies der Rechtsberater auch auf einen möglichen Vorteil für die Schweiz hin, denn „eine Sicherheitskonferenz böte Gelegenheit, die Neutralität anerkennen zu lassen. Die Frage der Neutralität ist namentlich mit Bezug auf die Sowjetunion, die Vereinigten Staaten und die UNO nicht oder nicht eindeutig geregelt."[115] Als Schöpfer der Neutralitätsdoktrin von 1954 war sich Bindschedler der Tatsache bewußt, daß die Neutralität bei den beiden Weltmächten und aufgrund des durch die Vereinten Nationen verkörperten Prinzips der kollektiven Sicherheit in der Staatenwelt des Kalten Krieges kein hohes Ansehen genoß. Wie

---

[110] BAR, E 2001 (E), 1980/83, Bd. 136 (Europäische Sicherheitskonferenz), Offizieller Besuch des Vorstehers des Eidg. Politischen Departements in Belgrad vom 28. Oktober bis 1. November 1969. Protokoll der beiden Arbeitssitzungen im Außenministerium vom 29. und 30. Oktober 1969.

[111] BAR, E 2001 (E), 1980/83, Bd. 136 (Europäische Sicherheitskonferenz), Europäische Sicherheitskonferenz, 11.12.1969.

[112] BAR, E 2001 (E), 1980/83, Bd. 136 (Europäische Sicherheitskonferenz), Protokoll der Besprechung vom 16. Dezember 1969.

[113] Ebd.

[114] Ebd.

[115] Ebd.

später darzustellen sein wird, sollte die Anerkennung der Neutralität zu einem wichtigen Ziel der Schweiz in der Genfer Verhandlungsphase werden.

Unterdessen hatte die finnische Regierung einen Sonderbotschafter ernannt. Bei Ralph Enckell handelte es sich um ein „diplomatic heavyweight".[116] Seine Aufgabe bestand darin, in den europäischen Hauptstädten die Positionen zum Konferenzvorschlag zu sondieren. Seine erste Reise führte Enckell im März 1970 nach Bern. Der Sonderbotschafter suchte die schweizerischen Bedenken mit dem Argument zu zerstreuen, daß es für die derzeitige Lage in Europa keinen Präzedenzfall gebe und neue Lösungsansätze gefunden werden müßten. Botschafter Bindschedler äußerte hingegen die Befürchtung, „dass ein Misserfolg der vorgeschlagenen Konferenz die gegenwärtige Lage in Europa nur noch verschlimmern würde."[117] Generalsekretär Micheli wies gegenüber Enckell darauf hin, daß es auch eine Bringschuld der Sowjetunion gebe. Für die Schaffung eines Vertrauensklimas in Europa sei „eine gewisse Liberalisierung im Ostblock [erforderlich], die eine Wiederholung der tschechoslowakischen Ereignisse verunmöglichen würde."[118] Die Sicherheitskonferenz sollte also als Gegengewicht zur Breschnew-Doktrin dienen. Die Schweiz setzte auch ihre Konsultationen mit Österreich zu Fragen der Sicherheitskonferenz fort. Am 4. Juli 1970 war das Thema Gegenstand von Gesprächen anläßlich des Besuchs des österreichischen Bundeskanzlers Bruno Kreisky in Bern. Dabei zeigten sich deutliche Unterschiede in der Herangehensweise und in der Bewertung des Konferenzprojekts. Kreisky zufolge „sollte man sich nicht dagegen aussprechen, wenn man weiss, dass sie letzten Endes doch stattfinden wird."[119] Darüber hinaus wies der Bundeskanzler darauf hin, daß die Konferenz seiner Meinung nach nur mit geringem Risiko verbunden sei. Der Sowjetunion als Initiatorin müsse an einem guten Verlauf schließlich besonders gelegen sein. Der österreichische Außenminister Rudolf Kirchschläger äußerte, daß die kommunistischen Staaten dazu neigen würden, einen einmal gefaßten Beschluß als unumstößliches „Dogma" zu betrachten. Hieraus ergäben sich, so Kirchschläger, neue Möglichkeiten: „Es müssen vor allem menschliche Erleichterungen [...] geschaffen werden. Dies ist der Grund, der nach österreichischer Auffassung für die Durchführung der vorgeschlagenen Konferenz spricht."[120] In der österreichischen Analyse war der Blick ganz klar nach Osten gerichtet und zeugte – nicht überraschend – von einer profunden Kenntnis der regionalen Verhältnisse. Wien verfolgte insgesamt eine aktivistische, pragmatische Haltung und

---

[116] Markku Reimaa, Helsinki Catch. European Security Accords 1975, Helsinki 2008, S. 31.
[117] BAR, E 2001 (E), 1980/83, Bd. 137 (Europäische Sicherheitskonferenz), Besuch des finnischen Sonderbotschafters, Ralph Enckell, in Bern vom 24. bis 25. März 1970. Protokoll.
[118] Ebd.
[119] BAR, E 2001 (E), 1980/83, Bd. 138 (Europäische Sicherheitskonferenz), Besuch des österreichischen Bundeskanzlers, Bruno Kreisky, in Bern vom 03. bis 04. Juli 1970. Protokoll.
[120] Ebd. ; für eine angeblich skeptische Haltung Österreichs zur Behandlung menschenrechtlicher Fragen im Rahmen der Konferenz vgl. Benjamin Gilde, „Kein Vorreiter".Österreich und die humanitäre Dimension der KSZE; in: Helmut Altrichter/Hermann Wentker (Hgg.), Der KSZE-Prozess. Vom Kalten Krieg zu einem neuen Europa 1975 bis 1990, München 2011, S. 41-50 (Zeitgeschichte im Gespräch 11).

sah vor allem die Chancen des Konferenzprojekts. Ganz anders war die Haltung der Schweiz. Der neue Außenminister Pierre Graber teilte mit, daß sein Land von einer pessimistischeren Lagebeurteilung ausgehe. Hierzu führte Botschafter Albert Weitnauer näher aus, daß sich Amerika derzeit in einer Krise befinde, die für Europa negative Folgen haben könne. Es sei nicht damit zu rechnen, daß Länder wie Frankreich und Großbritannien im Falle einer Reduktion oder eines Abzugs der amerikanischen Truppen ihr Militärpotential wesentlich erhöhen würden Die wichtigste Frage sei deshalb „die amerikanische militärische Präsenz in Europa."[121] Die Schweiz argumentierte somit wieder unter dem Blickwinkel des Mächtegleichgewichts. Für die eidgenössische Einschätzung war die Entwicklung der Ereignisse in Westeuropa und im transatlantischen Verhältnis entscheidend. Paradoxerweise stellte sich aus Sicht Berns die sicherheitspolitische Beurteilung bedrohlicher dar als für Österreich, das geographisch stärker exponiert war. Bundeskanzler Kreisky sah ähnlich wie sein westdeutscher Amtskollege und Parteifreund Willy Brandt durch die Entspannungspolitik neue Möglichkeiten im Verhältnis zu Osteuropa.[122] Diese optimistische Haltung wurde von der Schweiz zu Beginn der siebziger Jahre noch nicht geteilt.

Die Europäische Sicherheitskonferenz wurde zunehmend auch zu einem Thema der schweizerischen Innenpolitik. Auslöser hierfür waren Interpellationen (Anfragen an den Bundesrat) von zwei schweizerischen Parlamentariern, die „Interpellation Hefti" im Ständerat sowie die „Interpellation Renschler" im Nationalrat, die beide in der Sommersession des Jahres 1970 beraten wurden. Bislang war die Behandlung des Themas weitgehend auf die Experten im EPD begrenzt gewesen. Für den Bundesrat ergab sich aus den parlamentarischen Anfragen nunmehr die Notwendigkeit, ihre Haltung gegenüber Parlament und Öffentlichkeit näher zu erläutern Die hiermit im Zusammenhang stehenden innenpolitischen Debatten sind an anderer Stelle bereits dargestellt worden[123], so daß im Rahmen dieser Untersuchung nur die – nahezu identischen – Antworten des Bundesrates im Hinblick auf die darin zum Ausdruck kommende Haltung der Regierung zum Konferenzprojekt relevant sind. Der Bundesrat resümierte die Haltung der Schweiz entlang der Linie der Pressemitteilung vom 24. Juli 1969 und der seitdem geführten diplomatischen Gespräche. Gleichwohl enthielten die Antworten auf die Interpellationen auch ein wichtiges neues Element. Der neue Außenminister Graber teilte mit, daß die Schweiz „einen Vorschlag zu unterbreiten gedenkt, dessen Ziel es ist, ein Verfahren zur friedlichen Beilegung von zwischenstaatlichen

---

[121] BAR, E 2001 (E), 1980/83, Bd. 138 (Europäische Sicherheitskonferenz), Besuch des österreichischen Bundeskanzlers, Bruno Kreisky, in Bern vom 03. bis 04. Juli 1970. Protokoll.
[122] Karl E. Birnbaum, Bruno Kreisky als Entspannungspolitiker, in: Werner Gatty/Gerhard Schmid u. a. (Hgg.), Die Ära Kreisky. Österreich im Wandel 1970 bis 1983, Innsbruck 1997, S. 89-95, S. 90.
[123] Vgl. Breitenmoser, Sicherheit für Europa, S. 90-97; Fischer, Grenzen der Neutralität, S. 83-86.

Streitigkeiten aufzustellen."[124] Zur Begründung wurde angeführt, daß „die friedliche Streiterledigung einen Schutz namentlich für die Kleinstaaten darstellt."[125]
Wie später zu zeigen sein wird, sollte der Vorschlag der friedlichen Streitschlichtung im Mittelpunkt des schweizerischen Engagements innerhalb der KSZE-Verhandlungen stehen. Darüber hinaus konnte die Schweiz durch den Streitschlichtungsvorschlag aber auch die ihrer Meinung nach im Vordergrund des Konferenzprojekts stehende Aufgabe einer Verbesserung des Ost-West-Verhältnisses
inhaltlich untermauern. Wie Bundesrat Graber betonte, handele es sich bei der
geplanten Sicherheitskonferenz „um keine Friedenskonferenz, um keine Verhandlungen über einen Vertrag zwischen den ehemaligen Feindstaaten, sondern um
eine Diskussion über Mittel und Wege, die innereuropäischen Beziehungen zu
verbessern."[126] Mit dem Aufkommen des Streitschlichtungsvorschlags war die
Haltung der Schweiz zur Europäischen Sicherheitskonferenz nicht mehr rein de-
fensiv, sondern sie erhielt eine dynamische Komponente.

Während es bei den Vorbereitungen zur Europäischen Sicherheitskonferenz
nach dem zweiten finnischen Memorandum vom November 1970 erstmal keine
Fortschritte gab, rückte der Vorschlag von Verhandlungen über eine beiderseitige
und ausgewogene Truppenreduzierung (MBFR) stärker in den Vordergrund der
bilateralen Gespräche. Insbesondere die österreichische Regierung betonte die
zentrale Bedeutung der militärischen Abrüstung im Entspannungsprozeß.[127] Die
Schweiz goutierte das Engagement Österreichs überhaupt nicht, da negative Auswirkungen auf die Sicherheit des eigenen Landes befürchtet wurden. Botschafter
Bindschedler drückte bei Konsultationen mit Vertretern des österreichischen Außenministeriums am 30. Juni 1971 in Bern seine „Sorge" über die Abrüstungsdebatte im Nachbarland aus und verwies auf die hohe Bedeutung des Prinzips
der bewaffneten Neutralität. Bern habe „kein Interesse daran, dass im Osten der
Schweiz ein ‚Loch' entsteht."[128] Darüber hinaus verwies der Rechtsberater des
EPD einmal mehr auf mögliche negative Konsequenzen für das europäische
Mächtegleichgewicht, falls die USA infolge von Abrüstungsbeschlüssen ihre Trup-
penpräsenz reduzieren würde. Aus diesem Grund sei „[d]ie Idee der MBFR [...]
gefährlich."[129] Es wird deutlich, wie stark die Haltung der Schweiz von Sicher-
heitsüberlegungen bestimmt wurde. In diesem Sinne hatte Bundesrat Graber
bereits in einem Referat vor Vertretern der Auslandspresse am 25. März 1971 in

---

[124] BAR, E 2001 (E), 1980/83, Bd. 137 (Europäische Sicherheitskonferenz), Antwort des Bundesrates auf die Interpellation Renschler vom 2. Juni 1969 betreffend die Europäische
Sicherheitskonferenz. Nationalrat, Sommer-Session 1970.

[125] Ebd.

[126] BAR, E 2001 (E), 1980/83, Bd. 137 (Europäische Sicherheitskonferenz), Antwort des Bundesrates auf die Interpellation Hefti vom 26. November 1969 betreffend die Europäische
Sicherheitskonferenz. Ständerat, Sommer-Session 1970.

[127] Fischer, Neutral Power in the CSCE, S. 122.

[128] BAR, E 1001 E-01, 1982/58, Bd. 99 (Europäische Sicherheitskonferenz), Besuch des Leiters
der Politischen Abteilung II im österreichischen Außenministerium, Botschafter Dr. Arno
Halusa, vom 29. bis 30. Juni 1971 in Bern. Protokoll.

[129] Ebd.

Zürich erklärt, daß das Konferenzprojekt „unser größtes Interesse verdient, weil sich die Frage unserer eigenen Sicherheit immer im Rahmen der Sicherheit Europas stellt."[130] Eine ablehnende Haltung gegenüber der Entspannungspolitik und eine gewisse Skepsis gegenüber dem Konferenzprojekt bestanden bei Teilen der Mitarbeiter des EPD weiterhin fort. Das zeigte sich Anfang der siebziger Jahre auch auf den jährlichen Botschafterkonferenzen. Insbesondere Missionschefs in osteuropäischen Ländern konnten sich mit dem Konferenzprojekt nicht anfreunden und äußerten deutliche Kritik.[131] In diesem Zusammenhang ist auch die Berufung des bisherigen Botschafters in Prag, Samuel Campiche, als neuen Botschafter in Helsinki im Herbst 1971 und damit als designierten Vertreter der Schweiz bei möglichen multilateralen Verhandlungen über eine Sicherheitskonferenz zu sehen. Campiche hatte 1968 die Niederschlagung des „Prager Frühlings" vor Ort miterlebt und er galt als „ausgesprochene[r] Skeptiker in bezug auf die KSZE."[132] Die Personalie Campiche war in diesem Sinne wohl ein Zugeständnis an die internen Kritiker innerhalb des EPD, auf deren Unterstützung – insbesondere in den osteuropäischen Hauptstädten – die Zentrale in Bern angewiesen war.

2.4 Die Arbeitsgruppe des EPD zur Europäischen Sicherheitskonferenz

Am 7. Juli 1970 wurde der Bericht zur Europäischen Sicherheitskonferenz fertiggestellt, den die Arbeitsgruppe des EPD unter Leitung von Rudolf Bindschedler erarbeitet hatte. Der Bericht umfaßte hundert Seiten und behandelte alle relevanten Aspekte des Themas, angefangen von der Entstehung der Konferenzidee über die wichtigsten in der Diskussion befindlichen inhaltlichen Vorschläge und organisatorischen Fragen bis hin zu den Positionierungen aus Sicht der Schweiz.

In der Antwort Bundesrat Grabers auf die „Interpellation Renschler" im Nationalrat war die Frage, ob die Schweiz sich im Zusammenhang mit der Sicherheitskonferenz gegebenenfalls als Gastgeberland zur Verfügung stellen sollte, mit Verweis auf das Interesse der finnischen Regierung an dieser Funktion kurz und eindeutig beantwortet worden: „Gleich wie die übrigen interessierten Regierungen steht der Bundesrat diesem Angebot [Finnlands] mit Wohlwollen gegenüber. Es besteht somit kein Anlass, auf diesen nicht umstrittenen Punkt zurückkommen."[133] Genau das machte die Arbeitsgruppe jedoch in ihrem Abschlußbericht. Begründet wurde dies mit den „limitierten Beherbergungsmöglichkeiten der finnischen

---

[130] BAR, E 2812, 1985/204, Bd. 05 (HA Graber), Einführungsreferat von Herrn Bundesrat Pierre Graber anlässlich seines Treffens mit Vertretern der Auslandspresse am 25. März 1971 in Zürich.

[131] Interview mit Botschafter François Nordmann.

[132] Renk, Der Weg der Schweiz nach Helsinki, S. 33.

[133] BAR, E 2001 (E), 1980/83, Bd. 137 (Europäische Sicherheitskonferenz), Antwort des Bundesrates auf die Interpellation Renschler vom 2. Juni 1969 betreffend die Europäische Sicherheitskonferenz. Nationalrat, Sommer-Session 1970.

Hauptstadt." Gleichzeitig wurde betont, daß man keinesfalls in Konkurrenz zu
Finnland treten könne. Zudem sei damit zu rechnen, daß Österreich sein Interesse an der Rolle des Gastlandes anmelden werde. Als mögliche Veranstaltungsorte
in der Schweiz wurden Genf, Montreux und Lausanne genannt, wobei erstere lo-
gistisch die besten Voraussetzungen böte: „Nach der Fertigstellung ihres internationalen Kongresszentrums [...] wäre die Rhônestadt jederzeit in der Lage, eine
gesamteuropäische Konferenz aufzunehmen."[134] Bei der Bewertung der Sicherheitslage in Europa galt die Sorge Berns weiterhin der Wahrung des Mächtegleichgewichts. Die Schweiz sei „an einem europäischen System interessiert, in
dem die Gewichte so verteilt sind, dass ihre Unabhängigkeit möglichst wenig bedroht und ihre Neutralität optimal gewahrt wird."[135] Das Projekt der Europäischen Sicherheitskonferenz wurde im Gegensatz zu früheren Überlegungen allerdings nicht mehr als Widerspruch hierzu gesehen, sondern vielmehr als ein mögliches Mittel, um dieses Ziel zu erreichen.

Die eigene Position bei Teilnahme an einer Sicherheitskonferenz wurde so definiert, daß die Schweiz „eine aktive Rolle spielen und [...] auch eigene Initiativen
ergreifen"[136] solle. Als eine solche Initiative wurde der Vorschlag für ein Verfahren
zur friedlichen Streitschlichtung hervorgehoben, auch wenn die Chancen der Realisierung nur schwer abzuschätzen seien: „Berechtigte Zweifel über die Erfolgsaussichten einer Initiative zugunsten des Schiedsgerichtsgedankens sollen die
Schweiz nicht daran hindern, sich dafür zu verwenden."[137] Als ein weiteres Ziel
wurde die Anerkennung des Neutralitätsstatus der Schweiz im Rahmen einer Sicherheitskonferenz genannt. Die USA hätten „die schweizerische Neutralität nie
formell anerkannt"[138] und bezüglich der Sowjetunion sei dieser Punkt nicht eindeutig geklärt. Wie sich an diesem Punkt zeigt, war die Schweiz also immer noch
mit den negativen Folgen ihrer Isolierung im Jahr 1945 konfrontiert, die sie nun
mit Hilfe der Sicherheitskonferenz auch formell überwinden wollte. Die Arbeitsgruppe kam abschließend zu der Feststellung, daß die Haltung der Schweiz durch
„[i]llosionloses Interesse"[139] gekennzeichnet sei.

Mit dem Abschluß des „Bindschedler-Berichts" kann in der Tat vom Beginn
einer „aktiven Rolle"[140] der Schweiz im Hinblick auf das Konferenzprojekt gesprochen werden. Auch wenn das Zustandekommen der Konferenz noch nicht
gesichert und die Details vorläufig noch unklar waren, verfügte die Schweiz mit
dem Bericht der Arbeitsgruppe nun über ein umfassendes, solides Gerüst für die

---

134 BAR, E 2001 (E), 1980/83, Bd. 138 (Europäische Sicherheitskonferenz), Die Schweiz und die
   Europäische Sicherheitskonferenz. Bericht der Arbeitsgruppe, 07.07.1970.
135 Ebd.
136 Ebd.
137 Ebd.
138 Ebd.
139 Ebd.
140 Christian Nuenlist, Expanding the East-West dialog beyond the bloc division. The Neutrals
   as negotiators and mediators 1969-1975, in: Ders./Andreas Wenger/Vojtech Mastny (Hgg.),
   Origins of the European Security System. The Helsinki Process Revisted 1965-75, London/
   New York 2008, S. 201-221, S. 205.

weiteren bilateralen Kontakte mit anderen europäischen Staaten. Das Konferenzprojekt wurde zwar nicht ohne Befürchtungen betrachtet, doch wurden jetzt auch
mögliche positive Folgen für die Sicherheitslage in Europa und die schweizerische
Außenpolitik in die strategischen Überlegungen einbezogen. Darüber hinaus verfügte die Schweiz mit der friedlichen Streitschlichtung und der Neutralitätsanerkennung nun über eigene originäre Vorschläge, die sie zur Erläuterung ihrer Haltung gegenüber dem Ausland, aber auch in bezug auf die eigene Bevölkerung,
offensiv vertreten konnte. In einer Rede an der Universität Zürich am 26. November 1970 betonte Bundesrat Graber im Zusammenhang mit der Europäischen
Sicherheitskonferenz die hohe Bedeutung des Prinzips der Schiedsgerichtsbarkeit
aus Sicht der Schweiz. Es sei dies „eines der wirksamsten Mittel, um die internationale Sicherheit und damit den Frieden zu stärken."[141]

Im Dezember 1970 traf der finnische Sonderbotschafter Enckell zu einem
zweiten Besuch in Bern ein. Er erläuterte ein neues Memorandum der finnischen
Regierung.[142] Demnach sollten zur Vorbereitung der Sicherheitskonferenz Kontakte auf Botschafterebene in Helsinki stattfinden und die Gespräche dadurch
von der bilateralen auf die multilaterale Ebene gehoben werden. Die Mitgliedsstaaten der NATO zeigten sich bei ihrer Tagung in Lissabon im selben Monat jedoch skeptisch und betonten vielmehr den Vorrang der Gespräche über Berlin.
Insofern kam die interne Arbeitsgruppe des EPD in ihrer Sitzung am 9. Februar
1971 zu dem Schluß, daß sich die Perspektiven für das Zustandekommen einer
Europäischen Sicherheitskonferenz verschlechtert hätten.[143] Vor diesem Hintergrund beschloß die Arbeitsgruppe, das neue finnische Memorandum vorläufig
nicht zu beantworten und die weitere Entwicklung abzuwarten.

Da im Jahre 1971 noch nicht geklärt war, in welchem organisatorischen Verhältnis Sicherheitskonferenz und MBFR zueinander stehen würden, befaßte sich
die Arbeitsgruppe des Außendepartements in ihrer Sitzung vom 17. August 1971
mit der Thematik. Mögliche MBFR-Verhandlungen sollten nach Ansicht ihrer
Mitglieder möglichst im Rahmen einer Europäischen Sicherheitskonferenz mit-
verhandelt werden.[144] Aus schweizerischer Sicht stand im Bereich der Sicherheitsfragen jedoch nicht der Abrüstungsgedanke, sondern der eigene Vorschlag zur
friedlichen Streitschlichtung im Vordergrund. Als besonders wichtig in Zusammenhang mit der Thematik Europäische Sicherheitskonferenz und MBFR wurde
die Haltung der anderen Neutralen erachtet. Deshalb wurde der junge Diplomat

---

[141] BAR, E 2812, 1985/204, Bd. 04 (HA Graber), Die Stellung der Schweiz in der Welt. Ansprache von Bundesrat Pierre Graber in der Aula der Universität Zürich aus Anlaß des 25jähri-
gen Bestehens der Vereinten Nationen, 26. 11. 1970.

[142] BAR, E 2001 (E), 1980/83, Bd. 138 (Europäische Sicherheitskonferenz), Visite à Berne, les 2
et 3 décembre 1970, de l'Ambassadeur Ralph Enckell, émissaire spécial du Gouvernement
finlandais.

[143] BAR, E 2001 E-01, 1982/58, Bd. 99 (Europäische Sicherheitskonferenz), Aufzeichnung der
Sitzung der Arbeitsgruppe vom 9. Februar 1971.

[144] BAR, E 2001 E-01, 1982/58, Bd. 99 (Europäische Sicherheitskonferenz), Conclusions de la
réunion du 17 août 1971 sur la Conférence sur la sécurité européenne et la réduction des
forces en Europe (MBFR).

Edouard Brunner beauftragt, sich um Kontakte zu den Regierungen anderer neutraler Länder zu bemühen.[145] Vor diesem Hintergrund ist auch die Reise des neuen Generalsekretärs des EPD, Ernesto Thalmann, nach Stockholm und Helsinki im Januar 1972 zu sehen. In der Bewertung der Gespräche wurde festgehalten, in Schweden schätze man die Erfolgschancen der Entspannungspolitik „ebenso nüchtern ein wie wir".[146] Die Gespräche in Finnland beschränkten sich demgegenüber im wesentlichen auf organisatorische Fragen zum Konferenzprojekt.

Die Haltung der Schweiz zur Europäischen Sicherheitskonferenz wurde in einer Aufzeichnung des französischen Außenministeriums vom 1. April 1972 treffend zusammengefaßt: „L'attachement à son statut de neutralité et la discrétion qu'elle observe en général dans la politique internationale ont amené la Suisse à adopter une attitude nuancée sur le projet de Conférence sur la Sécurité et la Cooperation en Europe. Favorable à son principe, la Confédération se veut en effet réaliste et sans illusion sur la portée d'une telle entreprise ainsi que sur la contribution que de petits Etats peuvent lui apporter."[147]

Nach Abschluß der Viermächteverhandlungen über Berlin war absehbar, daß das Zustandekommen von multilateralen Gesprächen zur Vorbereitung einer Europäischen Sicherheitskonferenz nur noch eine Frage der Zeit sein würde. Die innenpolitischen Debatten in der Bundesrepublik Deutschland über die Ratifikation der Ostverträge standen einem Beginn der Gespräche jedoch vorläufig noch im Wege. Bei ihrem Zusammentreffen in Paris am 18. April 1972 teilte der französische Außenminister Maurice Schumann die Befürchtung von Pierre Graber, daß im Falle einer Ablehnung durch den Deutschen Bundestag negative Auswirkungen auf das Zustandekommen oder die Durchführung der KSZE zu erwarten seien.[148]

Im Juni 1972 verabschiedete die Arbeitsgruppe des EPD einen weiteren Bericht, der die Haltung der Schweiz nun im Hinblick auf die multilateralen Gespräche zusammenfaßte. Sie kam zu dem Schluß, daß „la Conférence de sécurité sera inévitablement une confrontation pacifique des conceptions divergentes de l'Est et l'Ouest."[149] Deshalb müsse es aus der Perspektive der Schweiz insbesondere darum gehen, den Vorrang des Rechts in den zwischenstaatlichen Beziehungen zu stärken.[150] Die inhaltliche Entsprechung dieses Ziels stellte der Vorschlag für

[145] BAR, E 2001 E-01, 1982/58, Bd. 99 (Europäische Sicherheitskonferenz), Procès-verbal de la réunion du 17 août 1971 sur la Conférence sur la sécurité européenne et la réduction des forces en Europe (MBFR).
[146] BAR, E 2001 E-01, 198258, Bd. 99 (Europäische Sicherheitskonferenz), Aufzeichnung über den Besuch Generalsekretär Thalmanns in Stockholm und Helsinki, 24./25. 01. 1972.
[147] Archives du Ministère des Affaires étrangères (AMAE), Direction d'Europe 1970-1975, CSCE, N. 5, Note. La Suisse et la C.S.C.E., 1er avril 1972.
[148] AMAE, Direction d'Europe 1970-1975, CSCE, N. 5, Compte rendu. Entretien entre M. Schumann et M. Graber, Chef du Département Politique Suisse, à Paris, le 13 avril 1972.
[149] BAR, E 2001 E-01, 1982/58, Bd. 100 (Europäische Sicherheitskonferenz), Résumé de la position de la Suisse sur les divers problèmes soulevés par la Conférence sur la securité et la cooperation en Europe, 20. 06. 1972.
[150] Ebd.

ein System zur friedlichen Streitschlichtung dar, dem in der schweizerischen Konzeption folglich eine herausgehobene Bedeutung zukam. Im Gespräch mit dem Leiter der Europaabteilung des Quai d'Orsay, Botschafter Arnaud, erläuterte EPD-Generalsekretär Thalmann, die tieferliegende Bedeutung des Konferenzprojekts aus Sicht der Schweiz bestehe darin, daß „la C.S.C.E. veut abolir l'utilisation de la force comme moyen de règlement des conflits."[151]

Neben dem EPD beschäftigte sich auch das Eidgenössische Militärdepartement (EMD) mit den sicherheitspolitischen Aspekten der Europäischen Sicherheitskonferenz. Eine vom Generalstabschef der Schweizer Armee, Oberstkorpskommandant Vischer, unterschriebene vertrauliche Studie unter dem Titel „KSZE-MBFR. Schweizerische militärpolitische und militärstrategische Überlegungen" wurde Anfang Dezember 1972 fertiggestellt.[152] Als oberstes Ziel der Schweiz wurde darin die „Sicherheit vor äußerer Gewalt im Kontext der Unabhängigkeit"[153] definiert, wodurch der Bewahrung der Neutralität unausgesprochen eine entscheidende Bedeutung zuerkannt wurde. Die Projekte KSZE und MBFR wurden insofern begrüßt, als sie der Schweiz die Möglichkeit zur aktiven Mitwirkung an der Europäischen Sicherheit eröffnen könnten. Im Zusammenhang mit der KSZE wurde dabei insbesondere die Erarbeitung von Vorschlägen zum Bereich der sogenannten Vertrauensbildenden Maßnahmen hervorgehoben. Durch einen besseren Informationsaustausch und genauere Kenntnis der jeweiligen Fähigkeiten und Intentionen, sollte das Risiko der Eskalation verringert werden. Skeptisch beurteilte das EMD mit Verweis auf die bewaffnete Neutralität hingegen die Initiative zu Abrüstungsverhandlungen, denn „[e]in Abbau der militärischen Anstrengungen kommt für die Schweiz mindestens vorderhand nicht in Frage."[154] Darüber hinaus wurde darauf hingewiesen, daß durch die Entspannungseuphorie in der Öffentlichkeit die Akzeptanz für die militärischen Rüstungsanstrengungen abnehmen könnte. Dieser Gefahr sei durch entsprechende Öffentlichkeitsarbeit entgegenzuwirken.[155] Das EMD befürwortete also die nichtmilitärischen Komponenten der Entspannungspolitik und wollte die Vertrauensbildenden Maßnahmen im Rahmen der KSZE fördern, wohingegen alle Schritte in Richtung auf eine Truppenreduktion abgelehnt wurden.

---

[151] AMAE, Direction d'Europe 1970-1975, CSCE, N. 5, Compte Rendu des entretiens du Directeur d'Europe à Berne le 9 juin 1972 sur la Conférence sur la Sécurité et la Coopération en Europe et sa préparation, 29 juin 1972.

[152] Es herrschte offensichtlich ein gewisses Konkurrenzdenken zwischen dem EPD und dem EMD. Botschafter Bindschedler hatte Generalsekretär Thalmann bereits im April 1972 in einer Notiz darauf hingewiesen, daß das EMD sich neuerdings mit der Sicherheitskonferenz beschäftige und daher Aufmerksamkeit geboten sei; vgl. Elisabeth R. Glas, Aufbruch der Schweiz in die multilaterale Welt. Die schweizerische Außenpolitik 1965-1977, Lizentiatsarbeit Zürich 1999, S. 78 (unveröffentlicht).

[153] BAR, E 2001 E-01, 1982/58, Bd. 101 (Europäische Sicherheitskonferenz), KSZE-MBFR. Schweizerische militärpolitische und militärstrategische Überlegungen, 01. Dezember 1972.

[154] Ebd.

[155] Ebd.

Interessant ist darüber hinaus auch die Entstehungsgeschichte der Studie des EMD, denn hierbei handelte es sich gewissermaßen um eine Auftragsarbeit. Mit Datum vom 26. April 1972 sandte Generalstabschef Vischer einen Brief an den Sicherheitsexperten und späteren Stabschef für Operative Schulung, Dr. Gustav Däniker junior.[156] Darin bezog sich Vischer auf ein persönliches Gespräch mit Däniker am 19. April des Jahres und faßte die darin getroffenen Vereinbarungen zusammen.[157] Däniker wurde mit der „Ausarbeitung einer Studie über die militärpolitischen Auswirkungen einer Europäischen Sicherheitskonferenz für die Schweiz" beauftragt, die als Grundlage für Vischers Bericht an den Chef des EMD dienen sollte. Ein erster Entwurf war bis zum 30. Juni 1972 einzureichen.[158] Auf Grundlage des von Däniker angefertigten Entwurfs fand am 11. August 1972 eine Besprechung in Bern statt.[159] Die Ausarbeitung Dänikers wurde von den Teilnehmern grundsätzlich begrüßt. Die Forderung, aufgrund der mittlerweile erfolgten Trennung von KSZE und MBFR beide Themen in der Studie deutlicher zu separieren, konnte Däniker mit dem Argument des zusätzlichen Zeitaufwands entkräften. Hinsichtlich der Überarbeitung des Entwurfs wurden insbesondere eine stärkere Betonung der Vertrauensbildenden Maßnahmen und ein „deutlicheres Hervorheben der Argumente zugunsten unserer Teilnahme an der KSZE" angeregt.[160]

Am 1. November 1972 sandte das EPD einen Bericht mit dem Titel „La Suisse et la Conférence sur la sécurité et la coopération en Europe" an den Bundesrat zur Ausgangslage vor Beginn der Gespräche in Dipoli.[161] In seiner Sitzung am 8. November 1972 stimmte der Bundesrat auf Grundlage dieses Berichts der Teilnahme der Schweiz an den Mulilateralen Gesprächen offiziell zu.[162] In seiner Funktion als schweizerischer Botschafter in Finnland stand Samuel Campiche als Delegationsleiter fest. Wie erwähnt war seine Berufung nach Finnland 1971 bewußt im Hinblick auf die anstehenden Multilateralen Gespräche erfolgt. Zu Cam-

---

[156] Vgl. Hans Senn, Gustav Däniker, in: Historisches Lexikon der Schweiz, Bd. 3, S. 578.

[157] Archiv für Zeitgeschichte (AfZ), NL Däniker jun., Brief Vischer an Däniker, Studie über die militärpolitischen Auswirkungen einer Europäischen Sicherheitskonferenz für die Schweiz, 26. 04. 1972.

[158] Als Entschädigung für die Ausarbeitung des ersten Entwurfs erhielt Däniker die Summe von 20 000 Franken, für die weitere Bearbeitung wurde zusätzlich ein Betrag von 5000 bis 10 000 Franken veranschlagt; vgl. AfZ, NL Däniker jun., Brief Vischer an Däniker, Studie über die militärpolitischen Auswirkungen einer Europäischen Sicherheitskonferenz für die Schweiz, 26. 04. 1972.

[159] An der Besprechung unter Vorsitz von Generalstabschef Vischer nahmen neben Beamten des EMD auch Edouard Brunner als Vertreter des EPD sowie „Prof. Dr. D. Frey" teil, wobei es sich um Daniel Frei handeln könnte, der seit 1971 die neugeschaffene Professur für Politikwissenschaft unter besonderer Berücksichtigung der Internationalen Beziehungen an der Universität Zürich innehatte.

[160] AFZ, NL Däniker jun., Aktennotiz betr. Besprechung des Entwurfs vom 22. 06. 72 der Studie „KSZE-MBFR. Schweizerische militärpolitische und militärstrategische Überlegungen" vom 11. 08. 72, Stab der Gruppe für Generalstabsdienste/Unterstabschef Front.

[161] BAR, E 2001 E-01, 1983/58, Bd. 103 (HA Thalmann), Département Politique Fédéral. La Suisse et la Conférence sur la sécurité et la coopération en Europe, 01. 11. 1972.

[162] Breitenmoser, Sicherheit für Europa, S. 119.

piches Stellvertreter wurde Edouard Brunner ernannt, der nach einem Studium der Jurisprudenz Mitte der fünfziger Jahre in den diplomatischen Dienst eingetreten war und der, ebenso wie das Delegationsmitglied Blaise Schenk, zu jener Zeit in der Zentrale in Bern eingesetzt war. Darüber hinaus gehörte noch der Nachwuchsdiplomat und Historiker Hans-Jörg Renk der schweizerischen Delegation an. Renk war bei Edgar Bonjour an der Universität Basel promoviert worden und arbeitete nun als Botschaftssekretär an der schweizerischen Vertretung in Wien.

Die Haltung der Schweiz gegenüber der Europäischen Sicherheitskonferenz in den Jahren 1970 bis 1972 schwankte zwischen inhaltlicher Skepsis und dem Willen zur aktiven Beteiligung. Allerdings muß bei dieser auf den ersten Blick widersprüchlichen Haltung genau differenziert werden. Die Entspannung zwischen den Großmächten und insbesondere die Pläne für multilaterale Verhandlungen zur Truppenreduktion wurden von der Schweiz kritisch bewertet, da negative Folgen für das Mächtegleichgewicht in Europa und somit für die eigene Sicherheit befürchtet wurden. Zur Aufrechterhaltung der bewaffneten Neutralität lehnte Bern deshalb eigene Abrüstungsschritte ab. Bei den Plänen für eine Europäische Sicherheitskonferenz wurden deren Erfolgschancen als gering bewertet und der Nutzen des Projekts generell bezweifelt. Manche Diplomaten fürchteten, daß die Konferenz die Machtposition der Sowjetunion begünstigen würde, während es nach Ansicht Bundesrat Grabers und einiger Mitglieder der Arbeitsgruppe auch möglich war, daß durch die Sicherheitskonferenz das europäische Mächtegleichgewicht befördert und die Neutralität der Schweiz gestärkt werden könnte. Mit Blick auf die Haltung der Schweiz ist mit einiger Berechtigung geurteilt worden, „dass sich das EPD und der Bundesrat aufgrund der Herausforderungen aus dem internationalem Umfeld eher widerwillig zu einer Teilnahme durchrangen."[163] In der Tat war die Position der Schweiz abwartend und nüchtern. Gleichwohl ist die reaktive Haltung gegenüber dem Konferenzprojekt nicht automatisch ein Beleg für dessen generelle Ablehnung. Vielmehr entsprach es dem Selbstverständnis der Eidgenossenschaft als neutralem Kleinstaat, auf das internationale Geschehen zu reagieren und nicht eigene Weltordnungspläne vorzulegen. Bundesrat Graber erklärte dazu in einer Rede am 25. Mai 1972 in Neuenburg: „Für die Schweiz handelt es sich nicht so sehr darum, zu ergründen, wie die internationalen Beziehungen verändert werden können als vielmehr darum, sich ihnen anzupassen, ihre eigene Existenzberechtigung zu bewahren und das heißt letzten Endes die Rechte der Eidgenossen."[164] Um die eigene Sicherheit zu erhöhen, ging die Schweiz bei der Vorbereitung der KSZE jedoch in einem Punkt sogar deutlich über die von Graber postulierte Passivität hinaus. Die Ankündigung eines Vorschlags zur friedlichen Streitschlichtung zeugte von dem Willen der Schweiz zur aktiven Mitwirkung an den Geschehnissen des Kontinents. Als der Bundesrat der Teilnahme der

---

[163] Fischer, Grenzen der Neutralität, S. 95.
[164] BAR, E 2812, 1985/204, Bd. 06 (HA Graber), Rede von Bundesrat Pierre Graber vor dem Neuenburger Kulturzentrum im Rahmen der Vortragsreihe „Die Schweiz und Europa", 25. 05. 1972.

Delegation an dem „salon des ambassadeurs" zustimmte, hatte sich die Schweiz drei Jahre lang sowohl in internen Debatten und Analysen als auch in diplomatischen Kontakten mit dem Ausland intensiv mit dem Projekt einer „Europäischen Sicherheitskonferenz" beschäftigt. EPD-Generalsekretär Thalmann kam zu dem Schluß, die Schweiz zähle „wohl zu jenen Staaten, die sich am eingehendsten mit diesem Problemkreis auseinandergesetzt haben."[165]

Das EPD war trotz anfänglicher Bedenken zur aktiven Teilnahme bereit. Hierbei spielte nicht zuletzt auch die historische Erfahrung der Schweiz mit den Vereinten Nationen und dem europäischen Integrationsprozeß eine Rolle, wie einer Aussage des Leiters der Abteilung für politische Dokumentation des EPD, Albert Natural, vom Dezember 1969 zu entnehmen ist: „Wenn die Schweiz nicht von Anfang an dabei ist, könnten ihr Schwierigkeiten entstehen, später einzusteigen."[166]

---

[165] BAR, E 2001 E-01, 1983/58, Bd. 103 (HA Thalmann), „Die Schweiz und die Europäische Sicherheitskonferenz". Exposé von Botschafter E. Thalmann, Generalsekretär des EPD, vor dem Ausschuss für Außenpolitik der freisinnig-demokratischen Partei der Schweiz am 10. November 1972.

[166] BAR, E 2001 (E), 1980/83, Bd. 136 (Europäische Sicherheitskonferenz), Protokoll der Besprechung vom 16. Dezember 1969.

3. Die multilateralen Gespräche von Dipoli (1972/73)

3.1 Bilaterale Konsultationen im Vorfeld

Die Multilateralen Gespräche im Kongreßzentrum Dipoli bei Helsinki – eigentlich ein Teil der polytechnischen Hochschule – dauerten mit Unterbrechungen vom 22. November 1972 bis zum 8. Juni 1973. Die Verhandlungen dienten der Vorbereitung einer möglichen Europäischen Sicherheitskonferenz und fanden in vier Phasen statt.[1] Zunächst wurden die prozeduralen Fragen geklärt und die Eröffnungsstatements der 34 Delegationen vorgetragen und diskutiert (22. November bis 15. Dezember 1972). In der zweiten Phase wurden mögliche Themenfelder vorgestellt und nach inhaltlichen Kriterien geordnet (15. Januar bis 9. Februar 1973). Mit Beginn der dritten Phase (26. Februar bis 6. April 1973) änderte sich der Charakter der Verhandlungen. Die inhaltlichen Vorschläge wurden intensiv diskutiert und jedes Land versuchte, seine Vorschläge für die Konferenzagenda durchzubringen. Zwischen dem 25. April und dem 8. Juni 1973 wurden abschließend strittige Themenfelder geklärt und das Dokument mit den Schlußbestimmungen erstellt, das die organisatorischen und inhaltlichen Richtlinien für den Ablauf der Hauptverhandlungen enthielt. Bei einer Konferenz der Außenminister der KSZE-Teilnehmerstaaten vom 3. bis 7. Juli 1973 in Helsinki wurden die Schlußbestimmungen gebilligt und die Phase der offiziellen KSZE-Verhandlungen eingeleitet.

Im Vorfeld der Multilateralen Gespräche von Dipoli entfalteten die Spitzendiplomaten des EPD eine bis dahin in der schweizerischen Außenpolitik nicht übliche intensive Reisetätigkeit. Im Juni und Juli 1972 besuchte der Generalsekretär des EPD, Ernesto Thalmann, mit der Tschechoslowakei, Polen, Jugoslawien, Ungarn, Rumänien und Bulgarien sechs osteuropäische Staaten. Der Zweck dieser „offensive de charme"[2] bestand insbesondere darin, für den schweizerischen Vorschlag zur friedlichen Streitschlichtung zu werben.[3] In der Literatur ist darauf hingewiesen worden, daß die Sowjetunion nicht Teil des Reiseprogramms Thalmanns gewesen ist, und in diesem Zusammenhang ist vermutet worden, daß die Schweiz zu jenem Zeitpunkt den direkten Kontakt zur Sowjetunion in der Frage der Sicherheitskonferenz noch vermeiden wollte.[4] Diese Betrachtung ist jedoch nicht zutreffend. Vielmehr stand die Sowjetunion als Weltmacht und Initiatorin des Konferenzprojekts zeitlich am Anfang und inhaltlich im Mittelpunkt der schweizerischen Kontakte mit dem Osten. Thalmanns Vorgänger als General-

---

[1] Javier Rupérez, Europa entre el miedo y la esperanza, Madrid 1976, S. 115.
[2] Renk, Der Weg der Schweiz nach Helsinki, S. 31.
[3] BAR, E 2001 E-01, 1983/58, Bd. 103 (HA Thalmann), Voyage du secrétaire général du Département Politique Fédéral dans six pays de l'Europe de l'Est en juin et juillet 1972.
[4] Renk, Der Weg der Schweiz nach Helsinki, S. 32.

sekretär, Pierre Micheli, war bereits im Februar 1971 zu Gesprächen über die Europäische Sicherheitskonferenz nach Moskau gereist.[5] Vor einer weiteren Visite erwartete das EPD zunächst den Gegenbesuch der Moskauer Diplomaten in Bern. Dieser fand schließlich im November 1972 in Person des sowjetischen Vizeaußenministers Anatoli Kowalow statt. Im Gespräch mit EPD-Generalsekretär Thalmann wurde Kowalow der schweizerische Vorschlag für ein System der friedlichen Streitschlichtung erläutert. Der sowjetische Spitzendiplomat reagierte mit Verwunderung und Herablassung: „La Suisse neutre, non-membre de l'ONU et qui fait son entrée sur la scène politique à la faveur de la CSCE est mal placée pour faire une proposition qui sera très controversée."[6] Nach Auffassung der Sowjetunion war es nicht Aufgabe der Schweiz, im Hinblick auf die Konferenz eigene ambitionierte Vorschläge zur Europäischen Sicherheit zu entwickeln, die sich auf die Souveränität der Großmächte auswirken konnten.[7]

Die bilateralen Konsultationen im Zusammenhang mit der Sicherheitskonferenz, so erläuterte Generalsekretär Thalmann am 17. Februar 1973 in einer Sitzung der „Arbeitsgruppe für Historische Standortbestimmung", hätten es der Schweiz ermöglicht, „ein ganzes Netz von beruflichen und persönlichen Beziehungen zu weben, das sich nicht nur für die KSZE, sondern allgemein für die Behauptung unserer Interessen als nützlich erweisen wird."[8] Für die Schweiz bot die KSZE allgemein die Möglichkeit, ihre nur gering ausgeprägten politischen und wirtschaftlichen Kontakte nach Osteuropa zu intensivieren. Bereits im Februar 1971 hatte der Bundesrat eine „neue Osthandelspolitik" lanciert, und bis zum Jahr 1975 schloß die Schweiz umfassende Wirtschaftsverträge mit allen Staaten des Ostblocks ab.[9]

Das Anliegen einer „politique d'ouverture à l'Est" vertrat in besagter Sitzung der Arbeitsgruppe für Historische Standortbestimmung auch der Genfer Politikprofessor Jacques Freymond. Der Schwerpunkt der Schweiz in der KSZE müsse „sur le développement systématique de nos relations avec l'Europe de l'Est tout entière"[10] gerichtet sein. In diesem Zusammenhang ist mit Blick auf die Außenpolitik daran zu erinnern, daß sich die Schweiz als neutrales Land immer auch

---

[5] AFZ, NL Micheli, Ambassade de Suisse en URSS. Entretiens à Moscou du Secrétaire général du Département, 01. 02. 1971.

[6] BAR, E 2001 (E), 1982/58, Bd. 101 (Europäische Sicherheitskonferenz), Résumé des entretiens des 2 et 3 novembre 1972 entre le Secrétaire général du DPF et M. Kovalev, vice-ministre soviétique des AE. Position de l'URSS sur la CSCE, 7 novembre 1972; vgl. Andréani, Le Piège, S. 94.

[7] Wie die bundesdeutsche Botschaft in Bern nach Bonn berichtete, waren die schweizerischen Diplomaten „von dem herrischen und undiplomatischen Auftreten des sowjetischen Vize-Aussenministers [...] überrascht und geschockt."; vgl. Politisches Archiv des Auswärtigen Amts (PAAA), ZA 109301, Telex Botschaft Bern an Auswärtiges Amt Bonn, 08. 11. 1972.

[8] AFZ, NL Bretscher, Arbeitsgruppe „Historische Standortbestimmung". Protokoll der Sitzung vom 17. Februar 1973. Thema: „Die europäische Sicherheitskonferenz und die Schweiz".

[9] Hug, Der gebremste Aufbruch, S. 103.

[10] AFZ, NL Bretscher, Arbeitsgruppe „Historische Standortbestimmung". Protokoll der Sitzung vom 17. Februar 1973. Thema: „Die europäische Sicherheitskonferenz und die Schweiz".

um eine gewisse Ausgewogenheit ihrer diplomatischen Kontakte – insbesondere gegenüber der Sowjetunion – bemühen mußte. Im Sommer 1972 war das Freihandelsabkommen zwischen der EWG und den Mitgliedsstaaten der EFTA, der die Schweiz angehörte, vereinbart worden. In der Volksabstimmung vom Dezember 1972 stimmte die Schweizer Bevölkerung mit großer Mehrheit zu.[11] Die Teilnahme an der Europäischen Sicherheitskonferenz, die von der Sowjetunion angestoßen worden war, bot nunmehr die Möglichkeit eines gesamteuropäischen Ausgleichs.[12] Das war auch in innenpolitischer Hinsicht bedeutsam, denn auf diese Weise konnten Bedenken gegen eine Teilnahme der Schweiz an der KSZE zerstreut und die Kontinuität der Neutralitätspolitik betont werden. In diesem Sinne äußerte sich Bundesrat Graber in einer Rede am 1. Oktober 1972 in Interlaken: „Pour l'équilibre de notre politique européenne, il est bien que l'ouverture de la Suisse vers l'Europe occidentale s'accompagne d'une ouverture en direction de l'Europe entière."[13]

Seitens der sozialistischen Länder wurde in den Jahren 1969 bis 1972 umgekehrt die schweizerische Haltung zur Europäischen Sicherheitskonferenz genau beobachtet. Bereits im Mai 1969 fand im Zusammenhang mit dem „Budapester Appell" auf Initiative des sowjetischen Botschafters Tschistiakow ein erstes Treffen der in Bern akkreditierten Botschafter der Warschauer-Pakt-Staaten statt. Da zwischen Bern und Ost-Berlin zu diesem Zeitpunkt noch keine diplomatischen Beziehungen bestanden, nahm der ständige Beobachter der DDR bei der UNO in Genf, Dr. Zachmann, an der Besprechung teil. Der sowjetische Botschafter begründete die Notwendigkeit der Durchführung regelmäßiger Zusammenkünfte mit dem Ziel der „Koordinierung des Standpunktes der sozialistischen Staaten gegenüber der Schweizer Regierung."[14] Im Vorfeld der Sicherheitskonferenz sprachen die Botschafter bei ihrem Treffen am 10. April 1972 beispielsweise über die außenpolitische Bedeutung des „Berichts des Bundesrates an die Bundesversammlung über die Richtlinien der Regierungspolitik 1971–1975"[15], und bei der Zusammenkunft im August 1972 wurde über die Osteuropareise von EPD-Generalsekretär Thalmann informiert.[16] Nach Ansicht des Delegationsleiters der DDR in Dipoli und Genf, Siegfried Bock, waren die Zusammenkünfte der sozialistischen Vertreter in Bern jedoch nicht von großer Bedeutung.[17] Entscheidender

---

[11] Kaestli, Selbstbezogenheit und Offenheit, S. 472.

[12] Interview mit François Nordmann.

[13] BAR, E 2001 E-01, 1983/58, Bd. 102 (HA Thalmann), „Bilan d'une politique extérieure active". Discours prononcé par le Chef du Département Politique Fédéral à Interlaken de 1er octobre 1972 devant le Congrès annuel du Parti Socialiste Suisse.

[14] PAAA, MFAA, Information über eine Beratung der in Bern akkreditierten sozialistischen Botschafter zum Thema „Die Haltung der Schweizer Regierung zum Budapester Appell", 09.05.1969.

[15] PAAA, MFAA, Information über eine Besprechung der Botschafter sozialistischer Staaten in Bern am 10.04.1972.

[16] PAAA, MFAA, Vermerk über eine Beratung der Botschafter der soz. Staaten in Bern vom 30.08.1972.

[17] Interview mit Siegfried Bock.

waren die direkten Kontakte zwischen dem DDR-Außenministerium[18] und dem EPD. Im Nachklang zu einem Besuch des schweizerischen Diplomaten Dr. Miesch in Ost-Berlin schien es im Herbst 1972 nach Ansicht des DDR-Außenministeriums die Bereitschaft der Schweiz zu näheren Konsultationen über die anstehende Sicherheitskonferenz zu geben. In einer Dienstbesprechung bei DDR-Außenminister Winzer wurde die Westeuropaabteilung des Ministeriums beauftragt, diesbezüglich Kontakt zum EPD aufzunehmen.[19] In einem Schreiben an Herrn Minister Miesch vom 9. Oktober 1972 wurde seitens der DDR angeregt, den „in Berlin begonnen Meinungsaustausch über Fragen der Vorbereitung und Durchführung der gesamteuropäischen Konferenz über Sicherheit und Zusammenarbeit fortzusetzen."[20] Die Antwort des Berner Außendepartements fiel jedoch sehr zurückhaltend aus. Wie Minister Miesch mitteilte, sei es „[a]us zeitlichen Gründen [...] unseren zuständigen Beamten nicht möglich, noch vor Beginn der multilateralen Vorbereitungskonferenz zu dem vorgeschlagenen Meinungsaustausch Hand zu bieten."[21] In einem internen Schreiben der offiziell noch als „Handelsvertretung" bezeichneten Repräsentanz der DDR in Zürich an das Außenministerium in Ost-Berlin äußerte Botschaftsrat Strohmeyer die Vermutung, daß es in Wirklichkeit taktische Gründe gebe und sich die Schweiz im Vorfeld der Multilateralen Gespräche und der Wahlen in der Bundesrepublik Deutschland nicht bewegen wolle.[22] Der Vorgang scheint für die DDR bedeutsam gewesen zu sein, denn im Rahmen eines Empfangs der ungarischen Botschaft in Bern sprach Strohmeyer Miesch am 30. Oktober 1972 noch einmal persönlich auf den Vorgang an, erhielt jedoch dieselbe Antwort, allerdings verbunden mit der Erwartung, daß sich in Helsinki die Gelegenheit zum Gespräch zwischen den beiden Delegationen ergeben werde.[23] Ein Grund für die Schweizer Zurückhaltung könnten auch die zeitgleich geführten Verhandlungen über die Aufnahme diplomatischer Beziehungen zwischen der Schweiz und der DDR gewesen sein.[24] Während der multilateralen Gespräche in Dipoli nahmen die Berührungsängste der Schweiz ab. Am 19. Juni 1973 regte Botschafter Bock im Gespräch mit dem mittlerweile zum Schweizer Botschafter in der DDR ernannten Hans Miesch ein Ge-

---

[18] Zur Außenpolitik der DDR vgl. Hermann Wentker, Außenpolitik in engen Grenzen. Die DDR im internationalen System 1949-1989, München 2007; Joachim Scholtyseck, Die Außenpolitik der DDR, München 2003 (EdG 69).

[19] PAAA, MFAA, Hausmitteilung Grundsatzabteilung (Dr. Bock) an Grundsatzabteilung (Genosse Dr. Oeser), 28. 09. 1972.

[20] PAAA, MFAA, Brief von Abteilungsleiter Haupt (DDR) an Minister Dr. Miesch (CH), 09. 10. 1972.

[21] PAAA, MFAA, Brief von Minister Dr. Miesch (CH) an Herrn Abteilungsleiter Haupt (DDR), 19. 10. 1972.

[22] PAAA, MFAA, Botschaftsrat Strohmeyer (Zürich) an Abteilungsleiter Haupt (Berlin), 27. 10. 1972.

[23] PAAA, MFAA, Vermerk über ein Gespräch mit dem Leiter der Politischen Abteilung Ost des EPD, Minister Miesch, am 30. 10. 1972.

[24] Vgl. Therese Steffen Gerber, Das Kreuz mit Hammer, Zirkel, Ährenkranz. Die Beziehungen zwischen der Schweiz und der DDR in den Jahren 1949-1972, Berlin 2002; zur offiziellen Aufnahme diplomatischer Beziehungen kam es am 20. Dezember 1972.

spräch zwischen den Außenministern beider Länder an[25], zu dem es schließlich am 3. Juli 1973 anläßlich der Eröffnung der KSZE in Helsinki kam.[26] Allerdings war diese Begegnung weniger symbolträchtig, als wenn sie in einer der beiden Hauptstädte stattgefunden hätte.

Auch die Bundesrepublik Deutschland[27] interessierte sich im Vorfeld der Europäischen Sicherheitskonferenz für die Haltung der Schweiz. Eine entsprechende Anfrage richtete das Auswärtige Amt im Februar 1972 an ihren Botschafter in Bern.[28] Zugleich wurde Botschafter Dr. Löns damit beauftragt, gegenüber der Schweizer Regierung auf das Interesse Bonns an einem Meinungsaustausch über die KSZE hinzuweisen. In seinem Antwortschreiben stellte der bundesdeutsche Botschafter die Haltung der Schweiz insgesamt etwas zu negativ dar, nannte aber sehr treffend die Kritikpunkte Berns: „Die Schweiz hält im Grunde nichts von dem Gedanken einer KSZE. Im Gegenteil befürchtet sie, dass das Scheitern neue Spannungen erzeugt. [...] In Verbindung mit unserer Ostpolitik fürchten sie sogar, dass die Sowjets Zwietracht im westlichen Bündnis säen, auf jeden Fall die USA von Europa trennen wollen."[29] Löns befürwortete direkte Kontakte mit der Berner Regierung zur KSZE, „weil die Schweiz als klassisches Land der Neutralität ein besonders [sic!] moralisches Gewicht hat."[30] Ein erster Meinungsaustausch zwischen der Bundesrepublik Deutschland und der Schweiz fand am 6. April 1972 in Bern statt.[31] In einem Bericht an das Auswärtige Amt wertete Botschafter Dr. Löns das zunehmende helvetische Engagement in den Ost-West-Beziehungen als „Abkehr der Schweiz von ihrer traditionellen Unabhängigkeitspolitik der Abstinenz" und als „Hinwendung zu einer aktiven Neutralitätspolitik der Mitbestimmung."[32]

Insgesamt zeigt sich, daß es in Ost und West jeweils Interesse an Kontakten mit der Schweiz zur Vorbereitung der Sicherheitskonferenz gab. Die Eidgenossenschaft verfügte aufgrund ihrer Neutralität und ihrer diplomatischen Tradition über eine gewisse „soft power".[33] Die Teilnahme der Schweiz verschaffte damit dem Projekt der Sicherheitskonferenz eine größere Legitimität. In diesem Sinne äußerte der französische Präsident Pompidou gegenüber Bundeskanzler Brandt im Juli 1972, es sei wichtig, „daß so bedeutende neutrale Länder wie Schweden,

---

[25] PAAA, MFAA, Vermerk über ein Gespräch mit dem Botschafter der Schweiz in der DDR, Herrn Miesch, am 19. Juni 1973 im MFAA.

[26] PAAA, MFAA, Wichtigste Ergebnisse der Gespräche in Helsinki.

[27] Zur Außenpolitik der Bundesrepublik vgl. allgemein Ulrich Lappenküper, Die Außenpolitik der Bundesrepublik Deutschland, München 2008; Christian Hacke, Die Außenpolitik der Bundesrepublik Deutschland, Berlin 2003.

[28] PAAA, ZA 109303, Ministerialdirigent Dr. Diesel (Bonn) an Botschafter Dr. Löns (Bern), 08. 02. 1972.

[29] PAAA, ZA 109303, Botschafter Dr. Löns (Bern) an Ministerialdirigent Dr. Diesel (Bonn), 14. 02. 1972.

[30] Ebd.

[31] Vgl. PAAA, ZA 109303, Ergebnis der deutsch-schweizerischen KSZE-Konsultationen vom 6. April 1972.

[32] PAAA, ZA 109303, Bericht Botschafter Dr. Löns an Auswärtiges Amt, 31. 07. 1972.

[33] Interview mit Vladimir Petrovsky.

die Schweiz und Österreich an der Konferenz teilnehmen werden".[34] Ebenso wie von östlicher Seite, so spielten auch bei den westlichen Sympathien für die Neutralen taktische Motive gleichwohl eine nicht unbedeutende Rolle. Der Leiter des Western Organisations Department im britischen Foreign and Commonwealth Office, Tickell, hatte die Strategie gegenüber den Neutralen im Februar 1972 folgendermaßen definiert: „It will be highly desirable for the NATO countries to build up the closest possible relations with the neutrals both before and during the Conference, in the hope of influencing them to support the Western line generally."[35]

3.2 Die Prozedurfragen

Als die Multilateralen Gespräche am 22. November 1972 in Dipoli eröffnet wurden, mußten zunächst Prozedurfragen zum Ablauf und zu den Modalitäten der Verhandlungen erörtert werden. Hierbei handelte es sich keineswegs um die formelle Festlegung rein technischer Details, sondern vielmehr um hochpolitische Probleme von Einfluß und Prestige. Das zeigte sich bereits vor der offiziellen Eröffnung der Konferenz. Die Delegation der Bundesrepublik Deutschland protestierte dagegen, daß sie bei der Sitzordnung entgegen früherer Absprachen unter dem Buchstaben „F" (Federal Republic of Germany) geführt werden sollte, während die DDR mit dem Buchstaben „G" (German Democratic Republic) als die primäre Vertreterin Deutschlands erschien.[36] Bei der Kompromißsuche wechselte die finnische Regierung zu den französischen Landesbezeichnungen und ließ für beide Länder Tischschilder unter der Bezeichnung „R" (République Democratique d'Allemagne; République Fédérale d'Allemagne) aufstellen. Doch die Bundesrepublik bestand weiterhin darauf, daß der Schwerpunkt auf der Landesbezeichnung liegen müsse, so daß die beiden Delegationen am Konferenztisch schließlich nebeneinander unter dem Buchstaben „A" (Allemagne) plaziert wurden.[37]

Die Schweiz zeigte bei den Prozedurfragen von Beginn an ein überraschend hohes Maß an Engagement. Wie im Vorfeld der Verhandlungen bekannt geworden war, beabsichtigten die finnischen Gastgeber nicht nur die Position des Tagungspräsidenten, sondern gleichzeitig auch den Posten des Stellvertreters fest mit Vertretern ihres Landes zu besetzen. Von manchen Teilnehmern wurde das als zu weitgehend empfunden, implizierte dieser Schritt doch eine Sonderrolle Finn-

---

[34] AAPD 1972, Nr. 196: Gespräche des Bundeskanzlers Brandt mit Staatspräsident Pompidou, 3./4. Juli 1972, S. 895.

[35] DBPO III/II, No. 1: Draft Position Paper, Foreign and Commonwealth Office, February 1972, S. 12.

[36] Fischer, Neutral Power in the CSCE, S. 154.

[37] Kristina Spohr Readman, National Interests and the Power of „Language". West German Diplomacy and the Conference on Security and Cooperation in Europe 1972-1975, in: The Journal of Strategic Studies 29 (2006), S. 1077-1120, S. 1089f.

lands, die zugleich auf die Etablierung fester Gremien im Rahmen der KSZE zu einem Zeitpunkt hinauslaufen könnte, in der das Zustandekommen der eigentlichen KSZE-Konferenz überhaupt noch nicht feststand.[38] Rumänien hatte als Gegenvorschlag gefordert, daß für beide Posten das Rotationsprinzip gelten sollte. Auch die Schweiz war der Ansicht, daß zu diesem frühen Zeitpunkt keine Fakten geschaffen werden durften. Botschafter Campiche sah hinter dem finnischen Vorgehen die Regie Moskaus: „Les Russes, avec l'apparent acquiescement des hôtes finlandais, veulent arranger les choses à leur manière."[39] Der rumänische Gegenvorschlag war jedoch nicht konsensfähig, da er die Finnen brüskierte. Am Morgen der Konferenzeröffnung kamen Botschafter Campiche und der rumänische Diplomat Lipatti überein, daß Rumänien im Verlauf der ersten Sitzung seinen Vorschlag schließlich zugunsten eines schweizerischen Kompromisses zurückziehen würde, der die Rotation nur des stellvertretenden Tagungspräsidenten vorsah.[40] In der Eröffnungssitzung wurde der finnische Diplomat Tötterman zum Tagungspräsidenten ernannt, er präsentierte daraufhin sofort seinen Landsmann Illoniemi als seinen Stellvertreter und schloß die Sitzung. Die Rumänen kamen mit ihrer Wortmeldung nicht mehr zum Zug und protestierten anschließend gegen den Verlauf der Eröffnungssitzung. Nachdem Rumänien zu Beginn der zweiten Sitzung das Wort ergriffen und für das Prinzip der Rotation geworben hatte, kam in der angespannten Situation der schweizerische Kompromißvorschlag zur rechten Zeit. Edouard Brunner hatte im Vorfeld bereits bei den Niederländern und den Polen sondiert und sich so der Zustimmung von West und Ost versichert.[41] Finnland und Rumänien konnten somit beide ihr Gesicht wahren. Das Rotationsprinzip fand schließlich auch auf die Sitzungen der einzelnen Arbeitsgruppen Anwendung. Die schweizerische Delegation hatte mit der partiellen Durchsetzung der Rotation zugleich ein sichtbares Zeichen für den Charakter der Verhandlungen gesetzt, indem sie betonte, daß alle Länder – unabhängig von ihrer Größe und Machtposition – auf Grundlage des Prinzips der souveränen Gleichheit an den Verhandlungen teilnahmen. In diesem Zusammenhang war für die Schweiz noch ein weiteres Prinzip von Bedeutung. So konnten Beschlüsse nur einstimmig gefaßt werden.[42] Das Konsensprinzip als besonderes Merkmal der KSZE-Verhandlungen bot in Verbindung mit dem Prinzip der souveränen Gleichheit die organisatorische Voraussetzung dafür, daß die Schweiz als neutraler Kleinstaat aktiv agieren konnte und ihre Meinung bei anderen Teilnehmerstaaten Gehör fand. Die Schweiz fühlte sich nur in jenen internationalen Gremien wohl, in denen sie – wie etwa in der EFTA – nicht überstimmt werden konnte.[43] Das Konsensprinzip war auch in praktischer Hinsicht sinnvoll. Aufgrund der unter-

---

[38] Privatarchiv Dr. Hans-Jörg Renk (Notizen Renk), 20. November 1972.
[39] Samuel Campiche, Marée du Soir. Carnets, Vevey 2001, S. 125.
[40] Notizen Renk, 22. November 1972.
[41] Renk, Der Weg der Schweiz nach Helsinki, S. 45.
[42] Schlotter, Die KSZE im Ost-West-Konflikt, S. 103.
[43] Manfred Linke, Schweizerische Außenpolitik der Nachkriegszeit. Eine von amtlichen Verlautbarungen des Bundesrates ausgehende Darstellung und Analyse, Chur/Zürich 1995, S. 265.

schiedlichen Anzahl von Mitgliedern der NATO und des Warschauer Pakts wäre der Osten bei Mehrheitsentscheidungen benachteiligt gewesen. Es wäre dann jeweils auf das Verhalten der übrigen Staaten angekommen, insbesondere die neutralen Staaten hätten Partei ergreifen und sich des Drucks der beiden Blöcke erwehren müssen.[44]

In der Generaldebatte bei den Multilateralen Gesprächen skizzierte Botschafter Campiche am 1. Dezember 1972 die Grundposition der Schweiz. Dabei betonte er den Vorrang des Rechts in den internationalen Beziehungen und erhob in diesem Zusammenhang die konkrete Forderung nach Aufnahme des schweizerischen Vorschlags zur friedlichen Streitschlichtung in die Tagesordnung. Darüber hinaus erwähnte Campiche auch den Bereich der menschlichen Kontakte. Ziel der Verhandlungen müsse es sein, reale Verbesserungen in der Praxis der Ost-West-Beziehungen zu erreichen: „[L]a détente ne se fonde pas sur des mots, elle se fonde sur les faits."[45] Zugleich erinnerte der Schweizer Botschafter seine Kollegen daran, daß es sich bei den Konsultationen nur um Vorgespräche zu möglichen KSZE-Verhandlungen handele und keinerlei Automatismus bestehe. Mit der Ansprache Campiches demonstrierte die Schweiz ihre ergebnisorientierte Haltung gegenüber dem KSZE-Projekt. Zugleich betonte sie den Anspruch, im Rahmen ihres Streitschlichtungsvorschlags an der Verbesserung der europäischen Sicherheit aktiv mitzuwirken. Insgesamt ging es der Schweiz darum, Verfahrensregeln für die Zukunft festzulegen, anstatt Debatten über die Vergangenheit zu führen.[46]

Nach Abschluß der ersten Verhandlungsphase wurde in der Sitzung der KSZE-Arbeitsgruppe des Außendepartements am 19. Dezember 1972 in Bern eine erste Bewertung des bisherigen Verhandlungsverlaufs vorgenommen und das weitere Vorgehen festgelegt. Die Bewertung war eindeutig positiv. Delegationsleiter Campiche meinte sogar etwas pathetisch, daß die Schweiz zum ersten Mal nach langer Zeit wieder in die politische Arena getreten sei. Im Hinblick auf die anstehende Festlegung inhaltlicher Grundsätze in der nächsten Runde der Verhandlungen stand für Bern das Projekt der friedlichen Streitschlichtung (SRPD) im Mittelpunkt. Wie Campiche den Mitgliedern der Arbeitsgruppe erläuterte, unterstützte die Schweiz einen Vorschlag Frankreichs zur Festlegung konkreter Mandate für die Tagesordnung der KSZE-Verhandlungen, denn „[i]l nous faut un texte formulé d'ordre du jour pour pouvoir insérer notre SRPD."[47] Übereinstimmung herrschte auch darin, daß der Streitschlichtungsvorschlag nicht in Verbindung mit den Initiativen anderer Länder – wie etwas einem rumänischen Vorschlag zum Gewaltverzicht – zusammenbehandelt werden dürfe, sondern, so Bindschedler, der besondere helvetische Charakter des Streitschlichtungsvorschlags auf alle

---

[44] Renk, Der Weg der Schweiz nach Helsinki, S. 46.
[45] BAR, E 2001-E-01, 1982/58, Bd. 101, Déclaration liminaire prononcé par l'Ambassadeur de Suisse S. F. Campiche aux Consultations d'Helsinki le 1er décembre 1972.
[46] Témoignage de l'Ambassadeur Edouard Brunner, S. 3.
[47] BAR, E 2001 E-01, 1982/58, Bd. 101, Compte-rendu de la séance du Groupe de travail sur la CSCE du 19 décembre 1972.

Fälle gewahrt bleibe: „Il faut que le SRPD reste une chose suisse."[48] Außerdem diskutiert wurde die Standortfrage. Zu diesem Zeitpunkt war noch nicht abzusehen, ob die KSZE-Verhandlungen an einem zentralen Ort stattfinden oder die Gespräche thematisch getrennt auf mehrere Städte aufgeteilt werden würden. Helsinki war zwar weiterhin am wahrscheinlichsten, doch hatte die finnische Verhandlungsführung bei einigen Ländern bereits zu Kritik geführt. Wie Bundesrat Graber betonte, dürfe die Schweiz keinesfalls gegen Helsinki agieren. Insgesamt überwog daher eine abwartende Haltung. Allerdings wies Edouard Brunner seine Kollegen bereits darauf hin, daß die Schweiz der Standortfrage auf längere Sicht nicht würde ausweichen können: „Bien du monde parle de Genève, il faut que l'on soit prêt."[49]

3.3 Erstellung der Tagesordnung

Nach Wiederaufnahme der Verhandlungen in Dipoli Mitte Januar 1973 stand die Festlegung der inhaltlichen Agenda für die eigentliche KSZE-Konferenz im Mittelpunkt der Debatten. Den Anfang machten die Mitgliedsstaaten der EG, die die Themenkreise Prinzipien/Sicherheit, wirtschaftliche Kooperation und menschliche Kontakte vorschlugen.[50]

Die Schweiz ihrerseits plädierte in der Sitzung am 17. Januar 1973[51] für die Aufnahme des Streitschlichtungsvorschlags in die Tagesordnung und für die Behandlung des Themas in einer separaten Arbeitsgruppe.[52] Indem die Schweiz ihren Vorschlag in eindeutige Verbindung mit dem Themenkomplex „Sicherheit" stellte, verbesserte sie dessen Erfolgschancen. In einem Telex der bundesdeutschen KSZE-Delegation an das Auswärtige Amt wurde dieser Schritt als „befriedigend" bewertet, da hierdurch der Zusammenhang mit den institutionellen Fragen – sprich die Schaffung fester organisatorischer Strukturen der KSZE – aufgelöst werde.[53]

Nachdem die Anzahl der thematischen Vorschläge bei den Dipoli-Verhandlungen im Januar 1973 immer weiter zunahm, ergab sich die Notwendigkeit einer Sichtung und Katalogisierung der einzelnen Anträge. Von welchem Land letztendlich die Initiative hierzu ausging und von wem der Begriff „Körbe" zuerst ver-

---

[48] Ebd.
[49] Ebd.
[50] Renk, Der Weg der Schweiz nach Helsinki, S. 54.
[51] BAR, E 2001 E-01, 1987/78, Bd, 185, Bilan de la deuxième étape des consultations préliminaires d'Helsinki au 25 janvier 1973.
[52] Der entsprechende Vorschlag lautete folgendermaßen: „La Sous-Commission est chargée d'élaborer un système de règlement pacifique des differends qui est la conséquence et le complément necessaires et logiques du principe du non-recours à la menace ou à l'usage de la force sur lequel se penche la Sous-commission 1. La Sous-commission doit soumettre à la Commission un projet à cet effet."; vgl. AAPD 1973, Nr. 32: Ministerialdirigent Brunner, z. Zt. Helsinki, an das Auswärtige Amt, 31. Januar 1973, S. 169, FN 10.
[53] PAAA, ZA 111529, Telex Botschaft Helsinki an Auswärtiges Amt Bonn, 17. 01. 1973.

wandt wurde, ist unter Zeitzeugen und Wissenschaftlern umstritten.[54] Festgehalten werden kann jedoch, daß die Schweiz unter Leitung von Botschafter Campiche an diesem Schritt maßgeblich beteiligt gewesen ist. Das zeigt sich insbesondere daran, daß keine andere als die schweizerische Delegation von den übrigen Mitgliedsstaaten auf Vorschlag Spaniens damit beauftragt wurde, eine thematisch gegliederte Liste aller Vorschläge zu erstellen, die als Grundlage für die weiteren Verhandlungen dienen sollte.[55] In einer mündlichen Stellungnahme am 24. Januar 1973 erklärte sich Campiche gegenüber den anderen Mitgliedsstaaten zur Übernahme dieser Aufgabe bereit.[56] Das Ergebnis mit der Aufteilung in die Körbe I bis IV wurde Ende Januar den anderen Staaten präsentiert[57], von diesen als Verhandlungsgrundlage akzeptiert und stellte zukünftig den Rahmen der inhaltlichen Diskussionen dar. Bundesrat Graber verwandte das Beispiel der „Operation Körbe" in einer Rede am 16. März 1973 in Lausanne, um die seiner Meinung nach fortdauernde Nützlichkeit der traditionellen schweizerischen Außenpolitik im Lichte der multilateralen Entspannungspolitik der KSZE hervorzuheben: „Si je me suis attardé sur cet épisode, c'est pour montrer qu'un aspect traditionnel de notre politique extérieure – la mise à disposition de nos bons offices – peut très bien s'insérer dans un contexte politique et diplomatique tout a fait nouveau, tel celui de la Conférence sur la sécurité et la coopération en Europe."[58] Allerdings war Grabers Nennung der KSZE als Beispiel für die traditionelle Politik der „Guten Dienste" der Schweiz im Grunde unzutreffend, denn die Schweiz war hier nicht ein unbeteiligter Vermittler in der Position des „ehrlichen Maklers", sondern sie war als Teilnehmerland selbst direkt am Verhandlungsgeschehen beteiligt und verfolgte dort eigene Interessen. Darin lag die neue Dimension der schweizerischen Außenpolitik. Bei ihrem Engagement zur Erstellung der inhaltlichen Agenda ging es der Schweiz auch darum, die Berücksichtigung ihres Vorschlags zur friedlichen Streitschlichtung bei den anstehenden Verhandlungen zu sichern und die Behandlung des Themas in einem separaten Gremium zu erreichen. Das Ziel wurde in der Sitzung der Arbeitsgruppe des EPD am 15. Februar 1973 folgendermaßen definiert: „[L]a tâche principale de notre délégation reste de faire inscrire le SRPD à l'ordre du jour et d'obtenir en même temps qu'une sous-commission ad hoc soit prévue pour l'examen de notre projet."[59]

Die Schweiz scheute sich in Dipoli auch nicht, der Sowjetunion deutlich zu widersprechen. Am 31. Januar 1973 hielt der sowjetische Delegationsleiter Mendelewitsch eine umstrittene Ansprache zur Frage der festzulegenden zwischen-

---

[54] Vgl. Fischer, Neutral Power in the CSCE, S. 173 ff.

[55] BAR, E 2001 E-01, 1987/78, Bd, 185, Telex Botschaft Helsinki an EPD Bern, 23. 01. 73.

[56] BAR, E 2001 E-01, 1987/78, Bd. 185, Telex Botschaft Helsinki an EPD Bern, déclaration suisse, prononcée le 24. 01. 1973.

[57] Luigi Vittorio Ferraris (Hg.), Report on a Negotiation. Helsinki – Geneva – Helsinki 1972-1975, Alphen aan den Rijn 1979, S. 16.

[58] BAR 2812, 1985/204, Bd. 6 (HA Graber), Position de la Suisse dans l'Europe et dans le monde. Discours prononcé à Lausanne, le 16 mars 1973 par M. le Conseiller fédéral Pierre Graber.

[59] BAR, E 2001 E-01, 1987/78, Bd. 186, Compte-rendu de la séance du groupe de travail sur la CSCE du 15 février 1973.

staatlichen Prinzipien. Am folgenden Tag antworte ihm Botschafter Campiche mit Blick auf den Bereich der Menschenrechte, „qu' il serait inconcevable et [...] incompréhensible, que ce principe qui est si intimement lié à notre civilisation ne trouve pas sa place dans un document de la conférence".[60]

3.4 Die Diskussion über die „Standortfrage"

Was den Ablauf der eigentlichen KSZE-Verhandlungen betraf, so stellte sich das von Frankreich vorgeschlagene „Drei-Stufen-Modell" als konsensfähig heraus. Es sah die Eröffnung durch eine Tagung der Außenminister der Teilnehmerstaaten, eine anschließende Verhandlungsphase und schließlich als dritte Stufe einen Konferenzabschluß auf Ebene der Außenminister oder der Staats- und Regierungschefs vor. Umstritten war jedoch die Ortsfrage. Wie Edouard Brunner richtig vorausgesehen hatte, trat die Diskussion über den Standort der KSZE-Konferenz im Frühjahr 1973 zunehmend in den Mittelpunkt der Gespräche in Dipoli. Finnland war bereit, alle drei Stufen der KSZE auszurichten. Die gegensätzliche Position vertrat Rumänien, das im Sinne des Rotationsprinzips jede Phase an einem anderen Tagungsort abhalten wollte.[61] In dieser Situation wurde immer häufiger auch Genf als mögliche Alternative zu Helsinki genannt. Welche Rolle die Schweiz bei dieser Diskussion gespielt hat, ist nicht genau geklärt und verdient daher eine nähere Betrachtung. Der Bundesrat hatte erstmals im März 1972 in Antwort auf ein Postulat des Nationalrats Renschler offiziell Stellung genommen zu einer eventuellen Gastgeberrolle des Landes und mit Verweis auf die unklare Entwicklung des Konferenzprojekts ausweichend darauf hingewiesen, daß er „zur gegebenen Zeit seine ganze Aufmerksamkeit auch diesem Aspekt der Sicherheitskonferenz widmen"[62] werde. In der Antwort wurde darüber hinaus auf die generelle Disponibilität der Schweiz hingewiesen, also die Bereitschaft eines neutralen Landes, sein Territorium im Sinne der Politik der „Guten Dienste" für internationale Verhandlungen, Konferenzen und Vermittlungsgespräche zur Verfügung zu stellen. In besagter Sitzung der KSZE-Arbeitsgruppe am 19. Dezember 1972 betonte Generalsekretär Thalmann noch einmal die offizielle Haltung der Schweiz: „Dans la question du lieu de la Conférence notre attitude reste la disponibilité."[63] Am 26. März 1973 sandte das Bonner Auswärtige Amt gleichwohl folgende Information an ihre Ständige Vertretung bei der NATO: „Schweizer Delegation in Helsinki hat uns gegenüber Interesse an Gastgeberrolle für Kommissionsphase bekundet. Schweiz will sich zwar nicht offiziell bewerben. Ihr Vertreter hat jedoch darauf hingewiesen, dass in Genf sämtliche Fazilitäten für Arbeit der Kommissionen und

---

[60] BAR, E 2001 E-01, 1987/78, Bd. 185, Telex Botschaft Helsinki an EPD Bern, 01. 02. 1973.
[61] Renk, Der Weg der Schweiz nach Helsinki, S. 69.
[62] BAR, E 2001 E-01, 1982/58, Bd. 100 (Europäische Sicherheitskonferenz), Postulat Renschler vom 13. März 1972/Nationalrat. Entwurf der Antwort des Bundesrates.
[63] BAR, E 2001 E-01, 1982/58, Bd. 101 (Europäische Sicherheitskonferenz), Compte-rendu de la séance du Groupe de travail sur la CSCE du 19 décembre 1972.

Unterkommissionen zur Verfügung gestellt werden könnten."[64] Die britische Delegation in Helsinki erhielt anscheinend ebenfalls einen Hinweis von Schweizer Diplomaten, daß die Eidgenossenschaft zur Übernahme der Gastgeberrolle bei der KSZE bereit sei.[65] Bereits Anfang März war Edouard Brunner von sowjetischer Seite in einem Hintergrundgespräch mitgeteilt worden, daß es selbst in Moskau bei aller Priorität für Helsinki Flexibilität in der Frage des Standorts gebe und Genf eine der möglichen Alternativen wäre.[66] Dabei spielte aus sowjetischer Sicht anscheinend auch eine Rolle, daß Lenin im Exil in der Schweiz gelebt hatte, darunter auch in Genf.[67]

Im EPD wurden Anfang März 1973 auf Nachfrage der helvetischen Delegation in Dipoli drei mögliche Szenarien für eine Gastgeberrolle des Landes aufgestellt: Erstens die Abhaltung der gesamten Konferenz in Genf, zweitens die Verteilung der Konferenz auf drei Städte (Genf, Bern, Lausanne) und drittens die Aufteilung der Konferenz auf drei unterschiedliche Teilnehmerstaaten, wobei Genf als möglicher Standort für die Verhandlungen im Bereich des Korb II (Wirtschaft) genannt wurde. Das EPD sah mit Blick auf die ersten beiden Varianten erhebliche Probleme und hielt als Ergebnis fest, „que notre disponibilité ne devrait pas aller au-delà accueil de la seule commission économique à Genève."[68]

Am 9. März 1973 wurde das EPD durch die Botschaft in Helsinki darüber informiert, daß einer italienischen Quelle zufolge die Regierung in Rom in den kommenden Tagen bei der Schweizer Regierung vorstellig werden würde mit dem Ziel, die Schweiz zu einer Kandidatur Genfs zu bewegen. Wenige Tage später berichtete die schweizerische Botschaft in Rom von einem Gespräch im italienischen Außenministerium am 12. März des Jahres. Dabei wurde die Schweiz gebeten, ihre Disponibiltät in der Standortfrage stärker herauszustellen. Italien sei gegen Helsinki als Tagungsort der zweiten Phase. Begründet wurde dies mit der „trop grande proximité de l'URSS qui n'est pas simplement géographique."[69] Am 15. März 1973 wurde darüber hinaus der rumänische Botschafter in Bern im Politischen Departement vorstellig und erkundigte sich im Namen seiner Regierung nach der Haltung der Schweiz bezüglich des zukünftigen Tagungsortes der KSZE. Dabei hob er die „méfiance persistante"[70] seines Landes gegenüber der finnischen Hauptstadt hervor. Seitens der Schweiz wurde auf die Anfragen mit Zurückhaltung reagiert. Botschafter Thévenaz antwortete im Berner Außendepartement

[64] PAAA, ZA 111547, Telex Auswärtiges Amt Bonn an Ständige Vertretung bei der NATO, Brüssel, 26.03.1973.

[65] Fischer, Neutral Power in the CSCE, S. 205.

[66] BAR, E 2001 E-01, 1987/78, Bd. 186 (Europäische Sicherheitskonferenz), Telex Botschaft Helsinki an EPD Bern, 09.03.1973.

[67] Témoignage de l'Ambassadeur Edouard Brunner, S. 14.

[68] BAR, E 2001 E-01, 1987/78, Bd. 186 (Europäische Sicherheitskonferenz), Telex EPD Bern an Botschaft Helsinki, 08.03.1973.

[69] BAR, E 2001 E-01, 1987/78, Bd. 186 (Europäische Sicherheitskonferenz), Telex Botschaft Rom an EPD Bern, 13.03.1973.

[70] BAR, E 2001 E-01, 1987/78, Bd. 186 (Europäische Sicherheitskonferenz), Note d'entretien, 15.03.1973.

seinem rumänischen Gast, daß „la position de la Suisse reste ouverte."[71] Wie die Vorgänge zeigen, war es der finnischen Regierung seit Beginn der Multilateralen Gespräche nicht gelungen, das latente Mißtrauen einiger westlicher und neutraler Staaten bezüglich des Sonderverhältnisses zur Sowjetunion zu zerstreuen, sondern durch mehrere Vorkommnisse hatte sich dieses Unbehagen eher noch verstärkt.[72] Eine weitere Konkretisierung der schweizerischen Position enthielten die Instruktionen des EPD an die schweizerische Delegation für die vierte Phase der Dipoli-Verhandlungen. Für die erste Stufe der KSZE (Außenministerkonferenz) solle sich die Delegation für Helsinki einsetzen und dies bei erster Gelegenheit im Rahmen der Verhandlungen auch öffentlich zum Ausdruck bringen. Für die zweite Phase galt hingegen folgende Sprachregelung: „La Suisse n'est pas candidate pour la 2ème phase de la conférence. Elle n'est que disponible si un courant très large devait se manifester en faveur d'une ville suisse."[73] Die große Zahl von Ländern müsse Staaten des Warschauer Pakts, der EG, der NATO, der N+N-Staaten sowie der nordischen Länder umfassen. Das EPD ging also über die bisherige Position hinaus und definierte Voraussetzungen, unter denen die Schweiz die Gastgeberrolle der KSZE-Verhandlungen übernehmen würde. Anfang Mai suchte der rumänische Botschafter in Helsinki seinen Kollegen Campiche auf und fragte an, wie sich die Schweiz verhalten würde, falls von rumänischer Seite bei den Verhandlungen die Frage gestellt werde, ob die Schweiz generell zur Übernahme der Gastgeberrolle bereit wäre, wenn es einen entsprechenden Konsens unter den Mitgliedsstaaten geben sollte.[74] Allerdings beschränkte sich Botschafter Campiche im Sinne der Instruktionen aus Bern zunächst darauf, sich im Rahmen der Verhandlungen öffentlich für Helsinki als Tagungsort für die Außenministerkonferenz (erste Phase) auszusprechen.[75]

In der Plenarsitzung der Mulilateralen Gespräche am 25. Mai 1973 brachte Finnland die Standortfrage in die Diskussion und wollte die Zustimmung der anderen Staaten zu Helsinki für alle drei Konferenzphasen erreichen. Auf Antrag Rumäniens wurde der Antrag jedoch zur weiteren Behandlung in die Arbeitsgruppe für prozedurale Fragen überwiesen. Dort fiel die Entscheidung schließlich in zwei Sitzungen der Delegationsleiter in der Nacht vom 28./29. Mai und am 29. Mai.[76] Zuvor hatte der italienische Botschafter in Helsinki Campiche am 27. Mai 1973 aufgesucht und ihn – wie Anfang des Monats bereits sein rumäni-

[71] Ebd.
[72] Vgl. hierzu Renk, Der Weg der Schweiz nach Helsinki, S. 64 ff.
[73] BAR, E 2001 E-01, 1987/78, Bd. 186 (Europäische Sicherheitskonferenz), Telex EPD Bern an Botschaft Helsinki, 17. 04. 1973.
[74] BAR, E 2001 E-01, 1987/78, Bd. 186 (Europäische Sicherheitskonferenz), Telex Botschaft Helsinki an EPD Bern, 07. 05. 1973.
[75] BAR, E 2001 E-01, 1987/78, Bd. 186 (Europäische Sicherheitskonferenz), Telex Botschaft Helsinki an EPD Bern, 15. 05. 1973.
[76] Ferraris, Report, S. 39.

scher Kollege – gebeten, eine öffentliche Erklärung abzugeben, die ein generelles Interesse der Schweiz an der Gastgeberrolle zum Ausdruck bringen würde.[77]

In der Sitzung vom 28./29. Mai sprach sich der italienische Delegationsleiter Ferraris dann öffentlich für die Schweiz als Gastgeberland aus. Zuvor hatte Schweden im Namen der nordischen Staaten für Helsinki geworben. Dieser Position widersprach Rumänien. Dem von den Helsinki-Befürwortern gebrauchten Begriff der „unité de lieu" stellte Bukarest im Sinne des Rotationsprinzips das Konzept der „Trois phases – trois pays" entgegen.[78] Der Delegationsleiter der Bundesrepublik Deutschland, Guido Brunner, brachte in seinem Redebeitrag Genf als einen geeigneten Standort in die Diskussion[79] und wandte sich schließlich mit einer konkreten Frage an die Schweizer Delegation: „Können Sie die zweite Phase in Genf ausrichten?"[80] Der schweizerische Botschafter Campiche antwortete seinem westdeutschen Kollegen, „que Genève est disponible pour la deuxième phase de la CSCE si cela devait faire l'objet d'un consensus."[81]

Am 29. Mai 1973 berichtete Campiche aus Helsinki an das EPD, daß Finnland nun versuche, sich die dritte Phase der Konferenz dadurch zu sichern, daß auf die Beherbergung der zweiten Phase andeutungsweise verzichtet werde. Campiche riet hiervon ab, da die Schweiz dann die ganze Last der Verhandlungsphase tragen müsse, während Helsinki das Prestige der ersten und dritten Phase erhalten und dem Schlußdokument seinen Namen geben werde.[82] Gleichwohl bot diese Option den einzigen sinnvollen Ausweg aus der verfahrenen Situation. Sie war auch für Finnland akzeptabel, denn wie der finnische Diplomat Jaakko Illoniemi im Rückblick erklärte, „the real prize was the third phase on highest political level and there we succeeded."[83] Unter den Delegierten wurde schließlich Konsens darüber erzielt, daß Finnland die erste und die dritte Stufe der Konferenz beherbergen, die eigentliche Verhandlungsphase aber in Genf stattfinden würde, wo unweit des Völkerbundpalastes gerade das neue Kongreßzentrum „Centre International des Conférences Genéve" eingeweiht worden war[84], das sich als geeigneter Tagungsort für eine Veranstaltung dieser Größenordnung anbot.

---

[77] BAR, E 2001 E-01, 1987/78, Bd. 186 (Europäische Sicherheitskonferenz), Telex Botschaft Helsinki an EPD Bern, 28. 05. 1973; Mitte Mai 1973 hatte sich auf Vorschlag der Bundesrepublik Deutschland bereits der „Davignon-Ausschuß" zur Koordinierung der Außenpolitik der EG-Staaten mehrheitlich für Genf als Tagungsort der zweiten Phase ausgesprochen, vgl. PAAA, ZA 111547, Telex Auswärtiges Amt Bonn an Delegation Helsinki, 16. 05. 1973.

[78] Notizen Renk, 28. Mai 1972 (abends).

[79] BAR, E 2001 E-01, 1987/78, Bd. 186 (Europäische Sicherheitskonferenz), Telex Botschaft Helsinki an EPD Bern, 29. 05. 1973; Notizen Renk, 28. Mai 1972 (abends).

[80] BAR, E 2001 E-01, 1987/78, Bd. 187 (Europäische Sicherheitskonferenz), Brief Botschafter Campiche (Helsinki) an das EPD Bern, Anlage. Auszug aus der Rede von Botschafter Guido Brunner (BRD) an der Sitzung der Arbeitsgruppe über Prozedurfragen vom 28. Mai 1973, 04. 06. 1973.

[81] BAR, E 2001 E-01, 1987/78, Bd. 186 (Europäische Sicherheitskonferenz), Telex I Botschaft Helsinki an EPD Bern, 29. 05. 1973.

[82] BAR, E 2001 E-01, 1987/78, Bd. 186 (Europäische Sicherheitskonferenz), Telex II Botschaft Helsinki an EPD Bern, 29. 05. 1973.

[83] E-Mail-Korrespondenz mit Jaakko Illoniemi.

[84] Renk, Der Weg der Schweiz nach Helsinki, S. 71.

Wie läßt sich das Verhalten der Schweiz in der „Standortfrage" bewerten? Hans-Jörg Renk, Mitglied der schweizerischen Delegation, erklärte rückblickend, daß es keine Kampagne der Schweiz für den Standort Genf gegeben habe.[85] Was aus schweizerischer Sicht als Disponibilität verstanden wurde, interpretierten Diplomaten aus anderen Teilnehmerländern allerdings als aktives Werben. Aktionen wie das Verteilen von Prospekten des gerade neu in Betrieb genommenen Kongreßzentrums in Genf auf Nachfrage[86] lassen sich beispielsweise in beiderlei Hinsicht interpretieren. Der Delegationsleiter der DDR, Siegfried Bock, äußerte rückblickend, daß die Schweiz nach seiner Wahrnehmung durchaus Interesse an einer Gastgeberrolle ihres Landes gezeigt habe[87], und der ehemalige französische Diplomat Jacques Andréani wertete das Verhalten der Schweiz als „campagne clandestine."[88]

Das Problem mit der Schweizer Haltung der Disponibiltät war, daß die damit verbundene generelle Bereitschaft zur Übernahme der Gastgeberrolle in der Realität der multilateralen Diplomatie bedeutete, daß sie praktisch Kandidat war. Zwar definierte Bundesrat Graber die Position der Schweiz als „mi-chemin entre l'abstention et la barricade"[89], doch in der Praxis waren Disponibilität und Kandidatur kaum zu trennen. Die Schweiz hätte das Problem nur beenden können, wenn sie bei einer der vielen Anfragen definitiv erklärt hätte, daß sie keinesfalls zur Verfügung stünde – aber in diesem Fall wäre sie eben nicht mehr disponibel gewesen. Dies konnte sich die Schweiz jedoch nicht leisten, denn als neutraler Staat mußte sie den Nutzen ihrer Neutralität nach innen und nach außen demonstrieren. In diesem Sinne war die KSZE für die Schweiz auch „ein Instrument, um sich selbst in der Staatenwelt bemerkbar zu machen."[90] Der Verzicht auf die Disponibilität in der Standortfrage hätte für die Schweiz insofern einen Prestigeverlust bedeutet. Es spielte auch eine Rolle, daß Österreich sich für Wien als möglichen Ort der KSZE engagierte. So wurde die schweizerische Delegation in Dipoli Mitte März 1973 von einer italienischen Quelle darüber unterrichtet, daß der österreichische Botschafter in Rom im italienischen Außenministerium vorstellig geworden sei, um sich für den Standort Wien einzusetzen.[91] Weitere Faktoren mögen zum Eindruck eines aktiven helvetischen Werbens beigetragen haben. So gab es eine Reihe von Ländern wie die Bundesrepublik Deutschland, Italien und Rumänien, die aus politischen Gründen eine Abkehr von Helsinki erreichen wollten und sich in ihren diplomatischen Kontakten entsprechend engagierten. Es ist auffällig, wie intensiv die Schweiz von Vertretern dieser Staaten „be-

[85] Interview mit Hans-Jörg Renk.
[86] Renk, Der Weg der Schweiz nach Helsinki, S. 71.
[87] Interview mit Siegfried Bock.
[88] Interview mit Jacques Andréani.
[89] BAR, E 2001 E-01, 1982/58, Bd. 101 (Europäische Sicherheitskonferenz), Compte-rendu de la séance du Groupe de travail sur la CSCE du 19 décembre 1972.
[90] Interview mit Franz Ceska.
[91] BAR, E 2001 E-01, 1987/78, Bd. 186 (Europäische Sicherheitskonferenz), Telex Botschaft Helsinki an EPD Bern, 15. 03. 1973.

arbeitet" wurde, sich positiv zu erklären. Diesem Druck konnte sich die Schweiz im Verlauf des Frühjahrs 1973 nur noch schwer entziehen. Darüber hinaus könnte es – auch wenn dies nicht direkt nachgewiesen werden kann – einzelne schweizerische Diplomaten gegeben haben, die in der Diskussion über den Tagungsort der KSZE persönlich stärker engagiert waren und bei Treffen mit ausländischen Diplomaten entsprechend aktiv für Genf geworben haben. Das legen auch die anfangs zitierten Berichte der bundesdeutschen und der britischen Delegation nahe.

Edouard Brunner zeigte beispielsweise in den internen Sitzungen der Arbeitsgruppe von Beginn an ein großes Interesse an der „Standortfrage" und verfolgte die Thematik später auch intensiv in seinen Gesprächen mit anderen Delegationen in Dipoli. Der finnische Botschafter in Bern berichtete nach Gesprächen mit Vertretern des EPD im März 1973 nach Helsinki, daß es sich bei den Aktivitäten für den Standort Genf um Brunners „own show"[92] – und somit nicht um die offizielle Haltung der Schweizer Diplomatie – handeln würde. Hingegen war der Schweizer Delegationsleiter Campiche, der in der Literatur als „among the strongest supporters of the movement ‚away from Helsinki'"[93] bezeichnet wird, meines Erachtens ein Kritiker eines Standortwechsels nach Genf. Es sollte nicht vergessen werden, daß Campiche ursprünglich ein Gegner des KSZE-Projekts gewesen war und eine gewisse Reserviertheit gegenüber der Entspannungspolitik beibehielt. Wie erwähnt sah Campiche in der Übernahme der zweiten Konferenzphase keinen politischen Nutzen für die Schweiz. Gegenüber dem EPD äußerte Campiche am 7. Mai 1973 die Überzeugung, „que la Suisse n'aurait guère d'intérêt ni de profit ni de prestige à être le siège de la de la deuxième phase, qu' elle devrait donc s'abstenir d'être mise a contribution pour la seule raison de faire obstacle à Helsinki."[94] Als offizieller Vertreter der Schweiz in Finnland war Campiche primär an guten bilateralen Beziehungen interessiert und sah die Gefahr einer nachhaltigen Verstimmung infolge eines Konflikts über den Konferenzstandort. In diesem Sinne äußerte sich Campiche gegenüber der Berner Zentrale am 17. Mai 1973 folgendermaßen: „Der sich immer deutlicher abzeichnende Trend der EG und anderer westlicher Staaten [...] in Richtung Genf gibt mir angesichts der bekannten finnischen Empfindlichkeiten zu denken." Gegenüber der Regierung in Helsinki wollte der Botschafter deshalb deutlich machen, „dass die Schweiz an dieser Entwicklung keinerlei Anteil hat."[95]

Die unterschiedlichen Positionen in der Führungsspitze der schweizerischen Delegation beschränkten sich nicht auf die Standortfrage, sondern betrafen die Haltung gegenüber der KSZE insgesamt. Botschafter Campiche soll angeblich so-

[92] Zit. nach Fischer, Neutral Power in the CSCE, S. 204, FN 692.
[93] Ebd. S. 209.
[94] BAR, E 2001 E-01, 1987/78, Bd. 186 (Europäische Sicherheitskonferenz), Telex Botschaft Helsinki an EPD Bern, 07. 05. 1973.
[95] BAR, E 2001 E-01, 1987/78, Bd. 186 (Europäische Sicherheitskonferenz), Telex Botschaft Helsinki an EPD Bern, 17. 05. 1973.

gar erfolglos die Abberufung Edouard Brunners aus Helsinki betrieben haben.[96] In seinen Memoiren erklärt Brunner – wohl mit Blick auf Campiche – zu der Meinungsdivergenz, daß „il y avait dans nos propres rangs ce que j'appellerais les anticommunistes traditionels ou primaires, qui voyait dans cette conférence une manœuvre de l'URSS pour endormir l'Occident. Dès lors, il convenait de la faire échouer par tous les moyens."[97] Die Schweiz verhielt sich in der Standortfrage zwar zurückhaltend, aber sie verweigerte sich den Aufforderungen anderer Regierungen am Ende nicht. Für eine Art Doppelspiel der Schweiz in Dipoli gibt es in den Dokumenten hingegen keinen eindeutigen Beleg. Anderslautende Bewertungen[98] stützen sich wesentlich auf Berichte und Einschätzungen ausländischer Regierungen, wohingegen sich in Schweizer Dokumenten wie den Protokollen der internen Besprechungen der Arbeitsgruppe oder der Korrespondenz zwischen dem EPD und der Delegation in Helsinki keine entsprechenden Hinweise finden lassen. In den Instruktionen für die vierte Phase der Dipoli-Verhandlungen vom 7. Mai 1973 wurden zwar Kriterien benannt, bei deren Erfüllung die Eidgenossenschaft zur Übernahme der Gastgeberrolle bereit sein würde, doch spiegelte dies den zu diesem Zeitpunkt bereits weit fortgeschrittenen Diskussionsstand wider. Hinzu kommt, daß es mit Botschafter Campiche und EPD-Generalsekretär Thalmann mindestens zwei Führungspersönlichkeiten gab, die eine eher kritische Haltung in der Standortfrage einnahmen.

3.5 Die Eröffnung der KSZE-Konferenz in Helsinki

Die Delegierten in Helsinki schlossen ihre Verhandlungen am 8. Juni 1973 mit der Annahme der „Schlußempfehlungen der Helsinki-Konsultationen" ab. In dem auch als „Blaues Buch" bezeichneten Dokument waren der Ablauf, Verfahrensregeln und die Themen der nun nachfolgenden Verhandlungsphase festgelegt.[99] Für die Schweiz war besonders entscheidend, daß ihr Streitschlichtungsvorschlag darin direkt erwähnt wurde. Im Rahmen des Themenbereichs „Sicherheit" sollte die Konferenz „Vorschläge für eine Methode zur friedlichen Regelung von Streitfällen zwischen den Teilnehmerstaaten untersuchen und eine solche Methode ausarbeiten."[100] Wie Botschafter Campiche in der Sitzung der Arbeitsgruppe am

---

[96] Campiche selbst äußerte in seinen Memoiren, es habe die Möglichkeit zur Abberufung Brunners bestanden, er habe jedoch gleichwohl darauf verzichtet: „Le Comte X, délégué du Liechtenstein, me dit que […] Brunner prétend que je fais ma propre politique, non appuyée par Berne. Mêmes propos qui me sont rapportés par l'Ambassadeur de Yougoslavie… Je rapporte sans zèle la chose à Berne. Thalmann: ,Vous pouvez le renvoyer si vous le voulez, cela n'appartiendra qu'à vous.' Je laisse tomber…"; vgl. Campiche, Marrée du soir, S. 134.

[97] Brunner, Lambris dorés et coulisses, S. 45.

[98] Vgl. Fischer, Neutral Power in the CSCE, S. 209.

[99] Renk, Der Weg der Schweiz nach Helsinki, S. 74.

[100] Volle/Wagner, KSZE, Schlußempfehlungen der Konsultationen für die Konferenz über Sicherheit und Zusammenarbeit in Europa in Helsinki vom 8. Juni 1973, S. 155.

13. Juni 1973 betonte, handelte es sich um den einzigen konkreten inhaltlichen Vorschlag in den Schlußempfehlungen überhaupt.[101] Als positive Ergebnisse der Verhandlungen wurden zudem auf die Einhaltung des Konsensprinzips durch alle Mitgliedsstaaten und auf die Verhinderung eines festen Konferenzsekretariats hingewiesen. Mitte Juni 1973 legte Außenminister Graber seinen Amtskollegen in Bern einen Bericht des EPD zum Verlauf der Helsinki-Konsultationen und zur Teilnahme der Schweiz an der Verhandlungsphase in Genf vor, der die Zustimmung des Gesamtbundesrates fand. Als besonderes Merkmal der Verhandlungen wurde in dem Bericht die Zurückhaltung der amerikanischen Delegation in den Multilateralen Gesprächen konstatiert, was als Konsequenz der „Nixon-Doktrin" interpretiert wurde.[102] Edouard Brunner bezeichnete die USA auch rückblickend noch als den „grand absent à Dipoli."[103] Hierfür gab es mehrere Gründe. Mit der bewußten Ausgliederung des für Washington prioritären Feldes der Abrüstungspolitik in die MBFR-Verhandlungen hatte die Bedeutung des Konferenzprojekts für die USA stark abgenommen. Die Nixon-Administration „saw the CSCE primarily as a concession to the Soviets"[104] und brachte ihr entsprechend nur geringes Interesse entgegen. Aber nicht nur gegenüber Moskau, sondern auch gegenüber den westeuropäischen Verbündeten stellte die Teilnahme an der KSZE ein Entgegenkommen dar, mit der Bündnissolidarität demonstriert und Befürchtungen vor einem nachlassenden Engagement der USA in Europa zerstreut werden sollten.[105] Für die amerikanische Regierung war die Beteiligung an der KSZE gleichwohl nur eine Pflichtübung. Die außenpolitischen Prioritäten lagen an anderer Stelle. Die USA verfolgten eine erfolgreiche bilaterale Détente-Politik mit der Sowjetunion, und waren darüber hinaus in anderen Politikfeldern stark engagiert, von der Annäherung an die Volksrepublik China über die Bemühungen zur Beendigung des Vietnam-Kriegs bis hin zur Nahost-Krise. Darüber hinaus widersprach das multilaterale Format der KSZE wie erwähnt dem von persönlichen bilateralen Kontakten und von Diskretion geprägten diplomatischen Stil Henry Kissingers.[106]

Für die Schweiz, die im Vorfeld der Verhandlungen großen Wert auf eine Teilnahme der USA gelegt hatte, war das Verhalten Washingtons eine Enttäuschung. Allerdings wurde die Zurückhaltung der Amerikaner durch eine andere Entwicklung partiell abgefedert: „Pour leur part, les Neuf de la Communauté européenne ont développé avec succès leur coopération politique à la faveur des Consulta-

---

[101] BAR E 2001 E-01, 1987/78, Bd. 187, Compte-rendu de la séance du groupe de travail CSCE du 13 juin 1973.
[102] BAR E 2001 E-01, 1987/78, Rapport et proposition sur la Participation de la Suisse à la Conférence sur la sécurité et la coopération en Europe, 18. 06. 1973.
[103] Témoignage de l'Ambassadeur Edouard Brunner, S. 9.
[104] Maresca, To Helsinki, S. 214.
[105] Michael Cotey Morgan, North America, Atlanticism, and the making of the Helsinki Final Act, in: Andreas Wenger/Vojtech Mastny/Christian Nuenlist (Hgg.), Origins of the European Security System. The Helsinki process revisted 1965–1975, S. 25–45, S. 27.
[106] Hanhimäki, Kissinger, the Soviets and the Helsinki Accords, S. 40.

tions."[107] In der Tat stellte das aktive Engagement der EG-Staaten und ihre intensive Kooperation untereinander eine der wichtigsten Entwicklungen der Helsinki-Konsultationen dar.[108] Die Einbringung der gemeinsamen Vorschläge für eine Tagesordnung am 15. Januar 1973 in Helsinki war die Premiere der Zusammenarbeit zwischen den EG-Staaten[109] auf internationaler Bühne und bedeutete den ersten Schritt auf dem Weg zu einer gemeinsamen europäischen Außen- und Sicherheitspolitik.[110]

Das aktive Verhalten der neutralen Länder in Dipoli wurde von den Diplomaten anderer Teilnehmerstaaten teils mit Erstaunen zur Kenntnis genommen. Bereits am 9. Februar 1973 hatte die bundesdeutsche KSZE-Delegation in einem Bericht an das Auswärtige Amt die besondere Rolle der Neutralen hervorgehoben. Daran zeige sich, „daß es in Europa mehr gibt als nur das Ost-West-Verhältnis."[111] Mit Blick auf die Rolle der Berner Diplomaten wurde konstatiert, die Schweiz vertrete ihren Standpunkt zur friedlichen Streiterledigung und zu den menschlichen Kontakten „[b]esonders selbstbewußt und fundiert."[112] Der britische Delegationsleiter Elliott hob in seinem Bericht an Außenminister Douglas-Home vom 13. Juni 1973 über den Verlauf der Multilateralen Gespräche hervor, daß unter den Neutralen insbesondere die Schweizer überwiegend eindeutig westliche Positionen vertreten würden.[113] Der schweizerische Botschafter in London, Albert Weitnauer, erfuhr im Gespräch mit dem Leiter des East European and Soviet Department im FCO, Bullard, von dem positiven Eindruck, den die aktive Rolle der Schweiz in Helsinki bei der britischen Regierung hinterlassen hatte.[114] Als starker Befürworter der schweizerischen Neutralität wäre Botschafter Weitnauers Bericht an das EPD vermutlich weniger positiv ausgefallen[115], wenn er gewußt hätte, daß der Schweiz von britischer Seite im wesentlichen eine zustimmende Rolle zugunsten der westlichen Positionen zugedacht war.[116] Auf östlicher Seite waren die DDR und ihre Verbündeten nach Aussage von DDR-Botschafter Bock ebenfalls überrascht von der aktiven Rolle der Schweiz bei den Multilateralen Gesprächen.[117]

---

[107] BAR, E 2001 E-01, 1987/78, Bd. 187 (Europäische Sicherheitskonferenz), Rapport et proposition sur la Participation de la Suisse à la Conférence sur la sécurité et la coopération en Europe, 18. 06. 1973.

[108] Andréani, Le Piège, S. 88 f.

[109] Daniel Möckli, European Foreign Policy during the Cold War. Heath, Brandt, Pompidou and the dream of political unity, London/New York 2009, S. 99.

[110] Renk, Der Weg der Schweiz nach Helsinki, S. 54.

[111] AAPD 1973, Nr. 42: Ministerialdirigent Brunner, z. Zt. Helsinki, an das Auswärtige Amt, 9. Februar 1973, S. 210.

[112] Ebd.

[113] DBPO III/II, No. 37: Mr. Elliott (Helsinki) to Sir A. Douglas-Home, 13 June 1973, S. 141.

[114] AFZ, NL Weitnauer, Mein Gespräch mit J. L. Bullard, Head of the East European and Soviet Department/FCO, Politischer Bericht Nr. 19, 19. Juni 1973.

[115] AFZ, NL Weitnauer, Zusammenfassung des Politischen Berichts Nr. 19, 19. Juni 1973.

[116] DBPO III/II, No. 37: Mr. Elliott (Helsinki) to Sir A. Douglas-Home, 13 June 1973, S. 141.

[117] Interview mit Siegfried Bock.

Mit der Tagung der Außenminister vom 3. bis 7. Juli 1973 in Helsinki wurde die KSZE-Konferenz offiziell eröffnet. Aufgrund der intensiven Verhandlungen der Delegationen in den Monaten zuvor gab es kaum Kritikpunkte an dem Inhalt des „Blauen Buchs". Die einzige wesentliche Ausnahme bildete die Behandlung der sogenannten Mittelmeerfrage, die die Delegationen in Dipoli schon seit Ende 1972 beschäftigt hatte, als die Regierungen Algeriens und Tunesiens Interesse an einer Mitwirkung erkennen ließen. Nach Auffassung insbesondere einiger südosteuropäischer Staaten ließ sich die Sicherheit Europas nicht von den Entwicklungen im Mittelmeerraum trennen, so daß die Diskussion entstanden war, ob und in welcher Form nordafrikanische Staaten an der Konferenz beteiligt werden sollten. Die österreichische Regierung setzte sich darüber hinaus für die Behandlung des Nahost-Problems innerhalb der KSZE ein.[118] Die Schweiz stand – was auf den ersten Blick überraschen mag – einer Einbeziehung nordafrikanischer Staaten aufgeschlossen gegenüber und war bereit, ihnen einen Beobachterstatus zuzuerkennen. Aufgrund ihrer romanischen Landesteile und ihrer geographischen Lage verstand sich die Eidgenossenschaft indirekt durchaus als „Teil des mediterranen Kulturraums."[119] Hinzu kam zumindest im Fall Algeriens, daß seit den Vermittlungsbemühungen der Schweiz bei der Beendigung des Algerienkrieges eine gewisse Verbundenheit zwischen beiden Ländern bestand.[120] Bereits im Rahmen der Generalaussprache zu Beginn der Dipoli-Verhandlungen hatte Botschafter Campiche in seiner Ansprache etwas kryptisch darauf hingewiesen, daß regionale und globale Sicherheit nicht voneinander zu trennen seien.[121] Campiches Botschaft wurde aber durchaus verstanden, denn wie er in der Sitzung der EPD-Arbeitsgruppe Mitte Dezember 1972 berichtete, hatten sich die Regierungen in Tunis und Algier für seine Äußerung bedankt.[122] In einer Rede in Dipoli am 1. Februar 1973 betonte Campiche noch einmal, daß „les problèmes de sécurité du continent sont étroitement liés à ceux de la Méditeraneé."[123] Die meisten anderen Staaten, insbesondere die nordischen Länder, hatten jedoch verständlicherweise nur geringes Interesse an der Einbeziehung der Thematik. Auch die USA wollten keine nähere Fokussierung auf die Mittelmeerfrage, da dabei wie auch beim österreichischen Vorschlag der Nahost-Konflikt unvermeidlich Thema geworden wäre. Henry Kissinger war jedoch erfolgreich darum bemüht, den Einfluß der Sowjetunion im Nahen Osten zu mindern, eine Tendenz, die sich mit dem Jom-Kippur-Krieg und der amerikanischen „Shuttle-Diplomacy" bald noch verstärken sollte. Die Schweiz erkannte und akzeptierte, daß es für eine Beteili-

---

[118] Erwin A. Schmidl, L'Autriche et le processus d'Helsinki, in: Elisabeth du Réau/Christine Manigand (Hgg.), Vers la réunification de l'Europe. Apports et limites du processus d'Helsinki de 1975 à nos jours, Paris 2005, S. 89–96, S. 92 f.

[119] Renk, Der Weg der Schweiz nach Helsinki, S. 163.

[120] Interview mit Hans-Jörg Renk.

[121] BAR, E 2001-E-01, 1982/58, Bd. 101, Déclaration liminaire prononcé par l'Ambassadeur de Suisse S. F. Campiche aux Consultations d'Helsinki le 1er décembre 1972.

[122] BAR, E 2001 E-01, 1982/58, Bd. 101, Compte-rendu de la séance du Groupe de travail sur la CSCE du 19 décembre 1972.

[123] BAR, E 2001 E-01, 1987/78, Bd. 185, Telex Botschaft Helsinki an EPD Bern, 01. 02. 1973.

gung der Mittelmeerstaaten keine Zustimmung gab. Hieran konnte auch der Protest Maltas nichts Wesentliches ändern. Während der zweiten Phase in Genf fanden schließlich Anhörungen von Vertretern Algeriens, Ägyptens, Marokkos, Tunesiens, Syriens und Israels statt, wodurch die Verhandlungen aber nicht beeinflußt wurden.[124]

In seiner Rede am 5. Juli 1973 in Helsinki erläuterte Bundesrat Graber den versammelten Außenministern, daß die Neutralität der Schweiz verbunden sei mit dem Willen des Landes, sich im Rahmen seiner Möglichkeiten an den Geschehnissen des Kontinents zu beteiligen. Graber betonte noch einmal die pragmatische Haltung seines Landes gegenüber der KSZE. Die Konferenz solle „nicht so sehr auf die Lösung der Vergangenheit gerichtet, als vor allem der Vorbereitung der Zukunft gewidmet sein."[125] Anschließend warb der schweizerische Außenminister für den Vorschlag eines Systems zur friedlichen Regelung von Streitigkeiten. Durch eine Stärkung des Rechts könnten die europäischen Staaten ihren Willen zur Verständigung praktisch unter Beweis stellen. Zugleich warnte Graber vor übertriebenen Hoffnungen hinsichtlich der KSZE-Verhandlungen, denn „[e]ine ehrliche und konstruktive Feststellung der Unstimmigkeiten ist mehr wert, als eine oberflächliche und rein formelle Übereinstimmung, die nur Illusionen und Missverständnisse nach sich ziehen würde."[126] Die Schweiz nutzte die Außenministerkonferenz von Helsinki darüber hinaus auch zu bilateralen Gesprächen über die Vorbereitung der zweiten Phase der KSZE mit Vertretern der Bundesrepublik Deutschland, Österreichs sowie der DDR.[127]

---

[124] Renk, Der Weg der Schweiz nach Helsinki, S. 162.
[125] BAR, E 2001 E-01, 1987,78, Bd. 188 (Europäische Sicherheitskonferenz), Rede des Außenministers der Schweiz, Bundesrat Pierre Graber, an der ersten Phase der Konferenz über Sicherheit und Zusammenarbeit in Europa in Helsinki, 05. Juli 1973.
[126] Ebd.
[127] BAR, E 2001 E-01, 1987,78, Bd. 188 (Europäische Sicherheitskonferenz), Bilaterale Besprechungen während der ersten Phase der KSZE, Helsinki, Juli 1973.

4. Die Genfer Verhandlungsphase (1973–1975)

4.1 Die Gastgeberrolle der Schweiz

Die im Sommer 1973 auf einen Zeitraum von ungefähr sechs Monaten angelegte Genfer Kommissionsphase dauerte schließlich bis Juli 1975. Zunächst tagten die Delegierten im gerade neu eröffneten „Centre International des Conférences Genève", seit Anfang 1975 dann im „Centre William Rappard", dem bisherigen Sitz der Internationalen Arbeitsorganisation (ILO). Mit der Konferenz der Staats- und Regierungschefs in Helsinki vom 30. Juli bis 1. August 1975 und der Unterzeichnung der KSZE-Schlußakte fanden die Beratungen ihren vorläufigen Abschluß.

Bei einer vorbereitenden Sitzung der Teilnehmerländer in Genf vom 29. August bis 3. September 1973 wurden zunächst die organisatorischen und institutionellen Fragen im Hinblick auf die anstehenden Verhandlungen geklärt. Die wichtigsten Gremien waren drei Hauptausschüsse zu den Körben I bis III. Hinzu kamen für jeden Korb jeweils mehrere Unterausschüsse zu bestimmten Themen. Später wurde auch noch ein Ausschuß zu den Konferenzfolgen (Korb IV) gebildet, für den die Schweiz in Person von Edouard Brunner zuständig war. Die Schweiz konnte sich mit der Forderung durchsetzen, ihren Vorschlag zur friedlichen Streitschlichtung in einer separaten Arbeitsgruppe zu behandeln.[1]

Einen Tag vor Beginn der Genfer Verhandlungen gab das EPD in einer Pressemitteilung die Zusammensetzung der schweizerischen KSZE-Delegation bekannt.[2] Zukünftig würde der Rechtsberater des EPD und Leiter der internen Arbeitsgruppe, Botschafter Rudolf Bindschedler, als Delegationschef fungieren. Botschafter Campiche war die Funktion eines „Sonderberaters" zugedacht. Darüber hinaus herrschte mit der Berufung von Edouard Brunner, Hans-Jörg Renk und Blaise Schenk personelle Kontinuität. Als Vertreter des Volkswirtschaftsdepartements gehörte ferner Jérôme Lugon der Delegation an. Die Berufung Bindschedlers war Ausdruck der hohen Bedeutung, die die Schweiz ihrem Vorschlag zur friedlichen Streiterledigung beimaß. Sie verdeutlichte zudem den – bedingt durch die Gastgeberrolle der Schweiz – größeren Einfluß der Berner Zentrale auf das Handeln der schweizerischen Delegation.

Mit einer kurzen Begrüßungsansprache durch Botschafter Bindschedler wurde am 18. September 1973 die zweite Phase der KSZE offiziell in der Rhône-Stadt eröffnet.[3] Wie die Schweiz jedoch bald erkennen mußte, war ihre Gastgeberrolle

---

[1] Rupérez, Europa, S. 213.
[2] BAR, E 2001 E-01, 1987/78, Bd. 189 (Europäische Sicherheitskonferenz), Eidgenössisches Politisches Departement, Pressemitteilung, 17. September 1973.
[3] BAR, E 2001 E-01, 1987/78, Bd. 189 (Europäische Sicherheitskonferenz), Allocution de l'Ambassadeur Bindschedler à l'ouverture de la deuxième phase de la Conférence sur la sécurité et la coopération en Europe, le 18 septembre 1973 à Genève.

auch mit neuen Problemen verbunden. Aufgrund ihres „Heimvorteils" und vor dem Hintergrund der positiven Erfahrungen in Dipoli agierten die Eidgenossen in Genf aktiv und selbstbewußt. Namentlich die britische Delegation[4] war darüber irritiert, daß die Schweiz ihre Gastgeberrolle weniger zurückhaltend interpretierte als es Finnland zuvor bei den Multilateralen Gesprächen getan hatte. Bereits in einem Bericht der britischen Delegation in Genf an Außenminister Douglas-Home vom 3. September 1973 über den Verlauf der ersten vorbereitenden Sitzung fiel die Bewertung sehr negativ aus: „As hosts the Swiss left something to be desired."[5] Bei den Briten war der Eindruck entstanden, die Schweiz würde ihren Vorsitz dazu mißbrauchen, ihre eigenen organisatorischen und inhaltlichen Vorstellungen im Zusammenhang mit dem Vorschlag zur friedlichen Streitschlichtung durchzusetzen. Die Berechtigung des Vorwurfs kann nicht verifiziert werden, doch war Delegationsleiter Bindschedler nach Aussage von Hans-Jörg Renk durchaus gewillt, den durch die Gastgeberrolle der Schweiz entstandenen „Heimvorteil voll auszunützen."[6]

Generell bestand nach Ansicht der Londoner Regierung die Gefahr, daß die KSZE primär sowjetischen Interessen dienen würde und es Moskau gelingen könnte, den Westen zu spalten.[7] In den Wochen nach Beginn der Genfer Verhandlungen verfestigte sich der negative Eindruck über das Agieren der Schweiz auf britischer Seite weiter. Im Foreign and Commonwealth Office (FCO) wurde sogar eine Liste mit dem Titel „Catalogue of Swiss Misdeeds"[8] erstellt. Die Kritik Londons beruhte wesentlich auf einer Fehlinterpretation der schweizerischen Rolle in der KSZE. Schon bei der Vorbereitung der Europäischen Sicherheitskonferenz war den Neutralen seitens Großbritanniens wie erwähnt lediglich eine unterstützende Funktion des Westens gegenüber der Sowjetunion zugedacht worden. Die positiven Äußerungen durch Vertreter des britischen Außenministeriums vom Sommer 1973 waren wesentlich darin begründet gewesen, daß das Agieren der Schweiz in Dipoli genau in dieser Weise interpretiert wurde. Von der Schweiz wurde das jedoch nicht erkannt, wie der erwähnte Bericht von Botschafter Weitnauer vom Juni 1973 nahelegt. Die Vertreter der Schweiz bei den Genfer Verhandlungen ahnten nichts von der in London erregten Mißstimmung, denn als die Briten ihre sprichwörtliche Zurückhaltung schließlich aufgaben und die Schweiz zur Rede stellten, herrschte in Bern einhellige Überraschung und Unverständnis über die geäußerte Kritik. Auf britischen Wunsch hin fand am 19. Oktober 1973

---

[4] Zur KSZE-Politik Großbritanniens bis zur Unterzeichnung der Helsinki-Schlußakte vgl. Keith Hamilton, Cold War by other means. British diplomacy and the conference on security and cooperation in Europe 1972–1975, in: Wilfried Loth/Georges-Henri Soutou (Hgg.), The Making of Détente. Eastern and Western Europe in the Cold War 1965–1975, London/New York 2008, S. 168–182.

[5] DBPO III/II, No. 44: Miss A: M. Warburton (UKMIS Geneva) to Sir A. Douglas-Home, 3 September 1973, S. 175.

[6] Renk, Der Weg der Schweiz nach Helsinki, S. 76.

[7] Dominik Geppert, Großbitannien und die Neue Ostpolitik der Bundesrepublik, in: VfZ 57 (2009), S. 385–412, S. 410.

[8] Nuenlist, Neutrals as negotiators and mediators, S. 214.

in London ein Gespräch zwischen dem Leiter der Westeuropaabteilung im FCO, Tickell, und Botschafter Weitnauer statt. Wie der schweizerische Botschafter nach Bern berichtete, „hat sich bei der britischen Delegation in Genf und [...] beim FCO ein beträchtliches Mass an Irritationen gegenüber dem Wirken der schweizerischen Delegation angesammelt."[9] Nach britischer Auffassung trieb die Schweiz ihren Vorschlag zur friedlichen Streiterledigung sehr intensiv voran, und zwar auf Kosten der westlichen Ziele in Korb III über menschliche Kontakte.[10] Wie sich aus Botschafter Weitnauers Bericht ferner ersehen läßt, zählte die Schweiz nach britischer Auffassung ganz selbstverständlich zum Lager der westlichen Staaten.

Wenige Tage später nahm Delegationsleiter Bindschedler gegenüber dem EPD und der Botschaft in London Stellung zu den britischen Vorwürfen. In diesem Schreiben zeigte Bindschedler sich äußerst erstaunt über die britische Kritik und wies den Vorwurf, die schweizerische Delegation sei zu Konzessionen gegenüber dem Osten in Korb III zugunsten des Streitschlichtungsvorschlags bereit, mit Nachdruck zurück. Der Westen, so Bindschedler, könne nicht in allen Sachfragen mit der automatischen Unterstützung durch die Schweiz im Sinne eines Satellitenstaats rechnen, sondern „Londres devrait comprendre que nous continuerons à agir indépendamment."[11] Ende Oktober fand in London dann ein weiteres Gespräch zwischen Abteilungsleiter Tickell und Botschafter Weitnauer statt. Zuvor hatte es in Genf bereits ein Zusammentreffen von Vertretern der britischen und der schweizerischen Delegation gegeben[12], über das Weitnauer jedoch offensichtlich nicht unterrichtet worden war. Weitnauer erklärte, an der Haltung der Schweiz zu den inhaltlichen Fragen – gemeint war insbesondere der Korb III – habe sich gegenüber den Konsultationen in Helsinki keine Veränderung ergeben. Umgekehrt anerkannte Tickell die neutrale und selbstständige Rolle der Schweiz innerhalb der KSZE. Wie Weitnauer dem EPD im Anschluß an die Unterredung mitteilte, könne „die Angelegenheit als erledigt angesehen werden."[13]

Auch wenn die schweizerisch-britische Kontroverse nur eine Episode war, so verweist sie doch sehr anschaulich auf zwei Probleme, mit denen die Schweiz in der Frühphase der KSZE-Verhandlungen konfrontiert war. Erstens mußte sich

---

[9] BAR, E 2001 E-01, 1987/78, Bd. 190 (Europäische Sicherheitskonferenz), Telex Botschaft London an EPD Bern, 22. 10. 1973.

[10] Wie Tickell gegenüber Botschafter Weitnauer mit Blick auf die Menschenrechtsfrage ausführte, habe seine Regierung den Eindruck, daß die Schweiz „in their understandable desire to promote their ideas on the peaceful settlement of disputes [...] did not give full weight to the wider interests"; vgl. DBPO III/II, No. 52: Minute from M. Fall to Mr. Tickell, 25 October 1973, S. 200, FN 5.

[11] BAR, E 2001 E-01, 1987/78, Bd. 190 (Europäische Sicherheitskonferenz), Telex KSZE-Delegation Genf an EPD Bern, 22. 10. 1973; Bindschedler war zudem verärgert, weil im Vorschlag der EG-Staaten zur Organisation kein spezielles Gremium für den Streitschlichtungsvorschlag enthalten gewesen war; vgl. DBPO III/II, No. 52: Minute from Mr. Fall to Mr. Tickell, 25 October 1973, S. 200f.

[12] An der Besprechung nahm Bindschedler anscheinend nicht teil; vgl. ebd. S. 200.

[13] BAR, E 2001 E-01, 1987/78, Bd. 190 (Europäische Sicherheitskonferenz), Telex Botschaft London an EPD Bern, 29. 10. 1973.

Bern einer Vereinnahmung durch die westlichen Staaten erwehren und insbesondere diese Länder an die fortdauernde Gültigkeit ihrer außenpolitischen Neutralität erinnern. Darüber hinaus gab es zweitens seitens der größeren Mächte nur wenig Verständnis für eigene Initiativen neutraler Staaten im Rahmen der KSZE, wie es sich zuvor schon beim Besuch des sowjetischen Diplomaten Kowalow im Herbst 1972 in Bern gezeigt hatte. Die Schweiz mußte also insbesondere im Hinblick auf ihr Projekt der friedlichen Streiterledigung darauf hinweisen, daß sie als gleichberechtigtes Konferenzmitglied genauso Vorschläge machen durfte wie andere Staaten auch. In der Auseinandersetzung zwischen London und Bern ging es aus Schweizer Perspektive um nicht weniger als um die Wahrung der eigenen Souveränität gegenüber dem Westen und gegenüber den Großmächten insgesamt.

4.2 Vertagung des Streitschlichtungsprojekts

Der Vorschlag für ein Verfahren zur friedlichen Streitbeilegung war die „initiative majeure"[14] der Schweiz während der Genfer KSZE-Verhandlungen. Initiator und Förderer des Projekts war der Völkerrechtsprofessor und Rechtsberater des EPD, Rudolf Bindschedler. Unterstützt wurde er von seinem Mitarbeiter Herbert von Arx, der insbesondere mit der Ausarbeitung des schriftlichen Vertragsentwurfs vom Sommer 1973 befaßt war.[15] Im Rahmen der Genfer Beratungen nahm die Schweizer Initiative eine Sonderstellung ein. Es war der wohl ambitionierteste Vorschlag aller Teilnehmerstaaten, denn das Ziel bestand darin, „die europäischen Staaten *beider* politischer Lager einem *einheitlichen* System der friedlichen Streiterledigung [zu] unterwerfen".[16] Aufgrund seines Umfangs von gut hundert Seiten, bestehend aus über sechzig Artikeln, und seiner völkerrechtlichen Ausprägung wirkte der Schweizer Vorschlag im Vergleich zu den Initiativen anderer Länder allerdings auch wie ein Fremdkörper. Im Folgenden soll nicht die rechtliche Dimension des Projekts, sondern seine politisch-diplomatische Bedeutung im Rahmen der Verhandlungen dargestellt werden. Dabei soll die Frage nach den Motiven der Schweizer Diplomatie und die Gründe für das vorläufige Scheitern der Initiative im Vordergrund stehen. Zuvor sind jedoch die wichtigsten Elemente kurz darzustellen.

Der schweizerische Vorschlag für ein Verfahren zur friedlichen Streiterledigung[17] unterschied grundsätzlich zwischen justiziablen und nichtjustiziablen

---

[14] BAR, E 2814, 1993/210, Bd. 1 (HA Bindschedler), La Suisse et la conférence sur la sécurité la coopération en Europe. Etat de la question à la veille de la 2ème phase de la conférence.
[15] Interview mit Hans-Jörg Renk.
[16] Bruno Simma/Dieter Schenk, Der schweizerische Entwurf eines Verfahrens über ein System zur friedlichen Streiterledigung, in: Bruno Simma/Edda Blenk-Knocke (Hgg.), Zwischen Intervention und Zusammenarbeit. Interdisziplinäre Arbeitsergebnisse zu Grundfragen der KSZE, Berlin 1979, S. 363–400, S. 365.
[17] Vgl. für den folgenden Absatz Volle/Wagner, KSZE, Entwurf für einen Vertrag über ein europäisches System der friedlichen Streitigkeiten der Konferenz über Sicherheit und Zusammenarbeit in Europa von der Delegation der Schweiz am 18. September 1973 vorgelegt, S. 325–339

Konflikten. Gemeint waren hiermit rechtliche und politische Streitigkeiten.[18] Zur ersten Kategorie gehörten Streitfälle, die die Interpretation oder Anwendung bestehender völkerrechtlicher Vorschriften betrafen. Als Entscheidungsgremium würde ein neues europäisches Schiedsgericht mit Sitz in Den Haag fungieren. Die von den Richtern getroffene Entscheidung sollte verbindlich sein. Demgegenüber handelte es sich bei den nichtjustiziablen Streitigkeiten um politische Konflikte, bei denen über eine bloße Auslegung des bestehenden Völkerrechts hinausgehend eine auf den jeweiligen Einzelfall bezogene individuelle Lösung erforderlich war. Zur Behandlung der nichtjustiziablen Streitigkeiten sah der „Bindschedler-Plan" die Schaffung einer neuen Untersuchungs-, Vermittlungs- und Vergleichskommission ebenfalls mit Sitz in Den Haag vor. Bei diesem Verfahren ging es um eine „Verhandlung zwischen den Parteien unter der Leitung der Kommission."[19] Die Entscheidung der Kommission sollte Empfehlungscharakter haben, war anders als bei den justiziablen Streitfällen für die beteiligten Staaten also nicht bindend.[20] Sowohl bei den justiziablen als auch bei den nichtjustiziablen Streitfällen galt allerdings der sogenannte Einlassungszwang, das heißt, die Teilnahme an dem Schiedsverfahren war für die beteiligten Parteien ohne Einschränkung obligatorisch, sobald ein betroffener Staat in einem Streitfall vorstellig wurde.[21] Dieses Obligatorium war der am stärksten kritisierte Bestandteil des Vorschlags.[22] Der Streitbeilegungsvorschlag war als völkerrechtlicher Vertrag konzipiert. Er sollte in Kraft treten, sobald 23 KSZE-Teilnehmerstaaten das entsprechende Abkommen ratifiziert haben würden.

Um die Bedeutung des Vorschlags aus Sicht der Schweiz besser verstehen zu können, ist näher auf die historischen Wurzeln einzugehen. Die friedliche Streitbeilegung und das Prinzip der Schlichtung hatten in der Eidgenossenschaft eine lange Tradition. Sie dienten nicht nur als Mittel des innerschweizerischen Ausgleichs zwischen unterschiedlichen Ständen, Konfessionen oder Landesteilen, sondern wurden im Zuge der zunehmenden Verrechtlichung der Internationalen Beziehungen seit Beginn des 20. Jahrhunderts zu einem wichtigen Element der helvetischen Außenpolitik.[23] Im Jahre 1919 verfaßte der Bundesrat einen Bericht

---

sowie Herbert von Arx, Die friedliche Schlichtung der Konflikte, Bern 1978 (Publikationen der Vereinigung der Weltföderalisten der Schweiz).

[18] Cornelia Lüthy, Verfahren zur friedlichen Beilegung internationaler Streitigkeiten im Rahmen der OSZE, Diss. Zürich 1998, S. 115.

[19] Rudolf L. Bindschedler, Der schweizerische Entwurf eines Vertrages über ein europäisches System der friedlichen Streiterledigung und seine politischen Aspekte, in: Hermann Volle/Wolfgang Wagner (Hgg.), KSZE. Konferenz über Sicherheit und Zusammenarbeit in Europa. Beiträge und Dokumente aus dem Europa-Archiv, Bonn 1976, S. 99–108, S 105.

[20] Patricia Schneider/Tim J. Aristide Müller-Wolf, Der Vergleichs- und Schiedsgerichtshof innerhalb der OSZE. Entstehung, Stand, Perspektiven, Hamburg 2007, S. 6 (Hamburger Beiträge zur Friedensforschung und Sicherheitspolitik 145).

[21] Simma/Schenk, Schweizerischer Entwurf, S. 366f.

[22] Renk, Der Weg der Schweiz nach Helsinki, S. 93.

[23] Fritz Münch, Zur schweizerischen Initiative für die friedliche Beilegung von Streitigkeiten in Helsinki und Montreux 1973 und 1978, in: Emanuel Diez/Jean Monnier/Jörg P. Müller u. a. (Hgg.), Festschrift für Rudolf Bindschedler zum 65. Geburtstag, Bern 1980, S. 385–405, S. 387f.

über internationale Schiedsverträge. Zur Begründung wurde folgendes angeführt: „Der kleine Staat hat seine größte Stärke in seinem guten Recht." Kein anderer Mechanismus garantiere „einen stärkeren Rückhalt und eine größere Sicherheit."[24] In der Folge schloß die Schweiz bis Mitte der siebziger Jahre über dreißig bilaterale Schiedsgerichts- und Vergleichsverträge ab, die meisten davon in der Zwischenkriegszeit. Darüber hinaus trat sie als eines der ersten Länder dem Ständigen Internationalen Gerichtshof bei. Das Engagement der Schweiz zur friedlichen Streiterledigung nach Ende des Ersten Weltkrieges ist vor dem Hintergrund der Entstehung des Völkerbundes zu sehen und spiegelt die damals in der Schweizer Bevölkerung und Politik vorherrschende Hoffnung auf eine friedlichere Zukunft wider.[25] Im Rückblick zeigt sich allerdings, daß die Förderung des Schiedsgedankens seit dem Jahre 1919 wesentlich auch eine Absicherung der Schweiz gegenüber den Schwächen des Völkerbundes akzentuierte. Die Dominanz der Großmächte im Völkerbundrat und der politische Charakter von Entscheidungen in der Versammlung boten keine Gewähr für ein unparteiisches Verfahren.[26] Zudem stellte sich das Problem der fehlenden Universalität des Völkerbundes, insbesondere das Verhältnis zu Nichtmitgliedern im Konfliktfall. Der erste Schiedsvertrag wurde im Jahre 1921 mit dem Deutschen Reich abgeschlossen.

Nach Ansicht von Botschafter Bindschedler war das Prinzip der Streitschlichtung auch Anfang der siebziger Jahre noch von großer Bedeutung. Das durch die Vereinten Nationen repräsentierte Prinzip der „kollektiven Sicherheit" sei nicht dazu geeignet, den Frieden zu garantieren, wie Bindschedler in einem internen Referat der „Arbeitsgruppe für Historische Standortbestimmung" am 27. März 1971 erläuterte. Im Konfliktfall sei der Aggressor häufig schwer zu ermitteln, beziehungsweise politisch, wirtschaftlich oder geographisch eng mit anderen Staaten verbunden. Entscheidend sei jedoch, daß das militärische Beistandsversprechen gegenüber einem angegriffenen Land in der Realität nicht einzulösen sei: „Einen derart schwerwiegenden Entschluß wie denjenigen zur Kriegführung fassen die Regierungen jedoch nur, wenn die ureigensten Lebensinteressen auf dem Spiele stehen, und nicht einem abstrakten Grundsatz zuliebe."[27] Aus dieser Erkenntnis leitete Bindschedler das folgende Erfordernis ab: „Eine Friedensordnung ruft nach einem obligatorischen friedlichen Streiterledigungsverfahren."[28] Bei dem schweizerischen Vorschlag handelte es sich somit gewissermaßen um eine Alternative zum Denkansatz eines kollektiven Sicherheitssystems, der durch Institutionen wie den Völkerbund oder die Vereinten Nationen verkörpert wurde.

---

[24] Zit. nach Rudolf L. Bindschedler, Verfahren zur friedlichen Streiterledigung, in: Alois Riklin/ Hans Haug/Hans Christoph Binswanger (Hgg.), Handbuch der schweizerischen Außenpolitik, Bern 1975, S. 875–889, S. 878.
[25] Vgl. Carlo Moos, Ja zum Völkerbund – Nein zur UNO. Die Volksabstimmungen von 1920 und 1986 in der Schweiz, Zürich 2001.
[26] Bindschedler, Verfahren zur friedlichen Streiterledigung, S. 876.
[27] BAR, E 2001 E-01, 1983/58, Bd. 103 (HA Thalmann), „Probleme einer europäischen Friedensordnung". Referat von Herrn Botschafter Bindschedler – gehalten an der Sitzung der Arbeitsgruppe für Historische Standortbestimmung vom 27. März 1971.
[28] Ebd.

Gleichwohl war auch der Schiedsgedanke idealistisch motiviert, denn er verfolgte das Ziel der Stärkung des Rechts gegenüber der Macht. Professor Bindschedler war von der Kraft des Völkerrechts zutiefst überzeugt.[29] In diesem Sinne sollte mit dem Vorschlag für eine friedliche Streiterledigung „ein Schritt über den bisherigen anarchischen Charakter der Staatengemeinschaft hinaus getan werden".[30]

Im praktischen Kontext der KSZE-Konferenz und des Ost-West-Konflikts erfüllte der Streitschlichtungsvorschlag aus Sicht der Schweiz im wesentlichen fünf Funktionen, die in den vorangegangenen Kapiteln bereits angeklungen sind und nun zusammenfassend dargestellt werden sollen. Erstens ist die *Sicherheitsfunktion* zu nennen. Als neutraler Kleinstaat erhoffte sich die Schweiz einen besseren Schutz insbesondere im Fall eines Disputs mit einem anderen Staat. Da die Sicherheit der Schweiz – wie in der ersten Hälfte des 20. Jahrhunderts deutlich geworden war – wesentlich vom regionalen und internationalen Umfeld abhängig war, erfüllte der Vorschlag zweitens eine *Friedensfunktion*. Mit Hilfe völkerrechtlicher Prinzipien sollte die Gefahr eines neuen Krieges in Europa verringert werden. Des weiteren ist im Rahmen der KSZE drittens die *Beteiligungsfunktion* zu nennen. Die Schweiz konnte mit dem Streitbeilegungsvorschlag ihr aktives Interesse an einer Mitarbeit zu Fragen der europäischen Sicherheit herausstellen und ihre Teilnahme an der KSZE auch gegenüber der Schweizer Öffentlichkeit und gegenüber dem Parlament rechtfertigen. Dies galt um so mehr, als der Streitschlichtungsvorschlag mit der Neutralitätspolitik des Landes kompatibel war.[31] Viertens ist auf die *Implementierungsfunktion* hinzuweisen. Wie erwähnt stand für die Schweiz nicht die Behandlung der Ergebnisse des Zweiten Weltkrieges im Vordergrund, sondern vor dem Hintergrund des Ost-West-Konflikts sollten praktische Maßnahmen erörtert werden, die dazu geeignet waren, in der Zukunft zu realen Verbesserungen in der europäischen Politik zu gelangen. Der Streitschlichtungsvorschlag ließ die historisch-politische Dimension des Ost-West-Konflikts außen vor und bot statt dessen ein praktisches völkerrechtliches Instrument an. Aus diesem Zusammenhang heraus resultiert als fünfter Punkt abschließend noch die *Bewertungsfunktion*. Der Umgang mit dem schweizerischen Vorschlag war nach Ansicht Berns auch ein Test, um den Entspannungswillen der einzelnen Teilnehmerstaaten zu prüfen.[32] In einem Artikel für die Zeitung *Gazette de Lausanne* schrieb Botschafter Bindschedler in diesem Zusammenhang, daß „ce projet mettra à l'épreuve la sincérité des intentions des puissances d'aboutir à une sécurité réelle et efficace".[33]

---

[29] Interview mit Franz Ceska.
[30] Bindschedler, Verfahren zur friedlichen Streiterledigung, S. 880.
[31] Renk, Der Weg der Schweiz nach Helsinki, S. 93.
[32] BAR, E 2001 E-01, 1987/78, Bd. 190 (Europäische Sicherheitskonferenz), Antwort des Bundesrates auf die Interpellation von Nationalrat Adler – Europäische Sicherheitskonferenz vom 18. Juni 1973.
[33] BAR, E 2001 E-01, 1987/78, Bd. 186 (Europäische Sicherheitskonferenz), Le règlement pacifique des différends: une constante de la politique suisse. Reproduction d'un article de l'Ambassadeur R. Bindschedler dans la „Gazette de Lausanne" du 25 avril 1973.

In den bilateralen Konsultationen im Vorfeld der Multilateralen Gespräche von Dipoli hatte die Schweiz bei anderen Regierungen für ihr Konzept geworben, und Bundesrat Graber hatte sich wie erwähnt in seiner Neuenburger Rede vom Mai 1972 öffentlich hierzu geäußert. Mit präzisen inhaltlichen Aussagen hielten sich die Schweizer Diplomaten zu diesem Zeitpunkt jedoch bewußt zurück. Wie Botschafter Bindschedler den Mitgliedern der Kommission für Auswärtige Angelegenheiten des Ständerates im August 1972 gegenüber betonte, sollten die inhaltlichen Aspekte der schweizerischen Idee bei der Vorkonferenz noch nicht diskutiert werden, denn „die Gefahr, dass sie abgewürgt wird, wäre zu groß. Wir müssen uns hingegen bemühen, dass der Vorschlag auf die Tagesordnung gesetzt wird."[34] Nachdem dieses Ziel mit der Aufnahme in das „Blaue Buch" erreicht worden war, ließ die Schweiz den Regierungen der Teilnehmerländer im Juli 1973 ihren umfassenden Entwurf für ein Verfahren zur friedlichen Streiterledigung zukommen.[35] Nach Eröffnung der zweiten Phase der KSZE in Genf wurde er von Botschafter Bindschedler im September 1973 den Delegierten der Teilnehmerstaaten offiziell präsentiert. Der Schweizer Vorschlag wurde – entgegen der schweizerischen Intention – zusammen mit einem rumänischen Vorschlag zum Gewaltverzicht in einem als „spezielle Arbeitsgruppe B" bezeichneten Unterausschuß im Themenbereich des Korbs I (Prinzipien/Sicherheit) behandelt. Die inhaltliche Erörterung des Streitschlichtungsvorschlags begann Mitte Oktober 1973.[36] Unterstützung erhielt Bindschedler vor allem von einigen Juristen aus anderen Delegationen. Zu dieser „Völkerrechtler-Connection" gehörten unter anderem Mario Alessi (Italien), Romulus Neagu (Rumänien) und Ljubivoje Acimovic (Jugoslawien).[37]

Allerdings mußte die Schweizer Delegation in Genf gleichzeitig zur Kenntnis nehmen, daß es beträchtliche Vorbehalte sowohl von westlicher als auch von östlicher Seite gegen ihren Entwurf gab, wie sich aus verschiedenen Berichten an das EPD vom Herbst 1973 ersehen läßt. Bei der angekündigten Unterstützung einiger westlicher Staaten in den bilateralen Gesprächen habe es sich anscheinend bloß um „lip service"[38] gehandelt. Zudem bekräftigte die Sowjetunion in der Sitzung der speziellen Arbeitsgruppe am 9. November 1973 ihre Ablehnung des Obligatoriums für die Streitschlichtung.[39] Die Delegation der Bundesrepublik Deutschland schließlich scheine „nicht zur Kenntnis nehmen zu wollen", daß die Schlußempfehlungen von Helsinki „nicht nur eine allgemeine Debatte über die friedliche Streiterledigung, sondern eindeutig die Ausarbeitung einer ent-

---

[34] BAR, E 2001 E-01, 1982/59, Bd. 102 (HA Thalmann), Kommission für Auswärtige Angelegenheiten des Ständerates. Protokoll der Sitzung vom 14. August 1972.

[35] Renk, Der Weg der Schweiz nach Helsinki, S. 92.

[36] Ferraris, Report, S. 166.

[37] Interview mit Hans-Jörg Renk.

[38] BAR, E 2002 E-01, 1987/78, Bd. 190 (Europäische Sicherheitskonferenz), Telex I KSZE-Delegation Genf an EPD Bern, 24. 10. 1973.

[39] BAR, E 2002 E-01, 1987/78, Bd. 190 (Europäische Sicherheitskonferenz), Telex KSZE-Delegation Genf an EPD Bern, 15. 11. 1973.

sprechenden Methode"[40] vorsähen. Am 6. Dezember 1973 fand in der Ständigen Mission der Schweiz bei der UN in Genf eine inoffizielle Besprechung zum Thema der friedlichen Streiterledigung mit Vertretern einiger interessierter Staaten statt.[41] Hierbei zeichnete sich bereits ab, daß eine Einigung über die Schaffung eines Streitschlichtungsverfahrens während der Genfer Verhandlungen kaum möglich sein würde. Vor diesem Hintergrund kam selbst der die Haltung der Schweiz unterstützende Vertreter Italiens, Alessi, zu dem Schluß, es „brauche jetzt eine gewisse Denkpause."[42] Für den Vertreter der Sowjetunion, Mendelewitsch, war die Frage entscheidend, „ob ein zwingendes oder ein fakultatives System ausgearbeitet werden soll."[43] Aus Sicht der Sowjetunion war es schon allein aufgrund der sozialistischen Ideologie, wonach Institutionen den Willen der jeweils herrschenden Klasse repräsentieren[44], kaum möglich, sich einer internationalen Vereinbarung mit obligatorischem Mechanismus anzuschließen. Wie Mendelewitsch in der Besprechung am 6. Dezember 1973 erläuterte, lebe man „in Europa nun einmal unter zwei entgegengesetzten politischen und wirtschaftlichen Systemen. Dieser Realität müsse Rechnung getragen werden".[45] Als Vertreter der Schweiz stellte Botschafter Bindschedler klar, daß sein Land zur Aufgabe des Obligatoriums nicht bereit sei.

Auch bei der Sitzung der EPD-Arbeitsgruppe zur KSZE am 20. Dezember 1973 plädierte Bindschedler für ein Festhalten an der bisherigen Position, denn „[e]in Aufgeben des Obligatoriums würde das ganze Projekt sinnlos machen."[46] Wie die Schweizer Delegation im Hinblick auf den Wunsch anderer Länder nach Abschwächung des Vorschlags in ihrem Bericht an das EPD vom 31. Januar 1974 betonte, „sei es nicht Sache Schweiz, Wasser in Wein zu gießen und Kompromisse vorzuschlagen."[47] Bis zum Frühjahr 1974 mußten die Berner Diplomaten jedoch schließlich erkennen, daß ihr Entwurf für ein Verfahren zur friedlichen Streiterledigung zu umstritten und zu umfangreich war, um es im Rahmen der Genfer Verhandlungen abschließen zu können. Wenn die Schweiz eine Ablehnung vermeiden wollte, mußte sie die Behandlung des Themas auf die Zeit nach den Gen-

[40] BAR, E 2002 E-01, 1987/78, Bd. 190 (Europäische Sicherheitskonferenz), Telex II KSZE-Delegation Genf an EPD Bern, 24. 10. 1973.
[41] BAR, E 2814, 1993/210 (HA Bindschedler), Schweizerischer Vorschlag betreffend die friedliche Streiterledigung. Bericht über eine inoffizielle Bersprechung mit Vertretern verschiedener an der Sicherheitskonferenz teilnehmender Delegationen; bei der Besprechung waren Vertreter Bulgariens, der Bundesrepublik Deutschland, Italiens, Jugoslawiens, Kanadas, Österreichs, Schwedens und der Sowjetunion anwesend.
[42] Ebd.
[43] Ebd.
[44] Breitenmoser, Sicherheit für Europa, S. 143.
[45] BAR, E 2814, 1993/210 (HA Bindschedler), Schweizerischer Vorschlag betreffend die friedliche Streiterledigung. Bericht über eine inoffizielle Bersprechung mit Vertretern verschiedener an der Sicherheitskonferenz teilnehmender Delegationen.
[46] BAR, E 2001 E-01, 1987/78, Bd. 190 (Europäische Sicherheitskonferenz), Protokoll der Sitzung über den Stand der Arbeiten an der KSZE vom 20. Dezember 1973.
[47] BAR, E 2001 E-01, 1987/78, Bd. 191 (Europäische Sicherheitskonferenz), Telex KSZE-Delegation Genf an EPD Bern, 31. 01. 1974.

fer Verhandlungen verschieben. Das stellte insofern ein Risiko dar, als zu diesem Zeitpunkt die Behandlung der Konferenzfolgen noch gar nicht stattgefunden hatte und eine Fortsetzung der KSZE überhaupt noch nicht sicher war. Daran zeigt sich aber auch, wie negativ die Lage hinsichtlich des Streitschlichtungsvorschlags seitens der Schweiz mittlerweile eingeschätzt wurde. Am 18. Mai 1974 reichte die Schweiz bei den Genfer Verhandlungen ihren Verfahrensvorschlag ein. Die Kernaussage lautete folgendermaßen: „Les Etats participants [...] poursuivront dans le cadre des suites de la Conférence l'examen et l'élaboration d'une méthode obligatoire de règlement pacifique des différends en prenant pour base le projet présenté à cet effet par la délégation suisse."[48] Auch für ihren neuen Vorschlag konnte die Schweiz jedoch zunächst keine Zustimmung finden. Zum einen war der Hinweis auf das Obligatorium als Zielvorstellung weiterhin vorhanden, was nach Ansicht einiger Staaten ein Präjudiz für zukünftige Verhandlungen darstellen konnte. Die Sowjetunion machte im Juni 1974 einen entsprechenden Gegenvorschlag. Wie Botschafter Bindschedler in einem Brief an Generalsekretär Thalmann erläuterte, sei er „für uns unannehmbar, weil er das Mandat auf Ausarbeitung eines obligatorischen Systemes nicht enthält."[49] Mit der Ablehnung des Obligatoriums stand die Sowjetunion indes nicht allein. Insbesondere größere Mächte sahen darin einen Eingriff in ihre staatliche Souveränität. Die USA zeigten an der Thematik generell wenig Interesse, und die französische Republik änderte ihre zunächst zustimmende Haltung, nachdem sie wegen der Atombombenversuche im Pazifik mit einer Klage vor dem Internationalen Gerichtshof konfrontiert wurde.[50] Die Bundesrepublik Deutschland befand sich in der Frage der friedlichen Streitbeilegung in einer dilemmatischen Situation. Im Prinzip stand sie der Streitschlichtung positiv gegenüber. Ein entsprechender Hinweis ist sogar in Artikel 24 III Grundgesetz enthalten: „Zur Regelung zwischenstaatlicher Streitigkeiten wird der Bund Vereinbarungen über eine allgemeine, umfassende, obligatorische, internationale Schiedsgerichtsbarkeit beitreten."[51] In diesem Sinne erklärte Ministerialdirigent Dr. Jürgen Diesel vom Auswärtigen Amt in einem Brief an Botschafter Bindschedler vom 16. Oktober 1972, die Bundesrepublik stünde dem Schweizer Vorschlag „mit Sympathie und Verständnis"[52] gegenüber. Im Antwortschreiben brachte Bindschedler seine Hoffnung auf Unterstützung durch die Bundesrepu-

[48] BAR, E 2814, 1993/210, Bd. 1 (HA Bindschedler), Séance de la Délégation du Conseil fédéral pour les affaires étrangères consacré à la CSCE, 5 juin 1974.
[49] BAR, E 2814, 1993/210, Bd. 1 (HA Bindschedler), Brief Botschafter Bindschedler an Botschafter Thalmann, Generalsekretär des EPD. Sicherheitskonferenz/System der friedlichen Streiterledigung, 18. Juni 1974; die entsprechende Formulierung lautete: „[...] Poursuivront dans les cadres des suites de la conférence l'examen et l'élaboration d'une méthode générale-ment acceptable de règlement pacifique des différends [...]"
[50] Renk, Der Weg der Schweiz nach Helsinki, S. 97.
[51] Bundeszentrale für Politische Bildung (Hg.), Staatsrecht der Bundesrepublik Deutschland, Grundgesetz für die Bundesrepublik Deutschland, Bonn 2000, S. 25.
[52] PAAA, ZA 111518, Brief Ministerialdirigent Dr. Jürgen Diesel (AA Bonn) an Botschafter Dr. Rudolf Bindschedler (EPD Bern), 16. Oktober 1972.

blik zum Ausdruck.[53] Zwar wurde in einer ersten fachlichen Stellungnahme des Auswärtigen Amts vom August 1973 die Form des Schweizer Vorschlags als „eindrucksvolle politische und wissenschaftliche Leistung"[54] gewürdigt. Allerdings wurde die politische Haltung der Bonner Diplomaten in der Praxis wesentlich von der deutschen Teilung und dem Ost-West-Konflikt bestimmt. Es bestand in diesem Zusammenhang die Befürchtung, daß die Sowjetunion die neu zu schaffende Vergleichskammer für die nichtjustiziablen Streitfälle als ein „Instrument für einen stärkeren Einfluß auf die Politik des Westens"[55] benutzen könnte. Darüber hinaus wurde in Bonn geargwöhnt, der Osten würde versuchen, „in der Sonderarbeitsgruppe die Weichen für politische Konferenzfolgen zu stellen und damit die von ihm gewünschten Ergebnisse zum Tagesordnungspunkt IV [Korb IV] vorwegnehmen."[56] Hier zeigt sich die ablehnende Haltung des Westens gegenüber einer Institutionalisierung, da befürchtet wurde, der Sowjetunion würde hierdurch ein Mittel zur Instrumentalisierung der KSZE in die Hand gegeben. Dabei wird ein Problem im Zusammenhang mit dem schweizerischen Vertagungsvorschlag vom Mai 1974 deutlich. Hiermit reagierte die Schweiz zwar auf die grundsätzlichen Bedenken der Sowjetunion gegen das Streitschlichtungsprojekt, doch bei der Bundesrepublik Deutschland und anderen westlichen Teilnehmerländern nahm die Ablehnung infolge der neuen Schweizer Strategie eher noch zu. Einem Vermerk des Auswärtigen Amts vom August 1974 zufolge sollten „Politische Konferenzfolgen als Auswirkung der von der Sonderarbeitsgruppe zu erarbeitenden Textentwürfe [...] unter allen Umständen vermieden werden."[57] Umstritten blieb darüber hinaus weiterhin die Frage des Einlassungszwangs, also des obligatorischen Charakters der Streitschlichtung. Der sowjetische Vizeaußenminister Kowalow betonte bei einem Besuch in Bern im September 1974 noch einmal, daß sein Land an einer Lösung in der Streitschlichtungsfrage sehr interessiert sei, bestand aber auf dem „principe du libre choix des moyens de règlement"[58], wohinter sich die Forderung nach einem fakultativen Mechanismus verbarg.

Im November 1974 vollzog Botschafter Bindschedler schließlich eine Kehrtwende. In einem zwölfseitigen Brief an Bundesrat Graber diskutierte der Rechtsberater des EPD den Stand der Verhandlungen und die möglichen Optionen aus Sicht der

---

[53] PAAA, ZA 111518, Brief Dr. Rudolf Bindschedler (EPD Bern) an Ministerialdirigent Dr. Jürgen Diesel (AA Bonn), 24. Oktober 1972.
[54] PAAA, ZA 111535, Stellungnahme des Ref. 500 (Allgemeines Völkerrecht) zum Schweizerischen Entwurf für einen Vertrag über ein europäisches System der friedlichen Beilegung von Streitigkeiten, 24. August 1973.
[55] PAAA, ZA 111518, Aufzeichnung des Ref. 212 (KSZE) zur Schweizer Initiative für ein europäisches System der friedlichen Beilegung von Streitigkeiten.
[56] PAAA, ZA 111535, Aufzeichnung des Ref. 212 (KSZE) zur Sonderarbeitsgruppe B, 17. April 1974.
[57] PAAA, ZA 111535, Vermerk des Ref. 212 (KSZE) zur Sonderarbeitsgruppe, 8. August 1974.
[58] BAR, E 2001 E-01, Visite à Berne de M. Kovalev, Vice-ministre au Ministère des Affaires étrangères de l'URSS, 11 septembre 1974.

Schweiz.[59] Bindschedler führte aus, daß im Falle eines Festhaltens an dem Obligatorium keine Einigung erzielt werden könne. Umgekehrt würde das Thema bei einem fakultativen Ansatz weiterhin auf der politischen Agenda verbleiben. Bindschedler kam schließlich zu dem Ergebnis, „dass es vorzuziehen wäre, die Türe für die Weiterführung der Arbeiten offenzuhalten und sich auch mit einem Mandat ohne ausdrückliche Erwähnung des Obligatoriums abzufinden."[60] Das ausführliche, begründende Schreiben Bindschedlers hatte eindeutig auch rechtfertigenden Charakter. Schließlich hatte der Rechtsberater des EPD seit einem Jahr auf dem Obligatorium bestanden und dieses Element des Vorschlags gegenüber Einwänden aus dem EPD und Mitgliedern anderer Delegationen als unverzichtbar bezeichnet. Insofern stellte die Aufgabe des Obligatoriums für den Völkerrechtsprofessor auch persönlich eine Niederlage dar. Jedoch war Bindschedler bereit, zur Rettung des schweizerischen Projekts seine eigene Haltung zurückzustellen. Allerdings war hiermit die Zustimmung der anderen Staaten immer noch nicht gesichert. Insbesondere die Bundesrepublik Deutschland hatte wegen der Konferenzfolgen weiterhin Bedenken gegen das auszuhandelnde Mandat für eine zukünftige Expertentagung zur Streitschlichtung und fürchtete, dieses könne „letztlich einem vom Osten konzipierten Sicherheitssystem"[61] den Weg ebnen. In der Schlußphase der Verhandlungen erhöhte die Schweiz schließlich den Druck. Während eines Gesprächs mit dem bundesdeutschen Delegationsleiter Dr. Klaus Blech am 25. März 1975 wies Botschafter Bindschedler darauf hin, daß die Schweiz ihre Zustimmung in Fragen wie der friedlichen Grenzveränderung erst dann geben könne, wenn das schweizerische Anliegen eines Mandats für die friedliche Streiterledigung in befriedigender Weise berücksichtigt worden sei.[62]

Die genauen Formulierungen blieben bis in den Sommer 1975 umstritten. Erst Anfang Juli 1975 konnte schließlich ein Text registriert werden, der das weitere prozedurale Vorgehen in der Frage der friedlichen Streiterledigung regelte.[63] Die Teilnehmerstaaten erklärten ihre Entschlossenheit, auf Grundlage des schweizerischen Entwurfs „die Prüfung und Ausarbeitung einer allgemein annehmbaren Methode der friedlichen Regelung von Streitfällen [...] fortzuführen."[64] Zu diesem Zweck wurde beschlossen, „daß auf Einladung der Schweiz ein Expertentreffen aller Teilnehmerstaaten einberufen wird."[65] Dieses Treffen würde allerdings erst nach der ersten KSZE-Folgekonferenz im Jahre 1977 stattfinden.[66]

---

[59] BAR, E 2812, 1993/210 (HA Bindschedler), Brief Botschafter Bindschedler an Bundesrat Graber. KSZE/friedliche Streiterledigung, 19. November 1974.

[60] Ebd.

[61] PAAA, ZA 111535, Telex KSZE-Delegation Genf an AA Bonn, 23. 01. 1975.

[62] BAR, E 2001 E-01, 1987/78, Bd. 193 (Europäische Sicherheitskonferenz), Gesprächsnotiz. Nachtessen mit der Delegation der Bundesrepublik Deutschland an der KSZE vom 25. März 1975.

[63] Ferraris, Report, S. 176.

[64] Volle/Wagner, KSZE, Schlußakte der Konferenz über Sicherheit und Zusammenarbeit in Europa vom 1. August 1975, S. 244.

[65] Ebd. S. 245.

[66] Ghébali, La CSCE d'Helsinki à Vienne, S. 133.

Aus Sicht der Schweiz ist das Ergebnis der Verhandlungen über ihren Entwurf der friedlichen Streiterledigung zwar nicht als kompletter Fehlschlag, aber doch allenfalls als „halber Sieg"[67] zu werten. Die Widerstände, insbesondere von westlicher Seite, wurden unterschätzt. Die Schweiz reagierte wesentlich auf die Bedenken der Sowjetunion, deren Zustimmung sie anscheinend als Schlüssel zur Realisierung ihrer Vorschläge sah. Von Botschafter Bindschedler wurden Positionen so lange gehalten, bis sich das Scheitern des gesamten Projekts abzeichnete. Mit der Zustimmung zu einer Vertagung im Mai 1974 gelang es der Schweiz zwischenzeitlich immerhin, neuen Handlungsspielraum zu gewinnen, da sich der Schwerpunkt vom Inhalt auf die Prozedurfrage verlagerte. Dies galt jedoch nicht für den Aspekt des Obligatoriums. Hier beharrte Bindschedler bis in den Herbst 1974 auf seiner Maximalposition. Seine Aussage, das Projekt sei ohne das Element des Einlassungszwangs wertlos, war inhaltlich zwar richtig, schränkte die taktischen Möglichkeiten aber stark ein. Wahrscheinlich hat Bindschedler in diesem Punkt zu lange an seiner Position festgehalten. Zwar ist es zweifelhaft, ob die Schweiz in Genf überhaupt ein besseres Ergebnis hätte erzielen können, doch das mehrmalige späte Nachgeben war mit einem gewissen Prestigeverlust verbunden.

Die Schweiz hatte ihre Erfolgschancen von Anfang an falsch eingeschätzt. Obwohl man sich im Vorfeld der Dipoli-Verhandlungen zurückhaltend gab, zeugen der Umfang des Engagements in Genf und eine gewisse Enttäuschung über den Grad der Widerstände doch davon, daß der Streitschlichtungsvorschlag ein reales Ziel der schweizerischen KSZE-Politik in Genf war. Das Hauptproblem bestand darin, daß der schweizerische Vorschlag für ein Verfahren zur friedlichen Streitbeilegung einfach nicht in die politische Landschaft jener Zeit und nicht in den Kontext der KSZE-Konferenz paßte, denn, so Edouard Brunner, „dans le monde de la guerre froide, on ne règle pas les problèmes importants sur la base du droit".[68] Die KSZE war kein Völkerrechtsinstrument, sondern eine ideologische Auseinandersetzung.[69] Der Ost-West-Konflikt war ein Kampf „for the soul of mankind."[70] Dieser Tatsache trug der schweizerische Vorschlag nicht ausreichend Rechnung. Sehr frühzeitig erkannte dies der freisinnige Ständerat Dr. Peter Hefti, der in der Sitzung der Kommission für Auswärtige Angelegenheiten am 14. August 1972 darauf hinwies, daß der schweizerische Vorschlag „zu Beginn des Jahrhunderts, zur Zeit der Haager Friedenskonferenzen, sicher auf fruchtbaren Boden gefallen"[71] wäre.

Der Entwurf der Schweiz für ein Verfahren der friedlichen Streiterledigung wurde sowohl vom Osten als auch von einigen westlichen Ländern abgelehnt.

---

[67] Laurence Cuny, L'OSCE et le règlement pacifique des différends. La Cour de conciliation et d'arbitrage, Genève 1997, S. 20f.
[68] Témoignage de l'Ambassadeur Edouard Brunner, S. 25.
[69] Interview mit Franz Ceska.
[70] Vgl. Melvyn P. Leffler, For the Soul of Mankind. The United States, the Soviet Union and the Cold War, New York 2007.
[71] BAR, E 2001 E-01, 1982/58, Bd. 102 (HA Thalmann), Kommission für Auswärtige Angelegenheiten des Ständerates. Protokoll der Sitzung vom 14. August 1972.

Wie der ehemalige sowjetische Diplomat Vladimir Petrovsky erklärte, wurde von östlicher Seite befürchtet, daß hierdurch die Frage der Grenzveränderung aufgeworfen werden könnte. Moskau sah in dem Schweizer Projekt ein Mittel des Westens.[72] Umgekehrt sahen einige westliche Länder wie die Bundesrepublik Deutschland die Gefahr, daß die Sowjetunion die Mechanismen der Streitbeilegung dazu mißbrauchen könnte, ein europäisches Sicherheitssystem zu etablieren mit dem Ziel, Einfluß auf die Politik des Westens und auf die Deutsche Frage nehmen zu können. Beide Bündnisse sahen in dem schweizerischen Vorschlag also ein politisches Instrument, das eine potentielle Bedrohung für die eigene Machtstellung bedeutete, da es die andere Seite jeweils begünstigen würde. Unter diesen Vorzeichen gab es für den schweizerischen Vorschlag keine Realisierungsmöglichkeit. Der jugoslawische Diplomat Ljubivoje Acimovic äußerte in diesem Sinne, daß „[f]rom the very outset it was clear that Switzerland's professed aim of having its Convention on a European system for peaceful settlement of disputes adopted at the Conference was quite impracticable, even if it had not been for the highly ambitious content of its draft and its voluminous size."[73]

Die Initiative zur friedlichen Streiterledigung stellte jedoch nicht nur ein Ziel, sondern gleichzeitig auch ein Instrument der schweizerischen Außenpolitik dar.[74] Für den stellvertretenden Leiter der Schweizer KSZE-Delegation, Edouard Brunner, war weniger die rechtliche, als vielmehr die politische Bedeutung des Streitbeilegungsvorschlags entscheidend. Als Pragmatiker waren völkerrechtliche Prinzipien für Brunner im Grunde nebensächlich.[75] Entscheidend für ihn war, daß die KSZE es der Schweiz überhaupt erst ermöglicht hatte, ihren Vorschlag auf der Ebene der europäischen Politik zu präsentieren. Die KSZE, so Edouard Brunner, „à été un véhicule pour une idée que nous n'aurions pas pu, par nos propres forces, faire accéder à ce niveau."[76] Die inhaltlichen Details des Entwurfs waren in den Augen Brunners weniger entscheidend als seine Bedeutung als Instrument der schweizerischen Diplomatie. Entscheidend war deshalb die Weiterbehandlung des Themas im Rahmen des Folgeprozesses. In einer Aufzeichnung Brunners zum Streitschlichtungsvorschlag vom Dezember 1974 umriß er seine diesbezügliche Position: „Il est difficile d'imaginer que l'occasion se présente à nouveau avant la fin du siècle de réunir pour l'entreprise d'une telle œuvre les 35 pays dont il est question. [...] Dès lors, il faut profiter de ce cadre qui nous est donné, ne pas laisser s'échapper cette occasion."[77] In diesem Zusammenhang zeigt sich die besondere Bedeutung des Streitschlichtungsvorschlags für die Rolle des Landes in

---

[72] Interview mit Vladimir Petrovsky.

[73] Ljubivoje Acimovic, Problems of Security and Cooperation in Europe, Alphen aan den Rijn 1981, S. 199.

[74] Cuny, L'OSCE et le règlement pacifique des différends, S. 18.

[75] Interview mit Franz Ceska.

[76] Edouard Brunner, La CSCE, véhicule de politique étrangère pour la Suisse?, in: Emanuel Diez/Jean Monnier/Jörg P. Müller u. a. (Hgg.), Festschrift für Rudolf Bindschedler zum 65. Geburtstag, Bern 1980, S. 611–616, S. 615.

[77] BAR, E 2001 E-01, 1987/78, Bd. 192 (Europäische Sicherheitskonferenz), Notice. SRPD, 10 décembre 1974.

der KSZE, bei dessen Bewertung es entgegen der gängigen Beurteilungen gar nicht so sehr auf die praktische Realisierung des Schweizer Entwurfs ankommt. Der Streitschlichtungsvorschlag wurde gewissermaßen zum Katalysator der schweizerischen KSZE-Politik. In außenpolitischer Hinsicht veranschaulichte er die aktivere Rolle in den internationalen Beziehungen und verschaffte der Schweizer Diplomatie Aufmerksamkeit und Respekt – allerdings später auch Kritik. In der Innenpolitik konnte die Beteiligung an der KSZE gegenüber Öffentlichkeit und Politik mit Verweis auf die Streitschlichtungsinitiative begründet und gerechtfertigt werden. Mit Blick auf die Konferenzfolgen stellte der Vertagungsvorschlag darüber hinaus das Interesse der Schweiz am Folgeprozeß der KSZE sicher. Auch wenn dem inhaltlichen Anliegen der Schweiz vorerst kein Erfolg beschieden war, so kommt dem Streitschlichtungsvorschlag und insbesondere seinem Initiator Rudolf Bindschedler immerhin das Verdienst zu, den Grundstein für eine aktive Rolle der Eidgenossenschaft innerhalb des KSZE-Prozesses gelegt zu haben. Wie Bindschedler im Jahr 1976 betonte, „bleibt der schweizerische Vorschlag auf der Tagesordnung der europäischen Politik."[78] Im Zusammenhang mit dem Expertentreffen von Montreux im Jahr 1978 wird der Fortgang des schweizerischen Entwurfs für ein Verfahren zur friedlichen Streiterledigung später weiterzuverfolgen sein.

4.3 Verankerung der Neutralität in der Schlußakte

Im Bericht der EPD-Arbeitsgruppe zur Europäischen Sicherheitskonferenz vom Juli 1970 war intensiv die Frage diskutiert worden, ob die Schweiz versuchen sollte, eine Anerkennung ihrer Neutralität durch die anderen Teilnehmerländer zu erreichen.[79] Der Grund hierfür lag darin begründet, daß die Schweiz in der Staatenwelt des Kalten Krieges bisher keine explizite Anerkennung ihrer Neutralität durch die beiden neuen Weltmächte USA und Sowjetunion erhalten hatte und ihr anders als bei Gründung des Völkerbundes auch kein Neutralitätsvorbehalt im Hinblick auf eine Mitgliedschaft in der UNO eingeräumt worden war. Der Generalsekretär der Vereinten Nationen, Trygve Lie, äußerte im Jahr 1946 hierzu auf einer Pressekonferenz: „Neutrality is a word I cannot find in the [UN] Charter."[80]

Eine mögliche gesamteuropäische Konferenz wurde von schweizerischen Parlamentariern schon früh als ein mögliches Alternativinstrument gesehen, um eine neue Anerkennung der Neutralität zu erreichen. Bereits in Reaktion auf den ersten Konferenzvorschlag Molotows von 1954 beschäftigte sich die Kommission für auswärtige Angelegenheiten des National- und Ständerats mit der Thematik. Zwar wurde die ablehnende Haltung des Bundesrats auf den einseitigen sowjeti-

---

[78] Bindschedler, Der schweizerische Entwurf, S. 107.
[79] Vgl. BAR, E 2001 (E), 1980/83, Bd. 138 (Europäische Sicherheitskonferenz), Die Schweiz und die Europäische Sicherheitskonferenz. Bericht der Arbeitsgruppe, 07. Juli 1970.
[80] Zit. nach Trachsler, Partizipation, S. 15.

schen Vorschlag begrüßt, doch gleichzeitig wurden aufgrund der Moskauer Initiative auch neue außenpolitische Möglichkeiten gesehen. Nach Ansicht des freisinnigen Nationalrats und Chefredakteurs der *Neuen Zürcher Zeitung*, Willy Bretscher, könnte die Schweiz auf diese Weise versuchen, „die Anerkennung unserer Neutralität durch die Sowjetunion zu provozieren."[81] Sein Parteikollege im Ständerat, Ernst Speiser, hielt es gleichfalls für „verführerisch, sich auf diesem Umweg unsere Neutralität anerkennen lassen zu wollen."[82] In seiner Antwort wies Bundesrat Max Petitpierre jedoch darauf hin, „que nous n'aurions pas un intérêt à provoquer un débat international sur notre neutralité. Depuis 1945, nous avons cherché à éviter une telle discussion."[83]

Auf mögliche Risiken hinsichtlich einer schweizerischen Initiative zur Neutralität verwies auch der Bericht der Arbeitsgruppe zur Europäischen Sicherheitskonferenz im Jahre 1970. So könnten einige Länder die Anerkennung der Neutralität an Bedingungen knüpfen und eine eventuelle Ablehnung des Schweizer Begehrens würde die eigene Stellung schwächen. Die Unterstützung des schweizerischen Anliegens durch die Sowjetunion könnte zudem eine reservierte Haltung seitens der USA hervorrufen. Für eine positive Reaktion der USA in dieser Frage „spricht jedoch das Verständnis, das der Nixon-Berater Kissinger schon aufgrund seiner Schriften […] über den Wiener Kongress […] der Neutralität entgegenbringt."[84] Primär von Interesse war für die Schweiz also die Position der beiden Weltmächte in dieser Frage. Wie der Bericht weiter festhielt, befänden sich andere neutrale Länder wie Schweden, Österreich und Finnland in keiner vergleichbaren Situation. Die Schweiz wollte zu diesem Zeitpunkt den angeblich besonderen Charakter ihrer eigenen Neutralität unterstreichen und nicht etwa auf mögliche Gemeinsamkeiten mit anderen neutralen Ländern verweisen. In diesem Sinne wurde im Bericht der Arbeitsgruppe betont, „dass Aufwertung und Singularisierung ihrer Neutralität im spezifischen Interesse der Schweiz sind."[85] Sollten im Rahmen von Konferenzverhandlungen günstige Bedingungen dazu vorhanden sein, so sollte die Schweiz die Chance ergreifen, denn „[a]us der Anerkennung der schweizerischen Neutralität an einer Europäischen Sicherheitskonferenz könnte sich der Vorteil einer stärkeren Position der Schweiz gegenüber der UNO und der EWG […] ergeben."[86] Die Schweiz verfolgte mit der Neutralitätsanerkennung also das Ziel einer umfassenden Aufwertung ihrer Außenpolitik im Hinblick auf die neuen zentralen Elemente der Staatenwelt seit 1945, angefangen von den beiden

---

[81] DDS Bd. 19, Nr. 134: Sitzungsprotokoll der national- und ständerätlichen Kommission für auswärtige Angelegenheiten, 23. November 1954, S. 351.
[82] Ebd.
[83] Ebd. S. 352.
[84] BAR, E 2001 (E), 1980/83, Bd. 138 (Europäische Sicherheitskonferenz), Die Schweiz und die Europäische Sicherheitskonferenz. Bericht der Arbeitsgruppe, 07. Juli 1970; vgl. Henry Kissinger, Das Gleichgewicht der Großmächte. Metternich, Castlereagh und die Neuordnung Europas 1812–1822, ND Zürich 1986.
[85] BAR, E 2001 (E), 1980/83, Bd. 138 (Europäische Sicherheitskonferenz), Die Schweiz und die Europäische Sicherheitskonferenz. Bericht der Arbeitsgruppe, 07. Juli 1970.
[86] Ebd.

Großmächten über die Weltorganisation bis hin zum europäischen Integrationsprozeß. Die Einbringung des Vorschlags sollte jedoch vom Verlauf der Konferenz abhängig gemacht werden, wie die Arbeitsgruppe in ihrer Zusammenfassung der Schweizer Positionen zur Sicherheitskonferenz vom Juni 1972 festhielt.[87] Die Anerkennungsfrage besaß für die Schweiz während der Multilateralen Gespräche und in der Anfangsphase der Genfer Verhandlungen folglich keine hohe Priorität. Im Zentrum der helvetischen Diplomatie stand vielmehr der Vorschlag für ein Verfahren zur friedlichen Streiterledigung.

Als die schweizerische Delegation dann Anfang 1974 begann, sich öffentlich für den – offiziell durch Frankreich lancierten[88] – Vorschlag der Erwähnung der Neutralität zu engagieren, gab es Kritik von unerwarteter Seite.[89] Am 20. Februar 1974 teilte der österreichische Botschafter in der Schweiz, Gruber, dem Eidgenössischen Politischen Departement mit, daß seine Regierung dem Vorschlag skeptisch gegenüberstehe und die österreichischen Diplomaten in Genf die Schweizer Delegation bitten werden, von ihrem Vorschlag Abstand zu nehmen.[90] Wie Gruber andeutete, stehe Außenminister Kirchschläger persönlich hinter dieser Anweisung. Daraufhin verzichtete die Schweizer Delegation zunächst darauf, ihren Vorschlag für den Prinzipienkatalog im Bereich „Souveräne Gleichheit" bei den Genfer Verhandlungen einzureichen.[91] Statt dessen sandte Bundesrat Graber am 21. Februar 1974 ein Telegramm an Außenminister Kirchschläger, in dem er um Zustimmung zum Anliegen der Schweiz warb. Die Erwähnung der Neutralität im Schlußdokument wäre „eine Bekräftigung des Status, den unsere beiden Länder gewählt haben."[92] Am selben Tag erhielt das EPD von Botschafter Gruber nähere Informationen über die Gründe der Ablehnung durch Österreich. Im Zusammenhang mit den Konferenzfolgen fürchtete Wien, daß die Neutralitätsklausel als Mittel der Einmischung in die inneren politischen Angelegenheiten mißbraucht werden könnte. Indem der österreichische Botschafter auf die im Vergleich zur Schweiz besondere „geopolitische Lage"[93] seines Landes verwies, spielte er indirekt auf die direkte Nachbarschaft zum Warschauer Pakt und dem damit zusammenhängenden Einfluß der Sowjetunion an. Anscheinend hatte die Wiener

---

[87] BAR, E 2001 E-01, 1982/58, Bd. 100 (Europäische Sicherheitskonferenz), Résumé de la position de la Suisse sur les divers problèmes soulevés par la Conférence sur la securité et la cooperation en Europe, 20. 06. 1972.

[88] Zielinski, Die neutralen und blockfreien Staaten, S. 191.

[89] Fischer, Neutral Power in the CSCE, S. 254.

[90] BAR, E 2001 E-01, 1987/78, Bd. 191 (Europäische Sicherheitskonferenz), Notiz der Politischen Direktion an Bundesrat Graber, Botschafter Thalmann und Botschafter Bindschedler, 20. Februar 1974.

[91] BAR, E 2001 E-01, 1987/78, Bd. 191 (Europäische Sicherheitskonferenz), Notiz der Politischen Direktion an Bundesrat Graber, Botschafter Thalmann, Botschafter Bindschedler und Schweizerische Botschaft Wien, 21. Februar 1974.

[92] BAR, E 2001 E-01, 1987/78, Bd. 191 (Europäische Sicherheitskonferenz), Telex EPD Bern an Botschaft Wien, 21. 02. 1974.

[93] BAR, E 2001 E-01, 1987/78, Bd. 191 (Europäische Sicherheitskonferenz), Notiz der Politischen Direktion an Bundesrat Graber, Botschafter Thalmann, Botschafter Bindschedler und Schweizerische Botschaft Wien, 21. Februar 1974.

Regierung hier das abschreckende Beispiel des Freundschaftsvertrages zwischen Helsinki und Moskau vor Augen und fürchtete eine „Finnlandisierung", also den Druck zur Anpassung seiner Außenpolitik an die Sowjetunion. Österreich wollte eine Debatte über den Begriff der Neutralität bei den Genfer Verhandlungen deshalb generell vermeiden.[94] Wie Generalsekretär Thalmann der schweizerischen Delegation in Genf mitteilte, „sollte jeder show down mit Österreich vermieden werden."[95] Zugleich wies der Generalsekretär des EPD darauf hin, daß er persönlich dem schweizerischen Vorhaben kritisch gegenüberstehe, denn „[d]er singuläre Charakter unserer Neutralität könnte dadurch verwässert werden."[96]

Als Reaktion auf die negative österreichische Position wurde im EPD eine Aufzeichnung zum Thema „Neutralität und Sicherheitskonferenz" verfaßt, in der man sich detailliert mit den genannten Kritikpunkten auseinandersetzte und das schweizerische Anliegen vehement verteidigte. Betont wurde dabei die diplomatische Bedeutung der Anerkennung der Neutralität im Schlußdokument, die keine rechtsverbindliche, sondern eine politische Bedeutung besitzen werde. Es gehe insbesondere darum, im Verhältnis zu den Mitgliedern der beiden Militärbündnisse die Gültigkeit des Grundsatzes der Neutralität zu betonen. Als Begründung wurde angeführt, „dass das Verständnis für die Neutralität in Allianzen nicht sehr gross ist."[97] Eine generelle Diskussion über die Neutralität bei den Genfer Verhandlungen sei darüber hinaus unwahrscheinlich, da wichtige Länder beider Bündnisse wie Frankreich und die Sowjetunion bereits ihre Unterstützung zugesagt hätten. Am 28. Februar 1974 überbrachte der österreichische Botschafter Gruber die Antwort Rudolf Kirchschlägers auf das Schreiben von Bundesrat Graber vom 21. Februar. Zwar hielt der österreichische Außenminister seine prinzipiellen Bedenken hinsichtlich der Nützlichkeit des schweizerischen Vorschlags aufrecht. Zugleich anerkannte er gegenüber Graber jedoch, „dass Sie einem Hinweis auf die Neutralität große Bedeutung beimessen. Ich möchte daher nicht einer Initiative im Wege stehen, die sich [...] als ein Anliegen Ihres Landes herauskristallisiert hat."[98] Österreich war nun also bereit, das schweizerische Engagement zur Erwähnung der Neutralität im Schlußdokument zu akzeptieren.

Als Ergebnis der Genfer Verhandlungen steht das Recht auf Neutralität an prominenter Stelle direkt in dem mit „Souveräne Gleichheit" überschriebenen Punkt Eins des Prinzipienkatalogs. Die entsprechende Formulierung in der Schlußakte lautet folgendermaßen: „Sie [die Teilnehmerstaaten] haben ebenfalls das Recht, internationalen Organisationen anzugehören oder nicht anzugehören, Vertrags-

[94] Ebd.

[95] BAR, E 2001 E-01, 1987/78, Bd. 191 (Europäische Sicherheitskonferenz), Telegramm Botschafter Thalmann (EPD Bern) an KSZE-Delegation Genf, 21. Februar 1974.

[96] Ebd.

[97] BAR, E 2001 E-01, 1987/78, Bd. 191 (Europäische Sicherheitskonferenz), Sicherheitskonferenz. Erwähnung der Neutralität beim Prinzip über die souveräne Gleichheit, 26. Februar 1974.

[98] BAR, E 2001 E-01, 1987/78, Bd. 191 (Europäische Sicherheitskonferenz), Telegramm Außenminister Kirchschläger an Bundesrat Graber, 28. Februar 1974.

partner bilateraler oder multilateraler Verträge zu sein oder nicht zu sein, einschließlich des Rechts, Vertragspartei eines Bündnisses zu sein oder nicht zu sein; desgleichen haben sie das Recht auf Neutralität."[99]

Diese Passage der Schlußakte war deshalb von besonderer Bedeutung, weil sie – von Frankreich zu diesem Zweck in die Diskussion gebracht[100] – als Gegengewicht des Westens gegen die durch die Breschnew-Doktrin begründete begrenzte Souveränität der Warschauer-Pakt-Staaten gedacht war.[101] Noch bedeutsamer war jedoch, daß US-Präsident George H. Bush anläßlich des Staatsbesuchs von Michail Gorbatschow in den USA am 31. Mai 1990 mit Verweis auf die freie Bündniswahl in der Helsinki-Schlußakte das Recht des wiedervereinigten Deutschlands auf Mitgliedschaft in der NATO begründen konnte, worin ihm Gorbatschow prinzipiell zustimmen mußte.[102] Paradoxerweise wurde somit nicht das Recht auf Austritt aus einem Bündnis oder auf Neutralität, sondern umgekehrt gerade das Recht auf Bündniszugehörigkeit zu einem entscheidenden Diskussionspunkt bei der Beendigung des Kalten Krieges.

Die Verankerung der Neutralität in der Schlußakte war eine symbolische Geste, deren Bedeutung dennoch nicht unterschätzt werden darf. Zum ersten Mal seit der Zwischenkriegszeit hatte der Status der Neutralität in einem multilateralen Dokument eine Aufwertung erfahren. Es handelte sich dabei nicht um eine völkerrechtliche Anerkennung, sondern um eine politische Geste. In der Tat waren es nicht die anderen neutralen Staaten, sondern die Schweiz selbst, die dieses Ziel verfolgt hatte.[103] Allerdings war der Ansatz Berns insofern widersprüchlich, als einerseits eine allgemeingültige Formulierung gefunden werden mußte, das Selbstverständnis der Schweizer Diplomaten aber andererseits gerade von der Einzigartigkeit der eigenen Neutralität ausging. Die Schweiz verfolgte mit ihrer Initiative das Ziel der Aufwertung der eigenen Neutralität insbesondere gegenüber den Weltmächten USA und Sowjetunion. Ihr ging es nicht etwa um eine solidarische Aktion mit den anderen neutralen Staaten, sondern um eigene nationale Interessen, wie sich an der Kontroverse mit Österreich über die Neutralitätsfrage zeigte. Eben gerade, weil es sich um ein genuin schweizerisches Ziel handelte, war die Verankerung der Neutralität in der Schlußakte der größte Erfolg der Eidgenossenschaft während der Genfer Verhandlungen, denn sie verdeutlichte das neue Ansehen der Schweiz und des Status der Neutralität in den internationalen Beziehungen. Ähnlich wie in der Frage der friedlichen Streiterledigung bot die KSZE überhaupt erst die Voraussetzung dafür, daß die Schweiz ihr Anliegen in die internationale Politik einbringen konnte. In seiner Ansprache während der

---

99 Volle/Wagner, KSZE, Schlußakte der Konferenz über Sicherheit und Zusammenarbeit in Europa vom 1. August 1975, S. 239.

100 Interview mit Jacques Andréani.

101 Andréani, Le Piège, S. 82.

102 George Bush/Brent Scowcroft, A world transformed, New York 1998, S. 282 f.; Andreas Rödder, Deutschland einig Vaterland. Die Geschichte der Wiedervereinigung, München 2009, S. 247 ff.

103 Fischer, Grenzen der Neutralität, S. 150.

dritten Konferenzphase in Helsinki gab Bundespräsident Pierre Graber später seiner Freude darüber Ausdruck, „dass die Option der Neutralität in das Kapitel der Prinzipien Aufnahme gefunden hat, die in den Beziehungen zwischen den Staaten Geltung haben sollen. Die Neutralität wurde damit als ein spezifisches Instrument der europäischen Sicherheit und Zusammenarbeit anerkannt."[104]

Als es um die Bezeichnung des Abschlußdokuments der KSZE-Verhandlungen ging, war es zudem die Schweiz, die den Begriff der „Schlußakte" in die Diskussion einführte[105] und somit bewußt die historische Verbindung zum Abschlußdokument des Wiener Kongresses herstellte, jenes Dokuments also, durch welches „Neutralität der Schweiz und europäische Friedensorganisation [...] als einander ergänzend, sich sogar bedingend"[106] charakterisiert worden war, und in dessen Folge „Europe experienced the longest period of peace it had ever known."[107]

4.4 Die Schweiz und die Menschenrechte

Ein neuer Aspekt der KSZE war die Etablierung der Menschenrechte als Bestandteil der Diplomatie in Europa. Der Prinzipienkatalog der KSZE-Schlußakte enthielt unter Punkt Sieben ein Bekenntnis zu den Menschenrechten und Grundfreiheiten: „Die Teilnehmerstaaten werden die Menschenrechte und Grundfreiheiten einschließlich der Gedanken-, Gewissens-, Religions- oder Überzeugungsfreiheit für alle ohne Unterschied der Rasse, des Geschlechts, der Sprache oder der Religion achten."[108] Als Referenzpunkt diente zudem der sogenannte Korb III über die „Zusammenarbeit in humanitären und anderen Bereichen." Dieser Abschnitt bestand aus den Unterkapiteln Menschliche Kontakte, Information, Kultur und Bildung.

Der Schwerpunkt des schweizerischen Engagements auf dem Feld der Menschenrechte lag während der Genfer Verhandlungen und später im Folgeprozeß auf dem freien Zugang zu Informationen und ihrer ungehinderten Verbreitung.[109] Bei den Genfer Verhandlungen leitete sie auch die entsprechende Unterkommission. Ursprünglich war schweizerischerseits geplant gewesen, den inhaltlichen Fokus auf den Bereich der „menschlichen Kontakte" zu legen, doch wie zu

---

[104] BAR, E 2001 E-01, 1987/78 (Europäische Sicherheitskonferenz), Ansprache von Herrn Bundespräsident Pierre Graber, Vorsteher des Eidgenössischen Politischen Departements. Helsinki, 30. Juli 1975.

[105] Interview mit Vladimir Petrovsky.

[106] Bonjour, Europäisches Gleichgewicht und schweizerische Neutralität, S. 24.

[107] Kissinger, Diplomacy, S. 79.

[108] Volle/Wagner, KSZE, Schlußakte der Konferenz über Sicherheit und Zusammenarbeit in Europa vom 1. August 1975, S. 241.

[109] Auf dem Feld der Informationsverbreitung hatte sich die Schweiz bereits in der Zwischenkriegszeit engagiert, beispielsweise als es um die Schaffung eines Völkerbundradios als transnationale Informationsquelle und Kommunikationsmöglichkeit mit den Mitgliedsstaaten ging; vgl. Antoine Fleury, La Suisse et Radio Nations, in: United Nations Library Geneva (Hg.), The League of Nations in retrospect, Berlin/New York 1983, S. 196-220.

zeigen sein wird, führten innenpolitische Entwicklungen zu einem Wandel der Prioritäten innerhalb von Korb III.[110]

Im Rahmen der KSZE-Verhandlungen waren die menschenrechtlichen Themen aus Sicht der Diplomaten im EPD politisch heikel.[111] Die Schweizer Delegation in Helsinki und Genf mußte jeweils darum bemüht sein, die Balance zwischen ihrer westlichen Ausrichtung und ihrer außenpolitischen Neutralität zu wahren. In den Schlußempfehlungen des „Blauen Buchs" am Ende der Multilateralen Gespräche in Helsinki war der Auftrag formuliert worden, „Vorschläge [zu] erarbeiten, um die freiere und umfassendere Verbreitung von Informationen aller Art zu erleichtern."[112] Die Instruktionen an die Delegation für die Genfer Verhandlungen vom Juni 1973 zeigen, daß das bisher in schweizerischen Analysen nur am Rande erwähnte Thema der sogenannten „humanitären Dimension der Entspannung" nun größere Beachtung fand. Die Diplomaten der Eidgenossenschaft sollten „participer activement, en soumettant au besoin des initiatives, aux travaux visant à élaborer des procédures concrètes destinées à faciliter les contacts humains, la réunion des familles, la liberté des voyages, ainsi qu'une meilleure circulation des informations."[113] Die stärkere Beachtung von Korb III, verbunden mit der möglichen Ausarbeitung eigener Initiativen in diesem Bereich, stellte einen Wandel weg von der bisherigen alleinigen Fokussierung auf das Streiterledigungsprojekt dar.[114]

Der Themenbereich „Verbreitung von Information" berührte Grundfragen der Meinungs- und Pressefreiheit und stand somit „mitten im Spannungsfeld der ideologischen Ost-West-Auseinandersetzung."[115] Die Sowjetunion widersetzte sich der freien Verbreitung von Information, da dies eine Einschränkung des Monopols der kommunistischen Staats- und Parteiführung bedeutet hätte. Die Grundposition westlicher Staaten und neutraler Länder wie der Schweiz beruhte auf dem Begriff der Informationsverbreitung[116], verbunden mit dem Recht auf die freie Wahl der Informationsquellen – insbesondere ausländischer Medien. Die Sowjetunion und Polen stellten dieser Argumentation den Begriff des Informationsaustausches entgegen.[117] Demnach gäbe es insbesondere einen Mangel an Informationen aus den sozialistischen Ländern in Westeuropa. Da sich dieses Ar-

---

[110] Danielle Silberschmidt, Die Schweiz und die Menschenrechte. Ihre Haltung an der Konferenz über Sicherheit und Zusammenarbeit in Europa (KSZE) 1972-1975, Lizentiatsarbeit Zürich 2004, S. 95 (unveröffentlicht).

[111] Fanzun, Grenzen der Solidarität, S. 110.

[112] Volle/Wagner, KSZE, Schlußempfehlungen der Helsinki-Konsultationen vom 8. Juni 1973, S. 158.

[113] BAR, E-2001 E-01, 1987/78, Bd. 187 (Europäische Sicherheitskonferenz), Rapport et proposition sur la Participation de la Suisse à la Conférence sur la sécurité et la coopération en Europe, 18 juin 1973.

[114] Silberschmidt, Die Schweiz und die Menschenrechte, S. 45.

[115] Renk, Der Weg der Schweiz nach Helsinki, S. 139.

[116] Gerhard Wettig, Information, in: Jost Delbrück/Norbert Ropers/Gerda Zellentin (Hgg.), Grünbuch zu den Folgewirkungen der KSZE, Köln 1977, S. 393-410, S. 394.

[117] Ebd. S. 394f.

gument mit der freien Wahl des Informationsmediums entkräften ließ, verwies der Osten – wie für den gesamten Bereich der Menschenrechte charakteristisch – auch auf die staatliche Souveränität und das Prinzip der Nichteinmischung. Darüber hinaus berief sich Moskau auf eine Konvention des Völkerbundes von 1936 über die Informationsverbreitung im Radio im Interesse des Friedens, mit der in den dreißiger Jahren das Ziel der Verhinderung von Kriegspropaganda verfolgt worden war.[118] Hintergrund im aktuellen Kontext des Kalten Krieges waren die Informationen der von den USA unterstützten Stationen von „Radio Liberty" und „Radio Free Europe", gegen deren Verbreitung in Osteuropa die Sowjetunion Störsender einsetzte.

Am 19. November 1973 reichte die Schweiz in Genf offiziell ihren Entwurf zur „Beschaffung, Übermittlung und Verbreitung von Informationen" ein.[119] Die Präambel des Dokuments war ganz auf einen Kompromiß zwischen Ost und West hin ausgerichtet. Während der erste Absatz das Recht auf freie Meinungsäußerung sowie auf den Empfang und die Verbreitung von Informationen betonte, war im zweiten Teil der Präambel von „Einschränkungen" dieser Rechte „für den Schutz der nationalen Sicherheit und der öffentlichen Ordnung sowie der öffentlichen Gesundheit und Moral" die Rede. Dies war ein deutliches Entgegenkommen gegenüber der Sowjetunion. Allerdings hatte die bewußte Ausgewogenheit der Formulierungen in der Präambel taktische Gründe, denn elf der nachfolgend genannten zwölf Punkte des schweizerischen Vorschlags hatten eine westliche Ausrichtung. Der Abschnitt über die Informationsbeschaffung sah die Erteilung permanenter Visa für Journalisten (Punkt 2), das „Recht auf Bewegung und Reise innerhalb des Gastlandes" sowie ein Rekursrecht für Journalisten im Fall der Ausweisung vor (Punkt 3). Im Bereich der Informationsverbreitung sollten Verkauf, Abonnement und Ausleihe ausländischer Druckschriften erleichtert und diese Publikationen in Bibliotheken und Lesesälen zugänglich gemacht werden (Punkt 8). Darüber hinaus sollten die Regierungen „den freien und ungestörten Empfang von Radio- und Fernsehprogrammen aus anderen Teilnehmerstaaten" gewährleisten (Punkt 9), wobei dem Informationsempfänger durch die Nutzung der Informationsmedien keine Nachteile entstehen dürfen (Punkt 10). Einzig im zwölften und letzten Abschnitt wurde der sowjetische Ansatz des Informationsaustauschs aufgenommen. So sollten „Projekte der Zusammenarbeit zwischen den Informationsträgern" unterstützt und beispielsweise die „Gewährung von Interviews bekannter Persönlichkeiten der anderen Teilnehmerstaaten" gefördert werden. Die Formulierung in der Präambel diente also wesentlich als „Köder" gegenüber der Sowjetunion und sollte zudem eine Abgrenzung zu den westlichen Vorschlägen in diesem Bereich ermöglichen. Die Strategie war insoweit erfolgreich, als der Vorschlag der Schweiz zur Diskussionsgrundlage für das Unterkapitel wur-

---

[118] Renk, Der Weg der Schweiz nach Helsinki, S. 139.
[119] Vgl. hierzu BAR, E 2001 E-01, 1987/78, Bd. 190 (Europäische Sicherheitskonferenz), Vorschlag der Delegation der Schweiz. Beschaffung, Übermittlung und Verbreitung von Informationen, 19. November 1973.

de. Dabei profitierte die Schweiz auch von ihrer Leitungsrolle in der Unterkommission „Information".[120] Wie die Schweizer Delegation in ihrem Bericht an das EPD vom 19. Dezember 1973 betonte, seien die Positionen des Westens und der Neutralen auf dem Feld der menschlichen Beziehungen und Information inhaltlich zwar nahezu identisch, unterschieden sich aber im Stil: „Seul un langage plus modéré, exempt d'esprit polémique, ainsi que le désir d'obtenir des résultates réalistes, nous distingue de ceux des Occidentaux qui ont des positions plus en pointe."[121]

Bei anderen Themenfeldern des Korb III – wie den menschlichen Kontakten – begleitete die Schweiz die Initiativen der westlichen Staaten zwar mit Wohlwollen, trat aber zurückhaltender auf als beim Unterkapitel Information.[122] Wie Botschafter Bindschedler dem EPD aus Genf mitteilte, habe der neue amerikanische Delegationsleiter Albert Sherer in einem Gespräch am 21. Februar 1974 den Wunsch der USA nach Vermittlungsaktionen der neutralen Staaten und die Absicht zu engeren Kontakten mit der Schweiz geäußert.[123] In einem Schreiben an den Generalsekretär des EPD, Botschafter Thalmann, über ein Mittagessen mit der amerikanischen Delegation vom 27. Februar 1974 berichtete Botschafter Bindschedler dann, daß die amerikanische Position dabei sei, sich in Richtung einer aktiveren Haltung zu verändern und daß eine engere Zusammenarbeit mit den neutralen Ländern angestrebt werde. Diesem Schreiben fügte der Generalsekretär des EPD die folgende Marginalie hinzu: „Attention! Ne pas devenir les Neutres des E[tats] U[nis]!"[124] In Bern bestand also durchaus noch die Befürchtung, daß sich die Schweiz im Bereich der Menschenrechte zu stark exponieren und die Neutralität des Landes hierdurch Schaden nehmen könnte.

Darüber hinaus machte die Schweiz während der Genfer Verhandlungen im Zusammenhang mit der Behandlung der sogenannten „Gastarbeiterfrage" die Erfahrung, daß bestimmte Aspekte des Themenbereichs menschliche Kontakte aus ihrer eigenen nationalen Interessenlage heraus nicht unproblematisch waren. Bereits in Dipoli hatte die Delegation Spaniens die Behandlung der Gastarbeiterfrage innerhalb der KSZE angeregt, doch die Schlußempfehlungen von Helsinki beschränkten sich auf eine kurze Erwähnung unter dem Begriff „Wanderarbeit" im Rahmen von Korb II über Wirtschaftsfragen. Nach Beginn der Genfer Verhandlungen wollte die jugoslawische Delegation die Thematik nun unter dem Aspekt der menschlichen Kontakte in Korb III behandeln.[125]

---

[120] Renk, Der Weg der Schweiz nach Helsinki, S. 142.
[121] BAR, E 2001 E-01, 1987/78, Bd. 190 (Europäische Sicherheitskonferenz), Rapport Trimistriel (2e Phase de la CSCE – Genève). 19 décembre 1973.
[122] Fanzun, Grenzen der Solidarität, S. 116.
[123] BAR, E 2814, 1993/210, Bd. 1 (HA Bindschedler), Besuch des neuen amerikanischen Delegationschefs, 21. Februar 1974.
[124] BAR, E 2001 E-01, 1087/78, Bd. 190 (Europäische Sicherheitskonferenz), Botschafter Bindschedler (Genf) an Botschafter Thalmann (EPD Bern), Déjeuner avec la Délégation USA du 27 février 1974.
[125] Silberschmidt, Die Schweiz und die Menschenrechte, S. 55.

Aus Sicht der Schweiz bedeutete eine Diskussion über die Stellung von Gast-
arbeitern im Rahmen der multilateralen Konferenzdiplomatie „innenpolitisches
Dynamit".[126]. Die Migrationspolitik nahm in den öffentlichen Diskussionen in
der Schweiz zu Beginn der siebziger Jahre eine zentrale Rolle ein.[127] Sie war auch
vor dem Hintergrund der direktdemokratischen Elemente in der Verfassung ein
beherrschendes Thema der Innenpolitik. Zur Führungsfigur der sogenannten
„Überfremdungsbewegung", die sich im Verlauf der sechziger Jahre in der „Nationalen Aktion gegen die Überfremdung von Volk und Heimat" (NA) organisiert
hatte, avancierte der Zürcher Nationalrat James Schwarzenbach.[128] Die von
Schwarzenbach lancierte sogenannte „Zweite Überfremdungsinitiative" forderte
eine Beschränkung der ausländischen Wohnbevölkerung auf zehn Prozent der
Einwohner pro Kanton[129], was die Ausweisung tausender Ausländer bedeutet hätte. In der eidgenössischen Volksabstimmung vom 7. Juni 1970 scheiterte die Initiative mit 46 Prozent Zustimmung nur knapp. Für die politische Elite des Landes
war das Abstimmungsergebnis ein Schock. Wirtschaftsminister Ernst Brugger erklärte in der Stellungnahme des Bundesrats, die Industrialisierung sei „vielleicht
etwas schnell erfolgt in unserem Land."[130] Bereits vor der Abstimmung hatte der
Bundesrat reagiert und eine jährliche Kontingentierung von ausländischen Ar-
beitskräften verfügt, wodurch die Annahme der Schwarzenbach-Initiative vielleicht erst abgewendet wurde.[131] Aufgrund des hohen Anteils der Befürworter
stand der Bundesrat zukünftig jedoch verstärkt unter Handlungsdruck. Die
„Schwarzenbach-Initiative stellte einen Wendepunkt in der schweizerischen
Einwanderungspolitik"[132] hin zu einer restriktiven Ausrichtung dar. Im November 1972 wurde die „dritte Überfremdungskampagne" eingereicht. Dies geschah
gegen den Willen Schwarzenbachs, der Parlament und Regierung zunächst die
Möglichkeit zu Gesetzesverschärfungen zugestehen wollte. Schwarzenbach über-
warf sich in dieser Frage mit seinen innerparteilichen Gegnern, was zur internen
Spaltung führte.[133] Für den beginnenden Abstimmungskampf bedeutete das jedoch, daß dieser von den noch extremeren Kräften innerhalb der rechtspopulisti-

---

[126] So der damalige Delegierte für Handelsverträge im Vokswirtschaftsdepartement und spätere
Staatssekretär im Außendepartement Raymond Probst in der Sitzung der Arbeitsgruppe zur
KSZE am 9. April 1974; vgl. BAR, E 2814, 1993/210, Bd. 1 (HA Bindschedler), Notiz über
die Sitzung der Arbeitsgruppe KSZE vom 9. April 1974.

[127] Vgl. Damir Skenderovic, The Radical Right in Switzerland. Continuity and Change 1945–
2000, New York 2009; Thomas Gees, Die Schweiz im Europäisierungsprozess. Wirtschafts-
und gesellschaftspolitische Konzepte am Beispiel der Arbeitsmigrations-, Agrar-, und Wissenschaftspolitik, 1947–1974, Zürich 2006.

[128] Thomas Maissen, Geschichte der Schweiz, Baden 2010, S. 292.

[129] Isabel Drews, „Schweizer erwache!". Der Rechtspopulist James Schwarzenbach, Frauenfeld
2005, S. 76; für den Kanton Genf war als Ausnahme eine Quote von 25 Prozent vorgesehen.

[130] Zit. nach Thomas Buomberger, Kampf gegen unerwünschte Fremde. Von James Schwarzenbach bis Christoph Blocher, Zürich 2004, S. 163.

[131] Kaestli, Selbstbezogenheit und Offenheit, S. 441.

[132] Damir Skenderovic/Gianni D'Amato, Mit dem Fremden politisieren. Rechtspopulistische
Parteien und Migrationspolitik in der Schweiz seit den 1960er Jahren, Zürich 2008, S. 37.

[133] Drews, James Schwarzenbach, S. 78 f.

schen Bewegung geführt werden würde. Die Forderungen waren entsprechend radikal und hätten bei Annahme eine Halbierung des Ausländeranteils in der Schweiz innerhalb von drei Jahren zur Folge gehabt.[134] Die neue Initiative wurde im Oktober 1974 mit 65,8 Prozent schließlich überraschend deutlich abgelehnt, doch bildete die Diskussion über ausländische Arbeitskräfte und Migration die anhaltende innenpolitische Begleitmusik für die Schweizer Delegation bei den Genfer KSZE-Verhandlungen. Wie im Ergebnisprotokoll der Arbeitsgruppe KSZE zur Sitzung vom 24. August 1973 unter dem Stichwort „Gastarbeiterproblem" festgehalten wurde, könne die Schweiz „aus innenpolitischen Gründen nicht einen sofortigen Nachzug von Familienangehörigen unterstützen, da hierdurch die Stabilisierungspolitik des Bundesrates gefährdet würde."[135] Vor diesem Hintergrund werde die Schweizer Delegation in Genf beim Thema „Familienzusammenführung" zurückhaltend agieren müssen, „obwohl uns diese Frage im Zusammenhang mit den Oststaaten sehr am Herzen liegt." Zunächst ging es der Schweiz darum, die Gastarbeiterfrage aus den Diskussionen um Korb III herauszuhalten. Mit Verweis auf die Solidarität unter den N+N-Staaten gelang es den Diplomaten in Genf, die jugoslawische Delegation davon zu überzeugen, ihren Vorschlag doch im Bereich Wirtschaft (Korb II) zu behandeln.[136] Sodann galt es, bei den Verhandlungen im Korb II eine Containment-Politik zu fahren. Mittlerweile hatte die Türkei einen weiteren Vorschlag zur Thematik im Rahmen von Korb II eingereicht. Vollständig ließ sich die Thematik aufgrund des entsprechenden Mandats im „Blauen Buch" nicht umgehen. Wie Edouard Brunner den Mitgliedern der „Arbeitsgruppe KSZE" in der Sitzung am 20. Dezember 1973 erläuterte, sei die Sicherheitskonferenz für Länder wie die Türkei, Spanien, Jugoslawien und Griechenland ein Forum, um auf ihre besonderen Probleme aufmerksam zu machen. Für diese Länder sei die KSZE „nicht nur eine Ost-West-, sondern auch eine Nord-Süd-Konferenz."[137] Am 13. Mai 1974 fand unter dem Vorsitz von Delegationsleiter Bindschedler in Bern eine Besprechung zum Thema „Aspects économiques et sociaux du travail migrant" statt, an der neben Diplomaten des EPD auch Vertreter der Fremdenpolizei und des Innendepartements teilnahmen.[138] Wie Botschafter Bindschedler in der Besprechung erläuterte, sei die Schweiz „isolée dans son opposition au projet turc à la CSCE."[139] Vor diesem Hintergrund wurde beschlossen, sich dem Vorschlag nicht generell zu verweigern, sondern hinsichtlich der demographischen Struktur und der nationalen Gesetzgebung schweizerischerseits Vorbehaltsrechte anzuführen, um die Wirkung der vereinbar-

[134] Buomberger, Kampf gegen unerwünschte Fremde, S. 185.
[135] BAR, E 2001 E-01, 1987/78, Bd. 189 (Europäische Sicherheitskonferenz), Protokoll der Sitzung der Arbeitsgruppe KSZE vom 24. August 1973.
[136] Renk, Der Weg der Schweiz nach Helsinki, S. 120.
[137] BAR, E2001 E-01, 1987/78, Bd. 190 (Europäische Sicherheitskonferenz), Protokoll der Sitzung über den Stand der KSZE vom 20. Dezember 1973.
[138] BAR, E 2814, 1993/210, Bd. 1 (HA Bindschedler), Conférence de sécurité et de coopération en Europe. Aspects économiques et sociaux du travail migrant. Procès-verbal de la séance du 13 mai 1974.
[139] Ebd.

ten Beschlüsse auf die Schweiz abzumildern.[140] Die Eidgenossenschaft stand nicht nur unter dem Druck der südosteuropäischen Länder, sondern auch der Sowjetunion und ihrer Verbündeten, die in der Gastarbeiterfrage ein wirkungsvolles Mittel sahen, um menschenrechtliche Forderungen von westlicher und neutraler Seite zu kontern. Im September 1974 brachte Moskau das Thema unter dem zuvor von westlicher Seite benutzten Stichwort der „Familienzusammenführung" wieder in die Diskussion. Die Schweiz setzte sich schließlich erfolgreich dafür ein, die die Gastarbeiterfrage betreffenden Aspekte zukünftig bilateral und damit außerhalb der KSZE zu behandeln.[141] Die Eidgenossenschaft wandte hier also die Methode an, strittige Themen von der multilateralen auf die bilaterale Ebene zu verlagern und dadurch zu entschärfen.[142] Damit stellte sie das nationale Interesse in den Vordergrund ihres Handelns. Die Berner Diplomaten profitierten bei der Abwehr des für sie strittigen Themas darüber hinaus wahrscheinlich auch von einem externen Faktor. Die DDR wollte, wie ihr Delegationsleiter bei den Genfer Verhandlungen, Siegfried Bock, rückblickend erläuterte, die Migrationsproblematik als Druckmittel gegenüber der Schweiz benutzen, indem der an die Adresse der DDR gerichteten Forderung nach „freier Ausreise" umgekehrt ein Recht auf „freie Einreise" entgegengestellt werden sollte. Allerdings erhielt die DDR aus Moskau „kein grünes Licht" für ihre Strategie. Anders als es öffentlich den Anschein hatte, befand sich die Sowjetunion nämlich unter Zeitdruck, denn auf dem nächsten Parteitag der KPdSU im Jahr 1976 wollte Parteichef Breschnew unbedingt die Ergebnisse der KSZE als seinen persönlichen Erfolg präsentieren.[143]

Insgesamt läßt sich das menschenrechtliche Engagement der Schweiz bei den Genfer KSZE-Verhandlungen jedoch als bemerkenswert charakterisieren. Im Vergleich mit der bis dato geübten Zurückhaltung der Eidgenossenschaft in der Menschenrechtspolitik stellte die aktive Mitwirkung in der KSZE eine „Ausnahme"[144] dar. Nach dem Vorschlag für ein Verfahren zur friedlichen Streiterledigung und der Erwähnung der Neutralität im Schlußdokument bildeten Menschenrechtsfragen die „dritte Priorität"[145] der Schweiz in den KSZE-Verhandlungen. Insbesondere im Unterkapitel „Information" hat der schweizerische Vorschlag „deutliche Spuren hinterlassen"[146], beispielsweise wenn in der Schlußakte von dem Ziel einer „freiere[n] und umfassendere[n] Verbreitung von Informationen aller Art"[147] die Rede ist oder etwa die Absicht geäußert wird, „innerhalb sach-

[140] Ebd.

[141] Renk, Der Weg der Schweiz nach Helsinki, S. 120f.

[142] Silberschmidt, Die Schweiz und die Menschenrechte, S. 57.

[143] Interview mit Siegfried Bock; zu Meinungsunterschieden zwischen Moskau und Ost-Berlin in der Schlußphase der Genfer Verhandlungen vgl. Hanisch, DDR im KSZE-Prozess, S. 84f.

[144] Antoine Fleury, Les autorités suisses et la question des droits de l'homme, in: Ders./Carole Fink/Lubor Jílek (Hgg.), Les droits de l'homme en Europe depuis 1945, Bern u. a. 2003, S. 279–295, S. 290.

[145] Fanzun, Grenzen der Solidarität, S. 119.

[146] Renk, Der Weg der Schweiz nach Helsinki, S. 147.

[147] Volle/Wagner, KSZE, Schlußakte der Konferenz über Sicherheit und Zusammenarbeit in Europa vom 1. August 1975, S. 270ff.

gerechter und vernünftiger Fristen Anträge von Journalisten auf Visaerteilung zu prüfen."
Die KSZE bot der Schweiz das geeignete Forum, um sich an der Diskussion menschenrechtlicher Themen zu beteiligen. Als demokratisch-kapitalistisches Land war eine moderate Identifikation mit westlichen Prinzipien im Rahmen der multilateralen Verhandlungen unbedenklich. Hierdurch verfügte die helvetische Diplomatie über „Spielraum, den sie normalerweise in dieser Form nicht hatte."[148] Gleichzeitig mußte die Schweiz erkennen, daß es eine Tendenz gab, grenzüberschreitende Themenbereiche wie die Migrationspolitik auf gesamteuropäischer Ebene zu diskutieren, was eine deutliche Herausforderung für die bisherige schweizerische Fokussierung auf nationale oder bilaterale Lösungsansätze darstellte.

4.5 Die Rolle der N+N-Staaten

Die sich im Verlauf der Genfer Verhandlungen entwickelnde Kooperation zwischen den neutralen und blockfreien Staaten wurde zu einem der herausragenden Merkmale des KSZE-Prozesses.[149] Die neutralen Staaten waren nicht länger Objekt des Kalten Krieges, sondern entwickelten sich im Rahmen der multilateralen Konferenzdiplomatie zu einem Subjekt der europäischen Politik.[150]
Eine organisierte Kooperation zwischen den neutralen Staaten gab es bei den Multilateralen Gesprächen in Dipoli noch nicht. Allerdings hatte es in der Vorbereitungsphase schon intensive bilaterale Kontakte gegeben[151], so daß sich die spätere Kooperation bereits andeutete. Bei den Multilateralen Gesprächen in Dipoli kam es vereinzelt zur bilateralen Kooperation in Detailfragen, doch verfolgten die neutralen Staaten ihre Interessen zunächst noch unabhängig voneinander. Positiv hervorgehoben wurde aus Sicht des EPD insbesondere die bilaterale Kooperation mit Schweden, was sowohl auf die Sitznachbarschaft am Konferenztisch als auch auf das gute Verhältnis zwischen den Botschaftern Campiche und Ryding zurückgeführt wurde.[152] Enttäuschung gab es hingegen über das zurückhaltende Auftreten Österreichs. Dabei war es bis dahin gerade der von Wien versprühte außenpolitische Aktionismus zu Beginn der siebziger Jahre gewesen, der Bern irritiert hatte. Das galt nicht nur für den Bereich der Europäischen Sicherheitskonferenz. Mitte der sechziger Jahre hatte der spätere österreichische Bundeskanzler Bruno Kreisky erstmals die Bildung einer mitteleuropäischen Zone der Kooperation vorgeschlagen[153], und seit seinem Regierungsantritt im Jahr 1970 verfolgte er diese

---

[148] Fanzun, Grenzen der Solidarität, S. 119 f.
[149] Zielinski, Die neutralen und blockfreien Staaten, S. 11 f.
[150] Fischer, Neutral Power in the CSCE, S. 18.
[151] Nuenlist, Neutrals as negotiators and mediators, S. 206 f.
[152] BAR, E 2001 E-01, 1982/58, Bd. 101, Zusammenarbeit mit Österreich und Schweden in Helsinki, 13. 12. 1972.
[153] BAR, E 2001 E-01, 1987/78, Bd. 442 (Autriche), Résumé (Plan Kreisky).

Idee weiter. Im Dezember 1971 nannte Kreisky neben Österreich die Bundesrepublik Deutschland, Italien und die Schweiz – sowie später auch Jugoslawien – als mögliche Mitglieder einer mitteleuropäischen Kooperationszone und lud Bundesrat Graber zu einer Konferenz über diese Thematik ein.[154] In einem Brief an Kreisky teilte Bundesrat Graber dem österreichischen Bundeskanzler mit, daß von Seiten der Schweiz erhebliche Vorbehalte gegenüber den Kooperationsplänen bestünden: „Aus neutralitätspolitischen Überlegungen erscheint uns eine institutionalisierte Zusammenarbeit von zwei neutralen Kleinstaaten mit zwei europäischen Grosstaaten und gegebenenfalls mit einem kommunistischen Land als nicht ganz unbedenklich."[155] Ferner wies Graber darauf hin, daß neben Italien und der Bundesrepublik Deutschland aus Schweizer Sicht die Einbeziehung Frankreichs unverzichtbar wäre. Hier zeigte sich einmal mehr die Notwendigkeit des innenpolitischen Ausgleichs.

Im Rahmen der KSZE ging Österreich wie erwähnt dann sogar über den europäischen Rahmen hinaus und schlug die Aufnahme der Nahost-Problematik in die Tagesordnung vor. Die Schweiz maß dem österreichischen Nahost-Vorschlag keine große Bedeutung bei und wollte ihn allenfalls im größeren regionalen Kontext der Mittelmeerproblematik behandeln.[156] Wie der österreichische Bundeskanzler Kreisky dem Chefredakteur der *Neuen Zürcher Zeitung*, Fred Luchsinger, gegenüber erläuterte, ging sein Engagement für den Nahen Osten ursprünglich auf Kontakte zum ägyptischen Präsidenten Nasser zurück, der ihn als „go-between für Israel und Washington"[157] in der Frage der Ableitung der Jordangewässer und der israelischen Nuklearrüstung einsetzte. Das unrühmliche Scheitern des österreichischen Vorschlags in Dipoli war eine frühe Warnung, daß inhaltliche Vorschläge nicht im Alleingang durchzusetzen waren. Folglich suchte die Schweizer Delegation nach Beginn der Genfer Verhandlungen verstärkt die Kooperation mit den anderen neutralen Ländern. Im Vorfeld der Genfer Verhandlungen kam es Ende August 1973 in Genf zu einem ersten Gespräch zwischen Vertretern Österreichs, Schwedens, Finnlands und der Schweiz[158], allerdings war diese Zusammenkunft auf ein bestimmtes Ereignis – die Vorbereitungssitzung des Koordinationsausschusses vor Beginn der Verhandlungen – bezogen. Am 12. Dezember 1973 fand schließlich in der UN-Vertretung der Schweiz in Genf die erste offizielle Zusammenkunft zwischen den Delegationen der vier Neutralen zu aktuellen Fragen der KSZE statt. Der Vorschlag für ein Verfahren zur friedlichen Streiterledigung erhielt dabei einhellige Unterstützung durch alle übrigen Neutralen. Das

---

[154] BAR, E 2001 E-01,179. 1987/78, Bd. 442 (Autriche), Plan Kreisky concernant la création d'une zone centre-européenne de coopération; mögliche Themenfelder sollten die Bereiche Verkehr, Wissenschaft und Kultur sein.

[155] BAR, E 2001 E-01, 1987/78, Bd. 442 (Autriche), Brief von Bundesrat Graber (Bern) an Bundeskanzler Kreisky (Wien), 27. Januar 1972.

[156] Fischer, Neutral Power in the CSCE, S. 179.

[157] AfZ, NL Luchsinger, Gesprächsnotizen. Gespräch mit Kreisky am 30. September 1977 in Zürich.

[158] Fischer, Neutral Power in the CSCE, S. 226.

schwedische Delegationsmitglied Göran Berg erklärte sogar, sein Land werde „jede der Schweiz akzeptable Formulierung unterstützen."[159] Auf Vorschlag der Schweiz wurde für einen späteren Zeitpunkt eine gemeinsame Initiative zum „Follow-up" in Aussicht genommen.

Zum inhaltlichen Schwerpunkt der neutralen Staaten während der Genfer KSZE-Verhandlungen entwickelten sich jedoch die sogenannten „Vertrauensbildenden Maßnahmen" (VBM). Mit dem Aufkommen der Entspannungspolitik ging es in der Sicherheitspolitik stärker „um kooperative Vorsorge gegen unbeabsichtigte, beide Seiten gefährdende Eskalation als um konfrontative Abschreckung."[160] Einer möglichen Konfrontation sollte schon im Vorfeld vorgebeugt werden. Bei den Vertrauensbildenden Maßnahmen handelte es sich um „militärische Verhaltensregeln, die zur Kalkulierbarkeit und Berechenbarkeit der Gegenseite beitragen."[161] Durch Schaffung eines Klimas des Vertrauens und der Transparenz sollte der Faktor der Unsicherheit und der möglichen Fehlinterpretation militärpolitischer Entscheidungen im Verhältnis zwischen der NATO und dem Warschauer Pakt reduziert werden. Im Mittelpunkt der diskutierten Maßnahmen standen die Vorankündigung von Manövern und der Austausch von Manöverbeobachtern.[162] Auch die Sicherheit der neutralen Staaten hing wesentlich vom Grad der Beziehungen zwischen den Militärbündnissen in Europa ab. Wie der österreichische Delegationsleiter Steiner in der Besprechung am 12. Dezember 1973 betonte, sind die VBM „gerade für uns Neutrale besonders wichtig."[163] Zwar mußten sich auch die N+N-Staaten den zu treffenden Maßnahmen unterwerfen, doch da ihre militärische Bedeutung nicht stark ins Gewicht fiel, hatten die neutralen Länder viel zu gewinnen und wenig zu befürchten. Der „Auslöser ihrer späteren Zusammenarbeit in Genf"[164] war die Nichtbeteiligung der Neutralen an den Wiener MBFR-Gesprächen gewesen. Selbst Delegationsleiter Bindschedler sah aus Sicht der Schweiz in der Besprechung am 12. Dezember 1973 keine Einwände mehr gegen das Engagement im sicherheitspolitischen Bereich: „Da es sich um eine multilaterale Regelung handelt, die ganz Europa betrifft, ist die Neutrali-

---

[159] BAR, E 2001 E-01, 1987/78, Bd. 190 (Europäische Sicherheitskonferenz), Notiz über die Besprechung zwischen den Delegationen der Schweiz, Österreichs, Schwedens und Finnlands an der KSZE in Genf vom 12. Dezember 1973.

[160] Wolf Graf von Baudissin, Vertrauensbildende Maßnahmen als Instrument kooperativer Rüstungssteuerung, in: Jost Delbrück/Norbert Ropers/Gerda Zellentin (Hgg.), Grünbuch zu den Folgewirkungen der KSZE, Köln 1977, S. 215–229, S. 216.

[161] Michael Zielinski, Vertrauen und Vertrauensbildende Maßnahmen. Ein sicherheitspolitisches Instrument und seine Anwendung in Europa, Frankfurt/New York 1989, S. 44.

[162] Wolfgang Heisenberg, Die vertrauensbildenden Maßnahmen der KSZE-Schlussakte. Theoretische Ansätze und praktische Erfahrungen, in: Bruno Simma/Edda Blenk-Knocke (Hgg.), Zwischen Intervention und Zusammenarbeit. Interdisziplinäre Arbeitsergebnisse zu Grundfragen der KSZE, Berlin 1979, S. 305–317, S. 307f.

[163] BAR, E 2001 E-01, 1987/78, Bd. 190 (Europäische Sicherheitskonferenz), Notiz über die Besprechung zwischen den Delegationen der Schweiz, Österreichs, Schwedens und Finnlands an der KSZE in Genf vom 12. Dezember 1973.

[164] Renk, Der Weg der Schweiz nach Helsinki, S. 109.

tät nicht betroffen."[165] Die engere Zusammenarbeit zwischen den neutralen Staaten spiegelte sich auch im Bericht des EPD über den Stand der KSZE-Verhandlungen vom Dezember 1973 wieder: „La collaboration entre Neutres, Autriche, Finlande, Suède et Suisse est excellente et sur tous les problèmes il existe une identité de vues remarquable."[166]

Im Februar 1974 unterbreiteten die neutralen und blockfreien Länder auf dem Feld der Vertrauensbildenden Maßnahmen ihren ersten gemeinsamen Vorschlag. Es war dies die eigentliche Geburtsstunde der N+N-Gruppe in der KSZE.[167] Die Hauptforderung des Vorschlags war die Vorankündigung von Heer-, Luft- und Marinemanövern dreißig Tage im voraus, bei einer Truppenstärke ab 18 000 Soldaten. Zu diesen Manövern sollten Beobachter aus anderen KSZE-Ländern eingeladen werden. Auf Initiative Schwedens war zudem die Forderung nach größerer Transparenz zum finanziellen Umfang und Inhalt der Militärhaushalte enthalten.[168] In einem Bericht an den Gesamtbundesrat zum Stand der KSZE-Verhandlungen vom 8. April 1974 hob Außenminister Graber hervor, der gemeinsame Vorschlag solle „ein Gegengewicht zu den bestehenden Papieren der NATO und der Warschauerpakt-Staaten [...] bilden und umreißt in einer klaren, präzisen und bestimmten Aussage"[169] die Position der neutralen und blockfreien Staaten zu den Vertrauensbildenden Maßnahmen.

In der Schlußakte wurde schließlich vereinbart, daß die Ankündigungsfrist mindestens 21 Tage betragen und ab einer Truppenstärke von 25 000 Mann gelten sollte.[170] Die Vorankündigung war jedoch nur bei Manövern von Landstreitkräften erforderlich und erstreckte sich nicht auf Marinemanöver. Die Einladung von Manöverbeobachtern würde auf freiwilliger Basis erfolgen und lag im Ermessen des jeweiligen Gastgeberlandes. Für die Sowjetunion war insbesondere der Grad der Verbindlichkeit der zu treffenden Vereinbarungen entscheidend gewesen. Deshalb wurde in der Präambel zu den VBM die Freiwilligkeit noch einmal speziell hervorgehoben.[171] Das sowjetische Insistieren auf der Freiwilligkeit wäre eigentlich gar nicht notwendig gewesen und unterstreicht den Versuch Moskaus, sich im Hinblick auf die Beschlüsse der KSZE bestmöglich abzusichern. Die im sicherheitspolitischen Kapitel erzielten Ergebnisse besaßen – ebenso wie die übrigen Inhalte der Schlußakte – keinen völkerrechtlich bindenden Charakter, aber

---

[165] BAR, E 2001 E-01, 1987/78, Bd. 190 (Europäische Sicherheitskonferenz), Notiz über die Besprechung zwischen den Delegationen der Schweiz, Österreichs, Schwedens und Finnlands an der KSZE in Genf vom 12. Dezember 1973.

[166] BAR, E 2001 E-01, 1987/78, Bd. 190 (Europäische Sicherheitskonferenz), Département Politique Fédéral, Rapport trimestriel, 19 décembre 1973.

[167] Renk, Der Weg der Schweiz nach Helsinki, S. 110; Malta, San Marino und Liechtenstein waren an dem Vorschlag nicht beteiligt.

[168] Fischer, Neutral Power in the CSCE, S. 247f.

[169] BAR, E 2001 E-01, 1987/78, Bd. 191 (Europäische Sicherheitskonferenz), CSCE – Rapport intermédiaire sur l'état des travaux de la 2ème phase de la Conférence sur la Sécurité et la Coopération en Europe, 8 avril 1974.

[170] Zielinski, Vertrauen und Vertrauensbildende Maßnahmen, S. 79f.

[171] Baudissin, Vertrauensbildende Maßnahmen, S. 219.

„Rechtsverbindlichkeit ist für vertrauensbildende Maßnahmen ihrer Natur nach […] auch nicht notwendig."[172] Entscheidend war nicht der Grad der Verbindlichkeit, sondern vielmehr der politische Wille zur Entspannung der einzelnen Teilnehmerländer, wobei eigene Transparenz die Voraussetzung dafür war, um selbst Informationen von anderer Seite zu erhalten. Insofern wurde durch die Vertrauensbildenden Maßnahmen auch ein Anreizsystem zum Informationsaustausch und für direkte Kontakte geschaffen.

Aufgrund der Größe und Geographie des sowjetischen Territoriums stellte sich während der Genfer Verhandlungen zudem die Frage des Anwendungsbereichs der Manöverankündigungen. Die Sowjetunion wollte nur eine Ankündigung von Truppenbewegungen in einem Raum von 100 Kilometern ab ihren Grenzen zugestehen, der Westen forderte hingegen 450 Kilometer.[173] Schließlich einigte man sich in der Schlußakte auf Ankündigungen in einer Grenzentfernung von 250 Kilometern. Diese Vereinbarung kam jedoch nicht durch eine Initiative der N+N-Staaten, sondern durch bilaterale Kontakte zwischen den USA und der Sowjetunion zustande.[174] Trotz der formellen Gleichheit der Teilnehmerstaaten galt auch im Rahmen der KSZE der Grundsatz der internationalen Beziehungen, wonach „die Aktionen und Reaktionen der großen Mächte für den Gang der Dinge letztlich ausschlaggebend"[175] sind.

Die besondere Bedeutung der Großmächte zeigte sich auch in anderem Zusammenhang. Im ersten Halbjahr des Jahres 1974 herrschte bei den Genfer Verhandlungen Stillstand. Nach der grundsätzlichen Einigung über den für die östliche Seite entscheidenden dritten Punkt des Prinzipienkatalogs (Unverletzlichkeit der Grenzen), zeigte die Sowjetunion insbesondere im Hinblick auf die menschenrechtlichen Aspekte in Korb III keine Verhandlungsbereitschaft mehr und forderte einen Konferenzabschluß noch im Sommer 1974. Durch Erstellung einer entsprechenden Präambel zum dritten Korb sollte nach dem Willen Moskaus zudem die Bedeutung der menschenrechtlichen Vereinbarungen im Vergleich zu den Inhalten des Prinzipienkatalogs deutlich gemindert werden. Wie Botschafter Bindschedler den Mitgliedern des Auswärtigen Ausschusses des Ständerats am 27. Mai 1974 mitteilte, befänden sich die Verhandlungen „gegenwärtig in einer Krise".[176] In der Besprechung der EPD-Arbeitsgruppe zur KSZE am 2. Juli 1974 wurde festgehalten, daß insbesondere im Korb III „die Verhandlungen blo-

---

172 Dieter Gescher, Vertrauensbildende Maßnahmen und bestimmte Aspekte der Sicherheit und Abrüstung in der Schlußakte von Helsinki, in: Hermann Volle/Wolfgang Wagner (Hgg.), KSZE. Konferenz über Sicherheit und Zusammenarbeit in Europa. Beiträge und Dokumente aus dem Europa-Archiv, Bonn 1976, S. 123-126, S. 126.

173 Vgl. AAPD 1975, Dok. 154: Ministerialdirektor van Well an Botschafter von Staden, Washington, 11. Juni 1975, S. 724f.

174 Renk, Der Weg der Schweiz nach Helsinki, S. 113.

175 Klaus Hildebrand, Probleme und Perspektiven der Forschung zur Deutschen Einheit 1989/90, in: VfZ 52 (2004), S. 193-210, S. 196.

176 BAR, E 2814, 1993/210, Bd. 1 (HA Bindschedler), Kommission für Auswärtige Angelegenheiten/Ständerat. Protokoll der Sitzung vom 27. Mai 1974.

ckiert"[177] seien. Zugleich wurde jedoch darauf hingewiesen, daß die Delegationen Österreichs, Finnlands und der Schweiz derzeit Sondierungen über eine Kompromißlösung führen würden. In den folgenden Wochen sollte es in der Tat gelingen, mit Hilfe des sogenannten „package deal" die Verhandlungen zumindest vorläufig wieder in Gang zu bringen.[178] Hierbei handelte es sich um ein von den N+N-Staaten am 11. Juli 1974 eingebrachtes „korbübergreifendes" Kompromißpapier, das die östliche Forderung nach Hervorhebung besonderer Prinzipien mit dem zum Schutz von Korb III vorgebrachten westlichen Argument der Gleichrangigkeit aller Bestandteile des Schlußdokuments verband. Im Prinzipienkatalog wurden zweimal die von der Sowjetunion geforderten staatlichen Gesetze und Verordnungen erwähnt. So wurde im ersten Prinzip über die souveräne Gleichheit festgehalten, daß „[t]he participating States respect each other's right to choose its political, economic and cultural systems as well as its right to determine its own laws and regulations."[179] Im zehnten Prinzip über die Erfüllung völkerrechtlicher Verpflichtungen wurde zudem auf das Recht der Teilnehmerstaaten „to determine their laws and regulations" hingewiesen. Im Gegenzug mußte sich die Sowjetunion in der Präambel des dritten Korbs mit einer allgemeinen Formulierung begnügen, in der vom „full respect for the principles guiding relations among participating States as set forth in the relevant document"[180] die Rede war. Die Präambel enthielt mit dem Hinweis, daß die Kooperation unter den Teilnehmerländern „irrespective of their political, economic and social systems" sei, darüber hinaus eine deutliche Einschränkung.

Die N+N-Staaten, darunter insbesondere Finnland, übernahmen in den Verhandlungen über den package-deal eine wichtige Vermittlungsfunktion. Die Rolle der N+N-Staaten „was essential in situations like this."[181] In der jüngeren Forschung ist gleichwohl darauf hingewiesen worden, daß die erfolgreiche Vermittlung der Neutralen nur möglich gewesen ist, weil Vertreter der USA und der Sowjetunion sich vorher bereits über die Grundlinien des Kompromisses verständigt hatten, bevor dann Finnland damit beauftragt wurde, die Vorschläge offiziell in die Genfer Verhandlungen einzubringen und die anderen neutralen Länder sich anschlossen.[182] Der amerikanische Botschafter in Moskau, Walter Stoessel, führte seit April 1974 intensive Gespräche mit dem sowjetischen Vizeaußenminister Kornienko. Beim Treffen zwischen US-Außenminister Kissinger und seinem sowjetischen Amtskollegen Gromyko am 7. Mai 1974 auf Zypern – wenige Wochen vor Beginn des griechisch-türkischen Konflikts auf der Mittelmeerinsel – wurde beschlossen,

---

[177] BAR, E 2001 E-01, 1987/78, Bd. 191 (Europäische Sicherheitskonferenz), Aufzeichnung der Besprechung vom 2. Juli 1974 betreffend die Konferenz über Sicherheit und Zusammenarbeit in Europa.
[178] Zu den Hintergründen des „package deal" vgl. Fischer, Neutral Power in the CSCE, S. 278–290.
[179] BAR, E 2001 E-01, 1987/78, Bd. 191 (Europäische Sicherheitskonferenz), Proposal by the Delegations of Austria, Cyprus, Finland, Liechtenstein, Malta, Sweden, Switzerland and Yugoslavia, 11.07.74.
[180] Ebd.
[181] Maresca, To Helsinki, S. 127.
[182] Vgl. Fischer, Neutral Power in the CSCE, S. 89 ff.

daß die Vorschläge durch ein neutrales Land präsentiert werden sollten, wobei die Wahl auf Finnland fiel.[183] Da es insbesondere von Seiten der EG-Staaten Vorbehalte gegen den Kompromißvorschlag der N+N-Staaten gab, konnte der Text erst am 26. Juli 1974 provisorisch registriert werden. Die endgültige Annahme stand jedoch unter dem Vorbehalt eines erfolgreichen Abschlusses der Verhandlungen und setzte somit die Einigung über ein alle Beteiligten befriedigendes Gesamtdokument voraus.[184] Im Frühjahr 1974 war bei Schweizer Diplomaten bereits die Erwartung vorhanden gewesen, daß es zu direkten Gesprächen zwischen Washington und Moskau kommen würde. Beim Besuch seines Amtskollegen im schwedischen Außenministerium, Sverker Åström, am 29. Mai 1974 in Bern vertrat EPD-Generalsekretär Thalmann die Meinung, daß die Themen nun „von Supermacht zu Supermacht behandelt werden" müßten.[185] Am selben Tag sandte der stellvertretende Schweizer Delegationsleiter Edouard Brunner eine Notiz zum Stand der KSZE an Außenminister Graber. Darin stellte Brunner die Frage nach einer „Initiative des neutres [...] qui pourrait débloquer la CSCE."[186] Brunner regte an, zu sondieren, wie beide Seiten einen solchen Vorschlag aufnehmen würden. Ob es zu entsprechenden Sondierungen kam, kann nicht genau festgestellt werden, jedoch zeigt sich, daß die Entwicklung hin zum „package deal" aus Schweizer Sicht keine Überraschung war, sondern gleichsam in der Luft lag.

Daß die Möglichkeiten der Neutralen für ein unabhängiges Handeln ohne die Zustimmung der Großmächte hingegen begrenzt waren, wurde im Herbst 1974 deutlich, als die Verhandlungen erneut ins Stocken gerieten. Die britische KSZE-Delegation in Genf informierte das Londoner Außenministerium am 20. September 1974, daß „[Edouard] Brunner is already toying with the idea of a package deal with Basket III and follow-up."[187] Mit ihrem Versuch einer eigenständigen Vermittlung drangen die Neutralen jedoch nicht durch, da es Widerstände sowohl von östlicher als auch von westlicher Seite gab.[188] Wie die schweizerische KSZE Delegation Ende Oktober 1974 berichtete, seien die Neutralen übereingekommen „de rester disponible pour organiser d'autres compromis pour autant que ce désir soit exprimé clairement de toutes parts et qu'il porte sur plus d'un sujet à la fois."[189] Die Vermittlungsbereitschaft wurde als Konsequenz aus der Zurückweisung nun an klare Bedingungen geknüpft. Es mußte sowohl die generelle Kompromißbereitschaft beider Lager vorhanden als auch verschiedene Themenfelder als Verhandlungsbasis für einen Ausgleich verfügbar sein.

183 FRUS, European Security, Nr. 203: Memorandum of Conversation, May 7 1974, S. 619f.
184 Renk, Der Weg der Schweiz nach Helsinki, S. 135.
185 BAR, E 2814, 1993/210, Bd. 1 (HA Bindschedler), Aufzeichnung des Gesprächs mit dem Generalsekretär des schwedischen Außenministeriums, Sverker Åström, am 29. Mai 1974.
186 BAR, E 2814, 1993/210, Bd. 1 (HA Bindschedler), Note au Chef du Département, 29 mai 1974.
187 DBPO III/II, No. 97: Mr. Hildyard (UKMIS Geneva) to Mr. Callaghan, 20 September 1974, S. 334.
188 Fischer, Neutral Power in the CSCE, S. 291ff.
189 BAR, E 2001 E-01, 1987/78, Bd. 192 (Europäische Sicherheitskonferenz), Telex KSZE-Delegation Genf an EPD Bern, 22. 10. 1974.

Die Einigung über den „package deal" setzte die Initiative und die Zustimmung der beiden Weltmächte voraus. Der Vorgang verdeutlicht die herausgehobene Stellung der Vereinigten Staaten und der Sowjetunion innerhalb der KSZE. Umgekehrt kann hieraus jedoch nicht gefolgert werden, daß die Vermittlerrolle der N+N-Staaten in Wirklichkeit bedeutungslos gewesen sei. Weder Washington noch Moskau hätten den Kompromiß selbst einbringen können. Ein sowjetischer Vorstoß wäre insbesondere von den EG-Staaten abgelehnt worden. Aus Prestigegründen und mit Blick auf das Verhältnis zu den Westeuropäern kamen die USA ebenfalls nicht in Frage, sondern nur die Neutralen konnten ihn als realistischen Ansatz präsentieren. Die neutralen Staaten erfüllten also primär einen „Briefträgerdienst" für die Weltmächte, ihre Rolle ging jedoch noch darüber hinaus. Der Vorschlag mußte werbend nach außen vertreten werden und in Hintergrundgesprächen galt es, die Zustimmung aller Teilnehmerstaaten zu erreichen. Des weiteren ging von der Vermittlung durch die N+N-Staaten auch ein atmosphärischer Effekt aus, so daß die Verhandlungen reaktiviert werden konnten. In einer Aufzeichnung zum „package deal" kam das EPD zu der treffenden Feststellung, daß „die Neutralen und Blockfreien wie ein Katalysator oder Funke gewirkt haben."[190]

Auch die Kooperation zwischen den N+N-Staaten selbst erhielt durch die gemeinsamen Vorschläge im Bereich der Vertrauensbildenden Maßnahmen und die Vermittlerrolle neue Impulse. Im Verlauf des Jahres 1974 wandelten sich die neutralen Staaten zu einer „quasi-institutionalisierten Koalition."[191] Entscheidend hierfür war, daß sich die multilateralen Besprechungen der N+N-Staaten von den Genfer Delegationen auf die Ebene der Außenministerien ausweiteten. In einer Notiz an Außenminister Pierre Graber berichtete der Generalsekretär des EPD, Thalmann, am 21. November 1974 vom Anruf seines schwedischen Amtskollegen Åström. Beim Treffen der Außenminister Schwedens und Finnlands, Andersson und Karjalainen, in Helsinki sei der Gedanke an ein Treffen von Vertretern der neutralen Staaten entstanden. Das Ziel der Zusammenkunft sollte darin bestehen, „die Perspektiven der KSZE abzuschätzen und gegebenenfalls Gedanken oder Vorschläge auszuarbeiten, die den Teilnehmerstaaten unterbreitet werden könnten im Sinne eines Versuches, die Konferenz aus der Sackgasse zu führen."[192] Seitens der Schweiz wurde die schwedisch-finnische Initiative begrüßt. Bundesrat Graber selbst hatte gegenüber Außenminister Andersson während dessen Besuch in Bern im August 1974 bereits die Absicht geäußert, mit Blick auf die Schlußphase der Verhandlungen ein Treffen der vier Neutralen auf Generalsekretärsebene der Außenministerien zu organisieren.[193]

---

[190] BAR, E 2001 E-01, 1987/78, Bd. 192 (Europäische Sicherheitskonferenz), „Sprachregelung" KSZE, 12. 08. 1974.

[191] Zielinski, Die neutralen und blockfreien Staaten, S. 231.

[192] BAR, E 2001 E-01, 1987/78, Bd. 192 (Europäische Sicherheitskonferenz), Notiz für den Departementschef, 21. November 1974.

[193] BAR, E 2814, 1993/210, Bd. 1 (HA Bindschedler), Visite de M. Sven Andersson en Suisse. Entretiens du 12 août 1974.

Am 18. Dezember 1974 trafen schließlich die Generalsekretäre der Außenministerien Österreichs, Finnlands, Schwedens und der Schweiz am Flughafen Zürich-Kloten zusammen. Begleitet wurden sie von den Delegationsleitern ihrer Länder bei den Genfer KSZE-Verhandlungen. Das im Vorfeld geäußerte Ziel, die festgefahrenen KSZE-Verhandlungen zu beleben, konnte bei der ersten Zusammenkunft dieser Art nicht konkret weiterverfolgt werden. Vielmehr handelte es sich um eine erste Bestandsaufnahme der Genfer Gespräche und um die Abklärung gemeinsamer Positionen. Auf Initiative Schwedens sollten insbesondere die Bemühungen der Neutralen bei der Etablierung Vertrauensbildender Maßnahmen weiterverfolgt werden. In der Frage der Konferenzfolgen (Korb IV) wollten die neutralen Länder zudem ihre Zusammenarbeit verstärken. Schließlich wurde vereinbart, die begonnene Kooperation fortzusetzen.[194] Die Bedeutung der Zusammenkunft lag darin begründet, daß die vier neutralen Länder – die den Kern der N+N-Staaten bildeten – nun damit begannen, ihre Zusammenarbeit innerhalb der KSZE auf Ebene der Außenministerien zu koordinieren und sich ein über inhaltliche Detailfragen hinausgehendes Gruppenbewußtsein entwickelte, das jedoch erst später bei den Folgekonferenzen in Belgrad und Madrid deutlich zum Vorschein kommen sollte.

Die Herausbildung der Staatengruppe der neutralen und blockfreien Länder war eine direkte Folge des KSZE-Prozesses. Die N+N-Staaten bildeten als Gruppe „un phénomène propre au processus d'Helsinki"[195], denn ihre Existenz und ihr Wirkungskreis waren auf die KSZE beschränkt. Nach anfänglicher Zurückhaltung erkannte die Schweiz die Vorteile einer näheren Kooperation der neutralen Länder und übernahm als Gastgeberin der zweiten Phase der KSZE-Verhandlungen eine „führende Rolle"[196] in der N+N-Gruppe. Im Zeitraum vom Beginn der Multilateralen Gespräche in Dipoli im November 1972 bis zur Unterzeichnung der Helsinki-Schlußakte am 1. August 1975 etablierten sich die N+N-Staaten schließlich „als eine Art ‚dritte Kraft'"[197] in der KSZE und sollten im weiteren Verlauf der multilateralen Konferenzdiplomatie zu einem unverzichtbaren Einflußfaktor im KSZE-Prozeß werden.

4.6 Die Schweizer Haltung zum „Follow-up"

Bei der Behandlung der KSZE-Thematik wird in der Regel wenig beachtet, daß die Schlußakte nicht bloß drei, sondern vier thematische Körbe umfaßte. Der „vergessene" Korb IV enthielt indes den so wichtigen Aspekt der Konferenzfolgen

---

[194] BAR, E 2001 E-01, 1987/78, Bd. 192 (Europäische Sicherheitskonferenz), Réunion des Secrétaires généraux du MAE de l'Autriche, de la Finlande, de la Suède et de la Suisse sur la CSCE à Kloten, le 18 décembre 1974.

[195] Ghébali, La CSCE d'Helsinki à Vienne, S. 51.

[196] Interview mit Siegfried Bock.

[197] Curt Gasteyger, Ein europäischer Rütlischwur? Gedanken zur Europäischen Sicherheitskonferenz, in: Schweizer Monatshefte 55 (1975), S. 425–430, S. 427.

und war der Grund dafür, daß aus der KSZE heraus überhaupt erst ein Prozeß entstehen konnte. Die entsprechende Arbeitsgruppe wurde vom stellvertretenden Schweizer Delegationsleiter Edouard Brunner geleitet.[198]

Die Frage der Konferenzfolgen hatte für die Schweiz ursprünglich keine große Bedeutung besessen. Da die Berner Diplomaten dem Konferenzprojekt anfangs selbst eher kritisch gegenübergestanden hatten, lehnten sie sowjetische Überlegungen zur Schaffung fester Konferenzstrukturen ab. Bei den Verhandlungen in Genf hatte die Begeisterung der Sowjetunion für eine Institutionalisierung allerdings bereits sichtbar nachgelassen. Mit Rumänien, Jugoslawien und Finnland engagierten sich mittlerweile gerade solche Länder aktiv für eine Fortsetzung der KSZE, denen an mehr Bewegungsfreiheit gegenüber Moskau gelegen war. Botschafter Bindschedler war im Frühjahr 1974 zu der Erkenntnis gelangt, daß sich die Schweiz aktiv für die Etablierung eines Folgemechanismus einsetzen sollte.[199] Unterstützung erhielt Bindschedler dabei von seinem Stellvertreter Edouard Brunner, während das EPD in Bern zunächst noch skeptisch war. In einer vertraulichen Aufzeichnung vom Mai 1974 wurden der aktuelle Stand der Verhandlungen sowie das Thema der Konferenzfolgen aus Sicht der Schweiz näher dargestellt. Ein Hinweis auf den Verfasser ist nicht enthalten, doch spricht die äußerst positive Bewertung dafür, daß es wahrscheinlich von Bindschedler oder Brunner verfaßt worden ist. Für eine positive Einstellung zum „Follow-up" wurden verschiedene Argumente vorgebracht. Der Annahme, die Sowjetunion würde durch die KSZE ein Mittel zur Einflußnahme in Westeuropa erhalten, wurde umgekehrt die Perspektive der Einflußnahme des Westens in Osteuropa – insbesondere im Hinblick auf die Menschenrechtsfrage – gegenübergestellt. Des weiteren böte die KSZE den osteuropäischen Ländern die Möglichkeit zu mehr Autonomie gegenüber Moskau. Wichtige neue Elemente der Ost-West-Verhandlungen wie die Intensivierung der menschlichen Kontakte, eine verbesserte Informationsverbreitung und militärische Verhaltensregeln könnten nur bei Fortsetzung der KSZE etabliert und intensiviert werden. Die KSZE-Verhandlungen hätten zu einer Verbesserung in den Beziehungen der Schweiz zu den neutralen und blockfreien Ländern geführt. Aus Schweizer Sicht sei es daher wünschenswert, den organisatorischen Rahmen, der diese Annäherung ermöglicht habe, zu bewahren. Schließlich wurde ausgeführt, daß die Schweiz von den multilateralen Verhandlungen außenpolitisch profitieren würde. Die Erfahrung der KSZE „montre que le cadre des 35 nous laisse une marge de manoeuvre beaucoup plus large pour prendre position sur ces questions que celle dont nous disposerions sur le plan bilatéral."[200] In diesem Zusammenhang wurde zudem darauf verwiesen, daß für die Schweiz mit dem KSZE-Engagement „aucune difficulté pour notre neutralité" verbunden sei.

---

[198] Interview mit Vladimir Petrovsky.

[199] Renk, Der Weg der Schweiz nach Helsinki, S. 153.

[200] BAR, E 2814, 1993/210, Bd. 1 (HA Bindschedler), Conférence sur la Sécurité et la Coopération en Europe: problèmes actuels et perspective d'avenir, 28 mai 1974, confidentiel.

Eine intensive Debatte über die Konferenzfolgen auf der Genfer Konferenz fand erst in der Schlußphase der Verhandlungen statt. Am 8. Januar 1975 übersandte Botschafter Bindschedler einen umfangreichen Bericht zum Thema Konferenzfolgen an Außenminister Graber. Darin fanden sich dieselben Argumentationslinien wie bereits in der Aufzeichnung vom Frühjahr 1974, doch wurden im fortgeschritteneren Stadium der Verhandlungen nun bereits konkretere Zukunftsvorstellungen akzentuiert. Ohne eine Fortsetzung der Verhandlungen, so Bindschedler, würde die KSZE „eine Episode ohne Auswirkungen auf die Zukunft bleiben."[201] Den beteiligten Diplomaten stellte sich mit dem Näherrücken des Konferenzendes perspektivisch die Frage nach der eigentlichen Bedeutung des Abschlußdokuments für die europäische Politik im Kontext der Ost-West-Beziehungen. Mit Blick auf das zu verabschiedende Schlußdokument war nach Ansicht Bindschedlers ein Kontrollmechanismus erforderlich, um die Umsetzung des Vereinbarten zu überprüfen: „Die Konferenzarbeiten würden unvollständig und eine Episode bleiben, wenn nicht in irgendeiner Weise dafür gesorgt würde, dass über die Ausführung periodisch eine Bestandsaufnahme erfolgt."[202] Im Zusammenhang mit dem Engagement der Schweiz für die Konferenzfolgen war für Bindschedler die Realisierung seines Vorschlags für ein Verfahren zur friedlichen Streiterledigung von besonderer Bedeutung.[203] Im Rahmen einer Fortsetzung der KSZE waren die Realisierungschancen nach Ansicht des Rechtsberaters am Größten, denn „[d]as schweizerische Projekt kann nicht im luftleeren Raum gefördert werden. Es stellt einen Bestandteil einer allgemeinen Entspannungspolitik dar."[204]

Im Frühjahr 1975 verstärkte die Schweiz ihre Aktivitäten zu den Konferenzfolgen und lud am 6. Mai 1975 die Delegierten interessierter Staaten zu einer informellen Besprechung hierüber ein.[205] Die Diskussion enthielt bereits alle wichtigen Elemente des später vereinbarten Folgemechanismus. Wie Botschafter Bindschedler insbesondere mit Blick auf die skeptische Haltung einiger EG-Mitgliedsländer hervorhob, war das Ziel nicht etwa die Schaffung einer neuen internationalen Organisation, sondern die Abhaltung regelmäßiger Treffen „sans institutionalisation et sans secrétariat permanent."[206] Dänemark warb für seinen eigenen Vorschlag einer zweijährigen Pause bis zum nächsten Treffen, das sowohl Fragen der Vergangenheit als auch solcher der Zukunft gewidmet sein müßte. Hier zeichneten sich bereits die beiden wichtigen Elemente des Folgeprozesses,

---

[201] BAR, E 2814, 1993/210, Bd. 1 (HA Bindschedler), Die ‚Folgen' der Konferenz. Aufzeichnung von Botschafter Bindschedler für Bundespräsident Graber, 8. Januar 1975.

[202] Ebd.

[203] Interview mit Hans-Jörg Renk.

[204] BAR, E 2814, 1993/210, Bd. 1 (HA Bindschedler), Die ‚Folgen' der Konferenz. Aufzeichnung von Botschafter Bindschedler für Bundespräsident Graber, 8. Januar 1975.

[205] An der Besprechung nahmen Vertreter Schwedens, Italiens, Belgiens, der Niederlande, Kanadas, der Bundesrepublik Deutschland, Finnlands, Dänemarks, Frankreichs, Jugoslawiens, Rumäniens sowie der USA teil.

[206] BAR, E 2814, 1993/210, Bd. 1 (HA Bindschedler), Discussions sur les „Suites de la CSCE". Réunion informelle convoquée par la délégation suisse, au siège de la Mission suisse auprès les organisations internationales à Genève, le 6 mai 1975.

Debatte über die Umsetzung der Schlußakte sowie neue Vorschläge zur inhaltlichen Ergänzung und Erweiterung des Vereinbarten, ab. Der finnische Botschafter Illoniemi wies auf die Notwendigkeit einer Vorbereitungsphase vor den Zusammenkünften hin. Als weiteres Element des „Follow-up" wurde in der Besprechung auf die Abhaltung von Expertentreffen verwiesen, wofür der schwedische Botschafter Edelstam als konkretes Beispiel den schweizerischen Entwurf zur friedlichen Streiterledigung nannte. Skeptisch zeigte sich der französische Botschafter André, da sich die weitere politische Entwicklung heute noch nicht abschätzen lasse. Seine Bedenken faßte er folgendermaßen zusammen: „Nous ne sommes pas contre la continuité, mais contre l'automatisme."[207]

Die Schweiz und die anderen neutralen Staaten waren gegen den dänischen Vorschlag einer zweijährigen „Bewährungsfrist", da ihnen die Dauer der Unterbrechung bis zum Jahr 1977 als zu lang erschien.[208] Doch wenn die Neutralen die Zustimmung der westlichen Staaten zur Fortsetzung der KSZE überhaupt sicherstellen wollten, mußten sie in die Unterbrechung einwilligen. Die Sowjetunion als die ursprünglich treibende Kraft hinter der Konferenzidee konnte es sich nicht leisten, die Fortsetzung der KSZE einseitig zu verhindern. Darüber hinaus bestand im Jahre 1975 auf allen Seiten noch ein Interesse an der Fortsetzung der Entspannungspolitik. Der Verzicht auf die Fortführung der KSZE wäre in dieser Hinsicht ein deutlicher Rückschlag gewesen. Das erste Folgetreffen der KSZE wurde schließlich für die zweite Jahreshälfte 1977 nach Belgrad einberufen.[209] Zuvor sollte bereits ein Vorbereitungstreffen mit Beginn am 15. Juni 1977 an gleichem Ort abgehalten werden.

Edouard Brunner bezeichnete den Folgemechanismus rückblickend als „une invention qui me paraît la plus importante. Elle nous a permis [...] de nous réunir de nouveau et vérifier dans quelle mesure les uns et les autres respectaient l'Acte [final d'Helsinki], surtout les pays de l'Est."[210] Erst der Prozeßcharakter gab der KSZE seine besondere Bedeutung und etablierte die multilaterale Konferenzdiplomatie als festen Bestandteil der europäischen Politik im Zeitalter des Ost-West-Konflikts. Die Schlußakte von Helsinki besaß in diesem Zusammenhang zentrale Bedeutung und bildete sowohl den Bezugspunkt zur Überprüfung des Vereinbarten als auch den Ausgangspunkt für neue Vorschläge.[211]

4.7 Die Unterzeichnung der KSZE-Schlußakte in Helsinki

Auch in der Endphase der Genfer Verhandlungen war die Schweizer Delegation weiterhin gefordert. Frankreich wollte eine Formulierung in die Schlußbestim-

---

[207] Ebd.
[208] Renk, Der Weg der Schweiz nach Helsinki, S. 154.
[209] Ghébali, La CSCE d'Helsinki à Vienne, S. 20.
[210] Témoignage de l'Ambassadeur Edouard Brunner, S. 16.
[211] Bredow, KSZE-Prozess, S. 29.

mungen des Prinzipienkatalogs einfügen, wonach die besonderen Verantwortlich-keiten („responsabilités") der Teilnehmerstaaten durch die Schlußakte nicht be-rührt würden. Dahinter verbarg sich eine indirekte Anspielung auf die Verant-wortung der Siegermächte des Zweiten Weltkrieges in bezug auf Berlin und Deutschland als Ganzes. Nicht zufällig wurde der französische Vorschlag von Großbritannien und den USA unterstützt. Nach Ansicht von Botschafter Bind-schedler konterkarierte der Vorstoß das in der KSZE propagierte Gleichheitsprin-zip und gestand den Großmächten – ähnlich wie beim Atomwaffensperrvertrag – eine Sonderrolle zu.[212] In dieser Situation bat der italienische Botschafter Alessi die Schweiz um Unterstützung.[213] Aufgrund der Solidarität in NATO und EWG könne Italien nicht selbst aktiv gegen den Vorschlag vorgehen, sondern wünsche statt dessen eine Initiative von neutraler Seite.[214] Den N+N-Staaten gelang es unter der Federführung der Schweiz, die Formulierung zu entschärfen, so daß schließlich nicht mehr von Verantwortlichkeiten, sondern nur allgemein von „droits et obligations" gesprochen wurde.[215] Die Schweiz half also einem west-lichen Teilnehmerstaat dabei, einen Vorschlag aus dem eigenen Lager zu Fall zu bringen. Auch dieses außergewöhnliche Beispiel zeigt anschaulich die vielfältige und wichtige Rolle der neutralen Staaten im Rahmen der KSZE.

Für Probleme und Mißstimmung sorgte hingegen das Verhalten Maltas in der Schlußphase der Verhandlungen. Nach Ansicht des Inselstaats war die Mittel-meerfrage im Schlußdokument nicht ausreichend berücksichtigt worden. Die Regierung in La Valletta drohte mit der Ablehnung des Schlußdokuments, was aufgrund des Konsensprinzips ein Scheitern der Verhandlungen hätte bedeuten können. Insbesondere die Großmächte waren jedoch nicht gewillt, nach jahre-langen Verhandlungen wegen einer peripheren Frage ein Scheitern zu riskieren. Im Gespräch mit seinem sowjetischen Amtskollegen Gromyko am 10. Juli 1975 in Genf zeigte sich der amerikanische Außenminister Kissinger sichtlich verärgert und etwas ratlos: „I have no idea how to move Malta. Maybe we could sell it to Libya."[216] Die Sowjetunion sondierte bei anderen Delegationen erfolglos den Vorschlag „consensus-minus-one"[217], also die Einberufung einer Abschlußkon-ferenz ohne die Zustimmung Maltas. Dieses Vorgehen hätte die Aufgabe des Konsensprinzips bedeutet und damit die Grundprinzipien der KSZE in Frage ge-stellt.[218] Schließlich konnte Malta doch noch zum Einlenken bewegt werden. In der Schlußphase wurde in Genf bis zu achtzehn Stunden am Tag verhandelt, um den anvisierten Termin zur Beendigung der zweiten Phase am 18. Juli 1975 ein-

---

[212] Renk, Der Weg der Schweiz nach Helsinki, S. 91 f.
[213] Italien stand – ebenso auch die Bundesrepublik Deutschland – Formulierungen generell kritisch gegenüber, die, wie beispielsweise die Feindstaatenklausel in der UN-Charta, auf die Einschränkung eigener Rechte oder die Gewährung von Sonderrechten der Weltkriegsalli-ierten verwiesen; vgl. ebd. S. 92.
[214] Brunner, Lambris dorés et coulisses, S. 49 f.
[215] Renk, Der Weg der Schweiz nach Helsinki, S. 92.
[216] FRUS, European Security, Nr. 313: Memorandum of Conversation I, July 10 1975, S. 897.
[217] Ebd. Nr. 314: Memorandum of Conversation II, July 10 1975, S. 906.
[218] Ferraris, Report, S. 419.

halten zu können. Schließlich wurde noch zu einem diplomatischen Trick gegriffen. Die Uhren wurden kurz vor Mitternacht zum Folgetag angehalten, damit die Verhandlungen fortgesetzt werden konnten. Erst um 02.42 Uhr am 19. Juli 1975 waren die Beratungen der Genfer Phase abgeschlossen[219], so daß die geplante Konferenz der Staats- und Regierungschefs wie geplant einberufen werden konnte.

Die dritte Phase der KSZE fand vom 30. Juli bis 1. August 1975 in Helsinki statt. Die Staats- und Regierungschefs der Teilnehmerstaaten bewerteten in ihren Ansprachen die Konferenzergebnisse und unterzeichneten schließlich die KSZE-Schlußakte. Die Konferenz von Helsinki war „the largest gathering of European heads of state since the Congress of Vienna in 1815."[220] Am Rande des Konferenzgeschehens kam es zudem zu hochrangigen bilateralen Gesprächen, unter anderem zwischen US-Präsident Gerald Ford und dem sowjetischen Staatschef Leonid Breschnew sowie zwischen Bundeskanzler Helmut Schmidt und dem Staatsratsvorsitzenden Erich Honecker.[221] Für die Schweiz nahm Außenminister Pierre Graber an der Konferenz teil. Da Bundesrat Graber im Jahr 1975 zugleich das rotierende Amt des Bundespräsidenten ausübte, führte die Frage, welche Persönlichkeit in einem Kollegialgremium wie dem Bundesrat die Schweiz auf der Konferenz als Staatsoberhaupt vertreten sollte, zu keinen Komplikationen.[222] In seiner Ansprache am 30. Juli 1975 nahm Graber eine differenzierte Analyse der Verhandlungsergebnisse vor. Besonders ging der Bundespräsident dabei auf die Bedeutung der Inhalte von Korb III ein, indem er betonte, daß den Menschenrechten „von nun an im europäischen Bewußtsein die gleiche Bedeutung zukommt wie der Beachtung der Unverletzlichkeit der Grenzen."[223] Die Tatsache, daß die Konferenz überhaupt stattgefunden habe und ein gemeinsames Dokument zustande gekommen sei, stelle bereits einen Wert an sich dar. Gleichzeitig bezeichnete der Vorsteher des Eidgenössischen Politischen Departements die Konferenzergebnisse insgesamt als „bescheiden." Der wirkliche Wert des Vereinbarten lasse sich aber erst in der Zukunft einschätzen. In diesem Sinne kam Graber zu dem Schluß, „dass die Resultate [...] zugleich wenig und viel bedeuten. Wenig, wenn man sie nur isoliert und als Endpunkt einer langen und schwierigen Übung betrachtet. Viel, wenn sie das Vorzeichen und das Versprechen einer wirklich neuen Ära in den internationalen Beziehungen wären".[224] Die Rede des Bundespräsidenten war auf die Zukunft hin ausgerichtet. Die Gretchenfrage aus Sicht der Schweiz lautete, ob die KSZE-Schlußakte den Praxistest bestehen, also zu

---

[219] Wilfried Loth, Helsinki, 1. August 1975. Entspannung und Abrüstung, München 1998, S. 12 (20 Tage im 20. Jahrhundert).

[220] Gerald R. Ford, A time to heal, New York 1979, S. 298.

[221] Reimaa, Helsinki Catch, S. 143.

[222] Renk, Der Weg der Schweiz nach Helsinki, S. 168 f.

[223] BAR, E 2001 E-01, 1987/78, Bd. 194 (Europäische Sicherheitskonferenz), Ansprache von Herrn Bundespräsident Pierre Graber, Vorsteher des Eidgenössischen Politischen Departements, Helsinki, 30. Juli 1975.

[224] Ebd.

mehr Sicherheit und verbesserten Beziehungen zwischen Ost und West auf dem europäischen Kontinent würde beitragen können. Die politische Grundkonstellation auf dem europäischen Kontinent hatte sich durch die Sicherheitskonferenz nach Ansicht des Politischen Departements nicht verändert.[225]

Der Nutzen der KSZE für die Schweiz wurde von den Diplomaten des EPD hingegen einhellig positiv bewertet. So hieß es im Abschlußbericht der Genfer Delegation, daß „la participation de la Suisse à la CSCE a été profitable à notre pays. [...] Le poids politique de notre pays en Europe s'est certainement accru par la participation active dans tous les secteurs de la CSCE."[226] Das Politische Sekretariat des EPD betonte in einem weiteren Bericht ebenfalls die politische Dimension des schweizerischen KSZE-Engagements: „Pour la première fois, enfin, il nous a été possible de jouer un rôle diplomatique dans la discussion de problèmes autres que purement économiques."[227] Rechtsberater Bindschedler nahm in einer Aufzeichnung vom 29. August 1975 unter dem Titel „Beobachtungen und Bemerkungen" ebenfalls Stellung zum Verlauf und zu den Ergebnissen der KSZE-Verhandlungen, die er aus schweizerischer Sicht als Erfolg wertete: „Ganz allgemein hat die Konferenz zu einer Erhöhung des Gewichtes der Schweiz, ihrer Rolle und Bedeutung geführt. [...] Die Konferenz bot unserem Land eine einzigartige Gelegenheit zur Mitsprache in einem politischen Forum, ohne seine Stellung und seine Neutralität zu gefährden."[228] Die Einstellung der Schweiz zur multilateralen Entspannungsdiplomatie hatte im Verlauf der Verhandlungen somit eine deutliche Wandlung erfahren, wofür während der Multilateralen Gespräche von Dipoli der Grundstein gelegt worden war. Die KSZE bildete fortan einen festen Bestandteil der helvetischen Diplomatie und wurde zum „herausragende[n] Element der schweizerischen Außenpolitik in den siebziger Jahren."[229] Im Gesamtkontext der Außenpolitik-Konzeption der Eidgenossenschaft stellte die aktive Rolle des Landes in der KSZE nicht zuletzt eine Art Ersatz sowohl für die Nichtmitgliedschaft in der UNO als auch im Hinblick auf die Nichtteilnahme am europäischen Integrationsprozeß dar. Das Gremium der KSZE, so Botschafter Bindschedler in der bereits erwähnten Aufzeichnung zu den Konferenzfolgen an Bundesrat Graber vom Januar 1975, würde einen „gewissen Ersatz"[230] für die Abwesenheit der Schweiz von der Weltorganisation bieten. Auch in der Europapolitik eröffneten sich für die Schweiz neue Perspektiven jenseits des Verhältnisses zu den europäischen Institutionen. Auf diese Weise gewann die Schweiz größeren

[225] BAR, E 2814, 1993/210, Bd. 1 (HA Bindschedler), Rapport de la délégation suisse à la Conférence sur la Sécurité et la Coopération en Europe (CSCE), 7 juillet 1975.

[226] Ebd.

[227] BAR, E 2814, 1993/210, Bd. 1 (HA Bindschedler) La Conférence sur la Sécurité et la Coopération en Europe. Bilan et perspectives, 8 juillet 1975.

[228] AfZ, NL Weitnauer, Konferenz über Sicherheit und Zusammenarbeit in Europa. Beobachtungen und Bemerkungen, 29. August 1975.

[229] Urs Altermatt, Vom Ende des Zweiten Weltkrieges bis zur Gegenwart, S. 72.

[230] BAR, E 2814, 1993/210, Bd. 1 (HA Bindschedler), Die ‚Folgen' der Konferenz. Aufzeichnung von Botschafter Bindschedler für Bundespräsident Graber, 8. Januar 1975.

Handlungsspielraum gegenüber der EWG. So betonte Edouard Brunner, daß die KSZE es der Schweiz ermöglicht habe, „de mettre sur pieds une politique européenne, une politique pleine d'idées et d'initiatives".[231] Europapolitik bedeutete für Brunner KSZE-Politik.

Im Nachklang zur Konferenz von Helsinki beschäftigte das EPD die Frage nach der geeigneten Form zur Publikation der Schlußakte. Zur Überraschung des Westens waren Länder wie die Sowjetunion und die DDR der vereinbarten Veröffentlichung in den jeweiligen Teilnehmerländern nicht nur nachgekommen, sondern hatten mit *Prawda* und *Neues Deutschland* hierfür sogar ihre bekanntesten Zeitungsorgane gewählt. Das EPD informierte sich daraufhin bei schweizerischen Botschaften in KSZE-Teilnehmerstaaten nach dem jeweils gewählten Verfahren. Mit welchen strukturellen Problemen sich die westlichen Staaten dabei konfrontiert sahen, veranschaulicht exemplarisch ein Bericht der Schweizer Botschaft in Köln.[232] Gemäß dem Bericht hatte das deutsche Bundespresseamt sich zunächst an die *Frankfurter Allgemeine Zeitung* gewandt, doch scheiterte eine Einigung anscheinend an Meinungsverschiedenheiten über die Kostenübernahme. Da aufgrund der Medienvielfalt generell eine Veröffentlichung in weiteren Tageszeitungen wie *Die Welt* und *Süddeutsche Zeitung* erforderlich gewesen wäre, verzichtete die Bundesregierung aufgrund der hohen finanziellen Aufwands schließlich ganz auf eine Veröffentlichung in der Tagespresse und beschränkte sich auf die Publikation im *Bulletin der Bundesregierung*.[233] Darüber hinaus entstand eine Informationsbroschüre, die den Text der Schlußakte sowie Ansprachen von Helmut Schmidt und Hans-Dietrich Genscher zur KSZE enthielt. Die Schweiz, bei der als Besonderheit noch der Aspekt der Mehrsprachigkeit hinzukam, verfuhr ähnlich wie die deutsche Bundesregierung. Der Text der Schlußakte wurde zusammen mit dem Redetext Bundespräsident Grabers vom 30. Juli 1975 im Bundesblatt veröffentlicht. Zusätzlich gab das EPD eine Broschüre, bestehend aus der Schlußakte und der Ansprache Grabers, in Auftrag.[234] Darüber hinaus veröffentlichte die Handelsabteilung des eidgenössischen Volkswirtschaftsdepartements unter dem Titel „Der Geschäftsmann und die KSZE" eine zweisprachige Broschüre mit Hinweisen für Wirtschaftsvertreter. Das Ziel bestand darin, „unseren Geschäftskreisen zu helfen, ihre Handelsbeziehungen mit osteuropäischen Partnern zu entwickeln."[235] Darin wurden die wirtschaftpolitischen Aspekte der KSZE-Schlußakte vorgestellt und daraus resultierende Geschäftsmöglichkeiten aufge-

---

[231] Brunner, Lambris dorés et coulisses, S. 53.

[232] BAR, E 2001 E-01, 1987/78, Bd. 194 (Europäische Sicherheitskonferenz), Telex Botschaft Köln an EPD Bern, 15. 08. 1975.

[233] Die Schlußakte wurde zudem in der SPD-Parteizeitung *Vorwärts* abgedruckt.

[234] BAR, E 2001 E-01, 1987/78, Bd. 194 (Europäische Sicherheitskonferenz), Conférence sur la Sécurité et la Coopération en Europe. Publication et diffusion de l'Acte Final, 13 août 1975.

[235] AfZ, Vorort-Archiv des Schweizerischen Handels- und Industrievereins, Der Geschäftsmann und die KSZE/L'homme d'affaires et la CSCE, Bern 1976. Herausgegeben von der Handelsabteilung des Eidgenössischen Volkswirtschaftsdepartements.

zeigt. Die Broschüre stieß bei Geschäftsleuten auf reges Interesse, so daß im Herbst 1976 eine zweite Auflage gedruckt wurde.[236]

Im Oktober 1975 übersandte das EPD ein vertrauliches Schreiben an die schweizerischen Botschafter im Ausland, das Informationen und Argumentationshilfen in Form eines Frage-Antwort-Katalogs zu den menschenrechtlichen Bestimmungen der Schlußakte enthielt. Als Gegenargument zum Verweis des Ostblocks auf das im Dekalog enthaltene Prinzip der Nichteinmischung in innere Angelegenheiten (Prinzip VI) wurde beispielsweise darauf hingewiesen, daß die Achtung der Menschenrechte (Prinzip VII) ebenfalls im Dekalog enthalten sei und dieselbe Bedeutung besitze wie die Nichtmischung. Die Menschenrechte seien „zu einem Faktor der Internationalen Beziehungen geworden."[237] Insofern könne heute „[e]in Hinweis auf die Verletzung der Menschenrechte [...] nicht mehr als Einmischung in innere Angelegenheiten bezeichnet werden."[238] Für die traditionell an den Prämissen der Neutralität ausgerichtete Außenpolitik der Schweiz war das eine bemerkenswerte Aussage, die die außenpolitische Akzentverschiebung infolge des KSZE-Engagements verdeutlicht.

In einer kurzen Vorbemerkung zur Veröffentlichung des Helsinki-Dokuments im Bundesblatt wurde noch einmal betont, daß die KSZE-Schlußakte „weder einen Vertrag noch ein internationales Übereinkommen darstellt."[239] Das hatte zur Folge, daß die Zustimmung der eidgenössischen Räte und der Stimmbevölkerung nicht erforderlich war. Die Ergebnisse der KSZE-Verhandlungen wurden gleichwohl aufgrund von entsprechenden Interpellationen von Nationalrat Renschler und Ständerat Hefti in der Herbstsession 1975 im Parlament debattiert.[240] Im Nationalrat begründete Bundesrat Graber am 17. September 1975 die Teilnahme der Schweiz an der KSZE und nahm zu den Ergebnissen der Verhandlungen Stellung. Graber kam zu dem Schluß, daß „[l'] expérience de la CSCE [...] nous à prouvé que nous pouvons y établir des contacts utiles, y gagner une vision plus sûre des choses et régler parfois rapidement des problèmes".[241] Der freisinnige Abgeordnete Gut begrüßte ebenfalls das aktive Engagement des Landes in der KSZE. Für die Schweiz bedeute die „KSZE-Unterschrift freilich auch [...] eine Verpflichtung".[242] So müsse sich die Schweiz im Rahmen ihrer beschränkten Möglichkeiten für die Einhaltung des Vereinbarten einsetzen. Nationalrat Hofer

---

[236] BAR, E 2001 E-01, 1988/16, Bd. 220 (Durchführung KSZE-Beschlüsse), KSZE/Kapitel „Information" der Schlussakte von Helsinki. Sitzung am 15. September 1976.

[237] BAR, E 2001 E-01, 1987/78, Bd. 195 (Europäische Sicherheitskonferenz), EPD/KSZE-Dokumentation, 14. Oktober 1975.

[238] Ebd.

[239] BBl 1975, Konferenz über Sicherheit und Zusammenarbeit in Europa (KSZE), S. 917–1006, S. 917.

[240] Vgl. auch die Zusammenfassung der Standpunkte im Nationalrat durch das Eidgenössische Politische Departement; BAR, E 2001 E-01, 1987/78, Bd. 195 (Europäische Sicherheitskonferenz), Informationsbulletin. „Die KSZE vor dem Parlament", 6. Oktober 1975.

[241] Amtliches Bulletin der Bundesversammlung/Nationalrat. Herbstsession 1975. Interpellation Renschler über Sicherheit und Zusammenarbeit in Europa, 17. September 1975, S. 1114.

[242] Ebd. S. 1117.

(Bern) von der Schweizerischen Volkspartei hob als positives Ergebnis aus Sicht der Eidgenossenschaft hervor, „dass es sich um so etwas wie eine neue internationale Anerkennung der Neutralität als einer der Faktoren der Sicherheit handelt".[243] Scharfe Kritik an der KSZE-Politik der Schweiz äußerte hingegen der rechtspopulistische Abgeordnete Schwarzenbach von den Republikanern. Er sah für den Kontinent die Gefahr einer „Einverleibung in ein von Moskau beherrschtes Großeuropa."[244] Die Zustimmung der Schweiz zu den KSZE-Beschlüssen war nach seiner Ansicht „unverzeihlich."[245] Schwarzenbachs republikanischer Parteikollege Josef Fischer (Aargau) warf Bundesrat Graber vor, er habe mit seiner Unterschrift unter die Schlußakte „das Schicksal vieler kleiner osteuropäischer unterdrückter Staaten besiegelt."[246] Vor den Mitgliedern des Ständerats ging der Außenminister in der Sitzung vom 30. September 1975 noch einmal auf die scharfe Kritik der extremen Rechten ein. Bundesrat Graber betonte, daß die Anerkennung der bestehenden Grenzen bereits Anfang der siebziger Jahre durch die Ostverträge der Bundesrepublik Deutschland erfolgt sei, die im Gegensatz zur KSZE-Schlußakte zudem völkerrechtlichen Charakter habe. Darüber hinaus wies er auf die Festschreibung der Möglichkeit der friedlichen Grenzveränderung im Dekalog der KSZE-Schlußakte hin.[247]

Die meisten Mitglieder von National- und Ständerat teilten die Haltung des Bundesrates zur Bewertung der KSZE-Beschlüsse und zur aktiven Rolle der Schweiz[248], zeigten sich jedoch skeptisch bezüglich der Einhaltung der Bestimmungen in der Schlußakte. Die eidgenössischen Räte spielten in der Diskussion über die Haltung der Schweiz zur KSZE von Beginn an eine aktive Rolle und übernahmen insbesondere in der Entstehungsphase die „Initiative"[249] bei der innenpolitischen Diskussion über die KSZE. Insgesamt zeigte sich in den siebziger Jahren eine „Tendenz zur Demokratisierung der Außenpolitik"[250] in der Schweiz. In diesem Zusammenhang ist allerdings darauf hinzuweisen, daß der Bundesrat – anders als beispielsweise in der Frage des UNO-Beitritts – nie einen Bericht an die Bundesversammlung über die schweizerische KSZE-Politik verfaßt hat, sondern diesen Bereich anscheinend als „domaine réservé" der Exekutive betrachtete.[251] Dieses Verhalten des Bundesrates wurde begünstigt durch die fehlende

---

[243] Ebd. S. 1122.

[244] Ebd. S. 1116.

[245] Ebd.

[246] Ebd. S. 1125.

[247] Amtliches Bulletin der Bundesversammlung/Ständerat. Herbstsession 1975. Interpellation Hefti. Konferenz über Sicherheit und Zusammenarbeit in Europa, 30. September 1975, S. 585.

[248] Breitenmoser, Sicherheit für Europa, S. 160.

[249] Jürg Späni-Schleidt, Die Interpretation der dauernden Neutralität durch das schweizerische und das österreichische Parlament, 2. Auflage, Bern/Stuttgart 1985, S. 126.

[250] Urs Altermatt, Innenpolitische Aspekte der schweizerischen Außenpolitik, in: Schweizerische Gesellschaft für Aussenpolitik (Hg.), Möglichkeiten und Grenzen der schweizerischen Aussenpolitik, Bern u. a. 1985, S. 28–51, S. 32.

[251] Linke, Schweizerische Außenpolitik der Nachkriegszeit, S. 268f.

Rechtsverbindlichkeit der KSZE-Schlußakte, die dem Volk wie erwähnt nicht zur Zustimmung unterbreitet werden mußte.[252]

4.8 Die KSZE und der Wandel der schweizerischen Außenpolitik

Das Engagement der Schweiz im Rahmen der KSZE-Verhandlungen war Ausdruck eines neuen außenpolitischen Kurses und veranschaulichte den „Aufbruch der Schweiz in die multilaterale Welt."[253] Damit reagierte die Eidgenossenschaft auf das sich seit Mitte der sechziger Jahre verbreitende Gefühl der außenpolitischen Isolation und der innenpolitischen Stagnation, die auch als „helvetisches Malaise"[254] bezeichnet worden war. Dem Wunsch nach Mitsprache in den europäischen Angelegenheiten entsprach dabei die Diskussion über einem Beitritt zu den Vereinten Nationen auf globaler Ebene.

Der Entschluß der Schweiz zur Teilnahme an der KSZE ist von Michael Zielinski als Beleg für „einen grundlegenden Wandel in der Außenpolitik"[255] der Eidgenossenschaft gewertet worden. Thomas Fischer hat dieser These mit dem Argument widersprochen, daß die Teilnahme der Schweiz an der KSZE im Zeichen der Kontinuität der Außen- und Neutralitätspolitik erfolgte und insofern nicht als konzeptioneller Bruch gewertet werden könne.[256] In diesem Zusammenhang möchte ich drei Argumente nennen, die meines Erachtens eher für die Haltung von Zielinski sprechen. Die Handlungsalternativen der helvetischen Diplomatie bestanden erstens gar nicht in der Wahl zwischen Fortsetzung oder Aufgabe der Neutralität, sondern vielmehr in der Form der Ausgestaltung der Neutralitätspolitik, die entweder isolationistisch oder aktiv ausgerichtet sein konnte. Die Schweiz, so Herbert Lüthy, „a toujours oscillé entre les tentations de l'isolationisme et celles des vocations internationales, européennes ou universelles."[257] Im Spannungsfeld zwischen „Selbstbezogenheit und Offenheit"[258] demonstrierte die Teilnahme der Eidgenossen an der KSZE das Interesse und den Willen zur Mitsprache in der europäischen Staatenwelt und in den Internationalen Beziehungen allgemein. Insbesondere in dem Vorschlag für ein System zur friedlichen Streiterledigung kam ein gestalterischer Zug der schweizerischen Außenpolitik zum Ausdruck, der in der Nachkriegszeit bis dato nicht vorhanden gewesen war. Insofern bedeutete die Teilnahme des Landes an der multilateralen Konferenzdiplomatie eine deutliche Veränderung zur Außenpolitik der fünfziger und sechziger Jahre

---

[252] Ebd. S. 269.
[253] Vgl. Elisabeth R. Glas, Aufbruch der Schweiz in die multilaterale Welt. Die schweizerische Außenpolitik 1965–1977, Lizentiatsarbeit Zürich 1999 (unveröffentlicht).
[254] Vgl. Max Imboden, Helvetisches Malaise. 2. Auflage, Zürich 1964.
[255] Zielinski, Die neutralen und blockfreien Staaten, S. 132.
[256] Fischer, Grenzen der Neutralität, S. 94f.
[257] Lüthy, La Suisse, S. 63.
[258] Vgl. Kaestli, Selbstbezogenheit und Offenheit, S. 19f.

und demonstrierte den Übergang zu einer aktiven Neutralitätspolitik. Da der Arbeit Thomas Fischers wie erwähnt eine innenpolitische Fragestellung zugrunde lag, spielt die Perspektive anderer Staaten auf die Außenpolitik der Schweiz in seiner Bewertung keine wichtige Rolle. Es zeigt sich jedoch zweitens, daß das Engagement der Schweiz im Rahmen der KSZE im Ausland als deutliche Veränderung wahrgenommen wurde. Bereits im Jahresbericht 1972 der bundesdeutschen Botschaft in Bern war von einer „neue[n] Dynamik"[259] der helvetischen Außenpolitik die Rede. In diesem Zusammenhang wurde „ein deutlicher Wille der Schweiz zur Teilnahme am gesamteuropäischen Dialog und an der Entwicklungsaufgabe einer europäischen Friedensordnung" attestiert. Wie der Bericht weiter hervorhob, sei „die Abkehr der Schweiz von ihrer traditionellen Unabhängigkeitspolitik der Abstinenz und ihre Hinwendung zu einer aktiven Neutralitätspolitik der Mitbestimmung" festzustellen. Vor diesem Hintergrund „bahnt sich ein Wandel der schweizerischen Neutralitätspolitik an." In einer Mitteilung der Botschaft in Bern an das Auswärtige Amt vom Mai 1973 wurde zudem auf vermehrte Reiseaktivitäten von Schweizer Bundesräten hingewiesen. Diese Auslandsreisen waren nach Ansicht der westdeutschen Diplomaten „sichtbarer Ausdruck einer verstärkten und ‚gestaltenden Mitwirkung' der Schweiz in der Europa- und Weltpolitik. [...] In der vermehrten Teilnahme der Schweiz an internationalen Konferenzen zeigt sich der Wandel von der traditionellen, defensiven Unabhängigkeitspolitik zu einer solidarischen, kooperativen und diplomatisch offensiven Neutralitätspolitik."[260]

Nach Aufnahme diplomatischer Beziehungen zwischen der Schweiz und der DDR beschäftigte sich auch die neue Vertretung Ost-Berlins in Bern mit der Außenpolitik der Eidgenossenschaft. Im Zusammenhang mit den Verhandlungen über das Zustandekommen einer Europäischen Sicherheitskonferenz wurde konstatiert, daß es seit 1969 zu einem Aktivierungsprozeß der schweizerischen Außenpolitik gekommen sei. So habe die Berner Diplomatie „bei der Vorbereitung eine für Schweizer Verhältnisse überdurchschnittliche Aktivität entwickelt."[261] Wie die DDR-Vertretung in einem weiteren Schreiben hervorhob, sehe das EPD die Europäische Sicherheitskonferenz als geeignetes Mittel für eine aktive Beteiligung und zur „Aufwertung ihrer internationalen Position."[262] Sowohl von westlicher als auch von östlicher Seite wurde also übereinstimmend ein deutlicher Wandel der schweizerischen Außenpolitik konstatiert, der von der Absicht nach aktiver Partizipation an den internationalen Beziehungen gekennzeichnet war.

Weitere Belege in diese Richtung liefern aus schweizerischer Perspektive drittens zwei offizielle Dokumente aus der ersten Hälfte der siebziger Jahre. Hier ist zunächst der „Bericht des Bundesrates an die Bundesversammlung über die

[259] PAAA, ZA 109213, Politischer Jahresbericht 1972 (Schweiz).
[260] PAAA, ZA 109214, Brief Botschaft Bern an AA Bonn, 17. Mai 1973.
[261] PAAA, MFAA, Botschaft der DDR in der Schweiz. Analyse der Berichterstattung der Schweizer Presseorgane über die Vorbereitungsgespräche zur KSZE in Helsinki, 21. 02. 1973.
[262] PAAA, MFAA, Botschaft der DDR in der Schweiz. Zusammenfassung der schweizerischen Haltung zur Vorbereitung und Durchführung einer Europäischen Sicherheitskonferenz, 20. 04. 1973.

Richtlinien der Regierungspolitik 1971–1975" vom 13. März 1972 zu nennen.[263] In dem Kapitel zur Außenpolitik unter der Überschrift „Die Schweiz in der Staatenwelt" wurde zwar die fortbestehende Bedeutung der immerwährenden Neutralität zur Wahrung der Unabhängigkeit betont, zugleich aber auch eine deutliche Veränderung der internationalen Rahmenbedingungen konstatiert: „Die Interdependenz auf allen Gebieten ist eine Tatsache unserer Zeit."[264] Aus diesem Grund „wird die Schweiz in drei verschiedenen Richtungen eine Öffnung ins Auge fassen müssen: gegenüber Europa, gegenüber den Vereinten Nationen sowie gegenüber der Dritten Welt." [265] Auf europäischer Ebene, die traditionell den Kern der schweizerischen Außenpolitik bildet, wurde neben dem Freihandelsabkommen mit der EWG die KSZE zum Instrument dieser Öffnung.

Das zweite Dokument, das die Aktivierung der Außenpolitik dokumentiert, ist der „Bericht des Bundesrates an die Bundesversammlung über die Sicherheitspolitik der Schweiz" vom Juni 1973. Es handelte sich dabei um „die erste offizielle sicherheitspolitische Gesamtstrategie"[266] des Landes. Der Erstellung des Dokuments waren jahrelange Debatten zwischen Anhängern einer Anpassung an das internationale Umfeld und Verfechtern des Status quo vorausgegangen, so daß als Kompromiß beide Komponenten schließlich miteinander verbunden wurden: „Die schweizerische Strategie umfaßt [...] einen ausgreifenden, nach außen aktiven und einen bewahrenden, defensiven Bereich."[267] Einerseits wurde hervorgehoben, die Schweiz bleibe ihrer Neutralitätspolitik aus Überzeugung treu, andererseits wurde darauf hingewiesen, daß Neutralität auch internationale Mitwirkung und Mitverantwortung einschließe. Die Anhänger einer Kursänderung hatten erreicht, daß ihre „Forderung nach einer Neuausrichtung der Sicherheitspolitik im Sinne einer Aktivierung der Aussenpolitik Aufnahme im [...] bundesrätlichen Bericht von 1973"[268] fand. Da der traditionelle Faktor der Landesverteidigung gleichzeitig an Bedeutung verlor, bildete das Element der Öffnung insgesamt die wichtigere Komponente des Berichts. Noch wenige Jahre zuvor wäre es aus dem helvetischen Selbstverständnis heraus undenkbar gewesen, daß die Schweiz offiziell ihre Absicht bekundete, im internationalen Rahmen „aktiv [...] zur Gestaltung und Sicherung eines dauerhaften Friedens beizutragen."[269] Die

---

[263] Es war erst das zweite Mal, daß ein solches Programm zu den Hauptaufgaben der Regierungspolitik vorgelegt wurde; vgl. Bericht des Bundesrates an die Bundesversammlung über die Richtlinien für die Regierungspolitik in der Legislaturperiode 1968-1971, BBl 1968, S. 1204-1248.

[264] BBl 1972, Bericht des Bundesrates an die Bundesversammlung über die Richtlinien der Regierungspolitik 1971-1975, 13. März 1972, S. 14.

[265] Ebd. S. 15.

[266] Kurt R. Spillmann/Andreas Wenger/Christoph Breitenmoser u. a. (Hgg.), Schweizer Sicherheitspolitik seit 1945, Zürich 2001, S. 111.

[267] Bericht des Bundesrates an die Bundesversammlung über die Sicherheitspolitik der Schweiz (Konzeption der Gesamtverteidigung), 27. Juni 1973.

[268] Spillmann/Wenger/Breitenmoser, Schweizer Sicherheitspolitik, S. 110.

[269] Bericht des Bundesrates an die Bundesversammlung über die Sicherheitspolitik der Schweiz (Konzeption der Gesamtverteidigung), 27. Juni 1973.

enge Verbindung zum aktiven Engagement der Schweiz in der KSZE läßt sich auch daran ersehen, daß zu Beginn der Genfer Verhandlungen der Sicherheitsbericht den Delegationen aller Teilnehmerländer überreicht wurde.[270] Das Ziel der außenpolitischen Öffnung manifestierte sich am deutlichsten in der aktiven Teilnahme der Schweiz an der KSZE.[271]

Da die Sicherheit der Schweiz „zu einem großen Teil von internationalen Gegebenheiten ab[hängt], auf die sie keinen oder nur einen geringen Einfluß ausüben"[272] kann, ergibt sich von Zeit zu Zeit die Notwendigkeit der außenpolitischen Anpassung an das internationale Umfeld. Mit Blick auf die Zwischenkriegszeit hat Antoine Fleury anschaulich beschrieben, wie unter dem Eindruck der von US-Präsident Woodrow Wilson propagierten „New Diplomacy" die schweizerische Außenpolitik eine Wandlung vom beabsichtigten Festhalten an der traditionellen Neutralitätspolitik über eine Phase der innenpolitischen Debatten und Auseinandersetzung hin zur Formulierung einer „,Nouvelle Diplomatie' en Suisse"[273] mit dem Beitritt zum Völkerbund vollzog. Vor dem Hintergrund der aufkommenden Entspannungspolitik wurde die Schweiz seit Ende der sechziger Jahre in ähnlicher Weise mit der Notwendigkeit einer Anpassung an die internationalen Verhältnisse konfrontiert, der sie sich mit dem Übergang zu einer aktiveren und offeneren Außenpolitik – wenn auch anfangs nur zögerlich – unterzog.

Insofern würde ich mit Zielinski insgesamt den Aspekt des Wandels in der schweizerischen Außenpolitik betonen, aber in diesem Zusammenhang der etwas vorsichtigeren Formulierung Hans-Dietrich Genschers zustimmen, der in bezug auf die aktive Rolle Berns in der KSZE von einer „neuen Dimension der schweizerischen Außenpolitik"[274] spricht. Diese neue Dimension läßt sich an zwei Aspekten verdeutlichen. Im traditionellen Außenpolitikbereich der „Guten Dienste", wie sie die Schweiz beispielsweise bei der Vermittlung im Algerienkonflikt oder bei der Wahrnehmung der amerikanischen diplomatischen Interessen auf Kuba ausübte, hatte die Eidgenossenschaft eine Schiedsrichterfunktion inne. In der KSZE trat die Schweiz hingegen als gleichberechtigter, eigenständiger Akteur auf und wurde zu einem relevanten politisch-diplomatischen Faktor in der multilateralen Konferenzdiplomatie. Im Verlauf der siebziger Jahre kam es im Eidgenössischen Politischen Departement zu einer schrittweisen Neujustierung der Außenpolitik, die es der Schweiz ermöglichte, sich erstmals seit der Rückkehr zur „integralen Neutralität" im Jahr 1938 wieder aktiv an der „grande politique" in der europäischen Diplomatie zu beteiligen.[275] Anläßlich des Beitritts der Schweiz

---

[270] Interview mit Hans-Jörg Renk.
[271] Christoph Breitenmoser, Strategie ohne Außenpolitik. Zur Entwicklung der schweizerischen Sicherheitspolitik im Kalten Krieg, Bern u. a. 2002, S. 51.
[272] Alfred Aebi, Der Beitrag neutraler Staaten zur Friedenssicherung untersucht am Beispiel Österreichs und der Schweiz, Zürich 1976, S. 189.
[273] Antoine Fleury, La politique étrangère de la Suisse et la „Nouvelle Diplomatie", in: Itinera Fasc. 7 (1987), S. 54–75, S. 55 ff.
[274] Genscher, Erinnerungen, S. 304.
[275] Claude Altermatt, La Politique étrangère de la Suisse, S. 36.

zum Internationalen Energieprogramm der OECD legte der Bundesrat in seiner Botschaft an die Bundesversammlung im Februar 1975 seine Neutralitätsauffassung folgendermaßen dar: „Bei einer immerwährenden Neutralität wie derjenigen der Schweiz enthält das Neutralitätsstatut auch die Verpflichtung, jeglicher Allianz oder internationalen Organisation mit militärischem Charakter fernzubleiben. Im übrigen ist der neutrale Staat frei, seine Interessen gegenüber dem Ausland [...] so zu wahren wie er es als notwendig erachtet. [...] Die immerwährende Neutralität verbietet ihm insbesondere nicht, universellen und regionalen internationalen Organisationen beizutreten, solange der Beitritt keine Verpflichtung enthält, in einem bewaffneten Konflikt einzugreifen."[276]

Darüber hinaus verlagerte sich der Schwerpunkt der helvetischen Außenpolitik durch die Teilnahme an der KSZE stärker auf politische Fragen und „begann sich zusehends von der Aussenwirtschaftspolitik, von der sie bis dahin überschattet worden war, zu lösen."[277] Handelspolitische Aspekte wie die Intensivierung der Wirtschaftsbeziehungen zu den Staaten Osteuropas spielten zwar eine Rolle, waren jedoch nicht mehr dominant. Die Außenhandelspolitik erhielt Konkurrenz durch die multilaterale Konferenzdiplomatie in Gestalt der KSZE. Fragen der Sicherheit und der Menschenrechte bestimmten die Agenda der Verhandlungen und standen auch im Mittelpunkt der Schweizer Diplomatie. Es bestätigte sich einmal mehr ein Diktum Jacob Burckhardts: „Das Wesen der Geschichte ist die Wandlung."[278]

Welches waren die besonderen Charakteristika der KSZE bis zur Unterzeichnung der Schlußakte von Helsinki? Im Rückblick auf die Genfer Verhandlungen hob das EPD hervor, wie relativ unbeeinflußt von den weltpolitischen Ereignissen jener Jahre die Genfer Beratungen geblieben seien, angefangen vom Nahost-Krieg über die Beendigung des Vietnamkrieges, dem Zypernkonflikt und den Regimewechseln in Griechenland und Portugal bis hin zum schwierigen amerikanisch-sowjetischen Verhältnis und der Energiekrise.[279] Bereits im Februar 1975 hatte die Genfer KSZE-Delegation an das EPD berichtet, daß das Jackson-Vanik-Amendment den Verlauf der Verhandlungen nicht negativ beeinflussen würde, sondern als „incident de parcours"[280] bezeichnet werde. Im Folgeprozeß der KSZE sollten die weltpolitischen Ereignisse dann jedoch sehr viel direkter auf die multilaterale Konferenzdiplomatie einwirken und diese belasten.

Eine weitere Besonderheit bestand wie erwähnt in der Zurückhaltung der USA gegenüber der KSZE. Auch nach Beginn der Genfer Beratungen änderte sich die

[276] BBl 1975, Botschaft des Bundesrates an die Bundesversammlung über die Beteiligung der Schweiz am Übereinkommen über ein Internationales Energieprogramm, S. 784.
[277] Glas, Aufbruch der Schweiz, S. 121.
[278] Jacob Burckhardt, Weltgeschichtliche Betrachtungen, [Berlin 1910] ND Wiesbaden 2009, S. 35.
[279] BAR, E 2814, 1993/210, Bd. 1 (HA Bindschedler), Rapport de la délégation suisse à la Conférence sur la Sécurité et la Coopération en Europe (CSCE), 7 juillet 1975.
[280] BAR, E 2001 E-01, 1987/78, Bd. 193 (Europäische Sicherheitskonferenz), Telex KSZE-Delegation Genf an EPD Bern, 03. 02. 1975.

amerikanische Haltung nicht, wie die schweizerische Delegation in einem Bericht vom Dezember 1973 konstatierte: „Le rôle des Etats-Unis à Genève, comme à Helsinki, est resté modeste."[281] Erst in der Schlußphase der Verhandlungen brachten die USA sich etwas stärker in die Diskussionen ein, doch blieb das „low profile" insgesamt das bezeichnende Merkmal der amerikanischen Rolle in der KSZE bis zum Abschluß der Genfer Verhandlungen, wohingegen die westeuropäischen Staaten sich sehr aktiv zeigten.

In der zeitgenössischen Beurteilung wurde die Sowjetunion überwiegend als Gewinner der KSZE-Verhandlungen gesehen, denn sie hatte ihr Hauptziel einer de-facto Anerkennung des territorialen Status quo in Europa erreicht.[282] In westlichen Ländern regte sich entsprechend Kritik. Das *Wall Street Journal* hatte US-Präsident Gerald Ford per Zeitungsschlagzeile dazu aufgefordert, gar nicht nach Helsinki zu reisen und die Schlußakte nicht zu unterzeichnen: „Jerry, don't go!"[283] Allerdings bestand auch in Moskau schon während der Genfer Verhandlungen Uneinigkeit darüber, ob sich die Sowjetunion auf Zugeständnisse in Korb III einlassen dürfe. Ende des Jahres 1973 entsandte der Chef des KGB, Juri Andropow, seinen engen Mitarbeiter Sergei Kondratschow nach Genf, nachdem er vom Genfer KGB-Residenten darauf hingewiesen worden war, die sowjetische Delegation bei den KSZE-Verhandlungen würde Hochverrat begehen. Nach seiner Rückkehr berichtete Kondratschow an Andropow, daß die Sowjetunion wissen müsse, was sie wolle. Wenn sie die Anerkennung der bestehenden Grenzen erreichen wolle, müsse sie im Gegenzug Zugeständnisse an den Westen machen.[284] Andropow stimmte seinem Mitarbeiter zu und übertrug ihm fortan die Verhandlungsführung in Genf im Bereich von Korb III. Kurz vor Unterzeichnung der KSZE-Schlußakte gab es im Politbüro der KPdSU intensive Diskussionen über den Inhalt von Korb III. Außenminister Gromyko versuchte die internen Kritiker mit dem folgenden Hinweis zu beruhigen: „We are masters in our own house."[285] Dieselbe Argumentationslinie findet sich auch in Dokumenten der DDR-Führung zur Bewertung der Konferenzergebnisse. Hervorgehoben wurde insbesondere „die klare Ausgestaltung des Prinzips der Nichteinmischung in die inneren und äußeren Angelegenheiten."[286] Die Umsetzung der Bestimmungen unterliege der souveränen Entscheidung der Teilnehmerstaaten. Folglich „könne kein Automatismus eintreten, der den Sicherheitsinteressen der Staaten der sozialistischen

---

[281] BAR, E 2001 E-01, 1987/78, Bd. 190 (Europäische Sicherheitskonferenz), Rapport trimestriel, 19. 12. 1973.

[282] Soutou, La guerre de Cinquante Ans, S. 564.

[283] Ford, Time to heal, S. 300.

[284] Brunner, Lambris dorés et coulisses, S. 51 f.

[285] Anatoly Dobrynin, In Confidence. Moscow's Ambassador to America's six Cold War Presidents, New York 1995, S. 346.

[286] Bundesarchiv der Bundesrepublik Deutschland/Berlin (BA), DY 30/IV B 2/20/614, Abteilung Internationale Verbindungen im ZK der SED, Bericht über die Ergebnisse der 2. Phase der europäischen Sicherheitskonferenz.

Gemeinschaft widerspricht."[287] Der sowjetische Botschafter in Washington, Dobrynin, kam mit Blick auf die Haltung des Ostens zur Schlußakte rückblickend zu dem Schluß, daß „from the very start, the Politburo's acceptance of the Helsinki humanitarian principles implied some noncompliance."[288] Von entscheidender Bedeutung für die Haltung der Sowjetunion war zudem das persönliche Engagement Breschnews in der Konferenzfrage. Der Sowjetführer hatte seit Jahren auf das Ziel eines „Ersatz-Friedensvertrags" hingearbeitet und sah in der Unterzeichnung der Schlußakte von Helsinki die Krönung seines politischen Lebenswerks.[289]

Der strategische „Fehler" aus Sicht der Warschauer-Pakt-Staaten lag nicht darin begründet, daß die östliche Seite auf dem Feld der Menschenrechte zu viele Zugeständnisse machte oder etwa die Brisanz des Ausgehandelten nicht verstanden habe. Wie beispielsweise die erwähnten DDR-Dokumente zeigen, erkannte man auf sozialistischer Seite das potentielle Risiko durchaus und wußte genau, auf was man sich inhaltlich eingelassen hatte. Entscheidend waren vielmehr zwei Fehlkalkulationen. Der erste strategische Fehler der Warschauer-Pakt-Staaten bestand nicht in der Unterschätzung der eigenen Zugeständnisse, sondern umgekehrt in der Täuschung über den Wert der eigenen Erfolge. Die Anerkennung der bestehenden Grenzen war zwar ein Prestigegewinn, doch das Hauptproblem der sozialistischen Staaten, nämlich ihr Legitimationsdefizit sowohl nach innen als auch nach außen, blieb unverändert bestehen. Auch die außenpolitische Grundkonstellation der Teilung Europas und der Systemauseinandersetzung bestand fort. Im Gegenzug hatte sich der Osten jedoch in der Schlußakte zumindest auf dem Papier zu Veränderungen beispielsweise bei den menschlichen Kontakten bereiterklärt. Vor diesem Hintergrund bestand eigentlich ein Ungleichgewicht der Konferenzergebnisse zuungunsten des Ostens. Edouard Brunner hat diesen verdeckten Schachzug der demokratischen Länder folgendermaßen beschrieben: „On leur a donné quelque chose, qu'ils avaient déjà, […] en échange ils nous ont donné quelque chose qu'ils n'avaient pas."[290] Brunner bringt damit zum Ausdruck, daß die Anerkennung der bestehenden Grenzen seitens des Westens eigentlich ohne die KSZE schon gegeben war und eine gewaltsame Veränderung von niemandem ernsthaft in Erwägung gezogen wurde, wohingegen umgekehrt die Unterzeichnung menschenrechtlicher Prinzipien durch die Sowjetunion und ihre Verbündeten eine wirkliche Neuerung darstellte und eine zumindest moralische Bringschuld des Ostens beinhaltete. Daraus läßt sich schlußfolgern, daß der sowjetische Strategieansatz einer Europäischen Sicherheitskonferenz an sich fehlerhaft war, denn bei nüchterner Betrachtung überwogen aus östlicher Sicht die Kosten den Nutzen. Dieser generelle Eindruck verstärkt sich noch im Hinblick auf die zum Zeitpunkt der KSZE-Gespräche bereits bestehenden Ostverträge.

---

[287] BA, DY 30/IV B 2/20/614, Abteilung Internationale Verbindungen im ZK der SED, Einschätzung der Schlußdokumente der KSZE.
[288] Dobrynin, In Confidence, S. 346.
[289] Andréani, Le Piège, S. 103.
[290] Témoignage de l'Ambassadeur Edouard Brunner, S. 18.

Zweitens hätte die Sowjetunion dem Prozeßcharakter der KSZE nicht zustimmen dürfen. Die KSZE besaß sowohl ein statisches als auch ein dynamisches Element.[291] Mit der Anerkennung der bestehenden Grenzen und der Einigung auf den Prinzipienkatalog hatte die Sowjetunion ihre Verhandlungsziele in Genf bereits erreicht. Insofern brachte die Fortsetzung der KSZE ihr keinen wirklichen Vorteil mehr. Erst mit der Einigung auf den Folgemechanismus und mit der darin enthaltenen Überprüfung der Schlußakte erhielt das dynamische Element der Menschenrechte die Oberhand über die Bestimmungen im Dekalog. Die mit dem Fortgang der KSZE verbundenen Gefahren für den Osten zeigten sich deutlich mit dem Machtwechsel in den USA im Jahr 1977. Die Sowjetunion „had concluded Helsinki under certain rules of the game, which included non-intervention in international affairs, and suddenly, Carter was coming and was changing the rules of the game, and they did not like that."[292]

Indem Moskau sich auf den Folgeprozeß einließ, wurde die Bedeutung des bereits Erreichten wieder aufs Spiel gesetzt und dem weiteren Fortgang der internationalen Beziehungen überlassen. Die Schlußakte von Helsinki erwies sich für die Sowjetunion längerfristig als „Pyrrhus-Sieg".[293]

[291] Renk, Der Weg der Schweiz nach Helsinki, S. 177.
[292] Andréani, The place of the CSCE process, S. 86.
[293] Manfred Hildermeier, Geschichte der Sowjetunion 1917–1991. Entstehung und Niedergang des ersten sozialistischen Staates, München 1998, S. 1002.

5. Zwischen Helsinki und Belgrad (1975–1977)

5.1 Unterschiedliche Vorschläge zur Zukunft der KSZE

Das Ziel der Konferenz über Sicherheit und Zusammenarbeit in Europa war es nicht, die entscheidenden Probleme im Ost-West-Konflikt im Sinne einer Einigung zu lösen, sondern die KSZE „sollte es vielmehr Europa ermöglichen, einem Zustande größerer Sicherheit und größerer Kooperation gerade auch in einer Lage näherzukommen, die nach wie vor durch die Ungelöstheit solcher Probleme charakterisiert ist."[1] Mit der Unterzeichnung der Schlußakte von Helsinki ging ein wichtiger Abschnitt der multilateralen Konferenzdiplomatie zu Ende, und es begann die „zweijährige ‚Probezeit'"[2] bis zur ersten KSZE-Nachfolgekonferenz. Der Zeitraum „[z]wischen Helsinki und Belgrad"[3] war gekennzeichnet von der Unsicherheit über den zukünftigen Fortgang der KSZE. Der DDR-Diplomat Siegfried Bock beschrieb die Ausgangslage nach Unterzeichnung der Schlußakte folgendermaßen: „Beide Seiten fingen im August 1975 bei Null an. Beide Seiten wußten nicht so recht, was sie mit der Schlußakte machen sollten."[4] Die KSZE-Teilnehmerländer hatten bis dato auf ein festes Ziel hingearbeitet. Nun galt es, neue Aufgaben zu definieren und den weiteren Fortgang der multilateralen Konferenzdiplomatie zu bestimmen.

Die Sowjetunion verfolgte das Ziel, durch die Betonung von technischen Themenfeldern aus dem Korb II die Bedeutung der menschenrechtlichen Bestimmungen aus dem dritten Korb abzumildern und der KSZE zukünftig eine neue Richtung zu geben. In seiner Gastrede auf dem VII. Parteitag der Sozialistischen Arbeiterpartei Polens (PVAP) am 9. Dezember 1975 in Warschau plädierte Generalsekretär Breschnew dafür, „die konkreten Punkte der Schlußakte der Konferenz konsequent mit Leben zu erfüllen." In diesem Zusammenhang schlug der Generalsekretär der KPdSU „die Abhaltung gesamteuropäischer Kongresse oder zwischenstaatlicher Konferenzen über Fragen der Zusammenarbeit im Umweltschutz, bei der Entwicklung des Verkehrswesens und in der Energiewirtschaft"[5]

---

[1] Klaus Blech, Die KSZE als Schritt im Entspannungsprozeß. Bemerkungen zu allgemeinen Aspekten der Konferenz, in: Hermann Volle/Wolfgang Wagner (Hgg.), KSZE. Konferenz über Sicherheit und Zusammenarbeit in Europa. Beiträge und Dokumente aus dem Europa-Archiv, Bonn 1976, S. 87–98, S. 88f.

[2] BAR, E 2001 E-01, 1987/78, Bd. 195 (Europäische Sicherheitskonferenz), EPD/KSZE-Dokumentation, 14. Oktober 1975.

[3] Vgl. Curt Gasteyger, Europa zwischen Helsinki und Belgrad, in: Hermann Volle/Wolfgang Wagner (Hgg.), Das Belgrader KSZE-Folgetreffen. Der Fortgang des Entspannungsprozesses in Europa. Beiträge und Dokumente aus dem Europa-Archiv, Bonn 1978, S. 1–8.

[4] Siegfried Bock, Die DDR im KSZE-Prozeß, in: Ders./Ingrid Muth/Hermann Schwiesau (Hgg.), DDR-Außenpolitik im Rückspiegel. Diplomaten im Gespräch, Münster 2004, S. 102–117, S. 108.

[5] Zit. nach AAPD 1976, Dok. 62: Runderlaß des Vortragenden Legationsrats I. Klasse Engels, 24. Februar 1976, FN 09, S. 294.

vor. Die Sowjetunion präsentierte ihre Vorschläge offiziell im Frühjahr 1976 anläßlich der 31. Versammlung der „United Nations Economic Commission for Europe" (ECE) in Genf.[6] Darüber hinaus ernannte Moskau einen Sonderbotschafter in Person des an der KSZE beteiligten Botschafters Lew Mendelewitsch, der in den Hauptstädten der Teilnehmerstaaten die Haltung zu den sowjetischen Konferenzvorschlägen sondieren sollte. Anfang April 1976 führte der sowjetische Diplomat zu diesem Zweck Gespräche in Bern. Nach Ansicht von Mendelewitsch sollten die sowjetischen Vorschläge außerhalb der ECE behandelt werden. Die KSZE böte in diesem Zusammenhang den geeigneten Rahmen, um „auf hohem politischen Niveau"[7] über die Themenbereiche Energie, Umwelt und Transport zu diskutieren. Die Schweiz reagierte mit Zurückhaltung auf die Absicht, die sowjetischen Vorschläge auf die Tagesordnung der Belgrader Konferenz aufzunehmen, und wollte statt dessen vorläufig nur einen „vertieften Meinungsaustausch in der ECE"[8] durchführen.

Das EPD sondierte auch die Reaktionen in den westlichen und neutralen KSZE-Staaten. Wie in einer Notiz zusammenfassend festgehalten wurde, gebe es überwiegend Bedenken gegen die sowjetische Initiative. Mit seinem spektakulären Vorgehen wolle Moskau die europäische Öffentlichkeit beeindrucken und gleichzeitig unliebsame Inhalte der Schlußakte wie den Korb III in den Hintergrund schieben. Es gebe bei den anderen Ländern insgesamt „kein Bedürfnis für Sonderkonferenzen"[9], sondern zunächst solle das Belgrader Folgetreffen abgewartet werden. Im Gespräch mit dem neuen Generalsekretär des EPD, Albert Weitnauer, wertete der Staatsminister im britischen FCO, Roy Hattersley, den sowjetischen Vorschlag für paneuropäische Konferenzen technischer Art als Versuch, den Propagandakrieg auszudehnen und nach außen hin Entspannungswillen zu demonstrieren.[10] In der britischen Diplomatie blieb die generelle Haltung zur KSZE weiterhin von Zurückhaltung geprägt. So äußerte Assistant Under-Secretary of State Hibbert in einer internen Besprechung des FCO im April 1976, in der es um das Verhältnis von Sicherheitskonferenz und MBFR-Verhandlungen ging, „that the CSCE was and has always been only one of several means to the

---

[6] Frédéric Muller, Modèles de prise de décision d'un État dans une négociation multilatérale: la Suisse face à la proposition soviétique de réunion à haut niveau sur l'énergie, in: Relations Internationales 40 (1984), S. 495–504, S. 498; die ECE ist eine von fünf regionalen Kommissionen der Vereinten Nationen zur Erleichterung der regionalen Wirtschaftskontakte. Die ECE bemüht sich zudem um die Förderung der gesamteuropäischen Zusammenarbeit in technischen Bereichen. In jener Zeit betraf dies vor dem Hintergrund der unterschiedlichen Wirtschaftssysteme insbesondere Aspekte der Ost-West-Beziehungen.

[7] BAR, E 2001 E-01, 1988/16, Bd. 209 (Europäische Sicherheitskonferenz), Aktennotiz. Besuch von Botschafter Mendelewitsch (UdSSR) in Bern, 5. April 1976.

[8] Ebd.

[9] BAR, E 2001 E-01, 1988/16, Bd. 209 (Europäische Sicherheitskonferenz), Notiz. KSZE: Sowjetischer Vorschlag für drei gesamteuropäische Konferenzen (Umwelt, Transport, Energie); vorläufige Stellungnahme auf unsere Umfrage in verschiedenen Hauptstädten, 29. März 1976.

[10] BAR, E 2001 E-01, 1988/16, Bd. 209 (Europäische Sicherheitskonferenz), Besuch von Staatsminister Roy Hattersley in der Schweiz. Aufzeichnung der Arbeitssitzung im Bundeshaus vom 18. Februar 1976.

overall end of keeping the Soviet Union under control. It had never been central to East-West relations. [...] Only secondary things were involved in it, and it should not be elevated to any more prominent position."[11]

In einem Runderlaß des Bonner Auswärtigen Amts vom Juni 1976 überwog ebenfalls die Skepsis hinsichtlich der sowjetischen Vorschläge.[12] Eine Energiekonferenz wäre aufgrund bereits bestehender Strukturen ein „Störfaktor", und eine Transportkonferenz würde die Bundesrepublik Deutschland als Transitland „in Schwierigkeiten bringen". Hingegen böte der Umweltbereich ein geeignetes Themenfeld für verstärkte Kooperation. Auch die USA standen den Moskauer Vorschlägen sehr skeptisch gegenüber und wollten insbesondere die heikle Energiethematik nicht im multilateralen Rahmen der Ost-West Beziehungen behandeln. Wie der amerikanische Diplomat John Maresca bei einem Besuch in Bern erläuterte, solle der Schwerpunkt der Belgrader Konferenz nach Ansicht der USA auf der „‚review'-Funktion"[13], also der Überprüfung der Schlußakte, und nicht etwa in der Erarbeitung neuer Themenfelder liegen. Die Mitgliedsstaaten des Warschauer Pakts sprachen sich auf ihrer Tagung in Bukarest im November 1976 für die Umsetzung der sowjetischen Konferenzvorschläge aus. Nach einer internen Prüfung kamen die Mitgliedsstaaten der EG hingegen zu einer negativen Beurteilung. Eine Behandlung im Rahmen der KSZE sollte vermieden und allenfalls innerhalb der bestehenden Strukturen der ECE erfolgen.[14] Am 16. März 1977 stimmte die Sowjetunion zu, daß die Behandlung ihrer Konferenzvorschläge zu den Themenbereichen Energie, Umwelt und Verkehr zunächst in der ECE geschehen solle. Im Gespräch mit dem amerikanischen Außenminister Cyrus Vance schlug Bundeskanzler Helmut Schmidt vor, „einen der drei Breschnew-Vorschläge auf[zu]nehmen"[15], um Konflikte zu vermeiden. Aus westlicher Perspektive bot das Themenfeld Umweltschutz hierbei die geringste Angriffsfläche. Auf der 32. Jahrestagung der ECE einigten sich die Teilnehmerstaaten im April 1977 darauf, die Einberufung einer Umweltkonferenz bis zur nächsten ECE-Tagung im Jahr 1978 eingehend zu prüfen.[16] Der Beschluß war ein symbolisches Entgegenkommen gegenüber der Sowjetunion und stellte taktisch klug sicher, daß die Breschnew-Vorschläge keinesfalls bei der bereits im Herbst 1977 beginnenden KSZE-Nachfolgekonferenz in Belgrad beraten werden würden. Auch die Schweiz verfolgte eine Hinhaltetaktik bezüglich der sowjetischen Vorschläge. Anfang März 1977 führte der Rechtsberater des EPD, Botschafter Rudolf Bindschedler, politi-

[11] DBPO III/III, No. 31: Record of Discussion in the FCO. CSCE/MBFR, 27 April 1976.

[12] AAPD 1976, Dok. 207: Runderlaß des Vortragenden Legationsrats I. Klasse Engels, 25. Juni 1976, S. 963.

[13] BAR, E 2001 E-01, 1988/16, Bd. 210 (Europäische Sicherheitskonferenz), Konsultationen mit John Maresca, KSZE-Sachbearbeiter im State Departement, am 26. Oktober 1976 in Bern.

[14] AAPD 1977, Dok. 21: Aufzeichnung des Referats 212 (KSZE), 3. Februar 1977, S. 125.

[15] AAPD 1977, Dok. 82: Gespräch des Bundeskanzlers Schmidt und des Bundesministers Genscher mit dem amerikanischen Außenminister Vance, 31. März 1977, S. 424.

[16] Vgl. AAPD 1977, Dok. 94: Runderlaß des Vortragenden Legationsrats I. Klasse Engels, 19. April 1977, FN 18, S. 494.

sche Konsultationen in Moskau. Dabei teilte er Botschafter Dubinin, Abteilungsleiter im sowjetischen Außenministerium, mit, daß die Schweiz der Abhaltung der
vorgeschlagenen Konferenzen nicht negativ gegenüberstünde. Zunächst gelte es
jedoch, die notwendigen Vorbereitungen im Rahmen der ECE weiterzuführen.[17]
Darüber hinaus müßten die Inhalte der möglichen Konferenzen in den Bereichen
Umweltschutz und Verkehr konkretisiert werden, um jeweils genaue Tagesord-
nungen aufstellen zu können.

Ein weiterer Vorschlag im Umfeld der Vorbereitungen zur Belgrader Konferenz
kam vom österreichischen Bundeskanzler Bruno Kreisky. Wie Kreisky am 8. Juli
1976 gegenüber Helmut Schmidt erläuterte, sehe sein Vorschlag vor, „daß alle
europäischen Demokratien sowie die USA und Kanada [...] anläßlich der Ein-
weihung des neuen Europarats-Gebäudes zu einer ein- bis zweitägigen Koordi-
nierungssitzung zur Vorbereitung auf die Konferenz von Belgrad eingeladen
werden."[18] Auch gegen die Vorstellungen Kreiskys formierte sich Widerstand. Der
amerikanische Außenminister Kissinger bezeichnete den Vorschlag einer Regierungskonferenz der demokratischen KSZE-Staaten sogar als „gefährlich"[19], denn
bei diesem Format sei der amerikanische Präsident zwangsläufig dazu gezwungen, die Verletzungen der Bestimmungen der Helsinki-Schlußakte durch die
Sowjetunion öffentlich anzuprangern. Auch die Bewertung durch die Schweizer
Diplomatie fiel äußerst negativ aus, wie sich einer Aufzeichnung des EPD vom
August 1976 entnehmen läßt. Der österreichische Vorschlag einer Zusammenkunft der westlichen Demokratien im Vorfeld der KSZE-Folgekonferenz „steht im
schroffen Gegensatz zu allen Erfahrungen welche die Neutralen an der KSZE gemacht [...] haben."[20] Hiermit war die nützliche Vermittlerrolle der Neutralen
während der Verhandlungen in Dipoli und Genf gemeint, für die die Akzeptanz
durch beide Seiten unabdingbar gewesen war. Deshalb gelte es für die neutralen
Staaten, auch in Zukunft den Eindruck einer zu großen Nähe zu den NATO-Staaten zu vermeiden.[21] Die Anregung Kreiskys stand nach Ansicht der Schweiz somit
in deutlichem Widerspruch zur Rolle der neutralen Staaten innerhalb der KSZE.
Noch ablehnender äußerte sich EPD-Generalsekretär Albert Weitnauer anläßlich
von deutsch-schweizerischen Konsultationen im Oktober 1976 in Bonn, denn
„die Schweiz könne an einem ‚westlichen Kriegsrat‘ gegenüber dem Osten nicht

---

[17] BAR, E 2001 E-01, 1988/16, Bd. 211 (Europäische Sicherheitskonferenz), Notiz für Herrn
Bundesrat Graber. Besprechungen mit dem Außenministerium der USSR, 1.-3. März 1977.

[18] AAPD 1976, Dok. 221: Gespräch des Bundeskanzlers Schmidt mit Bundeskanzler Kreisky in
Wien, 8. Juli 1976, S. 1032; Kreisky hatte seinen Vorschlag erstmals in einem Interview mit
der französischen Tageszeitung *Le Monde* vom 29. Juni 1976 zur Sprache gebracht; vgl. ebd.,
FN 19, S. 1032 f.

[19] AAPD 1976, Dok. 236: Deutsch-amerikanisches Regierungsgespräch in Washington, 16. Juli
1976, S. 1099.

[20] BAR, E 2001 E-01, 1988/16, Bd. 210 (Europäische Sicherheitskonferenz), Notiz zum Vorschlag Bundeskanzler Kreiskys zur Einberufung einer Gipfelkonferenz anläßlich der Eröffnung des Palais de l'Europe in Straßburg, 6. August 1976.

[21] Ebd.

teilnehmen."[22] Die österreichische Regierung verfolgte ihren Vorschlag einer Regierungskonferenz nicht mehr weiter, allerdings beschlossen die Außenminister der Mitgliedsstaaten des Europarats auf ihrer Sitzung im Januar 1977 in Straßburg, in Zukunft häufiger zu Konsultationen zusammenzutreffen.[23] Der österreichische Außenminister Willibald Pahr zeigte sich gegenüber Bundesrat Graber erfreut über den Bedeutungszuwachs des Europarats, denn nur dort sei „toute l'Europe démocratique"[24] vertreten.

Die nachhaltigste Veränderung in der „Post-Helsinki"-Periode betraf die Vereinigten Staaten von Amerika. Abgeordnete des US-Kongresses beschlossen im Mai 1976 die Schaffung einer aus Mitgliedern beider Parlamentskammern zusammengesetzten „Commission on Security and Cooperation in Europe". Zunehmende innenpolitische Kritik an der Entspannungspolitik verband sich dabei mit der Forderung nach einer höheren Gewichtung der Menschenrechte in der amerikanischen Außenpolitik. Die Wahrnehmung der Schlußakte war dabei ziemlich selektiv und fokussierte sich weitgehend auf die menschenrechtlichen Aspekte im Korb III. Paradoxerweise waren es dieselben liberalen und neokonservativen Kräfte, die eine Unterzeichnung der Schlußakte durch die USA ursprünglich abgelehnt hatten, die in der Zeit nach Helsinki nun die innenpolitische Initiative ergriffen. Dabei profitierten die Abgeordneten von dem seit dem Fall der „imperialen Präsidentschaft"[25] Richard Nixons gestiegenen Einfluß des Kongresses auf die politischen Entscheidungsprozesse. Wie bereits das Jackson-Vanik-Amendment gezeigt hatte, erstreckte sich dieser Einfluß sogar auf das Feld der Außenpolitik. Als sich die Auswirkungen der Schlußakte auf die Gesellschaften in Osteuropa abzuzeichnen begannen, sahen Mitglieder des Kongresses die Gelegenheit, „dem State Department die KSZE-Politik aus der Hand zu nehmen."[26] Im Herbst 1976 unternahmen Mitglieder der Commission eine symbolträchtige Studienreise in mehrere europäische Länder. Die Ford-Administration sah in den Aktivitäten der Kongreßmitglieder hingegen eine Gefährdung der Beziehungen zur Sowjetunion. Henry Kissinger soll sich beim sowjetischen Botschafter in Washington, Anatoly Dobrynin, sogar dafür eingesetzt haben, daß die Kommissionsmitglieder keine Einreisevisa für osteuropäische Länder erhielten.[27] Abgesehen von der inhaltlichen Ebene sah Kissinger in dem Engagement der Abgeordneten zudem

[22] AAPD 1976, Dok. 320: Aufzeichnung des Vortragenden Legationsrats Kausch. Deutsch-schweizerische Konsultationen auf Staatssekretärsebene am 28./29. Oktober 1976 in Bonn, 4. November 1976, S. 1460.

[23] Vgl. AAPD 1977, Dok. 17: Runderlaß des Vortragenden Legationsrats I. Klasse Engels, 2. Februar 1977, FN 21, S. 102f.

[24] BAR, E 2001 E-01, 1988/16, Bd. 211 (Europäische Sicherheitskonferenz), Visite officielle à Berne du Ministre des affaires étrangères d'Autriche, M. Willibald Pahr, les 9 et 10 février 1977.

[25] Vgl. Arthur M. Schlesinger, The imperial presidency, Boston 1973.

[26] Jakob Schissler, US-Menschenrechtspolitik und KSZE. Innen- und außenpolitischer Entscheidungsprozeß vor der Belgrader Nachfolgekonferenz, in: Politische Vierteljahresschrift 21 (1980), S. 363–381, S. 368.

[27] Reimaa, Helsinki Catch, S. 181.

einen unzulässigen Eingriff in den von ihm geleiteten Exekutivbereich der Außenpolitik.[28]

Bereits im ersten Halbjahr 1977 hielt die Commission vierzehn Hearings zur
Vorbereitung der Belgrader Konferenz ab. Die innenpolitische Ausgangslage hatte
sich mit dem Amtsantritt von Präsident Jimmy Carter im Januar 1977 geändert.
Fortan gab es in Menschenrechtsfragen eine Zusammenarbeit zwischen Adminis-
tration und Kongreß.[29] Gleichzeitig mußte der neue US-Präsident jedoch auch
der hohen Erwartungshaltung seitens der Kongreßmitglieder gerecht werden.
Sichtbares Zeichen des Einflusses der Kommission auf die amerikanische KSZE-
Politik während der Folgekonferenz war die Entsendung von Kongreßabgeordne-
ten nach Belgrad als offizielle Mitglieder der amerikanischen Delegation, was das
Gesprächsklima zwischen West und Ost nicht unbedingt verbessern sollte.

Die Gründung der Kommission verdeutlicht spiegelbildlich zur Entstehung der
Helsinki-Gruppen in Osteuropa die veränderten Rahmenbedingungen des KSZE-
Folgeprozesses, der einen fundamentalen Unterschied zum Charakter der Verhandlungen bis zur Unterzeichnung der Schlußakte in der ersten Hälfte der siebziger Jahre darstellte. Die Fokussierung der USA auf die Menschenrechte setzte
eben nicht erst mit dem Amtsantritt der Carter-Administration ein, sondern vollzog sich im Lichte der veränderten Wahrnehmung der Entspannungspolitik und
der Funktion der KSZE-Schlußakte im Übergangszeitraum zwischen Helsinki
und Belgrad. Der Kongreßausschuß zu den Angelegenheiten der KSZE „served as
a bridge between the emerging transnational network of Helsinki activists and
the United States CSCE delegation. As such, it was at the centre of the transformation of the United States attitude towards the CSCE and its role in it.“[30]

Wie die unterschiedlichen Vorschläge von westlicher, östlicher und neutraler
Seite zum weiteren Fortgang der KSZE demonstrieren, herrschte mit Blick auf die
Belgrader Konferenz allgemeine Unsicherheit über die konkrete Ausgestaltung
des Folgeprozesses. In einem Lagevortrag vor den Mitgliedern der Außenpolitischen Kommission des Nationalrats beschrieb Bundesrat Graber die Situation im
August 1976 folgendermaßen: „A mi-chemin entre Helsinki et Belgrad, c'est
d'abord vers l'avenir que nous devons regarder. Il ne semble pas cependant qu'un
seul des futurs participants à la Conférence de l'année prochaine ait déjà des vues
claires à ce sujet.“[31]

---

[28] Daniel C. Thomas, The Helsinki Effect. International Norms, Human Rights and the Demise
of Communism, Princeton 2001, S. 126.
[29] Schissler, Menschenrechtspolitik, S. 368.
[30] Sarah B. Snyder, Follow-up at Belgrade. How human rights activists shaped the Helsinki Process, in: Vladimir Bilandzic/Milan Kosanovic (Hgg.), From Helsinki to Belgrade – The First
CSCE Follow-up Meeting in Belgrade 1977/78, Belgrade 2008, S. 189-206, S. 195.
[31] BAR, E 1050.12, 1995/511, Bd. 11 (Europäische Sicherheitskonferenz), Commission des affaires étrangères/Conseil National, 26/27 août 1976, Tour d'horizon.

5.2 Umsetzung der Vertrauensbildenden Maßnahmen

Mit dem Abschluß der KSZE-Konferenz war auch die Schweiz selbst zur Umsetzung der Bestimmungen der Schlußakte von Helsinki angehalten. Auf dem Feld der Vertrauensbildenden Maßnahmen (VBM) wurde sie hiermit bereits im Herbst 1975 konfrontiert. Der Zweck der VBM bestand primär in einer besseren Transparenz und Berechenbarkeit im Verhältnis zwischen den beiden Militärblöcken. Ihre Einhaltung erfolgte wie erwähnt auf rein freiwilliger Basis. Als neutraler Staat stand die Eidgenossenschaft zwar militärisch nicht unbedingt im Mittelpunkt des Interesses der europäischen Hauptstädte, doch als KSZE-Teilnehmerstaat galten die Inhalte der Schlußakte in vollem Umfang auch für sie. Obwohl sich die Schweiz große Mühe bei der Umsetzung der Vertrauensbildenden Maßnahmen im Manöverbereich gab, kam es bei der Realisierung doch zu unerwarteten Komplikationen.

Nachdem die Sowjetunion im Herbst 1975 ihre Manöver nicht ankündigt hatte, kam das EPD folgerichtig zu der Einschätzung, dieses Verhalten stelle zwar „keine Verletzung des Buchstabens, wohl aber des Geistes der KSZE-Akte dar."[32] Aufgrund der aktiven Rolle der N+N-Staaten während der Verhandlungen über die Vertrauensbildenden Maßnahmen in Genf war es für die Schweiz wichtig, das Vereinbarte vollständig umzusetzen. Mit Schreiben vom 2. Oktober 1975 informierte das EPD ihre Botschafter in den KSZE-Teilnehmerstaaten, daß im Zeitraum vom 10. bis 18. November 1975 in der Ostschweiz Manöver des Feldarmeekorps 4 (FAK 4) in einer Personenstärke von rund 40 000 Soldaten durchgeführt würden. Die Botschaften wurden beauftragt, das Manöver gegenüber dem Außenministerium des jeweiligen Gastlands mit Verweis auf die KSZE-Schlußakte zu notifizieren.[33] Der Zeitraum der Ankündigung sollte nach Mitteilung des EPD bereits einen Monat vor Manöverbeginn erfolgen. Die Schweiz entschied sich damit gegen den in der Schlußakte vereinbarten Zeitraum von 21 Tagen, sondern orientierte sich demonstrativ an der von den Neutralen in Genf vergeblich geforderten Frist von 30 Tagen. Nachdem die Information der KSZE-Staaten erfolgt war, gab das EPD zudem eine Pressemitteilung zur Manöverankündigung heraus[34] und unterstrich hierdurch indirekt ihre Forderung nach Transparenz und nach Umsetzung der Vertrauensbildenden Maßnahmen. Bei der Einladung von Manöverbeobachtern verfuhr die Schweiz auf andere Weise, indem sie Einladun-

---

32 BAR, E 20012 E-01, 1987/78, Bd. 197 (Europäische Sicherheitskonferenz), Aktennotiz. KSZE-Manöverankündigungen, 18. September 1975.

33 BAR, E 20012 E-01, 1987/78, Bd. 197 (Europäische Sicherheitskonferenz), Eidgenössisches Politisches Departement. An die schweizerischen Botschaften in den KSZE-Teilnehmerstaaten. Manöverankündigungen laut KSZE-Schlußakte, 2. Oktober 1975; dem Schreiben war zudem eine Note mit Detailinformationen zum Manöver beigefügt, die den Regierungen übergeben werden sollte; in der Rubrik „Teilnehmende Truppen" enthielt die Note auch den Hinweis auf „200 Pferde".

34 BAR, E 20012 E-01, 1987/78, Bd. 197 (Europäische Sicherheitskonferenz), Eidgenössisches Politisches Departement. Pressemitteilung, Schweiz kündigt Manöver an KSZE-Staaten an, 10. Oktober 1975.

gen an alle in Bern akkreditierten Militärattachés versandte.[35] Der Grund dieses
Vorgehens bestand darin, daß in der Schweiz – unabhängig von der KSZE – bereits seit einiger Zeit die Praxis bestand, ausländische Militärs als Besucher zu
Manövern einzuladen. Insofern wurde bei der Manövereinladung für 1975 wieder
wie in den vorangegangenen Jahren verfahren, woraus sich nun jedoch Probleme
ergaben. Die Mitgliedsstaaten des Warschauer Pakts hatten ihre Teilnahme bereits
zugesagt, zogen ihre Anmeldung nach einem Besuch des sowjetischen Militärattachés im Eidgenössischen Militärdepartement (EMD) jedoch kurz vor Manöverbeginn überraschend wieder zurück. Was war geschehen?

Bis die Warschauer-Pakt-Staaten im Jahr 1976 ihre Haltung änderten, verfolgten sie hinsichtlich der VBM zunächst eine Strategie der Mißachtung, indem sie
eigene Manöver gar nicht erst ankündigten und den Manövern anderer Staaten
trotz Einladung demonstrativ fernblieben. Im Fall der Schweiz bestand nun aber
wie gesagt die Besonderheit, daß das EPD – unabhängig von den KSZE-Beratungen – sowieso schon über mehrere Jahre regelmäßig ausländische Besucher zu
Manövern einlud.[36] Das entsprechende Schreiben an die ausländischen Militärattachés zur Teilnahme an den Herbstmanövern 1975 enthielt vor diesem Hintergrund keinen besonderen Hinweis auf die Vereinbarungen der KSZE-Schlußakte.
Hingegen wurde in der schweizerischen Note zur Manöverankündigung, die an
die Regierungen übergeben worden war, ganz deutlich auf die KSZE Bezug genommen: „Die Schweizerische Botschaft beehrt sich, dem Außenministerium unter Bezugnahme auf die Schlussakte der Konferenz über Sicherheit und Zusammenarbeit in Europa […] und im besonderen auf das darin enthaltene ‚Dokument über vertrauensbildende Maßnahmen und bestimmte Aspekte der
Sicherheit und Abrüstung' im Auftrag ihrer Regierung die Manöver anzukündi-
gen, die vom 10.-18. November im Nordosten der Schweiz stattfinden."[37] Anfang
November 1975 ist auf Seite des Warschauer Pakts der feine semantische Unterschied zwischen der Manöverankündigung und der Einladung an die Manöver-
beobachter bemerkt worden. Der sowjetische Militärattaché in Bern wurde nun
im Protokollstab des EMD mit der Frage vorstellig, ob er wie in den vergangenen
Jahren in seiner Funktion als Attaché eingeladen worden sei, oder aber in der
Funktion eines Manöverbeobachters im Sinne der KSZE-Schlußakte. Die Schweizer Offiziere konnten mit dieser kommunistischen Dialektik anscheinend wenig
anfangen. Der sowjetischen Militärattaché erhielt die pragmatische Antwort, es
stehe ihm ganz frei, in der einen oder in der anderen Funktion den Manövern

---

[35] BAR, E 20012 E-01, 1987/78, Bd. 197 (Europäische Sicherheitskonferenz), Eidgenössisches
Politisches Departement. An die schweizerischen Botschaften in den KSZE-Teilnehmerstaaten. Manöverankündigungen laut KSZE-Schlußakte, 2. Oktober 1975.

[36] BAR, E 20012 E-01, 1987/78, Bd. 197 (Europäische Sicherheitskonferenz), Eidgenössisches
Politisches Departement. An die schweizerischen Botschaften in den KSZE-Teilnehmerstaaten. Schweizerische Erfahrungen mit Manöverankündigungen im Rahmen der KSZE, 8. Dezember 1975.

[37] BAR, E 20012 E-01, 1987/78, Bd. 197 (Europäische Sicherheitskonferenz), Eidgenössisches
Politisches Departement. An die schweizerischen Botschaften in den KSZE-Teilnehmerstaaten. Manöverankündigungen laut KSZE-Schlußakte, 2. Oktober 1975.

beizuwohnen.[38] Als Reaktion hierauf sagten die Vertreter der Warschauer-Pakt-Staaten – außer Rumänien – jedoch ihre Teilnahme kurzfristig ab. Insofern ergab sich in der Schweiz die ungewöhnliche Situation, daß die Ostblockstaaten nach der Unterzeichnung der KSZE-Schlußakte zunächst nicht mehr an der Manöverbeobachtung teilnahmen.

Ein weiteres Problem ergab sich durch die gängige Praxis, wonach die Einladungen zu Manöverbesuchen wie bereits erwähnt an die Militärattachés der in Bern ansässigen Auslandsvertretungen erfolgten. Das hatte nun allerdings zur praktischen Konsequenz, daß Botschaften von Staaten ohne Bezug zur KSZE, die in Bern mit einem Militärattaché vertreten waren, eine Einladung erhielten, wohingegen diplomatische Vertretungen von KSZE-Teilnehmerländern, die in der Schweiz nicht über einen Militärattaché verfügten – wie beispielsweise Kanada – von der Schweizer Regierung nicht eingeladen wurden. In einer Aktennotiz des EPD vom 18. November 1975 wurde dementsprechend festgehalten, es müsse für die zukünftige Handhabung eine Formel gefunden werden, „die es erlaubt, Einladungen wenigstens an alle KSZE-Teilnehmerstaaten zu richten."[39]

Insgesamt läßt sich feststellen, daß es sich bei dem multilateralen System der Vertrauensbildenden Maßnahmen in der Schlußakte um ein neues Element der Internationalen Beziehungen handelte, deren Umsetzung erst noch erprobt werden mußte. Das Konzept der VBM war „une création propre de la CSCE."[40] Die Schweiz war hier eigentlich im Vorteil, da sie zumindest Einladungen von Besuchern zu ihren Manövern auf bilateraler Ebene bereits selbst praktiziert hatte. Allerdings wurde von Schweizer Seite beim Versuch, den formalen Bestimmungen in der Schlußakte bestmöglich nachzukommen, nicht erkannt, daß das bisher praktizierte Verfahren der Manövereinladung den neuen Gegebenheiten angepaßt werden mußte. Darüber hinaus hatten die Manöverankündigung und die Einladung von Beobachtern im Hinblick auf die nun geltenden VBM-Bestimmungen auch eine eminent politische Bedeutung, wie die Schweiz an der schroffen Absage der Sowjetunion und ihrer Verbündeten erkennen mußte.

5.3 Intensivierung der Kontakte mit den N+N-Staaten

Die enge Zusammenarbeit zwischen den neutralen Ländern Österreich, Schweden, Finnland und der Schweiz sowie später im erweiterten Kreis der N+N-Staaten war eine der wichtigsten Entwicklungen im Entstehungsprozeß der KSZE bis zur Unterzeichnung der Schlußakte gewesen. Mit Blick auf die Belgrader Folge-

---

[38] BAR, E 20012 E-01, 1987/78, Bd. 197 (Europäische Sicherheitskonferenz), Eidgenössisches Politisches Departement. An die schweizerischen Botschaften in den KSZE-Teilnehmerstaaten. Schweizerische Erfahrungen mit Manöverankündigungen im Rahmen der KSZE, 8. Dezember 1975.

[39] BAR, E 20012 E-01, 1987/78, Bd. 197 (Europäische Sicherheitskonferenz), Aktennotiz. Manöverankündigung laut KSZE: FAK 4. November 1975, 18. November 1975.

[40] Ghébali, La CSCE d'Helsinki à Vienne, S. 145.

konferenz standen die Neutralen nun vor der Frage, wie die Zusammenarbeit in der „Post-Helsinki-Zeit" gestaltet werden sollte. Im November 1975 ergriff Finnland die Initiative und kündigte an, im kommenden Jahr ein Treffen der vier Neutralen und Jugoslawiens auf Beamtenebene organisieren zu wollen. Die Schweiz begrüßte den finnischen Vorschlag prinzipiell, wandte sich jedoch gegen eine Einbeziehung Jugoslawiens zu diesem frühen Zeitpunkt, da eine Kooperation in Korb III nicht möglich sei und die vier Neutralen sich wie schon in Genf erst untereinander absprechen sollten.[41] Mit dieser Haltung konnte die Schweiz sich durchsetzen. Im Aide-Mémoire der finnischen Regierung vom 30. März 1976 wurden nur Vertreter Österreichs, Schwedens und der Schweiz eingeladen.[42] Die Zusammenkunft in Helsinki fand am 29./30. April 1976 statt und diente als erste gemeinsame Bestandsaufnahme nach der Unterzeichnung der KSZE-Schlußakte.[43] Auf dem nächsten Treffen der vier Neutralen am 22./23. November 1976 in Wien begannen die konkreten Beratungen im Hinblick auf die Vorbereitung der Belgrader Konferenz. Es herrschte Einigkeit darüber, daß die Rolle der Neutralen in Belgrad in der gleichen Weise wie in Helsinki und Genf fortgesetzt werden sollte. In Anlehnung an die Genfer Beratungen sollte der Schwerpunkt der Kooperation wieder im militärischen Kapitel der KSZE-Schlußakte liegen.[44] Als ein mögliches Ziel für Belgrad wurde formuliert, bei größeren Truppenbewegungen eine ähnlich große Transparenz schaffen zu wollen wie im Bereich der Manöverankündigungen.[45] Ein mögliches Verbot von Manövern in Grenznähe erfuhr hingegen einhellige Ablehnung. Insbesondere für die Schweiz als neutralen Kleinstaat im Zentrum Europas hätte eine solche Regelung eine Einschränkung der Verteidigungsfähigkeit bedeutet.

Als Gastgeberland der Nachfolgekonferenz lud die jugoslawische Regierung zu Beginn des Jahres 1977 zu einem Treffen der N+N-Staaten ein. Es war das erste Treffen dieser Gruppierung seit dem Abschluß der KSZE.[46] Inhaltliche Beschlüsse wurden nicht gefaßt. In einer Aufzeichnung des EPD wurde darauf hingewiesen, daß das Treffen der N+N-Staaten vor Beginn der Konferenz vorrangig dazu gedient habe, „das Weiterbestehen der Gruppe nach außen zu dokumentieren."[47] In einer Sitzung der Auswärtigen Kommission des Nationalrats im September 1977

---

[41] BAR, E 2001 E-01, 1987/78, Bd. 196 (Europäische Sicherheitskonferenz), Gesprächsnotiz. KSZE-Treffen der vier Neutralen, 25. November 1975.

[42] BAR, E 2001 E-01, 1987/78, Bd. 222 (Durchführung KSZE-Beschlüsse), Ambassade de Finlande. Aide-Mémoire, 30 mars 1976.

[43] BAR, E 2001 E-01, 1987/78, Bd. 222 (Durchführung KSZE-Beschlüsse), KSZE-Treffen der vier Neutralen in Helsinki (29./30. April 1976).

[44] Aus diesem Grund fand neben den Besprechungen der Diplomaten zusätzlich eine Besprechung von Militärexperten aus den vier neutralen Staaten statt.

[45] BAR E 2001 E-01, 1988/16, Bd. 210 (Europäische Sicherheitskonferenz), KSZE-Treffen der vier Neutralen in Wien, 22./23. November 1976.

[46] Zur Gruppe der N+N-Staaten gehörten die Länder Österreich, Schweden, Finnland, Schweiz, Jugoslawien, Malta, Zypern, San Marino und Liechtenstein.

[47] BAR, E 2001 E-01, 1988/16, Bd. 211 (Europäische Sicherheitskonferenz), KSZE-Treffen der Neutralen und Blockfreien in Belgrad (31. Januar/1. Februar 1977).

wies der für die KSZE zuständige Sachbearbeiter des EPD, Hans-Jörg Renk, darauf hin, daß die Stärke der N+N-Staaten in Helsinki und Genf vorrangig in der Lösung prozeduraler Probleme gelegen habe.[48]

Bei ihrer Zusammenkunft in Bern am 9./10. Mai 1977 setzten Österreich, Finnland, Schweden und die Schweiz ihre Absprachen im kleineren Kreis fort. Die vier Neutralen waren sich darüber einig, daß als Ergebnis der Folgekonferenz nicht – wie von der Sowjetunion angeregt – bloße „Empfehlungen" verabschiedet werden sollten, deren Umsetzung dann jeweils von den Regierungen zu prüfen sei. Vielmehr müßten in Belgrad konkrete „Richtlinien" für die KSZE-Teilnehmerstaaten festgelegt werden. Deutlicher als in den Gesprächen zuvor zeigten sich Meinungsunterschiede im Hinblick auf mögliche gemeinsame Initiativen zur Weiterentwicklung der Vertrauensbildenden Maßnahmen. Schweden unterbreitete hierzu einen Katalog von Vorschlägen. Darin enthalten war die Forderung nach Ausweitung der Ankündigungen auf kleinere Manöver und auf Truppenbewegungen, Verhaltensregeln zum Umgang mit Manöverbeobachtern sowie mehr öffentliche Informationen zu den Militärbudgets. Insbesondere die Schweiz zeigte sich jedoch skeptisch gegenüber neuen Initiativen zur Ausweitung der VBM. Solche Maßnahmen seien vor dem Hintergrund der stetigen Aufrüstung des Warschauer Pakts und aufgrund mangelnder Fortschritte in der Abrüstung (MBFR, SALT) „wenig realistisch."[49] Die Entwicklung der Ost-West-Beziehungen wurde von den Berner Diplomaten mittlerweile mit Sorge betrachtet. Die schon vorhandene Unsicherheit über den Ablauf der KSZE-Folgekonferenz wurde durch die später näher darzustellende Krise der Détente-Politik und den Regierungswechsel in Washington noch weiter verstärkt. In dieser Situation war es schwierig, sich überhaupt auf konkrete inhaltliche Positionen für Belgrad festzulegen. Wie der Generalsekretär des EPD, Albert Weitnauer, den Mitgliedern der Kommission für Auswärtige Angelegenheiten des Nationalrats im Februar 1977 mitteilte, sei der Zeitpunkt, die schweizerische Haltung „endgültig zu formulieren, […] noch nicht gekommen."[50]

Die Schweiz war daran interessiert, die Kooperation sowohl im Kreis der vier Neutralen als auch innerhalb der Gruppe der N+N-Staaten fortzusetzen. In der unklaren Situation im Vorfeld der Belgrader Konferenz ließen sich allerdings noch keine konkreten Absprachen treffen. Die inhaltliche Zusammenarbeit der N+N mußte ohnehin wesentlich auf die Vertrauensbildenden Maßnahmen beschränkt bleiben, da gemeinsame Initiativen auf den Feldern Menschenrechte und Wirtschaft mit einem sozialistischen Staat wie Jugoslawien nur schwer möglich waren.

---

[48] BAR, E 1050.12, 1995/511, Bd. 12 (Parlamentsdienste), Kommission für Auswärtige Angelegenheiten/Nationalrat. Protokoll der Sitzung vom 30. August 1977.

[49] BAR, E 2001 E-01, 1988/16, Bd. 212 (Europäische Sicherheitskonferenz), Drittes KSZE-Treffen der vier Neutralen in Bern, 9./10. Mai 1977.

[50] BAR, E 1050.12, 1995/511, Bd. 12 (Parlamentsdienste), Kommission für Auswärtige Angelegenheiten/Nationalrat. Protokoll der Sitzung vom 17. Februar 1977.

Der österreichische Außenminister Pahr wies bei seinem Besuch in Bern im Februar 1977 darauf hin, daß sich die Rolle der neutralen Staaten in Belgrad aufgrund der nun vorhandenen Überprüfungsphase zur Umsetzung der Schlußakte deutlich von den Genfer Verhandlungen unterscheiden würde. Die Neutralen „devront éviter l'échec de la Conférence."[51] Diese negative Einschätzung wurde vom Generalsekretär des EPD geteilt. Botschafter Weitnauer kam bezüglich des möglichen Verlaufs der Folgekonferenz in weiser Voraussicht zu folgender Prognose: „[J]e n'échappe pas à l'impression qu'il se prépare un orage à propos des droits de l'homme, car il y a des limites à la récrimination que l'Union soviétique peut supporter."[52]

5.4 Die Vorbereitung der Belgrader Folgekonferenz durch die Schweiz

Einen festen Bezugspunkt zur Vorbereitung der Belgrader Konferenz bot einzig die KSZE-Schlußakte. Aspekte ihrer Umsetzung und Weiterentwicklung standen bis zum Beginn der Belgrader Vorkonferenz im Sommer 1977 deshalb im Mittelpunkt der Schweizer Überlegungen. Im Dezember 1976 äußerte sich Außenminister Graber im Nationalrat ausführlich zum Stand der KSZE im Hinblick auf die Folgekonferenz. Den Anlaß hierzu bot eine Motion (Aufforderung an den Bundesrat) des Abgeordneten Josef Fischer von den Republikanern, in der gefordert wurde, die Schweiz solle keine Delegation nach Belgrad entsenden. Bundesrat Graber räumte ein, daß sich das Entspannungsklima verschlechtert habe, wies aber gleichzeitig auf leichte Verbesserungen aufgrund der Bestimmungen der Schlußakte auf den Feldern Familienzusammenführung, Arbeitsbedingungen für Journalisten und Vertrauensbildende Maßnahmen hin. Im Gegensatz zur reinen Ausarbeitung eines Gesamtdokuments bei den Genfer Verhandlungen werde man sich auf der Folgekonferenz „mit Tatsachen befassen müssen."[53] Die Überprüfung der Helsinki-Vereinbarungen war nach Ansicht Grabers also von herausragender Bedeutung. Vor diesem Hintergrund wäre es aus schweizerischer Perspektive falsch, „als einzige das Signal zum Abbruch eines Dialogs zu geben, der bereits erste bescheidene Früchte hervorgebracht hat."[54]

Mit Blick auf die Belgrader Nachfolgekonferenz stand die Schweiz vor der Frage, welche Themen sie selbst aktiv voranbringen wollte. Ihr wichtigster Vorschlag für ein Verfahren zur friedlichen Streiterledigung würde gemäß der Formulierung in der Schlußakte erst auf einem separaten Expertentreffen nach der Folgekonfe-

[51] BAR, E 2001 E-01, 1988/16, Bd. 211 (Europäische Sicherheitskonferenz), Visite officielle à Berne du Ministre des affaires étrangères d'Autriche, M. Willibald Pahr, les 9 et 10 février 1977.
[52] Ebd.
[53] BAR, E 2001 E-01, 1988/16, Bd. 210 (Europäische Sicherheitskonferenz), Nationalrat. Motion Fischer (Bremgarten) vom 17. Dezember 1976. KSZE-Konferenz in Belgrad.
[54] Ebd.

renz erfolgen und war für die Belgrader Konferenz somit ungeeignet. Die zweite Priorität der Genfer Verhandlungen, die Erwähnung der Neutralität, war mit der Aufnahme einer entsprechenden Formulierung in den Prinzipienkatalog der Schlußakte im positiven Sinne erledigt. Insofern rückte nun der dritte Schwerpunkt der Schweizer KSZE-Politik, der Bereich „Information" in den Mittelpunkt der Überlegungen. Der KSZE-Referent des EPD, Hans-Jörg Renk, definierte die Rolle des Außendepartements in diesem Bereich folgendermaßen: „[A]ider les milieux intéressés de la presse, de la culture et de l'éducation en Suisse qui désirent intensifier et améliorer leurs relations avec leur homologues dans les pays de l'Est et contribuer ainsi au rayonnement de la Suisse dans cette partie de l'Europe."[55] Um nähere Informationen über die Arbeitsbedingungen von Schweizer Journalisten in den sozialistischen Ländern und die Verbreitung von Schweizer Zeitungen in Osteuropa zu erhalten, lud das EPD zu mehreren Treffen mit Vertretern von schweizerischen Medienverbänden ein.[56] Wie Hans-Jörg Renk in der Sitzung der „Arbeitsgruppe Information" am 15. September 1976 erläuterte, „würde sich der Bereich Information für eine erneute schweizerische Initiative gut eignen."[57]

Das EPD informierte sich bei den schweizerischen Botschaften in den Ländern des Warschauer Pakts nach der jeweiligen Verfügbarkeit von schweizerischen Presseerzeugnissen. Als Ergebnis ließ sich feststellen, daß außer in Polen Zeitungen aus der Schweiz im freien Verkauf kaum verfügbar waren.[58] In der Sitzung der „Arbeitsgruppe Information" am 2. März 1977 kündigte Ernst Andres, der Chef der Presseabteilung des Außendepartements, als Reaktion auf das Ergebnis der Befragung an, daß das EPD die Problematik der Informationsverbreitung nun direkt mit den Regierungen der osteuropäischen Länder besprechen wolle.[59] Am 25. März 1977 sandte die schweizerische Regierung unter Verweis auf die Schlußakte von Helsinki ein Memorandum an die Außenministerien in den Ländern des Warschauer Pakts, in dem der Wunsch nach Verbesserungen in der Informationsverbreitung zum Ausdruck gebracht wurde: „Verschiedene schweizerische Zeitungen und Zeitschriften, die bereits im Ausland bekannt sind, haben [...] ihr Interesse bekundet, dass ihre Verbreitung auch auf dem Territorium der [Länderbezeichnung] erleichtert werde. Zu diesem Zweck stehen gemäß Text der Schlußakte von Helsinki beispielsweise die folgenden Maßnahmen zur Verfügung [...]."[60] Die Reaktionen der sozialistischen Länder waren erwartungsgemäß zurückhal-

---

[55] BAR, E 2001 E-01, 1988/16, Bd. 209 (Europäische Sicherheitskonferenz), Note au Chef du Département. CSCE – Mise en œuvre des dispositions de la corbeille III par la Suisse.

[56] Hierzu gehörten unter anderem der Verein Schweizer Presse (VSP), der Schweizer Zeitungsverlegerverband (SZV) und die Schweizerische Depeschenagentur (SDA).

[57] BAR, E 2001 E-01, 1988/16, Bd. 220 (Durchführung KSZE-Beschlüsse), KSZE/Kapitel „Information" der Schlussakte von Helsinki. Sitzung am 15. September 1976.

[58] BAR, E 2001 E-01, 1988/16, Bd. 220 (Durchführung KSZE-Beschlüsse), KSZE/Kapitel „Information" der Schlussakte von Helsinki. Sitzung am 2. März 1977.

[59] Ebd.

[60] BAR, E 2001 E-01, 1988/16, Bd. 220 (Durchführung KSZE-Beschlüsse), Eidgenössisches Politisches Departement. Memorandum, 25. März 1977.

tend bis ablehnend. Allerdings erklärten Polen und Ungarn immerhin ihre Bereitschaft, auf Grundlage des Reziprozitätsprinzips über eine Erhöhung der Importe
zu diskutieren.[61]

Im Vorfeld der Belgrader Konferenz kritisierten die Vertreter der Medienverbände in der Sitzung der „Arbeitsgruppe Information" am 29. August 1977 die
mangelnden Fortschritte in der Informationsverbreitung und plädierten für eine
harte Haltung der Schweiz bei den KSZE-Beratungen. Nach Ansicht des Verban-
des der Schweizer Journalisten gehe die Frage, ob 50 NZZ mehr in den Oststaaten
verkauft werden, am Kern des Problems vorbei.[62] Der Vertreter der Schweizer Politischen Korrespondenz zeigte sich zwar ebenfalls unbefriedigt über die geringen
Fortschritte, erachtete die von der Schweizer Regierung praktizierte „Politik der
kleinen Schritte" jedoch gleichzeitig als richtig. Ernst Andres vom EPD stellte gegenüber den Medienvertretern klar, daß die Schweiz ihre Haltung deutlich zum
Ausdruck bringen werde, aber die Belgrader Konferenz auch nicht zu einem Tribunal werden dürfe.[63] Als eine mögliche Schweizer Initiative für Belgrad schlug
das EPD die Schaffung eines gesamteuropäischen Pools für Zeitungsartikel vor.
Seitens der Medienverbände wurde dagegen jedoch eingewandt, daß östliche Artikel „trostlos langweilig" seien und man die Zeitungen nicht zum Abdruck dieser
Artikel bewegen könne. Eine weitere Überlegung der Schweiz, die auf eine Initiative Frankreichs während der Genfer Verhandlungen zurückging, sah die Einrichtung öffentlicher Lesesäle in allen Teilnehmerländern vor.[64] Die Probleme beim
Freiverkauf von Zeitungen in den Oststaaten sollte durch die kostenlose Bereitstellung der Informationsquellen in den Lesesälen umgangen werden. Zwar gab es
noch keine fertig ausgearbeiteten Vorschläge für die Nachfolgekonferenz, doch
mit dem Engagement im Bereich „Information" hatte die Schweiz ihr Thema für
Belgrad gefunden. Zu dieser Entwicklung trug auch bei, daß sich im Zusammenhang mit der aufkommenden Dissidentenbewegung in Osteuropa die menschenrechtlichen Bestimmungen in Korb III zunehmend als das dynamische Element
der Schlußakte herausstellten.[65]

Die organisatorischen Planungen im EPD für die Belgrader Folgekonferenz
begannen im Herbst 1976 mit der Reaktivierung der internen Arbeitsgruppe zu
Fragen der KSZE.[66] Hans-Jörg Renk erstellte ein vertrauliches Positionspapier
„Umrisse eines Schweizer Standpunkts für Belgrad 1977" als Grundlage der wei-

---

[61] BAR, E 2001 E-01, 1988/16, Bd. 220 (Durchführung KSZE-Beschlüsse), Korb III. Verbesserung der Verbreitung von, des Zugangs zu und des Austausches von Information, 12. September 1977.

[62] BAR, E 2001 E-01, 1988/16, Bd. 220 (Durchführung KSZE-Beschlüsse), KSZE/Kapitel „Information" der Schlussakte von Helsinki. Sitzung am 29. August 1977.

[63] Ebd.

[64] BAR, E 2001 E-01, 1988/16, Bd. 220 (Durchführung KSZE-Beschlüsse), Korb III. Verbesserung der Verbreitung von, des Zugangs zu und des Austausches von Information, 12. September 1977.

[65] Interview mit Hans-Jörg Renk.

[66] BAR, E 2001 E-01, 1988/16 (Europäische Sicherheitskonferenz), Notiz an den Departements-
vorsteher. KSZE-Arbeitsgruppe, 17. Juni 1976.

teren inhaltlichen Planungen. Als die drei Aufgaben des Belgrader Treffens wurden darin die Überprüfung der Umsetzung der Helsinki-Bestimmungen durch die Teilnehmerländer, die Beschreibung neuer Handlungsfelder zur Ergänzung der bestehenden Vereinbarungen sowie die Klärung der Modalitäten für eine weitere Nachfolgekonferenz und möglicher Expertentreffen genannt.[67] Die Schlußakte durfte nach Ansicht der Schweiz dabei jedoch nicht zur Disposition gestellt werden, sondern es handele sich nur um inhaltliche Ergänzungen: „Jegliche Weiterentwicklung muß im Rahmen des bestehenden Textes erfolgen."[68] Auf diese Weise sollte verhindert werden, daß die Sowjetunion die von ihr gemachten Zugeständnisse im Nachhinein wieder revidieren konnte oder der KSZE etwa im Hinblick auf die vorgeschlagenen Konferenzen über Umwelt, Energie und Verkehr eine neue thematische Ausrichtung geben konnte. Darüber hinaus wurde von Renk die Umsetzung der Schlußakte auf dem Feld der Vertrauensbildenden Maßnahmen positiv hervorgehoben. Mit ungefähr dreißig Manöverankündigungen habe sich auf diesem Feld „seit Helsinki die meisten Erfahrungen angesammelt."[69]

Die Schweiz setzte darüber hinaus auch ihre bilateralen Gespräche mit Vertretern anderer KSZE-Teilnehmerländer fort, allerdings zeigte sich darin eine andere Atmosphäre als noch Anfang der siebziger Jahre im Vorfeld der Multilateralen Gespräche. Statt früherer Dynamik überwog allgemein eine vorsichtige und abwartende Haltung. Über die Zukunft der Entspannungspolitik herrschte Mitte der siebziger Jahre Unsicherheit, wie noch näher dargestellt werden wird, und es gab nicht mehr dieselbe optimistische Stimmung, die die Entstehung der KSZE begleitet hatte. Im Gespräch mit Rechtsberater Bindschedler beklagte sich der sowjetische Diplomat Mendelewitsch im März 1977 über die propagandistischen Angriffe des Westens auf die sozialistischen Staaten. Mendelewitsch sah darin „eine eigentliche Kampagne, um zum Kalten Krieg zurückzukehren."[70]

Im Mai 1977 schlug Außenminister Graber dem Bundesrat die Mitglieder der Delegation für das Vorbereitungstreffen in Belgrad vor.[71] Der Stellenwert der KSZE aus Sicht der Schweizer Diplomatie läßt sich daran ersehen, daß es mehrere kompetente Persönlichkeiten gab, die die Eidgenossenschaft in Belgrad repräsentieren wollten. Es wurde schließlich eine interne Übereinkunft darüber erzielt, daß Anton Hegner von der Politischen Direktion des EPD die Delegation auf dem Vorbereitungstreffen leiten, Generalsekretär Albert Weitnauer die Eröffnungsansprache bei der Hauptkonferenz halten und Rechtsberater Rudolf Bind-

---

[67] BAR, E 2001 E-01, 1988/16, Bd. 211 (Europäische Sicherheitskonferenz), Umrisse eines Schweizer Standpunktes für Belgrad 1977.
[68] Ebd.
[69] Ebd.
[70] BAR, E 2001 E-01, 1988/16, Bd. 211 (Europäische Sicherheitskonferenz), Notiz für Herrn Bundesrat Graber. Besprechungen mit dem Außenministerium der USSR, 1.–3. März 1977.
[71] Die Delegation umfaßte Botschafter Anton Hegner als Delegationsleiter, den Schweizer Botschafter in Jugoslawien, Hansjörg Hess sowie die KSZE-Diplomaten Edouard Brunner und Hans-Jörg Renk.

schedler wie bereits in Genf die Leitung der Delegation während der Belgrader Beratungen übernehmen würde.[72] Auf einen Abschlußbericht der Arbeitsgruppe oder Instruktionen für die Delegation wurde vorläufig verzichtet, da „sich die meisten KSZE-Staaten ihre Entscheide über das eigentliche Treffen bis nach der Vorbereitungsphase vorbehalten."[73] An dieser Einschätzung zeigt sich die vorsichtige, abwartende Atmosphäre im Vorfeld der Folgekonferenz. Anfang Juni 1977 gab das EPD entgegen seiner früheren Mitteilung doch Instruktionen für die Vorkonferenz heraus, doch blieben sie der Aufgabe des Treffens entsprechend auf organisatorische Aspekte beschränkt. Der Grund für dieses geänderte Verhalten könnte in der Erkenntnis gelegen haben, daß der Verlauf des Vorbereitungstreffens gerade aufgrund der unklaren Ausgangssituation für den weiteren Verlauf der KSZE von besonderer Bedeutung sein würde. Insofern galt es aus Sicht der Schweiz „zu vermeiden, dass bei der Vorbereitung des Belgrader Treffens irgendwelche politische Festlegungen getroffen oder Bedingungen gestellt werden, die das eigentliche Treffen präjudizieren könnten."[74] Darüber hinaus durften die aus Perspektive der Schweiz überaus vorteilhaften organisatorischen Prinzipien der KSZE der Jahre 1972 bis 1975 nicht angetastet werden. Das Konsensprinzip, das Gleichheitsprinzip sowie das Rotationsprinzip bei der Tagungsleitung mußten den KSZE-Verhandlungen auch zukünftig zugrunde liegen.[75]

Im Hinblick auf die Entwicklung des KSZE-Prozesses stellte die Unterzeichnung der Schlußakte von Helsinki „eine Art Wasserscheide zwischen zwei politischen Perioden dar."[76] In diesem Zusammenhang bildete der häufig vergessene Zeitraum zwischen Helsinki und Belgrad die Übergangsphase in die „Post-Helsinki-Ära". Für den KSZE-Folgeprozeß sollten neue Entscheidungsprozesse und andere internationale Rahmenbedingungen relevant werden. Aus der Perspektive der Entspannungspolitik bedeuteten die Jahre 1975 bis 1977 in erster Linie „eine Periode der Ernüchterung."[77]

---

[72] Interview mit Hans-Jörg Renk.

[73] BAR , E 2001 E-01, 1988/16, Bd. 212 (Europäische Sicherheitskonferenz), KSZE/Folgekonferenz in Belgrad (Zusammensetzung der Schweizerischen Delegation bei der Vorbereitungsphase), 11. Mai 1977.

[74] BAR, E 2001 E-01, 1988/16, Bd. 212 (Europäische Sicherheitskonferenz), Instruktionen an die schweizerische Delegation beim Vorbereitungstreffen in Belgrad, 1. Juni 1977.

[75] Ebd.

[76] Renk, Der Weg der Schweiz nach Helsinki, S. 11.

[77] BAR, E 2001 E-01, 1988/16, Bd. 214 (Europäische Sicherheitskonferenz), Das Belgrader KSZE-Vorbereitungstreffen, 17. Oktober 1977.

6. Die Folgekonferenz von Belgrad (1977/78)

6.1 Die Krise der Détente-Politik

Seit Mitte der siebziger Jahre änderte sich das Klima der Ost-West-Beziehungen. Das Verhältnis insbesondere zwischen den beiden Supermächten verschlechterte sich wieder, denn „die Stimmen gegen die Politik der Détente [wurden] weltweit lauter".[1] Die Entspannungspolitik, die seit Beginn des Jahrzehnts die internationale Politik bestimmt hatte, geriet in eine Krise. Das Grundproblem bestand darin, daß die USA und die Sowjetunion unter „Détente" in längerfristiger Hinsicht etwas ganz Unterschiedliches verstanden.[2] Henry Kissinger versuchte, die Sowjetunion „durch Beteiligung an der globalen Macht in die gemeinsame Verantwortung zu holen, aus revolutionären Feinden legitime Partner zu machen".[3] In dem so geschaffenen Gleichgewichtssystem sollte den USA eine ähnliche Schlüsselrolle zukommen wie Großbritannien in bezug auf die „Balance of Power" des 19. Jahrhunderts. Das Entspannungskonzept Kissingers ging von der Voraussetzung aus, daß die Sowjetunion „would act as a global stabilizing force".[4] Diese Hoffnung erfüllte sich freilich nicht, wie sich seit Mitte der siebziger Jahre zeigte.

Was westlicherseits als das Janusgesicht des Sowjetkommunismus aus friedlicher Koexistenz einerseits und revolutionärer marxistisch-leninistischer Ideologie andererseits erschien, bildete in östlicher Sichtweise eine Einheit. Das deterministische Geschichtsbild ging von einem letztendlichen Sieg des Kommunismus aufgrund von Umwandlungsprozessen in den kapitalistischen Ländern aus. Die Sowjetunion wollte gerade eine starke Stellung in einem von den USA unabhängigen Weltsystem erreichen, das ihre eigene Existenz sicherte und eine Fortsetzung des historischen Prozesses hin zum Kommunismus ermöglichte.[5] Revolutionäre Bestrebungen in anderen Ländern konnten unterhalb der Ebene der direkten Beteiligung zumindest indirekt unterstützt oder vorangetrieben werden. Beiden Supermächten ging es im Entspannungsprozeß also darum, „to modify the fundamental world order – in different directions".[6]

Die durch die Ölkrise im Jahr 1973 hervorgerufenen Verwerfungen der Weltwirtschaft hatten gesellschaftliche Veränderungen in den kapitalistischen Ländern zur Folge. Sie führten zu neuen sozialen Problemen wie der „Rückkehr der

---

[1] Klaus Hildebrand, Der Kalte Krieg als Détente. Die Phänomenologie der Staatenwelt während der siebziger Jahre des 20. Jahrhunderts, in: Karl Dietrich Bracher/Hans-Adolf Jacobsen/Volker Kronenberg u. a. (Hgg.), Politik, Geschichte und Kultur. Wissenschaft in Verantwortung für die res publica. Festschrift für Manfred Funke zum 70. Geburtstag, Bonn 2009, S. 111–125, S. 113.
[2] Garthoff, Détente and Confrontation, S. 1126f.
[3] Hildebrand, Der Kalte Krieg als Détente, S. 114.
[4] McMahon, The Cold War, S. 142.
[5] Westad, The Fall of Détente, S. 13.
[6] Garthoff, Détente and Confrontation, S. 1126.

Arbeitslosigkeit"[7] und veränderten nachhaltig das bis dahin herrschende, von Optimismus und Fortschrittsglauben geprägte Bewußtsein der westlichen Gesellschaften. Die Machtposition der USA im internationalen System schien sich insgesamt weiter zu verschlechtern, wohingegen sich die Stellung der Sowjetunion scheinbar verbessert hatte.[8] Dieser Befund galt in zeitgenössischer Perspektive insbesondere für die Entwicklung der Ost-West-Beziehungen in der Détente-Ära. In den USA geriet der außenpolitische Kurs von Präsident Ford und Außenminister Kissinger immer stärker in die Kritik.[9] Als Ergebnis der Entspannungspolitik diagnostizierten die innenpolitischen Kritiker eine Schwächung der USA im Verhältnis zur Sowjetunion. Für die Liberalen lag die Ursache in einem Mangel an Moral, für die Neokonservativen in einem Mangel an Stärke begründet.

Mit dem bereits erwähnten Jackson/Vanik-Amendment von 1974 verfolgten liberale Kongreßmitglieder in Opposition zur Außenpolitik Henry Kissingers das Ziel, die Menschenrechtspolitik in den Fokus der amerikanischen Außenpolitik zu stellen und hierdurch Druck auf die Sowjetunion auszuüben. Die Gewährung der Meistbegünstigung wurde vom Kongreß von der Erhöhung der Ausreisezahlen von Juden aus der Sowjetunion abhängig gemacht. Allerdings verzichtete Moskau nach gescheiterten Vermittlungsversuchen Kissingers unter diesen Bedingungen schließlich auf die Unterzeichnung des Handelsvertrages mit den USA. Für die amerikanische Regierung hatte die Resolution des Kongresses neben einem innenpolitischen Gesichtsverlust auch negative außenpolitische Konsequenzen. Ihre Glaubwürdigkeit war beschädigt und ihr diplomatischer Handlungsspielraum bei zukünftigen Verhandlungen mit der Sowjetunion war eingeschränkt: „Gesinnungsethik hatte über Verantwortungsethik triumphiert."[10] Dabei war es nicht so, daß die Nixon-Regierung die Auswanderungsthematik in den Verhandlungen mit der Sowjetunion nicht angesprochen hätte, doch dies geschah nur unter Ausschluß der Öffentlichkeit. Im weiteren Verlauf der Ost-West-Beziehungen zeigte sich, daß die Pressionspolitik gegenüber Moskau der Sache der Emigranten einen Bärendienst erwies. In der Zeit der „stillen Diplomatie" Kissingers kam es zu einem Anstieg der Auswandererzahlen, bevor sie in der zweiten Hälfte der siebziger Jahre schließlich fast zum Erliegen kam.[11]

Während es sich bei den liberalen Kritikern überwiegend um Demokraten handelte, entstand mit der Gruppe der Neokonservativen eine zunehmend an Bedeutung gewinnende Oppositionsbewegung im politischen Spektrum der republikanischen Partei. In einem bedeutenden Aufsatz unter dem provokanten Titel „Making the world safe for communism" konstatierte der neokonservative Vordenker Norman Podhoretz im Jahr 1976 eine „spiritual surrender" der USA im

---

[7] Vgl. Thomas Raithel/Thomas Schlemmer (Hgg.), Die Rückkehr der Arbeitslosigkeit. Die Bundesrepublik Deutschland im europäischen Kontext, München 2009.

[8] Westad, The Fall of Détente, S. 4.

[9] Hanhimäki, Flawed Architect, S. 433 ff.

[10] Klaus Schwabe, Weltmacht und Weltordnung. Amerikanische Außenpolitik von 1898 bis zur Gegenwart, Zürich 2006, S. 378.

[11] Hacke, Zur Weltmacht verdammt, S. 162.

Kampf gegen den Kommunismus und sah eine „Finlandization from within."[12] Diese Entspannungsgegner „simply could not accept the very concepts of parity and sufficiency upon which detente was based. For diehard Cold Warriors, only strategic superiority [...] stood as an appropriate goal for the United States when dealing with [...] an adversary as the Soviet Union."[13]

Die Ford-Administration geriet in eine innenpolitische Zange von Liberalen und Neokonservativen, die aus unterschiedlichen Gründen das von Henry Kissinger personifizierte Détente-Konzept ablehnten. Statt auf Rationalität setzten beide Gruppen auf Emotion und Konfrontation, ohne dabei jedoch ein durchdachtes Alternativkonzept zur Entspannungspolitik zu entwickeln.[14] Die amerikanische Regierung mußte sich auf die veränderte Stimmungslage im Land einstellen, denn „[d]ie Außenpolitik eines Staates ist stets eine Mischung aus den Überzeugungen seiner Führer und dem Druck der sie umgebenden Welt."[15] Im Verhältnis zur Sowjetunion bemühte man sich nun um ein härteres Auftreten, so beispielsweise bei den Verhandlungen zu SALT-II über ein neues Abkommen zur Rüstungsbegrenzung. Im beginnenden Wahlkampf vermieden schließlich selbst Ford und Kissinger den Gebrauch des Ausdrucks „Détente". Die amerikanische Regierung geriet innenpolitisch immer stärker in die Defensive. Für die Wahlkampagne 1976 wurde der konservative Republikaner Bob Dole zum „running mate" von Präsident Gerald Ford bestimmt, was eine einmalige Desavouierung des amtierenden gemäßigten Vizepräsidenten Nelson Rockefeller bedeutete. Trotz dieser Maßnahme erwuchs Präsident Ford in Gestalt des Gouverneurs von Kalifornien, Ronald Reagan, ein veritabler Gegenkandidat in den republikanischen Vorwahlen, in denen sich Ford nur äußerst knapp behaupten konnte.[16] Im April 1976 plädierte Kissingers Berater Helmut Sonnenfeldt in einem internen Vortrag auf der Washingtoner Botschafterkonferenz für die Fortsetzung und Weiterentwicklung der Détente-Politik mit der Sowjetunion. Der Redetext erschien wenig später in der *New York Times* und verursachte einigen Wirbel. Kritiker warfen der Regierung vor, Osteuropa der Sowjetunion als Einflußgebiet zu überlassen und sprachen von einer „Sonnenfeldt-Doktrin."[17] Die Außenpolitik der Administration stand im Wahljahr unter beständigem Beschuß, zunächst durch Reagan, später dann aus liberaler Richtung durch den demokratischen Präsidentschaftskandidaten Jimmy Carter. Zur KSZE-Schlußakte äußerte sich Carter sehr kritisch: „I think we lost in Helsinki. We ratified the takeover of Eastern Europe. We got practically nothing in return."[18] Es war in dieser bedrängten Situation, daß Ford sich in der zweiten

---

[12] Zit. nach Patrick Keller, Neokonservatismus und amerikanische Außenpolitik. Ideen, Krieg und Strategie von Ronald Reagan bis George W. Bush, Paderborn 2008, S. 55.
[13] McMahon, The Cold War, S. 137.
[14] Garthoff, Détente and Confrontation, S. 1126.
[15] Henry Kissinger, Jahre der Erneuerung. Erinnerungen, München 1999, S. 84 ff.
[16] Douglas Brinkley, Gerald R. Ford, New York 2007, S. 138 f.
[17] Garthoff, Détente and Confrontation, S. 549 f.
[18] Zit. nach Yanek Mieczkowski, Gerald Ford and the Challenges of the 1970s, Lexington 2005, S. 298.

Fernsehdebatte mit Carter am 6. Oktober 1976 zu einer umstrittenen Äußerung hinreißen ließ: „There is no Soviet domination of Eastern Europe, and there never will be under a Ford administration."[19] Auf Nachfrage fügte der amerikanische Präsident hinzu, Länder wie Polen, Rumänien und Jugoslawien fühlten sich nicht von der Sowjetunion dominiert, sondern seien „independent, autonomous nations." Abgesehen davon, daß Ford die Blockfreiheit Jugoslawiens und die Sonderrolle Rumäniens innerhalb des Warschauer Pakts nicht bewußt gewesen zu sein scheint, wollte er mit seiner Äußerung wohl zum Ausdruck bringen, daß sich die Handlungsspielräume der osteuropäischen Länder infolge von Détente und KSZE vergrößert hatten. Die Episode beschreibt anschaulich die Probleme der aus der Defensive heraus agierenden Entspannungsbefürworter um Ford und Kissinger im Präsidentschaftswahlkampf 1976 und verdeutlicht die zentrale Rolle, die die KSZE-Schlußakte in der Argumentation ihrer innenpolitischen Gegner spielte.[20]

Im November 1976 wurde Jimmy Carter schließlich mit knapper Mehrheit zum Präsidenten gewählt. Der Stimmungsumschwung in den USA bewirkte eine nachhaltige Veränderung der amerikanischen Politik im KSZE-Folgeprozeß. Die Wahl Carters war nicht die Ursache, sondern die logische Konsequenz dieser Entwicklung. Der neue US-Präsident wollte die moralische Kraft Amerikas durch eine wertgebundene Außenpolitik erneuern und das durch den Vietnamkrieg verlorene Ansehen in der Welt wiederherstellen. In den Mittelpunkt seiner Außenpolitik stellte Carter die Wahrung der Menschenrechte.[21] Nach seinem Amtsantritt machte der neue US-Präsident durch öffentliche Reden und bewußte Sympathiebekundungen für die Dissidentenbewegung in Osteuropa in einer regelrechten Kampagne auf die Menschenrechte aufmerksam.[22] Bereits in seiner Ansprache zur Amtseinführung am 20. Januar 1977 legte Carter ein klares Bekenntnis zum Schutz der Menschenrechte ab: „Because we are free we can never be indifferent to the fate of freedom elsewhere. Our moral sense dictates a clearcut preference for these societies which share with us an abiding respect for individual human rights."[23] Im Februar 1977 schrieb der neue amerikanische Präsident in Beant-

---

[19] Zit. nach Leo P. Ribuffo, Is Poland a Soviet Satellite? Gerald Ford, the Sonnenfeldt Doctrine, and the Election of 1976, in: Diplomatic History 14 (1990), S. 385–403, S. 385.

[20] Michael Cotey Morgan, The United States and the Making of the Helsinki Final Act, in: Fredrik Logevall/Andrew Preston (Hgg.), Nixon in the World. American Foreign Relations 1969-1977, Oxford 2008, S. 164-182, S. 165.

[21] Als persönliche Motivation nannte der aus Georgia stammende Carter in seinen Erinnerungen die Erfahrung der Rassentrennung in den Südstaaten der USA: „To me, the political and social transformation of the Southland was a powerful demonstration of how moral principles should and could be applied effectively to the legal structure of our society. The same lesson has been learned many times in our dealings with other nations. Our country has been strongest and most effective when morality and a commitment to freedom and democracy have been most clearly emphasized in our foreign policy.", vgl. Jimmy Carter, Keeping Faith. Memoirs of a President, Toronto 1982, S. 142.

[22] Friedbert Pflüger, Die Menschenrechtspolitik der USA. Amerikanische Außenpolitik zwischen Idealismus und Realismus 1972-1982, München 1983, S. 146ff.

[23] Inaugural Address of President Jimmy Carter, in: Public Papers of the American Presidents, Bd. 1/1977 (Jimmy Carter), Washington D.C. 1978, S. 1-4, S. 3.

wortung eines Schreiben Andrej Sacharows einen Brief als öffentliche Solidaritätsbekundung an den bekannten Regimekritiker und am 1. März 1977 empfing er zudem demonstrativ den sowjetischen Dissidenten Vladimir Bokovsky im Weißen Haus.[24] Damit setzte Carter einen deutlichen Kontrapunkt zu seinem Vorgänger Gerald Ford, der sich im Juli 1975 mit Blick auf die anstehende KSZE-Konferenz in Helsinki und den erhofften Durchbruch in den Gesprächen mit Breschnew über SALT-II geweigert hatte, Alexander Solschenizyn im Weißen Haus zu empfangen, was für Fords Ansehen in der amerikanischen Öffentlichkeit „katastrophale Folgen"[25] hatte.

Seit Mitte der siebziger Jahre gab es in Teilen Osteuropas zunehmend Protest gegen fehlende oder eingeschränkte Grundfreiheiten und das Machtmonopol der kommunistischen Staatsparteien.[26] Die Vereinbarungen von Helsinki „beflügelte[n] die Bürgerrechtsbewegung."[27] Die Dissidenten nahmen explizit Bezug auf die Inhalte der KSZE-Schlußakte. Der KSZE-Prozeß, „den der Kreml initiiert hatte, um die sowjetische Vormachtstellung in diesem Teil der Welt zu legitimieren, wurde statt dessen zur grundlegenden Legitimation der Opposition gegen die sowjetische Herrschaft."[28] In der Tschechoslowakei gewann die „Charta 77" um den Schriftsteller Vaclav Havel an politischem Einfluß.[29] Auch in der Sowjetunion selbst regte sich Widerstand. Im Mai 1976 gründeten mehrere Dissidenten um Juri Orlow im Haus von Andrej Sacharow eine Moskauer Helsinki-Gruppe.[30] Nach dem Erscheinen seines Werks „Archipel Gulag" im westlichen Ausland war im Jahr 1974 bereits der Literaturnobelpreisträger Alexander Solschenizyn ins Exil gezwungen worden.[31] Im Vorfeld und während des Belgrader KSZE-Folgetreffens gab es in der Sowjetunion eine erste Verhaftungswelle gegen Dissidenten, darunter befanden sich prominente Vertreter wie Juri Orlow, Alexander Ginzburg und Anatoli Scharanski.[32] Innenpolitisch kam es in der Ära Breschnew zu einer zunehmenden Erstarrung des sowjetischen Systems.[33]

---

[24] Garthoff, Détente and Confrontation, S. 629f.

[25] Gebhard Schweigler, Von Kissinger zu Carter. Entspannung im Widerstreit von Innen- und Außenpolitik 1969-1981, München 1982; S. 390f.

[26] Zur Geschichte der Helsinki-Bewegung vgl. neu Sarah B. Snyder, Human Rights Activism and the End of the Cold War. A Transnational History of the Helsinki Network, New York 2011.

[27] Alexander Demandt, Kleine Weltgeschichte, München 2003, S. 316.

[28] Gaddis, Der Kalte Krieg, S. 236.

[29] Stöver, Der Kalte Krieg, S. 405f.

[30] Svetlana Savranskaya, Unintended Consequences. Soviet Interests, Expectations and Reactions to the Helsinki Final Act, in: Oliver Bange/Gottfried Niedhart (Hgg.), Helsinki 1975 and the Transformation of Europe, New York/Oxford 2008, S. 175-190, S. 183; vgl. auch Miroslav Novak, Les Groupes Helsinki et le processus d'Helsinki: entre la naissance et la mort du Groupe Helsinki de Moscou, in: Elisabeth du Réau/Christine Manigand (Hgg.), Vers la réunification de l'Europe. Apports et limites du processus d'Helsinki de 1975 à nos jours, Paris 2005, S. 179-204.

[31] Rupérez, Europa, S. 159f.

[32] Svetlana Savranskaya, USSR and CSCE. From Inviolable Borders to Inalienable Rights, in: Vladimir Bilandzic/Milan Kosanovic (Hgg.), From Helsinki to Belgrade – The First CSCE Follow-up Meeting in Belgrade 1977/78, Belgrad 2008, S. 231-255, S. 250.

[33] Heiko Haumann, Geschichte Rußlands, Zürich 2003, S. 450.

Auf diplomatischer Ebene löste die Menschenrechtskampagne der Carter-Administration in Moskau Verärgerung aus. Im Gespräch mit EPD-Generalsekretär Albert Weitnauer beklagte der sowjetische Botschafter in der Schweiz, Gerassimow, im März 1977 eine „Propagandakampagne gegen die sozialistischen Länder."[34] Dabei verfolgte die Carter-Administration nicht etwa eine bewußte Strategie der Konfrontation. Das Politikkonzept Jimmy Carters stellte vielmehr den Versuch dar, „Menschenrechts- und Entspannungspolitik gleichzeitig zu verfolgen."[35] Wie sich allerdings bald zeigen sollte, handelte es sich hierbei um vollkommen „widersprüchliche Ziele."[36] Der neue amerikanische Präsident „failed to understand the impossibility of separating human rights from other issues."[37] Verschärft wurde das Problem durch die Personalentscheidungen Carters. Zum Außenminister wurde der erfahrene Diplomat Cyrus Vance ernannt. In der Menschenrechtspolitik plädierte Vance für „quiet diplomacy, saving public pressure for those occasions that called for a strong and forthright public statement."[38] Der neue Außenminister repräsentierte die veränderte Haltung von Mitgliedern des außenpolitischen Establishments nach Vietnam, die Entspannung mit der Sowjetunion befürworteten und militärischen Engagements grundsätzlich skeptisch gegenüberstanden.[39] Demgegenüber handelte es sich bei dem neuen Berater für Nationale Sicherheit, Zbigniew Brzezinski, um einen „hardliner"[40]. Brzezinski war als Professor für Internationale Beziehungen an der Columbia University tätig und dachte ähnlich wie Kissinger in den Kategorien von Machtpolitik. Aufgrund seiner stark antisowjetischen und antikommunistischen Einstellung war Brzezinski in der Détente-Politik allerdings kaum zu Kompromissen bereit und sein Umgang mit Moskau basierte anders als bei Kissinger eher auf Emotion als auf Rationalität. In Verbindung mit der außenpolitischen Unerfahrenheit des Präsidenten waren Konflikte zwischen Außenminister und Sicherheitsberater „unausweichlich."[41] Brzezinskis Konzept einer Politik der Stärke stand den Vorstellungen Vance' von Diplomatie und amerikanischer „soft power" diametral entgegen.

Das Zentrum der Auseinandersetzung zwischen den beiden Weltmächten verlagerte sich Mitte der siebziger Jahre in die Dritte Welt. Der Ost-West-Konflikt entwickelte sich zum „Global Cold War." In Portugal kam es im Jahr 1974 zum Sturz der Militärdiktatur und als Konsequenz hieraus zur Unabhängigkeit der portugiesischen Kolonialgebiete. In Angola hatten mehrere Unabhängigkeitsbewegungen bereits seit einiger Zeit für die Loslösung von Portugal gekämpft. Das

---

[34] AfZ, NL Weitnauer, Notiz an Herrn Bundesrat Graber, 14. März 1977.
[35] Pflüger, Menschenrechtspolitik der USA, S. 200.
[36] Stephan Bierling, Geschichte der amerikanischen Außenpolitik. Von 1917 bis zur Gegenwart, München 2004, S. 166.
[37] Scott Kaufman, Plans unraveled. The Foreign Policy of the Carter Administration, DeKalb 2008, S. 30.
[38] Cyrus Vance, Hard Choices. Critical Years in America's Foreign Policy, New York 1983, S. 46.
[39] Hacke, Zur Weltmacht verdammt, S. 234.
[40] Schwabe, Weltmacht und Weltordnung, S. 380.
[41] Hacke, Zur Weltmacht verdammt, S. 236.

nun entstehende Machtvakuum führte im Frühjahr 1975 zum Ausbruch eines offenen Bürgerkriegs zwischen den verschiedenen angolanischen Gruppierungen.[42] Die linksgerichtete Befreiungsbewegung MPLA wurde indirekt durch die Sowjetunion und direkt durch Kuba unterstützt. Kuba entsandte zunächst Militärberater, später dann auch eigene Militärtruppen, als Südafrika auf Seiten der Gegenbewegung UNITA in die Kämpfe eingriff. Im Frühjahr 1976 errang die MPLA den Sieg und errichtete ein sozialistisches System. Die angolanischen Ereignisse wurden im Westen als Beweis für die gestärkte globale Machtposition der Sowjetunion interpretiert. Das galt um so mehr, als die USA den Ereignissen in Afrika untätig zusehen mußten. Henry Kissinger plädierte zwar für ein aktives amerikanisches Engagement, konnte im Jahr des Zusammenbruchs Südvietnams hierfür aber keine Unterstützung im Kongreß akquirieren.[43] Im Zusammenhang mit der Haltung des Kongresses zu Angola kam Kissinger rückblickend zu folgendem Fazit: „Nur sehr wenige der Gladiatoren der Kämpfe um Solschenizyn, Helsinki und das SALT-Abkommen folgten uns aufs Schlachtfeld, als es um eine wirkliche geopolitische Herausforderung der Sowjetunion ging."[44] Aus sowjetischer Perspektive führten die Erfolge in Vietnam und Angola zu der wachsenden Überzeugung, daß „the world was turning in our direction."[45] Die zunehmende Verschlechterung der amerikanisch-sowjetischen Beziehungen schien den Kritikern der Entspannungspolitik zumindest teilweise Recht zu geben. Kissingers Ansatz, den Aufstieg der Sowjetunion durch Einbindung in eine Art Weltkonzert der Großmächte zu kanalisieren, war kein nachhaltiger Erfolg beschieden.[46]

Der nächste Konflikt in der Dritten Welt ereignete sich im Osten des „Schwarzen Kontinents". Am Horn von Afrika brachen Mitte der siebziger Jahre „revolutionäres Fieber und soziale Konflikte aus, infolge derer rückständige Regime von selbst erklärten Revolutionsregierungen und von marxistisch-leninistischen Parteien abgelöst wurden."[47] Im September 1974 war in Äthiopien die vom Westen unterstützte Monarchie des legendären Königs Haile Selassie gestürzt und ein überwiegend aus Mitgliedern des Militärs bestehendes Regime gebildet worden. Die ursprünglich antifeudalistische Bewegung bewegte sich in den folgenden Jahren jedoch zunehmend in eine sozialistische Richtung und ersuchte die Sowjetunion um Militärhilfe. Moskau befand sich in einem Dilemma, denn bisher hatte man das mit Äthiopien verfeindete sozialistische Regime in Somalia unterstützt. Die Sowjetunion entschied sich im Frühjahr 1977 schließlich für eine enge politi-

---

[42] Westad, Global Cold War, S. 220 f.
[43] Walter Isaacson, Kissinger. A Biography, New York 2005, S. 683 f.
[44] Kissinger, Jahre der Erneuerung, S. 668.
[45] Zit. nach Westad, Global Cold War, S. 241.
[46] Hildebrand, Der Kalte Krieg als Détente, S. 114.
[47] Yordanov Radoslav, Addis Abeba 1977: Brüderliche Militärhilfe und globale militärische Strategie. Die sowjetische Verwicklung in den Konflikt zwischen Äthiopien und Somalia, in: Andreas Hilger (Hg.), Die Sowjetunion und die Dritte Welt. UdSSR, Staatssozialismus und Antikolonialismus im Kalten Krieg 1945-1991, München 2009, S. 239-258, S. 241.

sche und militärische Zusammenarbeit mit dem äthiopischen Herrscher Mengis-tu.[48]

Ein seit 1953 bestehendes Abkommen über Militärhilfe zwischen den USA und Äthiopien lief im Mai 1977 aus und wurde von Washington nicht erneuert. Im Gegenzug bestand Addis Abeba auf der Schließung der amerikanischen Militär-basen im Land. Wenige Tage nach Ablaufen der amerikanischen Unterstützung reiste Mengistu Anfang Mai 1977 nach Moskau und wurde dort von Generalse-kretär Breschnew empfangen. In einer Deklaration über die Grundlagen der Be-ziehungen beider Länder wurde Äthiopien eine enge militärische Kooperation zugesichert.[49] Zur selben Zeit kam es zum offenen Bruch zwischen der Sowjet-union und Somalia. Mogadischu trat nun seinerseits an die USA heran. Nach einem Gespräch mit dem somalischen Botschafter in Washington, der Schutz vor einer möglichen äthiopischen Aggression erbat, genehmigte Präsident Carter im Juli 1977 Waffenlieferungen an Somalia. Es zeichnete sich also ein „renversement des alliances" ab. Während die Sowjetunion die bisherige Position Washingtons in Äthiopien übernahm, kam es umgekehrt zu verstärkten Kontakten zwischen den USA und Somalia.

Im Zentrum der langjährigen Spannungen zwischen Addis Abeba und Moga-dischu stand die im Südosten Äthiopiens gelegene Wüstenregion Ogaden, die einmal zu Somalia gehört hatte und deren Oasen überwiegend von Nomaden somalischer Herkunft bevölkert wurden. Nach dem revolutionären Umsturz in Äthiopien sah die somalische Regierung die Möglichkeit zur Wiedergewinnung der Region gekommen. Mogadischu förderte zunächst die militärischen Aktivitä-ten der Befreiungsbewegung „Western Somali Liberation Front" (WSLF) in der Ogaden-Region und griff im Juli 1977 schließlich auch mit regulären Truppen in die Kämpfe ein. Addis Abeba geriet militärisch in die Defensive, als somalische Truppen immer weiter auf äthiopisches Gebiet vorrückten. In dieser Situation fällte die Sowjetunion die Entscheidung für eine aktive Unterstützung ihres neuen Verbündeten. Im Herbst 1977 begann eine mehrmonatige Luftbrücke mit Waf-fenlieferungen an Äthiopien[50], darüber hinaus wurden über sechstausend „Mili-tärberater" entsandt. Fidel Castro verlagerte zudem einen Teil der kubanischen Truppen von Angola nach Ostafrika. Bis zum März 1978 gelang es Äthiopien mit dieser massiven auswärtigen Unterstützung, den Status quo ante wiederherzustel-len. Im März 1978 zogen sich die letzten somalischen Truppen zurück.[51]

Auf Anfrage Mogadischus hatte die amerikanische Regierung wie erwähnt ihre Bereitschaft mitgeteilt, Somalia mit Waffen zu beliefern, zog diese Zusage jedoch wenig später wieder zurück, als den Verantwortlichen in Washington zu Bewußt-sein kam, daß diese Waffen in einem beginnenden Angriffskrieg eingesetzt wer-den sollten. Als die Sowjetunion und Kuba im Herbst 1977 ihre großangelegte

---

[48] Westad, Global Cold War, S. 270 ff.
[49] Radoslav, Addis Abeba, S. 248.
[50] Westad, Global Cold War, S. 276.
[51] Radoslav, Addis Abeba, S. 254 f.

Unterstützungsaktion für Äthiopien lancierten, brach innerhalb der amerikanischen Regierung ein offener Konflikt über die richtige Reaktion auf die sowjetischen Aktivitäten aus.[52] Außenminister Vance sah am Horn von Afrika keine vitalen amerikanischen Interessen bedroht und plädierte dementsprechend für Zurückhaltung, während Sicherheitsberater Brzezinski es für erforderlich hielt, die Politik gegenüber der Sowjetunion generell zu überdenken und notfalls auch die Verhandlungen über den SALT-II-Vertrag zur Disposition zu stellen, um Druck auf Moskau auszuüben. Präsident Carter wollte einen Abschluß bei SALT nicht gefährden und unterstützte im konkreten Fall daher die Position von Vance. Als Konsequenz der „expansion soviétique en Afrique"[53] wurde von der Carter-Administration fortan jedoch eine härtere Haltung in den Beziehungen zur Sowjetunion praktiziert.

Die Krise der Détente-Politik manifestierte sich insgesamt in den Begriffen SALT, Afrika und Menschenrechte. Nach Ansicht Brzezinskis bedeutete das Engagement der Sowjetunion am Horn von Afrika in Verbindung mit der zurückhaltenden Reaktion der USA einen wichtigen Schritt zum Niedergang der Détente-Politik: „SALT lies buried in the sands of Ogaden."[54] In den bilateralen Beziehungen war kein schneller Fortschritt auf dem wichtigen Feld der Rüstungsbegrenzung mehr möglich, die Konflikte in der Dritten Welt führten zu neuerwachtem Mißtrauen im Westen und das Aufbringen der Menschenrechtsthematik stellte aus östlicher Sicht eine Provokation dar.

Die Carter-Administration sah in dem KSZE-Folgetreffen in Belgrad das geeignete internationale Forum, um die menschenrechtlichen Verfehlungen der Sowjetunion und ihrer Verbündeten in Osteuropa öffentlich anzuprangern. Gleichzeitig sollte die Belgrader Tagung auch den Wunsch der USA nach Fortsetzung der Entspannungspolitik dokumentieren. In keinem Bereich der amerikanischen Außenpolitik „trat das potentielle Spannungsverhältnis zwischen der Menschenrechtsinitiative und dem Streben nach verstärkter Ost-West-Kooperation deutlicher hervor, als im Rahmen des KSZE-Dialogs."[55] Im Hinblick auf die Führungsrolle innerhalb des westlichen Lagers kam es zu einer Art „Rollentausch"[56] im Verhältnis zwischen den USA und den EG-Staaten. Aus der „europäischen KSZE" bis Helsinki, die vom Versuch des Interessenausgleichs gekennzeichnet gewesen war, wurde nun im Folgeprozeß die stärker ideologisch geprägte „amerikanische KSZE."

Aus Sicht der Schweiz bedeutete die Krise der Détente-Politik für die KSZE „eine Zeit der Bewährung"[57], in der sich der wahre Wert der Schlußakte erweisen

[52] Powaski, The Cold War, S. 209f.
[53] Soutou, La guerre de Cinquante Ans, S. 580.
[54] Brzezinski, Power and Principle, S. 189.
[55] Pflüger, Menschenrechtspolitik der USA, S. 200.
[56] BAR, E 2001 E-01, 1988/16, Bd. 213 (Europäische Sicherheitskonferenz), Eindrücke der ersten zwei Wochen des KSZE-Vorbereitungstreffens, 30. Juni 1977.
[57] Hans-Jörg Renk, Zwischenbilanz der KSZE 1977 aus politischer Sicht, in: Schweizerischer Aufklärungsdienst (Hg.), Die Schweiz und die KSZE, Zürich 1977, S. 28-32, S. 31.

würde. In einer Rede vor den beim Bundeshaus akkreditierten Journalisten am 31. März 1977 warnte Bundesrat Graber mit Blick auf die anstehende KSZE-Konferenz vor zu großer Schärfe in der Menschenrechtsfrage, denn „[u]ne pression trop forte, voire une attaque frontale à Belgrade [...] aurait à coup sûr l'effet contraire. L'opinion publique doit comprendre, [...] que la manière forte est rarement la meilleure pour atteindre les objectifs dans un domaine aussi délicat."[58] Es zeichnete sich bereits ab, daß der Konferenzverlauf wesentlich vom Verhalten der beiden Supermächte abhängen würde. Paradoxerweise entstand in der Folge der Helsinki-Vereinbarung „aus der vereinbarten Gemeinsamkeit [...] eine Verschärfung der Gegensätze und eine Verschlechterung der Ost-West-Beziehungen."[59]

6.2 Das Verhalten der Schweiz während der Implementierungsdebatte

Nach dem Machtwechsel in Washington interessierte sich die Schweiz besonders für die Haltung der Regierung Carter zur Entspannungspolitik und zur KSZE. Im Vorfeld der amerikanischen Präsidentschaftswahlen hatte im EPD eine gewisse Skepsis bezüglich des demokratischen Kandidaten geherrscht, wie ein Bericht von Generalsekretär Weitnauer zeigte, der während des Wahlkampfs im Herbst 1976 die USA besucht hatte: „Jimmy Carter", so Weitnauer, sei für ihn „die personifizierte Ungewißheit."[60] Darüber hinaus erwähnte der Generalsekretär des EPD das „religiös begründete Sendungsbewußtsein" des Kandidaten. Der schweizerische Botschafter in Washington, Raymond Probst, wies in seinem Berichten nach Bern vom 22. Februar 1977 „auf das sich von der früheren Indifferenz stark abhebende entschiedene Interesse der neuen Administration für die KSZE"[61] hin. Wie der amerikanische Sicherheitsberater Brzezinski im Gespräch mit Botschafter Probst bestätigte, werde die neue Regierung „der Folgekonferenz von Belgrad ihre ganze besondere Aufmerksamkeit schenke[n]."[62] Anders als die große Mehrheit der außenpolitischen Experten in den USA hatte Brzezinski die KSZE schon früh befürwortet und eine Führungsrolle der USA gefordert.[63] Von dem amerikanischen Diplomaten John Maresca erfuhr Botschafter Probst darüber hinaus, daß das Außenministerium unter großem Druck von Seiten der Öffentlichkeit, des

---

[58] BAR, E 2812, 1985/204, Bd. 9 (HA Graber), Exposé du Chef du Département Politique aux journalistes accrédités aus Palais fédéral, Berne, le 31 mars 1977.

[59] Werner Link, Der Ost-West-Konflikt. Die Organisation der internationalen Beziehungen im 20. Jahrhundert, 2. Auflage, Stuttgart 1988, S. 188.

[60] BAR, E 2814, 1988/159, Bd. 11 (HA Bindschedler), Amerika – September 1976.

[61] BAR, E 2001 E-01, 1988/16, Bd. 211 (Europäische Sicherheitskonferenz), Brief Botschafter Raymond Probst an EPD Bern, 22. Februar 1977.

[62] Ebd.

[63] Vgl. Patrick G. Vaughan, Zbigniew Brzezinski and the Helsinki Final Act, in: Leopoldo Nuti (Hg.), The Crisis of Détente in Europe. From Helsinki to Gorbachev 1975-1985, London/ New York 2009, S. 11-25.

Kongresses und der neuen Administration stehe. Insofern werde man das Thema Menschenrechte in Belgrad in den Mittelpunkt stellen müssen.[64]

Mit der veränderten Ausgangssituation innerhalb der KSZE wurde die Schweiz zunächst beim am 15. Juli 1977 beginnenden Vorbereitungstreffen zur Belgrader Konferenz konfrontiert. Die Schweizer Delegation informierte das EPD in einem Zwischenbericht vom 30. Juli 1977 darüber, daß bei den sowjetischen Diplomaten große Unruhe bezüglich der Menschenrechtsfrage herrsche, während bei dem „amerikanischen Auftreten das ganze durch die Administration Carter angefachte Engagement fühlbar" sei.[65] Das Vorbereitungstreffen endete am 5. August 1977 mit einem Abschlußdokument, das Festlegungen zum organisatorischen Ablauf und zu den Inhalten der Hauptkonferenz enthielt.[66] Am Anfang sollte eine zweiwöchige Generaldebatte erfolgen. Die inhaltlichen Diskussionen würden anschließend im Hauptausschuß sowie in fünf Arbeitsgruppen zu den Themenbereichen Sicherheit, Wirtschaft, Mittelmeerfragen, menschliche Kontakte und Konferenzfolgen stattfinden. Ein neuer Optimismus der Neutralen im Hinblick auf das Haupttreffen zeigte sich in der Stellungnahme des finnischen Vertreters in der Plenarsitzung am zweiten Jahrestag der Unterzeichnung der KSZE-Schlußakte am 1. August 1977: „The Final Act has been criticized, but its importance and its implementation has been promising. Here in Belgrade, we prepare another happy milestone."[67]

In Kooperation mit anderen neutralen Ländern gelang es der Schweiz[68], zwei wichtige Grundpositionen durchzusetzen.[69] Anders als von westlicher und östlicher Seite zu Beginn der Tagung vorgeschlagen, mußte das am Ende der Konferenz zu verabschiedende Abschlußdokument bereits konkrete Angaben über Ort und Zeit des nächsten KSZE-Treffens enthalten.[70] Darüber hinaus konnte die Forderung der Sowjetunion nach einen festen Enddatum des Haupttreffens eingeschränkt werden. Im Dokument des Vorbereitungstreffens wurde der 22. De-

---

[64] BAR, E 2001 E-01, 1988/16, Bd. 211 (Europäische Sicherheitskonferenz), Telex Botschaft Washington an EPD Bern, 22.02.1977.

[65] BAR, E 2001 E-01, 1988/16, Bd. 213 (Europäische Sicherheitskonferenz), Eindrücke der ersten zwei Wochen des KSZE-Vorbereitungstreffens, 30. Juni 1977.

[66] Vgl. Volle/Wagner, Belgrad, Beschlüsse des Vorbereitungstreffens zur Organisation des Belgrader Treffens 1977 der Vertreter der Teilnehmerstaaten der Konferenz über Sicherheit und Zusammenarbeit in Europa, welches auf Grundlage der Bestimmungen der Schlußakte betreffend die Folgen der Konferenz abgehalten wird, 5. August 1977, S. 79–84.

[67] Notizen Renk (Belgrad), Plenary Meeting 1st August 1977.

[68] Während des Vorbereitungstreffens unternahm das schweizerische Delegationsmitglied Edouard Brunner gemäß österreichischer Aktenbeständen anscheinend einen erfolglosen Vermittlungsversuch, der die N+N-Staaten um ihre Rolle als zentraler Akteur des Treffens brachte; vgl. Benjamin Gilde, Keine neutralen Vermittler. Die Gruppe der neutralen und nicht-paktgebundenen Staaten und das Belgrader KSZE-Folgetreffen 1977/78, in: VfZ 59 (2011), S. 413–444, S. 423 ff.; in der Korrespondenz der Schweizer Delegation mit der Berner Zentrale fand dieser Vorgang keine Erwähnung.

[69] BAR, E 2001 E-01, 1988/16, Bd. 214 (Europäische Sicherheitskonferenz), Das Belgrader KSZE-Vorbereitungstreffen, 17. Oktober 1977.

[70] BAR, E 2001 E-01, 1988/16, Bd. 213 (Europäische Sicherheitskonferenz), Note au Chef du Département. Réunion de Belgrade. Phase préparatoire, 13 août 1977.

zember 1977 als Zielvorstellung für ein Abschlußdatum formuliert, jedoch verbunden mit einem Passus über die Möglichkeit der Verlängerung in das Jahr 1978 hinein.[71] Das aktive Engagement der neutralen Staaten während der Belgrader Vorkonferenz wurde in einer Aufzeichnung des Bonner Auswärtigen Amts positiv bewertet: „Bemerkenswert stark war die Rolle der Neutralen, hier insbesondere der ausgezeichnet agierenden österreichischen und schweizerischen Delegation."[72]

Im September 1977 bestimmte der Bundesrat die Mitglieder der Schweizer Delegation unter Leitung von Rechtsberater Rudolf Bindschedler.[73] Zudem wurden die inhaltlichen Richtlinien für das Verhalten der Schweiz auf der Belgrader Konferenz festgelegt. Im sensiblen Bereich der Menschenrechte sollte ein Mittelweg verfolgt werden. Das Thema Menschenrechte sei anzusprechen, allerdings in sachlicher Form und ohne Polemik. Das KSZE-Treffen dürfe „kein Tribunal werden, denn ein allzu massives Vorgehen in dieser heiklen Frage kann nur kontraproduktiv wirken. [...] Die Enthaltung von polemischen Stellungnahmen schließt indessen eine klare Darstellung unseres Standpunktes zum Problem der Menschenrechte nicht aus."[74] Da das Verhalten der beiden Supermächte und der Verlauf der Konferenz nur schwer vorhersehbar waren, konnten die Instruktionen nur die allgemeine Richtung vorgeben. Wie sich im Vorfeld bereits abgezeichnet hatte, sollte der inhaltliche Schwerpunkt auf dem Feld „Information" liegen. Konkret war die Schweizer Delegation damit beauftragt worden, in Belgrad einen Vorschlag zur Verbesserung der Arbeitsbedingungen von Journalisten vorzulegen. Darüber hinaus waren die anderen Teilnehmerstaaten über Ort und Zeit des in der Schlußakte verankerten Expertentreffens über die friedliche Streiterledigung in der Schweiz zu informieren. In einer Aufzeichnung des EPD wurden Lugano, Montreux, Lausanne, Bern und Genf als mögliche Tagungsorte genannt.[75]

Interessanterweise enthielten die Instruktionen des Bundesrates keinen konkreten Hinweis auf mögliche gemeinsame Initiativen der neutralen und blockfreien Staaten, wie dies insbesondere bei den Vertrauensbildenden Maßnahmen denkbar gewesen wäre. Bei einem Treffen der Militärexperten der N+N-Staaten im Juli 1977 war auf Grundlage des erwähnten schwedischen VBM-Vorschlags

---

[71] Die entsprechende Formulierung lautete folgendermaßen: „Jede Anstrengung sollte gemacht werden, um eine Einigung über das abschließende Dokument bis spätestens 22. Dezember 1977 zu erreichen. Sollte dies bis zu diesem Zeitpunkt nicht geschehen, so wird die Arbeit wieder aufgenommen für die Dauer bis Mitte Februar 1978."

[72] AAPD 1977, Nr. 208: Aufzeichnung des Ministerialdirigenten Meyer-Landrut, 4. August 1977, S. 1050.

[73] BAR, E 2001 E-01, 1988/16, Bd. 213 (Europäische Sicherheitskonferenz), Conférence sur la sécurité et la coopération en Europe – désignation de la délégation suisse, 23 septembre 1977; der Delegation gehörten weiterhin Edouard Brunner, Hans-Jörg Renk, Petar Troendle, Benoît Junod, Colonel Wilhelm Mark, Jérôme Lugon, Alain Clerc sowie von der Belgrader Vertretung Botschafter Hansjörg Hess und Attaché Daniel Woker an.

[74] BAR, E 2001 E-01, 1988/16, Bd. 213 (Europäische Sicherheitskonferenz), Schweizerischer Bundesrat. Konferenz über Sicherheit und Zusammenarbeit in Europa (KSZE). Folgekonferenz in Belgrad – Instruktionen, 3. Oktober 1977.

[75] BAR, E 2001 E-01, 1988/16, Bd. 213 (Europäische Sicherheitskonferenz), Note de dossier. Lieu de la future Conférence d'experts SRPD, 23 septembre 1977.

über mögliche gemeinsame Initiativen diskutiert worden. Die Schweiz beteiligte sich zwar an der Diskussion über die neuen VBM-Vorschläge, gleichzeitig agierte sie in dieser Frage jedoch mit Zurückhaltung. Ihr Vertreter Oberst Mark machte in der Besprechung der Militärexperten folgende Ausführung zur Position der Schweiz: „The CBM's [Confidance Building Measures] should not serve as an alibi for lack of progress in other negotiations. [...] We have to insist that the existing CBM's are put into action."[76] Aufgrund der Krise der Entspannungspolitik sollten die aktuellen Probleme bei der Umsetzung von Korb III durch neue Initiativen zu den VBM nicht überdeckt werden. Entscheidend war nach Ansicht der Schweiz vielmehr die korrekte Umsetzung des in Helsinki bereits Vereinbarten. Die Militärexperten beauftragten Schweden mit einer Überarbeitung des Entwurfs, auf dessen Grundlage nach Beginn der Belgrader Konferenz weiterverhandelt werden sollte. In den Instruktionen des Bundesrates wurde entsprechend ausgeführt, daß „von Fall zu Fall abzuwägen sein wird, inwieweit ein gemeinsames Vorgehen in Sachfragen angezeigt ist."[77] Infolge der Verschlechterung der Ost-West-Beziehungen entwickelte sich in der Schweiz bei Militärs und in Teilen der Diplomatie inhaltlich begründete Skepsis bezüglich einer Ausweitung der Vertrauensbildenden Maßnahmen. Da die Eidgenossenschaft gleichzeitig ihre Solidarität mit den anderen neutralen Staaten zum Ausdruck bringen wollte, artikulierte sie ihre negative Haltung in Belgrad nicht öffentlich und trug den schwedischen Vorschlag offiziell mit. Die wirkliche Position auf Leitungsebene läßt sich jedoch einer Weisung von Botschafter Bindschedler an die KSZE-Delegation entnehmen. Nachdem es in den Belgrader Verhandlungen zu einem Disput zwischen den Neutralen und der Sowjetunion über die VBM gekommen war, mahnte der zwischenzeitlich in Bern weilende Delegationsleiter zu größerer Zurückhaltung: „Haben wichtigere Postulate zu vertreten und sollten nicht Beziehungen zu Grossen wegen für uns nebensächlicher Fragen beeinträchtigen. Haben unserer Solidarität gegenüber N+N mit Einreichung gemeinsamen Vorschlags genüge getan."[78] Die schweizerische Skepsis im militärischen Bereich sollte in der Ablehnung einer Abrüstungskonferenz während der Madrider KSZE-Konferenz später noch deutlicher zum Vorschein kommen.

Mit Arthur Goldberg ernannte Präsident Carter eine schillernde Persönlichkeit zum Leiter der amerikanischen Delegation in Belgrad. Der Jurist Goldberg war unter Präsident Kennedy zunächst als Arbeitsminister tätig gewesen, bevor er 1962 als Richter an den Obersten Gerichtshof entsandt wurde. Im Jahr 1965 wurde er auf Wunsch von Präsident Johnson US-Botschafter bei den Vereinten Nationen. Aufgrund der Eskalation in Vietnam trat Goldberg 1968 von seinem Posten

---

[76] BAR, E 2001 E-01, 1988/16, Bd. 213 (Europäische Sicherheitskonferenz), Meeting of Military Experts, Belgrade 21st/22nd July 1977.

[77] BAR, E 2001 E-01, 1988/16, Bd. 213 (Europäische Sicherheitskonferenz), Schweizerischer Bundesrat. Konferenz über Sicherheit und Zusammenarbeit in Europa (KSZE). Folgekonferenz in Belgrad – Instruktionen, 3. Oktober 1977.

[78] BAR, E 2001 E-01, 1988/16, Bd. 214 (Europäische Sicherheitskonferenz), Telex EPD Bern (Bindschedler) an KSZE-Delegation Belgrad, 14. 11. 1977.

zurück. Der Versuch zur Rückkehr an den Obersten Gerichtshof scheiterte ebenso wie seine Kandidatur für die Demokraten um das Amt des Gouverneurs von New York im Jahr 1970, so daß Goldberg fortan als Anwalt sowie als Präsident des „American Jewish Committee" tätig war.[79]

Im September 1977 kam es in Washington zu einem Treffen zwischen Goldberg und dem schweizerischen Botschafter Probst. Dabei vertrat Goldberg mit Blick auf die Schlußakte die Ansicht, die Sowjetunion habe ihren Teil des Tauschgeschäfts bereits erhalten, nun müsse sie auch die Rechnung für den anderen Teil einlösen.[80] Goldberg interpretierte den Ausgleich in der Helsinki-Vereinbarung zwischen der Anerkennung der Grenzen und den menschenrechtlichen Bestimmungen als Wechsel auf die Zukunft, dessen Hälfte von Moskau bisher noch nicht beglichen worden sei.

Die Schweiz nahm gegenüber der neuen amerikanischen Außenpolitik eine ambivalente Haltung ein. Generell begrüßte man das stärkere Engagement der USA, hatte jedoch gleichzeitig die Befürchtung, daß die Entspannungspolitik durch eine zu stark ideologisierte Menschenrechtspolitik Schaden nehmen könnte.[81] Bei seinem Besuch in Washington im Oktober 1977 setzte sich Generalsekretär Weitnauer gegenüber der amerikanischen Regierung für eine aktive, aber gleichzeitig sachliche Strategie auf dem KSZE-Treffen ein, denn, so Weitnauer, „le combat idéologique, inévitable ne doit pas amener à la confrontation ouverte."[82] In ähnlicher Weise mahnte Weitnauer bei Beginn der Belgrader KSZE-Konferenz am 4. Oktober 1977 in seiner Eröffnungsrede die anderen Teilnehmerstaaten im Namen der Schweiz dazu, im Wettstreit der politischen Ideologien den Weg der Entspannung nicht zu verlassen. Mit Blick auf die neuen Konflikte zwischen den Supermächten in der Dritten Welt wies der Generalsekretär des EPD auf mögliche negative Auswirkungen in Europa hin und plädierte für eine globale Entspannungspolitik: „Nous devons donc étendre aux autres régions du globe [...] les efforts que nous nous sommes engagés à faire en Europe. A défaut, nous risquons de perdre ailleurs ce que nous avons accompli sur notre continent."[83] Weitnauers Appell schien von den Vertretern der Supermächte gehört worden zu sein, denn die Generaldebatte verlief aller inhaltlichen Unterschiede zum Trotz in sachlicher Atmosphäre. Doch nach und nach verschlechterte sich das Klima der Verhandlungen. Da der Fokus der Analysen zur Umsetzung der Schlußakte auf Korb III

---

[79] Zur Biographie Goldbergs vgl. David L. Stebenne, Athur J. Goldberg. New Deal Liberal, Oxford 1996; es wird darin nur der Zeitraum bis 1970 dargerstellt; die KSZE-Folgekonferenz in Belgrad wird im Nachwort kurz erwähnt.

[80] BAR, E 2001 E-01, 1988/16, Bd. 211 (Europäische Sicherheitskonferenz), Telex Botschaft Washington an EPD Bern, 21. 09. 1977.

[81] Fanzun, Grenzen der Solidarität, S. 125.

[82] BAR, E 2001 E-01, 1988/16, Bd. 554 (Amérique), Procès-verbal de l'entretien entre M. Philip Habib, sous-secrétaire d'Etat pour les affaires politiques, et M. Albert Weitnauer, secrétaire-général du Département Politique Fédéral, 26 octobre 1977.

[83] BAR, E 2001 E-01, 1988/16, Bd. 220 (Durchführung KSZE-Beschlüsse), Allocution de Monsieur l'Ambassadeur A. Weitnauer, Secrétaire général du Département Politique Fédéral, à la Conférence de Belgrade sur la sécurité et la coopération en Europe, 4 octobre 1977.

als dem dynamischen Element der Helsinki-Vereinbarungen lag, gerieten die Sowjetunion und ihre Verbündeten fast zwangsläufig in die Defensive. Der amerikanische Diplomat Joyce Hughes beschrieb die offizielle Position der USA auf dem Belgrader Treffen in der Plenarsitzung vom 11. Oktober 1977 folgendermaßen: „Human rights are no obstacle to détente!"[84]

Allerdings hatte es im Vorfeld der Konferenz in Washington eine Auseinandersetzung über die richtige Strategie für Belgrad gegeben. Außenminister Vance und die meisten Beamten des State Department betonten die Wichtigkeit der Entspannungspolitik. Aspekte der Menschenrechtspolitik sollten im Sinne einer „quiet diplomacy" ohne direkte öffentliche Beschuldigungen behandelt werden.[85] Demgegenüber forderten die Mitglieder der Kongreßkommission und Sicherheitsberater Brzezinski eine harte öffentliche Positionierung. Die neue amerikanische Strategie des „naming names"[86] sah das Vortragen konkreter Fälle von Menschenrechtsverletzungen und die Erwähnung der Namen der betroffenen Dissidenten vor.[87] Der zuständige Beamte im State Department und spätere Botschafter John Kornblum erläuterte im Gespräch mit Vertretern der Schweizer Botschaft in Washington, „dass sich für [die] Administration die Hauptfront gar nicht in Belgrad befinde, sondern hier in Washington."[88] Der innenpolitische Druck „sei ungeheuer." Zu dieser Aussage paßt es, daß Brzezinski statt des eigentlich vorgesehenen Karrierediplomaten Albert Sherer die Ernennung Goldbergs als Delegationsleiter durchsetzte, der über direkten Zugang zu Präsident Carter verfügte.[89] Darüber hinaus wurden Abgeordnete des US-Kongresses nach Belgrad entsandt, die jeweils für kurze Zeit als offizielle Mitglieder der amerikanischen Delegation an den Verhandlungen teilnahmen.[90] Der Fokus der Parlamentarier war natürlich ein ganz anderer als der der Diplomaten, und sie waren nicht an direkte Weisungen gebunden. Der Auftritt der Kongreßmitglieder unterstrich einerseits zwar die neue Bedeutung der KSZE für die USA, belastete jedoch gleichzeitig das Klima der Verhandlungen nachhaltig. Auf eine kritische Rede des republikanischen Senators Bob Dole antwortete der sowjetische Delegationsleiter Juri Worontzow mit einer bezeichnenden Bemerkung: „This does not bother us, we could not care less!"[91]

---

[84] Notizen Renk (Belgrad), Plenary meeting, 11 October 1977.
[85] William Korey, The Promises we keep. Human Rights, the Helsinki Process, and American Foreign Policy, New York 1993, S. 68 ff.
[86] Sarah B. Snyder, The Rise of the Helsinki Network. „A Sort of Lifeline" for Eastern Europe, in: Poul Villaume/Odd Arne Westad (Hgg.), Perforating the Iron Curtain. European Détente, Transatlantic Relations, and the Cold War 1965-1985, Kopenhagen 2010, S. 179-193, S. 185.
[87] Breck Walker, „Neither shy nor demagogic". The Carter administration goes to Belgrade, in: Vladimir Bilandzic/Milan Kosanovic (Hgg.), From Helsinki to Belgrade – The First CSCE Follow-up Meeting in Belgrade 1977/78, Belgrad 2008, S. 207-230, S. 224.
[88] BAR E 2001 E-01, 1988/16, Bd. 214 (Europäische Sicherheitskonferenz), Telex Botschaft Washington an EPD Bern, 14. 11. 1977.
[89] Walker, Carter administration, S. 225.
[90] Korey, The Promises we keep, S. 74.
[91] Notizen Renk (Belgrad), Plenary meeting, 25 November 1977.

Im Verlauf der Belgrader Konferenz sah sich die Schweiz stärker als in den Jahren zuvor mit dem Problem konfrontiert, einerseits ihre neutrale Position zu wahren, ohne andererseits als indifferent in Sachen Menschenrechten zu erscheinen. Das entstehende Klima der Konfrontation ließ den Neutralen nur noch wenig eigenen Spielraum.[92] Auch innerhalb der Schweizer Diplomatie wurden in dieser Situation unterschiedliche Ansätze präferiert. Rudolf Bindschedler wollte eine Linie der Zurückhaltung verfolgen, während Edouard Brunner für eine kritischere Haltung gegenüber der Sowjetunion eintrat, was gleichzeitig eine sichtbare Nähe zu westlichen Positionen bedeutete. Der Leiter der bundesdeutschen Delegation, Per Fischer, vermerkte in seinem Schlußbericht über das KSZE-Folgetreffen für das Auswärtige Amt hierzu folgendes: „Schweizerische Delegation war in Belgrad zwischen Delegationschef, Botschafter Bindschedler, der nur zeitweise anwesend war, und Stellvertreter, Gesandtem Brunner, hin- und hergerissen und hat undurchsichtige Rolle gespielt."[93] Die inhaltlichen Divergenzen über die richtige Strategie für Belgrad lassen sich für die Zeit der Abwesenheit von Delegationschef Bindschedler an zwei Beispielen illustrieren. Die Sowjetunion äußerte sich im November 1977 ablehnend zu einer Ausweitung der Vertrauensbildenden Maßnahmen, wie sie von den N+N-Staaten unter der Federführung Schwedens angestrebt wurde, woraufhin die N+N-Staaten die sowjetische Kritik gemäß einem Delegationsbericht „energisch konterten." Daraufhin mahnte Botschafter Bindschedler die Schweizer Diplomaten in Belgrad zur Vorsicht: „Schweiz hat zu vermeiden, sich in polemische Diskussionen mit Grossmächten über CBM hineinziehen zu lassen. [...] Ersuche in Militärfragen Zurückhaltung zu üben."[94] Als weiteres Beispiel läßt sich die Menschenrechtspolitik nennen. Die amerikanische Delegation hatte einen Entwurf ausgearbeitet, der die Bedeutung der Menschenrechte im Zusammenhang mit der KSZE hervorhob. Wie Edouard Brunner dem EPD am 24. November 1977 mitteilte, lege Botschafter Goldberg großen Wert auf eine Unterstützung durch die N+N-Staaten und insbesondere die Schweiz. Brunner stand einer Kooperation mit den USA in dieser Frage aufgeschlossen gegenüber, denn er wertete den Text als „inoffensif" und wies in diesem Zusammenhang darauf hin, daß der Entwurf das Ergebnis von Absprachen zwischen den USA und den europäischen NATO-Ländern sei.[95] Am darauffolgenden Tag fand in Belgrad eine Besprechung zwischen Goldberg und Vertretern der N+N-Staaten statt, bei der der amerikanische Delegationsleiter den westlichen Menschenrechtsvorschlag präsentierte und um Unterstützung warb. Der Anreiz für die Neutralen bestand darin, daß es sich nicht um einen „take it or leave it"-Vorschlag handelte, sondern wie Edouard Brunner in einem Bericht an das EPD vom 25. November

---

[92] Fischer, Grenzen der Neutralität, S. 214.
[93] AAPD 1978, Dok. 88: Aufzeichnung des Botschafters Fischer, 22. März 1978, S. 443.
[94] BAR E 2001 E-01, 1988/16, Bd. 214 (Europäische Sicherheitskonferenz), Telex EPD Bern (Bindschedler) an KSZE-Delegation Belgrad, 14. 11. 1977.
[95] BAR E 2001 E-01, 1988/16, Bd. 214 (Europäische Sicherheitskonferenz), Telex KSZE-Delegation Belgrad (Brunner) an EPD Bern, 24. 11. 1977.

1977 betonte, Änderungsvorschläge gemacht werden konnten und sollten.[96] Allein die Tatsache, daß es zu einer Zusammenkunft zwischen den USA und den N+N zum Thema Menschenrechte kam, war ein einmaliger Vorgang, der dazu angetan war, bei der Sowjetunion für Verstimmung zu sorgen.[97] Wie Brunner an das EPD weiter berichtete, habe der sowjetische Delegationschef Worontzow ihn wissen lassen, eine Mitautorschaft der N+N-Staaten an dem Menschenrechtsvorschlag „causerait une grave crise au sein de la conférence."[98] Gegenüber Finnland verlangte die Sowjetunion sogar die Abberufung ihres Delegationsleiters Rajakoski. Entscheidend für Rajakoskis Verbleib in Belgrad war, daß sich die USA aus anderem Grund in Helsinki ebenfalls über ihn beschwert hatten.[99]

In der Reaktion Brunners auf die sowjetischen Pressionsversuche zeigt sich bereits die selbstbewußte und außergewöhnliche Art des späteren Spitzendiplomaten. Die Schweiz, so der Vorschlag Brunners an das EPD, solle jetzt erst recht ihre Bereitschaft zur Mitarbeit an der weiteren Ausgestaltung des Entwurfs erklären, „car il deviendrait dangereux de céder à ce genre de chantage et de menace."[100] Allerdings erging aus Bern wenige Tage später die eindeutige Aufforderung von Botschafter Bindschedler an die Delegation in Belgrad, „von Coparrainage amerikanischen Textes über Menschenrechte abzusehen. Würden sonst unsere Handlungsfreiheit bei Konferenz aufs Spiel setzen. Rufe Richtlinie in Erinnerung, dass Förderung von Block-Politik und Beteiligung an Blöcken zu vermeiden ist."[101] Im Eidgenössischen Politischen Departement setzte sich also noch einmal die „traditionelle" Linie der Zurückhaltung durch. Mit Ausnahme der besonders repressiven Maßnahmen in der Tschechoslowakei[102] übte die Schweiz in der Folge zwar generelle Kritik an der Menschenrechtssituation in Osteuropa, vermied jedoch konkrete Anschuldigungen.[103] Bei Einbringung des Menschenrechtsvorschlags durch die USA im Plenum der Belgrader Verhandlungen Anfang Dezember 1977 hob Edouard Brunner jedoch hervor, daß die Achtung der Menschenrechte in den letzten Jahren zu einem wichtigen Bestandteil der internationalen Beziehungen geworden sei.[104] Im November und Dezember 1977 wurde der Ton zwischen den Supermächten rauher. Wie Botschafter Bindschedler in der Sitzung der Außenpolitischen Kommission des Nationalrats mit Blick auf die Belgrader

---

[96] BAR, E 2001 E-01, 1988/16, Bd. 214 (Europäische Sicherheitskonferenz), Telex KSZE-Delegation Belgrad (Brunner) an EPD Bern, 25. 11. 1977.

[97] Reimaa, Helsinki Catch, S. 193.

[98] BAR, E 2001 E-01, 1988/16, Bd. 214 (Europäische Sicherheitskonferenz), Telex KSZE-Delegation Belgrad (Brunner) an EPD Bern, 25. 11. 1977.

[99] Reimaa, Helsinki Catch, S. 193.

[100] BAR, E 2001 E-01, 1988/16, Bd. 214 (Europäische Sicherheitskonferenz), Telex KSZE-Delegation Belgrad (Brunner) an EPD Bern, 25. 11. 1977.

[101] BAR, E 2001 E-01, 1988/16, Bd. 214 (Europäische Sicherheitskonferenz), Telex EPD Bern (Bindschedler) an KSZE-Delegation Belgrad, 29. 11. 1977.

[102] Interview mit Hans-Jörg Renk.

[103] Fanzun, Grenzen der Solidarität, S. 131.

[104] Notizen Renk (Belgrad), Plenary meeting, 2 december 1977; vgl. ebenfalls BAR, E 2001 E-01, 1988/16, Bd. 214 (Europäische Sicherheitskonferenz), Telex KSZE-Delegation Belgrad (Brunner) an EPD Bern, 02. 12. 1977.

Konferenz erläuterte, „spielen die Blöcke eine sehr viel grössere Rolle als in Genf und Helsinki."[105]

Aus östlicher Perspektive bedeutete die zunehmende Fokussierung auf die Menschenrechtsproblematik eine „Deformierung des Helsinki-Dokuments."[106] Für die USA hingegen waren Entspannung und Menschenrechte eng miteinander verbunden: „Détente must have a human face."[107] Die Sowjetunion reagierte auf die Angriffe Goldbergs zunächst mit dem bekannten Verweis auf das in Punkt Sechs des Prinzipienkatalogs verankerte Verbot der Nichteinmischung in die inneren Angelegenheiten.[108] Als dieses Argument mit Verweis auf die Gleichwertigkeit des Menschrechtsprinzips (Prinzip VII) abgeblockt wurde, ging die Sowjetunion schließlich zum Gegenangriff über. Vor dem Hintergrund der weltwirtschaftlichen Krise in den siebziger Jahren wurden auf östlicher Seite soziale Forderungen wie ein Recht auf Arbeit propagiert. Darüber hinaus wiesen die Moskauer Diplomaten auf menschenrechtliche Verfehlungen in den USA wie Rassendiskriminierung und die Verhaftung von Aktivisten der Bürgerrechtsbewegung hin.[109] Was auf den ersten Blick wie eine gelungener Konter aussah, entpuppte sich bei näherer Analyse jedoch als Eigentor, denn durch diesen Schritt beging die Sowjetunion den taktischen Fehler, daß sie ihr eigenes Argument der Nichteinmischung in die inneren Angelegenheiten selbst außer Kraft setzte.[110]

6.3 Der Schweizer Vorschlag im Bereich „Information"

Im Bereich der Informationsverbreitung und der journalistischen Berichterstattung im Ausland bestand die besondere Herausforderung innerhalb der KSZE darin, gemeinsame Verfahrensregeln für die pluralistischen Mediengesellschaften im Westen und das staatlich gelenkte Medienmonopol der sozialistischen Parteien in Osteuropa herzustellen. Auf Grundlage der intensiven Vorbereitungen und der Gespräche mit Medienvertretern legte die Schweizer Delegation bei der KSZE-Folgekonferenz in Belgrad einen neuen Vorschlag zum Themenbereich „Information" vor. Als Kernpunkt war darin die Forderung nach Einberufung eines Expertentreffens zur Weiterentwicklung der Bestimmungen im entsprechenden Unterkapitel von Korb III enthalten.[111] Die beiden wichtigsten inhaltlichen Ziele des Expertentreffens sollten in der Ausarbeitung einer gesamteuropäischen Konven-

---

[105] BAR, E 1050.12, 1995/511, Bd. 12 (Parlamentdienste), Kommission für Auswärtige Angelegenheiten/Nationalrat, Sitzung vom 10. November 1977.

[106] Eugeniusz Guz/Hans Achim Weseloh, KSZE Belgrad. Das erste Folgetreffen der Konferenz über Sicherheit und Zusammenarbeit in Europa, Stuttgart 1978, S. 31.

[107] Notizen Renk (Belgrad), Plenary meeting, 9 December 1977.

[108] Schissler, Menschenrechtspolitik, S. 375.

[109] Notizen Renk (Belgrad), Plenary meeting, 7 December 1977.

[110] Korey, The Promises we keep, S. 91.

[111] BAR, E 2001 E-01, 1988/16, Bd. 214 (Europäische Sicherheitskonferenz), Entwurf. Vorschlag der schweizerischen Delegation über Information.

tion zur Verbesserung der Arbeitsbedingungen von Journalisten und in der Erleichterung der Informationsverbreitung bei Druckerzeugnissen liegen. Vorschläge zum Inhalt der Konvention umfaßten unter anderem Erleichterungen bei der Visaerteilung, Bewegungsfreiheit innerhalb des Gastlandes, das Recht auf Kontaktaufnahme mit Privatpersonen ohne anschließende Sanktionsgefahr für Journalist oder Kontaktperson sowie ein Begründungs- und Rekursrecht für Journalisten bei Ausweisung aus dem Gastland. Als Maßnahmen zur besseren Verbreitung von gedruckten Informationen wurden insbesondere die erwähnten Vorschläge für einen besseren Austausch von Zeitungsartikeln (Artikelpool) sowie die Bereitstellung von internationalen Presseerzeugnissen im Zusammenhang mit der Errichtung öffentlicher Lesesäle gefordert.[112]

Es fällt auf, daß sich der Informations-Vorschlag eindeutig auf die Situation in Osteuropa bezog. In Genf hatte die Schweiz ihre Forderungen vorsichtiger formuliert und war der Sowjetunion in einigen Punkten zumindest sprachlich entgegengekommen. Bei dem schweizerischen Vorschlag für Belgrad handelte es sich hingegen eindeutig um ein „westliches" Dokument. Der schweizerische Vorschlag war sowohl eine Reaktion auf die mangelhafte Umsetzung der Bestimmungen der Schlußakte in Osteuropa als auch auf die allgemeine Krise der Entspannungspolitik. Im Zusammenhang mit dem Aufkommen von Dissidentenbewegungen in Osteuropa ergab sich für westliche Journalisten zudem teilweise das Problem der Rücknahme von Erleichterungen oder sogar der Erlassung neuer Repressionsmaßnahmen, so „daß in der Folge der KSZE sowohl Verbesserungen wie Verschlechterungen der Arbeitsbedingungen ausländischer Journalisten"[113] festzustellen waren. Die Schweizer Delegation präsentierte den Delegierten der anderen Mitgliedsstaaten in der Plenarsitzung am 31. Oktober 1977 offiziell ihren Vorschlag.[114] Die neutralen Staaten erklärten sofort ihre Unterstützung. Hier zeigte sich der positive Effekt der Kooperation und der gegenseitigen Unterstützung im Rahmen der N+N. Schweden und Österreich erinnerten an das positive Engagement der Schweiz bei den Genfer Verhandlungen. Und Finnland ergänzte, der Vorschlag entspräche dem von der Schweizer Delegation gewohnt hohen Standard.[115] West und Ost hielten sich mit Reaktionen vorerst zurück. Die DDR mahnte kritisch an, der Vorschlag müsse „das Gleichgewicht der Schlußakte berücksichtigen."[116] Die Sowjetunion betonte, die Verbreitung von Information sei vorrangig eine Angelegenheit von Staaten, während die USA die Ansicht vertraten, die Schlußakte sei auch ein „people's document."[117]

---

[112] Ebd.

[113] Joachim Krause, Arbeitsbedingungen für Journalisten nach der KSZE in: Jost Delbrück/ Norbert Ropers/Gerda Zellentin (Hgg.), Grünbuch zu den Folgewirkungen der KSZE, Köln 1977, S. 411–429, S. 426.

[114] BAR, E 2001 E-01, 1988/16, Bd. 214 (Europäische Sicherheitskonferenz), Telex KSZE-Delegation Belgrad an EPD Bern, 31. 10. 1977.

[115] Notizen Renk (Belgrad), Plenary meeting, 31 October 1977.

[116] Ebd.

[117] Ebd.

Nach intensiver Beratung ihres Vorschlags sah die Schweizer Delegation Anfang Dezember 1977 allerdings nur noch eine „[g]eringe Wahrscheinlichkeit"[118] zur Annahme in der vorgelegten Form. Die Diskussionen drehten sich ähnlich wie im Fall der Streiterledigung dabei weniger um inhaltliche als vielmehr um organisatorische Aspekte. Hierin könnte allerdings auch ein strategisches Mittel gelegen haben, um sich einer inhaltlichen Diskussion zu entziehen. Die Sowjetunion ließ die Berner Delegierten jedenfalls wissen, daß sie nur eine begrenzte Anzahl von Expertentreffen akzeptieren könne und daher gegen die Aufnahme eines entsprechenden Mandats in das Schlußdokument des Treffens sei.[119] Vertreter der Mitgliedsstaaten der EG zeigten sich ebenfalls skeptisch gegenüber einem separaten Expertentreffen über „Information", denn sie fürchteten weiterhin eine Institutionalisierung der KSZE. Alternativ bot sich für die Schweiz die Möglichkeit, auf das Expertentreffen zu verzichten und möglichst viele ihrer Forderungen als Vorschläge für das Schlußdokument einzubringen. Auch bei dieser Variante waren die Erfolgsaussichten jedoch gering, denn aufgrund der Spannungen zwischen Ost und West zeichnete sich bereits die Tendenz zu einem kurzen und substanzlosen Kommuniqué ab.[120]

Die Beamten des EPD nutzten die Unterbrechung der Belgrader KSZE-Konferenz bis Mitte Januar 1978, um bei Beratungen in Bern die weitere Strategie in Sachen „Information" festzulegen. Sie entschieden sich für ein Festhalten an der Forderung nach einem Expertentreffen und für eine diplomatische Offensive in einigen westlichen Hauptstädten. Die Schweizer Botschaften erhielten Weisung, bei der Regierung des jeweiligen Gastlandes vorstellig zu werden, um die Bedeutung zu betonen, „que la Suisse attache à son initiative concrétisée à Belgrade [...] concernant l'information."[121] Insbesondere solle aufgrund von aktuellen Entwicklungen auf die Notwendigkeit verbesserter Arbeitsbedingungen für westliche Journalisten in Osteuropa hingewiesen werden. Dieser Hinweis bezog sich auf die Anfang Januar 1978 auf Beschluß des SED-Politbüros erfolgte Schließung des Spiegel-Büros in Ost-Berlin.[122] Hintergrund war die Veröffentlichung eines kritischen „Manifests" einer angeblichen SED-internen Oppositionsgruppe gegen die Politik Honeckers in der Ausgabe des Nachrichtenmagazins *Der Spiegel* vom 2. Januar 1978, das sowohl in der DDR als auch in der Bundesrepublik Deutschland

---

[118] BAR, E 2001 E-01, 1988/16, Bd. 222 (Durchführung KSZE-Beschlüsse), Délégation Suisse/ KSZE. Schweizerischer Vorschlag zur Information. Brief an Herrn Botschafter Bindschedler, 7. Dezember 1977.

[119] BAR, E 2001 E-01, 1988/16, Bd. 214 (Europäische Sicherheitskonferenz), Telex KSZE-Delegation Belgrad an EPD Bern, 12. 12. 1977.

[120] BAR, E 2001 E-01, 1988/16, Bd. 222 (Durchführung KSZE-Beschlüsse), Délégation Suisse/ KSZE. Schweizerischer Vorschlag zur Information. Brief an Herrn Botschafter Bindschedler, 7. Dezember 1977.

[121] BAR, E 2001 E-01, 1988/16, Bd. 222 (Durchführung KSZE-Beschlüsse), Telegramm EPD Bern an die Vertretungen in Paris, London, Dublin, Oslo, Kopenhagen, La Haye, Luxembourg, Bruxelles, Rome, Washington und Bonn, 10. Januar 1978.

[122] Zuvor war es im Dezember 1975 bereits zur Ausweisung des Spiegel-Korrespondenten Jörg Mettke sowie im Dezember 1976 zur Ausweisung des ARD-Fernsehkorrespondenten Lothar Löwe gekommen; vgl. Krause, Arbeitsbedingungen für Journalisten, S. 424f.

für einiges Aufsehen sorgte.[123] Die „zweite Spiegel-Affäre" war anscheinend der Grund dafür, daß der Schweizer Vorschlag – auch im Hinblick auf das Expertentreffen – bei westlichen Staaten nun durchweg auf positive Resonanz stieß. Der Staatssekretär im Bonner Auswärtigen Amt, Günther van Well, informierte den schweizerischen Botschafter Gelzer darüber, daß Bundeskanzler Schmidt im Rahmen seiner Regierungserklärung am 19. Januar 1978 allgemein darauf hinweisen werde, daß die Arbeitsbedingungen von Journalisten auch auf dem Belgrader KSZE-Folgetreffen behandelt würden.[124] Die Schweiz, so van Well, „könne daher im Falle Wiederaufgreifens ihrer Informationsinitiative in Belgrad mit Unterstützung Bundesrepublik rechnen."[125] Die Schweizer Botschaft in Kopenhagen – Dänemark hatte gerade den Vorsitz der EG-Staaten inne – erhielt unterdessen die wichtige Mitteilung, daß das Politische Komitee der Europäischen Gemeinschaft die Unterstützung des Schweizer Vorschlags inklusive des Expertentreffens beschlossen habe.[126] Der stellvertretende amerikanische Delegationsleiter Sherer unterstützte ebenfalls die Initiative Berns, sah aufgrund des schlechten Verlaufs der KSZE-Tagung jedoch insgesamt nur geringe Erfolgschancen.

Eine aktive Diplomatie der Schweiz in Verbindung mit einem aktuellen Ereignis hatte zumindest auf westlicher Seite die Widerstände schwinden lassen. Gleichzeitig blieb jedoch abzuwarten, wie sich die Staaten des Warschauer Pakts im weiteren Verlauf positionieren und welche Entwicklung die Belgrader Gespräche nach Wiederaufnahme der Verhandlungen insgesamt nehmen würden.

6.4 Verschärfung der Konfrontation zum Jahresbeginn 1978

Die Implementierungsdebatte wurde am 16. Dezember 1977 wie vereinbart abgeschlossen. Aufgrund der großen Differenzen war eine schnelle Einigung über ein Schlußdokument in der Redaktionsphase jedoch nicht zu erwarten. Zuvor waren die N+N-Staaten bereits vorangegangen und hatten am 9. Dezember 1977 einen ersten Entwurf für ein Abschlußdokument vorgelegt.[127] Doch in der angespann-

---

[123] Vgl. Dominik Geppert, Störmanöver. Das „Manifest der Opposition" und die Schließung des Ost-Berliner Spiegel-Büros im Januar 1978, Berlin 1996.

[124] In der Regierungserklärung Bundeskanzler Schmidts am 19. Januar 1978 wurde die KSZE-Konferenz nicht erwähnt, die Thematik aber indirekt angesprochen: „Die Veröffentlichung eines als ‚Manifest' bezeichneten Papiers hat zu der Reaktion der Schließung des ‚Spiegel'-Büros in Ost-Berlin geführt. [...] Die Bundesregierung sieht es als ihre Aufgabe an, Arbeitsmöglichkeiten für Journalisten aus der Bundesrepublik Deutschland in der DDR zu schaffen, zu erhalten und zu verbessern."; vgl. Bulletin der Bundesregierung, 7/1978, 20. Januar 1978, S. 61.

[125] BAR, E 2001 E-01, 1988/16, Bd. 222 (Durchführung KSZE-Beschlüsse), Telex Botschaft Bonn an EPD Bern, 12. 01. 1978.

[126] BAR, E 2001 E-01, 1988/16, Bd. 222 (Durchführung KSZE-Beschlüsse), Telex Botschaft Kopenhagen an EPD Bern, 12. 01. 1978.

[127] BAR, E 2001 E-01, 1988/16, Bd. 214 (Europäische Sicherheitskonferenz), Telex KSZE-Delegation Belgrad an EPD Bern, 09. 12. 1977.

ten Situation kam bis zur Unterbrechung der Konferenz am 22. Dezember 1977 selbst eine Einigung über das weitere Arbeitsprogramm vorerst nicht mehr zustande.[128] Wie die Schweizer Delegation nach Bern berichtete, hätten sich die Aussichten auf ein substantielles Abschlußdokument verschlechtert.[129]

Aufgrund des schwierigen Verlaufs der KSZE-Konferenz im Dezember 1977 war schwer vorauszusehen, wie sich die Verhandlungen über das Abschlußdokument gestalten würden. Aus Sicht der Schweizer Delegation bot der bisherige Konferenzverlauf ein ambivalentes Bild, denn einerseits hatten teilweise scharfe Auseinandersetzungen stattgefunden, andererseits war es jedoch nicht zu einem Eklat gekommen. Daraus wurde im EPD die Schlußfolgerung gezogen, „dass auch in einer weniger entspannten Situation ein Dialog zwischen diesen 35 so unterschiedlichen Staaten möglich ist."[130] Allerdings war es zunehmend zweifelhaft, ob sich diese Entwicklung nach Wiederaufnahme der Verhandlungen fortsetzen würde. In bilateralen Kontakten signalisierten die diplomatischen Vertreter der beiden Supermächte zu Beginn des Jahres 1978, daß sich jeweils eine konfrontative Strategie abzeichnete. Gegenüber dem Schweizer Botschafter in Washington, Raymond Probst, vertrat der stellvertretende amerikanische Delegationsleiter Sherer die Ansicht, die USA und die Sowjetunion befänden sich in Belgrad auf „Kollisionskurs".[131] Bei einem Gespräch im Bundeshaus beschwerte sich der sowjetische Botschafter in der Schweiz, Lawrow, bei Generalsekretär Weitnauer in Anspielung auf die USA über die „attitude de confrontation"[132] mancher Staaten in Belgrad. Als Weitnauer beschwichtigend und mit leichter Ironie darauf hinwies, ein so großes Land wie die Sowjetunion verfüge doch sicher über genug Selbstvertrauen, um solche Kritik ertragen zu können, entgegnete der sowjetische Botschafter, das sei durchaus der Fall, doch könne die Sowjetunion es nicht akzeptieren, verleumdet zu werden.

Die Intensität der Verstimmung Moskaus zeigte sich bei Wiederaufnahme der Belgrader KSZE-Konferenz. Die Sowjetunion legte am 17. Januar 1978 einen äußerst knappen und substanzlosen Vorschlag für ein Abschlußdokument von gerade einmal drei Seiten vor, der gleich zum Auftakt zu einer „Verhandlungskrise"[133] führte. In Moskau war in der Phase der Unterbrechung der Konferenz anscheinend die Entscheidung für eine harte Verhandlungslinie getroffen wor-

---

[128] Fischer, The N+N and the Follow-up Meeting in Belgrade, S. 390.

[129] BAR, E 2001 E-01, 1988/16, Bd. 214 (Europäische Sicherheitskonferenz), Telex KSZE-Delegation Belgrad an EPD Bern, 16. 12. 1977.

[130] BAR, E 2001 E-01, 1988/16, Bd. 214 (Europäische Sicherheitskonferenz), KSZE Belgrad, 10. Januar 1978.

[131] BAR, E 2001 E-01, 1988/16, Bd. 222 (Durchführung KSZE-Beschlüsse), Telex Botschaft Washington an EPD Bern, 13. 01. 1978.

[132] BAR, E 2001 E-01, 1988/16, Bd. 214 (Europäische Sicherheitskonferenz), Note d'entretien. Entretien entre le Secrétaire général du Département Politique et M. Lavrov, Ambassadeur de l'Union soviétique, 10 janvier 1978.

[133] So die Bewertung des bundesdeutschen Delegationsleiters Per Fischer; vgl. AAPD 1978, Dok. 16: Botschafter Fischer, Belgrad (KSZE-Delegation), an das Auswärtige Amt, 20. Januar 1978, S. 110.

den.[134] Das Ziel der Sowjetunion bestand nur noch in „Schadensbegrenzung"[135] durch Verhinderung neuer inhaltlicher Vereinbarungen. Von westlicher und neutraler Seite wurde entsprechend kritisiert, daß keine neuen, auf die Schlußakte aufbauenden inhaltlichen Vorschläge im Entwurf enthalten waren.[136] Die Zeichen in Belgrad standen also in der Tat auf Konfrontation. Der amerikanische Delegationsleiter Goldberg bezeichnete den sowjetischen Vorschlag in der Plenarsitzung am 27. Januar 1978 als „an inadequate instrument for a concluding document."[137] Die Sowjetunion konterte mit der Bemerkung, die Amerikaner seien „not interested in anything than propagandistic attacks."[138] In ihrem Bericht vom 27. Januar 1978 charakterisierte die Schweizer Delegation den Stand der Belgrader Verhandlungen als „un blocage complet."[139]

In dieser schwierigen Situation ergriffen nun die N+N-Staaten die Initiative. Am 1. Februar 1978 präsentierten sie einen alle Themenbereiche der KSZE umfassenden Entwurf für den inhaltlichen Teil des Schlußdokuments und avancierten zu „Hauptakteure[n] der Konferenz".[140] Auf dem Feld der militärischen Aspekte der Entspannung wurde ein Ausbau der Vertrauensbildenden Maßnahmen auf Grundlage der Vorschläge der N+N-Staaten gefordert. Bei den Inhalten von Korb II waren die von der Sowjetunion im Vorfeld und während der Belgrader Konferenz vorgebrachten Initiativen für Expertentreffen in den Bereichen Energie, Umwelt und Verkehr enthalten, die allerdings jeweils im Rahmen der ECE ausgerichtet werden sollten. Im Korb III mahnten die N+N-Staaten Verbesserungen bei der Umsetzung der menschlichen Kontakte an. Darüber hinaus war der Vorschlag der Schweiz für ein Expertentreffen über „Information" enthalten. Ein weiteres Expertentreffen sollte der Vorbereitung des von der Bundesrepublik Deutschland geforderten Wissenschaftlichen Forums dienen.[141] Das Verhalten der N+N-Staaten war aus zwei Gründen bemerkenswert. Zum einen umfaßte ihre Zusammenarbeit nun erstmalig auch die Themenbereiche Wirtschaftsfragen und menschliche Kontakte.[142] Insbesondere Jugoslawien mit seiner sozialistischen Staatsform bewies in dieser Situation eine bemerkenswerte Flexibilität. Als Gastland besaß der erfolgreiche Abschluß der KSZE-Konferenz für die Belgrader Füh-

---

[134] Zielinski, Die neutralen und blockfreien Staaten, S. 244.

[135] Curt Gasteyger, The Soviet Union and Belgrade, in: Nils Andrén/Karl E. Birnbaum (Hgg.), Belgrade and Beyond. The CSCE Process in Perspective, Alphen aan den Rijn 1980, S. 27-37, S. 33.

[136] BAR, E 2001 E-01, 1988/16, Bd. 214 (Europäische Sicherheitskonferenz), Telex KSZE-Delegation Belgrad an EPD Bern, 20. 01. 1978.

[137] Notizen Renk, Plenary meeting, 24 January 1978.

[138] Ebd.

[139] BAR, E 2001 E-01, 1988/16, Bd. 214 (Europäische Sicherheitskonferenz), Telex KSZE-Delegation Belgrad an EPD Bern, 27. 01. 1978.

[140] Fischer, Grenzen der Neutralität, S. 220.

[141] Zu den inhaltlichen Vorschlägen der N+N-Staaten vom 1. Februar 1978 vgl. Volle/Wagner, Belgrad, S. 148 f.; Malta trat nicht als Mitautor auf, weil im N+N-Vorschlag kein Expertentreffen über Mittelmeerfragen enthalten war.

[142] BAR, E 2001 E-01, 1988/16, Bd. 215 (Europäische Sicherheitskonferenz), Telex KSZE-Delegation Belgrad an EPD Bern, 01. 02. 1978.

rung höchste Priorität.[143] Zum anderen agierten die N+N-Staaten in dieser Phase der Konferenz nicht primär in ihrer traditionellen Rolle als Vermittler, sondern traten als eigenständige Kraft auf.[144] Im Mittelpunkt standen die Vorschläge über den Ausbau der VBM und für ein Expertentreffen über „Information". Darüber hinaus nahm der Entwurf sowohl inhaltliche Vorschläge der Sowjetunion in Korb II als auch des Westens in Korb III auf. Insofern ist der in der Forschung geäußerten Einschätzung vom angeblichen „‚westward' character"[145] des N+N-Vorschlags zu widersprechen.[146] Der Abschnitt über die menschlichen Kontakte in Korb III war im Gegenteil sogar besonders vage formuliert. Das Problem bestand darin, daß aufgrund der kaum vorhandenen substantiellen Vorschläge der Sowjetunion ein Ausgleich der Positionen kaum möglich war. Der Vorschlag der N+N war in diesem Sinne durchaus auch der Versuch, einen Kompromiß zwischen den Vorschlägen in Korb II und Korb III zustandezubringen.

Wie die Schweizer Delegation am 3. Februar 1978 an das EPD berichtete, sei der Vorschlag der neutralen und blockfreien Länder von beiden Seiten als Verhandlungsgrundlage akzeptiert worden.[147] Die Delegation der Bundesrepublik Deutschland brachte die veränderte Stimmung in Belgrad in der Plenarsitzung vom 14. Februar 1978 zum Ausdruck: „Die N+N haben uns einen Weg gewiesen, wie dieses Folgetreffen mit einem guten Dokument beendet werden kann."[148] In diese Situation platzte am 16. Februar 1978 ein angeblicher Kompromißvorschlag Frankreichs. Der Entwurf der Pariser Regierung unterschied sich von den Überlegungen der N+N-Staaten vor allem dadurch, daß er in verklausulierter Form die Forderung nach einer Abrüstungsinitiative enthielt[149], während das von der Schweiz geforderte Expertentreffen über „Information" nicht enthalten war.[150] Damit kam Frankreich einseitig der sowjetischen Forderung nach einer stärkeren Fokussierung auf Sicherheitsaspekte entgegen. Das geschah jedoch in dem Bewußtsein, daß diese Forderung für die USA und andere westliche Staaten in der

[143] BAR, E 2001 E-01, 1988/16, Bd. 215 (Europäische Sicherheitskonferenz), Die Mitarbeit der Schweiz in der Gruppe der neutralen und nichtpaktgebundenen Staaten im Rahmen der KSZE, Verfasser: Daniel Woker (Delegationsmitglied), Februar 1978.

[144] Fischer, Grenzen der Neutralität, S. 220.

[145] Fischer, The N+N and the Follow-up Meeting in Belgrade, S. 392.

[146] Die Bewertung basiert auf der zeitgenössischen Einschätzung des Schweizer Delegationsmitglieds Daniel Woker; vgl. BAR, E 2001 E-01, 1988/16, Bd. 215 (Europäische Sicherheitskonferenz), Die Mitarbeit der Schweiz in der Gruppe der neutralen und nichtpaktgebundenen Staaten im Rahmen der KSZE, Februar 1978.

[147] BAR, E 2001 E-01, 1988/16, Bd. 215 (Europäische Sicherheitskonferenz), Telex KSZE-Delegation Belgrad an EPD Bern, 03. 02. 1978.

[148] Notizen Renk, Plenary meeting, 14 February 1978.

[149] Die Formulierung lautete folgendermaßen: „[…] sollte auf regionaler Basis schnellstens eine Aktion eingeleitet werden, um stabilere Beziehungen zu schaffen, insbesondere in Europa, wo beträchtliche militärische Mittel konzentriert sind."; vgl. Volle/Wagner, Belgrad, Vorschlag der Delegation Frankreichs vom 16. Februar 1978, S. 152 f.

[150] Die N+N-Staaten hatten am 4. November 1977 einen eigenen Antrag eingebracht, in dem mit Blick auf die anstehende UN-Sondertagung allgemein auf das Ziel weiterer Abrüstungsschritte im Rahmen der Vereinten Nationen und anderer Verhandlungsgremien verwiesen wurde.

aktuellen Situation unannehmbar war. Der französische Vorschlag führte außerdem zu heftigen Debatten innerhalb von NATO und EG und war ein Beleg für die zunehmenden Differenzen innerhalb des westlichen Lagers.[151] Paris demonstrierte in Kontinuität französischer Außenpolitik seinen Anspruch auf eine unabhängige Rußlandpolitik. Der stellvertretende schweizerische Delegationsleiter Edouard Brunner wertete den französischen Vorschlag im Vergleich mit dem N+N-Papier als „schwach".[152]

Entscheidend für den weiteren Konferenzverlauf war jedoch, daß es weder den N+N-Staaten noch Frankreich letztendlich gelang, die massiven Differenzen zwischen den beiden Supermächten zu überbrücken. Im Gespräch mit Arthur Goldberg erfuhr Rudolf Bindschedler, daß die Sowjetunion Mitte Januar 1978 in Washington vorstellig geworden war, mit dem Ziel, in bilateralen Gesprächen zu einer Einigung über ein Abschlußdokument zu gelangen.[153] Das Ansinnen sei mit Verweis auf den multilateralen Charakter der KSZE jedoch abgelehnt worden. Bindschedler traf ebenfalls den sowjetischen Delegationsleiter Worontzow, der erklärte, die Sowjetunion werde keine Kompromisse in Menschenrechtsfragen machen, denn jedes Zugeständnis würde als Sieg der USA und Niederlage der Sowjetunion interpretiert werden. Seine Regierung werde sich von Präsident Carter nicht unter Druck setzen lassen, denn „schliesslich werde Carter einmal durch [einen] anderen Präsidenten ersetzt werden."[154]

Am Verhalten beider Supermächte wird deutlich, daß im Gegensatz zu den KSZE-Verhandlungen in Helsinki und Genf keine diplomatische Flexibilität mehr vorhanden war, die einen Ausgleich der Positionen ermöglichte. Wie die Aussage Worontzows nahelegt, hatte die Sowjetunion die Belgrader Tagung anscheinend schon abgehakt und hoffte perspektivisch auf einen erneuten Regierungswechsel in den USA. Am 17. Februar 1978 legte die Sowjetunion zwar einen neuen Entwurf für ein Abschlußdokument vor, der jedoch kaum Formulierungen zu Korb III enthielt, sondern mit der Forderung nach einer Expertenkonferenz über Abrüstung[155] einseitig das Themenfeld „Sicherheit" betonte.[156] Aufgrund der engen inhaltlichen Anlehnung an den französischen Vorschlag warnte Botschafter Bindschedler gegenüber dem EPD vor der „Gefahr eines französisch-sowjetischen

[151] Angelo Romano, The European Community and the Belgrade CSCE, in: Vladimir Bilandzic/Milan Kosanovic (Hgg.), From Helsinki to Belgrade – The First CSCE Follow-up Meeting in Belgrade 1977/78, Belgrade 2008, S. 257-277, S. 269f.
[152] BAR, E 2001 E-01, 1988/16, Bd. 215 (Europäische Sicherheitskonferenz), Note d'entretien, 16 février 1978.
[153] BAR, E 2001 E-01, 1988/16, Bd. 215 (Europäische Sicherheitskonferenz), Telex KSZE-Delegation Belgrad an EPD Bern, 16. 02. 1978.
[154] BAR, E 2001 E-01, 1988/16, Bd. 215 (Europäische Sicherheitskonferenz), Telex KSZE-Delegation Belgrad an EPD Bern, 15. 02. 1978.
[155] Volle/Wagner, Belgrad Vorschlag der Delegation der Sowjetunion vom 17. Februar 1978, S. 159.
[156] Nach Abschluß der „politischen Entspannung" mit der KSZE-Schlußakte stellte die Sowjetunion die „militärische Entspannung" in den Mittelpunkt ihrer sozialistischen Friedensrhetorik; vgl. Gerhard Wettig, Die Sowjetunion in der Auseinandersetzung über den NATO-Doppelbeschluß 1979-1983, in: VfZ 57 (2009), S. 217-259, S. 219.

Kompromisses"[157], dem sich die anderen westlichen Staaten allerdings entgegenstellen würden. Wie der schweizerische Delegationsleiter dem Eidgenössischen Politischen Departement in Bern weiter mitteilte, seien die Chancen auf ein Abschlußdokument mit substantiellem Inhalt nur noch gering. Der informelle Vorschlag der N+N-Staaten vom 1. Februar 1978 werde aufgrund der angestrebten Vertiefungen in den Bereichen VBM und Menschenrechte und dem neuen französischen Vorschlag vom Osten mittlerweile nicht mehr als Verhandlungsgrundlage akzeptiert.[158]

Aufgrund des negativen Konferenzverlaufs änderte sich in der Endphase der Verhandlungen der Blick der N+N-Staaten auf die Belgrader Tagung. Nicht mehr inhaltliche Fortschritte, sondern die Fortführung des KSZE-Prozesses traten in den Vordergrund ihrer Bestrebungen.[159] Es war der Schweizer Diplomat Edouard Brunner, der zuerst die Initiative ergriff, nachdem die Sowjetunion wenige Stunden zuvor einen Vorschlag der Schweiz für das weitere Arbeitsprogramm der Belgrader Verhandlungen abgelehnt und ein baldiges Ende der KSZE-Konferenz verlangt hatte.[160] In der Plenarsitzung am Nachmittag des 20. Februar 1978 ergriff Brunner für die Schweiz das Wort. Er wies darauf hin, daß es Themenbereiche gebe, in denen eine Einigung unmöglich sei. Deshalb sei es unnötig, weiterhin zu versuchen, in allen Punkten Kompromisse zustandezubringen. Als Alternative schlug Brunner ein „kurzes und sachliches Dokument" vor, das sowohl eine Bekräftigung der Inhalte der Schlußakte als auch eine Festlegung auf mehrere Expertentreffen und die für das Jahr 1980 in Madrid geplante nächste KSZE-Konferenz enthalten müsse.[161] Damit hatte sich erstmalig ein Vertreter eines neutralen Staates öffentlich vom Ziel eines inhaltsvollen, aussagekräftigen Schlußdokuments verabschiedet. Wie der österreichische Diplomat Franz Ceska im Rückblick bestätigte, habe die Schweiz in Belgrad als erstes Land „aufgegeben". In Anbetracht der Unmöglichkeit einer Einigung sei der Vorschlag Brunners für ein Kurzdokument jedoch richtig gewesen.[162] Die Nachrichtenagentur Reuters faßte die Entwicklung in Belgrad in einer Meldung treffend zusammen: „Switzerland today proposed in a statement that the CSCE should end without a substantial final declaration. Speaking at a plenary meeting, chief Swiss delegate Brunner said that diplomats should be realistic at this final stage of the conference. It was unrealistic to seek a substantial final document or declaration because there was no prospect of this being accepted by the USSR. The Swiss statement reflected the privately expressed views of many western and neutral delegations."[163] Die Inter-

---

[157] BAR, E 2001 E-01, 1988/16, Bd. 215 (Europäische Sicherheitskonferenz), Telex KSZE-Delegation Belgrad an EPD Bern, 20.02.1978.
[158] Ebd.
[159] Leo Mates, The neutral and nonaligned countries, in: Nils Andrén/Karl E. Birnbaum (Hgg.), Belgrade and Beyond. The CSCE Process in Perspective, Alphen aan den Rijn 1980, S. 51-63, S. 62.
[160] Notizen Renk, Plenary Meeting, 20 February 1978 (Morning).
[161] Notizen Renk, Plenary Meeting, 20 February 1978 (Afternoon).
[162] Interview mit Franz Ceska.
[163] Notizen Renk, Reuters, 20 February 1978, 21.54h.

vention Brunners wirkte als Beschleuniger für einen Konferenzabschluß. Die bundesdeutsche KSZE-Delegation berichtete an das Auswärtige Amt, der „Schweizer Vorschlag hat rascher als erwartet Endphase eingeleitet."[164] In einer Nachricht an das EPD rechtfertigte Delegationsleiter Bindschedler die neue Haltung der Schweizer Diplomatie in Belgrad. Selbst der französische Präsident Giscard d'Estaing und der jugoslawische Präsident Tito hätten es in persönlichen Interventionen nicht vermocht, Leonid Breschnew zu einer kompromißbereiten Haltung zu bewegen. In dieser verfahrenen Situation sei ein Festhalten an den Vorschlägen der N+N vom 1. Februar 1978 nicht mehr möglich gewesen. Ein kurzes und sachliches Dokument bot laut Bindschedler zwei Vorteile.[165] Die Stagnation der KSZE und die Krise der Entspannungspolitik kämen klar zum Ausdruck und ließen keinen Platz für Illusionen. Des weiteren werde mit Blick auf die Zukunft die Fortsetzung der KSZE mit einer weiteren Folgekonferenz und mehreren Expertentreffen sichergestellt. Für die neutralen Staaten sei es besonders wichtig, die bestehenden Strukturen der KSZE am Leben zu erhalten. Bindschedlers Behauptung, diese Analyse werde von allen Staaten der N+N-Gruppe geteilt, entsprach jedoch nicht ganz den Tatsachen. Einige Länder – insbesondere Schweden und Malta – wollten die Kompromißsuche fortsetzen und am Ziel eines aussagekräftigen Schlußdokuments festhalten.[166] Doch nicht nur aufgrund ihrer internen Meinungsunterschiede verloren die N+N-Staaten an Einfluß auf den weiteren Gang der Konferenz. Die Beratungen liefen zwar in Richtung auf das von der Schweiz angeregte kurze und sachliche Dokument. Doch für die Erstellung eines Kurzdokuments, dessen wesentliche Aussage mit der Formel „agree to disagree" umschrieben werden kann, waren die Vermittlerdienste der Neutralen nicht mehr erforderlich. Vielmehr nahmen West und Ost die Verhandlungen nun wieder in die eigene Hand und drängten die N+N-Staaten ins Abseits. Dänemark präsentierte im Namen der EG-Staaten am 2. März 1978 ein neues Kompromißpapier, das sowohl von den USA als auch von der Sowjetunion sofort als Textgrundlage für die Redaktionsarbeit akzeptiert wurde.[167]

Wie der dänische Delegationsleiter Skjold Mellbin rückblickend offenbarte, hatten sich die Delegationen der USA, der Sowjetunion und Dänemarks – im Namen der EG-Staaten – zuvor bereits über den Ablauf eines Konferenzabschlusses geeinigt. Die Verständigung enthielt auch die Absprache, daß Ergänzungen zum dänischen Entwurf nur möglich sein sollten, wenn alle drei Parteien – USA, UdSSR und EG – hiermit einverstanden waren.[168]

---

[164] PAAA, ZA 116371, KSZE-Delegation Belgrad an AA Bonn, 21. 02. 1978.
[165] BAR, E 2001 E-01, 1988/16, Bd. 215 (Europäische Sicherheitskonferenz), Telex KSZE-Delegation Belgrad an EPD Bern, 24. 02. 1978.
[166] Fischer, The N+N and the Follow-up Meeting in Belgrade, S. 393 f.
[167] Notizen Renk, Plenary meeting, 2 March 1978.
[168] Skjold G. Mellbin, Appendix. From Helsinki to Belgrade, in: Poul Villaume/Odd Arne Westad (Hgg.), Perforating the Iron Curtain. European Détente, Transatlantic Relations, and the Cold War 1965–1985, Kopenhagen 2010, S. 243-251, S. 250 f.

Die N+N-Staaten blieben bei dieser geheimen Absprache außen vor. Aus schweizerischer Sicht war besonders enttäuschend, daß ihr Vorschlag für ein Expertentreffen über „Information" – wie bereits zuvor im französischen Vorschlag – wiederum nicht enthalten war. In beiden Fällen war dies ein Entgegenkommen des Westens gegenüber der Sowjetunion. Botschafter Bindschedler kündigte gegenüber der Zentrale in Bern an, er werde für einige Tage weiterhin auf dem Vorschlag bestehen, doch sei es unwahrscheinlich, daß diese Position gehalten werden könne, denn eine große Mehrheit der Teilnehmerstaaten befürworte den dänischen Vorschlag und wolle einen schnellen Konferenzabschluß erreichen.[169] In der Plenarsitzung am 3. März 1978 schlug die Schweiz vor, den dänischen Vorschlag bei den anstehenden Detailberatungen um ein Expertentreffen über „Information" zu ergänzen.[170] Das Werben der Berner Diplomaten war allerdings vergeblich, denn auch in dem von Dänemark am 4. März 1978 vorgelegten leicht überarbeiteten Entwurf des Schlußdokuments war weiterhin kein Hinweis auf das geforderte Expertentreffen enthalten.[171] In der Plenarsitzung vom 6. März 1978 trat die Schweiz schließlich den geordneten Rückzug an. Botschafter Bindschedler erklärte die Zustimmung der Eidgenossenschaft zum vorliegenden dänischen Entwurf.[172] Gleichzeitig drückte er sein Bedauern über das Nichtzustandekommen eines Expertentreffens im Informationsbereich aus und kündigte an, die Schweiz werde Fragen der Informationsverbreitung und der Arbeitsbedingungen für Journalisten auch in Zukunft weiterhin problematisieren. Die Stellungnahme der Schweiz wurde von den Vertretern anderer Teilnehmerstaaten einhellig begrüßt.[173] Nachdem wie schon in der Endphase der Genfer Verhandlungen Widerstände Maltas den Abschluß der Verhandlungen um einige Tage verzögert hatten, konnte am Vormittag des 8. März 1978 schließlich eine Einigung erzielt werden.[174]

Das zweiseitige Abschlußdokument der Belgrader KSZE-Konferenz enthielt keinerlei inhaltliche Ergänzungen zu den Bestimmungen der Schlußakte von Helsinki. Die Uneinigkeit zwischen den Teilnehmerstaaten wurde mit folgender Formulierung euphemistisch zum Ausdruck gebracht: „Über eine Anzahl dem Treffen unterbreiteter Vorschläge wurde kein Konsens erzielt."[175] Die nächste KSZE-Folgekonferenz würde am 11. November 1980 in Madrid beginnen. Darüber hinaus enthielt das Schlußdokument die Festlegung auf Expertentreffen über die friedliche Streiterledigung in Montreux, zur Sicherheit im Mittelmeerraum in La

---

[169] BAR, E 2001 E-01, 1988/16, Bd. 215 (Europäische Sicherheitskonferenz), Telex KSZE-Delegation Belgrad an EPD Bern, 02. 03. 1978.

[170] Notizen Renk, Plenary meeting, 3 March 1978.

[171] BAR, E 2001 E-01, 1988/16, Bd. 215 (Europäische Sicherheitskonferenz), Telex KSZE-Delegation Belgrad an EPD Bern, 04. 03. 1978.

[172] BAR, E 2001 E-01, 1988/16, Bd. 215 (Europäische Sicherheitskonferenz), Telex KSZE-Delegation Belgrad an EPD Bern, 06. 03. 1978.

[173] Notizen Renk, Plenary meeting, 6 March 1978.

[174] Notizen Renk, Plenary meeting, 8 March 1978.

[175] Volle/Wagner, Belgrad, Abschließendes Dokument des KSZE-Folgetreffens in Belgrad vom 8. März 1978, S. 173.

Valletta sowie ein Expertentreffen in Bonn zur Planung eines Wissenschaftlichen Forums, das 1980 in Hamburg stattfinden würde. Bezogen auf das Streitschlichtungstreffen handelte es sich nicht eigentlich um ein Ergebnis der Belgrader Konferenz, sondern nur um eine Bestätigung der entsprechenden Passage in der Schlußakte. Was den Tagungsort des Expertentreffens betraf, so hatte die Schweizer Delegation den anderen Teilnehmerstaaten ursprünglich Lugano vorgeschlagen.[176] Mit dem Abschluß der Verträge von Locarno im Jahr 1925 war das Tessin durchaus kein unbekannter Ort der europäischen Konferenzdiplomatie. Mehrere Staaten – allen voran die Sowjetunion – meldeten jedoch Bedenken an. Das entscheidende Argument für Montreux war die geographische Nähe zu Genf[177], wo fast alle Länder über eine diplomatische Vertretung und damit über gute interne Kommunikationsmöglichkeiten verfügten.

Mit diesem Verhandlungsresultat „stellte die Belgrader Konferenz nicht, wie ursprünglich erhofft, einen weiteren Impuls für die Entspannungspolitik dar, eher [traf] das Gegenteil"[178] zu.

6.5 Abschluß und Bewertung der Belgrader Konferenz

In der letzten Sitzung des KSZE-Folgetreffens in Belgrad am 9. März 1978 trug Delegationsleiter Bindschedler das Abschlußstatement seines Landes vor. Darin verlieh er insbesondere dem Bedauern der Schweiz darüber Ausdruck, daß die Konferenz nicht zu substantielleren Ergebnissen gelangt sei. Das Schlußdokument sei Abbild des gegenwärtigen Stillstands in der Entspannungspolitik. Positiv bewertete Bindschedler die Festlegung auf ein weiteres Treffen der KSZE im Jahr 1980 in Madrid und verband hiermit „die Hoffnung auf eine günstigere Entwicklung in der Zukunft."[179] Der amerikanische Delegationsleiter Goldberg merkte in seiner Rede an, Helsinki habe große Hoffnungen, aber mancherorts anscheinend auch große Furcht hervorgerufen. Die USA würden ihr Engagement für die Menschenrechte auch in Zukunft fortsetzen.[180] Sein sowjetischer Gegenspieler Worontzow nutzte die Schlußsitzung für massive Angriffe gegen den Westen. Einige Delegationen seien offensichtlich mit der Intention nach Belgrad gekommen, „dieses Treffen in eine Niederung der psychologischen Kriegführung zu verwandeln, dieses Treffen in ein Feld ideologischer Kollision umzukehren. [...] Aber

---

[176] BAR, E 2001 E-01, 1988/16, Bd. 214 (Europäische Sicherheitskonferenz), Telex EPD Bern an KSZE-Delegation Belgrad, 18. 11. 1977.

[177] BAR, E 2001 E-01, 1988/16, Bd. 214 (Europäische Sicherheitskonferenz), Telex KSZE-Delegation Belgrad an EDP Bern, 05. 12. 1977.

[178] Schweigler, Von Kissinger zu Carter, S. 418.

[179] BAR, E 2001 E-01, 1988/16, Bd. 215 (Europäische Sicherheitskonferenz), Rede von Herrn Botschafter Rudolf Bindschedler, Chef der Schweizer Delegation, anlässlich der Schlussitzung des Belgrader KSZE-Treffens am 9. März 1978.

[180] Volle/Wagner, Belgrad, Erklärung des Vertreters der Vereinigten Staaten von Amerika, Arthur J. Goldberg, am 8. März 1978, S. 178.

diese Versuche sind [...] voll und ganz fehlgeschlagen."[181] Die Stellungnahmen der Vertreter der beiden Weltmächte verdeutlichten noch einmal, daß in Belgrad ein Ausgleich der Positionen unmöglich zu erreichen gewesen war. Der österreichische Delegationsleiter Liedermann führte den versammelten Diplomaten anschaulich vor Augen, daß es sich bei dem in Belgrad Erreichten allen Beteuerungen zum Trotz nur um ein mangelhaftes Ergebnis handelte: „The Concluding Document before us, unfortunately gives us no detailed information of what has happened during our Meeting."[182]

Botschafter Bindschedler kam in einer Pressekonferenz am 7. März 1978 aus schweizerischer Perspektive ebenfalls zu einer sehr negativen Bewertung der Konferenzergebnisse: „One can say that this conference is a 1% success and a 99% failure."[183] In einem Aufsatz sprach der Schweizer Delegationsleiter mit Blick auf Belgrad zudem von einer „chaotischen Konferenz."[184]

Das erste KSZE-Folgetreffen brachte für die Beteiligten wichtige Erkenntnisse. Es zeigte sich einmal mehr, daß die Einflußmöglichkeiten der N+N-Staaten in der KSZE wesentlich vom Verhalten der Supermächte während der Konferenz abhängig waren und diplomatische Initiativen für ein Schlußdokument nicht gegen deren Willen betrieben werden konnten.[185] Darüber hinaus demonstrierte das Abschlußdokument ganz generell „the limits of détente".[186] Entspannungspolitik war kein linear fortschreitender Annäherungsprozeß, sondern konnte auch Rückschläge erleiden oder sogar scheitern. Dem Schweizer Politikwissenschaftler Curt Gasteyger kam bei zeitgenössischer Bewertung der Belgrader Verhandlungen die historische Besonderheit der KSZE-Schlußakte erst richtig zu Bewußtsein: „Im Nachhinein mag man vermuten, daß ‚Helsinki‘ einer besonderen, vielleicht sogar einmaligen politischen Konstellation zu verdanken war."[187]

Für das faktische Scheitern des ersten KSZE-Folgetreffens in Belgrad 1977/78 lassen sich sieben Gründe anführen:

6.5.1 Menschenrechtskampagne der USA

Die inneramerikanische Debatte über die richtige Strategie in Belgrad wurde auch nach dem Abschluß der Konferenz fortgeführt. Der Vorsitzende der neuen „Commission on Security and Cooperation in Europe" des US-Kongresses, der

---

[181] Volle/Wagner, Belgrad, Erklärung des Vertreters der Sowjetunion, Juli Worontzow, am 9. März 1978, S. 183.

[182] Zit. nach Mates, Neutral and nonaligned countries, S. 61.

[183] Zit. nach Korey, The Promises we keep, S. 98.

[184] Rudolf Bindschedler, Die Konferenz von Belgrad – Episode oder Wendepunkt?, in: Europäische Rundschau 6 (1978), S. 15–24, S. 16.

[185] Fischer, The N+N and the Follow-up Meeting in Belgrade, S. 397.

[186] Mates, Neutral and nonaligned countries, S. 63.

[187] Curt Gasteyger, Die Aussichten der Entspannung. Europa nach dem KSZE-Folgetreffen in Belgrad, in: Hermann Volle/Wolfgang Wagner (Hgg.), Das Belgrader KSZE-Folgetreffen. Der Fortgang des Entspannungsprozesses in Europa. Beiträge und Dokumente aus dem Europa-Archiv, Bonn 1978, S. 71–78, S. 71.

demokratische Abgeordnete Dante Fascell, verteidigte das Konferenzergebnis, denn „[i]t established the human rights issue as a legitimate element of East-West diplomacy, and it provided for the continuation of the Helsinki process."[188] Allerdings ist darauf hinzuweisen, daß der entscheidende Schritt zur Etablierung der Menschenrechte bereits durch die Unterzeichnung der KSZE-Schlußakte 1975 erfolgt war und die Grundentscheidung über die Abhaltung einer weiteren KSZE-Konferenz schon während des Belgrader Vorbereitungstreffens – unter wesentlicher Mitwirkung der N+N-Staaten – gefallen war. Delegationsleiter Goldberg selbst vertrat rückblickend die Auffassung, daß „the Belgrade meeting and its concluding document were [...] successful in achieving American foreign policy objectives in defense of human rights."[189] Mit Blick auf die Debatte über Verstöße gegen die Schlußakte und die Unterdrückung der Dissidentengruppen bildete Belgrad nach Goldbergs Ansicht „the precedent for future Helsinki Follow-up Conferences."[190] Bereits in seinem ersten Zwischenbericht an Präsident Carter vom 18. November 1977 hatte der amerikanische Delegationsleiter die Ansicht geäußert, daß „[t]he present Belgrade Conference is precedent-setting."[191] Daraus erklärt sich vielleicht auch Goldbergs teilweise etwas überambitioniertes Verhalten.

Demgegenüber kritisierte der ursprünglich für die Delegationsleitung vorgesehene Karrierediplomat Albert Sherer, die von den Westeuropäern und Neutralen vertretene Position, „that détente in Europe offered the best hope for progress in human rights, was doomed."[192] Darüber hinaus merkte er an, das mit der amerikanischen Strategie der Konfrontation schließlich erreichte Kurzdokument enthalte keinerlei Verbesserungen im Bereich der Menschenrechte. Seine Frau Carroll Sherer machte das Weiße Haus und damit Präsident Carter direkt für das Konferenzergebnis verantwortlich: „The breakdown can be traced directly to the Carter White House where it was decided at the last minute that the conference would lend itself perfectly to domestic political goals and at the same time would be an ideal arena for a public airing of the administration's human rights campaign."[193] Die Menschenrechtsaktivisten in Osteuropa konnten das Belgrader Treffen zwar als Solidaritätsbekundung und als moralische Unterstützung für ihr Freiheitsstreben interpretieren, doch das substanzlose Abschlußdokument der

---

[188] Dante B. Fascell, Did Human Rights survive in Belgrade?, in: Foreign Policy 31/1978, S. 104–118, S. 115.

[189] Arthur J. Goldberg, The Helsinki Final Act and the Madrid Review Conference. A case study of political non-communication, in: Political communication and persuasion. An international journal 2/1982, S. 1–19, S. 5.

[190] Ebd.

[191] CWIHP Document Reader „From Global Politics to Human Rights. The CSCE Follow-up Meeting in Belgrade 1977/78", Arthur J. Goldberg. To the President. Briefing Memorandum, November 18 1977.

[192] Albert W. Sherer, Helsinki's Child. Goldberg's Variation, in: Foreign Policy Summer 1980, S. 154–159, S. 157.

[193] Carroll Sherer, Breakdown at Belgrade, in: The Washington Quarterly 37/1978, S. 79–85, S. 80.

Belgrader Konferenz brachte ihnen keinerlei praktische Verbesserungen. Insofern ist es übertrieben, von Belgrad als einem „Durchbruch" zu sprechen, der den Weg für die nachfolgenden KSZE-Treffen bereitet habe.[194] Die Betonung der Inhalte von Korb III der Helsinki-Schlußakte entsprach dem moralischen Empfinden der demokratischen Länder von der Würde des Menschen und der individuellen Freiheit. Diese Überzeugungen fanden ihren Ausdruck in Prinzip VII des Dekalogs und in Korb III der Schlußakte. Im Zusammenhang mit der Aufgabe der Folgekonferenz, die Umsetzung der Beschlüsse der Schlußakte zu überprüfen, war das menschenrechtliche Engagement der USA nicht nur berechtigt, sondern sogar geboten. Nicht zuletzt lag darin auch eine Reaktion auf die sich formierende Widerstandsbewegung in den Ostblockstaaten. Die Art und Weise, in der die amerikanische Delegation die Menschenrechte in Belgrad thematisierte, war allerdings selbst bei den westeuropäischen Verbündeten umstritten.[195] Während die anderen westlichen Staaten, so die Analyse des bundesdeutschen Delegationsleiters Fischer, in Belgrad das Ziel verfolgt hätten, „aus sachlichem Meinungsaustausch einige weiterführende Vorschläge in allen Körben zu entwickeln, verfolgte Goldberg Konzept, Belgrad als publizistische Bühne für Menschenrechtskampagne Präsident Carters zu nutzen."[196] Der Vertreter Großbritanniens bei der Belgrader Konferenz, Botschafter Parsons, sah die Verantwortung weniger bei Goldberg persönlich, sondern eher bei der generellen Linie der Außenpolitik von US-Präsident Carter. Parsons kam zu dem Schluß, daß „it has not been a good meeting for America's reputation within Europe."[197]

Arthur Goldbergs „Konfrontationsdiplomatie"[198] war geschickt und verhängnisvoll zugleich. Eigentlich wäre zu erwarten gewesen, daß mit dem sowjetischen Gegenangriff bezüglich Arbeitslosigkeit und Rassendiskriminierung als Reaktion auf die amerikanischen Hinweise zu Menschenrechtsverletzungen in Osteuropa der verbale Schlagabtausch zwischen den Supermächten abgeschlossen sei. Doch Goldberg ließ sich überraschend auf eine Debatte über die östlichen Vorwürfe gegen die USA ein und zwang die Sowjetunion hierdurch zu einer Fortsetzung der Menschenrechtsdiskussion. Wie sich im Rückblick zeigt, hatte diese Entwicklung für den Gesamtverlauf der Konferenz zur Konsequenz, daß sich die Supermächte in eine Ecke manövrierten, aus der heraus ein Kompromißpapier in der anschließenden Redaktionsphase kaum noch möglich war. Die Menschenrechtsfrage erlangte im Verlauf der Verhandlungen eine so überragende Bedeutung, daß die entsprechenden Formulierungen im Schlußdokument für eine der beiden Seiten in jedem Fall eine nicht zu akzeptierende Niederlage bedeutet hätten. Zu dieser Entwicklung trugen die Entsendung von Abgeordneten des US-Kongresses

[194] Korey, The Promises we keep, S. 98ff.
[195] Ebd. S. 84f.
[196] AAPD 1978, Dok. 88: Aufzeichnung des Botschafters Fischer, 22. März 1978, S. 438.
[197] DBPO III/II, Appendix III: Ambassador Parsons (Bundapest) to Secretary of State for Foreign and Commonwealth Affairs Dr Owen. The Belgrade CSCE Follow-up meeting, 13 March 1978, S. 490.
[198] Schissler, Menschenrechtspolitik, S. 377.

und ihre Eingliederung in die amerikanische Delegation wesentlich bei, denn hierdurch ging der in Genf vorhandene Charakter einer Tagung von Diplomaten teilweise verloren. Durch die Überschneidung von Exekutive und Legislative diente Belgrad nun auch als Plattform für innenpolitische Profilierung. Bei der Vorbereitung und Durchführung des Belgrader Folgetreffens gab es zudem einen Mangel an direkter bilateraler Kommunikation zwischen den USA und der Sowjetunion. Henry Kissinger hätte ein diskretes Gesprächsangebot Moskaus, wie es im Januar 1978 anscheinend vorlag, nicht ausgeschlagen. Das von der Carter-Administration hochgehaltene Prinzip der Transparenz und des Multilateralismus war zwar theoretisch begrüßenswert, doch in der Praxis verbaute es vielleicht die Möglichkeit, zu einem für beide Seiten gesichtswahrenden Kompromiß zu gelangen. Unklar ist natürlich, ob bei einem anderen Auftreten Washingtons die Sowjetunion überhaupt zu einer konzilianteren Haltung bereit gewesen wäre, doch die Konfrontationsstrategie der USA bot Moskau eine propagandistische Entschuldigung, um sich neuen Verpflichtungen auf Grundlage der KSZE-Schlußakte zu entziehen.[199] Gleichzeitig ist Christian Hacke zuzustimmen, der bei aller berechtigten Kritik an der praktischen Umsetzung der Carterschen Menschenrechtskonzeption auch darauf hinweist, daß „die Menschenrechtspolitik doch eine der herausragenden Leistungen des Präsidenten dar[stellte]. Carter wollte durch Menschenrechtspolitik den Wandel zur Freiheit innerhalb des kommunistischen Herrschaftsbereichs fördern. Vielleicht ist in Europa bisher zuwenig berücksichtigt worden, daß auch die Menschenrechtskampagne von Jimmy Carter ihren Beitrag zur Zeitenwende von 1989/90 geleistet hat."[200]

6.5.2 Verweigerungshaltung der Sowjetunion

Wesentlichen – wenn nicht gar entscheidenden – Anteil am Scheitern der Belgrader Konferenz hatte das destruktive Verhalten der sowjetischen Delegation. Für den Zeitraum seit Jahresbeginn 1978 handelte es sich sogar um eine regelrechte Obstruktionspolitik, die keinerlei Interesse an einem positiven Verlauf der Tagung mehr erkennen ließ. Diese Grundsatzentscheidung der Moskauer Entscheidungsträger um den Jahreswechsel 1977/78 herum war in den Augen des britischen Delegationsleiters „responsible for the comparative failure of the whole meeting."[201] Wie der sowjetische Chefdiplomat Worontzow gegenüber der bundesdeutschen Delegation ganz offen zugab, akzeptiere sein Land keine der westlichen Initiativen und sei umgekehrt auch dazu bereit, auf eigene Vorschläge zu verzich-

---

[199] Richard Davy, The United States, in: Nils Andrén/Karl E. Birnbaum (Hgg.), Belgrade and Beyond. The CSCE Process in Perspective, Alphen aan den Rijn 1980, S. 3–15, S. 14.

[200] Hacke, Zur Weltmacht verdammt, S. 242; vgl. auch David F. Schmitz/Vanessa Walker, Jimmy Carter and the Foreign Policy of Human Rights. The Development of a Post-Cold War Foreign Policy, in: Diplomatic History 28 (2004), S. 113–143.

[201] DBPO III/II, Appendix III: Ambassador Parsons (Budapest) to Secretary of State for Foreign and Commonwealth Affairs Dr. Owen. The Belgrade CSCE Follow-up meeting, 13 March 1978, S. 487.

ten. Dann bleibe es im Abschlußdokument halt nur bei einigen allgemeinen politischen Sätzen.[202] Zu Beginn der Konferenz hatte die Sowjetunion zwar einen Vorschlag zum Verbot des Ersteinsatzes von Atomwaffen eingebracht. Hierbei handelte es sich jedoch in erster Linie um eine Propagandaaktion. Der Vorschlag stand nämlich im Widerspruch zur NATO-Doktrin der „flexible response"[203], die die Antwort des Westens auf eine konventionelle sowjetische Aggression bewußt offenließ. In diesem Zusammenhang ist darauf hinzuweisen, daß die Nuklearkomponente im Kalten Krieg für den Westen von entscheidender Bedeutung war. Aufgrund der starken Überlegenheit der Sowjetunion im konventionellen Bereich mit ihren großen Panzerverbänden diente die Nuklearbewaffnung aus westlicher Perspektive zur Wahrung des militärischen Gleichgewichts. In diesem Sinne erklärte die britische KSZE-Delegation in der Plenarsitzung vom 11. Oktober 1977, der Vorschlag des Warschauer Pakts „disregards the conventional disparities in Europe."[204]

Moskaus Strategie der Verweigerung konkreter Beschlüsse ließ am Ende keinen anderen Ausweg, als mit einem substanzlosen Kurzdokument abzuschließen, das dem sowjetischen Ziel der Schadensbegrenzung auch am ehesten entsprach. Mit ihrem Verhalten in Belgrad machte die Sowjetunion generell deutlich, daß sie an Entspannungspolitik in der Form, wie sie seit Anfang der siebziger Jahre praktiziert worden war, mittlerweile nicht mehr interessiert war.[205] Die Abschlußrede Worontzows vom 9. März 1978 erinnerte fatal an die anklagende sowjetische Propagandarhetorik der fünfziger und frühen sechziger Jahre.

6.5.3 Die Unmöglichkeit des Kompromisses

Aus den ersten beiden Gründen resultierte, daß es in Belgrad nicht möglich war, zwischen den unterschiedlichen Vorschlägen von Ost und West einen korbübergreifenden Ausgleich, also wieder eine Art „package deal" zustandezubringen, so wie es Genf zwischen der Anerkennung des territorialen Status quo im Prinzipienkatalog und den menschenrechtlichen Bestimmungen im Korb III möglich gewesen war. Doch für das sogenannte „Cross Bargaining" fehlten in Belgrad die Voraussetzungen.[206] Seitens der Sowjetunion wurden kaum eigene substantielle Vorschläge eingebracht, die als Verhandlungsmasse hätten dienen können. Die N+N-Staaten hatten in ihrem informellen Papier vom 1. Februar 1978 den Versuch unternommen, Moskau mit den drei Expertentreffen über Energie, Umwelt und Verkehr entgegenzukommen, aber die Inhalte des Korb II waren nicht bedeutsam genug, als daß die sozialistischen Staaten im Gegenzug Zugeständnisse in Menschenrechtsfragen gemacht hätten. Die Verhandlungsbereitschaft war –

---

[202] Vgl. AAPD 1978, Dok. 16: Botschafter Fischer, Belgrad (KSZE-Delegation), an das Auswärtige Amt, 20. Januar 1978, S. 111, FN 09.

[203] Korey, The Promises we keep, S. 96.

[204] Notizen Renk, Plenary meeting, 10 October 1977.

[205] Gasteyger, The Soviet Union and Belgrade, S. 35.

[206] AAPD 1978, Dok. 88: Aufzeichnung des Botschafters Fischer, 22. März 1978, S. 434f.

anders als noch in Genf – einfach nicht vorhanden. Umgekehrt konnten die westlichen und neutralen Staaten auch kaum Konzessionen anbieten. Aufgrund der Überprüfungsfunktion der Konferenz und vor dem Hintergrund der politischen Stimmungslage war ein Verzicht auf Fortschritte bei den Menschenrechten im Abschlußdokument undenkbar: „It would never have been politically or morally desirable for the US or her allies to fail to raise the human rights issue at Belgrade."[207]

6.5.4 Veränderte internationale Rahmenbedingungen

Die dargestellte Krise der Détente-Politik, die veränderte Stimmungslage in den USA sowie das offensive Agieren der Sowjetunion in der Dritten Welt brachten für die Belgrader Konferenz ganz neue internationale Rahmenbedingungen. Mit dem Aufkommen der Dissidentenbewegungen in Osteuropa sahen sich die sozialistischen Staaten zudem mit einer neuen Herausforderung im Innern konfrontiert, die sie nicht erwartet hatten. Obwohl seit Unterzeichnung der Schlußakte in Helsinki erst zwei Jahre vergangen waren, lagen die Aufbruchstimmung der frühen siebziger Jahre und der beiderseitige politische Wille zur Détente gedanklich bereits weit zurück. Die neuen internationalen Konflikte demonstrierten darüber hinaus, daß Entspannungspolitik in Europa nicht unabhängig von der Entwicklung der Weltpolitik praktiziert werden konnte, da außereuropäische Ereignisse und globale Konflikte Auswirkungen auf die politische Entwicklung des geteilten Kontinents hatten. In seiner Rede zum Abschluß der Belgrader Konferenz betonte Botschafter Bindschedler, „dass die Entspannung nicht auf Europa beschränkt werden darf. Politisch gesehen, bildet die Welt ein Ganzes. Die Entspannung muß daher weltweit und allumfassend sein."[208] Die allgemeine Verschlechterung der Ost-West-Beziehungen verdeutlichte, wie wichtig es gewesen war, daß bei den Genfer Verhandlungen eine mit einem festen Datum versehene Nachfolgekonferenz der KSZE vereinbart worden war. Vielleicht wäre es ansonsten gar nicht mehr zu einer Fortsetzung der KSZE gekommen.

6.5.5 Veränderte Gesprächsatmosphäre

Hatten die Verhandlungen über die Schlußakte von Helsinki noch den Charakter eines traditionellen Diplomatenkongresses besessen, so ließ sich Konferenzdiplomatie in Belgrad nicht mehr als isoliertes Ereignis praktizieren. Sowohl die neuen globalen Konflikte zwischen den Machtblöcken als auch das zivilgesellschaftliche Engagement in Osteuropa hatten direkten Einfluß auf das Konferenzgeschehen.

---

[207] DBPO III/II, Appendix III: Ambassador Parsons (Budapest) to Secretary of State for Foreign and Commonwealth Affairs Dr. Owen. The Belgrade CSCE Follow-up meeting, 13 March 1978, S. 489.
[208] BAR, E 2001 E-01, 1988/16, Bd. 215 (Europäische Sicherheitskonferenz), Rede von Herrn Botschafter Rudolf Bindschedler, Chef der Schweizer Delegation, anlässlich der Schlussitzung des Belgrader KSZE-Treffens am 9. März 1978.

Zum Kreis der Diplomaten stießen Abgeordnete und Aktivisten hinzu. Der innenpolitische Einfluß auf die Verhandlungen hatte sich allgemein vergrößert. Der gestiegenen Erwartungshaltung der Öffentlichkeit im Westen standen das Mißtrauen und die Verunsicherung der Funktionsträger im Osten gegenüber. Was eine angeblich zu kompromißbereite Haltung bedeuten konnte, zeigte das Beispiel des Leiters der DDR-Delegation in Genf, Siegfried Bock. Im Jahr 1977 wurde er nach interner Kritik von seiner einflußreichen Position als Leiter der Hauptabteilung Grundsatzfragen und Planung im Ministerium für Auswärtige Angelegenheiten abberufen und zum Botschafter der DDR in Rumänien ernannt.[209] Manch einer der „Veteranen" der frühen KSZE-Verhandlungen gedachte in Belgrad „with nostalgia to the calmer and more club-like atmosphere existing in the Geneva and Helsinki days."[210]

6.5.6 Das Verhalten Frankreichs und der anderen EG-Staaten

Die gegen den Willen der anderen EG-Staaten erfolgte Präsentation eines Kompromißvorschlags Frankreichs Mitte Februar 1978 hatte für den Konferenzverlauf gleich mehrere negative Konsequenzen. Paris kam den sozialistischen Ländern darin weiter entgegen als zuvor die Neutralen.[211] Dem informellen Vorschlag der N+N-Staaten vom 1. Februar 1978 wurde damit die Grundlage entzogen, denn die Sowjetunion akzeptierte ihn im weiteren Verlauf nicht mehr als Verhandlungsbasis. Der Vorschlag führte darüber hinaus zu Differenzen innerhalb der EG-Staaten sowie zwischen den USA und Frankreich. Der Westen erweckte den Eindruck von Uneinigkeit und die Position der N+N-Staaten erschien plötzlich nicht mehr als neutral. In der Endphase stellten sich die EG-Staaten mit dem dänischen Vorschlag schließlich an die Spitze der Verhandlungen zwischen Ost und West, die faktisch über die Köpfe der neutralen Staaten hinweg geführt wurden. Der jugoslawische Diplomat Acimovic kritisierte in diesem Zusammenhang, die EG-Staaten hätten versucht, Druck auf die neutralen und blockfreien Länder auszuüben, um deren Zustimmung zu erreichen.[212] Zumindest stellte die Endphase der Belgrader Verhandlungen eine zeitweise Rückkehr zur traditionellen Block-zu-Block-Diplomatie dar, die von den N+N-Staaten abgelehnt wurde.

---

[209] Hermann Wentker, Pursuing specific interests within the Warsaw Pact. The German Democratic Republic and the CSCE-Process, in Carla Meneguzzi Rostagni (Hg.), The Helsinki Process. A Historical Reappraisal, Padua 2005, S. 45–61.
[210] DBPO III/II, Appendix III: Ambassador Parsons (Budapest) to Secretary of State for Foreign and Commonwealth Affairs Dr. Owen. The Belgrade CSCE Follow-up meeting, 13 March 1978, S. 489.
[211] Vgl. den Vortrag von Bindschedler in der Sitzung der Kommission für Auswärtige Angelegenheiten (Nationalrat) am 11. Mai 1978; BAR, E 2850.1, 1991/234, Bd. 10 (HA Aubert).
[212] Ljubivoje Acimovic, Das Belgrader KSZE-Folgetreffen. Eine Betrachtung aus jugoslawischer Sicht, in: Hermann Volle/Wolfgang Wagner (Hgg.), Das Belgrader KSZE-Folgetreffen. Der Fortgang des Entspannungsprozesses in Europa. Beiträge und Dokumente aus dem Europa-Archiv, Bonn 1978, S. 33–42, S. 39.

6.5.7 Selbstüberschätzung der N+N-Staaten

Die N+N-Staaten hatten sich intensiv auf die Belgrader Tagung vorbereitet und trafen auch während der Folgekonferenz häufig zu gemeinsamen Strategiebesprechungen zusammen. Die Zusammenarbeit der neutralen und blockfreien Länder erreichte im KSZE-Folgeprozeß eine neue Qualität. Wie das Beispiel des schwedischen VBM-Vorschlags zeigt, unterstützte die Schweiz auch Projekte anderer neutraler Länder, gegen die es intern Bedenken gab. Jugoslawien schloß sich dem gemeinsamen Vorschlag vom 1. Februar 1978 an, obwohl manche Inhalte den sozialistischen Vorstellungen entgegenliefen. Somit etablierten sich die N+N-Staaten als dritte Gruppe neben den Mitgliedsstaaten der NATO und des Warschauer Pakts. Um so mehr erstaunt vor diesem Hintergrund jedoch die Entwicklung der letzten Konferenzwochen. Der Zusammenhalt der N+N-Staaten löste sich auf, jeder kämpfte für sich. Schweden – unterstützt von Rumänien – wollte den VBM-Vorschlag realisieren, die Schweiz versuchte das Informations-Expertentreffen durchzusetzen, und Malta bestand auf dem Treffen zur Sicherheit im Mittelmeerraum. Streit gab es auch um die Frage, was die Konferenz erreichen und wie sie abgeschlossen werden konnte.[213] Im weiteren Verhandlungsverlauf wurden die N+N-Staaten marginalisiert und die beiden Blöcke bestimmten das Konferenzergebnis. In britischer Bewertung spielten die neutralen Länder „a disappointing role in this meeting. […] They failed either to agree on a combined strategy or to leave each other free on individual initiatives."[214]

Im Rückblick zeigt sich, daß die N+N-Staaten ihre Rolle in Belgrad überschätzten. Mit dem Vorschlag vom 1. Februar 1978 sollten eigene Akzente gesetzt werden, obwohl der bisherige Verhandlungsverlauf den Neutralen eigentlich nur einen sehr geringen Handlungsspielraum ließ. Als die Konferenz im Verlauf des Februar in eine Krise geriet, wurde deutlich, daß es sich bei den N+N eben gerade nicht um eine gleichwertige Kraft neben NATO und Warschauer Pakt handelte, sondern um einen lockeren, sachbezogenen Zusammenschluß von Staaten, deren einzige Gemeinsamkeit darin bestand, nicht zu einem der beiden Militärblöcke zu gehören. Auf gemeinsames Handeln in einer veritablen Verhandlungskrise waren die N+N-Staaten nicht vorbereitet, und es gab auch keine „Disziplinierungsmöglichkeiten" zur Wahrung einer einheitlichen Position. Das bilaterale Vorgehen von Ost und West bei der Ausarbeitung des Schlußdokuments führte den N+N-Staaten jedoch schließlich noch einmal vor Augen, daß ihre Kooperation innerhalb der KSZE für alle neutralen und blockfreien Länder unverzichtbar war und auch in Zukunft fortgesetzt werden mußte.

---

[213] Bei einer Sitzung der N+N-Staaten am 27. Februar 1978 erklärte Bindschedler – gegen jugoslawischen Widerstand – den gemeinsamen Entwurf endgültig für gescheitert; vgl. Gilde, Vermittler, S. 441.

[214] DBPO III/II, Appendix III: Ambassador Parsons (Budapest) to Secretary of State for Foreign and Commonwealth Affairs Dr. Owen. The Belgrade CSCE Follow-up meeting, 13 March 1978, S. 491.

Bleibt die Frage, ob die Schweiz mit der Intervention Edouard Brunners vom 20. Februar 1978 eine Mitverantwortung für das unbefriedigende Konferenzergebnis trägt. In diesem Zusammenhang ist darauf hinzuweisen, daß Brunner erst zu einem Zeitpunkt aktiv wurde, als die Verhandlungen bereits festgefahren waren und die Sowjetunion sich sogar den organisatorischen Absprachen über den weiteren terminlichen Fortgang der Tagung verweigerte. Es war nur noch eine Frage der Zeit, bis Moskau die Konferenz in irgendeiner Form zu einem Ende bringen würde. In dieser Situation hielt Brunner es für entscheidend, die KSZE als Forum des Dialogs zwischen den Supermächten und als Instrument für eine aktive schweizerische Außenpolitik zu bewahren. Das Bonner Auswärtige Amt kam in einem Bericht über die Rolle der Schweiz in der KSZE zu dem zutreffenden Ergebnis, die Schweiz habe sich in Belgrad „[a]us Sorge um die Erhaltung des KSZE-Prozesses [...] für ein kurzes Dokument eingesetzt."[215] Insofern ist der obengenannten Einschätzung Franz Ceskas zuzustimmen, daß Brunner in dieser Situation prinzipiell richtig gehandelt hat. Für allgemeine Verwunderung sorgte jedoch das unilaterale Vorpreschen der Schweiz. Gemäß dem Bericht des Auswärtigen Amts erfolgte Brunners Intervention „überraschend und ohne vorherige Abstimmung selbst in der eigenen Delegation über das Datum der Initiative."[216] Auf den Zusammenhalt der N+N-Staaten hatte die Initiative allerdings negative Auswirkungen. Die latent vorhandenen Meinungsunterschiede traten nun offen hervor und die Neutralen verloren daraufhin an Einfluß auf das Konferenzgeschehen.

Die KSZE erwies sich insgesamt als „baromètre multilateral de la détente".[217] Die Belgrader Konferenz spiegelte die Krise der Entspannung insgesamt wider. Der enttäuschende Verlauf des KSZE-Folgetreffens hatte vielfache Ursachen, wobei das Verhalten der beiden Supermächte entscheidend war. Edouard Brunner bewertete das Belgrader Ergebnis im Rückblick folgendermaßen: „C'était un échec, mais l'important c'était de maintenir la continuité."[218] Der entscheidende Gewinn lag aus Sicht der Schweiz in der Fortsetzung des KSZE-Prozesses mit der Vereinbarung mehrerer Expertentreffen und einer weiteren Folgekonferenz in Madrid. Der neue Außenminister, Bundesrat Pierre Aubert, unterstrich in der Sitzung der Kommission für Auswärtige Angelegenheiten des Nationalrats am 11. Mai 1978 noch einmal sehr anschaulich die grundsätzliche Bedeutung der KSZE für die Sicherheit der Schweiz: „C'est encore le seul endroit où Americains et Soviétiques peuvent essayer de discuter de sécurité, sécurité à laquelle nous sommes, petit état du centre de l'Europe, plus intéressés que quiconque."[219]

---

[215] PAAA, ZA 116360, Referat 212 (KSZE), Die Schweiz betreffender Zusatz zu unserem allgemeinen Ergebnisvermerk zum KSZE-Folgetreffen in Belgrad, 23. 03. 1978.

[216] Ebd.

[217] Victor-Yves Ghébali, La Réunion de Belgrade sur les suites de la CSCE. Évaluation et perspectives, in: Défense nationale 34 (1979), S. 57–72, S. 70.

[218] Témoignage de l'Ambassadeur Edouard Brunner, S. 34.

[219] BAR, E 2850.1, 1991/234, Bd. 10 (HA Aubert), Sitzung der Kommission für Auswärtige Angelegenheiten (Nationalrat) vom 11. Mai 1978.

6.6 Das KSZE-Expertentreffen in Montreux

Nach dem enttäuschenden Verlauf der KSZE-Folgekonferenz in Belgrad fokussier-te die Schweiz ihre diplomatischen Aktivitäten auf das von ihr angeregte Experten-treffen zur friedlichen Streiterledigung, das am 31. Oktober 1978 in Montreux er-öffnet werden würde.[220] Die Eidgenossenschaft selbst bezeichnete ihren SRPD-Vorschlag als eine „Détente-Massnahme"[221], also als einen sinnvollen Beitrag zur Entspannungspolitik, aber diese Grundeinschätzung wurde von den anderen KSZE-Teilnehmerländern nicht geteilt. Im EPD war bereits im Vorfeld des Exper-tentreffens absehbar, daß es „nicht möglich sein [wird], in dem zur Verfügung ste-henden Zeitraum zu einem konkreten Ergebnis zu kommen."[222] Diese Einschät-zung beruhte sowohl auf Sondierungen der Schweiz in den KSZE-Mitgliedsstaaten im Frühjahr 1978 zur Frage der Erarbeitung einer Methode der friedlichen Rege-lungen von Streitfällen[223] als auch auf dem allgemein gespannten Zustand der Ost-West-Beziehungen und dem Ergebnis des Belgrader Folgetreffens.

Die zurückhaltende Analyse der Schweizer Diplomatie war durchaus berech-tigt. Wie ein Blick auf die jeweilige Haltung der Bundesrepublik Deutschland und der DDR im Vorfeld des Expertentreffens zeigt, gab es auf beiden Seiten weiterhin erhebliche Bedenken gegen die Initiative der Schweiz zur friedlichen Streiterle-digung. Das Bonner Auswärtige Amt kam nach intensiver Prüfung durch die Rechtsabteilung und den Völkerrechtswissenschaftlichen Beirat bereits im April 1977 zu dem Ergebnis, daß der Schweizer Vorschlag „Probleme aufwirft, die ihn für die Bundesrepublik Deutschland nicht akzeptabel erscheinen lassen."[224] Die Bedenken gingen in dieselbe Richtung, wie sie bereits während der Genfer Ver-handlungen artikuliert worden waren. Bemängelt wurden die fehlende definitori-sche Abgrenzung zwischen justiziablen und nichtjustiziablen Streitigkeiten sowie die vorgesehene Anwendung des Verfahrens auf *alle* Arten von Streitfällen und der hiermit in Verbindung stehende Ausschluß von Vorbehaltsrechten. Das hätte nach Ansicht des AA zur Folge gehabt, daß auch Rechtsfragen, die das besondere innerdeutsche Verhältnis oder die Viermächteverantwortung für Berlin und Deutschland als Ganzes betrafen, ebenfalls dem Schlichtungsmechanismus unter-

---

220 Da die Expertentreffen in La Valletta und Bonn sowie das Wissenschaftliche Forum in Hamburg für die Schweiz von vergleichsweise geringer politischer Bedeutung waren und die Quellenlage nicht gut ist, wird auf eine Behandlung dieser Themenbereiche verzichtet.
221 So die Formulierung des Schweizerischen Botschafters Hohl gegenüber dem Leiter der juris-tischen Abteilung im sowjetischen Außenministerium, Botschafter Chlestow, während eines Gesprächs anläßlich einer Moskaureise von Generalsekretär Weitnauer im Juni 1978; vgl. BAR, E 2001 E-01, 1988/16, Bd. 993 (Russie), Besuch Weitnauer in Russland. Gespräch mit Botschafter Chlestow, 6. Juni 1978.
222 BAR, E 2001 E-01, 1988/16, Bd. 223 (KSZE; Expertentreffen Montreux), Konferenz über Si-cherheit und Zusammenarbeit in Europa (KSZE). Expertentreffen über eine „Methode der friedlichen Regelung von Streitfällen" in Montreux, 18. September 1978.
223 Schneider/Müller-Wolf, Vergleichs- und Schiedsgerichtshof, S. 9.
224 PAAA, ZA 116378, KSZE-Folgen. Schweizerischer Streitschlichtungsvorschlag, 21. April 1977.

worfen gewesen wären. Wie schon während der Genfer Gespräche sahen die Bonner Diplomaten hiermit die Gefahr verbunden, daß die Sowjetunion das Streiterledigungssystem als Vehikel zur Einflußnahme auf die Deutsche Frage und auf die europäische Politik insgesamt benutzen könnte. Aus diesen Gründen wurde seitens der Rechtsabteilung empfohlen, „diesem Vorschlag entgegenzuwirken und die Ausarbeitung eines Abkommensentwurfs auf dieser Grundlage bei dem Expertentreffen zu verhindern."[225]

Nach Anfrage der Schweizer Regierung zur Haltung der Mitgliedsstaaten im Frühjahr 1978 wurden in einer internen Aufzeichnung des Referats 212 (KSZE) zu Händen des Staatssekretärs AA die besonderen rechtlichen Bedenken aus bundesdeutscher Perspektive noch einmal betont: „Wir werden stets die Deutschland- und Berlinproblematik im Auge haben müssen. Jedes Sachgebiet, das in Streitschlichtungsmechanismen einzubeziehen ist, muß darauf geprüft werden, ob es deutschland- und berlinpolitische Aspekte hat."[226] Gegenüber der Schweiz wurden diese Vorbehalte jedoch nicht deutlich artikuliert, denn nach außen hin vertrat die Bundesrepublik traditionell eine positive Haltung zur Streitschlichtung, die wie erwähnt sogar im Grundgesetz (Art. 24 III GG) steht. In einer Verbalnote des Auswärtigen Amts an die Schweizer Regierung vom 23. Juni 1978 wurde denn auch explizit darauf hingewiesen, daß die Bundesrepublik Deutschland „stets eine positive Haltung zur internationalen Streitbeilegung eingenommen"[227] habe. Weiterhin wurde formuliert, die Bundesregierung sei dazu bereit, „das komplexe Thema der Streitschlichtung auf jede Weise zu diskutieren, die den Beteiligten zweckmäßig erscheint und die geeignet ist, Fortschritte auf dem Weg zur Anerkennung des Grundsatzes der obligatorischen Streitschlichtung zu erzielen."[228] Selbst wenn in Rechnung gestellt werden kann, daß aufgrund der geschickten Formulierung diese Aussage keineswegs eine Zustimmung der Bonner Regierung zur Schweizer Initiative bedeutete, so ist die zu konstatierende Diskrepanz zwischen der negativen internen Bewertung und der wohlwollenden äußeren Kommentierung dennoch auffällig.

Die Position des Ostens läßt sich der Direktive des ZK der SED für die Delegation der DDR zum Expertentreffen in Montreux entnehmen. Die Bedenken waren hier anders als in der Bundesrepublik nicht von speziellen „deutschen" Interessen bestimmt, sondern entsprachen der generellen Positionierung der Warschauer-Pakt-Staaten. Kritisiert wurde wie bereits in Genf, daß die obligatorische Schiedsgerichtsbarkeit als das Kernstück des Schweizer Vorschlags „unmittelbar die Souveränität der Staaten berührt"[229] und daher für die DDR weiterhin unan-

---

[225] Ebd.
[226] PAAA, ZA 116378, Arbeitsgruppe KSZE der EPZ am 1./2. Juni 1978 in Kopenhagen, 29. Mai 1978.
[227] PAAA, ZA 116378, Verbalnote, 23. Juni 1978.
[228] Ebd.
[229] BA, DY 30/J IV 2/3/2815, Protokolle des Sekretariats des ZK der SED, Protokoll 122/78, Direktive für das Auftreten der Delegation der DDR auf dem Expertentreffen der Teilnehmerstaaten der KSZE zu Fragen der friedlichen Streitbeilegung, 12. Oktober 1978.

nehmbar sei: „Diese Grundhaltung hat sich nicht geändert."[230] Es wird deutlich, daß die inhaltliche Ausgangslage für die Beratungen zum Streitschlichtungsvorschlag eigentlich noch dieselbe war wie während der Genfer Verhandlungen. Da sowohl in Bonn als auch in Ost-Berlin die Ablehnung jeweils aus grundsätzlichen Erwägungen erfolgte, zeigt allein der Blick auf diese beiden KSZE-Teilnehmer, daß die Erfolgschancen des Expertentreffens begrenzt waren.

In seinem Antrag an den Gesamtbundesrat zur Bestellung der Schweizer Delegation für Montreux kam Außenminister Pierre Aubert zu dem Schluß, bei der Schweizer Initiative handele es sich „um ein Unternehmen auf lange Sicht."[231] Auch Botschafter Bindschedler betonte – wohl als Konsequenz der Erfahrungen während der Genfer Verhandlungen – nun stärker den langfristigen Charakter der Initiative, die zudem in mehreren Etappen erfolgen solle. Der Rechtsberater erstellte ein Arbeitspapier, das später als Grundlage für einen neuen Schweizer Vorschlag in Montreux dienen sollte. Wie Bindschedler hervorhob, sei „ein stufenweiser periodischer Ausbau der Methode"[232] erforderlich. Anders als in Genf dachte die Schweiz ihr Projekt also nicht vom Ende, sondern vom Anfang her und sah Montreux als einen ersten Schritt auf einem langen Weg.

In seiner Ansprache zur Eröffnung des Expertentreffens am 31. Oktober 1978 in Montreux betonte Bundesrat Aubert die historische Bedeutung der friedlichen Streiterledigung als „une maxime de la politique étrangère suisse."[233] Darüber hinaus kündigte der Schweizer Außenminister den Vertretern der anderen Mitgliedsstaaten die Vorlage eines neuen Arbeitspapiers zur Erarbeitung einer effektiven Streitschlichtungsmethode an. Das Arbeitspapier der Schweiz ersetzte den Vorschlag aus dem Jahr 1973 nicht vollständig, sondern es stellte eine Überarbeitung und Ergänzung dar.[234] Ein neuer Aspekt bestand darin, daß den bereits vorgesehen Verfahren zur Schlichtung oder Vermittlung nun ein Verhandlungsmechanismus zwischen den sich im Disput befindlichen Staaten vorgeschaltet wurde.[235] Damit kam die Schweiz einer Forderung der osteuropäischen Staaten entgegen, derzufolge die in einen Konflikt involvierten Staaten jeweils souverän ihre Streitigkeiten beilegen sollten.[236] Zugleich wurde jedoch einschränkend fest-

---

[230] Ebd.
[231] BAR, E 2001 E-01, 1988/16, Bd. 223 (KSZE; Expertentreffen Montreux), Konferenz über Sicherheit und Zusammenarbeit in Europa (KSZE). Expertentreffen über eine „Methode der friedlichen Regelung von Streitfällen" in Montreux, 18. September 1978; als Mitglieder der Delegation wurden Rudolf Bindschedler (Delegationsleiter), Jean Monnier, Herbert von Arx und Blaise Godet benannt.
[232] BAR, E 2001 E-01, 1988/16, Bd. 223 (KSZE; Expertentreffen Montreux), SRPD, 11. September 1978.
[233] BAR, E 2001 E-01, 1988/16, Bd. 223 (KSZE; Expertentreffen Montreux), Allocution du Conseiller fédéral Pierre Aubert à l'occasion de l'ouverture de la Réunion d'experts de la CSCE sur le règlement pacifique des différends, Montreux, 31 octobre 1978.
[234] Vgl. Proposition présentée par la délégation de la Suisse. Document de travail, 31 octobre 1978; Quellensammlung zum KSZE-Expertentreffen in Montreux. Zusammengestellt von der Schweizerischen Nationalbibliothek Bern.
[235] Simma/Schenk, Schweizerischer Entwurf, S. 397.
[236] Schneider/Müller-Wolf, Vergleichs- und Schiedsgerichtshof, S. 9.

gehalten, daß auf das Recht zur Anrufung einer dritten, vermittelnden Instanz im weiteren Verfahren nicht völlig verzichtet werden könne.[237] Die Streitbeilegung sollte subsidiär aufgebaut sein und dabei die drei Verfahrensebenen Verhandlung (eins), Untersuchung, Vermittlung und Vergleich (zwei) sowie in bestimmten Fällen den Schiedsspruch (drei) umfassen. Nicht das Ergebnis, sondern nur das Verfahren sollte jeweils obligatorisch sein.[238] Die bisherige unklare Unterscheidung zwischen politischen und rechtlichen Streitfällen wurde insofern aufgegeben, als im Arbeitspapier der Schweiz nun ein Katalog von Themenfeldern genannt wurde, in denen ein Schiedsverfahren vorgesehen war.[239] Als Konsequenz der von Botschafter Bindschedler genannten Absicht eines schrittweisen Ausbaus des Streitbeilegungssystems enthielt der Schweizer Vorschlag als weitere Neuerung einen Abschnitt, der die regelmäßige Einberufung einer Überprüfungskonferenz alle fünf Jahre vorsah.[240] Mit dieser sogenannten Evolutivklausel vollzog die Schweiz einen Strategiewechsel gegenüber ihrem überambitionierten Vorgehen während der Genfer KSZE-Verhandlungen.

Mitte November 1978 legten die Delegationen der Sowjetunion, der Tschechoslowakei, Polens und der DDR einen eigenen Vorschlag vor, in dem eine „Gegenposition"[241] zum Arbeitspapier der Schweiz vertreten wurde. Das Dokument der sozialistischen Staaten sah im Streitfall die Verpflichtung zu Konsultationen zwischen den jeweiligen Streitparteien vor. Drittstaaten konnten bei Zustimmung durch die beteiligten Länder in die Konsultationen miteinbezogen werden. Allerdings enthielt der östliche Vorschlag keinen über die Konsultationsverpflichtung hinausgehenden Mechanismus der Streitbeilegung, sondern beschränkte sich neben der Erstellung eines Schlußberichts auf eine reine Absichtserklärung: „In the event of failure to reach a solution, [...] the participating States that are parties to a dispute will continue to seek a mutually agreed way to settle the dispute peacefully."[242] In seinem Ansatz ging der Osten zwar in dieselbe Richtung wie der Schweizer Vorschlag mit seinem neuen Element der der Vermittlung vorgeschalteten Verhandlungen, beschränkte sich jedoch völlig auf die Verpflich-

---

[237] „Sans un droit, même minimal, de rcours à une tierce instance, il ne saurait y avoir de progrès par rapport à la situation qui a prévalu jusqu'ici."; vgl. Proposition presentée par la délégation de la Suisse. Document de travail, 31 octobre 1978; Quellensammlung zum KSZE-Expertentreffen in Montreux. Zusammengestellt von der Schweizerischen Nationalbibliothek Bern.

[238] Schneider/Müller-Wolf, Vergleichs- und Schiedsgerichtshof, S. 9.

[239] Lüthy, Verfahren zur friedlichen Beilegung internationaler Streitigkeiten, S. 122.

[240] Lucius Caflisch/Blaise Godet, La Suisse et le réglement pacifique des différends internationaux, in: Alois Riklin/Hans Haug/Raymond Probst (Hgg.), Neues Handbuch der schweizerischen Außenpolitik, Bern 1992, S. 957-971, S. 967.

[241] Münch, Schweizerische Initiative, S. 397.

[242] Proposal submitted by the delegations of Czechoslovakia, The German Democratic Republic, Poland and the Union of Soviet Socialist Republics. Basic Provisions concerning a generally acceptable method for peaceful settlement of disputes among states participating in the Conference on Security and Cooperation in Europe, 15 November 1978; Quellensammlung zum KSZE-Expertentreffen in Montreux. Zusammengestellt von der Schweizerischen Nationalbibliothek Bern.

tung zu Konsultationen. Aus Perspektive der Schweiz hingegen waren „Verhandlungen nur eine erste Etappe der Streitbeilegung."[243] Das östliche Arbeitspapier sah die Einschaltung einer Drittinstanz nur auf fakultativer Basis vor und enthielt diesbezüglich keinerlei Regelungen. Statt dessen sollten sich die Streitparteien im Einzelfall auf die Rolle der dritten Partei verständigen. Insofern sah die in Montreux präsentierte Initiative der sozialistischen Staaten im Grunde gar kein Instrument für einen Mechanismus zur Streitbeilegung vor. Der östliche Vorschlag enthielt in diesem Sinne „aucune contribution réelle au développement du droit international."[244]

Erst in der Endphase der Verhandlungen legten mehrere westliche Staaten – wohl als Reaktion auf das Arbeitspapier der Sowjetunion[245] – einen eigenen Vorschlag in Verbindung mit einem Entwurf für ein Schlußdokument vor.[246] Der westliche Vorschlag war als Kompromißvorschlag konzipiert und beinhaltete ein Schiedsgerichtsverfahren[247], war jedoch ebenfalls nicht konsensfähig und konnte den inhaltlichen Verlauf der Debatte nicht mehr wesentlich beeinflussen. Weitere Entwürfe für ein Schlußdokument wurden von Ungarn und den N+N-Staaten eingebracht.

Eine Einigung auf einen Mechanismus zur friedlichen Streitbeilegung war zur Enttäuschung der Schweiz jedoch nicht zu erreichen. Die Berner Diplomaten standen nun vor der Entscheidung, ob sie sich mit einem substanzlosen Schlußdokument zufriedengeben oder ihre Zustimmung unter diesen Umständen verweigern und das Treffen ohne Ergebnis enden lassen sollten. Die Schweiz entschied sich schließlich für ein Abschlußdokument. Wie Delegationsmitglied Edouard Brunner in einer Aufzeichnung an den neuen Außenminister Pierre Aubert ausführte, war es der Schweiz nur aufgrund der KSZE überhaupt gelungen, die friedliche Streitbeilegung auf die internationale Agenda zu bringen. Eine Ablehnung des Schlußdokuments würde demgegenüber bedeuten, daß das Thema friedliche Streitbeilegung wieder von der Tagesordnung der multilateralen Verhandlungen verschwinden würde: „Si nous devions aujourd'hui refuser le document de Montreux, cela reviendrait pratiquement à renoncer pour très longtemps en tout cas à voir les Etats européens remettre à l'ordre du jour une telle question et accepter d'en parler sur un plan multilatéral."[248] Nur die Annahme des Schluß-

---

[243] Rudolf Bindschedler, Obligatorische Verhandlungen und Konsultationen, in: Jörg Paul Müller (Hg.), Recht als Prozeß und Gefüge. Festschrift für Hans Huber, Bern 1981, S. 533–540, S. 535.

[244] Victor-Yves Ghébali, Anatomie de la Réunion d'Experts de la CSCE sur le règlement pacifique des différends, in: Défense nationale 35 (1979), S. 25–39, S. 33.

[245] Cuny, L'OSCE et le règlement pacifique des différends, S. 24.

[246] Vgl. Proposition soumise par les délégations de la République Fédéral d'Allemagne, de la Belgique, du Canada, du Danemark, de l'Italie, des Pays-Bas, du Portugal, Du Royaume-Uni et des États-Unis d'Amerique. Rapport, 1er décembre 1978; Quellensammlung zum KSZE-Expertentreffen in Montreux. Zusammengestellt von der Schweizerischen Nationalbibliothek Bern.

[247] Schneider/Müller-Wolf, Vergleichs- und Schiedsgerichtshof, S. 9f.

[248] BAR, E 2001 E-01, 1988/16, Bd. 223 (KSZE; Expertentreffen Montreux), Note au Chef du Département. Réunion de Montreux, 11 décembre 1978.

dokuments bot der Schweiz die Möglichkeit auf die weitere Behandlung ihres Anliegens im Rahmen der KSZE. Der schließlich am 11. Dezember 1978 angenommene Bericht des KSZE-Expertentreffens in Montreux enthielt die Feststellung, daß „kein Konsensus über spezifische Methoden erzielt"[249] worden sei. Immerhin erstellten die Delegierten einen Katalog mit Prinzipien, die bei der Ausarbeitung einer Methode der friedlichen Erledigung von Streitfällen zugrundegelegt werden sollten, und wiesen auf die Möglichkeit der Einberufung eines weiteren Expertentreffens durch die KSZE-Folgekonferenz in Madrid hin.

Der Leiter der bundesdeutschen Delegation, Botschafter Blomeyer-Bartenstein, kam in seinem Abschlußbericht an das Auswärtige Amt vom 12. Dezember 1978 zu der pragmatischen Feststellung, „dem Fortgang des Entspannungsprozesses und dem Anliegen der KSZE [ist] zumindest kein Schaden zugefügt worden."[250] Trotz der Enttäuschung über das unbefriedigende Ergebnis des Expertentreffens hielt die an die Schweizer Vertretungen in den KSZE-Staaten übermittelte Konferenzanalyse des EPD auch positive Elemente fest. So sei die Gesprächsatmosphäre sehr viel besser gewesen als in Belgrad. Als Fortschritt wurde zudem gewertet, daß die Sowjetunion einen eigenen Vorschlag eingebracht habe und sich die Bedingungen für einen Dialog über die Streitbeilegung verbessert hätten. Ein gewisser Druck auf die Sowjetunion in dieser Frage müsse deshalb in Zukunft aufrechterhalten werden.[251] In einem Aufsatz im Jahr 1981 bezeichnete Bindschedler den östlichen Vorschlag zusammen mit demjenigen der Schweiz sogar als mögliche „Ausgangsbasis weiterer Verhandlungen über die Errichtung eines Streiterledigungssystems."[252] Der Genfer Politikwissenschaftler Victor-Yves Ghébali kam in seiner Bewertung des KSZE-Expertentreffens zu der Einschätzung, „le bilan de Montreux est positif. Il représente un pas dans la poursuite du vieux rêve de la paix par le droit, et le dialogue se poursuit."[253]

Allerdings brachten solche Einschätzungen die zeitgenössische Hoffnung auf Verbesserungen zum Ausdruck, sie stellten keine realistische Bewertung der Ereignisse dar. Wie sich im Rückblick zeigt, markierte das Expertentreffen in Montreux den vorläufigen Höhepunkt des schweizerischen Engagements im Bereich der friedlichen Streiterledigung. Ein weiteres Expertentreffen fand zwar im Jahr 1984 in Athen statt, doch die Thematik besaß für die Eidgenossenschaft in den achtziger Jahren nicht mehr die zentrale Bedeutung wie im Jahrzehnt zuvor. Das lag zunächst an den mangelnden Erfolgen bei der Durchsetzung und der sich abzeichnenden Aussichtslosigkeit des Projekts. Mit der Krise der Entspannungspolitik traten zudem fundamentalere Themenbereiche wie Menschenrechte und

---

[249] BAR, E 2001 E-01, 1988/16, Bd. 223 (KSZE; Expertentreffen Montreux), Bericht des KSZE-Expertentreffens in Montreux 1978, 11. Dezember 1978.

[250] AAPD 1978, Dok. 383: Botschafter Blomeyer-Bartenstein, z. Z. Genf, an das Auswärtige Amt, 12. Dezember 1978, S. 1852.

[251] BAR, E 2001 E-01, 1988/16, Bd. 223 (KSZE; Expertentreffen Montreux), Télégramme, 12 décembre 1978.

[252] Bindschedler, Obligatorische Verhandlungen und Konsultationen, S. 539.

[253] Ghébali, Anatomie le la Réunion d'Experts, S. 25.

Abrüstung stärker in den Fokus der KSZE-Beratungen. Und der Spiritus rector des Projekts, Rudolf Bindschedler, ging 1980 als Rechtsberater des EPD in den Ruhestand und konnte sein Projekt fortan nur noch aus wissenschaftlicher Perspektive verfolgen. Erst nach dem Ende des Kalten Krieges konnte auf einem KSZE-Sondertreffen im Oktober 1992 in Genf mit der Schaffung eines allgemeinen, einseitig anrufbaren Vergleichsverfahrens und der Einrichtung eines Schiedsgerichts die Schweizer Idee zumindest in Ansätzen verwirklicht werden.[254]

Sichtbare Auswirkungen auf die Praxis der europäischen Politik hatte dieser Schritt jedoch bislang nicht: „Mandatory settlement of international disputes is one of the oldest and most cherished, yet unfulfilled, wishes in international law."[255]

---

[254] Renk, Der Weg der Schweiz nach Helsinki, S. 105.
[255] Karin Oellers-Frahm, The Arbitration Procedure established by the Convention on Conciliation and Arbitration within the OSCE, in: Lucius Caflisch, The Peaceful Settlement of disputes between States. Universal and European Perspectives, Den Haag/London/Boston 1998, S. 79–92, S. 79.

7. KSZE-Engagement und schweizerische Außenpolitik (1978–1980)

7.1 Interne Konflikte zu Neutralität und Menschenrechten im Außendepartement

Im Verlauf der siebziger Jahre vollzog sich ein schrittweiser Wandel der schweizerischen Außenpolitik hin zu einem aktiveren internationalen Engagement, an dem die Teilnahme der Schweiz an der KSZE wie bereits erwähnt entscheidenden Anteil hatte. Wie die Diskussion über das Verhalten zum Thema Menschenrechte insbesondere auf der Belgrader Folgekonferenz gezeigt hatte, bestand innerhalb der schweizerischen Diplomatie jedoch ein latenter Konflikt zwischen den Befürwortern einer traditionellen Neutralitätspolitik und den Anhängern einer aktiveren Ausrichtung. In dieser Situation trat im Februar 1978 der neue Bundesrat Pierre Aubert das Amt des Außenministers an. Als wichtige und aktuelle Fragen der schweizerischen Außenpolitik nannte er in einer Grundsatzrede beim Kongreß der Sozialdemokratischen Partei in Basel am 20. Mai 1978 die Themenfelder Entwicklungshilfe, Beitritt zur UNO und den Schutz der Menschenrechte.[1] Als eine seiner ersten Handlungen im neuen Amt gab Aubert die Ausarbeitung eines Berichts über die Ausweitung des menschenrechtlichen Engagements der Schweiz in Auftrag.[2] Mit seiner „konsequente[n] Politik der Öffnung"[3] machte der neue Bundesrat deutlich, daß die bis in die sechziger Jahre hinein verfolgte Ausrichtung der auswärtigen Beziehungen auf Handelspolitik, integrale Neutralität und „Gute Dienste" nicht mehr vorrangig im Zentrum der Außenpolitikkonzeption der Schweiz stand. Aubert selbst verwandte für seine Konzeption den Begriff der „Dynamisierung". In einem Interview mit Radio DRS führte er hierzu folgendes aus: „Die Welt wartet nicht auf uns. Wenn wir nicht riskieren wollen, den Anschluß an die internationalen Entwicklungen zu verlieren, so müssen wir selber ein rascheres Tempo einschlagen."[4]

Der veränderte Stil bedeutete allerdings auch veränderte Inhalte. In einem Interview mit dem Nachrichtenmagazin *Der Spiegel* im Juni 1978 hob Aubert diesen Zusammenhang deutlich hervor, indem er von einer „Dynamisierung der Neutralitätspolitik" sprach und daraus zu folgendem Schluß gelangte: „Neutralität und

---

[1] BAR, E 2850.1, 1991/234, Bd. 45 (HA Aubert), „Die schweizerische Außenpolitik". Rede von Herrn Bundesrat Pierre Aubert am Kongreß der Sozialdemokratischen Partei der Schweiz, 20. Mai 1978.

[2] Jon A. Fanzun, Souveränität, Neutralität, Humanität. Zur Schweizerischen Menschenrechtspolitik im Kalten Krieg, in: SZG 56 (2006), S. 459–472, S. 465.

[3] Stauffer, Aubert, S. 571.

[4] BAR, E 2850.1, 1991/234, Bd. 39 (HA Aubert), Informationsbulletin/EPD. Interview Radio DRS mit Bundesrat Pierre Aubert, 28. Oktober 1978.

aktive Außenpolitik müssen einander ja nicht widersprechen."[5] Als ein aus
Schweizer Perspektive besonders geeignetes internationales Forum für eine aktivere Menschenrechtspolitik sah Aubert die KSZE.[6] So wies er in besagtem *Spiegel*-
Interview darauf hin, daß die KSZE-Schlußakte mit den Inhalten von Korb III
schließlich auch von der Sowjetunion unterzeichnet worden sei.[7] Innenpolitisch
war der neue außenpolitische Kurs allerdings nicht unumstritten. Insbesondere
die verstärkten Reiseaktivitäten Auberts[8], die erstmals auch Aufenthalte in Ent-
wicklungsländern miteinschlossen, sorgten für Kritik. Dabei ging es weniger um
die Besuche selbst, sondern sie waren ein Symbol für die von Aubert verfolgte
Politik der Dynamisierung. In einer Nationalratsdebatte am 14. März 1979 verteidigte Bundesrat Aubert seine Gespräche im Ausland als notwendiges Element der
Diplomatie und warb um Zustimmung für seine Strategie der Öffnung und Aktivierung: „Si nous évitons les forums internationaux, si nous nous montrons
timorés dans des actions qui doivent nécessairement s'ébaucher au niveau international, nous serions en danger d'être écartés de décisions dont dépend directement notre avenir."[9] Die Unzufriedenheit mit dem neuen Bundesrat in Teilen des
Parlaments zeigt sich insbesondere auch am schlechten Wahlergebnis Auberts
nach den Parlamentswahlen vom Herbst 1979. Bei seiner Wiederwahl durch die
vereinigte Bundesversammlung wurde Aubert mit 124 von 246 Stimmen nur
knapp im Amt bestätigt.[10]

Mit dem Amtsantritt Pierre Auberts verschoben sich die Gewichte innerhalb
des Außendepartements stärker zugunsten der Befürworter einer progressiven
Außenpolitikkonzeption. Mit der Ernennung Albert Weitnauers zum Generalsekretär des EPD[11] war im Jahr 1976 zuvor noch einmal „ein überzeugter Verfechter
der integralen Neutralität traditioneller Prägung"[12] an die Verwaltungsspitze des
Departements gelangt. Weitnauers Tragik bestand darin, daß er zu einer Zeit in
die Departementsführung aufstieg, in der die bisher geltende und von ihm vertretene außenpolitische Konzeption gerade einem Prozeß der schrittweisen Ablösung unterworfen war und sich gewissermaßen überlebt hatte. Weitnauer war
im Jahr 1916 im brasilianischen Blumenau geboren worden, dem Zentrum einer

---

[5] BAR, E 2850.1, 1991/234, Bd. 39 (HA Aubert), Informationsbulletin/EPD. Interview des
Nachrichtenmagazins „Der Spiegel" mit Bundesrat Pierre Aubert (Ausgabe 26/1978), 26. Juni
1978.

[6] Fischer, Grenzen der Neutralität, S. 271.

[7] BAR, E 2850.1, 1991/234, Bd. 39 (HA Aubert), Informationsbulletin/EPD. Interview des
Nachrichtenmagazins „Der Spiegel" mit Bundesrat Pierre Aubert (Ausgabe 26/1978), 26. Juni
1978.

[8] Vgl. zur Thematik Georg Kreis, Umstrittene Reisediplomatie, in: Schweizer Monatshefte 59
(3/1979), S. 209–219.

[9] BAR, E 2850.1, 1991/234, Bd. 41 (HA Aubert), Conseil National. Débat de politique étrangère.
Réplique de Pierre Aubert, Chef du Département politique, 14 mars 1979.

[10] Stauffer, Aubert, S. 572.

[11] Im Rahmen einer Reform der Verwaltungsstrukturen wurde das EPD im Jahr 1979 in Eidgenössisches Departement für Auswärtige Angelegenheiten (EDA) umbenannt; Albert Weitnauer führte nun Titel eines Staatssekretärs.

[12] Fischer, Grenzen der Neutralität, S. 206.

deutschsprachigen Auswandererkolonie.[13] Nach dem Studium der Rechte mit anschließender Promotion an der Universität Basel war Weitnauer seit dem Jahr 1941 im Bundesdienst tätig, vorrangig in der Handelsabteilung des Volkswirtschaftsdepartements. Von 1959 bis 1971 war er Delegierter für Handelsverträge und Spezialmissionen. Verdienste erwarb sich Weitnauer insbesondere bei den Welthandelsgesprächen zur sogenannten „Kennedy Runde", an deren Ende die Schweiz dem „General Agreement on Tariffs and Trade" (GATT) beitrat. In der ersten Hälfte der siebziger Jahre übte er das traditionell prestigeträchtige Amt des Schweizer Botschafters in London aus.

Der Handel prägte auch Weitnauers politisches Denken. In Abwandlung des berühmten Diktums des Generals von Clausewitz war für Weitnauer „die Handelspolitik eine Fortsetzung der Aussenpolitik mit anderen Mitteln."[14] Im Mittelpunkt der Außenpolitik stand die Neutralität. In seinen Erinnerungen hat Weitnauer das Verhältnis zwischen Ökonomie und Diplomatie folgendermaßen charakterisiert: „Die Einzigartigkeit der schweizerischen Außenpolitik liegt in der Verbindung [...] der immerwährenden und bewaffneten Neutralität auf der einen und der wirtschaftlichen Kraft unseres Landes auf der anderen Seite. Sie bilden die beiden Pfeiler, auf denen die Geltung der Schweiz in der Welt ruht. [...] Neutralität und Wirtschaftskraft sind in der schweizerischen Außenpolitik Zwillingsbrüder."[15]

Für Weitnauer war „eine von der Neutralität unabhängige Außenpolitik nicht denkbar."[16] In einer Rede vor Beamten des österreichischen Außenministeriums in Wien im Mai 1978 – bei der Weitnauer schon anmerkte, die Außenpolitik des Landes sei im Fluß und seine Aussagen hätten daher persönlichen Charakter – bezeichnete der Generalsekretär des EPD die Neutralität als „[d]as Fundament der schweizerischen Außenpolitik"[17] und als „die Bastion des schweizerischen Staates." Den Übergang von der integralen zur differentiellen Neutralität im Zusammenhang mit dem Beitritt der Schweiz zum Völkerbund in der Zwischenkriegszeit bewertete Weitnauer in gleicher Rede als „einen in meiner Sicht bedauerlichen Bruch mit einer gradlinigen neutralitätspolitischen Vergangenheit".[18] Weitnauer selbst wurde in einem Artikel der Berner Tageszeitung *Der Bund* über seine Person mit der treffenden Bezeichnung „konservative Neu-

---

[13] Der gleichnamige Vater Weitnauers war als Architekt und Eisenbahningenieur tätig. Zuvor hatte er in Deutsch-Südwestafrika am Bau der Zugverbindung von Swakopmund nach Windhoek mitgearbeitet; er verstarb bereits 1918. Im Jahr 1926 übersiedelte die Mutter schließlich nach Basel; vgl. Weitnauer, Rechenschaft, S. 14.

[14] Zit. nach Christian Föllmi, Die Schweiz, Europa und die Welt im politischen Denken Albert Weitnauers (1960-1967), Lizentiatsarbeit Zürich 1992, S. 74 (unveröffentlicht).

[15] Weitnauer, Rechenschaft, S. 61.

[16] Ebd. S. 65.

[17] BAR, E 2003 (A), 1990/03, Bd. 734 (Suisse/ONU), „Schweizerische Außenpolitik. Die Fundamente und die Ziele". Vortrag gehalten von Botschafter Dr. Albert Weitnauer vor den höheren Beamten des österreichischen Aussenministeriums in Wien am 30. Mai 1978.

[18] Ebd.

tralitätspolitik"[19] zitiert. Den Beitritt zur UNO lehnte der Spitzendiplomat zwar nicht ab, hielt hierbei jedoch die Akzeptanz der integralen Neutralität der Schweiz durch die anderen Mitgliedsstaaten für unbedingt erforderlich.[20]

Botschafter Weitnauer befürwortete ein internationales Engagement der Schweiz solange, wie es die Neutralität als die erste Staatsmaxime der Schweiz nicht gefährdete. Im Fall der KSZE unterlag Weitnauer dabei einem fundamentalen Mißverständnis. Schon als Botschafter in London hatte sich Weitnauer Anfang der siebziger Jahre für eine aktive Rolle der Schweiz in der KSZE eingesetzt. In einem Brief an Botschafter Bindschedler vom November 1971 war sogar vom Ziel der „Aktivierung unserer Außenpolitik im gesamteuropäischen Rahmen"[21] die Rede. Freilich wies er in einer Stellungnahme zur Europäischen Sicherheitskonferenz an EPD-Generalsekretär Thalmann vom Februar 1972 darauf hin, daß die Konstanten der Neutralität und der Solidarität nicht verändert würden.[22] Nach dem Ende der Vorverhandlungen in Dipoli äußerte sich Weitnauer auf der Botschafterkonferenz des Jahres 1973 geradezu enthusiastisch: „Ich bin beglückt über die Rolle, welche die Schweiz bei den Konsultationen von Helsinki gespielt hat. Das Gesicht der Schweiz wurde sichtbar; wir haben uns in Erinnerung gerufen, als Macht mittleren Grades und als Stimme der Neutralen. Eine neue Phase der schweizerischen Außenpolitik hat begonnen."[23] Botschafter Weitnauer bewertete das Konferenzprojekt der KSZE als ein Element der klassischen Kongreßdiplomatie, das zu einer Stärkung der traditionellen Neutralität der Schweiz beitragen sollte. In diesem Zusammenhang bot die KSZE „für die Schweiz eine willkommene Gelegenheit, sich in einem traditionellen Rahmen europäischer großer Politik ihren Partnern vorzustellen und durch ihre intensive Betätigung Wesentliches zum Erfolg der Konferenz beizutragen."[24] Botschafter Weitnauer erkannte nicht, daß die KSZE eher ein Element des Wandels als der Kontinuität war und die Menschenrechtsfrage hierbei eine zentrale Rolle spielte. Es war insbesondere das Engagement der Eidgenossenschaft in der KSZE, welches dazu führte, daß der Menschenrechtspolitik fortan ein größerer Raum in der Konzeption der schweizerischen Außenpolitik eingeräumt wurde, wie die Verhandlungen in Genf und Belgrad bereits in Ansätzen gezeigt hatten. In einem Aufsatz mit dem Titel „Pour

---

[19] Konrad Stamm, Eine sorgfältige Außenpolitik ohne „Glamour". Staatssekretär Weitnauer, als Chef der Politischen Direktion der zweite Mann im EDA, in: *Der Bund* (Bern), 27.10.1979 (Reihe „Porträts zur Außenpolitik").

[20] BAR, E 2003 (A), 1990/03, Bd. 734 (Suisse/ONU), „Schweizerische Außenpolitik. Die Fundamente und die Ziele". Vortrag gehalten von Botschafter Dr. Albert Weitnauer vor den höheren Beamten des österreichischen Aussenministeriums in Wien am 30. Mai 1978.

[21] BAR, E 2001 E-01, 1983/58, Bd. 103 (HA Thalmann), Brief Botschafter Weitnauer an Botschafter Bindschedler, 3. November 1971.

[22] BAR, E 2001 E-01, 1983/58, Bd. 103 (HA Thalmann), Brief Botschafter Weitnauer an Generalsekretär Thalmann, 18. Februar 1972.

[23] BAR, E 2001 E-01, 1987/78, Bd. 189 (Europäische Sicherheitskonferenz), Résumé de la discussion lors de la conférence des Ambassadeurs, 30./31.08.1973. Persönliche Bemerkungen zur Rolle der Schweiz an der KSZE.

[24] Albert Weitnauer, Die heutige Außenpolitik der Schweiz, in: AP 28 (1977), S. 123–134, S. 128.

une politique étrangère plus active" für einen von Amnesty International herausgegebenen Sammelband hob Bundesrat Aubert im Jahr 1978 die Bedeutung der KSZE für die Menschenrechte hervor: „Par notre participation à la CSCE, les Suisses ont pris conscience que notre pays avait sa place dans un effort de concertation portant aussi bien sur les problèmes des droits de l'homme que sur ceux des échanges économiques et culturels."[25]

Nach Ansicht von Albert Weitnauer sollte die Schweizer Bevölkerung ihren Unmut über internationale Mißstände und Menschenrechtsverletzungen zwar offen kundtun, doch im Gegensatz hierzu könne der Bundesrat „sich nicht von den Wogen der Emotion tragen lassen, wenn er sich in den Bereichen der Außenpolitik bewegt."[26] Im Sinne Max Webers unterschied der Schweizer Diplomat zwischen Verantwortungs- und Gesinnungsethik. Im Gegensatz zum einzelnen Individuum war für den staatlichen Entscheidungsträger die Verantwortung für das Land entscheidend, denn „nicht die rein verbale Befriedigung unserer Emotionen [...], sondern vielmehr die Rücksicht auf die langfristigen politischen Zwecke unseres Staatswesens"[27] sollten das Handeln bestimmen. Die Neutralität, so Weitnauer, „auferlegt den Leitern unserer Aussenpolitik [...] kluge Zurückhaltung in ihren Äußerungen zum Weltgeschehen."[28] Insgesamt zeigt sich eine am Primat des nationalen Interesses ausgerichtete realistische Außenpolitikkonzeption, die sich mit dem von Bundesrat Aubert angestrebten Schwerpunkt auf den Menschenrechtsschutz nicht vereinbaren ließ und zu Konflikten Anlaß gab. Wie Weitnauer in seinen Erinnerungen ausführt, „hat mir mein Chef [Aubert] einmal mit großer Offenheit gesagt, daß er meine Überzeugungen über das Wesen der Außenpolitik keineswegs zu teilen vermöge."[29] Ein ehemaliger enger Mitarbeiter Auberts bezeichnete Weitnauer rückblickend als „un homme d'un autre siècle."[30] Das „schon lange schwelende Zerwürfnis"[31] zwischen Aubert und Weitnauer, in deren Mittelpunkt die Menschenrechtspolitik und ihre Vereinbarkeit mit der Neutralität standen, führte im Jahr 1980 schließlich zu der frühzeitigen Pensionierung des Staatssekretärs durch den Departementschef.[32] Als neue Tätigkeitsfelder hatte der Außenminister Weitnauer die Ausarbeitung einer Studie zur Europapolitik, den Botschafterposten in Washington und die Delegationsleitung bei

---

[25] Pierre Aubert, Pour une politique étrangère plus active, in: Amnesty International/Schweizer Sektion (Hg.), Menschenrechte im Spannungsfeld. Eine Herausforderung für die Schweiz, Bern/Stuttgart 1978, S. 15-24, S. 17.

[26] Weitnauer, Rechenschaft, S. 87.

[27] Ebd. S. 88.

[28] Ders., Außenpolitik und öffentliche Meinung, in: Urs Altermatt/Judit Garamvölgyi (Hgg.), Innen- und Außenpolitik. Primat oder Interdependenz? Festschrift zum 60. Geburtstag von Walther Hofer, Bern/Stuttgart 1980, S. 547-551, S. 548.

[29] Ders., Rechenschaft, S. 242.

[30] Interview mit François Nordmann.

[31] AfZ, NL Probst, Redemanuskript „Probleme der schweizerischen Außenwirtschaft und Diplomatie 1966-1984" zum Kolloquium des Archivs für Zeitgeschichte mit alt Staatssekretär Dr. Raymond Probst am 24. Oktober 1990.

[32] Zu den Hintergründen der Entlassung Weitnauers vgl. Fischer, Grenzen der Neutralität, S. 278ff.

der KSZE-Konferenz in Madrid angeboten, was für den kurz vor der ordentlichen Pensionierung stehenden Staatssekretär jedoch nicht akzeptabel war. Wenige Monate vor seinem Tod warb Weitnauer in einem Wortbeitrag bei einer Veranstaltung der Schweizerischen Gesellschaft für Außenpolitik am 7. Juni 1984 noch einmal für seine politische Überzeugung: „Seit 400 Jahren […] haben wir eine Neutralität, […] die uns dazu verpflichtet, die schweizerische Außenpolitik danach auszurichten. Nichts, was wir auf dem Gebiet der Außenpolitik tun, sollte der Politik der Neutralität widersprechen."[33]

Im Jahr 1980 trat ebenfalls der Schöpfer der Neutralitätsdoktrin von 1954 und Delegationsleiter der Schweiz bei den KSZE-Verhandlungen in Genf und Belgrad, Rechtsberater Rudolf Bindschedler, regulär in den Ruhestand. Anfang der achtziger Jahre hatten somit die beiden Exponenten einer traditionellen Neutralitätsdoktrin das Außendepartement verlassen. Die nun in Führungspositionen aufrückenden Diplomaten wie der neue Staatssekretär Raymond Probst[34] und der nach ihm amtierende Edouard Brunner waren in ihrer diplomatischen Laufbahn durch den Kalten Krieg geprägt worden und suchten nach neuen Perspektiven für die helvetische Diplomatie. Es bildete sich im Departement ein Kreis von jüngeren Diplomaten, die die legalistische Ausrichtung der Außenpolitik und die einseitige Fokussierung auf ökonomische Interessen für unzureichend hielten.[35] In seinen Erinnerungen führte Brunner mit Blick auf die Menschenrechtsfrage hierzu Folgendes aus: „Une nouvelle génération arrivait, qui pensait qu'on ne pouvait plus rester totalement silencieux."[36] Mit dem Versuch, „den Ausbruch aus einer strikt ausgelegten, jeglichen Neuerungen abholden Neutralitätspolitik"[37] zu suchen, vertrat Brunner gewissermaßen den inhaltlichen Gegenentwurf zum Konzept Weitnauers.

Als Delegationsleiter der Schweiz auf der KSZE-Folgekonferenz von Madrid und anschließend als Staatssekretär des EDA (1984–1989) wurde Brunner zur prägenden Gestalt der schweizerischen Außenpolitik in den achtziger Jahren. Edouard Brunner kam 1932 in Istanbul zur Welt und wuchs in Kairo auf, wo der Vater seit 1935 als Schweizer Botschafter amtierte. Die Diplomatie war Brunner somit gewissermaßen in die Wiege gelegt. Später studierte er Jura an der Univer-

---

[33] Albert Weitnauer, Plädoyer für eine originellere Aussenpolitik, in: Schweizerische Gesellschaft für Aussenpolitik (Hg.), Möglichkeiten und Grenzen der schweizerischen Aussenpolitik, Bern u. a. 1985, S. 64–69, S. 66.

[34] Zur Biographie von Raymond Probst vgl. Ernesto A. Thalmann, Raymond Probst – ein Lebenslauf, in: Edouard Brunner/Franz E. Muheim/Paul Widmer u. a. (Hgg.), Einblick in die schweizerische Aussenpolitik. Festschrift für Staatssekretär Raymond Probst, Zürich 1984, S. 17–53.

[35] Vgl. François Pictet, Edouard Brunner et la mutation du Département. Souvenirs d'un ancien, in: Andreas Wenger/Victor Mauer (Hgg.), Edouard Brunner ou la diplomatie du possible. Actes du colloque en son souvenir (Genève, 24 juin 2008), Zürich 2010, S. 169–173; den abwartendenden und realpolitischen Ansatz Albert Weitnauers brachte Pictet im gleichen Vortrag anschaulich zum Ausdruck, indem er ihn mit folgender Bemerkung zitierte: „La diplomatie est un plat qui se mange froid."

[36] Brunner, Lambris dorés et coulisses, S. 36.

[37] Widmer, Schweizer Aussenpolitik, S. 370.

sität Genf und trat nach zweijähriger praktischer Tätigkeit schließlich im Jahr 1956 – mitten in der Ungarn-Krise – in den diplomatischen Dienst ein.[38] Nach verschiedenen Auslandsstationen, unter anderem in Washington und Warschau, wurde seit Anfang der siebziger Jahre die KSZE Brunners bevorzugtes Tätigkeitsfeld. Das Profil der multilateralen Konferenzdiplomatie kam ihm sehr entgegen, da er – für einen Schweizer Diplomaten eher untypisch – nicht in den traditionellen Kategorien von Wirtschaft und Handel dachte, sondern die genuin politisch-diplomatische Ebene der Außenbeziehungen für ihn im Vordergrund stand. Die KSZE demonstrierte den anderen Staaten in den Worten Brunners „que la Suisse n'était pas seulement une place financière et un centre économique, mais qu'elle avait aussi une politique étrangère qui pouvait se révéler active et imaginative."[39] Brunner wollte für sein Land aktiv am Weltgeschehen mitwirken. Die Beobachtermission der Schweiz bei den Vereinten Nationen in New York, an der Brunner Mitte der siebziger Jahre tätig war, bot diese Möglichkeit nicht, denn als Nichtmitglied der UNO-Hauptorganisation stand die Schweiz in den zentralen politischen Fragen außerhalb des Geschehens.[40] In einem Schreiben an Albert Weitnauer vom 11. März 1977, in dem er sich auf ein persönliches Gespräch mit dem EPD-Generalsekretär in New York berief, bekundete Brunner „mon interêt de pouvoir, en quelque qualité que ce soit, participer aux travaux de Belgrade."[41] Als Begründung führte Brunner folgende Argumente an: „Ce serait pour moi l'occasion de reprendre contact avec une politique de présence de la Suisse et une négociation, deux éléments à mon sens particulièrement stimulants et auxquels, dans ce domaine, je crois et m'intéresse."[42] Brunner suchte also bewußt die Mitarbeit an der KSZE und wurde sogar in eigener Sache aktiv, um dieses Ziel zu erreichen. Verhandlung und Vermittlung waren Brunners Metier. In einem Aufsatz im Jahr 1997 definierte er rückblickend dreizehn Fähigkeiten eines diplomatischen Unterhändlers, darunter Klarheit über die eigenen Verhandlungsziele, das Offenlassen einer Hintertür, die der Gegenpartei die Annahme eines Vorschlags ohne Prestigeverlust ermöglicht sowie die Bereitstellung von Argumenten für den Unterhändler der Gegenseite, damit dieser seine eigenen Autoritäten von einem Positionswechsel überzeugen kann.[43] Für Brunner kam es insgesamt darauf an, daß die Schweiz durch die KSZE eine anerkannte Stellung in der europäischen Staatenwelt erhielt: „Le but de la Suisse dans cette opération [CSCE] était certes d'occuper son rang dans l'ordre européen."[44]

---

[38] Brunner, Lambris dorés et coulisses, S. 9ff.

[39] Ders., La CSCE, S. 615f.

[40] Widmer, Schweizer Aussenpolitik, S. 373f.

[41] BAR, E 2001 E-01, 1988/16, Bd. 211 (Europäische Sicherheitskonferenz), Brief Edouard Brunner (New York) an Botschafter Albert Weitnauer (Bern), 11. März 1977.

[42] Ebd.

[43] Edouard Brunner, La négociation – quelques enseignements et quelques réminiscences, in: Mario A. Corti/Peter Ziegler (Hgg.), Diplomatische Negoziation. Festschrift für Franz A. Blankart zum 60. Geburtstag, 2. Auflage, Bern 1998, S. 33–36, S. 33f.

[44] Brunner, La négociation, S. 36.

Wie schon Brunners diplomatische Aktivitäten insbesondere während der Belgrader KSZE-Folgekonferenz zeigten, war die Menschenrechtspolitik als Teil einer aktiven Außenpolitik für ihn von großer Bedeutung. Somit war er die richtige Person, um die Kurskorrektur Auberts umzusetzen.[45] In der ideologischen Auseinandersetzung mit diktatorischen Regimen durfte es die Schweiz nach Brunner – im Gegensatz zur Weitnauerschen Konzeption – nicht bei stiller Diplomatie belassen, denn „ein Schweigen unsererseits [wäre] schon eine stillschweigende Anpassung."[46] Die nachfolgende generelle Position Brunners zur Haltung der Schweiz in der Menschenrechtsfrage galt somit insbesondere auch für den Ost-West-Konflikt und die KSZE: „Persönlich bin ich der Ansicht, dass wir – ohne dass dabei unsere Neutralität in Frage gestellt würde – allen Anlass haben, den Eindruck zu verhindern, gewisse Ereignisse würden uns unberührt, indifferent lassen."[47]

Im Nachklang zur Belgrader KSZE-Konferenz nahm die Menschenrechtspolitik in der Innen- und Außenpolitik der Schweiz eine hohe Bedeutung ein. Das zeigte sich auch an der Ausarbeitung eines internen Papiers des EPD zu den Menschenrechten im Frühjahr 1978. Bereits am Tag seines Amtsantritts am 1. Februar 1978 gab der neue Bundesrat Pierre Aubert in einer Notiz an Generalsekretär Weitnauer die Anweisung zur Ausarbeitung eines Berichts zu den Möglichkeiten einer Intensivierung des menschenrechtlichen Engagements der Schweiz: „Je voudrais vous prier de me faire rapport sur la possibilité pour notre pays, d'intensifier son action en faveur de la défense des droits de l'homme sur le plan international, sans nuire à notre politique habituelle de neutralité et de réserve."[48] Für die Umsetzung der Anweisung wurde eine Arbeitsgruppe unter dem Vorsitz von Botschafter Monnier gebildet, die sich Ende Februar konstituierte und Arbeitsaufträge an einzelne Sektionen des Departements vergab.[49] Das Papier des EPD mit dem Titel „Rapport sur la politique en faveur des droits de l'homme" konnte schließlich bis Ende April 1978 fertiggestellt werden. Neben den Aktivitäten des Europarats nahm die KSZE darin breiten Raum ein. Es wurde betont, durch die KSZE-Schlußakte seien Fragen des Menschenrechtsschutzes zu einem Prinzip der zwischenstaatlichen Beziehungen geworden. Hierbei handele es sich um eine „innovation dans les relations internationales". Weder das siebte Prinzip des Dekalogs noch der Korb III, so hob der Bericht hervor, enthielten die Menschenrechte an sich. Das Ziel habe nicht in einer weiteren Auflistung von Rechten wie in der Menschenrechtsdeklaration bestanden, sondern entscheidend sei etwas anderes: „Le but de la CSCE était plutôt de créer un lien entre le comportement intérieur

---

[45] Widmer, Schweizer Aussenpolitik, S. 400.

[46] Deutsche Gesellschaft für Auswärtige Politik (Hg.), Vortrag von Staatssekretär Edouard Brunner, gehalten vor den Mitgliedern der Gesellschaft in Bonn am 31. Oktober 1984, S. 16.

[47] Ebd.

[48] BAR, E 2003 (A), 1990/3, BD. 630 (Droits de l'homme généralités), Note à Monsieur le Secrétaire général. Politique en faveur des droits de l'homme, 1er février 1978.

[49] BAR, E 2003 (A), 1990/3, BD. 630 (Droits de l'homme généralités), Note de dossier. Politique en faveur des droits de l'homme. Compte-rendu des décisions prises au cours de la séance de travail du 23 février 1978.

de chacun des Etats participants et son comportement extérieur."[50] Es sollte also eine Übereinstimmung im inneren und äußeren Agieren eines Staates erreicht werden. Mit Blick auf Osteuropa betonte der Menschenrechtsbericht die humanitäre Dimension der Entspannung. Außenpolitische Entspannung war nicht zu trennen vom Verhalten der sozialistischen Staaten gegenüber ihren eigenen Bevölkerungen. In diesem Zusammenhang wurde der Verlauf des Belgrader Folgetreffens kritisiert. Die Konferenz sei über die Stufe gegenseitiger Anschuldigungen und Propaganda nicht hinausgekommen. Gleichwohl wurde betont, das eigentliche Ziel sei erreicht worden, nämlich „[l]a naissance d'un forum, où […] le comportement de tous les Etats peut être discuté librement. Ceci est d'importance capitale."[51] Die Bewertung des EPD aus menschenrechtlicher Sicht fiel also positiver aus als die früher dargestellte negative Gesamteinschätzung der Konferenzergebnisse durch die Schweizer Delegation im März 1978. Mit Blick auf das Engagement der Schweiz kam der interne Bericht des EPD zu dem Ergebnis, daß „une attention particulière devrait être accordée aux travaux de la CSCE, car l'Acte final de la CSCE et les suites de la Conférence ont fourni à la Suisse un excellent moyen de faire entendre sa voix devant l'Europe entière."[52] Es zeichnete sich bereits ab, daß die Schweiz in der Menschenrechtsfrage auf dem Madrider Folgetreffen noch offensiver auftreten würde als bisher schon. Darüber hinaus diente das interne Papier des EPD vom April 1978 als wichtiger Schritt hin zu einer generell größeren Sensibilität der Schweizer Regierung im Umgang mit der Menschenrechtsfrage. Im Juni 1982 veröffentlichte der Bundesrat erstmals einen offiziellen „Bericht über die schweizerische Menschenrechtspolitik". Im Zusammenhang mit der KSZE wurde darin ausgeführt, diese ermögliche es der Schweiz, „ihre Stimme für eine Sache zu erheben, die in der öffentlichen Meinung zu Recht großen Widerhall findet."[53] Die Schlußakte biete in diesem Zusammenhang „einen ganzen Fächer von bilateralen Interventionsmöglichkeiten im humanitären Bereich; solche Vorstösse können nun nicht mehr als Eingriff in die Souveränitätsrechte eines betreffenden Staates qualifiziert werden."[54] Der Historiker Walther Hofer konstatierte im Jahr 1984, die KSZE habe bei der Ausbildung der schweizerischen Menschenrechtspolitik eine entscheidende Rolle gespielt: „Hat nicht die neue völkerrechtliche Qualität, die die Menschenrechte (durch das Helsinki-Dokument) jetzt haben, ihren Einfluss auf die schweizerische Außenpolitik, indem der Bundesrat nicht mehr so tun kann, als ob gewisse Dinge nicht geschehen, weil er etwas unterzeichnet hat, das ihn […] mitverpflichtet zu reagieren."[55]

---

[50] BAR, E 2003 (A), 1990/3, BD. 630 (Droits de l'homme généralités), Rapport sur la politique en faveur des droits de l'homme, 24 avril 1978.
[51] Ebd.
[52] Ebd.
[53] BBl 1982, Bericht über die schweizerische Menschenrechtspolitik vom 2. Juni 1982, S. 753.
[54] Ebd. S. 754.
[55] Walther Hofer, Aussenpolitik und Menschenrechte, in: Schweizerische Gesellschaft für Aussenpolitik (Hg.), Möglichkeiten und Grenzen der schweizerischen Aussenpolitik, Bern u. a. 1985, S. 56–59, S. 59.

Auch das Schweizer Parlament war an der Diskussion über die Menschenrechte aktiv beteiligt. So war die Frage, wie der Schutz der Menschenrechte im Rahmen der KSZE garantiert werden könnte, Gegenstand einer Interpellation von Nationalrat Waldvogel zur Bewertung der Belgrader Konferenz. In seiner schriftlichen Antwort wies der Bundesrat darauf hin, daß trotz des unbefriedigenden Konferenzergebnisses die KSZE-Schlußakte weiterhin als „Druckmittel"[56] gegen diejenigen Staaten eingesetzt werden könne, die ihren Verpflichtungen nicht nachkämen. Darüber hinaus wurde das Engagement der Schweiz in den Bereichen menschliche Kontakte und Informationsfreiheit hervorgehoben. Weitaus konkreter war eine Motion von CVP-Ständerat Odilo Guntern vom Herbst 1978, in der die „zentrale Bedeutung der Menschenrechtsfrage"[57] hervorgehoben und ein Maßnahmenkatalog vorgestellt wurde. Darin enthalten war die Forderung nach Schaffung einer nationalen Institution zur Überprüfung der Einhaltung der Helsinki-Bestimmungen in den Teilnehmerländern, die regelmäßige Konsultation des Parlaments durch den Bundesrat zu Fragen der Menschenrechte sowie die Ausarbeitung konkreter Vorschläge für die Madrider Konferenz zur Schaffung einer Instanz zur Mißbilligung und Sanktionierung von Menschenrechtsverletzungen. Auch wenn die letzte Forderung wenig realistisch war, so schenkte das EPD der Motion im Hinblick auf die KSZE-Folgekonferenz von Madrid doch große Bedeutung. So wurden die Auslandsvertretungen in den westlichen und neutralen Teilnehmerstaaten mit Zirkularschreiben vom 5. Oktober 1978 beauftragt, in ihren Gastländern in Erfahrung zu bringen, wie die Menschenrechtsfrage dort jeweils beurteilt werde. Die Antworten fanden nicht direkt Eingang in die Antwort des Bundesrates, sondern sie dienten eher als Information für die Mitarbeiter des EPD. Die Vorlage wurde dann bereits in der Wintersession 1978 im Ständerat behandelt. Dabei wurden die konkreten Vorschläge der Motion abschlägig beschieden. Unter Verweis auf Prinzip VII im Dekalog der KSZE-Schlußakte führte der Bundesrat aus, daß die Menschenrechte heute nicht mehr als rein interne Angelegenheit eines Staates gelten könnten. Bei der generellen Bewertung der Menschrechtsfrage wurde hingegen folgende Formulierung gebraucht: „Wegleitend für die schweizerische Menschenrechtspolitik ist die Wirksamkeit einer Aktion für die Lösung eines Falls und nicht deren Publizität."[58] Diese Aussage wurde jedoch anschließend durch folgende Einschränkung sofort wieder relativiert: „Dies schließt nicht aus, daß der Bundesrat in einzelnen Fällen auch öffentlich Stellung nimmt." Die vom EPD formulierte Antwort auf die Motion Guntern gibt somit einen Einblick in die departementsinterne Auseinandersetzung zwischen Traditionalisten und Reformern und zeigt eine gewisse Unsicherheit bei der Behandlung der Menschenrechtspolitik.

---

[56] BAR, E 2001 E-01, 1988/16, Bd. 216 (Europäische Sicherheitskonferenz), Schweizerischer Bundesrat. Schriftliche Beantwortung der Interpellation Waldvogel vom 8. März 1978, 1. November 1978.

[57] BAR, E 2010 (A), 1991/17, Bd. 260 (Motion Guntern/Menschenrechte), KSZE und Menschenrechte. Schriftliche Beantwortung der Motion Guntern vom 27. September 1978, 20. Dezember 1978.

[58] Ebd.

Auch auf diplomatischer Ebene blieb die Schweiz mit der Thematik befaßt. Am 17. Juli 1978 wurde im EPD ein Aide-Memoire der amerikanischen Regierung überreicht, in der auf die Prozesse gegen Dissidenten der Helsinki-Bewegung in der Sowjetunion, darunter Juri Orlow, Alexander Ginzburg und Anatoli Scharanski, hingewiesen wurde. Die Vereinigten Staaten verurteilten die „flagrant violation of objectives and statements of intend agreed upon at Helsinki by heads of government of signatory powers"[59] und regten die Möglichkeit einer konzertierten Aktion mehrerer KSZE-Staaten an. Die Schweizer Regierung ließ mitteilen, daß sie den Inhalt des amerikanischen Texts weitgehend teile, eine gemeinsame Aktion jedoch momentan nicht für opportun erachten würde.[60] Die Gründe könnten darin bestanden haben, daß die Unterstützung einer amerikanischen Initiative als ein zu eindeutiger Verstoß gegen die Neutralität hätte angesehen werden können. Zudem ist es möglich, daß die Diplomaten des EPD im Vorfeld des Expertentreffens von Montreux mögliche negative Auswirkungen auf ihr Projekt zur friedlichen Streiterledigung vermeiden wollten. Allerdings war die Schweiz für ihre Verhältnisse zuvor bereits ziemlich weit gegangen, indem der Bundesrat im Juli 1978 öffentlich zu den Dissidentenprozessen in der Sowjetunion Stellung bezogen hatte.[61]

Die KSZE spielte insgesamt eine entscheidende Rolle bei der Aktivierung der schweizerischen Außenpolitik in den siebziger Jahren und war weitgehend mitverantwortlich für die zunehmende Bedeutung von Menschenrechtsfragen für die helvetische Diplomatie. Mit Blick auf die Veränderungsprozesse der schweizerischen Außenpolitik in den siebziger Jahren gelangte der Historiker und Chronist der schweizerischen Neutralität Edgar Bonjour zeitgenössisch zu folgender Einschätzung: „In einem Zeitalter weltweiter Verflechtung und völkerrechtlicher Verantwortlichkeit können sich sowohl in Behörden als auch im Volk verankerte Wertvorstellungen verändern. Offenbar verlieren Begriffe wie totale Souveränität und totale Neutralität einiges von ihrem ehemals festumrissenen Inhalt und Sinn."[62]

7.2 Politische Annäherung zwischen der Schweiz und den USA

Die bilateralen Beziehungen zwischen der Schweiz und den USA blieben auch in der Nachkriegszeit aufgrund der erwähnten Divergenzen über die Bewertung der

---

[59] BAR, E 2001 E-01, 1988/16, Bd. 216 (Europäische Sicherheitskonferenz), Embassy of the United States of America, Aide Memoire, July 17 1978.

[60] BAR, E 2001 E-01, 1988/16, Bd. 216 (Europäische Sicherheitskonferenz), Aktennotiz. Sowjetische Dissidenten-Prozesse/KSZE. Vorsprache des US-Geschäftsträgers, 17. Juli 1978.

[61] Vgl. Kap. 8.3; zuvor hatte der Bundesrat im Rahmen der Ost-West-Beziehungen nur bei der Intervention der Sowjetunion in Ungarn 1956 und beim Einmarsch in Prag 1968 öffentliche Erklärungen abgegeben; vgl. Edouard Brunner, Die schweizerische Neutralität und der Ost-West-Konflikt, in: Daniel Frei (Hg.), Ost-West-Beziehungen. Analysen und Perspektiven, Zürich 1985, S. 125–138, S. 129f.

[62] Bonjour, Kurzfassung, S. 221.

Neutralität der Schweiz in Kriegs- und Krisensituationen angespannt. Anfang der siebziger Jahre entstand mit der KSZE dann jedoch ein multilaterales Forum, in dem sich beide Länder nun auf politisch-diplomatischer Ebene gleichsam neu begegneten. Im Vorfeld der Belgrader Konferenz kam es zunächst zu einer Intensivierung der diplomatischen Kontakte. Im Hinblick auf die Madrider Folgekonferenz vollzog sich später dann auch eine inhaltliche Annäherung zwischen Bern und Washington.[63] Eine wichtige Rolle spielte hierbei der Amtsantritt von Bundesrat Pierre Aubert als Außenminister im Februar 1978, denn im Bereich der Menschenrechtspolitik bestand nun ein Anknüpfungspunkt zur Außenpolitik der US-Regierung. Wie häufiger in der jüngeren Geschichte, gab der amerikanische Präsident eine internationale Agenda vor, die in Westeuropa ihren Widerhall fand und mit der sich die dortigen Regierungen auseinandersetzen mußten. Im Falle Jimmy Carters war dies sein Engagement für die Menschenrechte. In einer Aufzeichnung des EPD zur Carterschen Kampagne, die in Ergänzung zum internen Menschenrechtsbericht vom Frühjahr 1978 erstellt worden war, wurde hervorgehoben, daß „[c]ette politique a donné naissance à un vaste débat national [...] et international sur la nature des Droits de l'homme et sur la façon de les promouvoir."[64] Zudem wurde festgehalten, einzig auf dem Feld der Menschenrechte sei Carter bereits vor seiner Präsidentschaft interessiert gewesen. Die Gründe wurden in seinem idealistischen und religiösen Denken verortet. Das Handeln des US-Präsidenten seit seinem Amtsantritt habe bewiesen, daß es sich beim Eintreten für die Menschenrechte nicht um Wahltaktik gehandelt habe, sondern auf Überzeugung beruhe. Einschränkend wurde allerdings hinzugefügt, Carters idealistisches Konzept stoße beim Umgang mit Regimen in Südamerika und im Iran an praktische Grenzen und sei somit nicht frei von Widersprüchen.[65] Daß im Zusammenhang mit der Erstellung des internen Menschenrechtsberichts im EPD die Notwendigkeit gesehen wurde, das Denken und Handeln des amerikanischen Präsidenten in dieser Frage näher zu analysieren, verdeutlicht noch einmal, wie wichtig die Haltung der USA als Referenzpunkt für die strategischen Debatten der Schweizer Diplomaten war.

Seit Mitte der siebziger Jahre wurden zudem die bilateralen Beziehungen zwischen den Regierungen in Bern und Washington intensiver. Wie bereits im Zusammenhang mit der Vorbereitung des Belgrader Folgetreffens erwähnt worden ist, unternahm der neue EPD-Generalsekretär Albert Weitnauer umfangreiche Gesprächsreisen nach Washington. Bei seinem Besuch im Oktober 1977 traf Weitnauer unter anderem mit dem Unterstaatssekretär für Politische Angelegenheiten, Philip Habib, und mit George Vest (Assistant Secretary for European Af-

---

[63] Vgl. Philip Rosin, Annäherung im Zeichen von multilateraler Entspannungsdiplomatie und Menschenrechtspolitik. Der KSZE-Prozess und die Entwicklung der schweizerisch-amerikanischen Beziehungen von Helsinki bis Madrid 1972–1983, in: Traverse 2/2009, S. 85–98 (Themenheft Schweiz – USA im kalten Krieg).

[64] BAR, E 2003 (A), 1990/3, BD. 630 (Droits de l'homme généralités); La politique du Président Carter en matière de protection des Droits de l'homme, 20 mars 1978.

[65] Ebd.

fairs) zusammen. Im Mittelpunkt der Gespräche standen die KSZE und der generelle Zustand der Ost-West-Beziehungen.[66] Darüber hinaus traf Weitnauer auch Professor Samuel Huntington, der zu dieser Zeit Chef des Büros für Strategische Studien im Nationalen Sicherheitsrat (NSC) war. Dabei wies Huntington seinen Gast auf die stetige Aufrüstung der Sowjetunion seit Ende der sechziger Jahre hin.[67] Ein weiteres Gespräch führte der Generalsekretär des EPD mit Helmut Sonnenfeldt, dem engsten Berater Henry Kissingers in dessen Außenministerzeit.[68] Generalsekretär Weitnauer war anscheinend daran gelegen, den Kontakt zu den oppositionellen Republikanern oder zumindest zu dem von ihm geschätzten Kreis der außenpolitischen Realisten um Henry Kissinger aufrechtzuerhalten. Bei einem weiteren Treffen im Oktober 1979 äußerte Sonnenfeldt die Überzeugung, daß Kissinger im Fall eines republikanischen Wahlsiegs bei den Präsidentschaftswahlen 1980 „ohne Zweifel" wieder an die Spitze des State Department zurückkehren würde[69], was sich jedoch als Fehleinschätzung erweisen sollte.

Der amerikanische Präsident Jimmy Carter trat nach der Belgrader Konferenz weiterhin sehr selbstbewußt auf. So hieß es in der „Presidential Directive on CSCE" vom 6. Dezember 1978 mit Blick auf die Beschlüsse der Schlußakte von Helsinki: „I believe that our own record of implementation has been second to none among the 35 participating states."[70] Zur selben Zeit gab es jedoch erste Hinweise aus dem State Department auf eine Veränderung der amerikanischen Haltung. Im Gespräch mit dem Schweizer Botschafter in Washington, Raymond Probst, äußerte der Diplomat und spätere amerikanische Botschafter in Deutschland, John Kornblum, es habe sich in Belgrad gezeigt „qu'une politique des droits de l'homme trop agressive n'était pas payante."[71]

Den vorläufigen Höhepunkt der schweizerisch-amerikanischen Annäherung bildete der offizielle Staatsbesuch von Bundesrat Pierre Aubert in den USA vom 18. bis 26. Mai 1979. Es war der erste offizielle Besuch eines schweizerischen Außenministers in Washington überhaupt. Höhepunkte von Auberts Besuchsprogramm waren Treffen mit dem amerikanischen Vizepräsident Walter Mondale und mit Außenminister Cyrus Vance.[72] In einer internen Vorbesprechung im Eidgenössischen Departement für Auswärtige Angelegenheiten (EDA) am 17. April

---

[66] BAR, E 2001 E-01, 1988/16, Bd. 554 (Etats-Unis), Entretien du 25 octobre 1977 avec George Vest, Assistant Secretary for European Affairs au Département d'Etat.

[67] BAR, E 2001 E-01, 1988/16, Bd. 554 (Etats-Unis), Entretien du 27 octobre 1977 avec le Professeur Samuel Huntington, Chief of the Bureau of Strategic Studies au National Security Council.

[68] BAR, E 2001 E-01, 1988/16, Bd. 554 (Etats-Unis), Lunchgespräch Generalsekretärs Weitnauers mit Helmut Sonnenfeldt am 26. Oktober 1977.

[69] BAR, E 2001 E-01, 1991/17, Bd. 579 (Etats-Unis), Telex Botschaft Washington an EDA Bern, 17.10.1979.

[70] BAR, E 2001 E-01, 1988/16, Bd. 216 (Europäische Sicherheitskonferenz), The White House. Presidential Directive on CSCE, 6 December 1978.

[71] BAR, E 2814, 1988/159, Bd. 11 (HA Bindschedler), Telex Botschaft Washington an EPD Bern, 08.11.1978.

[72] BAR, E 2001 E-01, 1991/17, Bd. 580 (États-Unis), Programme des entretiens du Conseiller Fédéral Pierre Aubert à Washington.

1979 hatte Botschafter Bindschedler die Besuchsplanung der Amerikaner kritisiert. Er hielt die veranschlagte Gesprächsdauer des Treffens mit Vance von einer Stunde für zu gering und somit für unvereinbar „avec la dignité de la Suisse."[73] Seine Bedenken wurden in Bern jedoch nicht geteilt.

Der Spitzendiplomat des State Department und spätere Außenminister Warren Christopher führte gegenüber Aubert aus, daß Präsident Carter diesen Besuch als einen „Meilenstein"[74] in den schweizerisch-amerikanischen Beziehungen betrachte. Gemäß einem Artikel des Zürcher *Tages-Anzeigers* sehe der amerikanische Präsident die Reise als „Wendepunkt" im Verhältnis beider Länder[75] – ein persönliches Treffen mit Carter war allerdings nicht Teil des Besuchsprogramms. Der amerikanische Vizepräsident Mondale dankte im Gespräch mit Aubert der Schweiz für ihre Gastgeberrolle bei den Verhandlungen zur nuklearen Rüstungsbegrenzung (SALT-II) in Genf und lobte das Engagement der Schweiz in der Menschenrechtspolitik.[76] Angelegenheiten der KSZE bildeten einen Schwerpunkt von Auberts Konsultationen.[77] Dabei bestätigte sich der Eindruck einer veränderten Haltung der US-Regierung, die sich in den Aussagen Kornblums Ende 1978 bereits abgezeichnet hatte. Assistant Secretary for European Affairs George Vest räumte gegenüber dem Schweizer Außenminister ein, „qu'il y avait trop de propagande à Belgrade et que cette conférence n'a pas été le succès qu'elle aurait dû être."[78]

In ähnlicher Weise äußerte sich Vest im September 1978 mit Blick auf die Menschenrechtspolitik der USA allgemein in einem Hintergrundgespräch mit dem Chefredakteur der *Neuen Zürcher Zeitung*, Fred Luchsinger. Wie Vest ausführte, hätten die USA in den letzten Monaten viel gelernt. Die amerikanische Außenpolitik sei unter Carter bisher zu ideologisch gewesen und daher eher kontraproduktiv. Allerdings sei diese Politik eine verständliche Gegenreaktion auf die „geheimrätlich Metternichsche Politik Kissingers"[79] gewesen. Die in der amerikanischen Forschung vertretene Position, wonach die Belgrader Konferenz später als positiver Bezugspunkt für die nachfolgenden KSZE-Treffen diente[80], erscheint somit wie gesagt eher fragwürdig. Vielmehr sollten Auftreten und Strategie mit

---

[73] BAR, E 2001 E-01, 1991/17, Bd. 580 (États-Unis), Note sur la séance de préparation du voyage aux Etats-Unis, 17 avril 1979.

[74] BAR, E 2001 E-01, 1991/17, Bd. 580 (États-Unis), Telex Botschaft Washington an EDA Bern, 24.05.1979.

[75] „Aubert konnte in Washington Fall Pakistan erledigen", in: Tages-Anzeiger (Zürich) vom 25. Mai 1979, S. 1.

[76] BAR, E 2001 E-01, 1991/17, Bd. 580 (États-Unis), Telex Botschaft Washington an EDA Bern, 22.05.1979; vgl. auch „Bundesrat Aubert bei Vizepräsident Mondale", in: NZZ vom 23. Mai 1979, S. 1.

[77] „Bundesrat Auberts Gespräche in Washington. Weltpolitisches Briefing durch Vance", in: NZZ vom 21 Mai 1979 S. 3.

[78] BAR, E 2001 E-01, 1991/17, Bd. 580 (États-Unis), Note d'entretien avec M. George Vest, Sous-secrétaire d'Etat pour les affaires européennes le 18 mai 1978.

[79] AfZ, NL Luchsinger, Gespräche in Washington 28./29. September 1978.

[80] „Belgrade set a unique standard for participants in future follow-up meetings"; vgl. Korey, The Promises we keep, S. 98.

Blick auf Madrid verändert werden, um überhaupt zu Vereinbarungen im Bereich von Korb III zu gelangen. Bei Staatssekretär Weitnauers Besuch in den USA im Oktober 1979 führte der mit den KSZE-Angelegenheiten befaßte Unterstaatssekretär des State Department James Goodby aus, eine sorgfältige Vorbereitung und eine Intensivierung der bilateralen Kontakte im Vorfeld der Konferenz „devrait éviter que Madrid devienne un second Belgrade."[81]

In der Bewertung seiner USA-Reise kam Bundesrat Aubert gegenüber den Mitgliedern der außenpolitischen Kommissionen von National- und Ständerat zu dem Schluß, daß es auf amerikanischer Seite den Wunsch gäbe, die diplomatischen Kontakte mit der Schweiz auf politischer Ebene zu intensivieren. Mit Bezug auf die KSZE hob Aubert darüber hinaus hervor, zwischen der Schweiz und den USA bestehe, „une entière convergence de vues sur la façon de préparer Madrid et sur les objectifs de la réunion."[82] Hierzu gehörte die Reduzierung der Zahl der inhaltlichen Initiativen im Vergleich zu Belgrad, die Intensivierung der bilateralen Kontakte mit den osteuropäischen Staaten im Vorfeld und als Ziel die Einsetzung mehrerer Expertentreffen.

Nach der sowjetischen Intervention in Afghanistan mußten sich die Diplomaten des EDA mit der Frage befassen, wie sich dieses Ereignis auf das Verhalten der USA innerhalb der KSZE auswirken würde. Wie die amerikanische Botschaft in Bern am 8. Februar 1980 mitteilen ließ, werde keine Verschiebung erwogen, da dies eher im Interesse Moskaus liegen würde. Statt dessen solle das menschenrechtliche Profil der KSZE gestärkt werden. Im Bereich des Prinzipienkatalogs solle ein Expertentreffen über „citizen's paticipation in CSCE" sowie im dritten Korb ein weiteres Treffen über „menschliche Kontakte" gefordert werden.[83] Die KSZE wurde also von amerikanischer Seite keineswegs in Frage gestellt, sondern in der aktuellen Krisensituation eher als Instrument ihrer Außenpolitik erkannt. In diesem Sinne kam Edouard Brunner nach KSZE-Konsultationen in Washington im Mai 1980 zu der Einschätzung, daß die USA „den wahren Wert der KSZE als Gesprächsforum erkannt hätten und gewillt seien, es in ihrem eigenen Interesse besser zu nutzen."[84] Einen positiven Eindruck gewann Brunner auch in seiner ersten Begegnung mit dem designierten amerikanischen Co-Delegationsleiter Max Kampelman. Dieser unterscheide sich in seinem differenzierten Blick auf die KSZE deutlich von Arthur Goldberg. Die Vereinigten Staaten, so Brunners Fazit, hätten „die Lektionen von Belgrad gelernt."[85]

---

[81] BAR, E 2001 E-01, 1991/17, Bd. 579 (États-Unis), Telex Botschaft Washington an EPD Bern, 19. 10. 1979.

[82] BAR, E 2001 E-01, 1991/17, Bd. 580 (États-Unis), Commissions des affaires étrangères, séances des 23 et 24 août 1979. Rapport oral du Chef du Département des affaires étrangères sur sa visite aux États-Unis du 18 au 26 mai 1979.

[83] BAR, E 2001 E-01, 1991/17, Bd. 245 (Europäische Sicherheitskonferenz), Aktennotiz. KSZE: USA und Madrid, 13. Februar 1980.

[84] BAR, E 2001 E-01, 1991/17, Bd 246 (Europäische Sicherheitskonferenz), Schweiz – USA. Bilaterale Gespräche in Washington vom 12. bis 16. Mai 1980.

[85] Ebd.

Die Schweiz und die USA stimmten mit Blick auf die Konferenz von Madrid darin überein, die Sowjetunion offensiv mit den Ereignissen in Afghanistan und der Menschenrechtslage in Osteuropa zu konfrontieren, ohne jedoch durch die alleinige Fokussierung auf diese Themen und durch Polemik ein Scheitern des Treffens zu riskieren.

7.3 Distanz und Gesprächsbereitschaft im Verhältnis zur Sowjetunion

Auch nach der Wiederaufnahme der diplomatischen Beziehungen im Jahr 1946 blieb das Verhältnis zwischen der Schweiz und der Sowjetunion angespannt. In seinen Erinnerungen beklagte sich der langjährige sowjetische Außenminister Andrej Gromyko, daß „die Neutralität der Schweiz nach dem Kriege zu wünschen übrigließ"[86] und sie immerzu auf die NATO schielen würde. Die Schweiz war außenpolitisch zwar neutral, aber als demokratischer und kapitalistischer Staat sympathisierte sie ideologisch mit dem Westen. Die helvetische Außenpolitik gegenüber der Sowjetunion und ihren sozialistischen Verbündeten wurde bestimmt durch das „Spannungsfeld zwischen einer glaubwürdigen Neutralität und der Solidarität mit dem Westen."[87] Ereignisse wie die Niederschlagung des Ungarn-Aufstands im Jahr 1956 und der Einmarsch sowjetischer Truppen in die Tschechoslowakei im 1968 verhinderten in der Folge eine nachhaltige Verbesserung in den bilateralen Beziehungen zwischen Bern und Moskau.[88]

Darüber hinaus sorgten mehrere Spionagefälle in der Schweiz für Aufsehen. Der bekannteste betraf Mitte der siebziger Jahre den Leiter des Bundesamtes für Luftschutztruppen, Brigadier Jean-Louis Jeanmaire. Aufgrund von Kontakten zu Vertretern des sowjetischen militärischen Nachrichtendienstes GRU wurde er 1977 wegen Landesverrats zu 18 Jahren Haft verurteilt.[89] Vier Jahre vor seinem Tod erreichte Jeanmaire im Jahr 1988 seine vorzeitige Entlassung. Fahrlässigkeit und fehlerhaftes Verhalten beim Umgang mit vertraulichen Informationen wurden dem Schweizer Brigadier wohl zum Verhängnis, der dann in die Mühlen des Kalten Krieges geriet.[90]

Die Jeanmaire-Affäre belastete vorübergehend auch das schweizerisch-sowjetische Verhältnis. Wie Generalsekretär Weitnauer dem sowjetischen Botschafter Gerassimow in einem Gespräch am 18. Januar 1977 mitteilte, sei es vor dem Hin-

[86] Andrej Gromyko. Erinnerungen, Düsseldorf 1989, S. 316.
[87] Daniel A. Neval, „Mit Atombomben bis nach Moskau". Gegenseitige Wahrnehmung der Schweiz und des Ostblocks im Kalten Krieg 1945–1968, Zürich 2003, S. 622.
[88] Dietrich Dreyer, Schweizer Kreuz und Sowjetstern. Die Beziehungen zweier ungleicher Partner seit 1917, Zürich 1989, S. 209.
[89] Hervé de Weck, Jeanmaire, Jean-Louis, in: Historisches Lexikon der Schweiz, Bd. 6, S. 766 f.; die Jeanmaire-Affäre ist auch Gegenstand von Urs Widmers Theaterstück „Jeanmaire. Ein Stück Schweiz" und von John le Carrés Spionageroman „Ein guter Soldat".
[90] Urs Rauber (Hg.), Der Fall Jeanmaire. Memoiren eines „Landesverräters". Der Ex-Brigadier im Fadenkreuz von Politik und Geheimdiensten, Vorwort, Zürich 1991, S. 14 f.

tergrund der Schweizer Neutralität erstaunlich und beunruhigend, „dass die Sowjetunion ein so intensives Interesse an unserem Territorium und den Vorbereitungen für seine Verteidigung bekundet.“[91] Gleichzeitig bekräftigte der Generalsekretär des EPD das Interesse der Eidgenossenschaft, „wie mit allen Ländern der Welt, so auch mit der Sowjetunion, korrekte und normale Beziehungen zu unterhalten – trotz der Angelegenheit Jeanmaire.“[92] Insofern ist es übertrieben, wie der Verfasser einer populärwissenschaftlichen Darstellung zum Fall Jeanmaire davon zu sprechen, die Spionageaffäre habe in Belgrad „[e]inem Schatten ähnlich […] die Schweizer KSZE-Diplomaten auf Schritt und Tritt“[93] begleitet. In den Quellen gibt es keine Hinweise darauf, daß die Jeanmaire-Affäre nennenswerte Auswirkungen auf das Handeln der Schweizer Delegation in Belgrad gehabt hat.[94]

Im Rahmen der KSZE kam es zwar zu einer Intensivierung der bilateralen Kontakte zwischen Bern und Moskau, doch ergab sich hieraus keine inhaltliche Annäherung, eher traf das Gegenteil zu. Im Bereich der Menschenrechte und Grundfreiheiten vergrößerte sich aufgrund der unterschiedlichen Gesellschaftssysteme durch die Diskussionen über die Inhalte von Korb III das Konfliktpotential zwischen beiden Ländern. Vor dem Hintergrund der Prozesse gegen führende Dissidenten der Moskauer Helsinki-Bewegung wie Orlow, Ginzburg und Scharanski[95] wurde der sowjetische Botschafter Lawrow am 14. Juli 1978 in das Schweizer Außendepartement einbestellt. Die Unterredung mit dem Leiter der Politischen Abteilung I, Botschafter Anton Hegner, endete mit einem regelrechten Eklat.[96] Bei seinem Versuch, die Stellungnahme des Bundesrates vorzutragen, wurde Botschafter Hegner anscheinend mehrmals durch den Sowjetbotschafter unterbrochen, der mit lauter Stimme längere Monologe über die Souveränität seines Landes und das Verbot der Nichteinmischung in die inneren Angelegenheiten hielt. Als sich beide Herren in der Diskussion schließlich von ihren Plätzen erhoben hatten, unterbrach Hegner den Vertreter Moskaus und verabschiedete seinen Gast. Das Berner Außendepartement veröffentlichte anschließend folgende Pressemitteilung: „Der Sowjetische Botschafter in der Schweiz, Vladimir S. Lavrov, wurde heute im EPD empfangen. Botschafter A. Hegner […] drückte im Auftrag des Bundesrates das Unbehagen der Behörden und weiter Volkskreise der Schweiz über die in der jüngsten Vergangenheit gefällten Urteile und die in der Sowjetunion laufenden Prozesse gegen Dissidenten aus, die mit den in der Schlussakte von Helsinki enthaltenen Prinzipien kaum vereinbar sind.“[97]

[91] AfZ, NL Weitnauer, Gespräch mit dem sowjetischen Botschafter Gerassimow vom 18. Januar 1977.
[92] Ebd.
[93] Jürg Schoch, Fall Jeanmaire, Fall Schweiz. Wie Politik und Medien einen „Jahrhundertverräter“ fabrizierten, Baden 2006, S. 161.
[94] So auch die Bewertung von Hans-Jörg Renk im Interview.
[95] Hildermeier, Geschichte der Sowjetunion, S. 979.
[96] BAR, E 2814, 1989/159, Bd. 11 (HA Bindschedler), Note de Dossier. Entretien avec l'Ambassadeur d'URSS, 21 juillet 1978.
[97] Ebd., Anhang.

Im Hinblick auf die Vorbereitung der Madrider Konferenz ließ die sowjetische Regierung die Schweiz wissen, daß sie eine Behandlung wie bei der Belgrader Tagung durch die USA und ihre Verbündeten nicht noch einmal akzeptieren würde. Nach Ansicht des sowjetischen Sonderbotschafters Mendelewitsch hätten die Amerikaner Belgrad zu einem ideologischen Blitzkrieg gegen die Sowjetunion mißbraucht.[98] Nach dem sowjetischen Einmarsch in Afghanistan im Dezember 1979 geriet die Moskauer Führung allerdings international in die Defensive. Damit stieg gleichzeitig auch die Bedeutung neutraler Länder für die Sowjetunion. Wie der schweizerische Botschafter Hohl im Februar 1980 aus Moskau berichtete, sei er bei einem Empfang von mehreren sowjetischen Diplomaten angesprochen worden, die sich nach der weiteren Gestaltung der Beziehungen in der aktuellen Krisensituation erkundigt und betont freundschaftliche Grüße an Gesprächspartner im EDA wie Staatssekretär Weitnauer hätten ausrichten lassen.[99] Mit Blick auf die Madrider Konferenz deutete sich bereits an, daß sich die Schweiz gegenüber Moskau in einer günstigen taktischen Position befand.

Allerdings unterschätzten die sowjetischen Diplomaten wohl den negativen Effekt ihres offensiven Vorgehens in Afghanistan auf neutrale Länder wie die Schweiz. Ein für April 1980 geplanter Staatsbesuch von Bundesrat Aubert in Moskau wurde vom Bundesrat abgesagt. Drei Tage vor der sowjetischen Invasion hatte sich der Leiter der Europaabteilung I im Außenministerium, Botschafter Adamischin, noch zu politischen Konsultationen in Bern aufgehalten und mit seinen ahnungslosen Schweizer Gesprächspartnern über die Perspektiven der Entspannungspolitik diskutiert.[100] Die Schweiz interpretierte den sowjetischen Einmarsch in Afghanistan als direkten Verstoß gegen die Schlußakte von Helsinki, wie im Kapitel über das Madrider KSZE-Folgetreffen später noch näher ausgeführt werden wird. Bereits im Vorfeld der Madrider Konferenz hatte Edouard Brunner den sowjetischen Diplomaten Mendelewitsch bei dessen Besuch in Bern im Juli 1980 wissen lassen, daß es nach Einschätzung der Situation durch die Schweiz kaum möglich sein würde, die Entspannung wieder auf den früheren Kurs zurückzuführen, solange keine politischen Lösung in Afghanistan gefunden werde und die Sowjetunion ihre Truppen nicht aus Afghanistan zurückziehe. In seiner Bewertung des Gesprächs kam Brunner zu dem Schluß, daß die Sowjetunion das KSZE-Folgetreffen nutzen wolle, um aus ihrer aktuellen Isolierung herauszukommen. Dabei verkenne die Moskauer Führung jedoch das Mißtrauen und die Schockwirkung, die ihr Handeln in Afghanistan im Westen ausgelöst habe.[101] Botschaf-

---

[98] BAR, E 2001 E-01, 1991/17, Bd. 243 (Europäische Sicherheitskonferenz), Inoffizieller Besuch von Botschafter L. I. Mendelewitsch in Bern am 12. und 13. März 1979. Protokoll der Gespräche am 13. März.

[99] BAR, E 2001 E-01, 1991/17, Bd. 245 (Europäische Sicherheitskonferenz), Telex Botschaft Moskau an EPD Bern, 28. 02. 1980.

[100] BAR, E 2001 E-01, 1991/17, Bd. 244 (Europäische Sicherheitskonferenz), KSZE-Meinungsaustausch Schweiz-Sowjetunion in Bern vom 20. bis 21. Dezember 1979.

[101] BAR, E 2001 E-01, 1991/17, Bd. 247 (Europäische Sicherheitskonferenz), Telex EPD Bern an die Botschaften in Moskau, Washington, London und Paris, 14. 07. 1980.

ter Brunners Aussagen gegenüber Mendelewitsch lag die These von der Unteil-
barkeit der Entspannung zugrunde. Wie sich zuvor bereits im Zusammenhang
mit den neuen Spannungen zwischen den Weltmächten in der Dritten Welt abgezeichnet hatte, konnte die Fortführung der Détente-Politik in Europa nicht unbeeinflußt bleiben von den globalen Entwicklungslinien des Kalten Krieges.

Trotz des faktischen Endes der Entspannungsperiode Ende der siebziger Jahre
war der Schweiz insgesamt daran gelegen, die KSZE als Kommunikationsforum
in den Ost-West-Beziehungen und als wichtiges Element der helvetischen Außenpolitik zu erhalten. In einer Rede über die „Grundlagen und Perspektiven der
Schweizerischen Aussenpolitik" führte Bundesrat Pierre Aubert in diesem Zusammenhang aus, „dass man den Dialog nicht ausgerechnet im Zeitpunkt erhöh-
ter Spannungen abbrechen sollte."[102]

[102] BAR, E 2001 E-01, 1991/17, Bd. 247 (Europäische Sicherheitskonferenz), Grundlagen und
Perspektiven der schweizerischen Aussenpolitik. Vortrag von Bundesrat Pierre Aubert in
Wolfsberg am 1. Juli 1980.

8. Die Madrider Konferenz bis zur Krise in Polen (1980/81)

8.1 Der Niedergang der Détente-Politik

Der Fortgang der Entspannung zwischen den beiden Supermächten war nach der Belgrader KSZE-Konferenz unsicherer denn je. Ereignisse wie die Dissidentenprozesse in der Sowjetunion verschlechterten das Verhältnis weiter, gleichzeitig gab es jedoch ein beiderseitiges Interesse, am Zustand der Détente festzuhalten. Mit Blick auf die weitere Entwicklung der Ost-West-Beziehungen lautete deshalb die Frage „Cooperation or Competition?"[1] Aus amerikanischer Perspektive erklärte Präsident Carter hierzu am 7. Juni 1978 in einer Rede an der Marine-Akademie in Annapolis: „Die Sowjetunion kann Kooperation oder Konfrontation wählen. Die Vereinigten Staaten sind hinreichend vorbereitet, jede Wahl anzunehmen."[2]

In den Mittelpunkt der Bemühungen zur Bewahrung der Détente rückten nun die andauernden Rüstungskontrollverhandlungen über ein SALT-II-Abkommen. Beim Treffen zwischen US-Präsident Ford und Generalsekretär Breschnew in Wladiwostok im November 1974 war es bei diesem Thema zwar zu einer Annäherung gekommen[3], aber bei ihrer nächsten Begegnung in Helsinki am Rande der Unterzeichnung der KSZE-Schlußakte wurde bei SALT-II keine Einigung erzielt. Nach dem Amtsantritt der Carter-Administration traten sowohl Außenminister Vance als auch Sicherheitsberater Brzezinski für einen Abschluß bei SALT ein, aber mit unterschiedlichen Intentionen. Während Vance in einem Abschluß die Grundlage zur Verbesserung des bilateralen Verhältnisses sah, verfolgte Brzezinski das Ziel „to halt or reduce the momentum of the Soviet military buildup."[4] Mit der Fortsetzung der Verhandlungen über SALT-II konnten sowohl Carter als auch Breschnew nach außen hin ihr andauerndes Interesse an einer Fortsetzung der Entspannungspolitik dokumentieren. Indem der neue US-Präsident jedoch nicht die amerikanisch-sowjetischen Gespräche in Wladiwostok von 1974 zum Ausgangspunkt nahm, sondern von Moskau neue Zugeständnisse forderte, wurde eine Einigung erschwert.[5] Nach zähen Verhandlungen unterzeichneten Carter und Breschnew schließlich am 18. Juni 1979 in Wien das SALT-II-Abkommen, das aber noch vom US-Kongreß ratifiziert werden mußte. Zu diesem Zeitpunkt herrschte in den Ost-West-Beziehungen eine „Parallelität von Entspannung und Konfrontation."[6]

[1] Garthoff, Détente and Confrontation, S. 653.
[2] Zit. nach Bierling, Geschichte der amerikanischen Außenpolitik, S. 172.
[3] Hanhimäki, Flawed Architect, S. 371f.
[4] Brzezinski, Power and Principle, S. 146.
[5] Powaski, The Cold War, S. 206f.
[6] Stöver, Der Kalte Krieg, S. 407.

Seit Mitte der siebziger Jahre war in Europa gleichzeitig eine neue sicherheits-politische Kontroverse entstanden, die im Rahmen von SALT nicht gelöst wurde. Die Sowjetunion betrieb eine massive Aufrüstung von mobilen Mittelstrecken-raketen (SS-20)[7], die nach Ansicht westlicher Politiker das militärische Gleich-gewicht in Europa gefährdete. Es war der realistisch denkende deutsche Bundes-kanzler Helmut Schmidt, der anläßlich einer Rede am „International Institute for Strategic Studies" in London im Oktober 1977 erstmals öffentlich auf das Pro-blem hinwies.[8] Beim amerikanischen Präsidenten Carter, der diese Befürchtungen nicht teilte, stieß Schmidt zunächst auf Ablehnung. Im Herbst 1978 stellte sich die amerikanische Regierung dann jedoch sogar an die Spitze der Befürworter einer rüstungspolitischen Gegenmaßnahme.[9] Im Januar 1979 kamen der französische Präsident Giscard d'Estaing, der britische Premierminister Callaghan, US-Präsi-dent Carter und Bundeskanzler Schmidt auf der Karibikinsel Guadeloupe zusam-men, wo sie die Weichen für den wenig später im Dezember 1979 offiziell verab-schiedeten „NATO-Doppelbeschluß" stellten.[10] Mit der Aufstellung von Mittel-streckenraketen der Typen Pershing II und Cruise-Missiles sollte ein militärisches Gegengewicht zu den sowjetischen SS-20-Raketen geschaffen werden. Die NATO verband ihren Stationierungsbeschluß gleichzeitig mit einem Gesprächsangebot an die Moskauer Führung. Sollte die Sowjetunion ihr Arsenal an Mittelstrecken-waffen verringern, würde auf die Aufstellung verzichtet werden. Auch wenn es um die Wahrung des militärischen Gleichgewichts und damit letztlich um den Schutz Westeuropas ging, war der NATO-Doppelbeschluß „a very difficult and unpopular choice at a time when a large part of Western public opinion had be-come accustomed to seeing détente as a more or less permanent feature of the international system".[11]

Nicht nur aufgrund des NATO-Doppelbeschlusses wurde das Jahr 1979 zu ei-nem Wendejahr der internationalen Politik. Durch eine Revolution im Iran wur-de die Herrschaft des Schahs endgültig beendet und ein religiöser Gottesstaat un-ter der Führung des Ayatollah Khomeini errichtet. Da Persien unter dem Schah ein enger Verbündeter Washingtons gewesen war, bedeutete das Ereignis eine

---

[7] Gerhard Wettig, Sowjetische Euroraketenrüstung und Auseinandersetzung mit den Reaktio-nen des Westens, in: Philipp Gassert/Tim Geiger/Hermann Wentker (Hgg.), Zweiter Kalter Krieg und Friedensbewegung. Der NATO-Doppelbeschluss in deutsch-deutscher und inter-nationaler Perspektive, München 2011, S. 49–64, S. 50f.

[8] Haftendorn, Deutsche Außenpolitik, S. 272; vgl. Auswärtiges Amt (Hg.), Außenpolitik der Bundesrepublik Deutschland. Dokumente von 1949 bis 1994, Köln 1995, Dok. 134: Aspekte der westlichen Sicherheit. Vortrag von Bundeskanzler Schmidt vor dem International Institu-te for Strategic Studies in London am 28. Oktober 1977, S. 441ff.

[9] Klaus Wiegrefe, Das Zerwürfnis. Helmut Schmidt, Jimmy Carter und die Krise der deutsch-amerikanischen Beziehungen, Berlin 2005, S. 254ff.

[10] Vgl. Joachim Scholtyseck, The United States, Europe, and the NATO Dual-Track Decision, in: Matthias Schulz/Thomas A. Schwartz (Hgg.), The Strained Alliance. US-European Rela-tions from Nixon to Carter, Cambridge/Mass. 2010, S. 333–352.

[11] Leopoldo Nuti, The origins of the 1979 dual track decision – a survey, in: Ders. (Hg.), The Crisis of Détente in Europe. From Helsinki to Gorbachev 1975-1985, London/New York 2009, S. 57–71, S. 68.

herbe Niederlage für die USA, deren von den Briten geerbte Vormachtstellung im Nahen Osten nun gefährdet schien.[12] Die Situation verschärfte sich zusätzlich durch die einjährige Geiselnahme, die die Diplomaten der amerikanischen Botschaft in Teheran erleiden mußten, und die zu einem mißglückten Befreiungsversuch durch das US-Militär führte.

Das Ende der Entspannung wurde schließlich nicht an einem Knotenpunkt des Ost-West-Konflikts in Europa, sondern am Hindukusch besiegelt. Der Einmarsch sowjetischer Truppen in Afghanistan im Dezember 1979 erfolgte „zu einer Zeit, als die Détente bereits gescheitert war und nunmehr ihr demonstratives Ende fand."[13] Die Invasion der Sowjetunion war ein Wendepunkt des Ost-West-Konflikts, der den Übergang von einer Dekade verhältnismäßiger Entlastung hin zu einem Jahrfünft globaler Hochspannung in den internationalen Beziehungen markierte. Auf längere Sicht führte dieser Akt militärischer Selbstüberschätzung zu einer machtpolitischen Überdehnung Moskaus und trug zum Zusammenbruch des Sowjetimperiums Anfang der neunziger Jahre bei.[14]

Im Jahr 1978 war in Afghanistan eine Gruppe linksrevolutionärer Kräfte an die Macht gelangt. Die Sowjetunion sagte der neuen Führung schnell wirtschaftliche und politische Hilfe beim Aufbau eines sozialistischen Staatswesens zu. Bereits im Dezember 1978 wurde ein Freundschaftsvertrag zwischen beiden Ländern unterzeichnet. Ein repressives Verhalten gegenüber der eigenen Bevölkerung und fortdauernde Rivalitäten zwischen unterschiedlichen Stammesgruppen führten jedoch bald zu Aufständen islamistischer Fundamentalisten, die zeitlich mit der Revolution im Iran zusammenfielen.[15] In dieser Situation wandte sich die neue afghanische Führung mit einem Hilfsappell an Moskau. Am 17. März 1979 trat das Politbüro in Abwesenheit des erkrankten Parteichefs Breschnews zu einer Sondersitzung zusammen. Allerdings gab es Bedenken gegen ein eigenes militärisches Engagement. Auf einer weiteren Politbüro-Sitzung am folgenden Tag gab KGB-Chef Andropow die Richtung vor, indem er ausführte, es handele sich in Afghanistan nicht um eine revolutionäre Situation. In außenpolitischer Hinsicht sollte zudem der Abschluß des SALT-II-Abkommens mit den USA nicht gefährdet werden.[16] Die Sowjetunion lehnte das Ansinnen Kabuls also zunächst ab. Statt dessen wurde der afghanische Regierungschef Hafizullah Amin zum Rapport nach Moskau bestellt, wo ein Kurswechsel angemahnt wurde. Amin müsse es schaffen, die Masse des Volkes für sein Regime zu gewinnen. Im August 1979 kam die Sowjetführung jedoch zu der Einschätzung, daß Amin an der Spitze der afghanischen Regierung nicht mehr tragbar sei und entfernt werden müsse. Sein Stellvertreter Nur Mohammed Taraki wurde daraufhin von Moskau dazu ermuntert, Amin zu stürzen, doch dieser entdeckte das gegen ihn laufende Komplott,

---

[12] Soutou, La guerre de Cinquante Ans, S. 613.
[13] Hildebrand, Der Kalte Krieg als Détente, S. 121.
[14] Vladislav M. Zubok, A Failed Empire. The Soviet Union in the Cold War from Stalin to Gorbachev, Chapel Hill 2007, S. 228.
[15] Westad, Global Cold War, S. 307 f.
[16] Leffler, For the Soul of Mankind, S. 310 f.

und der Umsturzversuch endete mit der Ermordung Tarakis.[17] Anfang Dezember 1979 meinte der KGB schließlich Anzeichen für eine mögliche Annäherung Amins an den Westen zu erkennen. Die Militärs sahen die potentielle Gefahr, daß die USA nach dem Verlust des Iran versuchen könnten, in Afghanistan Fuß zu fassen.[18] Darüber hinaus hielt die Moskauer Führung auch eine amerikanische Intervention in Iran für möglich. Der sowjetische Botschafter in den USA, Anatoly Dobrynin, warnte Sicherheitsberater Brzezinski in einem Gespräch am 7. November 1979, „that we could not remain indifferent if the United States interfered militarily in our southern neighbor."[19]

In dieser Situation wurde bei den internen Diskussionen der politischen und militärischen Führung in Moskau eine begrenzte Militäraktion in die Diskussion gebracht, mit dem Ziel, Amin endlich zu stürzen und einen sowjetischen Vasallen in Kabul zu installieren. Insgesamt bildeten Aspekte „von Ideologie und Prestige einen wesentlichen Hintergrund"[20] der sowjetischen Entscheidungsfindung. Am 12. Dezember 1979 – demselben Tag, als der NATO-Doppelbeschluß gefaßt wurde – beschloß das Politbüro ein militärisches Eingreifen in Afghanistan zum 24. Dezember des Jahres.[21]

Die Reaktion der USA war äußerst scharf. Der andauernden Diskussion innerhalb der Carter-Administration hatte die Frage zugrundegelegen, ob das Streben nach Stabilität oder nach Vorherrschaft das Handlungsmotiv der sowjetischen Außenpolitik sei. Das Vorgehen Moskaus in Afghanistan schien der konfrontativen Interpretation von Sicherheitsberater Brzezinski Recht zu geben, der nun zum wichtigsten außenpolitischen Berater Carters avancierte. Außenminister Vance verlor demgegenüber an Einfluß und trat im April 1980 schließlich zurück.[22] Als Reaktion auf das sowjetische Vorgehen vollzog der US-Präsident in der Außenpolitik nun eine „Kehrtwendung um hundertachtzig Grad".[23] Seine ursprünglichen Prioritäten Entspannung und Menschenrechte wurden ersetzt durch das Ziel der Eindämmung der Sowjetunion. Jimmy Carters persönliche Betroffenheit zeigt sich an seiner Aussage, das Vorgehen der Sowjetunion „has made a more dramatic change in my own opinion of what the Soviets' ultimate goals are than anything they've done in previous time I've been in office."[24] Als Konsequenz dieser Bewertung verkündete der Präsident in einer Rede vor dem amerikanischen Kongreß am 23. Januar 1980 die sogenannte Carter-Doktrin. Derzufolge würde jedem Versuch einer auswärtigen Macht, die Kontrolle über den

---

[17] Westad, Global Cold War, S. 312 f.
[18] Leffler, For the Soul of Mankind, S. 331 f.
[19] Dobrynin, In Confidence, S. 437.
[20] Bernhard Chiari, Kabul 1979: Militärische Intervention und das Scheitern der sowjetischen Dritte-Welt-Politik in Afghanistan, in: Andreas Hilger (Hg.), Die Sowjetunion und die Dritte Welt. UdSSR, Staatssozialismus und Antikolonialismus im Kalten Krieg 1945-1991, München 2009, S. 259–280, S. 262 f.
[21] Leffler, For the Soul of Mankind, S. 332 f.
[22] Powaski, The Cold War, S. 225.
[23] Hacke, Zur Weltmacht verdammt, S. 288.
[24] Zit. nach Westad, The Fall of Détente, S. 24.

Persischen Golf zu erlangen, notfalls mit Waffengewalt seitens der USA begegnet werden.[25] Ähnlich wie die Briten im Hinblick auf Indien im 19. Jahrhundert interpretierten die Amerikaner eine russische Vormachtstellung in Afghanistan also als potentielle Gefährdung einer für sie strategisch wichtigen Region.

Eine rückblickende Bewertung der Afghanistan-Krise macht deutlich, daß beide Supermächte in ihrer gegenseitigen Bewertung von vollkommen falschen Analysen ausgingen. Die Sowjetunion unterstellte den USA, sie wollten Afghanistan unter ihre Kontrolle bringen und eventuell im Iran intervenieren, so daß sowjetisches Einflußgebiet gefährdet wäre und sich amerikanische Truppen in der Nähe der eigenen Grenzen befänden. Die USA wiederum gingen in ihrer Reaktion davon aus, die Sowjetunion wolle die Schwäche der USA im Nahen und Mittleren Osten nach der iranischen Revolution nutzen, um sich mit Waffengewalt einen strategischen Vorteil zu verschaffen. Beide Weltmächte agierten in Wirklichkeit jedoch aus defensiven Motiven. Die Sowjetführer „saw threat, not opportunity"[26], als sie am Hindukusch intervenierten, und die Antwort der USA war von der Überzeugung getragen, „that the events in Afghanistan fitted into a pattern of Soviet expansion aimed at destabilizing core Western interests in the Gulf."[27]

Infolge der sowjetischen Invasion wurde das – nun ohnehin chancenlose – SALT-II-Abkommen dem US-Kongreß nicht mehr zur Ratifikation vorgelegt, die USA riefen zur Blockade der nächsten Olympischen Spiele 1980 in Moskau auf und schränkten ihre Handelsbeziehungen mit der Sowjetunion ein. Auch wenn von einer „Überreaktion"[28] Carters gesprochen werden kann und er in seiner Amtszeit viele Fehler beging, so ist es meines Erachtens dennoch unzulässig, ihn primär für die Konfrontation zwischen den Supermächten nach Afghanistan verantwortlich zu machen. Es ist in diesem Zusammenhang daran zu erinnern, daß es immerhin die Sowjetunion war, die in ein souveränes Land einmarschierte, das Völkerrecht in eklatanter Weise verletzte und in der Konsequenz eine Verschlechterung des Ost-West-Verhältnisses billigend in Kauf nahm. Die Entscheidung, die Entspannung zu beenden, fiel in Moskau, nicht in Washington.

Im letzten Jahr seiner Amtszeit gelang es Carter nicht mehr, seine Präsidentschaft zu retten und die Amerikaner von seinen Führungsqualitäten zu überzeugen. Im November 1980 errang der republikanische Herausforderer Ronald Reagan mit dem Wahlslogan „Let's Make America Great Again" einen Erdrutschsieg gegen den demokratischen Amtsinhaber.[29] Die Auswirkungen des republikanischen Wahlsiegs auf das Madrider KSZE-Folgetreffen waren unklar, denn „[f]rom Helsinki's firsts moments, Ronald Reagan had been no supporter of the Final

---

[25] Bierling, Geschichte der amerikanischen Außenpolitik, S. 172f.

[26] Leffler, For the Soul of Mankind, S. 332.

[27] Westad, The Fall of Détente, S. 24.

[28] Schwabe, Weltmacht und Weltordnung, S. 389.

[29] Reagan gewann 489 Wahlmännerstimmen, Carter 49 Wahlmännerstimmen; vgl. Gebhard Schweigler, Jimmy Carter. Der Außenseiter als Präsident, in: Jürgen Heideking (Hg.), Die amerikanischen Präsidenten. 42 historische Portraits von George Washington bis George W. Bush, München 2002, S. 387–394, S. 394.

Act."[30] Der neue US-Präsident verband in seiner „Politik der Stärke" gegenüber der Sowjetunion rhetorische Schärfe mit militärischer Aufrüstung. Seine Außenpolitik basierte auf einem konsequenten Antikommunismus, der seinen Ausdruck in der Bezeichnung der Sowjetunion als dem „Reich des Bösen" fand.[31] Reagans Strategie war konfrontativ, doch sollte es dem in Westeuropa umstrittenen US-Präsidenten in der Tat gelingen, Amerika zu neuer politischer und wirtschaftlicher Größe zu führen. Wie „Reagans ‚romance' with Gorbachev"[32] später zudem bewies, war der US-Präsident durchaus zu einer pragmatischen Außenpolitik fähig.

Die Sowjetunion geriet seit Ende der siebziger Jahre zunehmend in eine politische und wirtschaftliche Krise. Insbesondere der Rüstungskomplex wurde mit einem Anteil von bis zu zwanzig Prozent am Bruttosozialprodukt zu einer Belastung für die Gesamtwirtschaft. Auf diese Weise „überforderte die sowjetische Weltpolitik das System mehr und mehr."[33] Darüber hinaus erreichten die Repressionen gegen Dissidenten nach der Afghanistan-Invasion und im Vorfeld der Olympischen Sommerspiele 1980 in Moskau einen neuen Höhepunkt.[34] Andrej Sacharow wurde nach Kritik am sowjetischen Einmarsch in Afghanistan nach Gorki verbannt. Schließlich erklärte die Moskauer Helsinki-Gruppe im September 1982 ihre Selbstauflösung. Zu diesem Zeitpunkt waren fast alle ihre Mitglieder inhaftiert und eine Fortsetzung der Arbeit daher nicht mehr möglich.[35]

Die sowjetische Staatsführung war zudem überaltert und eine personelle Erneuerung fehlte. Mit dem Tod Leonid Breschnews im November 1982 begann eine Phase des Übergangs.[36] Seinen Epigonen war jeweils keine lange Amtszeit beschieden. Breschnews Nachfolger, der langjährige KGB-Chef Andropow, verstarb bereits im Februar 1984. Erst nach dem Tod von Konstantin Tschernenko im März 1985 und der Ernennung Michail Gorbatschows zum neuen Generalsekretär der KPdSU sollte es schließlich zu einem innen- und außenpolitischen Wandel in der Sowjetunion kommen[37], der den Untergang des sowjetischen Imperiums jedoch nicht mehr verhinderte.[38]

---

[30] Korey, The Promises we keep, S. 140.

[31] Keller, Neokonservatismus und amerikanische Außenpolitik, S. 107.

[32] Vladislav Zubok, Why did the Cold War End in 1989? Explanations of ‚The Turn', in: Odd Arne Westad (Hg.), Reviewing the Cold War. Approaches, Interpretations, Theory, London u. a. 2001, S. 343-367, S. 353.

[33] Haumann, Geschichte Russlands, S. 458.

[34] Svetlana Savranskaya, Human rights movement in the USSR after the signing of the Helsinki Final Act, and the reaction of Soviet authorities, in: Leopoldo Nuti (Hg.), The Crisis of Détente in Europe. From Helsinki to Gorbachev 1975-1985, London/New York 2009, S. 26-40, S. 37f.

[35] Novak, Les Groupes Helsinki, S. 202.

[36] Hildermeier, Geschichte der Sowjetunion 1917-1991, S. 1016ff.

[37] Helmut Altrichter, Kleine Geschichte der Sowjetunion 1917-1991, 2. Auflage, München 2001, S. 175ff.

[38] Gorbachev „knew [...] that Russia had to catch up by selectively adopting Western practices in order to compete. And more effective competition, not surrender, was always his ambition"; vgl. Jonathan Haslam, Russia's Cold War. From the October Revolution to the Fall of the Wall, New Haven/London 2011, S. 399.

8.2 Abrüstung und Sicherheit als neue Schwerpunktthemen der KSZE

Infolge der Trennung von KSZE und MBFR im Jahr 1972 nahmen Aspekte der militärischen Sicherheit im Gesamtgefüge der Schlußakte von Helsinki eine untergeordnete Rolle ein und umfaßten nur den gleichwohl wichtigen Bereich der Vertrauensbildenden Maßnahmen.[39] Initiativen der N+N-Staaten zur Ausweitung der VBM waren auf der Belgrader Konferenz erfolglos geblieben. Vorschläge zu Fragen der militärischen Sicherheit bestimmten jedoch zunehmend die Diskussionen der Teilnehmerstaaten im Vorfeld der KSZE-Konferenz von Madrid. Im Mai 1978 ergriff Frankreich die Initiative. In einer Rede auf einer Tagung der UNO zur Rüstungsbegrenzung regte Präsident Valéry Giscard d'Estaing die Einberufung einer europäischen Abrüstungskonferenz an.[40] In einem Memorandum der französischen Regierung vom 19. Mai 1978 wurde die Initiative den anderen 34 Teilnehmerländern der KSZE präsentiert. Die Konferenz sollte in Anlehnung an die berühmte Formulierung Charles de Gaulles das Gebiet „vom Atlantik bis zum Ural"[41] umfassen und auf konventionelles Waffenmaterial mit offensiver Ausrichtung – insbesondere Panzerverbände – beschränkt sein. Nuklearwaffen wurden explizit ausgeschlossen. Der Konferenzablauf sollte in zwei Phasen erfolgen. Zunächst sollte über eine Ausweitung der VBM diskutiert werden, bevor in einem nächsten Schritt die konkreten Verhandlungen über Begrenzung und Reduktionen der Waffenbestände stattfinden würden. Der eigentlichen Konferenz sollte ein Vorbereitungstreffen vorgeschaltet werden, das nach französischer Ansicht noch im laufenden Jahr eröffnet werden würde. Der sicherheitspolitische Vorstoß Frankreichs war insofern überraschend, als Bestimmungen zur Rüstungskontrolle als Einschränkung nationaler Souveränität von Paris bisher strikt abgelehnt worden waren, weshalb Frankreich auch nicht an den Wiener MBFR-Verhandlungen teilnahm. Nun unternahm die französische Regierung den Versuch, der zunehmenden „sicherheitspolitische[n] Isolierung"[42] zu begegnen und aktiv an der Gestaltung der Sicherheitsbeziehungen in Europa mitzuwirken.

Auch wenn das französische Memorandum an die Mitgliedsstaaten der KSZE gerichtet war und auf die VBM in der Schlußakte von Helsinki Bezug nahm, blieb das Verhältnis einer möglichen Abrüstungskonferenz zur KSZE zunächst unklar. Der von Paris genannte frühe Zeitpunkt für den Beginn des Vorbereitungstreffens hätte deutlich vor der im November 1980 beginnenden Konferenz in Madrid gelegen. Für eine Abrüstungskonferenz lag auch gar kein Mandat der KSZE-Teilnehmerstaaten vor. Im Rahmen der Beratungen der EG gelang es den übrigen

---

[39] Schlotter, Die KSZE im Ost-West-Konflikt, S. 80.
[40] Jean Dehaime, Le projet français de Conférence de Désarmement en Europe et la Réunion de Madrid, in: Défense nationale, 36 (novembre 1980), S. 95–106, S. 95.
[41] Volle/Wagner, Madrid, Memorandum der französischen Regierung vom 19. Mai 1978 an die übrigen Teilnehmerländer der KSZE mit dem Vorschlag einer Abrüstungskonferenz in Europa, S. 112.
[42] Zielinski, Vertrauen und Vertrauensbildende Maßnahmen, S. 91.

westlichen Staaten, Frankreich auf die Einbindung einer möglichen Abrüstungskonferenz in die Strukturen des KSZE-Prozesses festzulegen.[43] Mit dieser Entwicklung war klar, daß nach Ansicht der Westeuropäer in Madrid ein konsens-
fähiges Mandat für eine Abrüstungskonferenz verabschiedet werden sollte[44] und
der Vorschlag Frankreichs auf der Agenda der Madrider Konferenz somit einen
wichtigen Platz einnehmen würde.

Die Mitgliedsstaaten des Warschauer Pakts machten im Frühjahr 1979 eben-
falls Vorschläge auf dem Feld der militärischen Entspannung. In einer Rede von
Generalsekretär Breschnew am 2. März 1979 wurde eine veränderte Haltung der
Moskauer Führung zu den Vertrauensbildenden Maßnahmen deutlich, deren
Ausweitung die Sowjetunion auf der Belgrader Konferenz noch abgelehnt hatte:
„With the aim of strengthening mutual trust, participants in the European Conference have started to inform one another about military exercises conducted in
the respective area, and to invite foreign observers to them. Perhaps, we could
now expand this practice and give advance notice not only about exercises, but
also about all considerable troop movements in the framework of the area concerned, and also about major naval exercises when held near the waters of other
participating countries of the European Conference."[45] Eine Ausweitung der
Ankündigungspflicht von Manövern auf größere Truppenbewegungen bedeutete
eine deutliche Verbesserung der VBM. Der österreichische KSZE-Experte Franz
Ceska bewertete die Äußerungen Breschnews bei seinem Besuch in Bern Anfang
April 1979 „als eine interessante Neuorientierung der sowjetischen Politik."[46] Darüber hinaus schlug Breschnew in seiner Rede den Abschluß eines „non-aggressi-
on pact between the participants in the European Conference"[47] vor. In einem
Gespräch mit dem sowjetischen Sonderbotschafter Mendelewitsch am 13. März
1979 äußerte sich Rechtsberater Bindschedler aus Sicht der Schweiz jedoch skeptisch zu dem letztgenannten Vorschlag, denn „[i]n den letzten 50 Jahren wurden
zuviele Nicht-Angriffspakte gebrochen, als dass man noch Vertrauen in dieses Instrument haben könnte."[48]

---

[43] David S. Jost, Rüstungskontrolle im KSZE-Prozeß. Zum Stand der Verhandlungen über ein
Mandat für eine Konferenz über Abrüstung in Europa auf dem Madrider Folgetreffen, in :
Hermann Volle/Wolfgang Wagner (Hgg.), Das Madrider KSZE-Folgetreffen. In Beiträgen
und Dokumenten aus dem Europa-Archiv, Bonn 1984, S. 37–44, S. 38 f.

[44] Benoît d'Aboville, Le projet de Conférence européenne sur le désarmement et l'échéance de
Madrid, in: Pierre Lellouche (Hg.), La sécurité de l'Europe dans les années 80. Les relations
Est-Ouest et le théâtre européen, S. 393–403, S. 395.

[45] BAR, E 2001 E-01, 1991/17, Bd. 243 (Europäische Sicherheitskonferenz), From the speech of
Secretary General of the CPSU Leonid Breshnev on March 2 1979.

[46] BAR, E 2001 E-01, 1991/17, Bd. 243 (Europäische Sicherheitskonerenz), Besuch von Minister
Franz Ceska, Experte für KSZE und Abrüstung im österreichischen Außenministerium, in
Bern am 2. April 1979.

[47] Ebd.

[48] BAR, E 2001 E-01, 1991/17, Bd. 243 (Europäische Sicherheitskonferenz), Inoffizieller Besuch
von Botschafter L. I. Mendelewitsch in Bern am 12. und 13. März 1979. Protokoll der Gespräche am 13. März.

Auf der Außenministertagung der Mitgliedsstaaten des Warschauer Pakts in Budapest im Mai 1979 untermauerten die sozialistischen Staaten ihre Vorschläge. Das Schlußkommunique der Tagung, das dem EPD von der ungarischen Botschaft in Bern überreicht wurde[49], enthielt den Vorschlag „de convoquer une conférence au niveau politique avec la participation de tous les Etats européens, des Etats-Unis et du Canada."[50] Als Ergebnis einer Konferenz sollte in Anlehnung an Breschnews Vorschlag eines Nichtangriffspakts ein Vertrag über das Verbot des Ersteinsatzes von nuklearen und konventionellen Waffen geschlossen werden. Bei bilateralen Gesprächen Anfang Mai 1979 in Bern hatte der Leiter der Europaabteilung im französischen Außenministerium, Jacques Andréani, bereits darauf hingewiesen, daß es deutliche Unterschiede zwischen den Initiativen Frankreichs und der Sowjetunion gab.[51] Während der Pariser Vorschlag nur den Bereich der konventionellen Waffen umfasse, wolle Moskau auch die atomare Rüstung zum Gegenstand der europäischen Abrüstungsverhandlungen machen. Eine regionale Beschränkung der Atomwaffen sei jedoch nutzlos, da die Gefahr hierdurch nicht verringert werde. Auch einem Nichtangriffspakt mit dem Verbot des Ersteinsatzes von Atomwaffen könne Frankreich nicht zustimmen. Die Vorschläge Frankreichs und der Sowjetunion zeigten insgesamt die unterschiedlichen militärischen Kräfteverhältnisse zwischen West und Ost. Während Frankreich aufgrund der starken Panzerverbände der Roten Armee die Abrüstung auf konventionelle Kräfte beschränken wollte, betonte die Sowjetunion demgegenüber die nukleare Rüstung. Es zeigte sich jedoch ein deutlicher Kurswechsel Moskaus in der Bewertung der Vertrauensbildenden Maßnahmen. Nach der Erfahrung der Belgrader Konferenz bot sich für die Sowjetunion taktisch die Möglichkeit, Fragen der militärischen Sicherheit (Korb I) wieder in den Mittelpunkt der KSZE zu stellen und einer Fokussierung auf Menschenrechtsfragen (Korb III) auf diese Weise entgegenzuwirken. Die Betonung der sogenannten militärischen Entspannung durch die Sowjetunion war somit auch eine Konsequenz der in Belgrad begonnenen neuen KSZE-Politik der USA.[52]

Zu den Vorschlägen der Warschauer-Pakt-Staaten fand Ende Mai 1979 im Außendepartement eine interne Aussprache unter dem Vorsitz von Staatssekretär Weitnauer statt. Die Schweizer Diplomaten begrüßten insbesondere den Kurswechsel des Ostens im Bereich der VBM. Nach Ansicht von Botschafter Bind-

---

[49] BAR, E 2001 E-01, 1991/17, Bd. 243 (Europäische Sicherheitskonferenz), Aide Mémoire, 22 mai 1979.

[50] BAR, E 2001 E-01, 1991/17, Bd. 243 (Europäische Sicherheitskonferenz), Communiqué de la réunion du comité des mininistres des affaires étrangères des états membres du traité de Varsovie, 15 mai 1979.

[51] BAR, E 2001 E-01, 1991/17, Bd. 243 (Europäische Sicherheitskonferenz), Meinungsaustausch mit Minister J. Andréani, Direktor der Europadirektion im französischen Außenministerium, in Bern am 7. Mai 1979.

[52] Jean Christophe Romer, L'URSS et le processus d'Helsinki de Brejnev à Gorbatchev, in: Elisabeth du Réau/Christine Manigand (Hgg.), Vers la réunification de l'Europe. Apports et limites du processus d'Helsinki de 1975 à nos jours, Paris 2005, S. 113-121, S. 115f.

schedler enthielten die Vorschläge „viel erfreuliches für die Schweiz."[53] Des weiteren wurden Überlegungen über die Einbeziehung des Schweizer Streitschlichtungsprojekts in die Agenda einer möglichen Abrüstungskonferenz angestellt. In einer Aufzeichnung für Bundesrat Aubert teilte Botschafter Weitnauer noch einen weiteren Vorschlag als Ergebnis der Aussprache mit. Zur besseren Koordinierung der verschiedenen sicherheitspolitischen Vorschläge solle vor der Madrider Konferenz ein spezielles Vorbereitungstreffen in der Schweiz stattfinden. Hierdurch könne zudem die besondere Rolle Genfs als „capitale du désarmement"[54] herausgestellt werden. Das EDA nahm den Vorschlag über eine sogenannte „Aussortierungskonferenz" in seine KSZE-Agenda auf. Die Schweiz erläuterte ihren Vorschlag für eine prozedurale Vorkonferenz über Militärfragen bei einer Zusammenkunft mit Spitzenbeamten der Außenministerien Österreichs, Schwedens und Finnlands in Bern am 24. September 1979. Ihre Funktion sollte darin bestehen, die verschiedenen Abrüstungsinitiativen zu sortieren und zu entscheiden, welche Aspekte auf der Madrider Konferenz behandelt und welche auf eine spätere Konferenz oder ein Expertentreffen verschoben werden sollten. Die Vertreter der anderen Neutralen reagierten allerdings mit Zurückhaltung, da sie den Vorschlag für schwer realisierbar hielten.[55]

Die Schweizer Überlegungen waren aus mehreren Gründen problematisch. Da ein solches spezielles Vorbereitungstreffen im Mechanismus des „follow-up" nicht vorgesehen war, hätte es außerhalb der offiziellen Strukturen der KSZE organisiert werden müssen. Und was die praktische Umsetzung betraf, so hätten sich die prozeduralen Fragen kaum von der Behandlung der inhaltlichen Aspekte trennen lassen. Das Treffen hätte leicht zu einer vorweggenommenen Abrüstungskonferenz mutieren können. Schließlich ließ die Schweiz die Idee der Aussortierungskonferenz im November 1979 fallen und teilte den Botschaftern Österreichs, Schwedens und Finnlands mit, der Vorschlag werde nicht weiterverfolgt.[56] Auch andere Länder griffen in die Diskussion über Aspekte der europäischen Sicherheit und Abrüstung ein. Der Erste Sekretär des ZK der Arbeiterpartei Polens, Edward Gierek, schlug in einer Parteitagsrede am 8. Februar 1980 die polnische Hauptstadt Warschau als Veranstaltungsort für eine mögliche Europäische Abrüstungskonferenz vor.[57] Die finnische Regierung lancierte zunächst im Rahmen der Vereinten Nationen einen Vorschlag für ein Europäisches Abrüstungsprogramm, das eine Registrierung und Erörterung der verschiedenen bilateralen und multilatera-

53 BAR, E 2001 E-01, 1991/17, Bd. 243 (Europäische Sicherheitskonferenz), Aktennotiz. WAPA-Vorschläge. Zusammenfassung der Aussprache vom 30. Mai 1979.
54 BAR, E 2001 E-01, 1991/17, Bd. 243 (Europäische Sicherheitskonferenz), Note au Chef du département. Differentes propositions dans le domaine politico-militaire, 1er juin 1979.
55 BAR, E 2001 E-01, 1991/17, Bd. 243 (Europäische Sicherheitskonferenz), Neutralentreffen in Bern, 24. September 1979.
56 BAR, E 2001 E-01, 1991/17, Bd. 243 (Europäische Sicherheitskonferenz), Telegramm EPD Bern an die Vertretungen in Helsinki, Stockholm, Wien, Washington, Moskau, Paris und Bonn, 07. 11. 1979.
57 Volle/Wagner, Madrid, Referat des Ersten Sekretärs des ZK, Edward Gierek, auf dem 8. Parteitag der Polnischen Vereinigten Arbeiterpartei am 11. Februar 1980, S. 116.

len Initiativen in diesem Bereich erlauben sollte.[58] In Schweden schließlich war es der damalige sozialdemokratische Oppositionsführer Olof Palme, der die Regierung seines Landes im Februar 1980 zu einer Initiative für die Einberufung einer Europäischen Abrüstungskonferenz in Stockholm aufforderte.[59] Die Rahmenbedingungen für die zukünftige Behandlung der sicherheitspolitischen Agenda waren im Vorfeld der Madrider Konferenz bereits sichtbar. So würden die Verhandlungen über Abrüstungsfragen – im Gegensatz zu MBFR – alle Unterzeichnerstaaten der Helsinki-Schlußakte umfassen, organisatorisch ein Bestandteil des KSZE-Prozesses sein und eventuell in mehreren Stufen erfolgen, wobei die Frage der Ausweitung der VBM Priorität besitzen sollte.[60]

Bei den Vorbereitungen des nächsten KSZE-Folgetreffens in Madrid durch die neutralen und blockfreien Länder bestimmten Sicherheitsfragen ebenfalls die Agenda. Allerdings hatte der Bereich der VBM schon in Genf und Belgrad im Mittelpunkt der multilateralen Zusammenarbeit gestanden. Für die Gruppe der N+N-Staaten hatte der Ausgang der Belgrader Konferenz eine Enttäuschung dargestellt, denn es war dort trotz massiver Anstrengung nicht gelungen, im Vergleich zu Helsinki inhaltliche Fortschritte zu erreichen. Bei der Nachbetrachtung anläßlich eines Treffens der N+N-Staaten in San Marino im September 1978 wurde zugleich darauf hingewiesen, daß die Schlußakte immerhin erhalten geblieben sei und die KSZE-Beratungen weitergehen würden.[61] Die Schweiz hatte – ebenso wie die anderen N+N-Staaten – ein vitales Interesse an der Fortsetzung des KSZE-Prozesses, denn er bot den Neutralen die Möglichkeit der Mitsprache und Mitentscheidung im Ost-West-Konflikt. Beim folgenden Zusammentreffen am 5./6. Juni 1979 in Wien erklärten die N+N-Staaten die „Nach-Belgrad-Periode" für beendet und begannen bereits mit der Vorbereitung des Folgetreffens in Madrid. In Anlehnung an ihre bewährte Zusammenarbeit auf diesem Themenfeld kamen die Vertreter der N+N-Staaten in Wien überein, für die Madrider Konferenz wieder die Möglichkeit eines gemeinsamen Vorschlags zu den Vertrauensbildenden Maßnahmen (VBM) zu prüfen.[62] Der Vertreter Schwedens wies seine Kollegen anläßlich eines weiteren N+N-Treffens in Stockholm Anfang Oktober 1979 darauf hin, daß sich die Erfolgsaussichten für Vorschläge im Bereich VBM im Vergleich zu Belgrad deutlich gebessert hätten, da insbesondere die Warschauer-Pakt-Staaten dabei seien, ihre bislang kritische Haltung zu den VBM zu überdenken. Den drei von Österreich genannten Vorbedingungen für eine mögliche Abrüstungskonferenz, wonach alle 35 KSZE-Staaten beteiligt sein müßten,

---

[58] Reimaa, Helsinki Catch, S. 200ff.
[59] BAR, E 2001 E-01, 1991/17, Bd. 245 (Europäische Sicherheitskonferenz), Telex Botschaft Stockholm an EDA Bern, 07.02.1980; im Jahr 1982 übernahm Olof Palme zum zweiten Mal das Amt des schwedischen Ministerpräsidenten; am 18. Februar 1986 fiel Palme in Stockholm einem Attentat zum Opfer.
[60] Zielinski, Vertrauen und Vertrauensbildende Maßnahmen, S. 97.
[61] BAR, E 2001 E-01, 1988/16, Bd. 216 (Europäische Sicherheitskonferenz), Meinungsaustausch der N+N-Staaten in San Marino vom 7. bis 9. September 1978.
[62] BAR, E 2001 E-01, 1988/16, Bd. 216 (Europäische Sicherheitskonferenz), Treffen der N+N-Staaten in Wien vom 5. bis 6. Juni 1979.

die Konferenz in organisatorischer Verbindung zur KSZE stehen müsse und eine gründliche Vorbereitung unabdingbar sei, schloß sich die Schweiz an. Der Vertreter Berns merkte jedoch zudem an, „für die Schweiz bleibe ein System der friedlichen Streiterledigung [...] das Kernstück eines Sicherheitssystems in Europa."[63] Die Hervorhebung der friedlichen Streitbeilegung im Zusammenhang mit Abrüstungsfragen durch die Schweiz war nicht neu. Im Vorfeld der Sondertagung der Vereinten Nationen zur Abrüstung in New York hatte der Bundesrat am 24. Mai 1978 einen Bericht zur schweizerischen Haltung in dieser Frage veröffentlicht. Da die Schweiz nicht Mitglied der Vereinten Nationen war und sich aufgrund ihrer Neutralität normalerweise nicht zur Abrüstungsthematik äußerte, war dieser Bericht ein weiterer Beleg für die außenpolitische Öffnung des Landes. Der Bundesrat bezeichnete darin die „Reduktion der Gewalt und [den] Ausbau der friedlichen Streitbeilegung" als „im internationalen System zwangsläufig komplementär."[64] In diesem Zusammenhang wurde auf die vom griechischen Diplomaten Nicolas Politis zur Zeit des Völkerbundes aufgestellte Reihenfolge „arbitrage – sécurité – désarmement" erinnert. Für die Schweiz war Abrüstung nicht der Ursprung, sondern das Ergebnis von Entspannung. Zunächst mußte es gelingen, „eine internationale Ordnung des Friedens und Vertrauens zu schaffen."[65] Diese Grundposition vertraten die Berner Diplomaten später auch auf dem Madrider KSZE-Folgetreffen.

Am Rande der Stockholmer Tagung der N+N-Staaten im Oktober 1979 diskutierten die Militärexperten auf Grundlage des alten gemeinsamen Belgrader Vorschlags das Vorgehen in Sachen VBM-Initiative. Nach weiteren Beratungen auf Ebene der Militärexperten einigten sich die Vertreter der N+N-Staaten bei ihrer nächsten Zusammenkunft in Vaduz/Liechtenstein Ende April 1980 auf einen gemeinsamen Vorschlag zur Ausweitung der in der Schlußakte enthaltenen VBM[66], der bei einem weiteren Treffen der Militärexperten in Belgrad im Juni des Jahres offiziell abgesegnet wurde. Da es innerhalb der Gruppe Meinungsunterschiede über die Verbindung des N+N-Vorschlags zu einer möglichen Abrüstungskonferenz gab, wurde dieser Punkt nicht näher konkretisiert. Unter dem Stichwort „Andere vertrauensbildende Maßnahmen" wurde nur allgemein darauf verwiesen, „dass es weitere Mittel gibt, durch welche die in der Schlussakte enthaltenen gemeinsamen Ziele gefördert werden können."[67] Der N+N-Vorschlag beinhaltete eine Senkung der Ankündigungsschwelle bei Landstreitkräften von 18 000 Mann gegenüber 25 000 in der Schlußakte. Im Gegenzug sollte die Ankündigungsfrist

[63] BAR, E 2001 E-01, 1988/16, Bd. 216 (Europäische Sicherheitskonferenz), Meinungsaustausch der N+N-Staaten in Stockholm vom 2. bis 3. Oktober 1979.

[64] Abrüstungs-Sondergeneralversammlung der UNO. Schweizerisches Dokument, in: Schweizerischer Aufklärungsdienst (Hg.), Abrüstung. Beitrag der Schweiz an der Sondertagung der UNO-Generalversammlung über Abrüstung, Zürich 1978, S. 2.

[65] Ebd.

[66] BAR, E 2001 E-01, 1991/17, Bd. 246 (Europäische Sicherheitskonferenz), KSZE Kontakte. Treffen der N+N-Staaten in Vaduz/Liechtenstein vom 29. bis 30. April 1980.

[67] BAR, E 2001 E-01, 1991/17, Bd. 246 (Europäische Sicherheitskonferenz), N+N-Entwurf betr. Vertrauensbildende Maßnahmen, Belgrad, 18. Juni 1980.

von 21 auf 30 Tage heraufgesetzt werden. Im Vergleich zu Helsinki genauer präzisiert wurde die Ankündigungspflicht bei Seemanövern unter Beteiligung amphi-
bischer Kräfte. Sie sollte gelten im Falle einer Beteiligung von mehr als 5000 Mann
Landekräften oder beim Einsatz von mehr als zehn größeren Schiffen. In geogra-
phischer Hinsicht würde sich die Ankündigungspflicht auf die sogenannten „europäischen Gewässer" erstrecken, das bedeutete konkret „die Ostsee, die Nordsee
und das Schwarze Meer, das Mittelmeer und die Seegebiete des Ozeans, die an
diese Territorialgewässer der Teilnehmerstaaten anstossen."[68] Die N+N-Staaten
verzichteten darauf, das atlantische Gebiet näher zu definieren, so daß es im
Grunde beim Status der Helsinki-Bestimmungen blieb, wo von der Einbeziehung
des angrenzenden Seegebiets gesprochen worden war. Auch die in der KSZE-
Schlußakte enthaltene „lex sovietica", wonach Manöver bei Staaten mit außereu-
ropäischem Territorium nur bis zu einer Grenznähe von 250 km angekündigt
werden müssen, wurde im Entwurf nicht verändert. Was die geographische Ausdehnung der VBM-Maßnahmen anging, waren die N+N-Staaten also sehr zurückhaltend. Das Grundproblem der Neutralen und Blockfreien Länder faßte
Edouard Brunner folgendermaßen zusammen: „[I]ls doivent éviter tout autant
l'impression d'être à la remorque de l'une ou de l'autre alliance, en épousant les
thèses avancées par celles-ci."[69] In der Frage der geographischen Ausdehnung der
VBM vermieden es die N+N-Staaten bewußt, zu einem zwischen Ost und West
umstrittenen Punkt konkret Stellung zu beziehen, um den Eindruck einer möglichen Parteinahme für eine der beiden Seiten zu vermeiden. Kritik an diesem
Punkt des N+N-Vorschlags äußerten westdeutsche Diplomaten. Bei politischen
Konsultationen in Bonn im August 1980 machte das Auswärtige Amt deutlich,
daß die Ausdehnung des sowjetischen Ankündigungsgebiets für die Bundesrepublik Deutschland höchste Bedeutung habe. Hierbei handele es sich um einen
„Fehler" in der Schlußakte. Die bisherige Sonderregelung widerspreche dem
Prinzip der Gleichheit aller KSZE-Teilnehmerstaaten. Die Sowjetunion müsse ak-
zeptieren, dass Europa nicht 250 Kilometer entlang ihrer Westgrenze aufhöre.[70]

Bundesrat Aubert legte dem sowjetischen Botschafter Lawrow gegenüber in einem Gespräch am 29. Oktober 1979 einige grundlegende Positionen der Schweiz
zur Frage der Abrüstungskonferenz dar. Wie der Schweizer Außenminister ausführte, bezöge sich die Notwendigkeit der Abrüstung primär auf die größeren
Mächte in Ost und West. Die Bewaffnung der Schweiz hingegen sei „als Korrelat
unserer Neutralität" unverzichtbar und „eine Abrüstung der schweizerischen

---

[68] Ebd.
[69] BAR, E 2001 E-01, 1991/17, Bd. 246 (Europäische Sicherheitskonferenz), Note au Chef du
Département. Problèmes militaires et du désarmement en Europe, 19 juin 1980.
[70] BAR, E 2001 E-01, 1991/17, Bd. 247 (Europäische Sicherheitskonferenz), KSZE-Konsultationen mit der Bundesrepublik Deutschland, Frankreich und Italien, 27. August 1980; bereits
beim Treffen der NATO-Außenminister in Brüssel am 13. Dezember 1979 hatte Bundesaußenminister Genscher gegenüber seinen westlichen Amtskollegen betont, das wichtige Element des französischen Vorschlags sei aus Sicht der Bundesrepublik Deutschland „vor allem
die Ausdehnung des Geltungsbereichs bis zum Ural"; vgl. AAPD 1979, Nr. 378: Ministerialdirektor Blech, z. Z. Brüssel, an das Auswärtige Amt, S. 1911.

Armee kommt [...] noch für lange nicht in Betracht."[71] Darüber hinaus wies Aubert seinen Gesprächspartner darauf hin, daß die militärische Sicherheit nur ein Feld der KSZE-Verhandlungen sei und die menschenrechtlichen Inhalte von Korb III gleichfalls Beachtung finden müßten: „Madrid kann kein Erfolg sein, wenn ein erdrückendes Gewicht auf Sicherheit und Abrüstung und allenfalls Wirtschaft liegt, das Thema Menschenrechte aber überhaupt nicht zur Sprache kommt."[72] Die eher skeptische Grundhaltung der Eidgenossenschaft in der Abrüstungsfrage zeichnete sich also bereits vor den Ereignissen in Afghanistan deutlich ab. Nach Ansicht der schweizerischen Diplomatie „war die Abrüstung nicht der Ausgangspunkt, sondern das Endprodukt der Entspannung."[73]

8.3 Die Vorbereitung der Konferenz durch die Schweiz

Die erste Zusammenkunft von Beamten des EDA zur Vorbereitung der KSZE-Konferenz von Madrid fand bereits im Februar 1979 statt. Inhaltliche Details wurden zu diesem frühen Zeitpunkt noch nicht besprochen, sondern neben organisatorischen Fragen ging es um allgemeine Tendenzen der internationalen Politik seit dem Belgrader Treffen. Dabei wurde insbesondere auf die zunehmende Bedeutung von Sicherheitsfragen in Europa verwiesen. Edouard Brunner betonte das gestiegene Interesse der USA an der KSZE infolge der „Entdeckung" des Dritten Korbes, der nun als Kampfinstrument gegen die Sowjetunion eingesetzt werde.[74]

Der inhaltliche Schwerpunkt der Schweiz bei Korb III der Schlußakte sollte wiederum auf dem Unterkapitel „Information" liegen. Bei einer Besprechung im September 1979 wurde festgelegt, daß in Madrid im Gegensatz zu Belgrad kein Expertentreffen zur Thematik angestrebt werden solle. Es gehe vielmehr darum, Fortschritte „vor Ort" zu erzielen. Erst wenn dies nicht möglich sein sollte, könne alternativ gegebenenfalls der Vorschlag eines Expertentreffens in die Diskussion eingebracht werden.[75] Die Überlegungen der Schweizer Diplomaten waren eine Konsequenz der Belgrader Erfahrungen. Die generelle Kritik am Format eines Expertentreffens war damals insbesondere von östlicher Seite als Vorwand genutzt worden, um sich einer inhaltlichen Diskussion des Vorschlags zu entziehen. Der Leiter der Abteilung „Information und Presse" des Außendepartements, Hans-Jörg Renk, verfaßte zudem eine Aufzeichnung zur möglichen Ausgestaltung des Schweizer Vorschlags. Wie Renk ausführte, solle der inhaltliche Schwerpunkt im

---

[71] BAR, E 2001 E-01, 1991/17, Bd. 243 (Europäische Sicherheitskonferenz), Telex EDA Bern an Botschaft Moskau, 31. 10. 1979.

[72] Ebd.

[73] Renk, Der Weg der Schweiz nach Helsinki, S. 114.

[74] BAR, E 2001 E-01, 1991/17, Bd. 243 (Europäische Sicherheitskonferenz), Zusammenfassendes Protokoll über die erste Sitzung am 6. Februar 1979 zur Vorbereitung des 2. KSZE-Folgetreffens in Madrid.

[75] BAR, E 2001 E-01, 1991/17, Bd. 256 (Durchführung KSZE-Beschlüsse), Proposition suisse en matière d'information (CSCE-Madrid 1980). Compte-rendu de la séance du 4. 9. 1979.

Gegensatz zu den früheren Initiativen nicht auf dem Bereich der Verbesserung der Arbeitsbedingungen von Journalisten, sondern auf dem Feld der Informationsverbreitung liegen.[76] Bei den Journalisten gebe es Bewegung, während beim Ziel eines freieren Informationszugangs für die Bevölkerungen in Osteuropa kaum Fortschritte zu verzeichnen seien. Es zeigt sich an dieser Aussage, daß auch von Schweizer Seite aus nun stärker die Bevölkerungen in den sozialistischen Ländern in den Blick genommen wurden, was eine Folge des Aufkommens der Dissidentenbewegungen in Osteuropa war. Das Potential der Schlußakte als Mittel zur Schaffung oder Stärkung zivilgesellschaftlicher Kräfte wurde in den westlichen und neutralen Ländern nun stärker wahrgenommen. Hierzu war es erforderlich, daß die Menschen in Osteuropa leichteren Zugang zu Informationen aus demokratischen Ländern erhielten. Die Schweizer Überlegungen sahen einen mehrstufigen Ansatz mit dem Ziel der Schaffung einer gesamteuropäischen „Nachrichtenbörse" für Zeitungsartikel vor.[77] Darüber hinaus sollte – wie bereits in Belgrad gefordert – in der Hauptstadt eines jeden KSZE-Landes ein öffentlicher Lesesaal mit Publikationen aus den anderen Staaten eingerichtet werden.

Mit dem sowjetischen Einmarsch in Afghanistan im Dezember 1979 traten Detailfragen im Hinblick auf Madrid erst einmal in den Hintergrund. Nun ging es stärker um prinzipielle Fragen wie die Zukunft der Ost-West-Beziehungen und ihre Auswirkungen auf die europäische Sicherheit sowie den Fortgang des KSZE-Prozesses insgesamt. War die KSZE ursprünglich ein Produkt der Entspannungspolitik gewesen, so mußte ihr Fortbestehen nun ohne den Schutzschirm der Détente organisiert werden. Bei einem Treffen der vier neutralen KSZE-Länder vom 31. März bis 1. April 1980 in Helsinki kamen die Vertreter Finnlands, Schwedens, Österreichs und der Schweiz in ihrer „Post-Afghanistan-Analyse" zu dem Schluß, die Beziehungen zwischen den USA und der Sowjetunion seien „nachhaltig gestört".[78] Auch die helvetische Diplomatie mußte sich darauf einstellen, daß die Madrider Konferenz nun unter anderen Vorzeichen und in einer Atmosphäre der verstärkten Konfrontation zwischen den Supermächten stattfinden würde. Der schweizerische Botschafter in Spanien, Albert Natural, kam in einer Aufzeichnung zu dem Schluß, „que dans le climat actuel la CSCE est moribonde."[79] In der aktuellen Situation, so der ebenfalls negative Tenor in einem Bericht des Außendepartements an die Botschaft in Washington, „muß man wohl dankbar sein, wenn Madrid wenigstens ein Belgrad bringt."[80] Die Erwartungen an Verlauf und Ergebnis der KSZE-Konferenz wurden in Bern also massiv zurückgeschraubt. Kein

---

[76] BAR, E 2001 E-01, 1991/17, Bd. 256 (Durchführung KSZE-Beschlüsse), Schweizerischer Informationsvorschlag KSZE Madrid 1980, 21. August 1979.

[77] Ebd.

[78] BAR, E 2001 E-01, 1991/17, Bd. 246 (Europäische Sicherheitskonferenz), Meinungsaustausch hoher Beamter der Außenministerien neutraler Staaten in Helsinki (31. März bis 1. April 1980).

[79] BAR, E 2001 E-01, 1991/17, Bd. 245 (Europäische Sicherheitskonferenz), Réflexions sur la CSCE, 5 février 1980.

[80] BAR, E 2001 E-01, 1991/17, Bd. 244 (Europäische Sicherheitskonferenz), Telex EDA Bern an Botschaft Washington, 21. 01. 1980.

Interesse hatte die Schweiz an einer möglichen Verschiebung der Konferenz, wie Edouard Brunner in einem Rundschreiben an die diplomatischen Vertretungen in den KSZE-Ländern vom 2. April 1980 klarstellte. Das Kommunikationsforum der KSZE sei gerade in der Krise notwendiger denn je, um die Kommunikationskanäle offenzuhalten und eine weitere Verschlechterung der Situation möglichst zu verhindern. Es war eine Grundposition Brunners, daß der Verhandlungsfaden zwischen Ost und West niemals abreißen durfte.[81] In diesem Sinne plädierte Brunner in seinem Rundschreiben dafür, im Lichte der neuen Krise das Erreichte nicht leichtfertig zu gefährden: „Il es important de maintenir vivant le forum de la CSCE, de ne pas laisser s'atrophier en raison de circonstances peut-être passagères. Une fois abandonné, il serait difficile à reconstituer."[82] Nur bei Durchführung der Madrider Konferenz bestünde für die Schweiz die Möglichkeit, ihre Beunruhigung über die Vorgänge in Afghanistan in der KSZE offen zum Ausdruck zu bringen. Wie EDA-Staatssekretär Probst rückblickend erläuterte, handelten die Berner Diplomaten „in der Erkenntnis, dass gerade wegen der bestehenden, sich weiter steigernden europäischen Spannungen, der Dialog über die ost-westliche Trennlinie hinweg erhalten bleiben sollte."[83]

Vor dem Hintergrund der sich verschlechternden Ost-West-Beziehungen gab es wie erwähnt auch bei den eidgenössischen Räten ein gestiegenes Interesse an der nächsten KSZE-Folgekonferenz. In der Frühjahrssession des Jahres 1980 beschäftigte sich die Außenpolitische Kommission des Nationalrats mit der Thematik. Es stellte sich die Frage, wie sich die Schweiz in Madrid als Reaktion auf den sowjetischen Einmarsch verhalten sollte. Als designierter Delegationsleiter versicherte Edouard Brunner den Kommissionsmitgliedern, „que ce qui sera dit par la délégation suisse au sujet de l'Afghanistan sera clair et net.[84] In einer parlamentarischen Anfrage an den Bundesrat erkundigte sich darüber hinaus der SP-Nationalrat Heinrich Ott (Basel-Land), ob Schweizer Parlamentarier an den Madrider KSZE-Verhandlungen teilnehmen könnten. Hierbei bezog sich Ott auf die Beteiligung amerikanischer Kongreßabgeordneter an der Belgrader KSZE-Tagung. In seiner Antwort wies das EDA mit Verweis auf die Gewaltenteilung zwischen Exekutive und Legislative darauf hin, daß eine ständige Präsenz von Abgeordneten oder eine Einbeziehung etwa als Mitglieder der Delegation nicht möglich sei. Hingegen gebe es jedoch keine Einwände gegen eine zeitlich begrenzte Anwesenheit von Parlamentariern zu Informationszwecken. Für die Organisation der Reise und die anfallenden Kosten seien die Parlamentsmitglieder jedoch selbst verantwortlich.[85]

[81] Widmer, Schweizer Außenpolitik, S. 391.
[82] BAR E 2001 E-01, 1991/17, Bd. 246 (Europäische Sicherheitskonferenz), CSCE, 2 avril 1980.
[83] Raymond Probst, Die Aussenpolitik der Schweiz als Teil der Sicherheitspolitik, in: Curt Gasteyger (Hg.), Die Herausforderung der Zukunft. Zur Sicherheit der Schweiz, Zürich 1984, S. 59–74, S. 66.
[84] BAR, E 1050.12, 1995/511, Bd. 15 (Parlamentsdienste), Kommission für Auswärtige Angelegenheiten/Nationalrat. Sitzung vom 8. Mai 1980.
[85] BAR, E 2001 E-01, 1991/17, Bd. 246 (Europäische Sicherheitskonferenz), Département Fédéral des affaires étrangères. Heure de question du 9 juin 1980.

Die Aussichten für die Madrider Konferenz wurden im Berner Außendepartement im Sommer 1980 mittlerweile weniger negativ eingeschätzt als noch kurz
nach der sowjetischen Invasion in Afghanistan. Edouard Brunner wies in seinem
nächsten Rundschreiben an die Schweizer Botschafter in den KSZE-Ländern vom
11. Juni 1980 hellsichtig auf eine aus Perspektive westlicher und neutraler Staaten
günstige Ausgangssituation hin: „Contrairement à ce qui s'est passé à Belgrade, les
Soviétiques seront demandeurs à Madrid dans le domaine du désarmement et,
dès lors, il y aura matière à négociation. C'est là que réside la différence et c'est
dans cette différence que je vois l'espoir."[86] Die Sowjetunion würde in Madrid ein
inhaltliches Anliegen vorbringen, so daß Spielraum für Verhandlungen und Ge-
genforderungen bestünde. Aus diesem Grund war es für Botschafter Brunner
auch unerläßlich, eine mögliche Abrüstungskonferenz in den organisatorischen
Rahmen der KSZE zu integrieren. Nur auf diese Weise konnten gegenüber der
Sowjetunion die Menschenrechte als Gegengewicht ins Feld geführt werden. Es
läßt sich feststellen, daß die Mächtekonstellation im Vorfeld der Madrider Verhandlungen somit stärker der gleichgewichtigen Situation in Genf als der asymmetrischen Lage in Belgrad entsprach. Was sich im Gegensatz zur Détente-Ära
allerdings wesentlich verschlechtert hatte, waren die internationalen Rahmenbedingungen und insbesondere das Verhältnis der beiden Supermächte zueinander.
    Die Idee einer Abrüstungskonferenz bot als Anreiz für die Moskauer Führung
aus Sicht der Schweiz zwar einen taktischen Vorteil, dem Konferenzvorschlag
selbst stand man in Bern aber eher zurückhaltend gegenüber. Bei seinen Besu-
chen in Stockholm und Helsinki im Juni 1980 wies Bundesrat Pierre Aubert in
seinen Gesprächen sowohl mit dem schwedischen Außenminister Ullsten als auch
mit dem finnischen Außenminister Väyrynen darauf hin, daß ein gewisser Grad
an Vertrauen und Kooperation zwischen den beiden Supermächten vorhanden
sein müsse, bevor eine Abrüstungskonferenz stattfinden könne. In Madrid werde
sich zeigen, ob die Voraussetzungen für eine Konferenzinitiative gegeben seien.[87]
    Das besagte Rundschreiben Edouard Brunners an die Schweizer Botschafter
vom 11. Juni 1980 enthielt noch einen neuen Gedanken zu den Verfahrensfragen.
Während der Madrider Konferenz sollte angeregt werden, daß jedes Teilnehmerland im Vorfeld eines KSZE-Folgetreffens zukünftig einen Arbeitsbericht vorlegen
sollte, das die jeweiligen Maßnahmen zur Umsetzung der Bestimmungen der
Schlußakte enthielte, und der dann als Grundlage für die Implementierungsdebatte dienen würde.[88] Das EDA selbst nahm eine interne Auflistung der durch die
Schweiz erfolgten Maßnahmen vor. Im Bereich der Vertrauensbildenden Maßnahmen betraf dies Manöverankündigungen und die Einladung von Beobachtern. Im Fokus stand jedoch eindeutig Korb III. Beispielsweise wurden im für die

[86] BAR, E 2001 E-01, 1991/17, Bd. 246 (Europäische Sicherheitskonferenz), CSCE, 11 juin 1980.
[87] BAR, E 2001 E-01, 1991/17, Bd. 246 (Europäische Sicherheitskonferenz), Le Chef du Départe-
    ment fédéral des affaires étrangères. Note auch Conseil Fédéral. Impressions de mon séjour et
    de mes entretiens en Suède et en Finlande, 30 juin 1980.
[88] BAR, E 2001 E-01, 1991/17, Bd. 246 (Europäische Sicherheitskonferenz), CSCE, 11 juin 1980.

Schweiz wichtigen Bereich der „Information" eine neue Direktive zur Akkreditierung ausländischer Journalisten in der Schweiz sowie ein Notenwechsel mit der ungarischen Regierung angeführt. Hierdurch wurde es Schweizer Journalisten, die beispielsweise von Wien aus arbeiteten, ermöglicht, ein sechsmonatiges Dauervisum für Aufenthalte in Ungarn zu beantragen. Des weiteren war ein wöchentlicher Austausch von Nachrichten zwischen der Schweizerischen Depeschenagentur (SDA) und den nationalen Nachrichtenagenturen Polens, Rumäniens und Jugoslawiens vereinbart worden.[89] Die Schweiz legte insgesamt großen Wert auf die Frage der Implementierung der Schlußakte. Mit der Überprüfung der eigenen Umsetzung war gleichzeitig der Anspruch verbunden, im Sinne der von Edouard Brunner so bezeichneten „accountability" die sozialistischen Länder auf ihr Fehlverhalten hinzuweisen. Wie Bundesrat Aubert in einem Schreiben an seine Bundesratskollegen im Juli 1980 ausführte, werde die Schweiz in Madrid jegliche Initiative westlicher Staaten zu einem verbesserten Schutz der Menschenrechte begrüßen.[90] Mit Vorschlägen zu Korb III sollte zudem der Gefahr vorgebeugt werden, daß sich das KSZE-Treffen zu einer vorgezogenen Abrüstungskonferenz entwickeln könnte.

Eine Detailplanung für den Ablauf der Madrider Konferenz war aufgrund der unklaren Situation im Hinblick auf die Ost-West-Beziehungen nach Afghanistan kaum möglich. Wie das EDA in Person von Pierre Aubert in seinem Schreiben an den Bundesrat vom 30. Juni 1980 zur Bestellung der Delegationsmitglieder für die Vorkonferenz in Madrid mitteilte, könnten „[a]ngesichts der vorliegenden ungewissen Ausgangslage […] der schweizerischen Delegation keine genauen Instruktionen erteilt werden."[91] Der Gesamtbundesrat erbat in seiner Sitzung vom 9. Juli 1980 vom EDA gleichwohl nähere Informationen zur Einschätzung der Gesamtlage und zu möglichen Initiativen der Schweiz. In einem Schreiben vom 11. August 1980 kam Pierre Aubert dem Wunsch seiner Bundesratskollegen nach. Wie der Außenminister betonte, handelte es sich bei dem sowjetischen Einmarsch in Afghanistan nicht nur um eine Verletzung des Geistes der Schlußakte, sondern um einen Verstoß gegen ihren Inhalt, da sich die Unterzeichnerländer dazu verpflichtet hatten, auch die Beziehungen zu anderen Staaten im Sinne der Schlußakte zu gestalten. Deshalb spiele es in der Bewertung „keine Rolle", daß Afghanistan kein Teilnehmerstaat der KSZE sei. Für die Schweiz, so führte Aubert weiter aus „ist die Entspannung unteilbar; wird sie irgendwo in der Welt verletzt, so ist sie auch in Europa in Frage gestellt."[92] Mit Blick auf

---

[89] BAR, E 2001 E-01, 1991/17, Bd. 246 (Europäische Sicherheitskonferenz), Mise en œuvre de l'Acte final d'Helsinki. Mesures prises par la Suisse depuis Belgrade, 5 juin 1980.

[90] BAR, E 2001 E-01, 1991/17, Bd. 247 (Europäische Sicherheitskonferenz), Le Chef du Département fédéral des affaires étrangères. Note auch Conseil Fédéral. La CSCE, la réunion de Madrid et le désarmement, 4 juillet 1980.

[91] BAR, E 2001 E-01, 1991/17, Bd. 247 (Europäische Sicherheitskonferenz), An den Bundesrat. Konferenz über Sicherheit und Zusammenarbeit in Europa (KSZE), Vorbereitungstreffen in Madrid, 30. Juni 1980.

[92] BAR, E 2001 E-01, 1991/17, Bd. 247 (Europäische Sicherheitskonferenz), Der Vorsteher des Eidgenössischen Departements für Auswärtige Angelegenheiten. Notiz an den Bundesrat.

Initiativen der Berner Diplomaten betonte Aubert die Kontinuität der schweizerischen KSZE-Politik. Die Vorschläge der Schweiz würden sich „auf jene Bereiche konzentrieren, die schon bisher den Schwerpunkt ihrer Aktivität an der KSZE bildeten."[93] Dabei handelte es sich wie erwähnt um Verbesserungen auf dem Feld der Informationsverbreitung, um die Forderung nach einem neuen Expertentreffen zur Schaffung eines Systems der friedlichen Streiterledigung sowie um eine gemeinsame Initiative der N+N-Staaten im Bereich der Vertrauensbildenden Maßnahmen. In der Sitzung vom 20. August 1980 erteilte der Bundesrat dem Antrag des EDA schließlich seine Zustimmung und ernannte Edouard Brunner zum Leiter der Delegation auf der Vorkonferenz.[94] Der Beschluß enthielt zudem den Hinweis, daß Vorfestlegungen hinsichtlich der Hauptkonferenz zu vermeiden seien. Sogar die Möglichkeit eines späteren Rückzugs der Schweiz von der Konferenz hielten die Bundesräte sich offen. In seiner Sitzung am 5. November 1980 stimmte der Bundesrat der Teilnahme der Schweiz am eigentlichen KSZE-Folgetreffen schließlich zu, allerdings gab es auch bei dieser Entscheidung wiederum internen Diskussionsbedarf.[95]

Die Instruktionen für die schweizerische Delegation in Madrid enthielten als Aufgaben die Einbringung eines Vorschlags im Bereich Information sowie die Durchsetzung eines weiteren Expertentreffens zur friedlichen Streiterledigung. Darüber hinaus sollten die Diplomaten der Eidgenossenschaft im Zusammenhang mit Afghanistan und den Menschenrechtsverletzungen in Osteuropa deutlich auf die Verletzung von Prinzipien der KSZE-Schlußakte hinweisen.[96] Im Vorfeld der Bundesratssitzung war im EDA eine Aufzeichnung für Außenminister Aubert mit Argumenten für eine Teilnahme der Schweiz am KSZE-Treffen zusammengestellt worden. Darin wurde unter anderem ausgeführt, die Teilnahme an der KSZE ermögliche es der Schweiz, kritisch zu Entwicklungen wie in Afghanistan Stellung zu beziehen. Die Fortführung des Schweizer Projekts für ein System der friedlichen Streiterledigung und die Einberufung eines weiteren Expertentreffens sei zudem nur bei Mitwirkung der Schweiz an der KSZE möglich. Ausdrücklich wurde vor den negativen Konsequenzen eines Rückzugs aus der KSZE gewarnt; damit würde sich die Schweiz isolieren und wäre neben Albanien

---

Konferenz über Sicherheit und Zusammenarbeit in Europa (KSZE), Vorbereitungstreffen in Madrid, 11. August 1980.

[93] Ebd.

[94] BAR, E 2001 E-01, 1991/17, Bd. 247 (Europäische Sicherheitskonferenz), Schweizerischer Bundesrat. Beschluß, 20. August 1980.

[95] BAR, E 2001 E-01, 1991/17, Bd. 249 (Europäische Sicherheitskonferenz), 36. Beschlussprokoll der Sitzung des Bundesrates vom Mittwoch, den 5. November 1980; der Tagesordnungspunkt „KSZE: Instruktionen für die schweizerische Delegation" befindet sich in der Rubrik „Aussprachen"; als Ergebnis ist festgehalten: „gem[äß] Aussprache & g[emäß] A[ntrag] EDA v[om] 31. 10. 80"; die Verhandlungsprotokolle des Bundesrates sind aufgrund einer fünfzigjährigen Sperrfrist noch nicht zugänglich.

[96] BAR, E 2001 E-01, 1991/17, Bd. 249 (Europäische Sicherheitskonferenz), Au Conseil fédéral. Réunion de Madrid dans le cadre des suites de la Conférence sur la sécurité et la coopération en Europe (CSCE), 31 octobre 1980.

das einzige europäische Land, das sich nicht an der multilateralen Konferenzdiplomatie beteilige.[97]

Bei der Vorbereitung der Madrider Konferenz durch die Diplomaten des Außendepartements wird insgesamt noch einmal deutlich, wie umstritten die aktive Außenpolitik – und damit in Teilen die KSZE – mittlerweile geworden waren. Das EDA mußte größere Anstrengungen als früher unternehmen, um die innenpolitische Unterstützung sicherzustellen. Die Berner Diplomaten würden in Madrid unter verstärkter Beobachtung durch Regierung und Parlament stehen. Gleichzeitig bot sich für die Schweiz aber auch die Möglichkeit zu einem offensiven Auftreten insbesondere in Menschenrechtsfragen. Hatte es seitens des Parlaments früher noch Kritik hieran gegeben, so wurde ein solcher Schritt nach Afghanistan nun sogar erwartet.

8.4 Schwieriger Verlauf des Vorbereitungstreffens

Das Vorbereitungstreffen in der spanischen Hauptstadt begann am 9. September 1980. Zunächst galt es eine Tagesordnung für die Vorkonferenz selbst auszuarbeiten. Die N+N-Staaten entwarfen unter Schweizer Regie einen Vorschlag, wollten jedoch nicht gleich in der Anfangsphase als Gruppe in Erscheinung treten. Es wurde daher beschlossen, daß Liechtenstein den Vorschlag präsentieren sollte[98], der auch problemlos die Zustimmung der anderen Teilnehmerländer gewann. Parallel arbeiteten die N+N-Staaten intern auch schon einen Entwurf für die Tagesordnung und die Modalitäten des Haupttreffens aus.[99] Wie das Schweizer Delegationsmitglied Hans-Jörg Renk am 12. September 1980 aus Madrid berichtete, hätten die N+N-Staaten jedoch entschieden, vorerst nicht die Initiative zu ergreifen und den gemeinsamen Entwurf „wieder in der Schublade verschwinden zu lassen."[100] Der Grund bestand darin, daß sich in Madrid ein früher Konflikt abzeichnete. Der neue Staatssekretär des EDA, Raymond Probst, teilte Bundesrat Aubert in einer Aufzeichnung vom 16. September 1980 mit, die Sowjetunion sei nicht damit einverstanden, daß die im sogenannten „Gelben Buch" – dem Abschlußdokument des Belgrader Vorbereitungstreffens – vereinbarten Verfahrensregeln wieder die Grundlage für den Konferenzablauf bilden sollten.[101] Den Moskauer Diplomaten gehe es vor allem darum, eine längere Debatte über die Umsetzung (Implementierung) der Schlußakte von Helsinki dieses Mal zu

---

[97] BAR, E 2001 E-01, 1991/17, Bd. 249 (Europäische Sicherheitskonferenz), Note au Chef du Département. Pour votre discussion au Conseil fédéral, 3 novembre 1980.

[98] BAR, E 2001 E-01, 1991/17, Bd. 248 (Europäische Sicherheitskonferenz), Telex KSZE-Delegation Madrid an EDA Bern, 10. 09. 1980.

[99] Ebd.

[100] BAR, E 2001 E-01, 1991/17, Bd. 248 (Europäische Sicherheitskonferenz), Telex KSZE-Delegation Madrid an EDA Bern, 12. 09. 1980.

[101] BAR, E 2001 E-01, 1991/17, Bd. 248 (Europäische Sicherheitskonferenz), Note au Chef du Département. Madrid – Réunion préparatoire de la CSCE. Bilan de la première semaine de négociation, 16 septembre 1980.

verhindern, in deren Mittelpunkt unweigerlich die Ereignisse in Afghanistan und die Verletzung der Menschenrechte in Osteuropa stehen würden. Das sowjetische Delegationsmitglied Kondratschow erklärte in der Plenarsitzung am 1. Oktober 1980, daß „[w]e cannot accept an organizational framework for Madrid which would lead to the chaos of Belgrade!"[102] Für die westlichen und neutralen Staaten bildete die Implementierungsfrage jedoch den Kern des gesamten KSZE-Prozesses und den eigentlichen Schwerpunkt der Konferenz. Der amerikanische Delegationsleiter Max Kampelman faßte die westliche Haltung rückblickend folgendermaßen zusammen: „To discuss the Helsinki Final Act without evaluating its implementation would be fatuous."[103] Auch die Schweiz befürworte in den Worten von Delegationsleiter Brunner eine „debat aussi large que possible sur mise en œuvre de l'acte final."[104]

Als Gastgeberland übernahm Spanien Mitte September 1980 die Initiative und präsentierte einen Entwurf für ein Schlußdokument des Vorbereitungstreffens, das von den Warschauer-Pakt-Staaten mit Zurückhaltung aufgenommen wurde.[105] Ende September wurde dann von der Tschechoslowakei ein Entwurf vorgelegt, der die Implementierungsphase auf zwei Wochen begrenzte. Wie die Schweizer Diplomaten nach Bern berichteten, sei die Konferenz nun blockiert. Eine lange und schwierige Prozedurdebatte stehe bevor.[106] In dieser Situation entschlossen sich Österreich, Schweden, Finnland und die Schweiz in die Diskussion einzugreifen und die Vermittlungsbereitschaft der Neutralen in Erinnerung zu rufen. Die vier Länder erarbeiteten einen Katalog mit insgesamt dreizehn Fragen zum prozeduralen Ablauf der Hauptkonferenz, die von der Schweiz im Plenum verlesen wurden.[107] Der Fragenkatalog sollte nach Ansicht der Neutralen den Ausgangspunkt zu informellen Gesprächen zwischen Ost und West bilden. Im Grunde kam es jedoch nur auf eine zentrale Frage an, die gleich zu Beginn des Katalogs gestellt wurde: „How long should the discussion on implementation last?"[108] Die divergierenden Auffassungen bestanden jedoch fort, und die Initiative der Neutralen führte nicht zu einer Annäherung. Wie Hans-Jörg Renk am 9. Oktober 1980 nach Bern berichtete, bestand die Sowjetunion nun sogar auf einer formellen Garantie der USA, wonach sich die „negativen Erfahrungen" von Belgrad nicht

---

[102] Notizen Renk (Madrid), Plenary, 1 October 1980 (afternoon).

[103] Max Kampelman, Entering New Worlds. The memoirs of a private man in public life, New York 1991, S. 240.

[104] BAR, E 2001 E-01, 1991/17, Bd. 248 (Europäische Sicherheitskonferenz), Telex KSZE-Delegation Madrid an EDA Bern, 18. 09. 1980.

[105] Ebd.

[106] BAR, E 2001 E-01, 1991/17, Bd. 248 (Europäische Sicherheitskonferenz), Telex KSZE-Delegation Madrid an EDA Bern, 29. 09. 1980.

[107] BAR, E 2001 E-01, 1991/17, Bd. 248 (Europäische Sicherheitskonferenz), Telex KSZE-Delegation Madrid an EDA Bern, 03. 10. 1980.

[108] BAR, E 2001 E-01, 1991/17, Bd. 248 (Europäische Sicherheitskonferenz) Telex KSZE-Delegation Madrid an EDA Bern. Anhang: Fragenkatalog der Neutralen vom 02. 10. 1980.

wiederholen dürften.[109] Nach Abschluß der Implementierungsdebatte sollte es nach östlicher Ansicht nicht mehr möglich sein, im weiteren Konferenzverlauf auf aktuelle Themen zurückzukommen.[110] Dem stand ein westlicher Vorschlag gegenüber, wonach „neue Ereignisse" auch im späteren Verlauf der Tagung noch eine Grundsatzdebatte möglich machen sollten.[111]

Das Verhalten der Sowjetunion veranschaulicht, wie stark sich die Erfahrung des ersten KSZE-Folgetreffens in der Erinnerung der Moskauer Diplomaten festgesetzt hatte. Ein „zweites Belgrad" durfte es nach ihrer Ansicht nicht geben. Der schweizerische Botschafter Hohl berichtete am 22. Oktober 1980 aus Moskau an das EDA, im sowjetischen Außenministerium sei er darauf hingewiesen worden, daß der Westen mit seinem Verhalten die Existenz des KSZE-Prozesses gefährden würde. Warnend sei hinzugefügt worden, einen „degenerierten europäischen Prozess" bräuchte die Sowjetunion nicht. In seiner Analyse kam Botschafter Hohl zu folgender Bewertung: „Erstmals seit vielen Jahren nennt man hier offiziell die Möglichkeit eines Verzichts auf Weiterführung des KSZE-Prozesses."[112]

Beim Madrider Vorbereitungstreffen legte die Delegation der DDR am 10. Oktober 1980 ein Arbeitspapier vor, das den tschechoslowakischen Vorschlag vom September näher präzisierte. Der Vorschlag der DDR stellte den Versuch dar, die Implementierungsdebatte auf ein absolutes Minimum zu beschränken. Wie die französische Delegation in der Plenarsitzung am 10. Oktober 1980 darlegte, bedeute eine Beschränkung der Implementierungsphase auf den Zeitraum bis Ende November eine Gesprächsdauer im Plenum von gerade einmal 3,5 Minuten pro Delegation pro Sitzung: „C'est du galop!"[113] Noch deutlicher formulierte Luxemburg – das zu diesem Zeitpunkt den EG-Vorsitz innehatte – die westliche Haltung: „La position de la DDR témoigne d'une absence totale de réalisme."[114]

Im Delegationsbericht an das EDA kam Hans-Jörg Renk zu dem Ergebnis, der Entwurf der DDR „hat die Fronten endgültig geklärt."[115] Die N+N-Staaten hielten sich mit eigenen Initiativen weiterhin bewußt zurück. Bei einem zu frühen Eingreifen war die Gefahr groß, daß ihr Kompromißvorschlag in der festgefahrenen Situation abgelehnt würde und sie dann in der Schlußphase ihre Rolle als Vermittler nicht mehr würden ausführen können.[116] Botschafter Brunner ver-

[109] BAR, E 2001 E-01, 1991/17, Bd. 248 (Europäische Sicherheitskonferenz) Telex KSZE-Delegation Madrid an EDA Bern, 09. 10. 1980.

[110] So erklärte der sowjetische Vertreter Kondratschow, daß „[w]e cannot accept any kind of reverting back to questions of the Final Act after the completion of implementation!"; vgl Notizen Renk (Madrid), Informal meeting, 9 October 1980.

[111] BAR, E 2001 E-01, 1991/17, Bd. 248 (Europäische Sicherheitskonferenz) Telex KSZE-Delegation Madrid an EDA Bern, 09. 10. 1980.

[112] BAR, E 2001 E-01, 1991/17, Bd. 248 (Europäische Sicherheitskonferenz) Telex Botschaft Moskau an EDA Bern, 22. 10. 1980.

[113] Notizen Renk (Madrid), Plenary, 10 October 1980 (afternoon).

[114] Notizen Renk (Madrid), Plenary, 13 October 1980 (afternoon).

[115] BAR, E 2001 E-01, 1991/17, Bd. 248 (Europäische Sicherheitskonferenz) Telex KSZE-Delegation Madrid an EDA Bern, 13. 10. 1980.

[116] BAR, E 2001 E-01, 1991/17, Bd. 248 (Europäische Sicherheitskonferenz), Telex KSZE-Delegation Madrid an EDA Bern, 20. 10. 1980.

suchte, zu einer Annäherung der Positionen beizutragen, indem er eine Übergangsphase vor der Weihnachtspause ins Gespräch brachte, in der sowohl über
Aspekte der Implementierung als auch über neue Vorschläge debattiert werden
könnte. Dieser als „Brunner-Woche"[117] bezeichnete Vorschlag fand jedoch zunächst keine Unterstützung.

Die westlichen Staaten hatten zu Beginn der Verhandlungen einen taktischen
Fehler begangen, indem sie das „Gelbe Buch" des Belgrader Vorbereitungstreffens
zur Diskussionsgrundlage gemacht hatten, welches jedoch selbst schon das Ergebnis eines Kompromisses gewesen war. Eine Einigung in Madrid, bei der der
Westen den harten sowjetischen Forderungen deutlich entgegengekommen wäre,
hätte somit eine Akzentverschiebung zugunsten der Mitgliedsstaaten des Warschauer Pakts bedeutet. Die amerikanische Delegation erklärte am 15. Oktober
1980 im Plenum des Madrider Vorbereitungstreffens notfalls ihre Absicht „to
remain here until 10 November!"[118] Der darauffolgende Tag war der Eröffnungs-
termin für das eigentliche KSZE-Folgetreffen. Somit unterstrichen die USA, daß
sie in der Frage der Implementierung auch unter Zeitdruck zu keinen Zugeständnissen bereit sein würden. Die sowjetische Delegation fühlte sich herausgefordert
und antwortete entsprechend deutlich: „We see more and more a one-sided, propagandistic approach by some delegations. There can be no ultimatums!"[119]

Die Verhandlungen steckten in einer Sackgasse. Edouard Brunner war bereits
demonstrativ aus Madrid abgereist. Wie Franz Muheim, der erste Mitarbeiter der
schweizerischen Vertretung in Washington, seine Gesprächspartner im State Department wissen ließ, sei eine Rückkehr des Delegationsleiters in die spanische
Hauptstadt vorerst nicht geplant.[120] Für Brunner stand fest, daß auf Basis der
östlichen Vorschläge kein neuer Kompromiß geschlossen werden konnte. Keinesfalls durften sich die neutralen Staaten in dieser Situation als Brückenbauer für
die Sowjetunion betätigen.[121] In einer Weisung Botschafter Brunners vom 28. Oktober 1980 wurden die Schweizer Diplomaten in Madrid instruiert, die Vertreter
der anderen N+N-Staaten darauf hinzuweisen, „que délégation suisse ne partici-
pera pas à recherche d'un compromis dans ces conditions et dans ces termes."[122]
Falls die anderen N+N-Staaten dennoch als Vermittler tätig werden würden, sollten die Berner Diplomaten der Presse gegenüber deutlich zum Ausdruck bringen,
daß die Schweiz sich an einer solchen Aktion nicht beteilige.[123] Am 3. November
1980 berichtete die Schweizer Delegation nach Bern, der Druck der anderen Länder auf die Neutralen zur Übernahme einer Vermittlungsinitiative nehme zu. Die

---

[117] BAR, E 2001 E-01, 1991/17, Bd. 248 (Europäische Sicherheitskonferenz), Telex KSZE-Delegation Madrid an EDA Bern, 27. 10. 1980.
[118] Notizen Renk (Madrid), Plenary 15 October 1980.
[119] Ebd.
[120] BAR, E 2001 E-01, 1991/17, Bd. 248 (Europäische Sicherheitskonferenz), Telex Botschaft
Washington an EDA Bern, 31. 10. 1980.
[121] BAR, E 2001 E-01, 1991/17, Bd. 248 (Europäische Sicherheitskonferenz), Telex EDA Bern an
KSZE-Delegation Madrid, 28. 10. 1980.
[122] Ebd.
[123] Ebd.

neutralen Länder würden wohl irgendwie in Erscheinung treten müssen.[124] Botschafter Brunner entgegnete aus Bern, die Delegation solle ihre zurückhaltende Position beibehalten und in diesem Sinne auch auf die anderen Neutralen einwirken.[125] Darüber hinaus berichtete Brunner von internen Überlegungen im EDA, wonach das Haupttreffen zwar wie vorgesehen eröffnet werden und in der ersten Woche die Eingangsstatements verlesen werden sollten, daran anschließend aber der Beschluß zur Vertagung des Haupttreffens auf einen späteren Zeitpunkt gefaßt werden würde.[126] Wie Botschafter Brunner am 5. November 1980 nach Madrid berichtete, habe die Wahl Ronald Reagans zum neuen US-Präsidenten vom Vortag das EDA in der Ansicht verstärkt, daß eine Verschiebung der KSZE-Konferenz zu erwägen sei.[127] Die Überlegungen zu einer möglichen Verschiebung fanden auch Eingang in den Antrag an den Bundesrat für die Teilnahme der Schweiz an der KSZE-Folgekonferenz. Wie Außenminister Aubert in seinem Bericht an die anderen Mitglieder des Kollegiums erläuterte, müsse in Anbetracht der schwierigen Lage in Madrid überlegt werden, „s'il ne serait pas mieux d'interrompre la réunion préparatoire et de fixer peut-être une nouvelle date au printemps pour la poursuivre, ainsi qu'une nouvelle date pour la réunion principale. [...] Nous serions prêts à nous associer à une telle initiative, voire à la provoquer".[128] Die Schweizer Diplomaten sollten also gegebenenfalls sogar aktiv auf eine Verschiebung hinwirken. Die Mitteilungen Brunners an die Delegation in Madrid legen den Schluß nahe, daß er gedanklich hinter diesem Vorschlag stand.

Da eine gemeinsame Initiative der N+N-Staaten aufgrund der schweizerischen Ablehnung nicht möglich war, schaltete sich Schweden schließlich allein mit einem informellen Papier vermittelnd in die Verhandlungen ein, wodurch die Blockierung jedoch nicht überwunden werden konnte. Ungarn brachte vielmehr einen informellen Gegenvorschlag ein, wodurch sich wiederum die EG-Staaten zu einer von Luxemburg vorgebrachten Reaktion veranlaßt sahen.[129]

Als eine Einigung bei dem Vorbereitungstreffen ausblieb, sahen sich die in Madrid versammelten Diplomaten – mehrere Länder hatten zudem ihre Außenminister entsandt – mit einem organisatorischen Problem konfrontiert. Bereits im Schlußdokument der Belgrader Konferenz war der 11. November 1980 als Datum für den Beginn der nächsten KSZE-Konferenz festgeschrieben worden. Die Abänderung dieses Termins hätte einen einstimmigen Beschluß aller Teilnehmerländer

---

[124] BAR, E 2001 E-01, 1991/17, Bd. 249 (Europäische Sicherheitskonferenz), Telex KSZE-Delegation Madrid an EDA Bern, 03. 11. 1980.

[125] BAR, E 2001 E-01, 1991/17, Bd. 249 (Europäische Sicherheitskonferenz), Telex EDA Bern an KSZE-Delegation Madrid, 04. 11. 1980.

[126] Ebd.

[127] BAR, E 2001 E-01, 1991/17, Bd. 249 (Europäische Sicherheitskonferenz), Telex EDA Bern an KSZE-Delegation Madrid, 05. 11. 1980.

[128] BAR, E 2001 E-01, 1991/17, Bd. 249 (Europäische Sicherheitskonferenz), Au Conseil fédéral. Réunion de Madrid dans le cadre des suites de la Conférence sur la sécurité et la coopération en Europe (CSCE), 31 octobre 1980; Hervorhebung im Original.

[129] BAR, E 2001 E-01, 1991/17, Bd. 249 (Europäische Sicherheitskonferenz), Telex KSZE-Delgation Madrid an EDA Bern, 08. 11. 1980.

erfordert und zudem das Vertrauen in die Gültigkeit gemeinsamer Beschlüsse untergraben. In dieser schwierigen Situation griffen die Vertreter des Gastgeberlandes – wie schon in Genf 1975 – zu einem „kuriosen Trick.“[130] Am 10. November 1980 um 23.57 Uhr wurden die Konferenzuhren offiziell angehalten und die Verhandlungen am folgenden Tag gleichsam in einem zeitlichen Vakuum fortgesetzt. Als auch diese Maßnahme nicht zum Erfolg führte, erklärte der spanische Außenminister José Pedro Pérez-Llorca in einer dreiminütigen Plenarsitzung am 11. November um 23.45 Uhr die KSZE-Konferenz schließlich für eröffnet.[131] Da weder eine Tagesordnung noch ein Arbeitsprogramm vorlagen, vertagte man sich anschließend. Die Verhandlungen sollten in einer informellen Arbeitsgruppe fortgesetzt werden. Von der Pressetribüne erscholl bei Beendigung der Sitzung spontanes Gelächter ob der etwas absurden Gesamtsituation.[132]

Drei Tage nach der offiziellen Eröffnung gelang es den Teilnehmerländern schließlich doch noch, sich auf ein Dokument über die Modalitäten der KSZE-Konferenz zu einigen. Daß es hierzu kam, war im wesentlichen das Verdienst des nach Madrid zurückgekehrten Schweizer Delegationsleiters Edouard Brunner sowie seines österreichischen Amtskollegen Franz Ceska.[133] Die beiden Diplomaten erarbeiteten ein neues Dokument, doch die Moskauer Delegation machte wiederum Änderungsbedarf geltend. Im nächsten Schritt erhöhten Brunner und Ceska nun den Druck auf die Sowjetunion. Sie sorgten dafür, daß sich die N+N-Staaten geschlossen hinter den neuen Entwurf stellten. Die sowjetische Kritik wurde von Brunner und Ceska einfach ignoriert. Statt dessen ließen die N+N-Staaten verlauten, bei dem neuen Vorschlag handele es sich um eine „take-it-our-leave-it“-Option. Änderungen waren also nicht mehr möglich, es gab nur die Möglichkeit der Annahme oder der Ablehnung. Im letzteren Fall wäre eine Verschiebung der Konferenz die Folge gewesen. Wer sich dem Vorschlag der N+N-Staaten widersetzte, trug also die Verantwortung für das vorläufige Scheitern der KSZE-Gespräche. Um den Effekt ihrer Initiative zu verstärken, wurde der N+N-Vorschlag auf Anregung Brunners und Ceskas im Rahmen einer Pressekonferenz durch die in Madrid anwesenden Außenminister Österreichs, Schwedens, Jugoslawiens und Zyperns vorgestellt.[134] Die ganze Initiative zielte im Grunde auf die Sowjetunion, die sich nun in einer schwierigen Lage befand. In diesem Zusammenhang ist es bezeichnend, daß mit Eröffnung der Konferenz der bisherige sowjetische Delegationsleiter Dubinin plötzlich die spanische Hauptstadt verließ und durch den sowjetischen Vizeaußenminister Illitschow ersetzt wurde.[135] Die bisherige Verhand-

---

[130] Bredow, KSZE-Prozess, S. 90.
[131] BAR, E 2001 E-01, 1991/17, Bd. 249 (Europäische Sicherheitskonferenz), Notiz an den Bundesrat. KSZE Madrid, 12. November 1980.
[132] Jan Sizoo/Rudolf Jurrjens, CSCE Decision-Making: the Madrid Experience, Den Haag 1984, S. 196.
[133] Fischer, Grenzen der Neutralität, S. 294.
[134] BAR, E 2001 E-01, 1991/17, Bd. 249 (Europäische Sicherheitskonferenz), Telex KSZE-Delegation Madrid an EDA Bern, 15. 11. 1980.
[135] Kampelman, New Worlds, S. 243.

lungstaktik bot anscheinend auch innerhalb der Moskauer Führung Anlaß zu Kritik. Der neue sowjetische Delegationsleiter erklärte einen Tag nach Vorstellung des N+N-Vorschlags durch die Außenminister schließlich die Zustimmung seines Landes zum vorliegenden Entwurf.[136]

Das Schlußdokument des Vorbereitungstreffens vom 14. November 1980 sah inklusive der Eröffnungsreden eine Implementierungsphase von sechs Wochen bis zur Weihnachtspause vor und war damit weit von den ursprünglichen Vorstellungen der Sowjetunion entfernt. Die Präsentation neuer inhaltlicher Vorschläge war – wie von Edouard Brunner vorgeschlagen – auch schon in der Endphase der Implementierung möglich. Das Ergebnis des Vorbereitungstreffens, so die positive Bewertung des amerikanischen Delegationsleiters Max Kampelman, „actually gave us more implementation review time than we had expected or requested."[137] Die Verhandlungen nach der Weihnachtspause sollten erst am 27. Januar 1981 wiederaufgenommen werden. Diese Terminwahl ist vor dem Hintergrund des Regierungswechsels in den USA zu sehen. Der Amtsantritt des neuen Präsidenten Ronald Reagan und seiner Administration würde bis dahin vollzogen worden sein. Nach Wiederaufnahme der Konferenz sollten die Verhandlungen über die neuen Vorschläge stattfinden, woran sich die Redaktionsphase anschließen würde. Die Konferenz war möglichst bis zum 5. März 1981 abzuschließen, was sich jedoch bald als illusorisch erweisen sollte. Nach den Erfahrungen des Vorbereitungstreffens war dieses Datum allerdings nur als Zielvorstellung formuliert worden. Die folgende Aussage des Schlußdokuments war von entscheidender Bedeutung und wirkt im Rückblick fast schon wie ein Menetekel: „[D]as Datum des Abschlusses des Treffens wird das Treffen selbst bestimmen."[138] Das Engagement der Berner Diplomaten für eine Einigung in Madrid wurde von Vertretern anderer KSZE-Teilnehmerstaaten gewürdigt. Dem neuen Botschafter in den Vereinigten Staaten, Anton Hegner, wurde im State Department der Dank der amerikanischen Regierung für das Wirken der Schweizer Regierung bei der erzielten Einigung in Madrid und für die dabei gleichzeitig vertretene feste Haltung übermittelt. Auch wenn die Präsentation des Vorschlags schließlich durch die Außenminister einiger N+N-Staaten erfolgt sei, stehe doch fest „que véritable paternité revient aux chefs délégations suisse et autrichienne."[139] Der österreichische Außenminister Pahr bedankte sich beim Vertreter der Eidgenossenschaft in Wien, Botschafter Jürg Iselin, ebenfalls für die gute Zusammenarbeit beider Länder in Madrid. Minister Pahr hob in diesem Zusammenhang hervor, daß die Schweizer Delegation und insbesondere Botschafter Brunner maßgeblich zum Zustandekommen der

---

[136] BAR, E 2001 E-01, 1991/17, Bd. 249 (Europäische Sicherheitskonferenz), Telex KSZE-Delegation Madrid an EDA Bern, 15. 11. 1980.

[137] Kampelman, New Worlds, S. 243.

[138] Volle/Wagner, Madrid, Schlußdokument des Vorbereitungstreffens zum Folgetreffen der KSZE in Madrid vom 14. November 1980, S. 129.

[139] BAR, E 2001 E-01, 1991/17, Bd. 249 (Europäische Sicherheitskonferenz), Telex Botschaft Washington an EDA Bern, 20. 11. 1980.

KSZE-Konferenz beigetragen habe.[140] Der schwierige Verlauf des Vorbereitungs-treffens spiegelte den allgemeinen Zustand der Beziehungen zwischen den USA und der Sowjetunion wider.[141]

Das Beispiel der späten Einigung auf ein Schlußdokument beim Madrider Vor-bereitungstreffen verdeutlicht sehr anschaulich die Einflußmöglichkeiten neutra-ler Staaten im Rahmen des KSZE-Prozesses. Dem Schweizer Delegationsleiter Edouard Brunner gelang es gemeinsam mit seinem österreichischen Kollegen Franz Ceska, Druck auf die Sowjetunion auszuüben, sie in die Defensive zu drän-gen und schließlich zur Annahme eines aus östlicher Sicht vergleichsweise unvor-teilhaften Vorschlags zu bewegen. Mit geschickter Taktik gelang es der Schweiz und Österreich im Verbund mit den übrigen N+N-Staaten, die Weltmacht Sowje-tunion diplomatisch in Verlegenheit zu bringen. Erfolgreiches Vermitteln war ins-besondere eine Frage des richtigen Zeitpunkts. Nachdem Botschafter Brunner in Madrid keine Einigungsbereitschaft feststellen konnte, hielt er die Schweizer Dip-lomaten wochenlang zu Zurückhaltung an. Erst als der Kompromißdruck sehr groß geworden war und eine Initiative der Neutralen von Ost und West als letzte Möglichkeit zur Abwendung einer Konferenzverschiebung gesehen wurde, schwenkte Brunner auf eine aktive Verhandlungslinie um. Das abwartende Ver-halten Brunners war auch eine Konsequenz der Belgrader Erfahrungen, als die N+N-Staaten mit ihrem frühen Vorschlag für ein Schlußdokument gescheitert waren. Mit ihrer diplomatischen Aktion sorgten Brunner und Ceska dafür, daß die KSZE-Konferenz überhaupt stattfinden konnte.[142] Darüber hinaus demons-trierten sie das politische Gewicht der Schweiz und Österreichs im KSZE-Prozeß.

8.5 Edouard Brunners Eröffnungsrede und der Verlauf der Implementierungsphase

In der ersten Woche bot das Madrider KSZE-Folgetreffen ein bizarres Bild. Zeit-gleich zu der hektischen Suche nach einer Einigung über die Modalitäten des Hauptreffens fanden in den Tagen nach der planmäßigen Eröffnung der Konfe-renz am 11. November 1980 durch den spanischen Außenminister bereits die Ein-gangsreden der teilnehmenden Länder statt. Botschafter Edouard Brunner gab am 13. November 1980 eine kämpferische und für schweizerische Verhältnisse unge-wöhnlich offene Erklärung ab. Sie unterschied sich jedenfalls deutlich von der mo-derierenden und zurückhaltenden Ansprache Albert Weitnauers 1977 in Belgrad.

Ausführlich ging der Chef der schweizerischen Delegation noch einmal auf die Ereignisse in Afghanistan ein, die er als „besorgniserregend" bezeichnete. Die

---

[140] BAR, E 2001 E-01, 1991/17, Bd. 249 (Europäische Sicherheitskonferenz), Telex Botschaft Wien an EDA Bern, 28. 11. 1980.
[141] Leo Mates, Von Helsinki nach Madrid und zurück. Der KSZE-Prozeß im Schatten der Ost-West-Beziehungen, in: Hermann Volle/Wolfgang Wagner (Hgg.), Das Madrider KSZE-Folge-treffen. In Beiträgen und Dokumenten aus dem Europa-Archiv, Bonn 1984, S. 55–62, S. 58.
[142] Interview mit Franz Ceska.

Invasion der Sowjetunion wurde von der Eidgenossenschaft nicht nur als Verstoß gegen den Geist von Helsinki, sondern vielmehr als direkter Verstoß gegen den Inhalt der KSZE-Schlußakte interpretiert. Botschafter Brunner wies darauf hin, daß die Teilnehmerstaaten sich in Helsinki „verpflichtet haben, die Prinzipien nicht nur in ihren gegenseitigen Beziehungen zu respektieren, sondern auch gegenüber allen Staaten der Welt."[143] Mit dieser Aussage bezog sich Botschafter Brunner sich auf folgende Formulierung in Punkt Zehn[144] des Prinzipienkatalogs der Schlußakte: „Die Teilnehmerstaaten erklären ihre Absicht, ihre Beziehungen zu allen anderen Staaten im Geiste der in dieser Erklärung enthaltenen Prinzipien zu gestalten."[145] Die Entspannung war nach Brunners Überzeugung unteilbar. Solange in anderen Erdteilen die Grundsätze der Schlußakte grob mißachtet wurden, konnte auch in Europa keine Atmosphäre des Vertrauens entstehen.

Die Wiederherstellung von Vertrauen war nach Ansicht der Schweiz auch eine wesentliche Voraussetzung für die Einberufung einer europäischen Abrüstungskonferenz. Eine zu starke Fokussierung auf den Aspekt der Abrüstung innerhalb der KSZE war auf jeden Fall zu vermeiden. Botschafter Brunner forderte in seiner Erklärung, „dass das Gleichgewicht unter den Körben gewahrt bleibt." Es dürfe nicht passieren, „dass Abrüstungsfragen [...] auf Kosten anderer Themen behandelt werden, zum Beispiel auf Kosten dessen, was wir ‚menschliche Dimension' der KSZE nennen, das heisst der Menschenrechte und der Bestimmungen des ‚dritten Korbes'"[146] Das war eine klare Ansage an die Sowjetunion, die inhaltliche Balance der KSZE von Sicherheitsaspekten einerseits und Menschenrechten andererseits nicht in ihre Richtung zu verschieben. Darüber hinaus kündigte der Delegationsleiter der Schweiz eine gemeinsame Initiative mit Österreich und Spanien auf dem Feld der Informationsverbreitung an. Wie Sondierungen bei anderen Delegationen ergaben, wurde die Erklärung der Schweiz bei Vertretern westlicher Staaten, insbesondere den USA und Großbritanniens, positiv aufgenommen. Die Sowjetunion enthielt sich jeglichen Kommentars, und polnische Vertreter bezeichneten die Rede als „hart".[147] Wie die *Neue Zürcher Zeitung* berichtete, habe die Rede Brunners aufgrund der „Illusionslosigkeit der Aussagen und der Deutlichkeit der Sprache"[148] in Madrid für Aufsehen gesorgt.

---

[143] BAR, E 2001 E-01, 1991/17, Bd. 249 (Europäische Sicherheitskonferenz), Erklärung des Chefs der schweizerischen Delegation am KSZE-Treffen in Madrid, Botschafter Edouard Brunner, 13. November 1980.

[144] Prinzip X des Dekalogs: „Erfüllung völkerrechtlicher Verpflichtungen nach Treu und Glauben".

[145] Volle/Wagner, KSZE, Schlußakte der Konferenz über Sicherheit und Zusammenarbeit in Europa vom 1. August 1975, S. 243.

[146] BAR, E 2001 E-01, 1991/17, Bd. 249 (Europäische Sicherheitskonferenz), Erklärung des Chefs der schweizerischen Delegation am KSZE-Treffen in Madrid, Botschafter Edouard Brunner, 13. November 1980.

[147] BAR, E 2001 E-01, 1991/17, Bd. 249 (Europäische Sicherheitskonferenz), Notiz an den Departementschef, 13. November 1980.

[148] Seilziehen um den weiteren Fortgang der KSZE, in: NZZ vom 14. November 1980, S. 1.

Das Agieren der Schweiz in Madrid in der schwierigen Übergangsphase vom Vorbereitungstreffen zur Hauptkonferenz verweist auf die „Doppelrolle" des Landes und der Neutralen insgesamt in der KSZE. Parallel zu der klaren Positionierung der Schweiz in der Madrider Eröffnungserklärung bemühte sich Edouard Brunner in einer Vermittlungsaktion wie erwähnt auch um eine Einigung auf eine Tagesordnung. Die Schweiz konnte sowohl als Vermittler als auch als Teilnehmer mit eigenen Forderungen auftreten, ohne hierdurch ihre Glaubwürdigkeit zu verlieren. Diese Beobachtung hatte sich bereits in der Genfer Verhandlungsphase feststellen lassen.[149] Indem die Schweiz in Madrid nun stärker westliche Positionen nach außen vertrat und eine offensivere Haltung gegenüber der Sowjetunion einnahm, dehnte Botschafter Brunner den Aktionsradius der Schweiz noch einen Schritt weiter aus. Die Schweiz agierte nun deutlicher als westlicher Neutraler, wurde von der Sowjetunion jedoch weiterhin als Vermittler akzeptiert.

Nach dem schwierigen Verlauf der Vorkonferenz kam es in der Implementierungsdebatte zu keinen negativen Überraschungen. Dabei wurde inhaltlich äußerst kontrovers diskutiert. So betonte die Sowjetunion die Notwendigkeit, „[to] take urgent measures to supplement political détente by military détente. [...] The only reasonable conclusion is disarmament."[150] Demgegenüber betonten westliche Staaten wie Belgien und Kanada die Bedeutung der „menschlichen Dimension der Entspannung"[151] – also der Menschenrechte. Die amerikanische Delegation trug sogar den Fall des im Jahre 1945 in die Sowjetunion entführten und seither verschollenen schwedischen Diplomaten Raoul Wallenberg vor.[152] Der amerikanische Delegationsleiter Kampelman dankte zudem den sowjetischen Dissidenten wie Scharanski, Orlow und Sacharow für ihr Handeln, „because they give us a wording about the incredible cruelty of man against man."[153] In ihrer Antwort gab die sowjetische Delegation Kampelman die Empfehlung, die Werke des russischen Schriftstellers Alexander Herzen – eines Vordenkers des Sozialismus im 19. Jahrhundert – über den Kampf gegen die Leibeigenschaft sehr aufmerksam zu studieren.[154]

Im Schweizer Delegationsbericht vom 4. Dezember 1980 war insgesamt von einem „geordneten und weitgehend unpolemischen Verlauf"[155] der Konferenz die Rede, und im Bericht vom 12. Dezember 1980 wurden die Diskussionen als „im allgemeinen sachlich"[156] beschrieben. Negativ angemerkt wurde jedoch, daß es entgegen der eigentlichen Zielsetzung schon eine „Flutwelle von neuen Vor-

---

[149] Renk, Der Weg der Schweiz nach Helsinki, S. 128 f.
[150] Notizen Renk (Madrid), Plenary 15 December 1980.
[151] Ebd.
[152] Kampelman, New Worlds, S. 248.
[153] Notizen Renk (Madrid), Plenary 19 December 1980.
[154] Ebd.
[155] BAR, E 2001 E-01, 1991/17, Bd. 250 (Europäische Sicherheitskonferenz), Telex KSZE-Delegation Madrid an EDA Bern, 04. 12. 1980.
[156] BAR, E 2001 E-01, 1991/17, Bd. 250 (Europäische Sicherheitskonferenz), Telex KSZE-Delegation Madrid an EDA Bern, 12. 12. 1980.

schlägen"[157] gebe. Am Ende der Implementierungsphase kam Hans-Jörg Renk zu dem Ergebnis, die Diskussionen hätten den Erwartungen entsprochen. Der Verlauf dieses Abschnitts der Konferenz könne insgesamt „als zufriedenstellend bezeichnet werden."[158]

Entscheidend für den weiteren Fortgang würde jedoch der Verlauf der Verhandlungen über die neuen Vorschläge sein. Insbesondere in der Frage einer Abrüstungskonferenz lagen die Positionen zwischen Ost und West weit auseinander. Die Unsicherheit wurde zusätzlich verstärkt durch den anstehenden Regierungswechsel in Washington mit der Machtübernahme durch die Republikaner. Ein britischer Diplomat bezeichnete die Situation „like playing hamlet without the prince."[159] Wie der schweizerische Botschafter Anton Hegner aus der amerikanischen Hauptstadt rapportierte, habe ihm Delegationsleiter Kampelman mitgeteilt, daß die Republikaner der KSZE keine hohe Priorität beimessen würden.[160] Da Kampelman selbst ein Demokrat war, wurde allgemein mit seiner Ablösung gerechnet – die Delegierten der NATO-Staaten in Madrid verabschiedeten ihn vor Weihnachten mit einer Abschiedsparty.[161] Präsident Reagan hielt jedoch an Kampelman fest. Nach Wiederaufnahme der Madrider Verhandlungen am 27. Januar 1981 erläuterte der amerikanische Delegationsleiter in einer Erklärung, die Haltung seines Landes in der KSZE bleibe auch nach dem Regierungswechsel vorerst unverändert.[162] Hiermit sandten die USA ein Signal der Berechenbarkeit an Freund und Feind aus. Die Personalentscheidung zeigte, daß Reagan bei aller konfrontativen Rhetorik auch zu pragmatischem Handeln fähig war, wie später auch das Eingehen auf die Dialogbereitschaft Gorbatschows bewies.

Insgesamt läßt sich feststellen, daß die Schweiz in der Vorbereitung und in der Anfangsphase des KSZE-Treffens eine besonders aktive Rolle spielte. Die Ansprache Botschafter Brunners zu Beginn der Madrider Konferenz unterstrich noch einmal das offensivere Auftreten der Schweiz in der KSZE. Seine Erklärung richtete sich nicht nur an die Diplomaten vor Ort, sondern auch an Politik und Öffentlichkeit in der Schweiz, galt es doch den fortdauernden Nutzen der KSZE für die Außenpolitik des Landes zu demonstrieren. Die Besorgnis der Eidgenossenschaft über das sowjetische Vorgehen in Afghanistan wurde klar zum Ausdruck gebracht. Mit ihrem Vorgehen in Afghanistan hatte die Sowjetunion im wahrsten Sinne des Wortes eine Grenze überschritten. Im Gespräch mit dem sowjetischen Botschafter Lawrow äußerte Bundesrat Aubert im Oktober 1980 die Überzeu-

---

[157] Ebd.
[158] BAR, E 2001 E-01, 1991/17, Bd. 250 (Europäische Sicherheitskonferenz), Telex KSZE-Delegation Madrid an EDA Bern, 18. 12. 1980.
[159] BAR, E 2001 E-01, 1991/17, Bd. 250 (Europäische Sicherheitskonferenz), Telex Botschaft London an EDA Bern, 27. 01. 1981.
[160] BAR, E 2001 E-01, 1991/17, Bd. 250 (Europäische Sicherheitskonferenz), Telex Botschaft Washington an EDA Bern, 13. 01. 1981.
[161] Kampelman, New Worlds, S. 252.
[162] BAR, E 2001 E-01, 1991/17, Bd. 250 (Europäische Sicherheitskonferenz), Telex KSZE-Delegation Madrid an EDA Bern, 29. 01. 1981.

gung, daß „la détente n'existe plus"[163], woraufhin ihm der sowjetische Botschafter mit Nachdruck widersprach. Ein Moskauer Diplomat verteidigte gegenüber der Schweizer Regierung nun also schon die Entspannungspolitik. Die Episode unterstreicht einmal mehr, in welche Defensive die Sowjetunion mittlerweile geraten war.

8.6 Kritik der Schweiz an einer Abrüstungskonferenz

Bereits bei der diplomatischen Vorbereitung des KSZE-Folgetreffens hatte sich abgezeichnet, daß die Schweiz hinsichtlich einer möglichen Ausweitung der „militärischen Entspannung" eine skeptischere Haltung vertrat als die übrigen Neutralen. Bei einer Zusammenkunft der N+N-Staaten in Belgrad am 17. Juni 1980 konnte sich der Schweizer Vertreter als mögliches Ergebnis der Madrider Konferenz höchstens die Aufnahme von Sondierungsgesprächen über Abrüstungsfragen vorstellen. Demgegenüber sollte nach Ansicht Schwedens das Madrider Treffen die Aufgabe erfüllen, „to work out as precise a mandate as possible for a C[onference] on D[isarmament] in E[urope]."[164] Bei einer weiteren Besprechung der N+N-Staaten am 28. Oktober 1980 im Madrid stellte Schweden seinen Vorschlag für die Einberufung einer Europäischen Abrüstungskonferenz in Stockholm vor und warb um Unterstützung. Die Schweiz wies jedoch darauf hin, man stehe einer Abrüstungskonferenz reserviert gegenüber, „solange nicht vorher ein Klima des Vertrauens hergestellt sei."[165]

Die Bestrebungen der schwedischen Delegation gingen in den darauffolgenden Wochen dahin, aus ihrem Vorschlag eine gemeinsame Abrüstungsinitiative der N+N zu machen. Der schwedische Außenminister Ola Ullsten warb hierfür in einem Brief an Bundesrat Aubert um Unterstützung. Der Schweizer Außenminister stellte in seinem Antwortschreiben an Ullsten vom 3. Dezember 1980 jedoch klar, daß „la Suisse ne peut ni s'associer ni s'identifier à une proposition qui aurait pour but de convoquer une Conférence européenne du désarmement."[166] Bereits Ende November hatte Bundesrat Aubert Botschafter Brunner in einer Notiz persönlich darauf hingewiesen, daß sich die Schweiz der Initiative Schwedens zum gegenwärtigen Zeitpunkt nicht anschließen könne.[167] Die Regierungen in Stockholm und Bern verfolgten in dieser Frage vollkommen unterschiedliche Ansätze. Während nach Ansicht der Eidgenossenschaft das Vorhandensein von Vertrauen

---

[163] BAR, E 2001 E-01, 1991/17, Bd. 248 (Europäische Sicherheitskonferenz), Note de dossier. Entretien entre le Chef du Département et M. V. Lavrov, Ambassadeur de l'URSS en Suisse, 6 octobre 1980.

[164] Notizen Renk (Madrid), N+N Preparatory meeting, Belgrade, 17 June 1980.

[165] BAR, E 2001 E-01, 1991/17, Bd. 248 (Europäische Sicherheitskonferenz), Telex KSZE-Delegation Madrid an EDA Bern, 31. 10. 1980.

[166] BAR, E 2001 E-01, 1991/17, Bd. 250 (Europäische Sicherheitskonferenz), Brief von Bundesrat Pierre Aubert an den schwedischen Außenminister Ulla Ullsten, 3 décembre 1980.

[167] BAR, E 2001 E-01, 1991/17, Bd. 250 (Europäische Sicherheitskonferenz), Telex EDA Bern an KSZE-Delegation Madrid, 24. 11. 1980.

und Entspannung im Sinne der Reihenfolge „arbitrage – sécurité – désarmement"
wichtige Voraussetzungen für die Einberufung einer Abrüstungskonferenz waren,
sollte nach schwedischer Einschätzung Entspannung und Vertrauen durch eine
solche Konferenz gerade geschaffen werden. Edouard Brunner vertrat inoffiziell
die persönliche Haltung, daß Aspekte der militärischen Sicherheit in erster Linie
eine Angelegenheit der beiden Supermächte seien, die am besten auf bilateraler
Ebene geregelt werden sollten.[168]

Die Schweiz begrüßte und unterstützte jedoch speziell den französischen Vorschlag für eine Abrüstungskonferenz in zwei Phasen.[169] Die Betonung lag hierbei
jedoch auf der ersten Stufe zur Ausweitung der Vertrauensbildenden Maßnahmen.[170] Der Vorteil der ersten Stufe zu den VBM lag nach Ansicht der Schweiz
darin begründet, daß sich das fehlende Vertrauen wieder einstellen und die eigentliche Abrüstungskonferenz erstmal hinausgezögert werden konnte. In Belgrad hatte sich die helvetische Diplomatie – trotz der offiziellen Unterstützung
der N+N-Initiative – eher skeptisch gegenüber neuen VBM-Beschlüssen gezeigt,
solange die bestehenden Maßnahmen insbesondere von den Ostblockstaaten
nicht erfüllt wurden. Vor dem Hintergrund der Abrüstungsdebatte nahm die
Schweiz in Madrid nun eine positivere Haltung zu den VBM ein. Auf Grundlage
der erwähnten Konsultationen im Vorfeld der Konferenz brachten die N+N-Staa-
ten in Madrid einen gemeinsamen Vorschlag zur Ausweitung der Vertrauensbildenden Maßnahmen ein.[171]

Der sowjetische Botschafter Lawrow lud Staatssekretär Probst und Botschafter
Brunner am 27. Januar 1981 zu einem Arbeitsessen in seine Berner Residenz ein.
Bei dieser Gelegenheit unternahm er noch einmal den Versuch, die Eidgenossenschaft von der östlichen Konzeption einer baldigen Abrüstungskonferenz zu
überzeugen. Die Schweiz hielt jedoch an ihrer bisherigen Haltung fest. Das ge-
schwundene Vertrauen müsse erst durch eine Verstärkung der VBM wiederhergestellt werden, bevor an die eigentliche Abrüstung gedacht werden könne.[172]

Im Februar 1981 überraschte Generalsekretär Breschnew in einer Rede auf
dem XXVI. Parteitag der KPdSU mit der Aussage, der Geltungsbereich der VBM
könne wie vom Westen gefordert bis zum Ural ausgeweitet werden. Allerdings
forderte er als Gegenleistung eine „entsprechende Ausweitung der Zone der Vertrauensbildenden Maßnahmen auch seitens der westlichen Staaten."[173] Was die

---

[168] Interview mit Franz Ceska.
[169] Die französische Delegation präsentierte ihren Vorschlag für eine zweistufige Abrüstungskonferenz auf dem Madrider Folgetreffen am 9. Dezember 1980 als gemeinsame Initiative
der EG-Staaten.
[170] BAR, E 2001 E-01, 1991/17, Bd. 250 (Europäische Sicherheitskonferenz), Telex EDA Bern an
KSZE-Delegation Madrid, 10. 12. 1980.
[171] BAR, E 2001 E-01, 1991/17, Bd. 250 (Europäische Sicherheitskonferenz), CSCE/RM 21. Con-
fidence-Building Measures. Proposal submitted by the Delegations of Austria, Cyprus, Finland, Liechtenstein, San Marino, Sweden, Switzerland and Yugoslavia, 12 December 1980.
[172] BAR, E 2001 E-01, 1991/17, Bd. 251 (Europäische Sicherheitskonferenz), Aktennotiz. Déjeuner beim Sowjetbotschafter, 3. Februar 1981.
[173] Zit. nach Zielinski, Vertrauen und Vertrauensbildende Maßnahmen, S. 107.

Sowjetunion unter einer solchen Ausweitung verstand, wurde von den sowjetischen Diplomaten in Madrid jedoch zunächst nicht näher präzisiert. Die Bandbreite der Forderung konnte von den küstennahen europäischen Gewässern über den Atlantik bis zum nordamerikanischen Festland reichen. So betonte der sowjetische Delegationsleiter Illitschow in der Plenarsitzung vom 3. März 1981, daß „[the] USA and Canada have signed the Final Act, therefore all states should share the same responsibility in the military field."[174] Die von der Sowjetunion schließlich präsentierte „Umklapptheorie"[175] mit der europäischen Atlantikküste als Achse hätte in der Tat bis an das amerikanische Festland herangereicht. Sie war für den Westen natürlich nicht akzeptabel und ging zudem weit über den regionalen Bezugsrahmen der KSZE hinaus. Die Debatten über die Ausdehnung des Anwendungsbereichs der VBM sollten in den kommenden zwei Jahren die sicherheitspolitischen Verhandlungen auf der KSZE-Konferenz bestimmen.

Nach Ansicht der Schweizer KSZE-Delegation war „Breschnews Schachzug [...] äusserst geschickt, denn der Ball liegt nun eindeutig im westlichen Lager."[176] In der Tat handelte es sich bei der im französischen Vorschlag enthaltenen Ausweitung des Geltungsbereichs der VBM um eine zentrale Forderung des Westens. Umgekehrt hatte der Atlantik als maritime Nachschublinie und Austragungsort von Seemanövern für die NATO eine besondere strategische Bedeutung. Die Eidgenossenschaft agierte in dieser Situation mit Zurückhaltung und schloß eine Vermittlung aus. Ihre Diplomaten warben weiterhin für den bereits im Kreis der N+N-Staaten vorgebrachten Gedanken eines Vorbereitungtreffens zu einer möglichen Abrüstungskonferenz, also einer Art „militärisches Dipoli".[177]

Im Rahmen eines Ende März 1981 vorgelegten ersten Entwurfs der N+N-Staaten für ein Schlußdokument wurde in der strittigen Frage des Anwendungsbereichs festgehalten, daß die Vertrauensbildenden Maßnahmen „ganz Europa samt angrenzendem Seegebiet und Luftraum umfassen."[178] Damit war die westliche Forderung nach einer Ausweitung bis zum Ural indirekt enthalten. Der Entwurf der N+N-Staaten trug zwar auch der von Moskau geforderten Kompensation im Westen Rechnung, doch blieb die diesbezügliche Formulierung unpräzise. Das konnte jedoch kaum anders sein, denn im Westen bildete der Atlantik die natürliche Grenze Europas und die Vorgabe eines bestimmten ozeanischen Gebiets wäre in jedem Fall eine künstliche Entscheidung gewesen. Eine diesbezügliche Festlegung wollten die Vertreter der neutralen Länder nicht treffen. Bei der Unterbreitung ihres Vorschlags zum Anwendungsbereich der VBM war den N+N-

---

174 Notizen Renk (Madrid), Plenary 3 March 1981.
175 Schlotter, Die KSZE im Ost-West-Konflikt, S. 228.
176 BAR, E 2001 E-01, 1991/17, Bd. 251 (Europäische Sicherheitskonferenz), Telex KSZE-Delegation Madrid an EDA Bern, 02. 03. 1981.
177 Ebd.
178 BAR, E 2001 E-01, 1991/17, Bd. 251 (Europäische Sicherheitskonferenz), Vorschlag der Delegationen Österreichs, Zyperns, Finnlands, Liechtensteins, San Marinos, Schwedens, der Schweiz und Jugoslawiens, 31. März 1980.

Staaten bewußt, daß „une telle formulation ne satisfera ni les uns ni les autres."[179] Die hiermit verbundene Hoffnung auf beginnende Kompromißverhandlungen zwischen Ost und West erfüllte sich jedoch nicht. Vielmehr wurde der Vorschlag der N+N-Staaten von beiden Seiten abgelehnt. Der Sowjetunion ging die Formulierung nicht weit genug, wohingegen sie den westlichen Ländern zu vage und damit im östlichen Sinne interpretierbar war.[180] Im Verlauf des Frühjahrs 1981 kam es hinsichtlich der Anwendungszone für die VBM zu keiner Annäherung. Die Schweizer Delegation berichtete aus Madrid, daß Moskau weiterhin auf ein Entgegenkommen von westlicher Seite als Reaktion auf das Angebot Breschnews vom Februar warte.[181] Schließlich unterbreiteten die NATO-Staaten den anderen KSZE-Teilnehmerländern im Juli 1981 folgenden Formulierungsvorschlag: „On the basis of equality of rights and obligations of all the CSCE participating states concerning confidence- and security-building measures and disarmement in Europe, these measures will be applicable to the whole continent of Europe and, as far as adjoining sea area and air space is concerned, the activities of forces operating there insofar as the activieties are an integral part of notifiable activities on the continent."[182] Für die Sowjetunion war diese Formulierung inakzeptabel. Der westliche Ansatz bewegte sich ungefähr auf der Ebene des N+N-Entwurfs, ging jedoch insofern darüber hinaus, als ein Bezug von Seeaktivitäten zu Manövern auf dem europäischen Kontinent hergestellt wurde. Andernfalls befürchteten die westlichen Staaten eine Überwachung ihrer Truppenbewegungen im Atlantik.[183] Wie der britische Delegationsleiter Wilberforce später präzisierte, schließe der Vorschlag Island und die Azoren, nicht aber Grönland mit ein.[184] Der sowjetische Delegationsleiter Illitschow gab in einem Gespräch mit Botschafter Brunner im Oktober 1981 in Moskau seiner Verärgerung über den Entwurf der NATO-Staaten Ausdruck: „C'est une proposition insensée de la part des Etats-Unis!"[185] Als Reaktion brachten die sowjetischen Diplomaten in Madrid einen Gegenentwurf ein, der die „Umklapptheorie" enthielt: „On the basis of equality of rights and obligations of all CSCE participating States confidence- and security-building measures will cover the whole of Europe with adjoining sea (ocean) areas of corresponding/appropriate width and air space as well as, if it corresponds to the contents of the measures themselves, the non-european participating States.

---

179 BAR, E 2001 E-01, 1991/17, Bd. 251 (Europäische Sicherheitskonferenz), La CSCE et le désarmement, 13 avril 1981.

180 Zielinski, Vertrauen und Vertrauensbildende Maßnahmen, S. 108.

181 BAR, E 2001 E-01, 1991/17, Bd. 252 (Europäische Sicherheitskonferenz), Telex KSZE-Delegation Madrid an EDA Bern, 18.06.1981.

182 BAR, E 2001 E-01, 1991/17, Bd. 252 (Europäische Sicherheitskonferenz), Telex KSZE-Delegation Madrid an EDA Bern, 17.07.1981.

183 Franz Ceska, Das KSZE-Folgetreffen von Madrid. Eine Bilanz aus österreichischer Sicht, in: Österreichisches Jahrbuch für Internationale Politik 1 (1984), S. 1-25, S. 15.

184 BAR, E 2001 E-01, 1991/17, Bd. 252 (Europäische Sicherheitskonferenz), Note de Dossier. CSCE – Problème militaire, 15 octobre 1981.

185 BAR, E 2001 E-01, 1991/17, Bd. 252 (Europäische Sicherheitskonferenz), CSCE. Entretiens de M. Brunner à Moscou les 13 et 14 octobre 1981.

Those provisions will be specified at the conference on a balanced and reciprocal basis, taking into account obligations assumed in accordance with the Final Act."[186] Hierbei handelte es sich eindeutig um einem maximalistischen Vorschlag, obwohl – oder gerade weil – er Raum für Interpretation ließ. Der sowjetische Entwurf konnte den gesamten nördliche Atlantik oder sogar nordamerikanisches Territorium umfassen. Damit wären Truppenbewegungen meldepflichtig geworden, die in keiner Beziehung zu Aktivitäten auf dem europäischen Kontinent gestanden hätten.[187] Darüber hinaus wollte die Sowjetunion eine Verständigung über die geographischen Details auf die eigentliche Abrüstungskonferenz verschieben, was für die westlichen Staaten ebenfalls unannehmbar war. Damit hätten sie ihren größten taktischen Vorteil – die Erforderlichkeit ihrer Zustimmung zu einer Konferenz über Abrüstung – aus der Hand gegeben, ohne beim Problem des geographischen Anwendungsbereichs der VBM vorher eine Einigung mit Moskau erzielt zu haben. Die Definition der „Zone" bildete in den Worten von Edouard Brunner die „Schlüsselfrage"[188] in den KSZE-Verhandlungen. Eine Einigung im sicherheitspolitischen Bereich stellte sich im Verlauf des Jahres 1981 als illusorisch heraus. Vor diesem Hintergrund traten Überlegungen hinsichtlich eines Abschlusses „Belgrader-Prägung" oder einer möglichen Unterbrechung zunehmend in den Vordergrund der Diskussionen.

8.7 Vergebliche Suche nach einer Einigung und Konferenzverlauf im Jahr 1981

Nach Wiederbeginn des KSZE-Folgetreffens Ende Januar 1981 gestaltete sich der Verlauf der Verhandlungen aufgrund der Divergenzen hinsichtlich einer Europäischen Abrüstungskonferenz und der Auseinandersetzung über die Umsetzung der menschenrechtlichen Bestimmungen in Korb III äußerst schwierig. Darüber hinaus erschwerte die hohe Zahl von über 80 Vorschlägen den Konferenzverlauf. In dieser Situation zeichnete sich ab, „daß ernsthafte Redaktionsverhandlungen nicht auf der Grundlage von 80 Papieren geführt werden konnten, sondern eine allgemein anerkannte umfassende Verhandlungsgrundlage zur Voraussetzung hatten."[189] Am Rande der offiziellen Konferenzverhandlungen wurde daher zunehmend über eine diplomatische Aktion der N+N-Staaten spekuliert. Die Schweiz plädierte in dieser Situation für Zurückhaltung. Bei einer Sitzung von Vertretern der N+N-Staaten am 18. Februar 1981 erklärte Hans-Jörg Renk, daß

---

[186] Zit. nach Margit Roth, Die zweite KSZE-Nachfolgekonferenz in Madrid. Ein Dokument west-östlicher Uneinigkeit, in: APUZ 46/83 (1983), S. 17–33, S. 22.

[187] David Jost, Rüstungskontrolle im KSZE-Prozeß, S. 41.

[188] BAR, E 2001 E-01, 1991/17, Bd. 251 (Europäische Sicherheitskonferenz), La CSCE et le désarmement, 13 avril 1981.

[189] Ceska, Das KSZE-Folgetreffen von Madrid, S. 15.

„[o]ur time has not yet come."[190] Demgegenüber forderte der jugoslawische Delegationsleiter Golub ein aktives Handeln der N+N-Staaten: „We should not wait for the big powers to come and ask us to help, we should go ahead!"[191]

In dieser Situation ergriff schließlich Österreich die Initiative. Außenminister Pahr lud die in Wien akkreditierten Vertreter Schwedens, Jugoslawiens und der Schweiz zu einem gemeinsamen Gespräch über die Frage einer möglichen Vermittlungsaktion der Neutralen ein. Im Vorfeld des Treffens erbat der schweizerische Botschafter Iselin vom EDA Instruktionen zur Verhandlungsführung. In seiner Antwort äußerte Botschafter Brunner die Einschätzung, die Erfolgsaussichten in Madrid seien schlecht, denn in dem aktuellen Klima der Spannung sei kein wirklicher Fortschritt in den Ost-West-Beziehungen möglich. Die Schweiz wäre gemäß Brunner auch nicht enttäuscht, wenn es in der Frage der Abrüstungskonferenz nicht zu einer Einigung käme, denn dieses Problem sei aus Sicht des EDA nicht von zentraler Bedeutung. Sollte ein längeres substantielles Schlußdokument in der gegenwärtigen Situation nicht möglich sein, könne sich die Schweiz alternativ auch etwas anderes vorstellen. In diesem Zusammenhang ließ Botschafter Brunner Sympathie für ein „document court, concret et réaliste"[192] erkennen, das vier Komponenten enthalten sollte: Erstens eine Beschreibung des Konferenzverlaufs mit der ausführlichen Implementierungsphase und der in der Verhandlungsphase zu Tage getretenen Uneinigkeit in Sachen Abrüstung und Menschenrechte, zweitens die Festschreibung eines Datums und Orts für ein weiteres KSZE-Folgetreffen in zwei bis drei Jahren, drittens die Einigung auf mehrere Expertentreffen sowie viertens Vereinbarungen auf anderen peripheren Themenfeldern wie dem Problem des Terrorismus. Eine solche Vereinbarung wäre in den Augen Edouard Brunners „un document politiquement plus significatif que celui de Belgrade."[193] Die auch als „Belgrad-plus-Lösung"[194] bezeichnete Variante bot in den Augen der Schweiz den Vorteil, daß sie den KSZE-Prozeß einerseits am Leben erhielt und andererseits Vereinbarungen verhinderte, die wie beispielsweise die Abrüstungsfrage die Gefahr eines zu großen Entgegenkommens gegenüber der Sowjetunion beinhalten konnte. Hinter dieser Bewertung stand die realpolitische Überzeugung des Schweizer Delegationsleiters, „que le processus de la CSCE ne peut pas se mouvoir dans un vacuum mais est étroitement lié à la situation internationale."[195] Für Edouard Brunner konnte die KSZE nicht mehr sein als die Widerspiegelung der realen Machtverhältnisse zwischen den Weltmächten im Ost-West-Konflikt.[196] Die Konferenz von Madrid war für ihn in diesem Sinne „un reflet fidèle

---

[190] Notizen Renk (Madrid), N+N meeting 18 February 1981.
[191] Ebd.
[192] BAR, E 2001 E-01, 1991/17, Bd. 251 (Europäische Sicherheitskonferenz), Telex EDA Bern an Botschaft Wien, 19. 02. 1981.
[193] Ebd.
[194] BAR, E 2001 E-01, 1991/17, Bd. 251 (Europäische Sicherheitskonferenz), Telex KSZE-Delegation Madrid an EDA Bern, 02. 03. 1981.
[195] BAR, E 2001 E-01, 1991/17, Bd. 251 (Europäische Sicherheitskonferenz), Telex KSZE-Delegation Madrid an EDA Bern, 03. 02. 1981.
[196] Interview mit Franz Ceska.

de la situation internationale. Elle [la conférence] ne peut être ni meilleure ni pire que les relations entre les grandes puissances."[197] Demgegenüber sahen andere Diplomaten wie der österreichische Delegationsleiter Franz Ceska „im Madrider Folgetreffen der KSZE einen möglichen Motor [...], der die Ost-West-Beziehungen wieder auf einen hoffnungsvolleren Kurs bringen könnte."[198]

Das Gespräch des österreichischen Außenminister Pahr mit den Botschaftern Schwedens, Jugoslawiens und der Schweiz fand am 24. Februar 1981 statt. Bei dieser Gelegenheit unterbreitete Pahr offiziell den Vorschlag zu einer gemeinsamen Aktion der Neutralen zur Rettung der KSZE-Konferenz. Das Angebot Breschnews zur Ausweitung des Anwendungsgebiets bis zum Ural bot nach Ansicht des österreichischen Außenministers eine mögliche Gelegenheit zur Überwindung des Stillstandes in den Verhandlungen. Gemäß den Instruktionen des EDA vom 19. Februar 1981 nahm der Schweizer Botschafter Iselin eigenen Angaben zufolge eine skeptischere Haltung ein als die anderen Gesprächsteilnehmer.[199] Auf Anregung Pahrs sollte die Diskussion über eine gemeinsame Initiative im Rahmen eines Treffens der Außenminister Mitte März fortgeführt werden. Bundesrat Aubert ließ auf Rückfrage jedoch mitteilen, daß er aus terminlichen Gründen nicht teilnehmen könne.[200] Er wurde bei der Besprechung am 14. März 1981 in Wien durch Botschafter Iselin vertreten. Beschlüsse wurden hierbei nicht gefaßt, sondern ein Treffen der Außenminister der N+N-Staaten avisiert, bei dem eine gemeinsame Initiative lanciert werden könnte. An die Schweiz erging von den übrigen Teilnehmern die Bitte, sich an einem eventuellen Rettungsversuch in Madrid zu beteiligen.[201]

In einem Antwortschreiben auf den Bericht Iselins über die Besprechung mit Pahr teilte Botschafter Brunner mit, die Schweiz werde sich der Erarbeitung eines gemeinsamen Entwurfs nicht grundsätzlich verweigern, obgleich sie die Erfolgschancen gegenwärtig als sehr gering einschätze. Darüber hinaus müsse dieser Entwurf primär die originären Positionen der N+N-Staaten widerspiegeln und solle somit gerade kein Kompromißpapier zwischen Ost und West sein. Was beispielsweise das Thema einer Abrüstungskonferenz betraf, so war der französische Vorschlag nach Ansicht der Schweiz nicht verhandelbar: „[N]ous n'accepterons aucun texte qui fasse des concessions aux Soviétiques par rapport à la proposition

---

[197] BAR, E 2001 E-01, 1991/17, Bd. 251 (Europäische Sicherheitskonferenz), CSCE. Conférence de situation du 4 août 1981.

[198] Franz Ceska, Détente und KSZE-Prozess. Österreich zwischen Helsinki (1975) und Madrid (1983), in: Oliver Rathkolb/Otto M. Mascke/Stefan August Lütgenau (Hgg.), Mit anderen Augen gesehen. Internationale Perzeptionen Österreichs 1955-1990, Wien u. a. 2002, S. 509-521, S. 515.

[199] BAR, E 2001 E-01, 1991/17, Bd. 251 (Europäische Sicherheitskonferenz), Aktennotiz von Botschafter Iselin. KSZE-Konferenz in Madrid. N+N-Initiative, 25. Februar 1981.

[200] Ebd.

[201] BAR, E 2001 E-01, 1991/17, Bd. 251 (Europäische Sicherheitskonferenz), Telex Botschaft Wien an EDA Bern, 16. 03. 1981.

française."[202] Wie Botschafter Brunner noch einmal klarstellte, bevorzuge die Schweiz in der aktuellen Situation jedoch „un document court qui par sa brièveté reflèterait mieux la réalité internationale tout en préservant le processus de la CSCE."[203] In diesem Punkt gab es einen weiteren Meinungsunterschied zwischen den Delegationsleitern der Schweiz und Österreichs. Während Edouard Brunner in einem Kurzdokument ähnlich wie in Belgrad eine Möglichkeit zur Rettung und Fortsetzung des KSZE-Prozesses sah, konnte nach Ansicht von Franz Ceska das KSZE-Treffen nicht schon wieder mit einem substanzlosen Dokument enden. Wie der österreichische Delegationsleiter Botschafter Iselin gegenüber erläuterte, müsse die Madrider Tagung auf jeden Fall mit einem guten inhaltlichen Ergebnis beendet werden, denn „jeder andere Abschluss als mit substantiellem Dokument würde gefährliche West-Ost-Spannungen weiter verschärfen und einziges zurzeit verfügbares Gesprächsforum kompromittieren."[204] Eine Lösung wie in Belgrad konnte man nach Ceskas Meinung nur einmal machen.[205]

Es ist insgesamt auffällig, daß die Schweiz besonders kompromißlos auftrat und bewußt keine klassische Vermittlerrolle anstrebte. Damit setzte sie ihre offensive Strategie vom Madrider Vorbereitungstreffen fort. Diese von Skepsis geprägte Haltung demonstrierte die Schweiz nach außen auch mit einer bewußt zurückhaltenden Repräsentation. Anders als viele seiner Amtskollegen war Bundesrat Aubert nicht zur Eröffnung des KSZE-Treffens nach Madrid gereist, und an der auf Einladung von Außenminister Pahr zustande gekommenen Besprechung der Neutralen Mitte März in Wien nahmen weder Bundesrat Aubert noch Botschafter Brunner teil. Nach Ansicht der Schweiz machte das Vorbringen maximalistischer und unannehmbarer Vorschläge durch die Sowjetunion eine Kompromißsuche zwischen Ost und West wie noch in Genf unmöglich. Die westlichen und neutralen Länder müßten sich dieser als Erpressungstaktik empfundenen Strategie statt dessen widersetzen und Gegendruck ausüben. Wie sich einer Gesprächsvorlage für Staatssekretär Raymond Probst entnehmen läßt, war das Verhindern östlicher Ideen dabei sogar höher zu gewichten als das Durchbringen eigener Vorschläge: „Wir verzichten lieber auf mögliche Fortschritte, wenn diese mit Abstrichen erkauft werden müssen."[206] Es war die logische Konsequenz dieser Bewertung, daß die Schweiz zu jenem Zeitpunkt der Konferenz ein kurzes Abschlußdokument präferierte.

Die Diplomaten der Eidgenossenschaft beteiligten sich schließlich an den internen Gesprächen, in denen die N+N-Staaten im März 1981 den Versuch unternahmen, einen gemeinsamen Entwurf für ein Abschlußdokument zu erarbeiten.

---

[202] BAR, E 2001 E-01, 1991/17, Bd. 251 (Europäische Sicherheitskonferenz), Telex EDA Bern an Botschaft Wien, 17.03.1981.

[203] Ebd.

[204] BAR, E 2001 E-01, 1991/17, Bd. 251 (Europäische Sicherheitskonferenz), Telex Botschaft Wien an EDA Bern, 03.07.1981.

[205] Interview mit Franz Ceska.

[206] BAR, E 2001 E-01, 1991/17, Bd. 251 (Europäische Sicherheitskonferenz), Notiz an Herrn Staatssekretär Probst, 9. März 1981.

Innerhalb der Gruppe gab es eine Spaltung in zwei Denkschulen. Die finnischen Vertreter strebten einen linearen Kompromiß zwischen Ost und West an, während die Schweiz im Sinne der skizzierten skeptischen Haltung für die Betonung der N+N-Vorschläge und damit indirekt für eine Absage an sowjetische Maximalforderungen eintrat. Schweden unterstützte die finnische Position, wohingegen die Schweiz Zuspruch von Österreich erhielt. Jugoslawien übernahm die Rolle eines internen Vermittlers und war bemüht, die Einheit der Gruppe zu wahren.[207]

In der Frage der Grundkonzeption des KSZE-Treffens und des Konferenzziels gab es in Madrid also deutliche „Bewertungsunterschiede"[208] innerhalb der Gruppe der N+N-Staaten. Nach Ansicht von Edouard Brunner habe sich die Schweiz mit ihrer Position am Ende durchsetzen können, doch sei es möglich, daß der Konflikt innerhalb der Gruppe negative Spuren hinterlassen werde.[209]

Am 31. März 1981 wurde der gemeinsame Entwurf den anderen Teilnehmerstaaten von den Delegationsleitern der N+N-Staaten im Plenum vorgestellt.[210] Neben der bereits erwähnten offenen Formulierung in der Zonenfrage war der Vorschlag einer Abrüstungskonferenz auf Grundlage des französischen „Zwei-Stufen-Modells" enthalten. Das Mandat für die eigentliche Abrüstungskonferenz (Stufe Zwei) sollte jedoch erst im Rahmen des nächsten KSZE-Folgetreffens vereinbart werden. In der ersten Konferenzstufe sollte zuvor über die Festlegung neuer VBM beraten werden. Demgegenüber enthielt der N+N-Entwurf bereits eine Ausweitung der bestehenden, „klassischen" VBM. Hierzu gehörte eine Senkung der Ankündigungsschwelle bei Manövern auf 18 000 Soldaten und das Recht von Manöverbeobachtern auf Gleichbehandlung und auf umfassende Information. Mit der Ausweitung des Anwendungsgebiets auf „ganz Europa" war wie dargestellt die westliche Forderung nach Einbeziehung des sowjetischen Territoriums bis zum Ural erfüllt. Was sonstige Treffen im Rahmen der KSZE betraf, so sollte auf Anregung der Schweiz ein weiteres Expertentreffen zur Errichtung eines Systems der friedlichen Streiterledigung in Athen stattfinden. Darüber hinaus war ein Seminar über Mittelmeerfragen in Venedig, ein Forum zur Zusammenarbeit im kulturellen Bereich sowie ein Sondertreffen anläßlich des zehnjährigen Jubiläums der Schlußakte 1985 in Helsinki vorgesehen. Der Korb III enthielt im Bereich „menschliche Kontakte" insbesondere die Absicht zu Erleichterungen bei der Familienzusammenführung, und auf dem Feld der „Information" wurde der freiere Zugang zu Druckerzeugnissen durch verstärkte Zusammenarbeit von

---

[207] BAR, E 2001 E-01, 1991/17, Bd. 251 (Europäische Sicherheitskonferenz), Rundtelegramm des EDA Bern, 01. 04. 1981.

[208] Zielinski, Die neutralen und blockfreien Staaten, S. 252.

[209] BAR, E 2001 E-01, 1991/17, Bd. 251 (Europäische Sicherheitskonferenz), Rundtelegramm des EDA Bern, 01. 04. 1981.

[210] Vgl. BAR, E 2001 E-01, 1991/17, Bd. 251 (Europäische Sicherheitskonferenz), Vorschlag der Delegationen Österreichs, Zyperns, Finnlands, Liechtensteins, San Marinos, Schwedens, der Schweiz und Jugoslawiens. Entwurf des abschließenden Dokuments des Madrider Treffens, 31. März 1981.

Medienvertretern und eine zeitnahe Prüfung von Visaanträgen von Journalisten angemahnt. Auch wenn die Schweiz ein Kompromißpapier verhindern wollte, waren gewisse Zugeständnisse an die Sowjetunion gleichwohl unvermeidbar. Gegenüber dem EDA räumte Botschafter Brunner in seiner Einschätzung des N+N-Entwurfs ein, daß die Nichterwähnung bestimmter Aspekte wie die willkürliche Ausweisung von Journalisten von westlicher Seite moniert worden sei. Der Schweizer Delegationsleiter hob in seiner Bewertung jedoch ausdrücklich hervor, daß es sich bei dem aktuellen Entwurf um eine „Diskussionsgrundlage"[211], nicht aber um ein Ultimatum im Sinne einer „take-it-or-leave-it"-Option handeln würde. Sollte es bei den Beratungen allerdings zu keiner schnellen Annäherung kommen, wäre die Verabschiedung eines kurzen Schlußdokuments seiner Ansicht nach die beste Lösung. Bereits in dieser Phase der Konferenz zeigte sich eine enge inhaltliche Übereinstimmung zwischen der Schweiz und den USA. So schlug der amerikanische Delegationsleiter Kampelman bei der Beratung des N+N-Entwurfs in der Plenarsitzung vom 3. April 1981 vor, dieses Papier durch eine spezielle Kontaktgruppe der Delegationschefs behandeln zu lassen, die nach ungefähr vier Wochen zu einer Einigung auf Basis des N+N-Entwurfs kommen sollte. Wenn dies nicht gelinge, solle man dem Vorschlag Edouard Brunners folgen, „[to] concentrate on a concise and short document and have the next follow-up meeting in a not too distant future. This would not be regarded by us as a failure. We are prepared before the next week to set the time for the next follow-up meeting!"[212] Der sowjetische Delegationsleiter Illitschow widersprach ihm in der gleichen Plenarsitzung, indem er folgende Frage stellte: „Could there be results by a short document which simlpy states that we have met und that we will meet again after some years? This will be judged as a failure! There is the possibility to achieve more, to be content with less cannot be good!"[213]

Der Entwurf der N+N-Staaten wurde von beiden Seiten als Verhandlungsgrundlage akzeptiert. Die Konferenz vertagte sich am 10. April 1981 für drei Wochen, damit die Delegationen in den Hauptstädten ihrer Länder den N+N-Vorschlag in Ruhe studieren und bewerten konnten. Selbst Botschafter Brunner sah in dieser Situation trotz fortbestehender Skepsis „un certain espoir, que la réunion de Madrid puisse tout de même déboucher sur un document final substantiel."[214] Vor allem die genannten Differenzen über das Anwendungsgebiet der VBM verhinderten im Frühjahr 1981 jedoch eine Annäherung in Madrid. Verhandlungen zwischen den Delegationen der USA und der Sowjetunion in der Zonenfrage seien vorläufig gescheitert, wie die Schweizer Delegation am 21. Mai 1981 nach Bern berichtete, und „[e]in baldiges Ende des Madrider Treffens steht

---

[211] BAR, E 2001 E-01, 1991/17, Bd. 251 (Europäische Sicherheitskonferenz), Telex KSZE-Delegation Madrid an EDA Bern, 03. 04. 1981.
[212] Notizen Renk (Madrid), Plenary 3 April 1981.
[213] Ebd.
[214] BAR, E 2001 E-01, 1991/17, Bd. 251 (Europäische Sicherheitskonferenz), Réunion de Madrid – Etat des travaux, 24 avril 1981.

nicht bevor."[215] In einer Aufzeichnung von Anfang Juni 1981 an Staatssekretär Probst faßte Botschafter Brunner ein Gespräch mit dem Delegationsleiter der Niederlande zusammen, der sich im Namen der EG-Staaten nach der Position der Schweiz zum Stand der KSZE-Verhandlungen erkundigt hatte. Dabei zeigte sich eine veränderte Bewertung Brunners im Vergleich zum Jahresbeginn. Die Schweiz strebe derzeit nicht die Unterbreitung eines Kurzdokuments an, es sei denn, von beiden Seiten werde dies klar gewünscht. Es bestünde weiterhin die Möglichkeit auf ein Abschlußdokument auf Grundlage des N+N-Entwurfs. Gefragt seien nun vor allem Verhandlungsgeschick und Geduld: „Dans toute négociation Est-Ouest, il faut faire preuve de patience et il serait maladroit de montrer que l'on est pressé d'en finir. Dès lors, nous négocions et continuons à négocier."[216] Es bestand aus Sicht der Schweiz also noch Aussicht auf Erfolg, und nach Meinung Brunners mußte zumindest der Versuch unternommen werden, zu einem substantiellen Abschlußdokument des Madrider Treffens zu gelangen. Klar war jedoch auch, daß dies nicht kurzfristig zu erreichen sein würde, sondern nur mit einer Strategie des langen Atems. Die Situation in Madrid glich somit immer mehr der Pattsituation in einem Stellungskrieg. Bereits Ende Juni 1981 kam Botschafter Brunner in einem Rundschreiben zu dem Ergebnis, die Madrider Konferenz befinde sich „dans l'impasse totale et les travaux sur un document d'ensemble stagnent."[217] Für den weiteren Verlauf waren nach Ansicht Brunner nun vier mögliche Szenarien denkbar, nämlich die Einigung auf ein substantielles Abschlußdokument, die Einigung auf ein Kurzdokument, das die Einberufung eines Vorbereitungstreffens für eine Abrüstungskonferenz enthielt, eine kürzere Unterbrechung der Madrider Tagung für ungefähr drei Monate oder aber eine längere Unterbrechung von bis zu einem Jahr.[218] Nachdem die Sowjetunion Mitte Juli 1981 wie erwähnt den Formulierungsvorschlag der NATO-Staaten zur Zonenfrage zurückgewiesen hatte, informierte Botschafter Brunner Staatssekretär Probst in einem Telefongespräch, daß sich die Lage in Madrid zuspitzen würde.[219] In den Mittelpunkt der Diskussionen rücke zunehmend der Vorschlag einer Unterbrechung der Konferenz. Beide Großmächte seien mit dem Wunsch nach einem entsprechenden Vorschlag an die N+N-Staaten herangetreten. Für die Schweizer Diplomaten stand fest, „dass nach zahlreichen Rettungsversuchen die Lage nun so verfahren ist, dass es keinen Sinn mehr hätte, einen weiteren, aussichtslosen Vorstoss zu unternehmen."[220] Als mögliche Optionen kamen für Botschafter Brunner in dieser Situation entweder ein auf Prozedurfragen beschränktes Kurzdokument im Stil der Belgrader Tagung

[215] BAR, E 2001 E-01, 1991/17, Bd. 251 (Europäische Sicherheitskonferenz), Telex KSZE-Delegation Madrid an EDA Bern, 21.05.1981.
[216] BAR, E 2001 E-01, 1991/17, Bd. 251 (Europäische Sicherheitskonferenz), Note à Monsieur le Secrétaire d'Etat Probst. Position de la Suisse à la CSCE, 2 juin 1981.
[217] BAR, E 2001 E-01, 1991/17, Bd. 252 (Europäische Sicherheitskonferenz), Rundtelegramm Botschafter Brunner, 29.06.1981.
[218] Ebd.
[219] BAR, E 2001 E-01, 1991/17, Bd. 252 (Europäische Sicherheitskonferenz), KSZE. Anruf Botschafter Brunner aus Madrid, 21. Juli 1981.
[220] Ebd.

oder aber eine längere Unterbrechung der Konferenz in Betracht. Eine Unterbrechung für ein Vierteljahr war nach seiner Ansicht allerdings wenig sinnvoll, denn
im Herbst stünde man unverändert wieder vor denselben Problemen.[221]

Botschafter Ceska und die österreichische Delegation nahmen dem telefonischen Bericht vom 21. Juli 1981 zufolge hingegen eine kritische Position zu einer
Unterbrechung ein und wollten weiterhin nach einer Lösung suchen, was Botschafter Brunner jedoch als „non-starter"[222] bezeichnete. Insofern zeigt sich an
dieser Stelle konkret die weiter oben beschriebene unterschiedliche Grundhaltung der beiden Diplomaten. Botschafter Brunner erhoffte sich von einer Unterbrechung, die Konferenz später in einem womöglich besseren Klima der Ost-
West-Beziehungen zu einem erfolgreichen Abschluß führen zu können. In diesem
Zusammenhang kritisierte er in einem Delegationsbericht den Versuch einiger
Länder, die KSZE außerhalb der internationalen Zusammenhänge zu betrachten.[223] Für Botschafter Ceska war es demgegenüber gerade aufgrund der schlechten Rahmenbedingungen wichtig zu versuchen, in Madrid zu einem guten Ergebnis des KSZE-Treffens zu gelangen und so gegebenenfalls ein positives Signal
setzen zu können. Der Abschluß eines proceduralen Dokuments ähnlich wie in
Belgrad hätte seiner Meinung nach „eine weitere Schwächung der KSZE zur Folge
gehabt."[224]

Nach Sondierungen mit den anderen Teilnehmerstaaten stellte sich jedoch einzig eine Unterbrechung des KSZE-Treffens für drei Monate als konsensfähig heraus. Auf Antrag Finnlands, Schwedens, Österreichs und auch der Schweiz wurde
schließlich beschlossen, die Madrider Konferenz vom 28. Juli bis 27. Oktober 1981
zu unterbrechen. Es handelte sich hierbei um eine politische, nicht um eine analytische Entscheidung, wie Botschafter Brunner in einem Bericht an das EDA von
Ende Juli 1981 betonte, denn eine Annäherung der Positionen sei bis Oktober
nicht zu erwarten. Der Schweizer Delegationsleiter war dennoch „pas malheureux
de cette interruption."[225] Die Meinungsunterschiede zwischen West und Ost in
zentralen Fragen seien deutlich geworden und das Zustandekommen eines faulen
Kompromisses sei verhindert worden. Bei einer anderen Entwicklung wäre gemäß Brunner von der KSZE das falsche Signal ausgegangen, daß trotz sowjetischer Invasion in Afghanistan und Menschenrechtsverstößen in den internationalen Beziehungen weiterhin „business as usual" betrieben werde.[226]

Mit der Unterbrechung der Konferenz für ein Vierteljahr verschob sich das
Zentrum der Verhandlungen wieder vom Konferenzort in die Hauptstädte der

[221] BAR, E 2001 E-01, 1991/17, Bd. 252 (Europäische Sicherheitskonferenz), Rundtelegramm
Botschafter Brunner, 29.06.1981.
[222] BAR, E 2001 E-01, 1991/17, Bd. 252 (Europäische Sicherheitskonferenz), KSZE. Anruf Botschafter Brunner aus Madrid, 21. Juli 1981.
[223] BAR, E 2001 E-01, 1991/17, Bd. 252 (Europäische Sicherheitskonferenz), Telex KSZE-Delegation Madrid an EDA Bern, 22.07.1981.
[224] Ceska, Détente und KSZE-Prozess, S. 514.
[225] BAR, E 2001 E-01, 1991/17, Bd. 252 (Europäische Sicherheitskonferenz), Telex KSZE-Delegation Madrid an EDA Bern, 22.07.1981.
[226] Ebd.

Teilnehmerstaaten und von der multilateralen auf die bilaterale Ebene. Es galt nun in diplomatischen Kontakten auszuloten, welche Perspektiven es für den Konferenzverlauf nach Wiederaufnahme Ende Oktober gab und wie verfahren werden sollte, falls bis Ende des Jahres 1981 keine Lösung erzielt werden würde. Für diesen Fall gab es im EDA Überlegungen zu der Möglichkeit einer zwei- bis dreijährigen Verschiebung der Madrider Konferenz.[227] Bei Konsultationen mit Diplomaten des Quai d'Orsay am 30. September 1981 in Paris skizzierte Botschafter Brunner jedoch ein anderes Szenario. Sollte bis Dezember 1981 keine Einigung erzielt werden, wäre die Konferenz bis Herbst 1982 zu unterbrechen. In der Zwischenzeit solle auf zwei Expertentreffen für militärische Probleme und Menschenrechte nach Lösungen für die fortbestehenden Streitfragen gesucht werden. Ein endloses Weiterverhandeln lehnte Brunner ab und verwies auf das negative Beispiel der sich seit Jahren hinschleppenden Verhandlungen über eine beiderseitige und ausgewogene Truppenreduzierung in Europa. Die KSZE dürfe nicht denselben Gang nehmen wie die MBFR-Verhandlungen.[228] Die von Brunner dargelegte Linie war das Ergebnis eines Treffens der Delegationsleiter Schwedens, Österreichs, Finnlands und der Schweiz am 24./25. September 1981 in Bern. Dabei war von den vier Neutralen die Position festgelegt worden, daß bei fortdauernder Uneinigkeit die Konferenz nicht über den Dezember hinaus normal weitergeführt werden könne, es aber auch nicht zu einem Zusammenbruch des KSZE-Prozesses kommen dürfe.[229]

Während der dreimonatigen Konferenzunterbrechung führte die Schweiz auch Gespräche mit den Vertretern der beiden Großmächte. Botschafter Brunner unternahm in diesen Konsultationen sogar den Versuch einer Vermittlung zwischen Washington und Moskau. Von sowjetischer Seite wurde bei den Gesprächen des Schweizer Delegationsleiters in Moskau am 13./14. Oktober 1981 insbesondere ein Entgegenkommen des Westens in der Zonenfrage gefordert. Wie Brunner gegenüber dem sowjetischen Delegationsleiter Illitschow erklärte, halte er eine Einigung in dieser Frage bis Mitte Dezember durchaus für möglich.[230] Darüber hinaus führte Brunner noch ein separates Gespräch mit dem sowjetischen Diplomaten Mendelewitsch, zu dem seit den Verhandlungen von Dipoli und Genf ein gutes persönliches Verhältnis bestand.

Direkt nach seiner Rückkehr nach Bern traf Brunner dort am 15. Oktober 1981 mit dem amerikanischen Delegationsleiter Kampelman zusammen. Dabei äußerte Brunner die Überzeugung, die USA sollten in der Zonenfrage auf bilateraler

---

[227] BAR, E 2001 E-01, 1991/17, Bd. 252 (Europäische Sicherheitskonferenz), Réunion de Madrid – Etat des travaux, 10 août 1981.
[228] BAR, E 2001 E-01, 1991/17, Bd. 252 (Europäische Sicherheitskonferenz), Aufzeichnung der Gespräche von Herrn Botschafter Brunner mit Herrn Botschafter Martin vom 30. 09. 1981 in Paris/Entwurf.
[229] BAR, E 2001 E-01, 1991/17, Bd. 252 (Europäische Sicherheitskonferenz), Rundschreiben Botschafter Brunner. Réunion à Berne des chefs de délégation à la CSCE d'Autriche, de Finlande, de Suède et de Suisse les 24./25. 09. 1981, 1er octobre 1981.
[230] BAR, E 2001 E-01, 1991/17, Bd. 252 (Europäische Sicherheitskonferenz), CSCE. Entretiens de M. Brunner à Moscou les 13 et 14 octobre 1981.

Ebene nach einer Lösung suchen „par une discussion en tête-à-tête avec les Soviétiques."[231] In den Konsultationen mit Kampelman überbrachte Botschafter Brunner zudem eine geheime Nachricht, die er zuvor während seines Moskauer Gesprächs mit Mendelewitsch meinte empfangen zu haben. Einer Mitteilung Brunners an den Schweizer Botschafter Hohl in Moskau vom 16. Oktober 1981 lassen sich diese weiteren, in den Gesprächsaufzeichnungen nicht enthaltenen Informationen entnehmen. Botschafter Hohl wurde von Brunner damit beauftragt, eine Antwort von Kampelman an Mendelewitsch zu überbringen. Der amerikanische Delegationsleiter sei bereit, mit dem sowjetischen Diplomaten zu einem geheimen Gespräch zusammenzutreffen, um über eine Lösung der KSZE-Probleme zu beraten. Ein solches Treffen könne – falls gewünscht – auch in der Schweiz arrangiert werden.[232] Doch der Bericht Hohls vom 23. Oktober 1981, nach Übermittlung der Antwort Kampelmans, enthielt nicht das gewünschte Ergebnis. Wie Hohl Botschafter Brunner mitteilte, handele es sich nach Ansicht von Mendelewitsch bei der ganzen Sache um ein „Missverständnis"[233]. Seinerseits habe es bei dem Gespräch mit Brunner in Moskau keine Bereitschaft zu einem Gespräch mit Kampelman gegeben.

Die Konstellation war – worauf Botschafter Brunner in dem Schreiben an Hohl bereits hingewiesen hatte[234] – insofern heikel, als der sowjetische Delegationsleiter Illitschow bei dem Vorgang einfach übergangen worden war. Es hätte sich bei der Zusammenkunft Kampelmans mit Mendelewitsch sowjetischerseits somit um Parallelverhandlungen gehandelt. Der Inhalt des entsprechenden Gesprächsabschnitts zwischen Brunner und Mendelewitsch in Moskau läßt sich auf Grundlage des Schriftwechsels zwischen Brunner und Hohl nur ansatzweise rekonstruieren. So habe Mendelewitsch Brunner lediglich versichern wollen, daß die in Helsinki beteiligten sowjetischen Diplomaten („Helsinki-Mafia") der KSZE weiterhin positiv gegenüberstünden.[235] Eine solche Aussage könnte jedoch verbunden gewesen sein mit einer Abgrenzung zu den aktuell mit der KSZE befaßten Diplomaten wie Illitschow. Auf jeden Fall sah Brunner auf Grundlage der Aussagen des sowjetischen Diplomaten die Chance auf erfolgreiche Verhandlungen mit den USA. Diese Ansicht wurde von Kampelman nach der Informierung durch Brunner geteilt. Für die Interpretation des ungewöhnlichen diplomatischen Vorgangs, der Botschafter Hohl in eine etwas unangenehme Lage brachte, sind mehrere Erklärungen möglich. Botschafter Brunner könnte die Aussagen von Mendelewitsch überinterpretiert haben, Mendelewitsch könnte seine Aussagen über eigene

[231] BAR, E 2001 E-01, 1991/17, Bd. 252 (Europäische Sicherheitskonferenz), Entretiens CSCE, 15 octobre 1981.
[232] BAR, E 2001 E-01, 1991/17, Bd. 252 (Europäische Sicherheitskonferenz), Telex EDA Bern an Botschaft Moskau, 16. 10. 1981.
[233] BAR, E 2001 E-01, 1991/17, Bd. 252 (Europäische Sicherheitskonferenz), Telex Botschaft Moskau an EDA Bern, 23. 10. 1981
[234] BAR, E 2001 E-01, 1991/17, Bd. 252 (Europäische Sicherheitskonferenz), Telex EDA Bern an Botschaft Moskau, 16. 10. 1981.
[235] BAR, E 2001 E-01, 1991/17, Bd. 252 (Europäische Sicherheitskonferenz), Telex Botschaft Moskau an EDA Bern, 23. 10. 1981.

Handlungsabsichten und Einflußmöglichkeiten etwas übertrieben dargelegt haben, oder es gab wirklich eine Gesprächsofferte, und Mendelewitsch ruderte später zurück, als ihm bewußt wurde, daß er sich mit seinen Aussagen gegenüber dem eigenen Außenministerium und insbesondere Delegationsleiter Illitschow in eine schwierige Lage gebracht hatte. Allerdings fand gemäß einer Interviewäußerung Edouard Brunners aus dem Jahr 2003 später doch ein Treffen zwischen Kampelman und Mendelewitsch in Madrid statt.[236] Da sich in den Quellen jedoch keine diesbezüglichen Angaben finden, läßt sich der Sachverhalt nicht im Detail klären: Quod non est in actis, non est in mundo.

Wie eine andere, spätere Episode verdeutlicht, wurde Brunner auch persönlich aktiv und benutzte schon mal unorthodoxe Methoden, um Amerikaner und Sowjets zu inoffiziellen Kontakten zusammenzubringen. Wie das amerikanische Delegationsmitglied Spencer Oliver im Rückblick berichtete, war er im Herbst 1982 – das Madrider KSZE-Treffen war zu diesem Zeitpunkt unterbrochen – mit Edouard Brunner in Bern zu einem Arbeitsessen verabredet. Brunner hatte im Vorfeld angemerkt, daß noch eine dritte Person teilnehmen werde. Als Oliver zu der Verabredung erschien, stellte er zu seiner Überraschung fest, daß es sich bei der dritten Person um niemand geringeren als den Leiter der Europaabteilung des sowjetischen Außenministeriums, Anatoli Adamischin, handelte.[237]

Die Schweiz ließ sich von den anhaltenden Divergenzen zwischen Ost und West nicht entmutigen. Edouard Brunner sah im Oktober 1981 eine immerhin fünfzigprozentige Chance für eine Einigung in Madrid.[238] Für den anderen Fall warb die Schweiz weiterhin für eine längere Unterbrechung der Konferenz, was von einigen Ländern wie der Bundesrepublik Deutschland kritisch gesehen wurde. Nach Wiederaufnahme der Madrider Verhandlungen Ende Oktober 1981 ging es den neutralen Staaten jedoch zunächst darum, „de faire une dernière tentative pour obtenir un résultat substantiel."[239] Zu diesem Zweck führten einige neutrale Länder – darunter Diplomaten der Schweiz – separate Gespräche mit Vertretern westlicher und östlicher Staaten. Das Ziel bestand darin, „to sketch in the furthest limits of each side's willingness to compromise in order to define what was politically feasible."[240] Unter österreichischer Regie wurde darüber hinaus an einem

---

[236] Fischer, Grenzen der Neutralität, S. 301; ein Geheimtreffen – allerdings zwischen Botschafter Kampelman und dem neuen sowjetischen Delegationsleiter Kowalow – fand im Oktober 1982 in Madrid statt. Es ist möglich, daß Brunner auf dieses spätere Ereignis Bezug genommen hat; vgl zum Treffen auch. Kap. 10.3.

[237] Spencer Oliver, Edouard Brunner at the Follow-up Meetings of the CSCE (Belgrade 1977/78, Montreux 1978, Madrid 1980–1983), in: Andreas Wenger/Victor Mauer (Hgg.), Edouard Brunner ou la diplomatie du possible. Actes du colloque en son souvenir (Genève, 24 juin 2008), Zürich 2010, S. 59–63, S. 62.

[238] BAR, E 2001 E-01, 1991/17, Bd. 252 (Europäische Sicherheitskonferenz), Note de M. l'Ambassadeur. Brunner à M. le Secrétaire d'Etat Probst en vue du voyage de ce dernier à Sofia, Octobre 1981.

[239] BAR, E 2001 E-01, 1991/17, Bd. 252 (Europäische Sicherheitskonferenz), Telex EDA Bern an Botschaft Bonn, 10. 11. 1981.

[240] Sizoo/Jurrjens, Madrid Experience, S. 161.

neuen Entwurf der N+N-Staaten für ein Abschlußdokument gearbeitet. Einen „linearen Kompromiß" zwischen den Positionen der Supermächte lehnte die Schweiz weiterhin ab. Der N+N-Vorschlag durfte keinesfalls als „take-it-or-leave-it"-Option präsentiert werden, wodurch die westlichen Staaten womöglich unter Druck geraten wären, einer Einigung zuzustimmen. In einem Rundschreiben von Mitte November 1981 stellte Botschafter Brunner hierzu folgendes klar: „Nous ne produirons pas de texte contre l'avis des Américains et des Anglais."[241] Die Eidgenossenschaft wollte weiterhin lieber eine Vertagung als eine Einigung um jeden Preis, die mit der Aufgabe von westlichen Grundpositionen hätte erkauft werden müssen. Es wird noch einmal deutlich, daß die Schweiz in Madrid innerhalb der Gruppe der N+N-Staaten als „westlicher Neutraler" agierte.

Schließlich präsentierten die N+N-Staaten am 16. Dezember 1981 ihren neuen Entwurf für ein Abschlußdokument.[242] Die Reaktionen aus Ost und West waren jeweils positiv – selbst in der Zonenfrage schien eine Einigung möglich zu sein.[243] Gleichzeitig spitzte sich aber die politische Lage in Polen dramatisch zu. Auf die ständig zunehmende Popularität und den wachsenden Einfluß der Protestbewegung unter dem Banner der freien Gewerkschaft Solidarnosc reagierte die polnische Staatsführung am 13. Dezember 1981 mit der Verhängung des Kriegsrechts und der Einsetzung eines „Militärrats für die nationale Rettung"[244]. Die Fronten in Madrid verhärteten sich nun wieder. Nur einen Tag nach einer positiven Würdigung des N+N-Entwurfs durch die sowjetische Diplomatie bezeichnete Moskau das Dokument am 17. Dezember 1981 plötzlich als unannehmbar. Vor dem Hintergrund der Ereignisse in Polen rückte die Suche nach einem Abschlußdokument nun in den Hintergrund. Auch aus schweizerischer Perspektive konnte unter diesen Umständen kein Abschlußdokument verabschiedet werden, denn „dans la situation internationale actuelle au moment où les libertés fondamentales et les droits les plus élémentaires sont violés en Pologne, [...] il serait politiquement faux d'adopter un texte quelconque à Madrid."[245]

In dieser unsicheren Situation beschlossen die in Madrid versammelten Diplomaten, die Konferenz erst einmal bis zum 9. Februar 1981 zu unterbrechen und die weitere Entwicklung der Ereignisse in Polen abzuwarten. Der Entwurf der

---

[241] BAR, E 2001 E-01, 1991/17, Bd. 252 (Europäische Sicherheitskonferenz), Telex Circulaire, 16 novembre 1981.

[242] Zielinski, Die neutralen und blockfreien Staaten, S. 255.

[243] Die entsprechende Formulierung lautete folgendermaßen: „[...] these confidence and security-building measures will cover the whole of Europe as well as the adjoining sea area and air space. [...] As far as the adjoining sea area and are space is concerned, these measures will be applicable to the military activities of forces of all the participating States operating there in so far as these activities constitute a part of activities in Europe which the participating States will agree to notify. Necessary specifications will be made through the negotiations on the confidence- and security-building measures at the Conference."; zit. nach Roth, KSZE-Nachfolgekonferenz in Madrid, S. 24.

[244] Andrea Schmidt-Rösler, Polen. Vom Mittelalter bis zur Gegenwart, München 1996, S. 238.

[245] BAR, E 2001 E-01, 1991/17, Bd. 252 (Europäische Sicherheitskonferenz), Telex Circulaire, 17 décembre 1981.

N+N-Staaten blieb einstweilen als Verhandlungsgrundlage auf dem Tisch. Auch Edouard Brunner plädierte angesichts der neuen Entwicklungen für eine kurze Unterbrechung bis Anfang des Folgejahres.[246] Der neue Entwurf der N+N-Staaten hätte laut Einschätzung von Botschafter Ceska „innerhalb weniger Tage zur Einigung geführt, wenn nicht durch die Ausrufung des Kriegsrechts in Polen eine völlig neue Situation entstanden"[247] wäre. Obwohl die Sowjetunion nun anders als in Prag 1968 nicht direkt intervenierte, waren die Ereignisse in Polen keine rein nationale, sondern auch eine europäische Krise. Schließlich „hatten die Polen seit 1956 mehrfach gezeigt, daß sie sich nicht widerspruchslos in den Ostblock einfügen wollten."[248] Nun mußte sich zeigen, ob die in Helsinki deklarierte neue europäische Ordnung der KSZE den Belastungen würde standhalten können.

[246] Ebd.
[247] Ceska, Das KSZE-Folgetreffen von Madrid, S. 15.
[248] Stöver, Der Kalte Krieg, S. 427.

9. Polen-Krise und Konferenzunterbrechung (1982)

9.1 Die Entwicklung der Ereignisse in Polen

Nach dem Ende des Zweiten Weltkrieges verlor Polen bis 1947 seine gerade erst wiedererlangte innere und äußere Selbstständigkeit, und es wurde unter dem Einfluß Stalins ein kommunistisches System nach sowjetischem Vorbild etabliert.[1] In den nachfolgenden Jahrzehnten kam es jedoch immer wieder zu Protesten gegen politische Unterdrückung und eine schlechte Lebensmittelversorgung der Bevölkerung. In der historischen Tradition der polnischen Freiheitskämpfe in der Teilungszeit und des Widerstands gegen die deutsche Besatzung im Zweiten Weltkrieg[2] ging es dabei sowohl um innere Selbstbestimmung als auch um äußere Souveränität. Aufgrund der lange nicht vorhandenen Staatlichkeit erlangten Literatur und Katholizismus eine wichtige Bedeutung als Symbole nationaler Identifikation. Mit der Wahl des Krakauer Kardinals Karol Wojtyla zum Papst, der im Jahr 1978 unter dem Namen Johannes Paul II. sein Amt antrat, „rückte die Kirche zu einer Gegenmacht im Staate auf, noch dazu mit internationaler Beachtung."[3] Der Besuch des neuen Papstes in seiner Heimat in Juni 1979 wurde zu einem regelrechten Triumphzug und verdeutlichte den „eklatante[n] Kontrast zwischen der authentischen, spontanen Autorität der Kirche und der künstlichen Autorität der [polnischen Arbeiter-] Partei."[4]

Gleichzeitig regte sich in der Bevölkerung neuer Widerstand gegen den politischen Stillstand und die sich verschlechternde Versorgungslage. Konkreter Auslöser, der das Faß schließlich zum Überlaufen brachte, war die Entscheidung der polnischen Regierung vom 1. Juli 1980, die Lebensmittelpreise für Fleisch massiv zu erhöhen. Die spontanen Protestaktionen gegen diese Maßnahme weiteten sich schnell zu Demonstrationen gegen die allgemeine politische Lage aus. Mitte August traten die Mitarbeiter der Danziger Lenin-Werft in den Streik und besetzen das Werksgelände.[5] Zum Anführer der Streikbewegung wurde der Elektriker Lech Walesa, der 1976 wegen oppositionellen Verhaltens als Werftarbeiter entlassen worden war. Das Streikkomitee stellte einen Forderungskatalog an die Regierung auf, in deren Mittelpunkt das Recht auf Bildung freier Gewerkschaften stand. Die Staatsmacht befand sich in der Defensive. Bereits bei Unruhen im Jahr 1970 hatte sie eine Protestbewegung blutig niedergeschlagen, was zu einem Bruch zwischen

---

[1] Schmidt-Rösler, Polen, S. 211.
[2] Zur Geschichte Polens vgl. weiterhin Jörg K. Hoensch, Geschichte Polens, 3. Auflage, Stuttgart 1998; Manfred Alexander, Kleine Geschichte Polens, Bonn 2005; Norman Davies, Im Herzen Europas. Geschichte Polens, 2. Auflage, München 2001.
[3] Alexander, Kleine Geschichte Polens, S. 350.
[4] Davies, Im Herzen Europas, S. 16.
[5] Schmidt-Rösler, Polen, S. 233.

Volk und Partei geführt hatte, und in der Situation des August 1980 aus Sicht der politischen Führung „selbstmörderisch"[6] gewesen wäre. Es wurde deshalb eine Regierungsdelegation zu Verhandlungen mit den Streikenden nach Danzig entsandt. Am 31. August 1980 unterzeichneten Lech Walesa und der Regierungsvertreter Jagielski in einem live im Fernsehen übertragenen Akt die sogenannte „Vereinbarung von Danzig"[7], in der die meisten Forderungen der Streikenden erfüllt wurden. Die herausragende Bedeutung der Ereignisse vom August 1980 bestand – wie schon zeitgenössisch richtig erkannt wurde – darin, „daß die Resultate zwei wichtige Elemente kommunistischer Herrschaftstechnik antasten und in Frage stellen: das Gewerkschaftsmonopol sowie das Meinungsbildungs- und Meinungskontrollmonopol der Partei."[8]

Bei Beginn der Madrider Konferenz wiesen polnische Delegierte die Vertreter der Schweiz vertraulich darauf hin, ihr Land solle von den anderen Teilnehmern bitte nicht als Modell für die anderen sozialistischen Staaten gelobt werden, um die Sowjetunion nicht zu provozieren. Wenn überhaupt, dann solle lieber Kritik an Polen geübt werden. Von polnischer Seite wurde in diesem Zusammenhang die Formel verwandt, „better blame than praise."[9] Es wird noch einmal deutlich, daß es sich bei der Dominanz der Sowjetunion im Warschauer Pakt – im Gegensatz zur NATO im Westen – um ein auf Unterdrückung der osteuropäischen Satelliten ausgerichtetes System handelte. In einem Hintergrundgespräch mit dem *NZZ*-Chefredakteur Fred Luchsinger aus dem Jahr 1978 zitierte der US-Diplomat George Vest folgende Aussage eines sowjetischen Diplomaten während einer Besprechung zur Erarbeitung der KSZE-Schlußakte, die den Sachverhalt treffend zum Ausdruck bringt: „Wir haben keine Alliierten!"[10] Edouard Brunner deutete rückblickend zudem die Möglichkeit des Vorhandenseins von Reformkräften innerhalb der Eliten der sozialistischen Länder an: „Je me demande parfois, s'il n'y avait pas chez eux aussi des gens qui secrètement travaillaient, non pas pour une révolution, mais pour un changement de système."[11]

In den Monaten nach den Ereignissen vom August 1981 traten ungefähr zehn Millionen Menschen der nun als „Solidarnosc" (Solidarität) bezeichneten ersten freien Gewerkschaft Polens bei, die sich zunehmend zu einem politischen Machtfaktor entwickelte. In Polen kam es zu einer „eigentümliche[n] Doppelherrschaft"[12], indem der staatlichen Ebene von Regierung und Partei die gesellschaftliche Ebene von Solidarnosc und katholischer Kirche gegenüberstand. Die aus Sicht der sozi-

---

[6] Jerzy Holzer, „Solidarität". Die Geschichte einer freien Gewerkschaft in Polen, München 1985, S. 112.

[7] Schmidt-Rösler, Polen, S. 233.

[8] Christoph Royen, Der „polnische Sommer" 1980. Zwischenbilanz und Ausblick, in: Hermann Volle/Wolfgang Wagner (Hgg.), Krise in Polen. Vom Sommer 80 bis Winter 81. Beiträge und Dokumente aus dem Europa-Archiv, Bonn 1982, S. 17–28, S. 20.

[9] BAR, E 2001 E-01, 1991/17, Bd. 248 (Europäische Sicherheitskonferenz), Telex KSZE-Delegation Madrid an EDA Bern, 13. 10. 1980.

[10] AfZ, NL Luchsinger, Gespräche in Washington, 28./29. September 1978.

[11] Témoignage de l'Ambassadeur Edouard Brunner, S. 18.

[12] Alexander, Geschichte Polens, S. 354.

alistischen Führungen in den Warschauer-Pakt-Staaten alarmierende Besonderheit der Ereignisse in Polen bestand darin, daß es nun erstmalig die Arbeiter selbst waren, die in größerer Zahl gegen die Alleinherrschaft der Kommunistischen Partei aufbegehrten.[13] Vor diesem Hintergrund stellte sich auch die Frage, wie die Sowjetunion auf die polnische Herausforderung reagieren würde. Zu einer direkten Invasion der Roten Armee wie in Budapest 1956 oder Prag 1968 kam es letztendlich nicht.

In den Monaten nach Zulassung der freien Gewerkschaft radikalisierte sich ein Teil der Solidarnosc-Bewegung und forderte auf dem ersten Kongreß der Gewerkschaft in Danzig im September 1981 freie Wahlen und die Zulassung von Parteien.[14] Die Grenze der Gewaltlosigkeit wurde dabei in der Regel nicht überschritten, sondern als Mittel des Protests diente die Drohung mit Streik. Gleichzeitig versuchte die Polnische Arbeiterpartei, sich zu konsolidieren und die ihr im Sommer 1980 entglittene Macht wieder zu festigen. Vor diesem Hintergrund kam es im Verlauf des Jahres 1981 zu einer „offenen Auseinandersetzung um die Gestaltung des zukünftigen politischen Systems der Volksrepublik Polen".[15] Schließlich wurde am 13. Dezember 1981 wie erwähnt das Kriegsrecht verhängt und General Wojciech Jaruzelski, langjähriger Verteidigungsminister und seit Februar 1981 auch Ministerpräsident, trat an die Spitze eines Notstandskomitees unter Führung des Militärs. Die Anführer der Solidarnosc wurden verhaftet, die Gewerkschaftsbewegung als Ganzes verboten und die Grundrechte massiv eingeschränkt.[16]

Über die Hintergründe der Nichtintervention der Sowjetunion in den Jahren 1980/81 und der Verhängung des Kriegsrechts wird seit den damaligen Ereignissen diskutiert. General Jaruzelski hat sein Handeln im Rückblick mit dem Argument zu rechtfertigen versucht, er sei im Dezember 1981 einem möglichen militärischen Eingreifen der Sowjetunion zuvorgekommen und habe somit gleichsam aus patriotischen Motiven gehandelt: „Ich wußte nicht, daß solche Vorbereitungen [für eine sowjetische Intervention] getroffen worden waren. Doch ich fühlte es. […] Ich bleibe dabei, unsere, meine Entscheidung war das kleinere Übel."[17] Allerdings ist umgekehrt auch ein in Absprache zwischen Moskau und Warschau erfolgtes Vorgehen denkbar, durch das die Volksrepublik den Schein der Eigenständigkeit wahren und die Sowjetunion eine weitere internationale Krise mit den USA nach Afghanistan vermeiden konnte. Die Sowjetunion traf bereits in der zweiten Jahreshälfte 1980 Vorbereitungen für eine Invasion am 5. Dezember des Jahres. In einem Gespräch mit Breschnew konnte der Generalsekretär der Polni-

---

[13] Soutou, La guerre de Cinquante Ans, S. 627.

[14] Schmidt-Rösler, Polen, S. 237.

[15] Christoph Royen, Polen – wohin? Bedingungen und Grenzen der politischen Erneuerung, in: Hermann Volle/Wolfgang Wagner (Hgg.), Krise in Polen. Vom Sommer 80 bis Winter 81. Beiträge und Dokumente aus dem Europa-Archiv, Bonn 1982, S. 49-60, S. 49.

[16] Hartmut Kühn, Das Jahrzehnt der Solidarnosc. Die politische Geschichte Polens 1980–1990, Berlin 1999, S. 269 ff.

[17] Wojciech Jaruzelski, Mein Leben für Polen. Erinnerungen, München 1993, S. 291.

schen Arbeiterpartei, Stanislaw Kania, den Sowjetführer anscheinend von einem Einmarsch abbringen.[18] Darüber hinaus erhielt Moskau am 3. Dezember 1980 eine Warnung des amtierenden US-Präsidenten Carter, der für den Fall eines Einmarschs mit schwerwiegenden Konsequenzen für die amerikanisch-sowjetischen Beziehungen drohte.[19] Die sowjetische Invasion wurde auf unbestimmte Zeit verschoben, und eine „polnische Lösung" trat zunehmend in den Mittelpunkt der strategischen Überlegungen der Sowjetunion. Anfang Dezember 1981 beriet das Politbüro der KPdSU noch einmal über einen möglichen Einmarsch, doch nach Ansicht des Chefstrategen Suslow hätte ein solches Vorgehen eine „Katastrophe"[20] bedeutet. Der Verzicht auf eine direkte Intervention in Verbindung mit der Verhängung des Kriegsrechts stellte somit einen „Kompromiß"[21] dar. Neue Forschungsergebnisse legen nahe, daß General Jaruzelski selbst es war, der den Ausnahmezustand mit einer sowjetischen Invasion flankieren wollte, was die Moskauer Führung jedoch schließlich ablehnte.[22] Sollte von Moskauer Seite gar keine Invasion geplant gewesen sein, besitzt das Argument der angeblichen „Verhinderungsstrategie" keine Plausibilität mehr.[23] Ein weiterer Aspekt erscheint aus diplomatiegeschichtlicher Perspektive im Rückblick interessant. So weist Georges-Henri Soutou darauf hin, daß die Sowjetunion mit ihrem Verzicht auf eine Invasion in Polen erstmalig ihre Stellung in der internationalen Politik über den Primat der Ideologie stellte.[24]

Das demokratische Gedankengut der Solidarnosc ließ sich durch die staatliche Repression in Polen in den nachfolgenden Jahren nicht mehr beseitigen, wie ein zeitgenössischer Beobachter richtig erkannte: „Was in der Nacht der Verhängung des Kriegszustandes und in den folgenden Stunden und Tagen geschehen ist, […] gehört zur nächsten Periode in der Geschichte der ‚Solidarität', die noch nicht abgeschlossen ist."[25] Die Unterdrückung der Oppositionsbewegung konnte die politischen Veränderungen in Polen nicht aufhalten, sondern nur verzögern. Ende der achtziger Jahre sollte Polen schließlich erneut zum „Vorboten des Wandels"[26] in Osteuropa und Lech Walesa im Dezember 1990 schließlich zum polnischen Präsidenten gewählt werden.[27]

---

[18] Pawel Machcewicz, Die polnische Krise von 1980/81, in: Bernd Greiner/Christian Th. Müller/Dierk Walter (Hgg.), Krisen im Kalten Krieg, Bonn 2009, S. 477-504, S. 489.

[19] Soutou, La guerre de Cinquante Ans, S. 626.

[20] Zit. nach Cold War International History Project Bulletin 5 (1995), S. 121.

[21] Stöver, Der Kalte Krieg, S. 427.

[22] Vgl. Mark Kramer, Jaruzelski, the Soviet Union, and the Imposition of Martial Law in Poland: New Light on the Mystery of December 1981, in: Cold War International History Project Bulletin 11 (1998), S. 5-14; in einer Stellungnahme wies General Jaruzelski die Ergebnisse der Untersuchung zurück, vgl. Wojciech Jaruzelski, Commentary, in: Ebd. S. 32-39.

[23] Machcewicz, Polnische Krise, S. 499f.

[24] Soutou, La guerre de Cinquante Ans, S. 626.

[25] Holzer, Solidarität, S. 409.

[26] Schmidt-Rösler, Polen, S. 228.

[27] Kühn, Jahrzehnt der Solidarnosc, S. 521f.

9.2 Die Reaktion der Schweiz und die Polen-Debatte im Rahmen des KSZE-Treffens

Durch das repressive Vorgehen von Polizei und Armee gegen die eigene Bevölkerung im Dezember 1981 „verlor Polen international jegliches Ansehen. Das Militär galt weithin als Stellvertretung der Sowjetunion und wurde entsprechend behandelt.“[28] Die Verhängung des Kriegsrechts in Verbindung mit der massiven Einschränkung von Grundrechten konnte die westlichen und neutralen Teilnehmerländer der KSZE nicht unberührt lassen, denn dies widersprach „dem Inhalt und dem Geist der KSZE-Schlußakte fundamental.“[29] Das Madrider Folgetreffen veränderte mit dem Dezember 1981 seine Gestalt, und die Ereignisse in Polen traten nun in den Mittelpunkt.

Auch die Schweiz mußte sich auf die neue Situation einstellen. Der Bundesrat verurteilte bereits in einer offiziellen Stellungnahme am 14. Dezember 1981 das Handeln der Warschauer Staatsführung: „Der Bundesrat ersucht die polnische Regierung, die willkürlich Verhafteten freizulassen. Er gibt seiner Überzeugung Ausdruck, dass Polen seine inneren Angelegenheiten ohne Anwendung von Gewalt im eigenen Land und ohne Intervention von Drittstaaten regeln kann.“[30] Auf dem Madrider KSZE-Treffen nahm die Schweiz im Rahmen der Vertagungsdiskussion am 18. Dezember 1981 erstmals zu den Vorgängen in Polen Stellung. Nach dem Beschluß zur Unterbrechung der Verhandlungen bis zum 9. Februar 1982 wurde in und zwischen den Hauptstädten der KSZE-Teilnehmerländer über das weitere Vorgehen beraten. Ein Mitglied der amerikanischen Botschaft in Bern, Botschaftsrat Stout, wurde am 29. Dezember 1981 im EDA vorstellig und schlug eine gemeinsame Initiative vor. So sollte in der ersten Januarhälfte in Madrid eine Sondersitzung zu den Vorgängen in Polen durchgeführt werden.[31] Die Vorsprache des amerikanischen Diplomaten erfolgte im Rahmen einer generellen Anfrage der USA an die westlichen und neutralen KSZE-Staaten. Die Schweiz bekundete ihre generelle Unterstützung für den amerikanischen Vorschlag, wies jedoch darauf hin, daß eine Wiederaufnahme der Verhandlungen vor dem 9. Februar 1982 nur durch einstimmigen Beschluß möglich sei, wozu die östlichen Länder ihre Zustimmung sicher nicht geben würden.[32] Für diesen Fall ging das EDA jedoch davon aus, daß das Thema „Polen“ nach Wiederaufnahme der regulären Verhandlungen im Februar 1982 mit Sicherheit im Zentrum der Debatten in der KSZE stehen werde.[33] In einem weiteren Gespräch mit Botschaftsrat Stout am 6. Januar 1982 unterstrich Botschafter Brunner die Unterstützung der Schweiz für den

---

[28] Davies, Im Herzen Europas, S. 24.
[29] Genscher, Erinnerungen, S. 267 f.
[30] Schindler, Dokumente zur Schweizerischen Neutralität, S. 447.
[31] BAR, E 2001 E-01, 1991/17, Bd. 252 (Europäische Sicherheitskonferenz), Telex EDA Bern an Botschaft Washington, 30. 12. 1981.
[32] Ebd.
[33] BAR, E 2001 E-01, 1991/17, Bd. 252 (Europäische Sicherheitskonferenz), Telex EDA Bern an Botschaften Paris und Wien, 30. 12. 1981.

amerikanischen Vorschlag und hielt es aufgrund der genannten prozeduralen Probleme bei der Einberufung einer Sondersitzung für besser, sich Gedanken über das gemeinsame Vorgehen bei Wiederaufnahme der Verhandlungen am 9. Februar 1981 zu machen.[34] Die belgische Regierung unterbreitete im Namen der EG-Staaten ebenfalls eine Initiative zum weiteren Vorgehen in Madrid. Darin wurde in Ergänzung der amerikanischen Überlegungen vorgeschlagen, die KSZE-Sondersitzung solle nach Wiederaufnahme der Verhandlungen in Madrid auf Ebene der Außenminister stattfinden. Das EDA ließ für diesen Eventualfall die Frage einer möglichen Teilnahme von Bundesrat Aubert an einer Sondersitzung vorerst offen.[35] Im Hinblick auf den Fortgang der KSZE-Konferenz nach der Diskussion über Polen trat nun der bereits im Sommer 1981 von der Schweiz unterbreitete Vorschlag einer längeren Unterbrechung wieder in den Blickpunkt der strategischen Überlegungen des Berner Außendepartements. In der aktuellen Krisensituation sei dies „la seule solution raisonnable."[36]

Der polnische Botschafter in Bern sprach ebenfalls im EDA vor und bat um Verständnis für die besondere Lage seines Landes. Er gab in diesem Zusammenhang seiner Hoffnung Ausdruck, daß die KSZE-Verhandlungen hierdurch nicht belastet würden. Botschafter Brunner wies seinen Gesprächspartner jedoch darauf hin, daß die Ereignisse in Polen nicht ohne Einfluß auf die laufenden KSZE-Verhandlungen bleiben könnten. Vielmehr gelte umgekehrt, „que tout en ce qui concerne Madrid dépendait de l'évolution de la situation en Pologne."[37] Der Schweizer Botschafter in Polen, Roger-Etienne Campiche, nahm nicht am Neujahrsempfang des polnischen Staatsratsvorsitzenden Jablonski teil. Die polnische Regierung brachte daraufhin gegenüber Botschafter Campiche ihre Beunruhigung darüber zum Ausdruck, daß die Schweiz die Forderung der EG-Staaten nach einer Diskussion über Polen in der KSZE befürworte und einen Abschluß des Madrider Treffens anscheinend von der Aufhebung des Kriegsrechts abhängig machen wolle.[38] Darüber hinaus kündigte Warschau eine schriftliche Erklärung an die ausländischen Vertretungen zu den erhobenen Vorwürfen im Zusammenhang mit der Verhängung des Kriegsrechts an. In einem Schreiben an Botschafter Campiche begründete Botschafter Brunner die Haltung der Schweiz mit einer realistischen Analyse der Situation. Es sei offensichtlich, „qu'en l'état actuel des choses en Pologne et d'après toutes les informations que nous avons des capitales

---

[34] BAR, E 2010 (A), 1995/313, Bd. 248 (Europäische Sicherheitskonferenz), Aktennotiz. Vorsprache des amerikanischen Botschaftsrates Charles R. Stout, 6. Januar 1982.

[35] BAR, E 2010 (A), 1995/313, Bd. 248 (Europäische Sicherheitskonferenz), Rundschreiben an die Vertretungen in den KSZE-Staaten, 14. Januar 1981.

[36] BAR, E 2010 (A), 1995/313, Bd. 248 (Europäische Sicherheitskonferenz), Réunion CSCE de Madrid. Etat des travaux, 11 janvier 1982.

[37] BAR, E 2010 (A), 1995/313, Bd. 248 (Europäische Sicherheitskonferenz), Telex Circulaire, 8 janvier 1982.

[38] BAR, E 2010 (A), 1995/313, Bd. 248 (Europäische Sicherheitskonferenz), Telex Botschaft Warschau an EDA Bern, 18. 01. 1982.

occidentales, il ne sera pas possible de signer un document final a Madrid."[39] In diesem Zusammenhang wies Brunner auch auf die Wahl der Formulierung ‚il ne sera pas possible' im Gegensatz zu ‚il ne nous sera pas possible' hin.[40] Die gewählte erste Formulierung enthielt als Begründung die politische Realität, die zweite Formulierung wäre eine Forderung gewesen. Auf diese Weise sollte dem indirekt geäußerten polnischen Vorwurf der Parteilichkeit begegnet werden. An diesem Punkt war die Eidgenossenschaft als ausgewiesen neutraler Staat angreifbar. Im Grunde vertrat die Schweiz jedoch ebenfalls die Position, daß ein Konferenzabschluß auf Grundlage des N+N-Entwurfs in der gegenwärtigen Situation politisch nicht zu verantworten war, denn „ce document correspondait à la situation politique d'avant le 13 décembre. Il parait aujourd'hui un peu anachronique."[41] Der Unterschied zu den westlichen Staaten war semantischer, nicht jedoch inhaltlicher Art.

Die Warschauer Regierung überreichte am 22. Januar 1982 schließlich wie angekündigt ein Aide-Memoire zur Situation im eigenen Land. Die Verhängung des Kriegsrechts wurde darin unter anderem mit der Gefahr eines Bürgerkrieges und der Notwendigkeit der Wiederherstellung der öffentlichen Ordnung begründet. Es wurde polnischerseits eingestanden, die getroffenen Maßnahmen seien verbunden mit der „suspension ou la limitation de certains droits civiques fondamentaux."[42] In außenpolitischer Hinsicht wurde die hohe Wertschätzung für die KSZE betont. Gleichzeitig verbat sich Polen jegliche Einmischung in seine inneren Angelegenheiten. Es wurde Unverständnis darüber geäußert, daß einige Länder die internen Probleme des Landes auf dem KSZE-Folgetreffen diskutieren wollten: „Le gouvernement de la R[épublique] P[populaire] P[olonaise] s'opposerait fermement à toute tentative visant à faire des problèmes interieur polonais un sujet de discussion à Madrid, et considerera chaque tentative de ce genre comme intervention dans ces affaires internes."[43] Die Sowjetunion versuchte ebenfalls, durch eine offensive Strategie der Kritik der demokratischen Länder entgegenzuwirken. Wie Staatssekretär Probst, der anläßlich eines Kondolenzbesuchs für das verstorbene Politbüromitglied Suslow die sowjetische Botschaft in Bern aufgesucht hatte, in einer Notiz vom 29. Januar 1982 an Bundesrat Aubert erläuterte, habe Botschafter Lawrow ihm zu verstehen gegeben, „dass unsere Nützlichkeit als Vermittler […] an Gewicht verlieren könnte, wenn wir uns durch die Anwesenheit unseres Aussenministers in Madrid mit den Weststaaten solidarisierten."[44] Nachdem bereits Polen Verwunderung über das Verhalten der Schweiz ge-

---

[39] BAR, E 2010 (A), 1995/313, Bd. 248 (Europäische Sicherheitskonferenz), Telex EDA Bern an Botschaft Warschau, 19. 01. 1982.
[40] Ebd.
[41] BAR, E 2010 (A), 1995/313, Bd. 248 (Europäische Sicherheitskonferenz), Telex circulaire, 29. 01. 1982.
[42] BAR, E 2010 (A), 1995/313, Bd. 248 (Europäische Sicherheitskonferenz), Telex Botschaft Warschau an EDA Bern, 22. 01. 1982.
[43] Ebd.
[44] BAR, E 2010 (A), 1995/313, Bd. 248 (Europäische Sicherheitskonferenz), Notiz an Herrn Bundesrat Aubert. Madrid und UdSSR, 29. Januar 1982.

äußert hatte, zog die Sowjetunion nun nach und übte ihrerseits Druck auf die Schweiz aus. Darin ist der Versuch der östlichen Länder zu sehen, eine völlige Isolierung bei Wiederaufnahme des Madrider KSZE-Treffens zu vermeiden. In besagter Notiz an Bundesrat Aubert betonte Staatssekretär Probst jedoch, daß solche Pressionsversuche keinen Einfluß auf die Meinungsbildung der Schweiz haben dürften.[45]

Nachdem die Eidgenossenschaft bei einer Zusammenkunft der N+N-Staaten in Wien am 25./26. Januar 1982 bereits eine positive Haltung zu einer Diskussion auf Ministerebene in Madrid hatte erkennen lassen[46], fiel Anfang Februar schließlich die Entscheidung zur Teilnahme von Bundesrat Aubert an der KSZE-Tagung. Der Außenminister wies in einem Schreiben an die übrigen Mitglieder des Bundesrates vor allem auf die Möglichkeit hin, im Rahmen einer Ansprache die Position der Schweiz zu den Ereignissen in Polen darlegen zu können.[47]

Am 9. Februar 1982 wurde das KSZE-Treffen in Madrid wieder aufgenommen. Die Entsendung der Außenminister der westlichen und neutralen Länder sollte der Debatte über die Ereignisse in Polen besonderes Gewicht verleihen. Doch während der Sitzung kam es zu einem Eklat. Der Zufall wollte es, daß der täglich rotierende Sitzungsvorsitz just an jenem Tag beim polnischen Delegationsleiter Josef Wiejacz lag.[48] Nach wenigen Statements brach Wiejacz am Mittag des 9. Februars die Sitzung des Plenums plötzlich mit der Begründung ab, daß das am 18. Dezember 1981 beschlossene Organisationsschema für den Nachmittag keine Plenarsitzung vorsehe. Zu jenem Zeitpunkt befanden sich noch dreizehn Personen auf der Rednerliste, darunter sieben Außenminister.[49] An diese kontroverse Entscheidung des polnischen Sitzungsleiters schloß sich eine sechsstündige Prozedurdebatte an, an deren Ende die belgische Delegation schließlich eine Vertagung der Sitzung auf den 10. Februar beantragte.[50] Zuvor hatte der norwegische Außenminister der Empörung der westlichen und neutralen Staaten über das Vorgehen des polnischen Sitzungsleiters unter dem Applaus einiger Delegierter im Plenum Ausdruck verliehen: „If you believe that you can stop people from the free West using their right to speak, you are mistaken, Sir!"[51]

Mit ihrer Obstruktionstaktik schafften es die östlichen Staaten, die Reden einiger westlicher und neutraler Staaten – darunter auch die der Schweiz – an diesem Tag zu verhindern und sie zudem in eine lange Prozedurdebatte zu verwickeln. Dennoch machte das polnische Vorgehen insgesamt wenig Sinn, denn es brachte nur eine Verzögerung um einen Tag, verschlechterte die Verhandlungsatmosphäre

[45] Ebd.
[46] BAR, E 2010 (A), 1995/313, Bd. 248 (Europäische Sicherheitskonferenz), Telex circulaire, 29. 01. 1982.
[47] BAR, E 2010 (A), 1995/313, Bd. 248 (Europäische Sicherheitskonferenz), Le Chef du Département fédéral des affaires étrangères. Note au Conseil fédéral. CSCE – Réunion de Madrid, 1er février 1982.
[48] Roth, KSZE-Nachfolgekonferenz in Madrid, S. 26.
[49] Sizoo/Jurrjens, Madrid Experience, S. 197.
[50] Roth, KSZE-Nachfolgekonferenz in Madrid, S. 26.
[51] Zit. nach Sizoo/Jurrjens, Madrid Experience, S. 201.

zusätzlich und setzte die polnischen Vertreter weiterer Kritik aus. Botschafter Kampelman wurde vom Nachrichtenmagazin *Newsweek* mit der an den polnischen Chefdelegierten Wiejacz gerichteten Bemerkung zitiert, dieser würde sich so verhalten, als sei das Kriegsrecht über die Madrider Tagung verhängt worden.[52] Am folgenden Tag konnte Bundesrat Aubert vor den Vertretern der KSZE-Teilnehmerländer endlich die Haltung der Eidgenossenschaft zu den Ereignissen in Polen darlegen. Der Schweizer Außenminister erinnerte zunächst an die leidvolle Geschichte Polens und erwähnte in diesem Zusammenhang die große Bedeutung der Freiheit. Mit Blick auf die Schweiz bekannte sich Aubert zur Neutralität und den sich daraus ergebenden Verpflichtungen. Wie er hinzufügte, gab es „jedoch nie eine Verpflichtung zum Schweigen, wenn Wahrheit und Freiheit auf dem Spiel stehen."[53] Die im Zusammenhang mit der Verhängung des Kriegsrechts erlassenen Maßnahmen, so Aubert weiter, hätten zu einer Einschränkung von in der KSZE-Schlußakte genannten Rechten und individuellen Freiheiten geführt. Zum Beleg seiner These zitierte der Schweizer Außenminister die Erklärung der polnischen Regierung vom 22. Januar 1982, in der dies offen eingestanden wurde. Zum Abschluß seiner Rede warnte Bundesrat Aubert vor einem Scheitern der KSZE und nahm im Lichte der neuen Ereignisse die schweizerische Forderung nach einer Vertagung der Konferenz wieder auf: „Die gegenwärtige Krise in den Ost-West-Beziehungen bedroht den KSZE-Prozess in seiner Existenz selbst. Meine Regierung ist überzeugt, dass unter den gegenwärtigen Umständen eine Fortsetzung der Konferenztätigkeit die Früchte monatelanger Bemühungen lediglich kompromittieren würde. [...] Wir glauben daher, daß die einzige vernünftige Lösung in einer raschen Suspendierung der Madrider Versammlung besteht, um dann nach einem Unterbruch von einigen Monaten hierher zurückzukehren."[54] Mit seiner konzisen Rede brachte Bundesrat Aubert die Haltung der Schweiz klar zum Ausdruck und wies die in den Wochen zuvor geäußerte östliche Kritik am Verhalten der Schweiz deutlich zurück. Des weiteren übernahm die Schweiz eine führende diplomatische Rolle in der Forderung nach einer Vertagung der Konferenz.[55] Auf die kritische Anmerkung, ob eine Vertagung den Bestand der KSZE-Schlußakte nicht in Frage stellen würde, entgegnete Aubert in einem Interview mit der Zeitschrift *Weltwoche*, gerade „[d]ie Fortsetzung der Sitzungen hätte unter den gegebenen Umständen die KSZE gefährdet, seien Sie sicher!"[56]

Im Nachgang zur Polen-Debatte im Rahmen der KSZE kritisierte die Sowjetunion gegenüber Vertretern der Botschaft in Moskau die zunehmende Nähe der Schweiz zu den USA und ihren Verbündeten. Damit werde sie ihrer bisherigen

---

[52] Kampelman, New Worlds, S. 262.
[53] BAR, E 2010 (A), 1995/313, Bd. 248 (Europäische Sicherheitskonferenz), Rede von Bundesrat Pierre Aubert anläßlich der Fortsetzung der Konferenz von Madrid, 10. Februar 1982.
[54] Ebd.
[55] Korey, The Promises we keep, S. 153.
[56] BAR, E 2850.1, 1991/234, Bd. 41 (HA Aubert), „Helsinki wurde lächerlich gemacht." Außenminister Pierre Aubert über Schweiz, KSZE und Uno-Beitritt, Interview in der Weltwoche vom 24. Februar 1982.

führenden Rolle in der KSZE nicht mehr gerecht und isoliere sich auch innerhalb der N+N-Gruppe.[57] Bei einem Besuch in der Schweiz Anfang April 1982 äußerte sich der polnische Chefdelegierte, Vizeaußenminister Wiejacz, fast schon entschuldigend über sein Verhalten als Sitzungsleiter während der KSZE-Debatte über die polnischen Ereignisse: „Als ich bei Wiederaufnahme der Konferenz im Februar das Präsidium innehatte, waren meine Instruktionen sehr klar: Ich durfte nicht zulassen, dass andere Staaten über Polen zu Gericht sitzen. Ich mußte folglich, um dies zu verhindern, auf Prozedurfragen sehr insistieren."[58]

Darüber hinaus drückte der Vizeaußenminister seine Enttäuschung über die Erklärungen der Schweiz gegenüber Polen auf dem KSZE-Treffen aus, bekundete jedoch gleichzeitig das Interesse an intensiveren bilateralen Kontakten. Er lud seinen Gesprächspartner, Botschafter Brunner, zu Gesprächen nach Warschau ein und sprach ebenso eine Einladung an Bundesrat Aubert aus. Botschafter Brunner unterstrich seinem Gast gegenüber die generelle Gesprächsbereitschaft seines Landes, verwies jedoch zugleich auf die Notwendigkeit, die eigene Haltung über die Entwicklungen in Polen offen auszusprechen und mahnte eine Verbesserung der Lage in der Volksrepublik an. In einer Bewertung des Gesprächs kam der Mitarbeiter des EDA und heutige Botschafter der Schweiz beim Heiligen Stuhl, Paul Widmer, zu dem Ergebnis, „dass Polen sich in den gegenwärtigen Verhältnissen sehr darum bemüht, die Kontaktkanäle zu Ländern wie der Schweiz offen zu halten."[59] Ähnlich wie die Sowjetunion nach dem Einmarsch in Afghanistan suchte nun auch Polen den Kontakt zu den neutralen Ländern, um der internationalen Isolierung entgegenzuwirken. Damit gewann die Stimme der Eidgenossenschaft in der KSZE an Bedeutung. Mit Ausnahme der Absage des eigentlich für 1980 geplanten Staatsbesuchs von Bundesrat Aubert in der Sowjetunion hielt die Schweizer Diplomatie nach Afghanistan und Polen die Gesprächskontakte zu den Führungen in Moskau und Warschau jeweils offen und betonte hierdurch ihre Neutralität. Gleichzeitig nutzte sie jedoch das Forum der KSZE und die bilateralen Kontakte, um in der Sache ihre kritische Haltung im westlichen Sinne offen auszusprechen und Veränderungen zu fordern.

Im Frühjahr 1982 dauerte das Madrider Folgetreffen nun schon über ein Jahr. Mit Blick auf die Zukunft standen die Konferenzteilnehmer in Madrid vor der fundamentalen Frage, wie es nach der Polen-Debatte weitergehen sollte. Aus östlicher Perspektive waren die Entwicklungen in Polen gar kein Bestandteil der KSZE, und die Verhandlungen sollten dementsprechend ohne Berücksichtigung des Themas schnell abgeschlossen werden. Für die westlichen und neutralen Staaten war ein Abschluß unter diesen Bedingungen nicht akzeptabel, jedoch gab es auf ihrer Seite Meinungsunterschiede zum weiteren Vorgehen. Die Grenze der

---

[57] BAR, E 2010 (A), 1995/313, Bd. 248 (Europäische Sicherheitskonferenz), Telex Botschaft Moskau an EDA Bern, 26. 02. 1982.

[58] BAR, E 2010 (A), 1995/313, Bd. 248 (Europäische Sicherheitskonferenz), Gespräche mit dem polnischen Vizeaußenminister Josef Wiejacz in Bern am 1. April 1982.

[59] Ebd.

Positionen verlief dabei nicht zwischen westlichen und neutralen Ländern, sondern jeweils innerhalb der beiden Gruppen. Auf westlicher Seite lehnten die USA eine normale Fortsetzung der KSZE-Beratungen und eine weitere Diskussion über eine Abrüstungskonferenz ab. Demgegenüber waren die EG-Staaten – insbesondere die Bundesrepublik Deutschland und ihr Außenminister Genscher – darum bemüht, den Dialog mit den osteuropäischen Staaten fortzusetzen und in Madrid zu einem Abschlußdokument unter Einbeziehung des Mandats für eine Abrüstungskonferenz zu gelangen.[60] Nach außen hin bemühten sich die NATO-Staaten jedoch stets um ein geschlossenes Auftreten, um der Sowjetunion keine Angriffsfläche zu bieten.

Auch innerhalb der N+N-Staaten gab es einen vergleichbaren Disput, wobei in diesem Fall die Schweiz eine ähnliche Haltung einnahm wie die USA. Die Außenminister Österreichs und Jugoslawiens, Pahr und Vrhovec, verfaßten im Februar 1982 eine gemeinsame Erklärung an die anderen N+N-Staaten zur Situation in Madrid. Darin machten sie den Vorschlag, daß ein Vertreter der N+N-Staaten eine Vertagung der Konferenz beantragen, gleichzeitig aber darauf hinweisen sollte, daß diese Haltung nicht der eigentlichen Position der N+N-Staaten entspräche. Die Schweiz nahm in diesem Zusammenhang Anstoß an folgender Formulierung der österreichisch-jugoslawischen Initiative: „It should, however, be made clear that the proposal for adjournment stems from a widespread feeling among other delegations that such a proposal should be submitted by the N+N-Countries which themselves would have preferred to negotiate a balanced and substantive document at this stage of the conference."[61] In seinem Antwortschreiben unterbreitete Bundesrat Aubert einen Formulierungsvorschlag, der dem erstgenannten diametral entgegenstand: „The N+N countries would have preferred, in other circumstances, to negotiate a balanced and substantive document at this stage of the conference."[62] Die Schweiz hielt einen Konferenzabschluß unter den aktuellen Umständen eben gerade nicht für wünschenswert und konnte sich einer diesbezüglichen Formulierung somit nicht anschließen. Auf die latenten Konflikte innerhalb der Gruppe der N+N-Staaten wies Edouard Brunner auch in einem Rundschreiben an die Schweizer Botschaften in den KSZE-Staaten hin: „Avant la dernière phase de la conférence et pendant celle-ci le groupe des pays N+N a été divisé. La tendance chez les Finlandais (par obligation) et les Autrichiens (par conviction) de continuer la conférence et ainsi de céder à la tentation de ‚business as usual' était apparente."[63] Auch für den weiteren Verlauf der Konferenz rechnete Botschafter Brunner damit, „que le même genre de problème au sein du

---

[60] Vgl. Douglas Selvage, The politics of the lesser evil. The West, the Polish crisis, and the CSCE review conference in Madrid 1981-1983, in: Leopoldo Nuti (Hg.), The Crisis of Détente in Europe. From Helsinki to Gorbachev 1975-1985, London/New York 2009, S. 41-54.

[61] BAR, E 2010 (A), 1995/313, Bd. 248 (Europäische Sicherheitskonferenz), Telex EDA Bern an Botschaften Helsinki, Stockholm, Wien, Belgrad, Washington, Paris, Moskau, 24. 02. 1982.

[62] Ebd. Hervorhebung im Original.

[63] BAR, E 2010 (A), 1995/313, Bd. 248 (Europäische Sicherheitskonferenz), Telex circulaire, 16. 03. 1982.

groupe N+N risque de se poser à l'avenir avec le même type de clivage."[64] Die Gruppe der N+N-Staaten erwies sich in Madrid also als noch heterogener als bereits in Belgrad. Mit der sich immer weiter verkomplizierenden Situation stieß die Zusammenarbeit der N+N-Gruppe zunehmend an ihre Grenzen. Mit Blick auf die ähnlich gelagerte Diskussion der westlichen Staaten wird die mittlerweile große inhaltliche Nähe der Schweiz zu den USA deutlich, die auch im Kontrast zur kritischeren Haltung einiger westlicher Staaten wie der Bundesrepublik Deutschland stand. Somit kam es auf Seite der demokratischen Länder langsam zu einer Überschneidung der inhaltlichen Positionen zwischen einigen westlichen und neutralen Staaten.

In den Wochen nach der Polen-Debatte wurde das KSZE-Treffen in Madrid zunächst fortgesetzt, doch war keinerlei Fortschritt mehr möglich. Das Anliegen der Schweiz bestand darin, durch eine Unterbrechung die Grundzüge des N+N-Entwurfs (RM 39) zu „retten"[65], damit er zu einem späteren Zeitpunkt in deutlich veränderter Form doch noch angenommen werden konnte. Nach Aussage von Botschafter Ceska waren im Frühjahr 1982 im Grunde alle Seiten für eine Suspendierung der Konferenz.[66] Doch nicht einmal über die prozedurale Frage, wie denn eine Unterbrechung der Konferenz herbeigeführt werden sollte, herrschte Einigkeit zwischen Ost und West. Die Warschauer-Pakt-Staaten wollten vor einer Unterbrechung noch einmal über inhaltliche Themen verhandeln, um den Anschein des „business as usual" zu wahren. Die westlichen Länder unter der Federführung der USA lehnten dies wegen der Vorgänge in Polen ab und forderten statt dessen einen sofortigen Vertagungsbeschluß. Um ihrer Forderung Nachdruck zu verleihen, verweigerten die westlichen Staaten die Mitarbeit in den Arbeitsgremien. Als in der Plenarsitzung am Freitag, den 5. März 1982 schließlich ein neues Arbeitsprogramm für die kommende Woche verabschiedet werden sollte, lagen keine diesbezüglichen Terminabsprachen vor. Die westlichen Staaten verweigerten weiterhin jede Meinungsäußerung, im Gegenzug verweigerten die östlichen Länder einer Beendigung der Plenarsitzung ihre Zustimmung. Auch in diesen Fragen galt das Konsensprinzip. Das führte dazu, daß die versammelten Diplomaten schließlich still in einer eigentlich laufenden Sitzung saßen, Zeitung lasen und der tschechoslowakische Sitzungsleiter immer mal wieder vergeblich nach Wortmeldungen fragte. Auch mehrere kurze Sitzungspausen („coffee-breaks") konnten diesen Zustand nicht ändern, der die ganze Nacht über andauerte. Erst um halb sechs am Samstag morgen konnte schließlich ein provisorischer Kompromiß gefunden werden. Die Sitzung wurde zwar nicht unterbrochen, doch es wurde ein langer „coffee-break" vereinbart, der bis zur Fortsetzung derselben Sitzung am Montag morgen dauern würde.[67]

[64] Ebd.
[65] BAR, E 2010 (A), 1995/313, Bd. 248 (Europäische Sicherheitskonferenz), Telex EDA Bern an Botschaft Moskau, 01.03.1982.
[66] Interview mit Franz Ceska.
[67] Sizoo/Jurrjens, Madrid Experience, S. 207.

Die sogenannte „Nacht des Schweigens" hatte verdeutlicht, daß es keine Perspektiven für ein ordentliches Arbeiten in Madrid mehr gab. Über das Wochenende suchten Diplomaten der N+N-Staaten nach einem Ausweg aus der festgefahrenen Situation. Schließlich präsentierte Botschafter Brunner bei Wiederaufnahme der Sitzung am Montag – offiziell handelte es sich weiterhin um die Sitzung vom vorangegangenen Freitag – einen Kompromiß.[68] Die Konferenz wurde für eine Woche fortgesetzt, in welcher die westlichen Staaten ihr Schweigen beibehielten, und an deren Ende die Teilnehmerländer am 12. März 1982 aber endlich eine Vertagung des Madrider Folgetreffens bis zum 9. November 1982 beschlossen.[69]

9.3 Diplomatische Aktivitäten der Schweiz während der Unterbrechung

Nach Einschätzung der Schweiz hingen „die Erfolgschancen der KSZE weitgehend vom allgemeinen Zustand der Ost-West-Beziehungen"[70] ab, wie der im EDA mit KSZE-Fragen befaßte Diplomat Philippe Jaccard am 26. Mai 1982 in einem Referat vor den Mitgliedern der Neuen Helvetischen Gesellschaft in Zürich erläuterte. Als wichtige Faktoren für den Fortgang der Verhandlungen in Madrid nach Wiederaufnahme der Konferenz im Herbst nannte Jaccard in seinem Vortrag unter dem Titel „Perspektiven der KSZE aus schweizerischer Sicht" die weitere Entwicklung der Lage in Polen, den Fortgang der bilateralen Rüstungskontrollverhandlungen zwischen den beiden Großmächten in Genf sowie die Perspektiven eines möglichen amerikanisch-sowjetischen Gipfeltreffens zwischen den Staatsführern Reagan und Breschnew.[71]

Während der Konferenzunterbrechung setzten die Diplomaten der Eidgenossenschaft sowohl die multilateralen Gespräche im Rahmen der N+N-Gruppe als auch ihre bilateralen Konsultationen mit anderen KSZE-Teilnehmerländern fort. In einem Brief an Bundesrat Aubert schlug der schwedische Außenminister Ullsten ein Treffen der Außenminister der N+N-Staaten im Spätsommer des Jahres in Stockholm vor. Diese Zusammenkunft, so Ullsten, „could develop a common NN-basis for the launching of a round of consultations with other CSCE States in the period before the resumption of the Madrid meeting on 9 November."[72] Außenminister Aubert bezeichnete die Idee seines schwedischen Amtskollegen in

---

[68] Selvage, The politics of the lesser evil, S. 45.
[69] BAR, E 2010 (A), 1995/313, Bd. 248 (Europäische Sicherheitskonferenz), Réunion CSCE de Madrid – Etat des travaux, 23 mars 1982.
[70] BAR, E 2010 (A), 1995/313, Bd. 248 (Europäische Sicherheitskonferenz), „Perspektiven der KSZE aus schweizerischer Sicht". Vortrag von Philippe Jaccard (EDA) vor der Neuen Helvetischen Gesellschaft, 26. Mai 1982; Mitveranstalter waren die Schweizerische Gesellschaft für Aussenpolitik und die Europa-Union Schweiz.
[71] Ebd.
[72] BAR, E 2010 (A), 1995/313, Bd. 248 (Europäische Sicherheitskonferenz), Brief von Außenminister Ullsten an Bundesrat Aubert, April 1, 1982.

seinem Antwortschreiben als „excellente"[73] und sagte seine Teilnahme an den Beratungen zu.

Mit dem Zusammentreffen der Außenminister am 29./30. August 1982 in Stockholm erreichte die Kooperation der N+N-Staaten einen Höhepunkt. Das Treffen hatte den Charakter einer Konferenz und vermittelte den Eindruck, daß hier eine neue regionale Staatengruppe zusammenkam. Die Außenminister der N+N-Staaten hielten jeweils eine Rede, in der sie ihre Einschätzung der Lage in Madrid erläuterten. Bundesrat Aubert wies in seiner Ansprache auf die veränderte Ausgangslage der KSZE hin. Sie sei heute ein veritabler Bestandteil der amerikanisch-sowjetischen Beziehungen. Dadurch habe die KSZE einerseits an Authentizität gewonnen, andererseits sei der Verlauf der Madrider Verhandlungen hierdurch nun stärker als früher von der Gesamtentwicklung des amerikanisch-sowjetischen Verhältnisses abhängig. Der Schweizer Außenminister bezeichnete den gemeinsamen Entwurf der N+N-Staaten vom Dezember 1981 (RM 39) als eine vernünftige Basis für die weiteren KSZE-Beratungen. In diesem Zusammenhang stellte er jedoch auch klar, daß RM 39 im November nicht als „take-it-or-leave-it"-Option präsentiert werden dürfe. Vielmehr seien Ergänzungen notwendig, „pour tenir compte des développements de la situation de ces derniers mois et du fait polonais. Il y a dans ce domaine des équilibres nouveaux, qu'il faut trouver."[74] Als Ziele des Madrider Treffens aus Sicht der Schweiz nannte Aubert die Kontinuität des KSZE-Prozesses, die Festlegung eines Mandats für eine Europäische Abrüstungskonferenz sowie Verbesserungen in allen Bereichen der Schlußakte, insbesondere auf dem Feld der Menschenrechte. Zum Abschluß des N+N-Treffens in Stockholm wurde ein gemeinsames Kommunique veröffentlicht. Die Außenminister der neun neutralen und blockfreien Staaten „expressed the determination of their governments to promote final agreement in Madrid on a substantive and balanced concluding document at the earliest possible time on the basis of the draft concluding document RM 39, submitted by eight neutral and non-aligned states on december 16 1981."[75] Die Ansprache von Bundesrat Aubert hatte jedoch auch deutlich gemacht, daß die Schweiz das Papier vom Dezember 1981 allenfalls als Diskussionsgrundlage akzeptierte, da dieser Entwurf nach den Ereignissen in Polen nicht mehr die reale Lage in Europa und in den Ost-West-Beziehungen widerspiegelte. Botschafter Brunner wies in einem Rundschreiben darauf hin, daß es in den Konsultationen der vorangegangenen Wochen durchaus abweichende Positionen – namentlich zu Österreich – gegeben

[73] BAR, E 2010 (A), 1995/313, Bd. 248 (Europäische Sicherheitskonferenz), Brief von Bundesrat Aubert an Außenminister Ullsten, 15 avril 1982.

[74] BAR, E 2010 (A), 1995/313, Bd. 252 (Europäische Sicherheitskonferenz), Intervention de Monsieur le Conseiller fédéral Pierre Aubert à la Conférence des Ministres des affaires étrangères des Etats Neutres et Non-Alignés à Stockholm le 30 août 1982.

[75] BAR, E 2010 (A), 1995/313, Bd. 249 (Europäische Sicherheitskonferenz), Meeting in Stockholm of the Foreign Ministers of the neutral and non-aligned CSCE States, August 29-30, 1982. Communique, 30 August 1982.

habe.[76] In einer Mitteilung an die übrigen Mitglieder des Bundesrates führte Pierre Aubert aus, das Stockholmer Kommuniqué bringe die gemeinsame Haltung der neutralen Länder zum Ausdruck, gleichzeitig fügte er einschränkend hinzu, der Diskussionsverlauf sei nicht mühelos gewesen.[77] Das Stockholmer Treffen war ein Zeichen für den mittlerweile hohen Grad der Zusammenarbeit zwischen den N+N-Staaten, die sich nun auch auf der politischen Führungsebene nach außen als eine eigenständige Gruppe in der multilateralen Konferenzdiplomatie der KSZE präsentierten. Gleichzeitig ist mit Blick auf die Schweiz bereits seit Beginn der Madrider Verhandlungen eine latente Entfremdung der Eidgenossenschaft von den anderen N+N-Staaten spürbar, die im weiteren Konferenzverlauf dann noch offen zu Tage treten sollte.

Im Nachgang zum Stockholmer Neutralentreffen entwarf Botschafter Brunner drei Grundsätze für die Festlegung der Haltung der Schweiz für das KSZE-Treffen in Madrid. Wie der Delegationsleiter betonte, handele es sich hierbei um „un plan strictement suisse [...] qui n'est pas nécessairement partagé par les autres pays N+N."[78] Der weitere Verlauf der Verhandlungen, so Brunner, hinge erstens wesentlich vom Verhalten der westlichen Staaten ab. Für die zukünftige Positionierung der Schweiz sei es daher entscheidend, welche Haltung die NATO-Länder, insbesondere die Vereinigten Staaten von Amerika, in den Konsultationen der kommenden Wochen einnehmen würden. In diesem Zusammenhang wurde zweitens die Forderung der USA gegenüber der Sowjetunion nach konkreten Zugeständnissen auf dem Feld der Menschenrechte hervorgehoben. Darüber hinaus verwies Botschafter Brunner drittens auf die Gründe für die nur eingeschränkte Unterstützung der Schweiz für den alten „RM 39"-Entwurf der N+N-Staaten vom November 1981. Es müsse konstatiert werden, daß „le RM 39 sera vieux d'à peu près un an en novembre prochain. Dès lors, il serait raisonnable d'accepter des amendements qui tiendraient compte de l'évolution de la situation. Nous sommes, sur ce point, plus flexibles que la plupart de nos partenaires."[79] Der Bezugspunkt für das Verhalten der Schweiz war also – anders als in Belgrad – nicht die Positionierung der N+N-Staaten, sondern das Verhalten der westlichen Staaten, vor allem das der USA.

Während der Konferenzunterbrechung setzte die Schweiz auch ihre bilateralen Konsultationen fort. Dabei bestätigt sich der Eindruck einer stärkeren Westorientierung unter der Federführung Edouard Brunners. Bei einer Zusammenkunft mit dem bundesdeutschen Delegationsleiter Jörg Kastl in Bonn bedauerte Brun-

[76] BAR, E 2010 (A), 1995/313, Bd. 249 (Europäische Sicherheitskonferenz), Telex Circulaire, 19.10.1982.

[77] BAR, E 2010 (A), 1995/313, Bd. 249 (Europäische Sicherheitskonferenz), Note au conseil fédéral. Réunion à Stockholm les 29 et 30 août 1982 des ministres des affaires étrangères des pays neutres et non alignés d'Europe pour faire le point en ce qui concerne la Conférence de Madrid, 3 septembre 1982.

[78] BAR, E 2010 (A), 1995/313, Bd. 249 (Europäische Sicherheitskonferenz), Telex Circulaire, 03.09.1982.

[79] Ebd.

ner weiterhin den Mangel an bilateralen Kontakten zwischen den USA und der Sowjetunion. In den Fragen einer Abrüstungskonferenz und einer entsprechenden Gegenleistung des Ostens im Bereich der Menschenrechte müßten Washington und Moskau im direkten Gespräch nach einer Lösung suchen. In diesem Zusammenhang erinnerte Brunner an die Zusammenkunft der Außenminister Kissinger und Gromyko in Wien im Mai 1975, bei der der Weg zum erfolgreichen Abschluß der Genfer Verhandlungen und damit zur Unterzeichnung der Schlußakte geebnet worden sei.[80] Dieselbe Ansicht äußerte Botschafter Brunner auch im Gespräch mit dem Direktor der Mitteleuropaabteilung des US-State Department, John Kornblum. Um in Madrid zu einer Lösung zu gelangen, sei es notwendig, „que Kampelman rencontre un Soviétique quelque part en Europe."[81] Botschafter Kornblum erklärte sich bereit, die Nachricht weiterzugeben. Ein Vergleich der Positionen der beiden Gesprächspartner Brunners verdeutlicht zudem noch einmal die „schöpferische Spannung"[82], die für das Verhältnis zwischen Washington und Bonn mit Blick auf die KSZE-Konferenz charakteristisch war. Botschafter Kastl teilte mit, die Bundesrepublik Deutschland könne weder ein substanzloses Kurzdokument noch eine lange Unterbrechung des Madrider Treffens akzeptieren, denn damit würde man die KSZE faktisch beerdigen. Sollte es bis Dezember 1982 nicht zu einer Einigung kommen, müsse eben über diesen Zeitpunkt hinaus weiterverhandelt werden.[83] Umgekehrt wies Botschafter Kornblum darauf hin, daß die Amerikaner anders als die Westdeutschen eigentlich nicht vorhätten, über das Jahresende hinaus länger in Madrid zu bleiben.[84] Die Amerikaner sähen sich nicht in der Lage, den von den N+N-Staaten im Dezember 1981 vorgelegten Entwurf ohne wesentliche Ergänzungen in der Menschenrechtsfrage als Verhandlungsgrundlage zu akzeptieren, wie deren zu Gesprächen in Belgrad weilender Delegationsleiter Kampelman dem Schweizer Botschafter in Jugoslawien bei einem Diner mitteilte.[85] Bestärkt wurden die USA in ihrer harten Haltung durch das offizielle Verbot der Solidarnosc-Gewerkschaft durch die polnischen Behörden im Oktober 1982.[86]

Der deutsch-amerikanische Disput hielt während der Konferenzunterbrechung an und wurde von der Schweiz mit Interesse verfolgt. Wie der schweizerische Bot-

[80] BAR, E 2010 (A), 1995/313, Bd. 249 (Europäische Sicherheitskonferenz), Note d'entretien, 30 juin 1982.

[81] BAR, E 2010 (A), 1995/313, Bd. 249 (Europäische Sicherheitskonferenz), Note d'entretien, 13 juillet 1982.

[82] Vgl. Michael R. Lucas, Schöpferische Spannung. Die USA und die Bundesrepublik in der KSZE, in: Detlef Junker (Hg.), Die USA und Deutschland im Zeitalter des Kalten Krieges, Bd. 2: 1968-1990, 2.Auflage, Stuttgart/München 2001, S. 66-76.

[83] BAR, E 2010 (A), 1995/313, Bd. 249 (Europäische Sicherheitskonferenz), Note d'entretien, 30 juin 1982.

[84] BAR, E 2010 (A), 1995/313, Bd. 249 (Europäische Sicherheitskonferenz), Note d'entretien, 13 juillet 1982.

[85] BAR, E 2010 (A), 1995/313, Bd. 249 (Europäische Sicherheitskonferenz), Telex Botschaft Belgrad an Schweizerische Beobachtermission New York, zuhanden Botschafter Brunner, 23.09. 1982.

[86] Schmidt-Rösler, Polen, S. 239.

schafter Hegner im Oktober 1982 aus Washington berichtete, habe ein Treffen von Hans-Dietrich Genscher mit seinem neuen amerikanischen Amtskollegen George Shultz bei der UNO-Vollversammlung in New York keine Annäherung zwischen beiden Ländern gebracht. Für die Haltung der Bundesrepublik Deutschland waren nach Ansicht Hegners primär innenpolitische Gründe verantwortlich. Die Wahlaussichten der Liberalen nach dem Koalitionswechsel zu den Unionsparteien seien schlecht. In dieser Situation wolle Minister Genscher einen Mißerfolg in Madrid vermeiden und außenpolitische Kontinuität demonstrieren.[87] Hierzu ist jedoch anzumerken, daß die gemäßigte Position Bonns in diesem Fall ganz der bundesdeutschen Grundhaltung entsprach, die unter der Federführung Genschers in der KSZE ein Instrument des gesamteuropäischen Dialogs und nicht des Konflikts sah.[88]

In der Frage des weiteren Fortgangs der KSZE-Verhandlungen neigte die Schweiz der amerikanischen Haltung zu. Bei seinem Besuch in Washington Anfang Oktober 1982 stimmten Botschafter Brunner und Botschafter Kampelman darin überein, daß die Konferenz bei fortbestehender Uneinigkeit nicht um jeden Preis weitergeführt werden solle. Beide Diplomaten standen der Verabschiedung eines Kurzdokuments in Madrid aufgeschlossen gegenüber. In Angelegenheiten der KSZE arbeiteten Bern und Washington im Verlauf der Madrider Tagung immer näher zusammen. Für Botschafter Brunner war es wichtig, das Interesse der USA an der KSZE aufrechtzuerhalten und sie einzubinden. Deshalb akzentuierte er „[m]it viel Gespür [...] Anliegen, die auch die Amerikaner hegten."[89] In Max Kampelman fand Brunner einen Kollegen, der es verstand, die eher kritisch eingestellte Reagan-Administration und die amerikanische Öffentlichkeit vom fortgesetzten Nutzen der KSZE zu überzeugen. Eine ähnliche innenpolitische Überzeugungsarbeit bei Parlament und Regierung hatte Brunner im Vorfeld der Konferenz mit Blick auf die Schweiz ja auch leisten müssen. Einige Diplomaten in der KSZE waren nicht nur auf dem internationalen Parkett, sondern gleichzeitig an der „Heimatfront" tätig, um die innenpolitische Unterstützung für die Beteiligung an der KSZE sicherzustellen. Während der Konferenzunterbrechung gab es in Washington eine interne Diskussion darüber, ob die USA im November überhaupt nach Madrid zurückkehren oder aber das Folgetreffen abbrechen sollten. Nach Ansicht Brunners war es wesentlich dem innenpolitischen Engagement Kampelmans zu verdanken, daß die USA ihren bisherigen Kurs beibehielten.[90] Am 25. Oktober 1982 kam es in Madrid endlich zu dem von Botschafter Brunner immer wieder angeregten Geheimtreffen zwischen den Delegationsleitern der

---

[87] BAR, E 2010 (A), 1995/313, Bd. 249 (Europäische Sicherheitskonferenz), Telex Botschaft Washington an EDA Bern, 13. 10. 1982.
[88] Vgl. Ernst-Otto Czempiel, Multilaterale Entspannungspolitik. KSZE-Prozess und das Ziel einer gesamteuropäischen Friedensordnung, in: Hans-Dieter Lucas (Hg.), Genscher, Deutschland und Europa, Baden-Baden 2001, S. 135–154.
[89] Widmer, Schweizer Außenpolitik, S. 392.
[90] Témoignage de l'Ambassadeur Edouard Brunner, S. 34.

USA und der Sowjetunion. Dabei einigten sich Botschafter Kampelman und Botschafter Kowalow auf eine Fortsetzung des KSZE-Folgetreffens.[91]

Über die Ergebnisse der schweizerisch-amerikanischen Konsultation informierte der Staatssekretär des Außendepartements, Raymond Probst, bei einem Aufenthalt in Moskau vom 18. bis 22. Oktober 1982 auch seine sowjetischen Gesprächspartner. Zuvor hatte Botschafter Brunner bereits eine sowjetische Delegation zu KSZE-Konsultationen in Bern empfangen.[92] Staatssekretär Probst erläuterte die Haltung der Schweiz zum weiteren Konferenzverlauf. Für den Fall, daß bis Ende des Jahres keine Einigung auf Grundlage des N+N-Entwurfs (RM 39) erzielt werden würde, sollte alternativ ein Kurzdokument verabschiedet werden, das die Festlegung eines weiteren KSZE-Folgetreffens an einem anderen Tagungsort im Jahr 1984 enthielte. In der Zwischenzeit waren zwei Expertentreffen vorgesehen, auf denen ein Mandatsentwurf zu einer Abrüstungskonferenz beziehungsweise zu einem Forum über Menschenrechtsfragen erarbeitet werden sollte.[93] Der Sowjetunion war die große Übereinstimmung zwischen der Schweiz und den USA nicht entgangen. Vizeaußenminister Kowalow reagierte ablehnend auf den Vorschlag und brachte zudem seine Verwunderung über die Äußerungen von Staatssekretär Probst zum Ausdruck: „J' ai eu l'impression [...] d'entendre la position des Etats-Unis , et non celle de la Suisse. Lors d'entretiens avec l'Ambassadeur Brunner nous avons été surpris de constater que sa position était presque en accord avec celle des Etats-Unis."[94] Und Kowalow fügte diesen Ausführungen noch den Vorwurf hinzu, er habe „l'impression d'être face à un avocat de M. Kampelman." Staatssekretär Probst wies den Vorwurf, die Schweiz sei ein Anwalt der USA, entschieden zurück. Es gehe vielmehr darum, einen Ausweg aus der momentanen Sackgasse zu finden und die Konferenz zu einem Abschluß zu führen. Die Sowjetunion wiederum erklärte sich nur zu einer Einigung auf Basis des aktuellen N+N-Entwurfs bereit. Den neutralen Staaten käme in diesem Zusammenhang die Aufgabe zu, ihren eigenen Entwurf in Madrid zu verteidigen. Die vorwurfsvolle und leicht polemische Diktion Kowalows demonstriert – wie schon im Nachklang zu den Ereignissen in Polen – die Versuche der Sowjetunion, einer Annäherung der Schweiz an den Westen mit dem Vorwurf der Parteilichkeit entgegenzuwirken und damit indirekt die Einhaltung der Neutralität anzumahnen. In der Tat hatte sich die Schweiz im Verlauf des Herbsts 1982 von der beim Treffen der N+N-Außenminister vereinbarten Festlegung auf RM 39 als der einzigen Verhandlungsbasis für Madrid entfernt, der sie zuvor allerdings auch nur halbherzig zugestimmt hatte. Die Sowjetunion warb gegenüber der Schweiz also um Unterstützung für einen Entwurf, den diese im Rahmen der N+N einst selbst miteingebracht hatte. Das härtere Auftreten der Eidgenossenschaft gegenüber

---

[91] Roth, KSZE-Nachfolgekonferenz in Madrid, S. 28.

[92] BAR, E 2010 (A), 1995/313, Bd. 249 (Europäische Sicherheitskonferenz), Séance CSCE présidée par l'Ambassadeur Brunner le 19 août 1982.

[93] AfZ, NL Weitnauer, Entretiens du 18 octobre 1982 entre M. le Secrétaire d'Etat Probst et M. Kovalev, Vice-ministre des affaires étrangères de l'Union soviétique.

[94] Ebd.

Moskau verdeutlicht die weiter gestiegene Bedeutung der menschenrechtlichen Aspekte für die Schweizer Diplomatie als direkte Folge der polnischen Ereignisse.

Die Ansprache Botschafter Brunners im Plenum der KSZE anläßlich der Wiederaufnahme der Madrider Tagung am 10. November 1982 unterstrich die Distanz der Schweiz zum alten N+N-Entwurf: „Nous n'avons jamais imaginé, du côté suisse en tout cas, le RM 39 comme un document à prendre ou à laisser. C'est pourquoi nous accueillons avec faveur tout amendement susceptible de l'améliorer."[95] In den bilateralen Gesprächen seit der Stockholmer N+N-Tagung hatte sich gezeigt, daß die USA einer Regelung auf Basis von RM 39 keinesfalls zustimmen würden und den Druck insbesondere auf die Regime in Warschau und Moskau aufrechterhalten wollten, was von der Schweiz begrüßt wurde. Anders als noch in Belgrad war wie gesagt nicht die Haltung der anderen N+N-Staaten für die Eidgenossenschaft von zentraler Bedeutung, sondern das Agieren der USA. Der Grund lag in dem hohen Grad an Übereinstimmung zwischen Bern und Washington über die Analyse der Lage in Madrid und über die im Hinblick auf das Ergebnis des KSZE-Treffens zu verfolgenden Ziele. Eine Rückkehr zum „business as usual" und zum Status quo ante in Madrid konnte es nach der Verhängung des Kriegsrechts in Polen und dem offiziellen Verbot der Solidarnosc-Bewegung nach Ansicht beider Länder nicht geben. Bundesrat Pierre Aubert betonte in einem Vortrag vor der Gesellschaft der Auslandspresse in der Schweiz am 1. November 1982 in Bern, man könne in Madrid jetzt nicht wieder beginnen und einfach so weitermachen, als ob in Polen nichts geschehen wäre.[96]

---

[95] BAR, E 2010 (A), 1995/313, Bd. 249 (Europäische Sicherheitskonferenz), Déclaration faite par M. l'Ambassadeur Edouard Brunner à la Conférence sur la sécurité et la coopération en Europa à Madrid le 10 novembre 1982.

[96] BAR, E 2850.1, 1991/234, Bd. 47 (HA Aubert) Exposé de Monsieur Pierre Aubert, Chef du Département des Affaires étrangères, à l'occasion de la journée d'information de l'Association de la Presse étrangère en Suisse à Berne le 1er novembre 1982.

10. Wiederaufnahme der Verhandlungen und Abschluß der Konferenz (1982/83)

10.1 Fortsetzung der Konferenz und neue Forderungen des Westens

Am 9. November 1982 nahmen die Diplomaten der 35 KSZE-Teilnehmerländer die Beratungen in Madrid nach achtmonatiger Unterbrechung wieder auf.[1] Bei Wiedereröffnung der Konferenz betonte Botschafter Brunner in seiner Erklärung den realistisch-skeptischen Ansatz der Schweiz hinsichtlich der Verhandlungsperspektiven. Die KSZE, so Brunner, „est tributaire de son environnement international."[2] Das Abschlußdokument der Konferenz müsse folglich „être de son temps", also die Zeitumstände widerspiegeln. Bei der Definition dessen, was erreichbar sei, verwandte Brunner die Formel „positif et équilibré"[3]. „Positiv" mußte das Ergebnis insofern sein, als es die Kontinuität des KSZE-Prozesses durch die Festlegung auf Zeit und Ort des nächsten Folgetreffens sicherstellen sollte. Inhaltlich war eine Ausgewogenheit zwischen der Einigung auf das Mandat einer europäischen Abrüstungskonferenz einerseits und einer entsprechenden Gegenleistung in den anderen Körben – sprich im Bereich der Menschenrechte – erforderlich. Im Zusammenhang mit der bereits zitierten Aussage zum Entwurf RM 39 wird deutlich, daß nach Ansicht der Schweiz dieses notwendige Gleichgewicht bisher noch nicht vorhanden war. In seiner Antwort auf eine Interpellation von Ständerat Odilo Guntern betreffend die aktuelle Haltung der Schweiz bei Wiederaufnahme des KSZE-Treffens machte Bundesrat Aubert gegenüber den Abgeordneten deutlich, daß „ce texte maintenant vieux d'une année ne reflète plus la réalité politique d'aujourd'hui."[4]

Den Mitgliedsländern der NATO war es bei ihrem Treffen in Lissabon im Oktober 1982 gelungen, sich auf einen Kompromiß zwischen der härteren amerikanischen und der konzilianteren europäischen Haltung zum weiteren Vorgehen in Madrid zu einigen. Die USA erklärten sich zu Verhandlungen über das Mandat einer Abrüstungskonferenz in Madrid bereit, im Gegenzug unterstützten die Westeuropäer die amerikanische Forderung gegenüber der Sowjetunion nach zusätzlichen Vereinbarungen im Bereich der Menschenrechte.[5] Bei Wiederbeginn der Verhandlungen legte der Westen einen Katalog mit fünfzehn Forderungen

---

[1] Ansgar Sonntag, Die Konferenz über Sicherheit und Zusammenarbeit in Europa – Versuch einer Gesamtdarstellung, Diss. München 1994, S. 87.
[2] BAR, E 2010 (A), 1995/313, Bd. 249 (Europäische Sicherheitskonferenz), Déclaration faite par M. l'Ambassadeur Edouard Brunner à la Conférence sur la sécurité et la coopération en Europa à Madrid le 10 novembre 1982.
[3] Ebd.
[4] BAR, E 2010 (A), 1995/313, Bd. 249 (Europäische Sicherheitskonferenz), Conseil des Etats. Interpellation Guntern du 8 octobre 1982. Rapport du Conseil fédéral.
[5] Selvage, The politics of the lesser evil, S. 48.

vor, die teilweise eine direkte Reaktion auf die Vorgänge in Polen darstellten[6], wie das Recht zur Bildung freier Gewerkschaften sowie die Anerkennung des Streikrechts. Weitere Forderungen der westlichen Staaten beinhalteten die freie Betätigungsmöglichkeit der Helsinki-Gruppen sowie das Recht eines jeden Volkes auf freie Selbstbestimmung in politischer, wirtschaftlicher, sozialer und kultureller Hinsicht. Weiterhin wurde der Abbau östlicher Störsender gegen westliche Radiostationen wie Radio Free Europe und der freie Zugang von Bürgern eines Landes zu ausländischen Botschaften verlangt.[7] Die sozialistischen Staaten lehnten die Vorschläge ab und erklärten, durch das westliche Verhalten werde der Abschluß der Konferenz gefährdet. Auch nach Wiederaufnahme der Verhandlungen kam es nicht zu einer Annäherung der Positionen. Die Neutralen versuchten zu vermitteln – aber vorläufig ohne Erfolg. Im Dezember 1982 wurde das Treffen noch einmal bis zum Februar des Folgejahres unterbrochen. Auch die Schweiz stimmte dieser Maßnahme zu, denn nach dem Ableben von Leonid Breschnew galt es abzuwarten, wie sich das amerikanisch-sowjetische Verhältnis und die Lage in Polen weiter entwickeln würden. Gleichzeitig konnten die Verhandlungen auch nicht ewig fortgeführt werden. Botschafter Brunner kam zu Beginn des Jahres 1983 zu der Einschätzung „qu'il est nécessaire de mettre un terme à la réunion de Madrid si possible d'ici à la fin du mois de mars 1983."[8] Wie Brunner dem Direktor der Europaabteilung des sowjetischen Außenministeriums, Botschafter Adamischin, bei dessen Besuch in Bern Ende Januar 1983 gegenüber ausführte, sei der Entwurf der N+N-Staaten (RM 39) bereits vor Verhängung des Kriegsrechts in Polen entworfen worden. Daher sei es unrealistisch, so wie die Sowjetunion weiterhin nach einer Einigung allein auf der Basis dieses Vorschlags zu suchen. Als wichtige Anliegen der NATO-Staaten nannte Botschafter Brunner seinem sowjetischen Gast vertraulich die Aufnahme einiger Inhalte des westlichen Forderungskatalogs, eine endgültige Einigung in der Zonenfrage auf Grundlage der westlichen Vorstellungen sowie eine Verbesserung der Situation von Dissidenten in Osteuropa und deren Freilassung. Brunner betonte in diesem Zusammenhang, es sei essentiell, „qu'une ou deux de ces conditions puisse être réalisé pour aboutir à un accord."[9]

Die Delegationsleiter der N+N-Staaten trafen Ende Januar 1983 ebenfalls in Bern zusammen, um über den Stand der Madrider KSZE-Konferenz zu beraten. Bei diesem Treffen wurde beschlossen, in den folgenden Wochen noch einen neuen – und voraussichtlich letzten – Versuch zu unternehmen, die Verabschiedung eines substantiellen Abschlußdokuments zu erreichen. Der neue N+N-Entwurf sollte das Dokument RM 39 zur Grundlage haben, aber um einige der neuen

---

6 Roth, KSZE-Nachfolgekonferenz in Madrid, S. 28.
7 Vojtech Mastny, Helsinki, Human Rights, and European Security. Analysis and Documentation, Durham 1986, S. 258f.
8 BAR, E 2010 (A), 1995/313, Bd. 250 (Europäische Sicherheitskonferenz), Réunion de Madrid dans le cadre des suites de la CSCE – Etats des travaux, 7 janvier 1983.
9 BAR, E 2010 (A), 1995/313, Bd. 250 (Europäische Sicherheitskonferenz), Consultations CSCE. Visite à Berne de M. l'Ambassadeur Adamichine (USSR) et réunion de chefs de délegation des pays neutres et non-alignés, 3 février 1983.

westlichen Forderungen ergänzt werden.[10] In der Sitzung der Kommission für Auswärtige Angelegenheiten vom 14. Februar 1983 erläuterte Botschafter Brunner das weitere Vorgehen zur Erarbeitung des neuen Entwurfs.[11] In Madrid waren sechs Arbeitsgruppen gebildet worden, die sich mit den Bereichen Präambel des Dokuments, politische Aspekte, Menschenrechte, Abrüstungskonferenz, Mittelmeerfragen und Konferenzfolgen beschäftigten. Jeder Gruppe gehörten nur fünf bis sechs Personen an, jeweils zwei Vertreter westlicher Staaten, die Sowjetunion und jeweils ein östlicher Verbündeter sowie ein bis zwei Mitglieder der N+N-Gruppe. Die einzige Verhandlungssprache in den Arbeitsgruppen war Englisch. Im Verlauf des Monats März sollten die Ergebnisse der Beratungen von den N+N-Staaten ausgewertet werden und als Grundlage für die Überarbeitung des alten Entwurfs (RM 39) dienen. Das gewählte Verfahren zeigt, daß die Teilnehmerländer nun ernstlich an einer Beschleunigung und an einem Abschluß des KSZE-Treffens interessiert waren. Diese veränderten Umstände veranlaßten den Schweizer Delegationsleiter in gleicher Sitzung zu der Einschätzung, die Probleme seien nicht unüberwindbar und bei entsprechendem politischem Willen sei eine Einigung auf Grundlage einer Kompromißlösung möglich.[12] Bei dem nun beginnenden „endgame"[13] in Madrid rückte die Frage der Menschenrechte, die zu Beginn der Verhandlungen etwas im Schatten der Abrüstungskonferenzdebatte gestanden hatte, wieder in den Vordergrund.

10.2 Das menschenrechtliche Engagement der Schweiz in Madrid

Bereits im Vorfeld der Madrider Konferenz hatte sich abgezeichnet, daß die Schweiz dort in Menschenrechtsfragen offensiver auftreten würde als in Genf und in Belgrad. Diese Entwicklung spiegelte sich auch in den vom EDA erarbeiteten Instruktionen des Bundesrates an die Schweizer Delegation wieder. Mit Blick auf die Debatte über die zehn Prinzipien des Dekalogs in Korb I wurde festgehalten, die Schweiz verurteile „haut et fort" die Verletzung mehrerer Prinzipien der Schlußakte im Zusammenhang mit der Invasion in Afghanistan und der Verletzung der Menschenrechte in Osteuropa.[14] Letztere Passage bezog sich auf das siebte Prinzip („Achtung der Menschenrechte und Grundfreiheiten") des Dekalogs. In den Instruktionen des Bundesrats für den Bereich von Korb III wurde für das Verhalten der Schweizer Delegation festgehalten, daß „nous entendons

---

[10] Ebd.
[11] BAR, E 2850.1, 1991/234, Bd. 12 (HA Aubert), Kommission für Auswärtige Angelegenheiten/ Nationalrat. Protokoll der Sitzung vom 14. Februar 1983.
[12] Ebd.
[13] Korey, The Promises we keep, S. 156.
[14] BAR, E 2001 E-01, 1991/17, Bd. 249 (Europäische Sicherheitskonferenz), Au Conseil fédéral. Réunion de Madrid dans le cadre des suites de la Conférence sur la sécurité et la coopération en Europe (CSCE), 31 octobre 1980.

appuyer toute initiative occidentale visant à établir à Madrid une meilleure protection des droits de l'homme. Nous avons élaboré avec les Autrichiens et les Espagnols un projet commun dans le domaine de l'information."[15] Die Menschenrechtsfrage war aus Sicht der Schweiz also das zentrale Thema der Madrider Konferenz.

Bereits im Vorfeld des KSZE-Folgetreffens hatte die Schweiz ihre Beschäftigung mit dem Themenbereich „Information" fortgesetzt. Der Schwerpunkt in Madrid sollte wie erwähnt weniger auf dem Bereich der Arbeitsbedingungen für Journalisten, sondern stärker auf dem Feld der Informationsverbreitung in den osteuropäischen Ländern selbst liegen. Anders als in Belgrad war ein Expertentreffen hierzu nicht vorgesehen. Die angestrebten Verbesserungen in diesem Bereich sollten vielmehr im Abschlußdokument des Treffens festgeschrieben werden. Mit Österreich und dem Gastgeberland Spanien erklärten sich erstmals auch zwei andere Länder dazu bereit, als Co-Sponsoren des Schweizer Vorschlags aufzutreten. Bei dem gemeinsamen Entwurf der drei Länder zum Thema „Information" vom 20. November 1980 handelte es sich im Grunde um einen reinen Forderungskatalog an die osteuropäischen Staaten. Auf knapp sechs Seiten wurde von der Schweiz, Österreich und Spanien unter anderem der erleichterte Kauf von Zeitungen und Zeitschriften, die Einrichtung von „KSZE-Lesesälen" in den Teilnehmerländern, Erleichterungen bei der Visaerteilung für ausländische Journalisten und Bewegungsfreiheit für Journalisten innerhalb des Gastlandes gefordert.[16]

Aufgrund der beschriebenen Kontroversen zwischen den Großmächten insbesondere über die Frage einer Abrüstungskonferenz und den geographischen Anwendungsbereich der VBM traten Initiativen zu Einzelfragen wie die der Schweiz zur Informationsverbreitung nach Beginn des Jahres 1981 zunehmend in den Hintergrund. Wie Botschafter Brunner bereits in seiner Eröffnungsansprache zum Ausdruck gebracht hatte, wollte die Schweiz verhindern, daß Fragen der militärischen Sicherheit die menschenrechtlichen Aspekte der KSZE als Hauptthema des Madrider KSZE-Treffens verdrängen.[17] Auch in dieser Hinsicht bestand große Übereinstimmung mit der Position der USA. Der amerikanische Delegationsleiter Kampelman brachte im April 1981 den Standpunkt seines Landes in einer Sitzung des Plenums auf den Punkt: „There can be no doubt that any progress achieved in military security [...] must be balanced by progress in human rights."[18]

Der nicht angenommene erste Entwurf der N+N-Staaten hatte wie erwähnt Verbesserungen auf dem Feld der Menschenrechte enthalten, aber außer einem

---

[15] Ebd. Hervorhebung im Original.

[16] BAR, E 2001 E-01, 1991/17, Bd. 249 (Europäische Sicherheitskonferenz), Vorschlag am KSZE-Expertentreffen Madrid – Information, 20. November 1980.

[17] BAR, E 2001 E-01, 1991/17, Bd. 249 (Europäische Sicherheitskonferenz), Erklärung des Chefs der schweizerischen Delegation am KSZE-Treffen in Madrid, Botschafter Edouard Brunner, 13. November 1980.

[18] BAR, E 2001 E-01, 1991/17, Bd. 251 (Europäische Sicherheitskonferenz), Remarks by Max M. Kampelman, Chairman, US Delegation, CSCE-Plenary 10 April 1981.

Kulturforum keine Expertentreffen im Bereich von Korb III vorgesehen. Umgekehrt war in diesem Entwurf aber auch noch kein festes Mandat für eine Abrüstungskonferenz enthalten gewesen. Als sich im Verlauf des Jahres 1981 schließlich abzeichnete, daß die Abrüstungskonferenz bereits nach der Madrider Tagung stattfinden würde, war nach Ansicht Edouard Brunners ein offensiveres Vorgehen im Bereich von Korb III notwendig, denn „à côté d'un accord dans le domaine militaire, les pays occidentaux et neutres doivent encore obtenir certains résultats précis en matière de droits de l'homme et d'information. Il faut d'abord que le texte de Madrid aille dans ce domaine au delà de l'Acte final d'Helsinki. Il faut ensuite une réunion d'experts [...] sur les droits de l'homme qui devrait être agendé pour aprés Madrid."[19] Durch ein Expertentreffen zum Thema Menschenrechte sollte das Gleichgewicht zwischen den Bereichen militärische Sicherheit und Menschenrechte wiederhergestellt werden. Die Schweiz unterstützte daher einen entsprechenden westlichen Vorschlag für ein solches Treffen in Ottawa, der schließlich auch Bestandteil des zweiten Entwurfs der N+N-Staaten für ein Abschlußdokument vom Dezember 1981 wurde. Diese ganz klar westliche Haltung der Schweiz in der Menschenrechtspolitik definierte der Diplomat Philippe Jaccard in besagtem Vortrag vor der Neuen Helvetischen Gesellschaft am 26. Mai 1982 folgendermaßen: „[D]ie Mittlertätigkeit [der Schweiz] findet dort ihre Grenzen, wo eigene Interessen tangiert werden. So kann es sich etwa im Bereich der Menschenrechte nicht darum handeln, eine mittlere Position zwischen den Ansichten von Ost und West einzunehmen."[20] Die Verhängung des Kriegsrechts in Polen und die damit verbundene massive Einschränkung der Grundrechte stellten aus Sicht der Schweiz eine Herausforderung für die demokratischen Staaten innerhalb der KSZE dar. Entsprechend massiv kritisierte Bundesrat Aubert das Handeln der polnischen Führung in seiner Ansprache in Madrid im Februar 1982. Eine weitere Zuspitzung der Situation ergab sich im Oktober 1982 mit dem offiziellen Verbot der Solidarnosc-Bewegung. Der polnische Botschafter wurde ins Berner Außendepartement einbestellt und von Botschafter Brunner gemäß einer Pressemitteilung des EDA „über die Missbilligung unterrichtet, welche die Auflösung der Gewerkschaft ‚Solidarität' in allen politischen und gewerkschaftlichen Kreisen der Schweiz hervorgerufen hat. Diese Massnahme wird das Erzielen einer Übereinkunft für ein substantielles Abschlussdokument der Konferenz in Madrid erschweren."[21] Von der Schweiz wurde also ein direkter Bezug der Ereignisse zum KSZE-Folgetreffen hergestellt. Indirekt war damit auch der Hinweis an die östlichen Staaten verbunden, daß sie durch ihre Menschenrechtsverstöße das

---

[19] BAR, E 2001 E-01, 1991/17, Bd. 252 (Europäische Sicherheitskonferenz), Note de M. l'Ambassadeur. Brunner à M. le Secrétaire d'Etat Probst en vue du voyage de ce dernier à Sofia, Octobre 1981.
[20] BAR, E 2010 (A), 1995/313, Bd. 248 (Europäische Sicherheitskonferenz), „Perspektiven der KSZE aus schweizerischer Sicht". Vortrag von Philippe Jaccard (EDA) vor der Neuen Helvetischen Gesellschaft, 26. Mai 1982.
[21] BAR, E 2001 E-01, 1991/17, Bd. 249 (Europäische Sicherheitskonferenz), Eidgenössisches Departement für Auswärtige Angelegenheiten. Pressemitteilung, 12. Oktober 1982.

mögliche Zustandekommen der von ihnen gewünschten Abrüstungskonferenz selbst gefährdeten.

Infolge der Vorgänge in Polen bot der Entwurf der N+N-Staaten in seiner alten Fassung aus Sicht der Schweiz für einen Abschluß der Konferenz wie erwähnt keine realistische Grundlage mehr. Aus Sicht von Botschafter Brunner mußte nun ein neues Gleichgewicht zwischen der Abrüstung einerseits und den Menschenrechten andererseits gefunden werden, das den Entwicklungen seit Dezember 1981 ausreichend Rechnung trug. In der Sitzung der Außenpolitischen Kommission des Nationalrats vom 14. Februar 1983 verwies Brunner noch einmal auf die hohe Bedeutung der Menschenrechte im Rahmen des KSZE-Prozesses, denn „[n]ous ne pouvons pas accepter que la détente soit simplement une politique interétatique dans le domaine commercial, militaire ou autre, sans que les citoyens des pays de l'Est en bénéficient également dans leur vie quotidienne."[22] In gleicher Sitzung verteidigte der Schweizer Delegationsleiter auch den im November 1982 vorgelegten neuen Forderungskatalog der westlichen Staaten gegen die Kritik des SP-Abgeordneten Renschler, der dieses westliche Maßnahmenbündel für unrealistisch hielt und darin eine Gefahr für den Abschluß des Treffens sah. Dem hielt Brunner entgegen, daß es sich aus taktischen Gründen notwendigerweise um einen maximalistischen Katalog handeln müsse, denn nur so bestünde die Chance, daß einige der Forderungen schließlich auch akzeptiert werden würden.[23] An dieser Stelle wird noch einmal der strategische Ansatz Brunners deutlich. Wie beim Feilschen auf einem Basar war eine übertriebene Anfangsposition erforderlich, um von der anderen Seite nicht über den Tisch gezogen zu werden und am Ende zu einem befriedigenden Kompromiß zu gelangen. Die westlichen und neutralen Länder mußten in den Verhandlungen entsprechend auftreten und Druck ausüben, wenn sie der Sowjetunion Zugeständnisse abtrotzen wollten. Bei Verstößen gegen die Bestimmungen des gemeinsam Vereinbarten war es das Recht und die Pflicht der Mitgliedsstaaten, auf diese Verstöße offen hinzuweisen. Aus diesem Grund gab es für die Schweizer Diplomatie in der KSZE bei den Menschenrechten keine Neutralität. Insofern ging die vom „Schweizerischen Friedensrat" im Jahr 1986 geäußerte Generalkritik an einer angeblich „fast ausschließlich von sicherheitspolitischen und aussenwirtschaftlichen Bedürfnissen"[24] geleiteten KSZE-Politik der Eidgenossenschaft an der Realität vorbei.

Insgesamt zeigte sich, daß sich die Schweiz in Menschenrechtsfragen als Teil des Westens verstand und entsprechend agierte. In diesem Zusammenhang wies Edouard Brunner in einem Aufsatz darauf hin, „daß die Schweiz zwar ein neutraler Staat und ihre Neutralität eine immerwährende und bewaffnete ist, daß sie aber auch eine Demokratie westlichen Typs bildet und in bezug auf die Men-

---

[22] BAR, E 2850.1, 1991/234, Bd. 12 (HA Aubert), Kommission für Auswärtige Angelegenheiten/ Nationalrat. Protokoll der Sitzung vom 14. Februar 1983.
[23] Ebd.
[24] Schweizerischer Friedensrat (Hg.), Menschenrechtsvorbild Schweiz? Zum „humanitären" KSZE-Engagement der Schweiz, Zürich 1986, S. 4.

schenrechte und Grundfreiheiten die gleichen Ideale hat wie die Mitglieder des Europarats und die beiden großen Demokratien jenseits des Atlantiks.“[25]

10.3 Ablehnung des überarbeiteten N+N-Entwurfs durch die Schweiz

Im Verlauf des März 1983 entwarfen die N+N-Staaten einen neuen Entwurf, der den alten Vorschlag RM 39 mit einigen der neuen westlichen Forderungen verband und am 15. März 1983 als „RM 39 Revised“ (RM 39/Rev) präsentiert wurde.[26] Als Neuerungen enthielt das Dokument das Recht zur Gründung freier Gewerkschaften, freien Zugang von Besuchern zu diplomatischen Vertretungen anderer Länder sowie einen Hinweis auf die Religionsfreiheit. Die Madrider Konferenz wurde daraufhin vom 25. März bis zum 19. April 1983 für eine kurze Osterpause unterbrochen, die den Delegierten die Möglichkeit zur Beratung mit ihren Regierungen gab.

Die Schweiz beteiligte sich zunächst an dem gemeinsamen Unterfangen der N+N-Gruppe, allerdings geschah dies eher aus Pflichtbewußtsein denn aus Überzeugung. In einem Rundschreiben von Ende März 1983 erläuterte Edouard Brunner die Position der Schweiz folgendermaßen: „Nous présentons ce texte dans un esprit de compromis sans nous identifier à lui et en disant bien clairement, qu'il ne représente pas nos vues sur de nombreux problèmes.“[27] Im Gegensatz zu den anderen N+N-Staaten vertrat die Eidgenossenschaft die Auffassung, daß die Einberufung eines Expertentreffens über „menschliche Kontakte“, das insbesondere den Aspekt der Familienzusammenführung behandeln würde, als ein besonderes Gegengewicht zu der östlichen Forderung nach einer Abrüstungskonferenz im Abschlußdokument enthalten sein müsse. Ein entsprechender Vorstoß der Schweiz war nach sowjetischen Protesten jedoch aus dem revidierten Entwurf der N+N-Staaten wieder entfernt worden.[28] Die Formulierung im N+N-Entwurf lautete folgendermaßen: „The participating States declare their intention to consider, at the coming follow-up meeting, the question of convening a meeting of experts on human contacts.“[29]

---

[25] Edouard Brunner, Das KSZE-Folgetreffen von Madrid aus Sicht der neutralen Schweiz, in: Hermann Volle/Wolfgang Wagner (Hgg.), Das Madrider KSZE-Folgetreffen. In Beiträgen und Dokumenten aus dem Europa-Archiv, Bonn 1984, S. 79–84, S. 79.

[26] Roth, KSZE-Nachfolgekonferenz in Madrid, S. 29.

[27] BAR, E 2010 (A), 1995/313, Bd. 250 (Europäische Sicherheitskonferenz), Telex Circulaire, 28. 03. 1983.

[28] Fischer, Grenzen der Neutralität, S. 376.

[29] In einer Fußnote wurde dieser Formulierung noch ein Hinweis hinzugefügt: „On this question an exchange of views will be held in the course of the experts meeting on human rights in Ottawa.“; vgl. BAR, E 2010 (A), 1995/313, Bd. 250 (Europäische Sicherheitskonferenz), Proposal submitted by the delegations of Austria, Cyprus, Finland, Liechtenstein, San Marino, Sweden, Switzerland and Yugoslavia. Draft Concluding Document of the Madrid Meeting 1980 of Representatives of the participating states of the Conference on Security and Cooperation in Europe, 15 March 1983.

Aus Sicht der Eidgenossenschaft war es unverständlich, daß sich einige Neutrale dem Anliegen Berns schließlich widersetzt hatten.[30] In einem Schreiben an den ehemaligen Delegationsleiter Rudolf Bindschedler vom 31. März 1983 äußerte Botschafter Brunner fast resignierend, der neue Entwurf der N+N-Staaten sei „à peu près ce que l'on peut obtenir de mieux des Soviétiques."[31] Gleichwohl sah die Schweiz den neuen N+N-Entwurf nur als Verhandlungsgrundlage, nicht aber als „take-it-or-leave-it"-Option an. Hier lag, wie sich bald darauf zeigte, der entscheidende Unterschied zur Haltung der übrigen N+N-Staaten. Statt dessen verbündete sich die Schweiz in der Sache wiederum mit den USA, die sich entschlossen zeigten, „in dieser kritischen, das Grundrecht auf Auswanderung zentral berührenden Frage nicht zu kapitulieren."[32] In der Folge schöpften die Berner Diplomaten neue Hoffnung. Eine Rede des amerikanischen Vertreters im Nordatlantikrat der NATO, deren Wortlaut Botschafter Brunner von der US-Botschaft in Bern übersandt wurde, brachte die harte Haltung Washingtons deutlich zum Ausdruck: „The revised NNA document falls far short of our goals. It contains the substance of only a small proportion of our amendments. [...] Thus, signing the NNA document in its present form would discredit the CSCE process and make our task of negotiating productive agreements with the Soviet Union in other areas more difficult."[33]

Der Präsident Finnlands, Mauno Koivisto, unterbreitete am 5. April 1983 gegenüber den Regierungen der N+N-Staaten den Vorschlag für eine diplomatische Initiative. Der finnische Vorschlag sah einen gemeinsamen Appell der Staats- und Regierungschefs der neutralen und blockfreien Staaten an die übrigen Teilnehmerländer der KSZE für eine Annahme des neuen N+N-Entwurfs in der vorgelegten Fassung und für einen schnellen Abschluß des Madrider Treffens vor. Bundesrat Aubert, der in jenem Jahr turnusgemäß das Amt des Bundespräsidenten ausübte, wies in seinem Antwortschreiben an den finnischen Präsidenten vom 8. April 1983 gleichwohl darauf hin, die Schweiz könne sich dieser Initiative momentan nicht anschließen. Mit Blick auf die westlichen Staaten fügte Bundespräsident Aubert hinzu, es gebe Bestrebungen, in Madrid weitere Verhandlungen über einige Änderungen des N+N-Entwurfs zu führen. In dieser Situation halte die Schweiz einen Appell der neutralen Länder für falsch, denn ein solcher „pourrait être considéré par ceux qui veulent procéder à ces modifications comme une pression unilaterale exercée sur eux seuls."[34] Die Schweiz lehnte es ab, einseitig

[30] Rudolf Bindschedler, Die Madrider Folgekonferenz der KSZE. Bescheidene Erfolge – Unersetzliches Instrument, in: Schweizer Monatshefte 64 (1/1984), S. 61–69, S. 64.

[31] BAR, E 2010 (A), 1995/313, Bd. 250 (Europäische Sicherheitskonferenz), Brief Botschafter Brunner an Rudolf Bindschedler, 31 mars 1983.

[32] William Korey, Das KSZE-Folgetreffen in Madrid. Ein Beitrag aus amerikanischer Sicht, in: Hermann Volle/Wolfgang Wagner (Hgg.), Das Madrider KSZE-Folgetreffen. In Beiträgen und Dokumenten aus dem Europa-Archiv, Bonn 1984, S. 85–92, S. 91.

[33] BAR, E 2010 (A), 1995/313, Bd. 250 (Europäische Sicherheitskonferenz), Schreiben US-Botschaft Bern mit Anhang an Botschafter Edouard Brunner, 12. April 1983.

[34] BAR, E 2010 (A), 1995/313, Bd. 250 (Europäische Sicherheitskonferenz), Schreiben Bundespräsident Pierre Aubert an Präsident Mauno Koivisto, 8. April 1983.

Druck auf die NATO-Staaten auszuüben. Begründet wurde die Position von Aubert mit Verweis auf die Neutralität und das Gebot der Unparteilichkeit.[35] Allerdings stellte diese Begründung wohl eher eine Aushilfskonstruktion dar, denn umgekehrt hatte sich die Schweiz Pressionsversuchen gegenüber der Sowjetunion unter Verweis auf die Neutralität nicht widersetzt, eher traf das Gegenteil zu. Mit ihrer ablehnenden Haltung gegenüber der finnischen KSZE-Initiative verteidigte die Schweiz innerhalb der N+N-Gruppe die westliche Haltung.[36] Die Schweizer Botschaft in London berichtete, die Sowjetunion sei nach britischer Einschätzung noch nicht bis an die Grenzen dessen gegangen, was sie an Konzessionen akzeptieren könnte. Somit bestünde die Möglichkeit, in Verhandlungen weitere Zugeständnisse zu erreichen.[37]

Als Reaktion auf die skeptische Bewertung Berns trat die österreichische Regierung an die Schweiz mit der Absicht heran, die Eidgenossenschaft doch noch zur Zustimmung zu bewegen und die Geschlossenheit der N+N-Gruppe zu bewahren. Das EDA bekundete weiterhin seine ablehnende Haltung, legte den Sachverhalt jedoch dem Gesamtbundesrat zur Entscheidung vor.[38] Die Mitglieder des Bundesrates bestätigten in ihrer Sitzung am 13. April 1983 vollständig die bisherige Linie des EDA.[39] Damit stand fest, daß sich die Schweiz an dem gemeinsamen Appell der N+N-Staaten nicht beteiligen würde. Wie das finnische Delegationsmitglied Markku Reimaa rückblickend formulierte, war die Nichtbeteiligung der Schweiz „mainly due to the comments from the Americans concerning the N+N countries' draft for the concluding document."[40] Darüber hinaus wies Reimaa auch auf eine mögliche innenpolitische Reserviertheit hin, denn „under the Swiss political system the role of the President was unsuited for presenting appeals on foreign policy."[41] In der Tat sprach das Nichtvorhandensein eines Staatsoberhaupts im klassischen Sinne eher gegen öffentliche Appelle an andere Regierungen. Bei den Schweizer Verantwortlichen gab es zudem eine generelle Abneigung gegen öffentliche Symbolpolitik dieser Art, deren praktischer Nutzen bezweifelt wurde.[42] Entscheidend für die Ablehnung des finnischen Vorschlags durch die Schweiz waren jedoch eindeutig außenpolitische Gründe. Nach Einschätzung der Berner Diplomaten fielen einige der N+N-Staaten – Liechtenstein und Malta be-

[35] Ebd.
[36] Zielinski, Die neutralen und blockfreien Staaten, S. 256.
[37] BAR, E 2010 (A), 1995/313, Bd. 250 (Europäische Sicherheitskonferenz), Telex Botschaft London an EDA Bern, 13. 04. 1983.
[38] BAR, E 2010 (A), 1995/313, Bd. 250 (Europäische Sicherheitskonferenz), Au Conseil fédéral. Initiative finlandaise en faveur d'un appel des chefs d'Etat ou de gouvernement des pays neutres et non-alignés de la CSCE pour une conclusion rapide de la réunion de Madrid, 12 avril 1983.
[39] BAR, E 2010 (A), 1995/313, Bd. 250 (Europäische Sicherheitskonferenz), Telex Circulaire, 13. 04. 1983.
[40] Reimaa, Helsinki Catch, S. 234.
[41] Ebd.
[42] BAR, E 2010 (A), 1995/313, Bd. 250 (Europäische Sicherheitskonferenz), Telex Circulaire, 13. 04. 1983.

teiligten sich ebenfalls nicht an der finnischen Initiative – den westlichen Ländern bei dem Versuch in den Rücken, ein Optimum an Zugeständnissen auf dem Feld der Menschenrechte von der Sowjetunion und ihren Verbündeten zu erhalten. Die seit Beginn des Madrider KSZE-Folgetreffens latent vorhandene Entfremdung der Schweiz von den Positionen der anderen N+N-Staaten trat in der Endphase der Konferenz nun offen zutage.

Bei Wiederbeginn der Madrider Verhandlungen am 18. April 1983 richteten die Staats- und Regierungschef von sechs Ländern, darunter der finnische Präsident Mauno Koivisto, der schwedische Ministerpräsident Olof Palme und der österreichische Bundeskanzler Bruno Kreisky, ihren gemeinsamen Appell in Form einer Zirkularnote an die übrigen KSZE-Teilnehmerländer. Darin brachten die Staats- und Regierungschefs von Österreich, Zypern, Finnland, San Marino, Schweden und Jugoslawien ihre Überzeugung zum Ausdruck, „that the Madrid meeting has reached a point where continued and protracted negotiations will no longer serve the aims of bringing us closer to a common understanding, but rather lead to an erosion of the basic aims and purposes set forth by the Conference on Security and Cooperation in Europe."[43] Aus dieser Einschätzung zogen die beteiligten Staats- und Regierungschefs die Schlußfolgerung, „that a political decision must now be made without delay regarding the outcome of the Madrid meeting and thus the future role of the CSCE process in Europe."[44]

In Bern sorgte der Aufruf zur schnellen Beendigung der KSZE-Konferenz für großen Unmut. Neben den genannten inhaltlichen Gründen galt dies auch für die Form der Präsentation. Bei einigen KSZE-Staaten entstand anscheinend der Eindruck, daß es sich um eine Initiative der gesamten N+N-Gruppe handelte, die von den Repräsentanten einiger dieser Länder offiziell eingebracht wurde. Bei der Präsentation des gemeinsamen N+N-Entwurfs am Ende des Madrider Vorbereitungstreffens durch die Außenminister einiger dieser Länder war dies beispielsweise der Fall gewesen. Die Wahl von Formulierungen in der Zirkularnote wie „The Neutral and Non-Aligned States, on whose behalf we address this letter [...]" oder „The Neutral and Non-Aligned States in question share the belief [...]" dürften zum Eindruck einer gemeinsamen N+N-Initiative im klassischen Sinne beigetragen haben. In einem Schreiben an die Schweizer Vertretungen in Ottawa und Oslo, wo bei den dortigen Regierungen anscheinend Irritationen entstanden waren, erging die Anweisung von Botschafter Brunner, gegenüber den Gesprächspartnern vor Ort klarzustellen, daß der Appell nur die Haltung der sechs darin genannten Länder wiedergebe, nicht aber die der Schweiz.[45] In gleichem Schreiben brachte der Schweizer Delegationsleiter seine Verärgerung zum Ausdruck über die „méthode employée par Finlandais pour imposer cette initiati-

---

[43] BAR, E 2010 (A), 1995/313, Bd. 250 (Europäische Sicherheitskonferenz), Circular Note, April 18, 1983.
[44] Ebd.
[45] BAR, E 2010 (A), 1995/313, Bd. 250 (Europäische Sicherheitskonferenz), Telex EDA Bern an Botschaften Ottawa und Oslo, 19 avril 1983.

ve aux autres N+N sans consultation préalable et en excluant d'embée toute possibilité modification."[46] Ein solches Vorgehen, so Brunner weiter, „peut à la limite
remettre en question collaboration au sein des N+N. Attitude militante que
prennent certains de ces pays dans affaires Est-Ouest et européennes nous
inquiète."[47] Mit der Konferenz der Außenminister in Stockholm im September
1982 hatte die Zusammenarbeit der N+N-Staaten ihren vorläufigen Höhepunkt
erreicht. Nach Wiederaufnahme der Konferenz traten die inhaltlichen Unterschiede wieder deutlicher hervor. Mit Blick auf den Gesamtverlauf der Konferenz
ist dennoch festzuhalten, daß die N+N-Staaten in Madrid eine führende Rolle
spielten und mit ihren insgesamt drei Entwürfen für ein Schlußdokument einen
entscheidenden Beitrag zum Abschluß der Konferenz leisteten.[48]

10.4 Edouard Brunner als der „Metternich der KSZE"

Zum Zeitpunkt der Wiederaufnahme der Verhandlungen am 19. April 1983 war
ein erfolgreiches Ende des KSZE-Treffens trotz Vorlage des neuen Entwurfs RM
39/Rev noch immer nicht in Sicht. In einem Schreiben des amerikanischen Präsidenten Ronald Reagan als Reaktion auf den gemeinsamen Appell von Österreich,
Zypern, Finnland, San Marino, Schweden und Jugoslawien wurde der überarbei-
tete N+N-Entwurf nur als „an excellent basis for negotiations"[49] bezeichnet.
Darüber hinaus wurde deutlich zum Ausdruck gebracht, „that we believe certain
of the human rights provisions of your draft document need strengthening."[50]
Die westlichen Staaten präsentierten am 3. Mai 1983 in Madrid ein inoffizielles
Papier mit drei redaktionellen und zwei inhaltlichen Ergänzungswünschen. Die
beiden inhaltlichen Forderungen betrafen die Einberufung eines Expertentreffens
über „menschliche Kontakte" sowie ein Verbot von Störsendern gegen ausländische Rundfunksender. Die Schweiz unterstützte diese Ergänzungswünsche.[51]

Die neuen westlichen Vorschläge standen jedoch im deutlichen Gegensatz zum
Aufruf einiger neutraler und blockfreier Länder vom April 1983 für ein schnelles
Konferenzende. Die Sowjetunion ließ sich die Gelegenheit nicht entgehen, in dieser unklaren Situation die Initiative zu ergreifen. Am 6. Mai 1983 übermittelte sie
ihrerseits einen Appell an die Teilnehmerländer der KSZE. Darin wurde zunächst
festgehalten, das Madrider Treffen „dure maintenant depuis trop longtemps."[52]
Der Vermittlungsvorschlag der N+N-Staaten sei aus Sicht der Sowjetunion kei-

---

[46] Ebd.
[47] Ebd.
[48] Zielinski, Die neutralen und blockfreien Staaten, S. 257.
[49] BAR, E 2010 (A), 1995/313, Bd. 250 (Europäische Sicherheitskonferenz), Schreiben US-Botschaft Bern mit Anhang an Botschafter Franz Muheim, 6. Mai 1983.
[50] Ebd.
[51] BAR, E 2010 (A), 1995/313, Bd. 250 (Europäische Sicherheitskonferenz), Telex EDA Bern an
Botschaft Washington, 09. 05. 1983.
[52] BAR, E 2010 (A), 1995/313, Bd. 250 (Europäische Sicherheitskonferenz), Appell de l'Union
soviétique aux pays participant à la réunion de la CSCE à Madrid, 6 mai 1983.

neswegs zufriedenstellend, doch gehe es um eine Stärkung des Friedens, der Sicherheit und der Zusammenarbeit in Europa. In diesem Kontext wurde hervorgehoben, daß „l'Union soviétique est prête à accepter le document des N+N tel qu'il a été présenté le 15 mars."[53] Verbunden war die Bereitschaft Moskaus, den neuen N+N-Entwurf in unveränderter Form zu akzeptieren, allerdings mit der deutlichen Warnung, daß im Falle des Insistierens auf weiteren Veränderungen alles bisher in Madrid Erreichte wieder gefährdet würde.[54] Die Sowjetunion nahm also die Initiative der sechs neutralen und blockfreien Länder auf – und machte sie faktisch zu ihrem eigenen Vorschlag. Der N+N-Entwurf vom 15. März 1983 erhielt somit „support from an unexpected source."[55] Das Vorgehen Moskaus war äußerst geschickt. Durch ihre Initiative gelang es der Sowjetunion, „aus der Isolierung herauszukommen und ihre eigene Position zu stärken."[56]

Der Druck auf die westlichen Länder und die Schweiz zur Annahme des vorliegenden Entwurfs wurde durch die sowjetische Initiative deutlich erhöht. Von den Positionen her entstand nun zumindest nach außen hin der Eindruck, daß es auf der einen Seite die östlichen Länder und die Mehrheit der N+N-Staaten gab, die zu einer Einigung bereit waren, während sich andererseits die westlichen Länder und die Schweiz einem erfolgreichen Abschluß verschlossen. Auch wenn ihr Vorgehen in der Situation des Frühjahrs 1983 nachvollziehbar war, so hatten die sechs neutralen und blockfreien Staaten mit ihrem Appell der Sowjetunion in gewisser Weise eine Vorlage geliefert, die Moskau zu nutzen wußte. Das Ziel der Sowjets bestand darin, die NATO-Staaten in die Defensive zu drängen und den Westen in der Frage der Annahme des N+N-Entwurfs zu spalten. Aus Sicht der Bundesrepublik Deutschland beispielsweise war ein erfolgreicher Konferenzabschluß besonders wichtig[57], denn die Einigung auf eine Europäische Abrüstungskonferenz im Rahmen der KSZE sollte ein Zeichen an die westdeutsche Öffentlichkeit im Hinblick auf die anhaltenden Proteste der Friedensbewegung gegen die Umsetzung des NATO-Doppelbeschlusses setzen.[58]

Die sowjetische KSZE-Initiative wurde dem Berner Außendepartement am 6. Mai 1983 von Botschafter Lawrow überreicht. Botschafter Franz Muheim vom EDA versprach seinem Gast eine Prüfung des Vorschlags durch die Schweiz, fügte jedoch auch die Vermutung hinzu, ein Konsens liege gegenwärtig wohl nicht im Bereich des Möglichen, jedoch sei man dazu bereit, auf der Grundlage des überarbeiteten N+N-Entwurfs über einige inhaltliche Punkte zu diskutieren.[59] Die

---

[53] Ebd.
[54] Ebd.
[55] Reimaa, Helsinki Catch, S. 234.
[56] Roth, KSZE-Nachfolgekonferenz in Madrid, S. 31.
[57] Selvage, The politics of the lesser evil, S. 50.
[58] Die westdeutsche Friedensbewegung spielte in der Strategie des Kreml zur Verhinderung der NATO-Raketenstationierung umgekehrt eine Schlüsselrolle; vgl. Wettig, Sowjetunion, S. 217-259.
[59] BAR, E 2010 (A), 1995/313, Bd. 250 (Europäische Sicherheitskonferenz), Notiz an den Bundespräsidenten. Mitteilung der sowjetischen Regierung an den Bundespräsidenten, 6. Mai 1983.

Schweiz hielt also an ihrer bisherigen Position fest. Auch die USA hofften auf die Unterstützung der Schweiz für Veränderungen am Dokument „RM 39/Rev". Der Schweizer Botschafter in Washington, Anton Hegner, bestätigte bei einer Unterredung im State Department, sein Land sei mit dem Vorschlag vom März 1983 ebenfalls nicht zufrieden und unterstütze daher die amerikanischen Bemühungen zur Verbesserung des vorliegenden Entwurfs.[60]

Auf die hohe Bedeutung der westlichen Zusatzvorschläge aus Sicht der Schweiz wies Botschafter Brunner in einer Aufzeichnung zum Stand der Madrider Verhandlungen noch einmal explizit hin. Der Zweck der Initiative bestehe darin, „d'améliorer l'équilibre global du document final de Madrid au profit de la dimension humaine de la CSCE, dimension à laquelle la Suisse à toujours voué une importance primordiale."[61] Die Überzeugung, daß die Sowjetunion ein großes Interesse an einem erfolgreichen Abschluß der Konferenz hatte und entsprechend zu deutlichen Zugeständnissen bereit war, gewann Botschafter Brunner aus dem östlichen Wunsch nach einer Abrüstungskonferenz. Das Verhandeln in Madrid bezeichnete er als „un jeu de patience avec les négotiateurs soviétiques."[62] Hier lag ein deutlicher Unterschied zum Belgrader Treffen, wo die westlichen und neutralen Länder kein richtiges Druckmittel besessen hatten, um die sowjetischen Diplomaten zu entsprechenden Gegenleistungen im Bereich von Korb III zu bewegen.

Mitte Juni 1983 spitzte sich die Situation in Madrid zu und eine Entscheidung – welcher Art auch immer – über das Ende der Konferenz bahnte sich an. Das EDA informierte in einer Mitteilung vom 13. Juni 1983 Staatssekretär Probst, der sich zu dieser Zeit zu Gesprächen in Washington aufhielt, darüber, daß das Gastgeberland Spanien eine spektakuläre Initiative vorbereite, um die Konferenz aus der Sackgasse herauszuführen. Unterstützt werde Spanien dabei von Vertretern einiger N+N-Staaten, insbesondere auch von der Schweiz, die bei den spanischen Verantwortlichen gemäß der Einschätzung des EDA großes Vertrauen genießen würde. Aus diesem Grund werde sich Delegationsleiter Brunner nun auch wieder nach Madrid begeben.[63] Staatssekretär Probst seinerseits betonte derweil bei seinen politischen Konsultationen in den USA, daß die Schweiz dem vorliegenden Kompromißentwurf – den sie ursprünglich ja selbst miterarbeitet hatte – nicht zustimmen könne und insbesondere die Aufnahme eines Expertentreffens über „menschliche Kontakte" in das Schlußdokument begrüßen würde.[64] In der Beur-

---

[60] BAR, E 2010 (A), 1995/313, Bd. 250 (Europäische Sicherheitskonferenz), Telex Botschaft Washington an EDA Bern, 08.05.1983.

[61] BAR, E 2010 (A), 1995/313, Bd. 250 (Europäische Sicherheitskonferenz), Position de la Suisse sur l'état actuel des travaux de la réunion de Madrid de la CSCE, 19 mai 1983.

[62] BAR, E 2850.1, 1991/234, Bd. 12 (HA Aubert), Kommission für Auswärtige Angelegenheiten/ Nationalrat. Protokoll der Sitzung vom 14. Februar 1983.

[63] BAR, E 2010 (A), 1995/313, Bd. 250 (Europäische Sicherheitskonferenz), Telex EDA Bern an Botschaft Washington, zuhanden Staatssekretär Probst, 13.06.1983.

[64] BAR, E 2010 (A), 1995/313, Bd. 250 (Europäische Sicherheitskonferenz), Telex Botschaft Washington an EDA Bern, 16.06.1983.

teilung der Situation in Madrid bestand somit völlige Übereinstimmung zwischen Bern und Washington.

Wie sich bereits abgezeichnet hatte, ergriff nun das Gastgeberland die Initiative und unternahm einen „letzte[n] Versuch"[65] zur Rettung des Madrider Treffens. Der spanische Ministerpräsident Felipe Gonzales empfing am 17. Juni 1983 die Delegationschefs der KSZE-Teilnehmerländer und unterbreitete einen Kompromißvorschlag.[66] Gonzales schlug den anderen KSZE-Teilnehmerländern die Aufnahme eines Mandats für ein Expertentreffen über „menschliche Kontakte" in den aktuellen Entwurf „RM 39/Rev" vor, der in dieser neuen Form dann das Schlußdokument des Treffens darstellen sollte.

Die Schweizer Delegation unter Federführung von Edouard Brunner beteiligte sich hinter den Kulissen intensiv an der Vorbereitung dieser neuen Initiative[67] und stand in engem Kontakt mit den spanischen Diplomaten.[68] Das verdeutlichte auch die Aussage von Ministerpräsident Gonzales über die Bereitschaft der Schweiz, als Gastgeberin eines Expertentreffens über menschliche Kontakte zu fungieren. Die positive Haltung der Eidgenossenschaft zur spanischen Initiative unterstrich Bundespräsident Aubert in einem Schreiben vom 21. Juni 1983 an den spanischen Botschafter in Bern zur Weiterleitung an Ministerpräsident Gonzales: „La Suisse appuie entièrement et sans réserves l'initiative prise par Votre Excellence et souhaite son plein succès."[69]

Die Sowjetunion erklärte sich schließlich unter einer letzten Bedingung zur Annahme des spanisch-schweizerischen Vorschlags bereit. Das Mandat für das Expertentreffen über „menschliche Kontakte" in Bern wurde nicht in das Schlußdokument selbst aufgenommen, sondern in einem beigefügten Anhang festgeschrieben.[70] Die politische Bedeutung des Expertentreffens im Vergleich zu den anderen Inhalten des Schlußdokuments wurde hierdurch aber nicht beeinträch-

---

[65] Roth, KSZE-Nachfolgekonferenz in Madrid, S. 32.

[66] In seiner Ansprache vor den versammelten Botschaftern führte der spanische Ministerpräsident folgendes aus: „[M]e informa el Gobierno de Suiza que desea invitar a todos los Estados participantes a una reunión de expertos consagrada a explorar el mejor modo de impulsar la realización de las disposiciones del Acta Final de Helsinki sobre contactos humanos. Proponen la fecha del 16 de Abril de 1986 a Berna. [...] Creemos que la aceptación de esta invitación por todos los Estados en la Reunión de Madrid, fortalecería el proceso de Helsinki."; vgl. BAR, E 2010 (A), 1995/313, Bd. 250 (Europäische Sicherheitskonferenz), Embajada de España, Ansprache von Ministerpräsident Felipe Gonzales vom 17. Juni 1983.

[67] Brunner, Das KSZE-Treffen von Madrid, S. 83; Zielinski, Die neutralen und blockfreien Staaten, S. 257; Fischer, Grenzen der Neutralität, S. 376; Quellen zum Detailablauf der schweizerischen Aktivitäten hinter den Kulissen der Konferenz liegen leider nicht vor.

[68] BAR, E 2010 (A), 1995/313, Bd. 250 (Europäische Sicherheitskonferenz), Telex EDA Bern an Botschaften Washington, Paris, London, Rom, Bonn, Ottawa, Oslo, Bukarest und Brüssel, 18. 06. 1983.

[69] BAR, E 2010 (A), 1995/313, Bd. 250 (Europäische Sicherheitskonferenz), Brief Bundespräsident Aubert an Botschafter Adolfo Martin-Gamero zur Weiterleitung an Ministerpräsident Felipe Gonzales, 21. Juni 1983.

[70] Roth, KSZE-Nachfolgekonferenz in Madrid, S. 32.

tigt. Es handelte sich nur um eine „kosmetische" Veränderung, die es der Sowjet-union erlaubte, ihr Gesicht zu wahren.

Trotz dieser Einigung waren die Madrider Verhandlungen noch immer nicht beendet. Wie bereits in den Schlußphasen der Verhandlungen von Genf und Bel-grad forderte Malta nun eine stärkere Betonung der Sicherheitsfragen des Mittel-meerraums im Schlußdokument und verweigerte den notwendigen Konsens. Nach weiteren Verhandlungen – im KSZE-Jargon auch als „Malta-Wochen"[71] be-zeichnet – konnte die Regierung in La Valletta endlich von ihrem Obstruktions-kurs abgebracht und die Beratungen nach dem „Maltesische[n] Scherzo"[72] An-fang September 1983 somit endlich abgeschlossen werden. [73]

Mit ihrem Engagement für die Menschenrechte und ihrer Mitwirkung an der Brunner-Gonzales-Initiative leistete die Schweiz einen wichtigen Beitrag zum Zustandekommen des Expertentreffens über menschliche Kontakte in Bern und zum erfolgreichen Abschluß des KSZE-Folgetreffens. Insbesondere Edouard Brunner drückte den Verhandlungen in Madrid seinen Stempel auf und rückte die neutrale Schweiz in den Mittelpunkt der europäischen Diplomatie im Rahmen des Ost-West-Konflikts. Wie der *Tages-Anzeiger* aus Zürich berichtete, ernannte die spanische Zeitung *El Pais* Brunner ob seiner Verdienste beim Zustandekom-men des Konferenzergebnisses in Madrid zum „schweizerischen Metternich der KSZE".[74] Ähnlich wie der österreichische Staatsmann in der ersten Hälfte des 19. Jahrhunderts verfügte auch Edouard Brunner in der Tat über ein beachtliches diplomatisches Geschick, wie beispielsweise die Fähigkeit, in den Verhandlungen „immer neue Formeln zu finden, die das Unvereinbare vereinbar erschienen ließen."[75]

Im Verlauf der fast dreijährigen Verhandlungen in Madrid agierte Brunner mit Pragmatismus und Geschick. In diesem Zusammenhang ist allerdings auch kri-tisch darauf hinzuweisen, daß seine Haltung in der Frage des anzustrebenden Konferenzergebnisses äußerst flexibel war. Je nach aktuellem Stand der Verhand-lungen variierte Brunners Position zwischen einem Kurzdokument, einer länge-ren Unterbrechung der Konferenz und einem ausgewogenen, substantiellen Ab-schlußtext.

---

[71] Jörg Kastl, Das KSZE-Folgetreffen von Madrid. Verlauf und Schlußdokument aus Sicht der Bundesrepublik Deutschland, in: Hermann Volle/Wolfgang Wagner (Hgg.), Das Madrider KSZE-Folgetreffen. In Beiträgen und Dokumenten aus dem Europa-Archiv, Bonn 1984, S. 45–54, S. 50.

[72] Ebd.

[73] Im Sommer 1983 war es zudem zu einer leichten Annäherung zwischen den USA und der Sowjetunion gekommen, als die Moskauer Führung auf amerikanischen Druck hin die Aus-reise mehrerer Angehöriger der religiösen Pfingstler-Bewegung gestattete, die sich auf das Gelände der US-Botschaft in Moskau geflüchtet hatten; vgl. Selvage, The politics of the lesser evil, S. 50 f.

[74] Tages-Anzeiger (Zürich), 9. September 1983; vgl. Fischer, Grenzen der Neutralität, S. 377.

[75] Kissinger, Das Gleichgewicht der Großmächte, S. 579.

10.5 Die Bewertung des Abschlußdokuments durch die Schweiz

Das Abschlußdokument des KSZE-Folgetreffens von Madrid „war die erste umfassende Ost-West-Vereinbarung seit der Unterzeichnung der Schlussakte von Helsinki 1975."[76] Es enthielt ein Mandat für ein Expertentreffen über Menschrechte in Ottawa sowie im Anhang für ein Expertentreffen über „menschliche Kontakte" in Bern. Im Gegenzug war die Abhaltung einer „Konferenz über Vertrauensbildung und Abrüstung" (KVAE) in Stockholm vorgesehen. In ihrer Ausgestaltung entsprach sie weitgehend dem französischen „Zwei-Phasen-Modell" mit der Priorisierung der Verhandlungen über die Vertrauens- und Sicherheitsbildenden Maßnahmen, die den Kriterien der Bedeutsamkeit, Verbindlichkeit und Verifikation entsprechen sollten. In der Zonenfrage wurde der Anwendungsbereich so beschrieben, daß dieser zukünftig „ganz Europa sowie das angrenzende Seegebiet und den angrenzenden Luftraum umfassen"[77] würde, wobei bei der Festlegung des atlantischen Bereichs „an Europa angrenzende ozeanische Gebiete" gemeint waren. Der Westen hatte sich also mit einer funktionellen anstelle einer geographischen Definition durchgesetzt. Wesentlich auf Bestreben Maltas wurde ein Seminar über die Sicherheit im Mittelmeerraum nach Venedig einberufen. Die Schweiz konnte sich mit ihrer Forderung nach einem weiteren Expertentreffen über die Errichtung eines Verfahrens zur friedlichen Streiterledigung in Athen durchsetzen, doch hatte die Thematik für das EDA nicht mehr die zentrale Bedeutung wie noch in den siebziger Jahren. Diese Entwicklung hing erstens mit dem negativen Ausgang des ersten Expertentreffens in Montreux 1978 sowie zweitens mit dem personellen Wechsel an der Spitze der Delegation von Rudolf Bindschedler zu Edouard Brunner zusammen.

Im Madrider Schlußdokument wurde „das Recht der Arbeiter, Gewerkschaften frei einzurichten und ihnen beizutreten, [sowie] das Recht der Gewerkschaften auf freie Ausübung ihrer Tätigkeiten"[78] betont. Darüber hinaus fand die Akzeptanz und Anerkennung religiöser Gruppen durch den Staat sowie insbesondere der Schutz der Religionsfreiheit im Schlußdokument Erwähnung, wofür sich neben den USA insbesondere die Delegation des Heiligen Stuhls eingesetzt hatte.[79] Im Bereich von Korb III war weiterhin ein Forum über kulturelle Zusammenarbeit in Budapest vorgesehen. Inhaltlich betonte der Abschnitt die hohe Bedeutung der menschlichen Kontakte. Gesuche an staatliche Behörden über Familienzusammenführungen und Eheschließungen zwischen Bürgern verschiedener Staaten sollten in einer Regelfrist von bis zu sechs Monaten bearbeitet werden. Be-

---

[76] Ceska, Détente und KSZE-Prozess, S. 515.
[77] BAR, E 2010 (A), 1995/313, Bd. 250 (Europäische Sicherheitskonferenz), Abschließendes Dokument des Madrider KSZE-Folgetreffens, 06. September 1983.
[78] Ebd.
[79] Paul Wuthe, Für Menschenrechte und Religionsfreiheit in Europa. Die Politik des Heiligen Stuhls in der KSZE/OSZE, Stuttgart 2002, S. 167 ff.

sonders umfangreich war das Unterkapitel „Information", das von der Schweizer Delegation wesentlich mitgestaltet worden war. Darin wurde unter anderem folgendes festgehalten: „Die Teilnehmerstaaten werden weiterhin die freiere und weitere Verbreitung von periodisch und nicht periodisch erscheinendem gedrucktem Material, welches aus anderen Teilnehmerstaaten eingeführt wird, [...] fördern. Diese Veröffentlichungen werden auch in Lesesälen in großen öffentlichen Bibliotheken [...] zugänglich sein."[80]

Es wurde zudem darauf hingewiesen, daß die Verkaufspreise ausländischen Druckmaterials nicht wesentlich höher seien dürfte als in den jeweiligen Herkunftsländern. Auf dem Feld der Arbeitsbedingungen für Journalisten sollten die Behörden „ohne ungebührliche Verzögerung über Visaanträge von Journalisten entscheiden und abgelehnte Gesuche innerhalb einer angemessenen Frist erneut prüfen."[81] Etwas konkreter war der Passus über ständig akkreditierte ausländische Journalisten und deren Familienangehörige. Diese Personen würden Visa für mehrfache Ein- und Ausreise mit einer Gültigkeitsdauer von einem Jahr erhalten. Des weiteren wurde auf die Möglichkeit bilateraler Vereinbarungen hingewiesen, um Erleichterungen für in Drittstaaten akkreditierte Journalisten zu vereinbaren. Zwischen der Schweiz und Ungarn bestand wie erwähnt bereits ein solches Abkommen, das die Arbeitsbedingungen von Schweizer Journalisten, die häufig in Wien ihre festen Büros hatten, bei Recherchen im Nachbarland verbesserte.

Das nächste KSZE-Folgetreffen wurde für November 1986 nach Wien einberufen. Dieser Beschluß trug dem seit den siebziger Jahren bekundeten Interesse Österreichs an einer Gastgeberrolle Rechnung und war eine Anerkennung für die wichtige Rolle des Landes im Rahmen der KSZE. Die Wahl der Hauptstadt eines neutralen Landes stellte zudem eine Kompromißlösung zwischen dem westlichen Kandidaten Brüssel und dem östlichen Bewerber Budapest dar. Mit der bekundeten Absicht, weiterhin regelmäßig Konferenzen abzuhalten, wurde eine stärkere Periodizität der KSZE-Treffen angedeutet[82] und der Prozeßcharakter der KSZE hervorgehoben. Schließlich kamen die 35 Teilnehmerländer überein, „dass der zehnte Jahrestag der Unterzeichnung der Schlußakte der KSZE im Jahre 1985 in Helsinki gebührend begangen wird."[83]

Die Schweiz war mit dem Ergebnis der Verhandlungen insgesamt zufrieden. Wie die Mitglieder der Delegation in ihrem Bericht an den Bundesrat festhielten, sei dies „le meilleur résultat que l'on pouvait espérer dans l'état actuel des relations Est-Ouest."[84] Zu einer negativen Einschätzung kam hingegen der Redakteur der *Neuen Zürcher Zeitung*, Hugo Bütler. Mit Blick auf die sich vergrößernden

---

[80] BAR, E 2010 (A), 1995/313, Bd. 250 (Europäische Sicherheitskonferenz), Abschließendes Dokument des Madrider KSZE-Folgetreffens, 06. September 1983.
[81] Ebd.
[82] Ceska, Das KSZE-Folgetreffen von Madrid, S. 21 f.
[83] BAR, E 2010 (A), 1995/313, Bd. 250 (Europäische Sicherheitskonferenz), Abschließendes Dokument des Madrider KSZE-Folgetreffens, 06. September 1983.
[84] BAR, E 2010 (A), 1995/313, Bd. 251 (Europäische Sicherheitskonferenz), Au Conseil fédéral. CSCE: rapport de la délégation suisse, 12 août 1983.

Spannungen zwischen den Supermächten und der anhaltenden Repression gegen Dissidenten in Osteuropa kam Bütler zu dem Schluß, daß sich „hinter dem Madrider Konsens eine Verschlechterung der Zustände in der Wirklichkeit" verbirgt.[85] Das Hauptergebnis des KSZE-Folgetreffens bestand seiner Meinung nach „in einer Vermehrung der Gesprächsforen."[86] Des weiteren wies Bütler auf die internen Differenzen innerhalb der Gruppe der N+N-Staaten hin. Madrid habe aus schweizerischer Perspektive die Grenzen der Kooperation der neutralen und blockfreien Länder aufgezeigt.[87]

Im Schlußbericht der Schweizer KSZE-Delegation wurde ebenfalls ausführlich auf die Zusammenarbeit der N+N-Staaten in Madrid Bezug genommen. Die Bewertung war aus Sicht der Diplomaten des EDA ambivalent. Einerseits hätten die N+N-Staaten einmal mehr ihre wichtige Rolle bei der Suche nach konsensfähigen Lösungen unter Beweis gestellt, andererseits seien aber auch Probleme bei der Zusammenarbeit deutlich geworden: „La conférence de Madrid nous a révélé dès lors les limites de la collaboration au sein de ce groupe."[88] Sowohl bei der Forderung nach Aufnahme eines Expertentreffens über „menschliche Kontakte" in das Schlußdokument als auch beim gemeinsamen Appell an die Teilnehmerländer für ein schnelles Konferenzende stand die Schweiz in Opposition zur N+N-Gruppe. In ihrer Analyse kamen die Mitglieder der Delegation zu dem Schluß, daß die Schweiz auch bei einer Distanzierung von Positionen der N+N-Staaten unter gewissen Umständen eine nützliche Rolle mit Blick auf den Gesamtverlauf der Verhandlungen spielen könne.[89]

Es zeigt sich, daß die Schweiz in Madrid in einen Konflikt zwischen ihrer Solidarität mit den übrigen neutralen Ländern einerseits und ihren eigenen inhaltlichen oder prozeduralen Positionierungen andererseits geriet. Die Haltung der anderen N+N-Staaten wurde – wie beim gemeinsamen Kommunique vom August 1982 und beim Entwurf RM 39/Rev vom 15. März 1983 – von der Schweiz offiziell unterstützt, obwohl es ihrer eigentlichen Haltung widersprach. Im weiteren Verlauf der Verhandlungen ergab sich für die Berner Diplomaten dann jedoch die Notwendigkeit der Distanzierung, weil sie das Vereinbarte nicht mittragen konnten. Die logische Konsequenz aus diesem Dilemma war das Ausscheren Berns bei der Initiative der N+N in der Endphase der Konferenz. Erstmals brachte die Mitarbeit in der Gruppe der N+N-Staaten der Schweiz nun auch praktische Probleme in der konkreten Ausgestaltung ihrer KSZE-Politik.

Bei der Bewertung des Madrider Schlußdokuments war für Botschafter Brunner die inhaltliche Ausgeglichenheit des Schlußdokuments der entscheidende

---

[85] Hugo Bütler, Die Schweiz und die KSZE. Betrachtungen nach dem Madrider Folgetreffen, in: Edouard Brunner/Franz E. Muheim/Paul Widmer u. a. (Hgg.), Einblick in die schweizerische Aussenpolitik. Festschrift für Staatssekretär Raymond Probst, Zürich 1984, S. 115-131, S. 119.
[86] Ebd. S. 126.
[87] Ebd. S. 124.
[88] BAR, E 2010 (A), 1995/313, Bd. 251 (Europäische Sicherheitskonferenz), Au Conseil fédéral. CSCE: rapport de la délégation suisse, 12 août 1983.
[89] Ebd.

Faktor. In diesem Sinne stellten die vereinbarten Expertentreffen ein notwendiges „Gegenstück"[90] zur Einigung über eine Abrüstungskonferenz dar. Hierdurch wurde verhindert, daß die militärischen Fragen die menschenrechtlichen Aspekte in den Hintergrund drängten. Diese Ausgeglichenheit galt allerdings auch in umgekehrter Richtung. Für die Schweiz war die KSZE – im Unterschied zu den USA – keine reine Menschenrechtskonferenz.

Wie das Ergebnis der zweiten KSZE-Folgekonferenz allerdings eindeutig zum Ausdruck brachte, „ging die Entwicklung der Schlußakte am Madrider Folgetreffen [...] nicht in Richtung des Ausbaus der staatlichen Souveränität, sondern des Prinzipes VII."[91] Das siebte Prinzip des Dekalogs zur Achtung der Menschenrechte und Grundfreiheiten sowie der Korb III der Schlußakte von Helsinki bildeten das neue innovative Element der multilateralen Konferenzdiplomatie. Das zeigte sich auch daran, daß in Madrid trotz intensiver Verhandlungen keine Ergänzungen im Kapitel „Prinzipien" vorgenommen wurden.[92] Das entsprechende Kapitel im Abschlußdokument enthielt fast nur Formulierungen, die sich auf die Menschenrechte in Prinzip Sieben bezogen, dabei war der Dekalog bei der Erarbeitung der Schlußakte ursprünglich der Teil gewesen, der wesentlich den Zielen der Warschauer-Pakt-Staaten Ausdruck verliehen hatte. Durch die KSZE wurde die sogenannte „menschliche Dimension der Entspannung" zu einem offiziellen Bestandteil der Ost-West-Beziehungen. Die Schlußakte von Helsinki und das Schlußdokument von Madrid enthielten laut Edouard Brunner dieselbe zentrale Botschaft: „Entspannung ist nur möglich, wenn sie diese menschliche Dimension enthält."[93]

Mit Blick auf die damalige Konfrontation zwischen den Supermächten ist das Ergebnis von Madrid in der Tat als Erfolg zu bezeichnen. Trotz schlechterer Rahmenbedingungen ging es weit über die Vereinbarung von Belgrad hinaus und dokumentierte die Kontinuität des KSZE-Prozesses. Im Hinblick auf die inhaltliche Bedeutung der in Madrid beschlossenen Expertentreffen fällt das Ergebnis positiv aus. Die drei in Belgrad vereinbarten beziehungsweise bestätigten Expertentreffen zu den Bereichen friedliche Streiterledigung, Mittelmeerfragen und wissenschaftliche Zusammenarbeit stellten jeweils Partikularinteressen einzelner Mitgliedsstaaten dar, die diese Länder seit der Frühphase der KSZE-Beratungen propagiert hatten. Auch mit Blick auf die Schweiz muß bei aller Wertschätzung für ihr Engagement im Bereich der friedlichen Streiterledigung festgehalten werden, daß dieses Thema nach Ansicht der anderen Teilnehmerstaaten nicht den inhaltlichen Kernbereich der KSZE tangierte. Gleiches galt ebenso für die beiden in Belgrad vereinbarten Expertentreffen. Erst als Ergebnis der Madrider Konferenz wurden die beiden Hauptthemen, Menschenrechte und militärische Sicherheit, in den Fokus gerückt. Die Entscheidung zur Abhaltung einer Konferenz über Vertrauens-

---

[90] Brunner, Das KSZE-Folgetreffen von Madrid, S. 82.
[91] Heinrich B. Reimann, Der Beitrag des KSZE-Prozesses zum besseren Schutze der Menschenrechte, in: Yvo Hangartner/Stefan Trechsel (Hgg.), Völkerrecht im Dienste des Menschen. Festschrift für Hans Haug, Bern/Stuttgart 1986, S. 217–224, S. 220.
[92] Interview mit Josef Schärli.
[93] Brunner, Das KSZE-Folgetreffen von Madrid, S. 80.

bildung und Abrüstung (KVAE) stellte gewissermaßen die Korrektur der Entscheidung von Kissinger und Gromyko aus dem Jahr 1972 dar, die sicherheitspolitischen Aspekte weitgehend von der KSZE abzukoppeln und dem Projekt einer
Europäischen Sicherheitskonferenz damit den ursprünglichen inhaltlichen Kern
zu nehmen. Mit Blick auf das faktische Scheitern der MBFR-Verhandlungen in
Wien mag diese Entscheidung zunächst „sinnvoll"[94] gewesen sein, weil hierdurch
die Verhandlungen über die KSZE-Schlußakte in Genf nicht durch militärische
Aspekte erschwert wurden. Auf längere Sicht zeigte sich jedoch, daß im globalen
und regionalen Machtringen der Großmächte ein Ausblenden der militärischen
Ebene unmöglich war, denn „international politics has always been a ruthless and
dangerous business."[95]

Das KSZE-Folgetreffen von Madrid wurde mit einer Abschlußdebatte auf Ebene der Außenminister vom 7. September bis 9. September 1983 beendet. Auch das
Ende des Treffens wurde – was symptomatisch für den Verlauf der Konferenz war
– von einem tragischen Ereignis überschattet. Anfang September 1983 schoß die
sowjetische Luftwaffe über ihrem Territorium ein vom Kurs abgekommenes süd-
koreanisches Verkehrsflugzeug ab.[96] Hierbei wurden alle 269 Menschen an Bord
– darunter auch 63 amerikanische Staatsbürger – getötet.[97] In einer ersten Stellungnahme verurteilte der Bundesrat am 7. September 1983 das sowjetische Vorgehen als barbarischen Akt.[98] Darüber hinaus beschloß der Bundesrat in seiner
darauffolgenden Sitzung am 14. September 1983 – also erst nach Beendigung des
KSZE-Treffens – eine Unterbrechung des zivilen Luftverkehrs zwischen der
Schweiz und der Sowjetunion und ein Überflugverbot für sowjetische Flugzeuge
über schweizerisches Territorium für die Dauer von zwei Wochen.[99] Der amerikanische Chefdiplomat Kampelman kam bei der Bewertung des Vorfalls rückblickend zu dem Fazit, „that despite an agreement on paper, the nature of the Soviet
Union had not changed, and its system remained a threat to Helsinki values".[100]
Ein Treffen des amerikanischen Außenministers Shultz mit dem sowjetischen
Außenminister Gromyko verlief sehr kontrovers und endete fast mit einem Eklat.
Als Gromyko während des Gesprächs demonstrativ aufstand und Anstalten
machte, den Raum zu verlassen, hielt Shultz ihn nicht auf, sondern schickte sich
an, ihn hinauszugeleiten. Daraufhin setzte sich Gromyko wieder auf seinen Platz
und setzte das Gespräch fort.[101]

[94] Bredow, KSZE-Prozess, S. 32.
[95] John Mearsheimer, The Tragedy of Great Power Politics, New York/London 2001, S. 2.
[96] Bredow, KSZE-Prozess, S. 92.
[97] Raymond Garthoff, The Great Transition. American-Soviet Relations and the End of the
  Cold War, Washington, D.C. 1994, S. 118ff.
[98] BAR, E 2010 (A), 1995/313, Bd. 251 (Europäische Sicherheitskonferenz), Telex EDA Bern an
  KSZE-Delegation Madrid, 07. 09. 1983.
[99] Walter Kälin, Die Menschenrechtspolitik der Schweiz, in: Jahrbuch der Schweizerischen
  Vereinigung für Politische Wissenschaft/SVPW 28 (1988), S. 185-208, S. 206, FN 102.
[100] Kampelman, New Worlds, S. 275.
[101] George P. Shultz, Turmoil and Triumph. My Years as Secretary of State, New York 1993,
  S. 370.

Im Rahmen der Abschlußsitzung auf Außenministerebene zur Beendigung des Madrider KSZE-Treffens ergriff am 7. September 1983 auch Bundespräsident Aubert das Wort. Dabei betonte er, die KSZE sei für die Schweiz von hoher Bedeutung, „denn sie fühlt sich aufgrund ihrer Lage im Herzen des Kontinents auf Gedeih und Verderben mit den Geschicken Europas verbunden."[102] Der Schweizer Außenminister begrüßte das in Madrid vereinbarte Schlußdokument, „das in gewissen Punkten wertvolle Ergänzungen zur Schlußakte von Helsinki bringt."[103] Umgekehrt wies Aubert jedoch auch darauf hin, daß in anderen Punkten – wie der Verbesserung der Arbeitsbedingungen für Journalisten – das Dokument hinter den Erwartungen geblieben sei. In diesem Zusammenhang betonte der Bundespräsident die auch von Edouard Brunner vertretene realistische Haltung der Schweiz gegenüber der KSZE. Das Abschlußdokument entspreche den internationalen Rahmenbedingungen „und konnte nichts anderes sein als das Spiegelbild dessen, was unter den gegebenen Voraussetzungen zu erreichen war."[104] Von entscheidender Bedeutung war nach Ansicht des Bundespräsidenten die Umsetzung der in Madrid getroffenen Vereinbarungen, da hiervon der Grad der Vertrauensbildung in der Zukunft abhängen würde. Vertrauen war die notwendige Voraussetzung für Sicherheit. Wie krisenanfällig die Ost-West-Beziehungen trotz des KSZE-Prozesses und der VBM weiterhin waren, zeigte sich im Nachgang zum Madrider Treffen. Aufgrund falscher Analysen interpretierte die sowjetische Führung das Herbstmanöver der NATO im November 1983 zwischenzeitlich als Vorbereitung für einen nuklearen Angriffskrieg und traf ihrerseits militärische Vorkehrungen.[105] Dieser Vorfall „war wahrscheinlich der gefährlichste Augenblick seit der Kubakrise."[106] Er veranschaulichte das nach wie vor bestehende Vertrauensdefizit zwischen den Blöcken.

Anläßlich des Abschlusses des Madrider Folgetreffens fand auf amerikanischen Wunsch hin am 9. September 1983 ein Frühstück zwischen den Außenministern George Shultz und Pierre Aubert statt.[107] Dieses Treffen war Ausdruck der engen Zusammenarbeit beider Länder in der KSZE und demonstrierte die Anerkennung der USA für das schweizerische Engagement im Bereich der Menschenrechte. In einem Brief vom 19. September 1983 dankte Shultz Bundesrat Aubert zudem für seine Haltung in Madrid, die sich auf das Auftreten der Schweizer Delegation während des KSZE-Folgetreffens insgesamt übertragen läßt: „I want to express my admiration for the firm, courageous stance which you took in Madrid

102 BAR, E 2010 (A), 1995/313, Bd. 251 (Europäische Sicherheitskonferenz), Erklärung von Bundespräsident Pierre Aubert zum Abschluss der KSZE-Folgekonferenz von Madrid, 7. September 1983.
103 Ebd.
104 Ebd.
105 Vgl. zu den Hintergründen Vojtech Mastny, „Able Archer". An der Schwelle zum Atomkrieg?, in: Bernd Greiner/Christian Th. Müller/Dierk Walter (Hgg.), Krisen im Kalten Krieg, Bonn 2009, S. 505–522.
106 Garthoff, Great Transition, S. 138f.
107 BAR, E 2010 (A), 1995/313, Bd. 251 (Europäische Sicherheitskonferenz), Telex EDA Bern an Botschaft Washington, 22. 08. 1983.

in response to the Soviet action. You also concentrated convincingly the importance of human rights in the Helsinki Process, a position which is also most important to the United States."[108]

---

[108] BAR 2010 (A), 1995/313, Bd. 251 (Europäische Sicherheitskonferenz), Brief von Außenminister George P. Shultz an Bundespräsident Aubert, 19. September 1983.

Schlußbetrachtung

Die Haltung der Schweiz gegenüber der multilateralen Konferenzdiplomatie in der KSZE erfuhr im Zeitraum zwischen der Entstehungsphase Ende der sechziger Jahre und dem zweiten KSZE-Folgetreffen in Madrid Anfang der achtziger Jahre einen markanten Bedeutungswandel. Das Eidgenössische Politische Departement reagierte im Jahr 1969 zunächst mit Zurückhaltung auf den Vorschlag einer Europäischen Sicherheitskonferenz. Grundbedingungen für eine mögliche Teilnahme waren aus Sicht der Eidgenossenschaft die Vereinbarkeit mit der Neutralität und die Teilnahme der USA und Kanadas zur Wahrung des Mächtegleichgewichts in Europa. Die Berner Diplomaten bewerteten die Entspannungspolitik insgesamt mit Skepsis, wie sich beispielsweise in Gesprächen mit der österreichischen Regierung zeigte. Im Dezember 1969 setzte das EPD eine interne Arbeitsgruppe unter der Leitung von Rechtsberater Rudolf Bindschedler ein, die im Juli 1970 einen umfassenden Bericht vorlegte. Darin wurde die Teilnahme der Schweiz insgesamt befürwortet und als Ziele die Anerkennung der Neutralität und die Ausarbeitung eines Verfahrens zur friedlichen Streiterledigung benannt. Der Bericht der Arbeitsgruppe bildete auch die Grundlage für die innenpolitische Diskussion. In der Sommersession des Jahres 1970 mußte der Bundesrat als Antwort auf zwei Interpellationen erstmals auch gegenüber den eidgenössischen Räten zum Konferenzprojekt Stellung beziehen. Das Parlament spielte in der Diskussion über die KSZE fortan eine wichtige Rolle, auch wenn das Interesse wesentlich auf die Experten in den Kommissionen der beiden Parlamentskammern begrenzt blieb. Mit ihrer insgesamt abwartenden, gleichwohl offenen Haltung reagierte die Schweiz auch auf die zunehmende Multilateralisierung der Internationalen Beziehungen[1] und auf das Aufkommen der – von der Schweiz anfangs kritisch bewerteten – Entspannungspolitik.

Die Multilateralen Gespräche von Dipoli zwischen November 1972 und Juni 1973, die der Vorbereitung einer Europäischen Sicherheitskonferenz dienten, wurden für die Schweizer Diplomatie zu einer positiven Erfahrung. In Dipoli wurde der Grundstein für die spätere aktive Rolle des Landes in der KSZE gelegt. Die Diskussion der Prozedurfragen bot den Berner Diplomaten die Möglichkeit, sich abseits inhaltlicher Positionierungen in die Diskussion einzubringen. Das schließlich vereinbarte Format der KSZE mit Konsens- und Rotationsprinzip kam dem Interesse der Schweiz nach Gleichberechtigung und Unabhängigkeit entgegen und erleichterte ihr in der Anfangsphase das Agieren als neutraler Staat in den multilateralen Verhandlungen. In der Diskussion über die „Standortfrage" sah sich die Schweiz mit dem Dilemma konfrontiert, einerseits ihre Disponibilität unter Beweis stellen zu müssen, ohne andererseits aktiv für Genf als Standort zu werben. Im Frühjahr 1973 bildete sich eine Koalition mehrerer Länder, darunter

---

[1] Vgl. François de Ziegler, La Suisse face au bouleversement de l'équilibre mondial, in: Jacques Freymond (Hg.), La Suisse et la diplomatie multilatérale, Genf 1976, S. 15-26.

Italien, die Bundesrepublik Deutschland und Rumänien, die versuchten, in dieser Angelegenheit auf die Eidgenossenschaft einzuwirken. Die Schweiz gab diesem Werben schließlich im strategisch richtigen Moment nach und stellte sich als Gastgeber der zweiten Konferenzphase zur Verfügung. Die Entscheidung der in Dipoli vertretenen Staaten stellte auch eine Anerkennung für die bisherige Rolle der Schweiz in den Multilateralen Gesprächen dar und verdeutlichte ihre neue partizipative Rolle in der europäischen Diplomatie.

Nach Beginn der Genfer Verhandlungen kam es zunächst zu einer Phase der Ernüchterung, als seitens der britischen Delegation Kritik am Verhalten der Schweiz als Gastgeber geäußert wurde und sich zudem breiter Widerstand gegen das zentrale inhaltliche Anliegen der Schweiz, der Ausarbeitung einer Methode zur friedlichen Streiterledigung, formierte, der zumindest in dieser Intensität in Bern nicht erwartet worden war. Nach umfangreichen Verhandlungen und einigen Rückzugsgefechten von Delegationsleiter Bindschedler wurde das Schweizer Projekt schließlich vertagt. Gemessen an den ursprünglichen Erwartungen war die Einberufung eines Expertentreffens als Ergebnis enttäuschend, im Hinblick auf die sowohl von östlicher als auch von westlicher Seite geübte massive Kritik handelte es sich – beispielsweise verglichen mit dem österreichischen Nahost-Vorschlag – immerhin um ein achtbares Ergebnis. Das änderte jedoch nichts daran, daß es für den helvetischen Vorschlag im Zeitalter des Kalten Krieges keine realistische Erfolgschance gab. Nach dem enttäuschenden Verlauf des Expertentreffens von Montreux und der Pensionierung Bindschedlers blieb die Thematik zwar offiziell auf der Agenda, wurde in ihrer Bedeutung aber zurückgestuft. Für den Delegationsleiter in Madrid, Edouard Brunner, waren insbesondere Aspekte der Menschenrechte und die Entwicklung der Ost-West-Beziehungen insgesamt von höherer Bedeutung.

Erfolgreicher als bei der friedlichen Streiterledigung war die Schweiz in Genf mit ihrem zweiten zentralen Anliegen, der Verankerung der Neutralität in der KSZE-Schlußakte. Mit der Erwähnung der Neutralität in Prinzip X des Dekalogs gelang der Schweiz nach Jahrzehnten erstmals wieder, internationale Zustimmung für ihr zentrales außenpolitisches Handlungsprinzip zu generieren. Das war um so bedeutsamer, als sich mit den Vereinigten Staaten von Amerika und der Sowjetunion erstmals die beiden seit Mitte des Jahrhunderts dominierenden Großmächte gegenüber der Schweiz zu diesem Prinzip bekannten.

Zur dritten Priorität der schweizerischen Diplomatie wurde im Verlauf der Genfer Verhandlungen die sogenannte „humanitäre Dimension" der Entspannung in Korb III. Das war keine Selbstverständlichkeit, denn die neutrale Schweiz agierte in Menschenrechtsfragen bis dato eher zurückhaltend und hatte der Thematik auch im Vorfeld der Konferenz keine hohe Bedeutung beigemessen. Der inhaltliche Schwerpunkt der helvetischen Diplomatie lag seit Genf dann im Unterkapitel „Information". Die Ziele bestanden insbesondere in einer Verbesserung der Arbeitsbedingungen von Journalisten und einem freieren Zugang der Bevölkerungen zu Informationen. Während der Folgekonferenzen in Belgrad und Madrid setzte die Schweiz ihre Bemühungen auf diesem Feld fort und vertrat dabei immer offener Forderungen im westlichen Sinne, die eine direkte Herausforderung für die Sowjetunion und ihre Verbündeten darstellten. Mit ihrem kontinuierlichen Engagement zur Informationsverbreitung leistete die Schweiz einen wichtigen Beitrag zur Etablierung der Menschenrechte als Bestandteil der internationalen Beziehungen im KSZE-Prozeß. Gleichzeitig geriet sie in der Gastarbeiterfrage jedoch zeitweise selbst in die Defensive. Die eigene Interessenlage und ein unfreundliches innenpolitisches Klima machten in dieser Frage diplomatische Schadensbegrenzung durch die Schweizer Diplomaten notwendig. Der interne Wunsch der Sowjetunion, die Konferenz vor dem nächsten Parteitag der KPdSU im Jahr 1976 zu beenden, trug vermutlich dazu bei, daß die Schweiz in diesem sensiblen Punkt, der die Glaubwürdigkeit der von ihr hochgehaltenen humanitären Überzeugungen berührte, nicht noch weiter unter Druck geriet und dieses Thema als angeblich wirtschaftliche Problematik in Korb II verlagert werden konnte.

Mit den anderen neutralen Ländern Österreich, Schweden und Finnland sowie später auch mit den blockfreien Staaten um Jugoslawien ergab sich im Verlauf des KSZE-Prozesses eine immer engere Zusammenarbeit, die aus dem gemeinsamen Interesse der N+N-Gruppe resultierte, in den Verhandlungen zur Ost-West-Problematik nicht marginalisiert zu werden und ihre eigenen Interessen nach außen vertreten zu können. Die Wiener MBFR-Gespräche dienten hier als negatives Beispiel. Die Rolle der N+N-Staaten sowohl als Vermittler als auch als Beteiligte zeigte sich beispielsweise in ihrem notwendigen Beitrag zum Zustandekommen des „package-deal" in Genf vom Sommer 1974 und in gemeinsamen Aktionen auf dem Feld der Vertrauensbildenden Maßnahmen, auch wenn namentlich die Schweiz bei diesem Thema etwas zurückhaltender auftrat. Im Folgeprozeß halfen die Neutralen bei der Überwindung von Verhandlungskrisen zwischen Ost und West und brachten eigene Vorschläge inhaltlicher Art und sogar Gesamtentwürfe für ein abschließendes Dokument ein. In entscheidenden Konfliktsituationen, in denen die Verhandlungen zu scheitern drohten, erwies sich die N+N-Gruppe allerdings sowohl in Belgrad als auch in Madrid als äußerst schwach. Aufgrund ihrer Heterogenität und der fehlenden Bündnissolidarität fiel die Gruppe im entscheidenden Augenblick jeweils auseinander, und die Einzelstaaten vertraten ihre Partikularinteressen. Auch die Schweiz machte hier keine Ausnahme.

Das Belgrader Treffen wurde von einem veränderten internationalen Umfeld mit der neuen Konfrontation der beiden Supermächte bestimmt. Der Handlungsspielraum der Schweiz war hierdurch deutlich eingeschränkt, und die Schweizer Diplomaten versuchten, den richtigen Weg zwischen der außenpolitischen Neutralität und der inhaltlichen Positionierung im westlichen Sinne zu finden. Hierbei ergaben sich im Detail auch Bewertungsunterschiede zwischen Delegationsleiter Bindschedler und seinem Stellvertreter Brunner. Letzterer trat für eine größere inhaltliche Nähe zum Westen ein. Eine wichtige Rolle spielte Brunner zudem in der Schlußphase der Belgrader Verhandlungen, als er mit seinem Vorschlag für ein Kurzdokument den entscheidenden Schritt zur Beendigung des Treffens unternahm. Dem inhaltlichen Eintreten der Schweiz für ein Expertentreffen über

„Information" und dem Zusammenhalt der N+N-Staaten war dieses Verhalten zwar nicht dienlich, doch wurde so ein möglicher Abbruch der Verhandlungen vermieden und die Kontinuität des KSZE-Prozesses durch Vereinbarung eines weiteren Folgetreffens sichergestellt, was aus Brunners Sicht der entscheidende Punkt war.

Infolge der Übernahme des Außendepartements durch Bundesrat Aubert im Februar 1978 erhielt die Menschenrechtspolitik in der Außenpolitikkonzeption der Schweiz einen höheren Stellenwert. Nach dem erzwungenen Ausscheiden von Staatssekretär Weitnauer und der regulären Pensionierung von Rechtsberater Bindschedler wurde Edouard Brunner zur bestimmenden diplomatischen Figur. Als Delegationsleiter beim Madrider KSZE-Folgetreffen oblag es ihm, das stärkere menschenrechtliche Engagement der Schweiz zu betonen. Dabei kam ihm entgegen, daß infolge der sowjetischen Invasion in Afghanistan und später in der polnischen Krise ein festeres diplomatisches Auftreten nun auch den innenpolitischen Erwartungen von Parlament und Öffentlichkeit entsprach. Der Handlungsspielraum der Schweiz vergrößerte sich insbesondere gegenüber der diplomatisch in die Defensive geratenen Sowjetunion. In dieser Lage gelang es Brunner und dem österreichischen Delegationsleiter Ceska, das blockierte Madrider Vorbereitungstreffen zu einem aus Sicht der westlichen und neutralen Staaten guten Ergebnis zu führen und die Durchführung des Haupttreffens sicherzustellen.

In der Forderung der Sowjetunion nach einer Abrüstungskonferenz sah die Schweiz den strategischen Versuch, der westlichen Fokussierung auf menschenrechtliche Fragen und auf Afghanistan entgegenzuwirken. Nach Ansicht Berns mußte erst das Vertrauen zwischen Ost und West wiederhergestellt werden, damit über Abrüstungsfragen realistisch diskutiert werden konnte. Hier lag aus Sicht der Schweiz der Vorteil des Abrüstungsvorschlags „à la française". Indem in einer ersten Stufe zunächst über eine Ausweitung der VBM diskutiert werden sollte, bevor in einem zweiten Schritt allenfalls die eigentlichen Abrüstungsgespräche beginnen konnten, wurde der von der Schweiz geforderte Aspekt der Vertrauensbildung in den Mittelpunkt gestellt und Verhandlungen über Abrüstungsmaßnahmen erst einmal nach hinten verschoben.

Die Haltung der Schweiz gegenüber der Sowjetunion und die Erwartungen an die anzustrebenden Ergebnisse des Madrider Treffens im Bereich der Menschenrechte veränderten sich im Verlauf der Verhandlungen. In der Anfangsphase kritisierte Delegationsleiter Brunner insbesondere das sowjetische Vorgehen in Afghanistan als groben Verstoß gegen den Inhalt und den Geist der KSZE-Schlußakte. Die gemeinsam mit Österreich und Spanien eingebrachte Initiative auf dem Feld der „Information" stand in der Kontinuität der bisherigen schweizerischen KSZE-Politik. Der erste N+N-Entwurf für ein Abschlußdokument vom Frühjahr 1981 sah – abgesehen von einem Kulturforum – kein Expertentreffen zu den Inhalten von Korb III vor. Als sich im Verlauf des Jahres 1981 in den Verhandlungen die Realisierung einer Abrüstungskonferenz abzeichnete, mußte hierzu ein inhaltlicher Ausgleich gefunden werden. Die Schweiz unterstützte daher den ursprünglich von Kanada und den USA lancierten Vorschlag für ein Expertentreffen zu

Menschenrechtsfragen, der auch Eingang in den zweiten N+N-Entwurf vom Dezember 1981 fand. Mit der Krise in Polen war diesem Vorschlag aus Sicht der Schweiz allerdings die inhaltliche Basis entzogen. Nach Brunners Überzeugung mußte die Realität der polnischen Ereignisse ihren Niederschlag im Abschlußdokument finden. Wenn unter diesen Umständen überhaupt ein Dokument verabschiedet werden konnte, dann mußte es die vorhandenen Defizite offen benennen und einen inhaltlichen Ausgleich bieten. Vor diesem Hintergrund unterstützte die Schweiz im November 1982 die westlichen Zusatzforderungen und setzte sich in der Schlußphase der Verhandlungen gemeinsam mit den USA erfolgreich für die Einberufung eines zweiten humanitären Expertentreffens über menschliche Kontakte in Bern ein.

Insgesamt bot die KSZE der Schweiz „einen geeigneten Rahmen, um ihre Stimme in einer Weise hörbar zu machen und ihre Auffassungen von Menschenrechten, Frieden, und Sicherheit in Europa mit einer Wirksamkeit dazulegen, die sie mit herkömmlichen diplomatischen Mitteln kaum je erreicht hätte."[2] Die Neutralität der Schweiz war hierbei kein Hindernis, sondern bot im Gegenteil eine Möglichkeit zur Beteiligung. Allerdings handelte es sich um eine aktive, weltoffene Neutralitätspolitik, die vom positiven Willen der Schweizer Diplomaten zur Mitwirkung am Weltgeschehen gekennzeichnet war. Anläßlich der im Schlußdokument von Madrid vereinbarten Feier zum 10. Jahrestag der Unterzeichnung der KSZE-Schlußakte äußerte Bundesrat Aubert in seiner Ansprache am 1. August 1985 in Helsinki die Überzeugung, „dass die Fortsetzung eines konstruktiven Dialogs unter den 35 Teilnehmern der KSZE in der Zukunft zu harmonischeren internationalen Beziehungen beitragen wird".[3]

Die Ergebnisse der Untersuchung zur Rolle der Schweiz in der KSZE und zum Verhältnis von Neutralität und multilateraler Konferenzdiplomatie im Ost-West-Konflikt lassen sich im einzelnen folgendermaßen zusammenfassen:

1.) Détente-Politik und europäisches Gleichgewicht boten der Schweiz Anfang der siebziger Jahre die geeigneten Rahmenbedingungen für eine aktive Beteiligung an der KSZE, was in der Eidgenossenschaft jedoch nicht sofort bemerkt wurde. Nach Beginn der Multilateralen Gespräche in Dipoli erkannten die Schweizer Diplomaten die multilaterale Konferenzdiplomatie jedoch als Chance. Die KSZE gab den neutralen Ländern die Möglichkeit zur Mitsprache und Mitentscheidung im Ost-West-Konflikt. Das Konsens- und das Rotationsprinzip als organisatorischer Rahmen war in diesem Zusammenhang eine wesentliche Voraussetzung für die aktive Rolle der Schweiz in der KSZE.

2.) Die Beteiligung an der KSZE brachte der schweizerischen Außenpolitik Anfang der siebziger Jahre neue strategische Möglichkeiten. So konnte sie ihre

---

[2] Daniel Frei, Schweizerische Außenpolitik, Zürich 1983, S. 40 (Edition PRO HELVETIA).
[3] BAR, E 2010 (A), 1995/313, Bd. 252 (Europäische Sicherheitskonferenz), Ansprache von Pierre Aubert, Chef des Eidgenössischen Departements für Auswärtige Angelegenheiten, vorgetragen am 1. August 1985 in Helsinki anlässlich der Feier zum 10. Jahrestag der Unterzeichnung der Schlußakte von Helsinki.

politischen und wirtschaftlichen Kontakte insbesondere nach Osteuropa intensivieren und hiermit dem Vorwurf einer zu starken Ausrichtung auf die EWG im
Zusammenhang mit der Unterzeichnung des Freihandelsabkommens entgegen-
wirken. Darüber hinaus kam der KSZE auch eine wichtige Ersatzfunktion für die
Nichtmitgliedschaft in den Vereinten Nationen und für die Abwesenheit vom europäischen Integrationsprozeß zu. In einer Aufzeichnung an den Gesamtbundesrat vom 4. Juli 1980 kam Außenminister Aubert zu der Einschätzung, für die
Schweiz habe die KSZE „encore plus de valeur que pour les pays qui font partie
des Nations Unies."[4] Darüber hinaus entwickelte die Schweiz eine gesamteuropäische Politik jenseits der sich herausbildenden supranationalen Einigungsbestre-
bungen. Des weiteren trug die Schweiz mit ihrer Teilnahme an der KSZE dem
Bedeutungsverlust des Bilateralismus und der verstärkten Multilateralisierung der
Internationalen Beziehungen Rechnung. Insofern verminderte die KSZE insgesamt die Dilemmata der schweizerischen Außenpolitik und eröffnete ihr neue
Perspektiven. Edouard Brunner äußerte die Überzeugung, daß „la CSCE nous a
permis de mieux nous profiler sur le plan européen et international."[5]
3.) Kennzeichnend für die Schweiz in der KSZE war ihre inhaltliche und personelle Kontinuität. Thematisch ging man durchaus selektiv vor und handelte nach
eigener Interessenlage. Diese Begrenzung erlaubte jedoch andererseits eine klare
Profilbildung in bestimmten Bereichen. Mit ihrem Vorschlag für eine Methode
der friedlichen Streiterledigung, Verbesserungen auf dem Feld der Informationsverbreitung und später der Mitwirkung an den Initiativen der N+N-Staaten im
Bereich der militärischen Entspannung setzte die Schweiz klare Schwerpunkte,
die sie teilweise von Dipoli an über Genf und Belgrad bis nach Madrid weiterver-
folgte. Ein weiteres Element kam schließlich hinzu. Im Folgeprozeß kann man
sich bisweilen des Eindrucks nicht erwehren, als habe die Erhaltung der KSZE
selbst das oberste Ziel der Schweiz in den Verhandlungen in Belgrad und Madrid
dargestellt. Ihr Fortbestand wurde für die Gestaltung der eigenen Außenpolitik
sowie für die Entwicklung der Ost-West-Beziehungen insgesamt als elementar
betrachtet.
4.) Auch in personeller Hinsicht herrschte mit Persönlichkeiten wie beispielsweise
Rudolf Bindschedler, Edouard Brunner und Hans-Jörg Renk ein hohes Maß an
Kontinuität. So konnten sich im EPD Spezialisten für die KSZE herausbilden, die
sowohl über großen inhaltlichen Sachverstand als auch über gute persönliche
Kontakte zu den Diplomaten anderer Teilnehmerländer verfügten. Für Edouard
Brunner wurde die KSZE sogar zum Karrieresprungbrett. Im Jahre 1984 wurde er
zum Staatssekretär des EDA ernannt, ohne zuvor auf einem festen Botschafterposten im Ausland gedient zu haben. Die interne Debatte über Neutralität, KSZE
und Menschenrechte zeigt exemplarisch die unterschiedlichen Neutralitätsvor-

---

[4] BAR, E 2001 E-01, 1991/17, Bd. 247 (Europäische Sicherheitskonferenz), Note au Conseil
    Fédéral. La CSCE, la réunion de Madrid et le désarmement, 4 juillet 1980.
[5] Brunner, La CSCE, S. 616.

stellungen der handelnden diplomatischen Akteure.[6] Das Diplomatieverständnis Rudolf Bindschedlers als Völkerrechtler und Rechtsberater des EPD war stark legalistisch geprägt und auf die rechtliche Verankerung von Neutralität und Diplomatie ausgerichtet. Die politisch-ideologische Komponente des Ost-West-Konflikts war in diesem Zusammenhang weniger entscheidend. Für Albert Weitnauer stand generell die handelspolitische Komponente im Mittelpunkt der Außenpolitik. In der KSZE erblickte er jedoch ein Instrument zur Stärkung der traditionellen Neutralität der Schweiz auf diplomatischer Ebene. Doch nicht die Frage des Mächtegleichgewichts in Europa, sondern die Menschenrechte wurden im Folgeprozeß zum inhaltlichen Schwerpunkt der KSZE. Damit leistete die multilaterale Konferenzdiplomatie einer Entwicklung Vorschub, die von Weitnauer abgelehnt wurde, nämlich der Moralisierung der Außenpolitik zu Lasten von integraler Neutralität, Realismus und Außenhandel. Hingegen erblickte Edouard Brunner die KSZE als einmalige Chance zur Aktivierung der schweizerischen Neutralität und zur Entwicklung einer modernen Außenpolitikkonzeption, die Fragen der Menschenrechte und engere diplomatische Kontakte zu den USA miteinschloß.

5.) Der Entwurf für eine Methode der friedlichen Streiterledigung war in den siebziger Jahren das inhaltliche Hauptanliegen der Schweiz und nahm auch in den KSZE-Verhandlungen insgesamt eine Sonderstellung ein. Der Streitschlichtungsvorschlag war sowohl ein Ziel als auch ein Mittel der schweizerischen KSZE-Politik. Sein Initiator Rudolf Bindschedler sah darin einen wichtigen Beitrag zur Friedenssicherung in Europa. Aufgrund des darin zum Ausdruck kommenden legalistischen Diplomatieverständnisses aus der ersten Hälfte des 20. Jahrhunderts war der Vorschlag in der bipolaren Staatenwelt des Kalten Krieges allerdings unrealistisch und paßte einfach nicht in die Zeit. Den Mitgliedsländern von NATO und Warschauer Pakt bot die jeweilige Bündniszugehörigkeit bereits ein hohes Maß an Sicherheit. Das Streiterledigungsverfahren entsprach somit einzig dem Sicherheitsbedürfnis der neutralen, kleineren Staaten Europas.[7] Als Instrument der schweizerischen KSZE-Politik nach innen und nach außen war die Schweizer Initiative zur friedlichen Streiterledigung gleichwohl bedeutsam. In der Innenpolitik konnte mittels dieses „urschweizerischen" Anliegens die Beteiligung des Landes an der KSZE sinnvoll begründet werden, und in der Außenpolitik besaß die Schweiz ein Thema, mit dem sie ihren Willen zu einer aktiven Beteiligung an der multilateralen Konferenzdiplomatie zum Ausdruck bringen und auf sich aufmerksam machen konnte. Wie Edouard Brunner stets betonte, habe die KSZE es der Schweiz überhaupt erst ermöglicht, die friedliche Streiterledigung auf die Agenda der europäischen Politik zu setzen.

---

[6] Die Vorstellungen Weitnauers, Bindschedlers und Brunners zeigen exemplarisch die historische Bandbreite schweizerischer Neutralitätskonzeptionen; vgl. zur Thematik allgemein Simon Geissbühler, „Une Suisse neutre ne doit pas être une Suisse morte." Drei alternative Neutralitätskonzeptionen aus dem 19. und frühen 20. Jahrhundert, in: SZG 51 (2001), S. 535-541.

[7] Ghébali, Anatomie de la Réunion d'Experts, S. 38 f.

6.) Die Zusammenarbeit der N+N-Staaten erwies sich für die Schweiz als gewinn-bringend, konnte sie doch auf diese Weise ihren eigenen Vorschlägen ein größeres Gewicht verleihen. In der Frühphase war das Verhältnis zu Schweden besonders intensiv, später dann vor allem zu Österreich, wobei es sich gleichzeitig aber auch um ein Konkurrenzverhältnis handelte. Das Verhältnis zu Finnland war anfangs eher distanziert, da es schweizerischerseits Vorbehalte hinsichtlich der geographischen und politischen Nähe zur Sowjetunion gab. Die Gruppe der vier Neutralen wurde in Genf nach und nach durch die Zusammenarbeit mit Jugoslawien, Malta, Zypern sowie Liechtenstein und San Marino zur Gruppe der N+N-Staaten erweitert, die auf den Folgekonferenzen in Belgrad und Madrid eine für den Konferenzverlauf wichtige Rolle spielten. Die Bedeutung der Neutralen und Blockfreien als Gruppe lag vorrangig in ihrer Funktion als Vermittler und „Katalysatoren" der KSZE-Verhandlungen.[8] Die Stärke der Neutralen waren primär die prozeduralen und erst in zweiter Linie die inhaltlich-politischen Fragen. Das zeigte sich beispielsweise in der Anfangsphase der Multilateralen Gespräche in Dipoli sowie jeweils bei den Vorbereitungstreffen in Belgrad und Madrid. Die Zustimmung der Großmächte zu einer Vermittlungsaktion war Voraussetzung für deren Erfolgschance. Zudem mußte eine ausreichend große und bedeutsame „Verhandlungsmasse" – in der Regel zwischen Korb I und Korb III – vorhanden sein, damit ein Vermittlungsversuch der Neutralen sinnvoll war. In Genf und Madrid war dies der Fall, in Belgrad hingegen nicht. Doch erschöpfte sich die Tätigkeit der N+N-Staaten nicht im Vermitteln, denn sie brachten auch eigene inhaltliche Vorschläge als Gruppe oder als Initiative einer einzelnen Delegation ein. Mit der zunehmenden Intensität der Zusammenarbeit nahm allerdings auch das Konfliktpotential innerhalb der heterogenen N+N-Gruppe zu. So brachte die Zusammenarbeit mit den anderen Neutralen der Schweiz im KSZE-Folgeprozeß auch Probleme. Sie befand sich zunehmend in einem Dilemma zwischen der Solidarität mit den N+N einerseits und ihren eigenen Überzeugungen und Zielen andererseits. Was sich in Belgrad in der Frage einer möglichen Ausweitung der VBM andeutete, trat in Madrid mit der Frage einer Abrüstungskonferenz und den Diskussionen über die Inhalte eines Abschlußdokuments offen zutage. Die Schweiz beteiligte sich zwar zur Wahrung der Solidarität am gemeinsamen Kommuniqué des Stockholmer N+N-Treffens im August 1982 und am dritten Entwurf für ein Schlußdokument vom März 1983, distanzierte sich dann aber jeweils von den gemeinsamen Initiativen, weil sie das Vereinbarte im weiteren Konferenzverlauf inhaltlich doch nicht mittragen konnte.

7.) Die Teilnahme an der KSZE führte als Nebeneffekt zu einer Intensivierung der bilateralen diplomatischen Kontakte der Eidgenossenschaft zu anderen Teilnehmerländern. Das galt neben den Gesprächen mit den übrigen Neutralen insbe-

---

[8] Vgl. hierzu auch Thomas Fischer, Bridging the Gap between East and West. The N+N as Catalysts of the CSCE Process 1972-1983, in: Poul Villaume/Odd Arne Westad (Hgg.), Perforating the Iron Curtain. European Détente, Transatlantic Relations, and the Cold War 1965-1985, Kopenhagen 2010, S. 143-178.

sondere für das Verhältnis der Schweiz zu den USA und zur Sowjetunion. Indem sich die Schweiz als ein aktiver Part in den KSZE-Verhandlungen etablierte, gewann sie insbesondere im Folgeprozeß die Aufmerksamkeit der beiden Supermächte und wurde zu einem gefragten Gesprächspartner in Angelegenheiten der KSZE. Im Fall der USA ging hiermit auch eine inhaltliche Annäherung zwischen Washington und Bern einher. Die politischen Gemeinsamkeiten der beiden „Schwesterrepubliken", demokratische Tradition, Föderalismus und liberale Marktwirtschaft, traten nun wieder stärker in den Vordergrund. Während der Madrider Folgekonferenz agierten beide Länder unter der Regie ihrer Delegationsleiter Brunner und Kampelman eng zusammen. In wesentlichen Positionen wie der Skepsis gegenüber einer Abrüstungskonferenz, der offensiven Betonung der Menschenrechte und der Forderung nach einem Expertentreffen über menschliche Kontakte stimmten Washington und Bern überein. Für die Schweiz ergab sich im Verlauf des Madrider Treffens ein weitaus größerer Grad an Übereinstimmung mit den USA als mit den anderen neutralen und blockfreien Ländern. Die politische Annäherung zwischen Bern und Washington zeigt exemplarisch, daß die multilaterale Konferenzdiplomatie im Rahmen der KSZE zu einer Intensivierung der Gesprächskontakte zwischen einzelnen Teilnehmerländern führte, und somit auch Auswirkungen auf die Gestaltung der bilateralen Beziehungen hatte.

8.) Im Verhältnis zur Sowjetunion kam es im Zusammenhang mit der KSZE zwar ebenfalls zu einer Intensivierung der bilateralen Kontakte, gleichzeitig aber zeigte sich komplementär zur Entwicklung gegenüber den USA die politische Verschiedenheit zwischen der Eidgenossenschaft und der Union der Sozialistischen Sowjetrepubliken. Mit dem Ende der Détente-Phase traten seit Ende der siebziger Jahre die Themen Menschenrechte und Afghanistan in den Fokus der KSZE-Konsultationen mit Moskau. Die Entspannung war nach Ansicht der Schweiz unteilbar. Negative Entwicklungen in Afrika und Asien konnten daher nicht ohne Einfluß auf die politische Situation in Europa bleiben. Während der Madrider Konferenz konterte die Sowjetunion die Kritik der Schweiz, indem sie in den bilateralen Gesprächen deren Nähe zu den westlichen Staaten kritisierte und die Neutralität Berns in Frage stellte. Die Eidgenossenschaft ließ sich von solchen Pressionsversuchen jedoch nicht beeinflussen, denn gleichzeitig akzeptierte Moskau weiterhin die Vermittlerdienste der Schweiz und war an einer Intensivierung der bilateralen Kontakte interessiert. Daran zeigt sich, daß die „Doppelrolle" des Landes in der KSZE auch vom Osten akzeptiert wurde, und zwar selbst noch zu einer Zeit, in der die Eidgenossenschaft in Madrid offen als „westlicher Neutraler" agierte. Die Glaubwürdigkeit ihrer Neutralität bewahrte sich die Schweiz durch die Aufrechterhaltung ihrer Gesprächsbereitschaft gegenüber den sozialistischen Staaten selbst nach Ereignissen wie in Afghanistan und Polen. In der diplomatischen Defensive suchten die östlichen Länder sogar verstärkt den Kontakt zur neutralen Schweiz. Gleichzeitig brachten die Berner Diplomaten sowohl intern in den bilateralen Gesprächen als auch in öffentlichen Stellungnahmen ihre inhaltliche Kritik am Handeln der Warschauer-Pakt-Staaten deutlich zum Ausdruck. Wie

Schlußbetrachtung

Raymond Probst hervorhob, suche die Schweiz „als [neutraler] Kleinstaat im Ost-West-Verhältnis keinen Kompromiss um des Kompromisses willen [...], sondern ausgewogene, tragfähige Lösungen, die wir vor uns selbst verantworten können und die auch unseren freiheitlichen Überzeugungen gerecht werden."[9]

9.) Die Mitarbeit in der KSZE führte zu einem Wandel in der Haltung der Schweiz zu Fragen des Menschenrechtsschutzes. An die Stelle der traditionellen Zurückhaltung und Fokussierung auf humanitäre Unterstützung – beispielsweise durch das Rote Kreuz – trat die Erkenntnis, daß Menschenrechtsfragen zu einem Bestandteil der internationalen Beziehungen geworden waren. Im Rahmen der multilateralen Konferenzdiplomatie mußte die Schweiz auf diplomatischer Ebene zu den Menschenrechten offen Stellung beziehen. Mit Prinzip VII des Dekalogs und Korb III der Schlußakte von Helsinki verfügte sie dabei jedoch über einen festen Referenzpunkt, dem alle Teilnehmerländer zugestimmt hatten. In der KSZE hatte die Schweiz einen größeren Spielraum als in ihrer sonstigen Außenpolitik, denn wegen der einvernehmlich ausgehandelten Schlußakte von Helsinki waren Hinweise der Berner Diplomaten auf Verstöße gegen deren Inhalt mit einer aktiven Neutralitätspolitik vereinbar. Edouard Brunner betonte zudem einen direkten Zusammenhang zwischen der allgemeinen Entwicklung der Ost-West-Beziehungen und der Situation der Menschenrechte in Osteuropa. Détente war seiner Ansicht nach nur möglich, wenn die individuellen Rechte und Freiheiten der Menschen geachtet und ihre Situation im Alltag praktisch verbessert wurde. Durch ihr aktives Engagement zur Stärkung der Menschenrechte im Rahmen der KSZE trug die Schweiz indirekt zum politischen Wandel in Osteuropa der Jahre 1989/90 bei. Als neutraler Kleinstaat nutzte sie dabei geschickt die Diplomatie als „Machtpolitik mit anderen Mitteln."[10]

10.) Die Außenpolitik der Schweiz erhielt durch das Engagement des Landes im Rahmen des KSZE-Prozesses eine neue Qualität. Es begann „eine neue Ära in der schweizerischen Aussenpolitik", wobei „[d]ie Wende [...] auf die Mitte der siebziger Jahre datiert werden"[11] kann. Anders als in den fünfziger und sechziger Jahren beschränkte sich die Rolle der Schweiz in der KSZE nicht auf Vermittlungsaktionen im Sinne der traditionellen „Guten Dienste", sondern die Eidgenossenschaft saß als Teilnehmerland nun gleichberechtigt mit am Verhandlungstisch und verfolgte dort auch eigene Interessen und Ziele. Mit der Intensivierung der diplomatischen Kontakte, der Teilnahme der Schweiz an den multilateralen Verhandlungen über die Sicherheitsprobleme Europas im Zeichen des Ost-West-Konflikts und mit der Herausbildung einer eigenständigen Menschenrechtspolitik hatte die KSZE entscheidenden Anteil an der Aktivierung der schweizerischen Außenpolitik im Verlauf der siebziger Jahre. Es vollzog sich insgesamt ein Wandel der helvetischen Diplomatie hin zu einer Strategie der Öffnung und Multilaterali-

---

[9] Raymond Probst, Bewährung in unsicherer Welt. Die Rolle des Kleinstaats auf der internationalen Bühne, in: Schweizer Monatshefte 62 (1982), S. 221–232, S. 226.
[10] Widmer, Schweizer Außenpolitik, S. 14.
[11] Urs Altermatt, Innenpolitische Aspekte, S. 29f.

sierung, der ähnliche Dimensionen hatte wie die neue Diplomatie nach dem Ersten Weltkrieg mit der Entscheidung der Schweiz zur Mitarbeit im Völkerbund. Zwar gab es im Fall der KSZE keine direkten völkerrechtlichen Auswirkungen, und es war auch kein Neutralitätsvorbehalt erforderlich, doch zeigten die schweizerischen Diplomaten durch ihr Handeln insgesamt und durch ihre Positionierung in der Menschenrechtsfrage im speziellen, daß sie ihre Aufgabe im Sinne einer aktiven Neutralitätspolitik interpretierten, die die Schweiz als teilnehmenden und an den politischen Ereignissen des Kontinents teilhabenden Faktor in der europäischen Staatenwelt definierte.

Die Teilnahme der Schweiz an der KSZE zeigte nicht primär die Grenzen der Neutralität im Kalten Krieg, sondern offenbarte vielmehr die Möglichkeiten eines neutralen Staates zu einer aktiven Außenpolitik im Zeitalter des Ost-West-Konflikts. Es ging nicht um die Frage einer Fortsetzung oder Abschaffung der Neutralität, sondern um deren Ausgestaltung entweder in einem zurückhaltenden, eher isolationistischen Sinne oder aber auf eine aktive, mitgestaltende Weise. In den innenpolitischen Debatten der achtziger Jahre wurde zwar eine angebliche Kontinuität der traditionellen Neutralitätspolitik suggeriert, dennoch gilt es den Wandel der helvetischen Außenpolitik in der Praxis gleichwohl zu konstatieren. Auf längere Sicht konnte eine „aktive Geheimdiplomatie" ohne eine offene Diskussion des Bundesrats mit der Bevölkerung über die praktische Ausgestaltung der Neutralität jedoch nicht erfolgreich sein. Das zeigte sich sowohl bei der gescheiterten Abstimmung über den Beitritt zu den Vereinten Nationen im Jahr 1986[12] als auch 1992 bei der Ablehnung einer Beteiligung der Schweiz am Europäischen Wirtschaftsraum (EWR).[13]

Trotz dieser Rückschläge demonstriert die Entwicklung der letzten zwanzig Jahre, daß der Ansatz einer aktiveren schweizerischen Neutralitätspolitik – die in der KSZE ihren Anfang nahm – sich nach dem Ende des Ost-West-Konflikts durchsetzte. Die Eidgenossenschaft gehört heute den Vereinten Nationen an und ist durch eine Vielzahl bilateraler Verträge eng mit der Europäischen Union verbunden. Die bis Ende 2011 amtierende Außenministerin Micheline Calmy-Rey bekennt sich klar zu einer weltoffenen Diplomatie der Schweiz: „Ich plädiere ganz klar für eine *aktive Neutralität*. Eine Neutralität, die mit den Mitteln des Völkerrechts, der zivilen Friedensförderung und der Menschenrechte versucht, Konflikte zu verhindern oder zu schlichten."[14]

---

[12] Bei der Volksabstimmung am 16. März 1986 lehnten 75,7% der Stimmbürger den Beitritt zur UNO ab; in keinem Kanton fand die Vorlage eine Mehrheit; vgl. Fischer, Grenzen der Neutralität, S. 441; zur Annahme ist die Mehrheit der abgegebenen Stimmen und die Zustimmung einer Mehrheit der Kantone erforderlich.

[13] Es lehnten 50, 3% der Stimmbürger die Vorlage bei der Volksabstimmung am 6. Dezember 1992 ab; bei den Kantonen stimmten nur die Westschweiz und die beiden Basler Halbkantone zu; vgl. Freiburghaus, Königsweg oder Sackgasse, S. 268.

[14] Micheline Calmy-Rey, Vorwort, in: Georg Kreis (Hg.), Die Schweizer Neutralität. Beibehalten, umgestalten oder doch abschaffen?, Zürich 2007, S. 7–18, S. 8 f.; Hervorhebung im Original.

Ihre Mitwirkung an der Europäischen Sicherheitskonferenz war nicht nur für die Schweiz selbst vorteilhaft, sondern sie leistete auch einen positiven Beitrag zu mehr Sicherheit und besserer Zusammenarbeit in Europa. Der Zürcher Geschichtsprofessor Paul Schweizer betonte in einer Studie im Jahr 1895 „de[n] Nutzen, welchen die schweizerische Neutralität den Werten und Bestrebungen des Friedens und der Humanität bringt."[15] Und er kam abschließend zu dem Ergebnis, es „liegt die schweizerische Neutralität [...] heute [...] im allgemeinen Interesse Europas und der ganzen zivilisierten Welt."[16] In gewissem Sinne lag die Neutralität der Schweiz durch ihre aktive Mitwirkung in der KSZE auch achtzig Jahre später wieder im Interesse des gesamten Kontinents und war in der europäischen Staatenwelt geschätzt und anerkannt.

Was die Bedeutung der multilateralen Konferenzdiplomatie für die Entwicklung der internationalen Beziehungen im Zeitalter des Ost-West-Konflikts insgesamt betrifft, so wies der KSZE-Prozeß einige Besonderheiten und interessante Begleiterscheinungen auf, die es verdienen, zum Abschluß der Arbeit näher betrachtet zu werden. In Helsinki traten im Jahr 1975 die Staatsmänner eines Kontinents zusammen, der als Einheit nicht mehr existierte. Die Konstruktion einer Konferenz der europäischen Staaten entsprach dabei eher der Tradition der Kongreßdiplomatie des 19. Jahrhunderts als der des Atomzeitalters, erwies sich jedoch gleichwohl als nützliches Instrument der Kommunikation und Vertrauensbildung im Ost-West-Konflikt. Dafür, daß die KSZE eher ein Produkt der Vergangenheit war, spricht auch die Tatsache, daß es sich bei ihr eben nicht um eine internationale Organisation im modernen Sinne handelte – dieser Schritt geschah erst mit ihrer Umwandlung in die OSZE 1995.[17] Die KSZE hatte keine Mitgliedsstaaten, höchstens handelte es sich um Teilnehmerländer. Die organisatorische Verantwortung für die einzelnen Treffen lag in der Verantwortung des Landes, in dem das Treffen stattfand. Das Sekretariat setzte sich jeweils aus Diplomaten des Gastgeberlandes zusammen. Für den Vorsitz in Gremien galt das Rotationsprinzip. Die Schlußakte von Helsinki war weder ein völkerrechtlicher Vertrag noch ein internationales Abkommen.[18] Die Einhaltung ihrer Bestimmungen erfolgte auf freiwilliger Basis. Sanktionsvorkehrungen gab es nicht. Aus den Unterschriften der 35 Staats- und Regierungschefs läßt sich somit allenfalls eine moralische Verpflichtung zur Anwendung ihres Inhalts ableiten. Es wurden keine Institutionen geschaffen[19], und es existierte kein KSZE-Personal. Insofern ist es verwunderlich,

---

[15] Schweizer, Neutralität, S. 1032.
[16] Ebd.
[17] Eckhard Lübkemeier, OSZE (Organisation für Sicherheit und Zusammenarbeit in Europa), in: Wichard Woyke (Hg.), Handwörterbuch Internationale Politik, 8. Auflage, Bonn 2000, S. 363–370, S. 363.
[18] Berndt von Staden, Der Helsinki-Prozeß, München 1990, S. 32.
[19] Erste gemeinsame Gremien wie der jährliche KSZE-Außenminsterrat wurden erst im Jahr 1990 geschaffen; vgl. Vojtech Mastny, The Helsinki Process and the Reintegration of Europe, 1986–1991. Analysis and Documentation, London 1992, S. 36ff.

daß gerade die KSZE heute als angebliches Paradebeispiel für die Wirkmächtig-keit internationaler Institutionen bezeichnet wird.[20]

Der tieferliegende Zweck der KSZE bestand darin, der europäischen Staaten-welt eine Ordnung zu geben.[21] Ordnung darf dabei jedoch nicht mit Organisa-tion gleichgesetzt werden. Der erste – im übrigen nicht sehr erfolgreiche – Ver-such, eine Ordnung in einen organisatorischen Rahmen einzubetten und damit eine neue Ebene der internationalen Politik zu schaffen, war der Völkerbund.[22] Der dahinterstehende Gedanke war jedoch sehr viel älter und wurde auf zwischen-staatlichem Wege verfolgt. Das Ziel, die politischen Verhältnisse auf dem Konti-nent zu ordnen, bildet gewissermaßen ein Grundmerkmal der neuzeitlichen eu-ropäischen Staatenwelt.[23] Die mit der Détente im allgemeinen und mit der KSZE im speziellen verfolgte Strategie, die Sowjetunion in eine europäische Ordnung einzubinden „war im Grunde etwas genuin Europäisches, nämlich der Versuch, eine revolutionäre Macht durch Normalisierung an Legitimität zu gewöhnen."[24] Der mit der Entspannungspolitik verfolgte Ansatz, „Gleichgewicht, Legitimität und Verantwortung ausgewogen und weltweit zu etablieren […] beschreibt ein Grundmuster der Geschichte, das eher zum geistigen und politischen Arsenal der Alten als zu dem der Neuen Welt gehört."[25] In seiner Dissertation über die Wie-ner Ordnung von 1815 brachte Henry Kissinger dieses traditionelle europäische Vorgehen auf die folgende Formel: „Diplomatie im klassischen Sinn als das Mit-tel, Differenzen durch Verhandlungen zu bereinigen, ist nur im Rahmen ‚legiti-mer' internationaler Ordnungen möglich."[26]

Die Konferenzdiplomatie der KSZE schuf eine neue politische Ordnung für die europäische Staatenwelt.[27] Den Ausgangspunkt bildete dabei aber notwendiger-weise der politische und territoriale Status quo der siebziger Jahre. Es zeigt sich, daß sowohl Stabilität als auch Bewegung Kennzeichen des KSZE-Prozesses waren. Von westlicher Seite galt es, im Rahmen der KSZE „die Balance zwischen Freiheit und Frieden"[28] zu finden, also für westliche Prinzipien einzutreten, ohne die politische Stabilität zu gefährden. In der Bewahrung des Friedens liegt schließlich der eigentliche Begründungszweck einer internationalen Ordnung. Ein Haupt-verdienst der KSZE könnte – wenn man sich einmal nicht auf die indirekten Aus-

---

[20] Vgl. Schlotter, Die KSZE im Ost-West-Konflikt.
[21] Soutou, La place d'Helsinki, S. 229; zur Entwicklung der europäischen Ordnung im 19./20. Jahrhundert vgl. Werner Link, Auf dem Weg zu einem neuen Europa, Baden-Baden 2006, S. 12 ff.
[22] Vgl Alfred Pfeil, Der Völkerbund. Literaturbericht und kritische Darstellung seiner Geschich-te, Darmstadt 1976.
[23] Georges-Henri Soutou. Conclusion, in: Ders./Jean Bérenger (Hgg.), Ľordre européen du XVIè au XXè siècle, Paris 1998, S. 187 ff.
[24] Hildebrand, Der Kalte Krieg als Détente, S. 124.
[25] Ebd.
[26] Kissinger, Das Gleichgewicht der Großmächte, S. 8.
[27] George-Henri Soutou, Was there a European Order in the Twentieth Century? From the Concert of Europe to the End of the Cold War, in: Contemporary European History 9 (2000), S. 329–353.
[28] Hildebrand, Der Kalte Krieg als Détente, S. 124.

wirkungen der Schlußakte im Bereich der Menschenrechte fokussiert – darin gelegen haben, den Veränderungen der Jahre 1989 bis 1991 einen friedlichen Rahmen gegeben zu haben. Bei der Vorstellung des sogenannten „Zehn-Punkte-Plans"
bezeichnete Bundeskanzler Helmut Kohl in seiner Rede vor dem Deutschen Bundestag am 28. November 1989 den KSZE-Prozeß als „Herzstück [einer] gesamteuropäischer Architektur."[29] Zu diesem Zeitpunkt gab es seit beinahe zwanzig
Jahren die Praxis multilateraler Verhandlungen – über die Grenzen des geteilten
Kontinents hinweg – im Rahmen des KSZE-Prozesses, der als friedlichen Ausweg
aus den politischen Umwälzungen der Zeit zudem die Perspektive einer gesamteuropäischen Friedensordnung bot, wie sie in der „Charta von Paris für ein neues
Europa" im November 1990 schließlich auch formuliert wurde.[30] Somit wurde
die KSZE-Schlußakte „zur Magna Charta im Prozeß der Beendigung des Kalten
Krieges und der Auflösung des Warschauer Paktes."[31]

Gleichwohl wäre es falsch, die Unterzeichnung der KSZE-Schlußakte mit dem
Ende des Ost-West-Konflikts gleichzusetzen. Victor-Yves Ghébali charakterisiert
den gesamten Zeitraum seit Beginn der KSZE 1973 bis zum Jahr 1989 als Periode
der Détente.[32] Ähnlich bezeichnet Wilfried von Bredow die Zeitspanne vom
KSZE-Gipfeltreffen in Helsinki 1975 bis zum Ende des Ost-West-Konflikts als
„KSZE-Phase."[33] Nach Ansicht von Bange und Niedhart schließlich sollte der
Terminus „Kalter Krieg" mit der Existenz der Schlußakte von Helsinki für die üb-
rige Zeit des Ost-West-Konflikts nicht mehr verwandt werden.[34] Solche Interpre-
tationen bedeuten jedoch eine Überbewertung der KSZE und verleihen ihr fast
schon mythische Züge. Die KSZE läßt sich treffender bezeichnen als „continuation of the Cold War by other, more subtle means."[35] Der Kalte Krieg endete 1990
– nicht 1975. Détente war, in den Worten von Raymond Garthoff, „a phase of the
Cold War, not an alternative."[36]

Zwar ist es zutreffend, daß „détente was a significant turning point in the history of the cold war."[37] Die KSZE bildete jedoch nur ein regionales Element der
globalen Détente. Zudem wurde die Politik der Entspannung bereits in der zweiten Hälfte der siebziger Jahre wieder von einer „extremly nervous period of con-

[29] Auswärtiges Amt (Hg.), Aussenpolitik, Dok. 211: Zehn-Punkte-Programm zur Überwindung
der Teilung Deutschlands und Europas. Rede von Bundeskanzler Helmut Kohl vor dem
Deutschen Bundestag am 28. November 1989, S. 636.
[30] Vgl. Victor-Yves Ghébali, Les valeurs de la Grande Europe, produit du laboratoire politique
de la CSCE, in: Relations Internationales 73 (1993), S. 63–80.
[31] Michael Salewski, Geschichte Europas. Staaten und Nationen von der Antike bis zur Gegenwart, München 2000, S. 1090.
[32] Ghébali, La CSCE d'Helsinki à Vienne.
[33] Bredow, KSZE-Prozess, S. 11.
[34] Oliver Bange/Gottfried Niedhart, Introduction, in: Dies. (Hgg.), Helsinki 1975 and the Transformation of Europe, New York/Oxford 2008, S. 1–21, S. 7.
[35] DBPO III/II, No. 37: Mr. Elliott (Helsinki) to Sir A. Douglas-Home, 13 June 1973, S. 141,
FN 3.
[36] Garthoff, Détente and Confrontation, S. 1147.
[37] Hanhimäki, Ironies and Turning Points, S. 327.

frontation"[38] abgelöst, die zu Beginn der achtziger Jahre die Gefahr einer militärischen Auseinandersetzung in sich barg.[39] Das markanteste Beispiel ist die zeitweise Fehlinterpretation des simulierten Atomangriffs der NATO im Rahmen der Übung „Able Archer" durch die Sowjetunion im November 1983. Die Politik der Entspannung bot „nur ein[en] Stabilitätszusatz, der die militärische Sicherheitsstruktur nicht ersetzen konnte."[40]

Trotz der globalen Konflikte und Stellvertreterkriege zeigte sich insgesamt „that Europe remained […] the most crucial factor […] of the Cold War."[41] Die politische, gesellschaftliche und wirtschaftliche Systemauseinandersetzung zwischen den Weltmächten USA und der Sowjetunion blieb unverändert bestehen und der europäische Kontinent war als die „Zentralfront des Kalten Krieges"[42] weiterhin geprägt vom militärischen Gegensatz zwischen NATO und Warschauer Pakt. In diesem Zusammenhang wird das paradoxe Verhältnis von KSZE und Entspannung deutlich.[43] Die Schlußakte von Helsinki sollte eigentlich als Ausgangsbasis für verbesserte Ost-West-Beziehungen in der Zukunft dienen[44], doch in Wirklichkeit war sie ein Wendepunkt. Daran, daß die Entspannung ihren Höhepunkt in Helsinki erreicht oder bereits überschritten hatte, traf die KSZE keine direkte Schuld, auch wenn sie mit der Menschenrechtsthematik ein neues potentielles Konfliktfeld schuf. Doch war sie umgekehrt auch nicht in der Lage, diese Entwicklung aufzuhalten oder gar umzukehren. Entgegen ihrer eigentlichen Bestimmung mußte die KSZE in den folgenden Jahren die Aufgabe erfüllen, die Folgen der verstärkten Konfrontation zwischen Ost und West abzufedern. Die KSZE mußte ohne die Détente überleben, durch die sie geschaffen worden war. Die Entwicklung der Ost-West-Beziehungen spiegelte sich in der KSZE, von der Aufbruchstimmung in Helsinki und Genf über die Ernüchterung des krisenhaften Treffens in Belgrad und die verstärkte Konfrontation in Madrid bis hin zu neuer Hoffnung und größerer Kooperation in Wien. Die Politik der Détente war „nicht darauf ausgerichtet, den Ost-West-Konflikt in seinem Kern aufzuheben oder zu ,lösen', sondern einen neuen internationalen Organisationsrahmen zur Konfliktregulierung zu schaffen."[45]

Was die KSZE aus diplomatiegeschichtlicher Perspektive somit leistete, war, daß sie durch die Folge- und Expertentreffen als multilaterales Gesprächsforum zwischen Ost und West unter Beteiligung der Neutralen zur Verfügung stand. Der persönliche Kontakt zwischen den Repräsentanten der antagonistischen Blöcke war ein entscheidendes Element der Détente-Politik sowohl auf bilateraler als

---

[38] Leopoldo Nuti, Introduction, in: Ders. (Hg.), The Crisis of Détente in Europe. From Helsinki to Gorbachev 1975–1985, London/New York 2009, S. 1–8, S. 7.

[39] Stöver, Der Kalte Krieg, S. 430 f.

[40] Görtemaker, Unheilige Allianz, S. 128.

[41] Nuti, Introduction, S. 2.

[42] Bernd Greiner, Krisen im Kalten Krieg. Bilanz und Ausblick, in: Ders./Christian Th. Müller/ Dierk Walter (Hgg.), Krisen im Kalten Krieg, Bonn 2009, S. 7–23, S. 7.

[43] Andréani, The place of the CSCE-Process, S. 80.

[44] Schwarz, Zwischenbilanz, S. 11.

[45] Link, Ost-West-Konflikt, S. 200.

auch auf multilateraler Ebene. Das hatte zur Folge, „daß die Entspannung vornehmlich durch Konferenzdiplomatie"[46] zu erfolgen hatte. Zur Einschätzung des Systemgegners, seiner Motive und Handlungsweisen und damit zur Analyse der jeweiligen Bedrohungslage nahm die KSZE als verbaler Kommunikationsraum eine wichtige Rolle ein. Die Schlußakte von Helsinki diente dabei erstens als eine Art „Verhaltenskodex"[47] für die Gestaltung der zwischenstaatlichen Beziehungen, später zweitens dann auch als Referenzpunkt für die Implementierungsdebatten. Die KSZE war der einzige Ort, an dem der Dialog zwischen Ost und West auch in der Phase der Konfrontation – wenn auch mit Mühe – fortgesetzt werden konnte.[48] Die positiven Folgen des Weiterbestehens der KSZE zeigten sich bei dem im Rahmen dieser Arbeit nicht mehr behandelten dritten Folgetreffen in Wien der Jahre 1986 bis 1989. Das neue Entspannungsklima in der zweiten Hälfte der achtziger Jahre nach dem Amtsantritt von Michail Gorbatschow hatte auch einen kompromißbereiteren Kurs der sowjetischen Außenpolitik in der KSZE zur Folge. Das Wiener Folgetreffen war in diesem Sinne ein „test of glasnost and perestroika"[49], denn es demonstrierte, daß Gorbatschow es ernst meinte mit seiner neuen Politik der Offenheit und der Reformen. Im Lichte der neuen Détente zwischen Ost und West bestand das ehrgeizige Ziel des Wiener Treffens darin, „mit großen, kühnen Schritten den Aufbruch zu einem neuen Europa wirklicher, umfassender Freiheit und eines dauerhaften Friedens" einzuleiten.[50]

Die USA wurden durch ihre Teilnahme an der KSZE von der Sowjetunion endgültig als politisch-diplomatischer Bestandteil des europäischen Systems akzeptiert.[51] Dem in den nachfolgenden Jahren immer wieder unternommenen Versuch, Westeuropa und die USA mittels der KSZE zu spalten, war kein Erfolg beschieden. Bis zur Unterzeichnung der Schlußakte hatten auf westlicher Seite die EG-Staaten eine führende Rolle gespielt.[52] Ihre Zusammenarbeit innerhalb der KSZE legte zudem den Grundstein für eine gemeinsame Außen- und Sicherheitspolitik der Gemeinschaft.[53] Die USA traten in Helsinki und Genf zunächst sehr zurückhaltend auf. Erst die Gründung der „Commission on Security and Co-operation" des US-Kongresses im Frühjahr 1976 läutete die „kopernikanische Wende' der amerikanischen KSZE-Politik"[54] ein. Mit der Wahl Jimmy Carters zum US-Präsidenten im November 1976 wurden die Menschenrechte zu einem

---

[46] Gerda Zellentin, Zur Rolle der Konferenzdiplomatie in den Ost-West-Beziehungen, in: Dies./ Jost Delbrück/Norbert Ropers (Hgg.), Grünbuch zu den Folgewirkungen der KSZE, Köln 1977, S. 13-26, S. 24.

[47] Schwarz, Zwischenbilanz, S. 11.

[48] Staden, Helsinki-Prozeß, S. 8.

[49] Reimaa, Helsinki Catch, S. 273.

[50] Hans-Heinrich Wrede, KSZE in Wien. Kursbestimmung für Europas Zukunft, Köln 1990, S. 148.

[51] Soutou, La place d'Helsinki, S. 228.

[52] Vgl. Angelo Romano, From détente in Europe to european détente. How the West shaped the Helsinki CSCE, Brüssel 2009.

[53] Andréani, Le Piège, S. 88 ff.

[54] Staden, Helsinki-Prozeß, S. 58.

Schwerpunkt der amerikanischen Außenpolitik, was seinen Ausdruck im aktiven, aber konfrontativen Auftreten Washingtons auf dem Belgrader KSZE-Folgetreffen fand. Die KSZE etablierte darüber hinaus die Menschenrechte als festen Bestandteil der europäischen Diplomatie[55], denn mit ihr wurde „ein Forum geschaffen, in dem in regelmässigen Abständen […] das Verhalten aller Staaten frei diskutiert werden kann."[56] In der Frühphase der KSZE wurden menschenrechtliche Fragen im Rahmen der Ost-West-Beziehungen und als Bestandteil der Entspannungspolitik wahrgenommen, doch der seit Ende der siebziger Jahre zu beobachtende „turn in human rights rhetoric against the Cold War was also a turn against détente."[57] Daß die Entspannung zwischen den Ländern West- und Osteuropas seit Mitte der siebziger Jahre nicht in eine ähnliche Krise geriet wie die Beziehungen der Supermächte, unterstreicht die Unterschiedlichkeit der Détente-Politik innerhalb des NATO-Bündnisses. Regionale Kooperation besaß für die Westeuropäer einen höheren Stellenwert als die globale Konfrontation der Supermächte. Den EG-Staaten ging es nach Helsinki darum, die Entspannung auf dem europäischen Kontinent zu bewahren.[58]

Demgegenüber erwiesen sich die Staaten des Warschauer Pakts als heterogener als zunächst angenommen. Die Sowjetunion, die DDR und Bulgarien bildeten den harten Kern der sozialistischen Staaten. Die mittelosteuropäischen Staaten schwankten zwischen Angst und Gehorsam, und Rumänien emanzipierte sich – zumindest außenpolitisch – immer weiter von den Vorgaben Moskaus. Hatte die Sowjetunion in der Europäischen Sicherheitskonferenz ursprünglich eine Möglichkeit zur Stärkung ihres Hegemonieanspruchs innerhalb des Warschauer Pakts gesehen[59], so nutzten die mittelosteuropäischen Vasallen später die KSZE, um den Einfluß der Sowjetunion auf ihre nationale Außenpolitik zu verringern. Die DDR erfuhr durch ihre Einbeziehung in die KSZE zwar ebenfalls eine diplomatische Aufwertung, doch ihr Hauptproblem – die fehlende Legitimität – konnte sie hierdurch nicht beheben. Im Gespräch mit Leonid Breschnew hatte Erich Honecker im Juli 1978 die Überzeugung, geäußert, „[d]ie Welt kann man sich ohne die Deutsche Demokratische Republik nicht mehr vorstellen."[60] Der Verlauf der Geschichte hat mittlerweile das Gegenteil bewiesen.

---

[55] Hanhimäki, Conservative goals, S. 509.
[56] Reimann, Der Beitrag des KSZE-Prozesses, S. 222 f.
[57] Suri, Détente and human rights, S. 530.
[58] Angelo Romano, The Main Task of the European Political Cooperation. Fostering Détente in Europe, in: Poul Villaume/Odd Arne Westad (Hgg.), Perforating the Iron Curtain. European Détente, Transatlantic Relations, and the Cold War 1965-1985, Kopenhagen 2010, S. 123-141, S. 137.
[59] Andreas Wenger/Wojtech Mastny, New perspectives on the origins of the CSCE, in: Dies. (Hgg.), Origins of the European Security System. The Helsinki process revisted 1965-1975, London/New York 2008, S. 3-22, S. 7.
[60] Hans-Hermann Hertle/Konrad H. Jarausch (Hgg.), Risse im Bruderbund. Die Gespräche Honecker- Breschnew 1974 bis 1982, Berlin 2006, Dok 5: Bericht über das Treffen zwischen E. Honecker und L. I. Breschnew am 25. Juli 1978 auf der Krim, S. 161.

Als ein wichtiger diplomatischer Faktor in der KSZE erwiesen sich die neutralen und blockfreien Länder, die ihre Zusammenarbeit im Verlauf der Verhandlungen in Genf und später im Folgeprozeß zunehmend intensivierten. Hierdurch wurden die N+N-Staaten zu einer neuen Gruppe innerhalb der KSZE, ohne dabei jedoch einen mit den westlichen oder östlichen Staaten vergleichbaren Block zu bilden.[61] Auf diese Weise wurden die Neutralen zu einer „third force in European Cold War affairs."[62] Ihre Rolle beschränkte sich dabei nicht auf die des Vermittlers, sondern sie unterbreiteten auch eigene Vorschläge, gemeinsam im Bereich der Vertrauensbildenden Maßnahmen oder als nationale Initiativen, wie beispielsweise die Schweiz mit ihrem Entwurf für ein System der friedlichen Streiterledigung. Die Zusammenarbeit der N+N-Gruppe blieb auf die KSZE begrenzt.

Auf die Frage nach der Bedeutung der KSZE für das Ende des Kalten Krieges im Zusammenhang mit Prinzip VII des Dekalogs und Korb III der Schlußakte soll hier nicht im Detail eingegangen werden. Das würde weit über die Fragestellung dieser Arbeit hinausgehen und den gesamten Komplex der Debatte über die Gründe für die Ereignisse der Jahre 1989 bis 1991 erfordern. Ein gewisser Effekt der Bestimmungen der Helsinki-Schlußakte auf die Gesellschaften in Osteuropa war zweifelsohne vorhanden.[63] Weitere Aspekte wie der „Gorbatschow-Faktor", die zunehmende militärpolitische Überlegenheit der USA sowie wirtschaftliche und soziale Probleme in der Sowjetunion sind jedoch ebenfalls in Rechnung zu stellen.[64] Aus westlicher Perspektive erwies sich die Verbindung von Containment und Engagement, also von militärischer Abschreckung und Dialogbereitschaft, letztendlich als erfolgreich im Umgang mit der Sowjetunion.[65] Generell ist es notwendig, die KSZE nüchtern zu betrachten, und ihre Bedeutung weder zu überhöhen noch zu negieren. Ihre Bedeutung für die Gesamtentwicklung des Ost-West-Konflikts näher zu untersuchen, wird Aufgabe weiterer Forschungsarbeiten zur Geschichte des Kalten Krieges und zur Wirkungsgeschichte der KSZE in Osteuropa sein. Die sogenannte „humanitäre Dimension der Entspannung" war zwar ein wichtiger Bestandteil der KSZE, doch sie war auch keine reine Menschenrechtskonferenz.

---

[61] Zielinski, Die neutralen und blockfreien Staaten, S. 278.

[62] Fischer, Neutral Power in the CSCE, S. 17.

[63] Vgl. Daniel Thomas, The Helsinki Effect. International Norms, Human Rights, and the Demise of Communism, Princeton 2001.

[64] In der Forschung lassen sich zwei Hauptrichtungen unterscheiden. Einerseits wird das konfrontative Agieren der USA gegenüber der Sowjetunion, von der Containment-Strategie über die Liberation-Policy bis hin zur Politik der Stärke unter Reagan hervorgehoben. In diesem Sinne „gewannen" die USA den Kalten Krieg durch ihre wirtschaftlich-militärische Überlegenheit und die Ausstrahlungskraft ihres freiheitlich-demokratischen Systems. Andererseits wird insbesondere auf die Reformpolitik Michail Gorbatschows verwiesen, mit der die Spirale der Konfrontation im Ost-West-Konflikt durchbrochen wurde. Die zu lange versäumten inneren Reformen in der Sowjetunion sowie die europäische Politik des „Engagement" gegenüber Moskau, beispielsweise durch die Neue Ostpolitik und die KSZE, waren dieser Position zufolge entscheidend; vgl. Stöver, Der Kalte Krieg, S. 467 ff.

[65] John Lamberton Harper, The Cold War, Oxford 2011, S. 249.

Abschließend bleibt festzuhalten, „que la conférence d'Helsinki n'a pas été un accident ou une exception dans l'histoire de la guerre froide."[66] Sie fügte sich vielmehr ein in den Versuch, durch diplomatische Kontakte einen „code of conduct"[67] zu entwickeln, oder – wie Edouard Brunner es formuliert hat – „établir [...] les règles du jeu de la détente."[68] Henry Kissinger, der der Konferenz über Sicherheit und Zusammenarbeit in Europa zeitgenössisch keine hohe Bedeutung beigemessen hatte, kam rückblickend zu folgender Bewertung: „The European Security Conference thus came to play an important dual role: in its planning stages, it moderated Soviet conduct in Europe and, afterward, it accelerated the collapse of the Soviet Empire."[69]

---

[66] Soutou, La place d'Helsinki, S. 228.
[67] Garthoff, Détente and Confrontation, S. 37.
[68] Brunner, La CSCE, S. 611.
[69] Kissinger, Diplomacy, S. 759f.

Quellen- und Literaturverzeichnis

Quellenverzeichnis

a) ungedruckte Quellen

I. Schweizerisches Bundesarchiv, Bern (BAR)

Parlamentsdienste
E 1050.1, 1995/511, Bd. 11–13; 15

Europäische Sicherheitskonferenz
E 2001 (E), 1980/83, Bd. 136–138
E 2001 E-01, 1982/58, Bd. 99–101
E 2001 E-01, 1987/78, Bd. 185–197
E 2001 E-01, 1988/16, Bd. 209–216
E 2001 E-01, 1991/17, Bd. 243–252
E 2010 (A), 1995/313, Bd. 248–252

Handakten Ernesto Thalmann
E 2001 E-01, 1982/58, Bd. 102–103

Amérique
E 2001 E-01, 1988/16, Bd. 554
E 2001 E-01, 1991/17, Bd. 579–580
E 2010 (A), 1995/313, Bd. 513

Russie
E 2001 E-01, 1987/18, Bd. 750
E 2001 E-01, 1988/16, Bd. 993

Autriche
E 2001 E-01, 1987/78, Bd. 442

Durchführung KSZE-Beschlüsse
E 2001 E-01, 1988/16, Bd. 220; 222
E 2001 E-01, 1991/17, Bd. 256

KSZE; Expertentreffen Montreux
E 2001 E-01, 1988/16, Bd. 223

Nations Unies (ONU)
E 2003 (A), 1990/3, Bd. 734

Droits de l'homme généralités
E 2003 (A), 1990/3, Bd. 630

Motion Guntern/Menschenrechte
E 2010 (A), 1991/17, Bd. 260

Handakten Pierre Graber
E 2812, 1985/204, Bd. 4–9

Handakten Rudolf Bindschedler
E 2814, 1988/159, Bd. 11
E 2814, 1993/210, Bd. 1

Handakten Pierre Aubert
E 2850.1, 1991/234, Bd. 10-12; 39-42; 45-47

II. Archiv für Zeitgeschichte, Zürich (AfZ)

NL Weitnauer
Bd. 27; Bd. 31; Bd. 33

NL Bretscher
Bd. 14.12

NL Luchsinger
Bd. 14.1; Bd. 14.2.3

NL Däniker junior
Bd. 4.2

NL Micheli
Bd. 101

NL Probst
Redemanuskript „Probleme der schweizerischen Außenwirtschaft und Diplomatie 1966-1984"
zum Kolloquium des Archivs für Zeitgeschichte mit alt Staatssekretär Dr. Raymond Probst am
24. Oktober 1990.

Vorort-Archiv des Schweizerischen Handels- und Industrievereins
Der Geschäftsmann und die KSZE/L'homme d'affaires et la CSCE. Herausgegeben von der Handelsabteilung des Eidgenössischen Volkswirtschaftsdepartementes, Bern 1976.

III. Politisches Archiv des Auswärtigen Amtes, Berlin (PAAA)

Bestand Auswärtiges Amt (Zwischenarchiv)
ZA 100632 (KSZE)
ZA 109213 (Schweiz)
ZA 109214 (Schweiz)
ZA 109301 (KSZE)
ZA 109303 (KSZE)
ZA 111518 (KSZE)
ZA 111529 (KSZE)
ZA 111535 (KSZE)
ZA 111547 (KSZE)
ZA 111665 (KSZE)
ZA 111672 (KSZE)
ZA 115661 (Schweiz)
ZA 115662 (Schweiz)
ZA 115663 (Schweiz)
ZA 116360 (KSZE)
ZA 116371 (KSZE)
ZA 116378 (KSZE-Expertentreffen Montreux)

Bestand Ministerium für Auswärtige Angelegenheiten der DDR (Microfichesammlung)
C 145/78
C 596/76
C 1449/74
C 1491/75
C 1495/75
C 3758

IV. Deutsches Bundesarchiv, Außenstelle Berlin-Lichterfelde (BA)

Abteilung Internationale Verbindungen im ZK der SED
DY 30/IV B 2/20/614 (KSZE)

Protokolle des Sekretariats des ZK der SED
DY 30/J IV 2/3/2815 (Protokoll 122/78; 12. Oktober 1978)

V. Archives du Ministère des Affaires étrangères, Paris (AMAE)

Direction d'Europe
CSCE (1975), N. 5

VI. Privatarchiv Dr. Hans-Jörg Renk, Basel (Notizen Renk)

Notizen zu KSZE-Verhandlungen
Multilaterale Gespräche Dipoli (1973)
KSZE-Folgetreffen Belgrad (1977/78)
KSZE-Folgetreffen Madrid (1980/81)

b) gedruckte Quellen

Akten zur Auswärtigen Politik der Bundesrepublik Deutschland (AAPD)
AAPD 1972, München 2003.
AAPD 1973, München 2004.
AAPD 1975, München 2006.
AAPD 1976, München 2007.
AAPD 1977, München 2008.
AAPD 1978, München 2009.
AAPD 1979, München 2010.

Diplomatische Dokumente der Schweiz/Documents Diplomatiques Suisses (DDS)
DDS Bd. 16 (1945-1947), Zürich 1997.
DDS Bd. 17 (1947-1949), Zürich 1999.
DDS Bd. 18 (1949-1952), Zürich 2001.
DDS Bd. 19 (1952-1955), Zürich 2003.
DDS Bd. 20 (1955-1958), Zürich 2004.
DDS Bd. 21 (1958-1961), Zürich 2007.
DDS Bd. 22 (1961-1963), Zürich 2009.
DDS Bd. 23 (1964-1966), Zürich 2011.

Documents on British Policy Overseas (DBPO)
Series III/Vol. II: The Conference on Security and Cooperation in Europe, London 1997.
Series III/Vol. III: Détente in Europe 1972-1976, London 2001.

Foreign Relations of the United States 1969-1976 (FRUS)
Vol. I: Foundations of Foreign Policy 1969-1972, Washington D.C. 2003.
Vol. XXXIX: European Security, Washington D.C. 2008.

Bundesblatt der Schweizerischen Eidgenossenschaft (BBl)
BBL 1968: Bericht des Bundesrates an die Bundesversammlung über die Richtlinien für die Regierungspolitik in der Legislaturperiode 1968-1971.
BBl 1972: Bericht des Bundesrates an die Bundesversammlung über die Richtlinien der Regierungspolitik 1971-1975.
BBl 1973: Bericht des Bundesrates an die Bundesversammlung über die Sicherheitspolitik der Schweiz (Konzeption der Gesamtverteidigung).
BBl 1975: Botschaft des Bundesrates an die Bundesversammlung über die Beteiligung der Schweiz am Übereinkommen über ein Internationales Energieprogramm.
BBl 1982: Bericht über die schweizerische Menschenrechtspolitik.

Memoiren, Einzeleditionen und Dokumentensammlungen
Auswärtiges Amt (Hg.), Außenpolitik der Bundesrepublik Deutschland. Dokumente von 1949 bis 1994, Köln 1995.
Zbigniew Brzezinski, Power and Principle. Memoirs of the National Security Adviser 1977-1981, New York 1983.
Edouard Brunner, Lambris dorés et coulisses. Souvenir d'un diplomate, Genf 2001.
Bundeszentrale für Politische Bildung (Hg.), Staatsrecht der Bundesrepublik Deutschland, Bonn 2000.
George Bush/Brent Scowcroft, A world transformed, New York 1998.
Samuel Campiche, Marée du Soir. Carnets, Vevey 2001.
Jimmy Carter, Keeping Faith. Memoirs of a President, Toronto 1982.
Anatoly Dobrynin, In Confidence. Moscow's Ambassador to America's six Cold War Presidents, New York 1995.
Staatskalender der schweizerischen Eidgenossenschaft 1972/1973, Bern 1972.
Gerald R. Ford, A time to heal, New York 1979.
Hans-Dietrich Genscher, Erinnerungen, Berlin 1995.
Andrej Gromyko. Erinnerungen, Düsseldorf 1989.
Hans-Hermann Hertle/Konrad H. Jarausch (Hgg.), Risse im Bruderbund. Die Gespräche Honecker Breshnew 1974 bis 1982, Berlin 2006.
Institut universitaire de hautes études internationales Genève (Hg.), Le rôle de la Suisse à la CSCE. Témoignage de l'Ambassadeur Edouard Brunner. Recueilli par le Professeur Victor-Yves Ghebali, Genf 2003.
Hans-Adolf Jacobsen/Wolfgang Mallmann/Christian Meier (Hgg.), Sicherheit und Zusammenarbeit in Europa. Analyse und Dokumente, 2 Bd., Köln 1973/1978.
Wojciech Jaruzelski, Mein Leben für Polen. Erinnerungen, München 1993.
Max Kampelman, Entering New Worlds. The memoirs of a private man in public life, New York 1991.
Henry Kissinger, Jahre der Erneuerung. Erinnerungen, München 1999.
Henry Kissinger, White House Years, New York 1979.
Fred Luchsinger, Realitäten und Illusionen. NZZ-Leitartikel zur internationalen Politik 1963-1983, Zürich 1983.
Vojtech Mastny, The Helsinki Process and the Reintegration of Europe, 1986-1991. Analysis and Documentation, London 1992.
Vojtech Mastny, Helsinki, Human Rights, and European Security. Analysis and Documentation, Durham 1986.
Presse- und Informationsamt der Bundesregierung (Hg.), Bulletin der Bundesregierung (1978), Bonn 1978.
Public Papers of the American Presidents, Bd. 1/1977 (Jimmy Carter), Washington D.C. 1978.
Quellensammlung zum KSZE-Expertentreffen in Montreux 1978. Zusammengestellt von der Schweizerischen Nationalbibliothek Bern.

Dietrich Schindler (Hg.), Dokumente zur schweizerischen Neutralität seit 1945. Berichte und Stellungnahmen der schweizerischen Bundesbehörden zu Fragen der Neutralität 1945-1983, Bern 1984.

Friedrich-Karl Schramm/Wolfram-Georg Riggert/Alois Friedel (Hgg.), Sicherheitskonferenz in Europa. Dokumentation 1954-1972, Frankfurt/Main 1972.

George P. Shultz, Turmoil and Triumph. My Years as Secretary of State, New York 1993.

Cyrus Vance, Hard Choices. Critical Years in America's Foreign Policy, New York 1983.

Hermann Volle/Wolfgang Wagner (Hgg.), Das Madrider KSZE-Folgetreffen. In Beiträgen und Dokumenten aus dem Europa-Archiv, Bonn 1984.

Hermann Volle/Wolfgang Wagner (Hgg.), Krise in Polen. Vom Sommer 80 bis Winter 81. Beiträge und Dokumente aus dem Europa-Archiv, Bonn 1982.

Hermann Volle/Wolfgang Wagner (Hgg.), Das Belgrader KSZE-Folgetreffen. Der Fortgang des Entspannungsprozesses in Europa. Beiträge und Dokumente aus dem Europa-Archiv, Bonn 1978.

Hermann Volle/Wolfgang Wagner (Hgg.), KSZE. Konferenz über Sicherheit und Zusammenarbeit in Europa. Beiträge und Dokumente aus dem Europa-Archiv, Bonn 1976.

Albert Weitnauer. Rechenschaft. Vierzig Jahre im Dienst des schweizerischen Staates, Zürich/München 1981.

CWIHP Document Reader „From Global Politics to Human Rights. The CSCE Follow-up Meeting in Belgrade 1977/78" (CD-Rom des Cold War International History Project am Woodrow Wilson International Center for Scholars).

c) Zeitzeugengespräche

Jacques Andréani (F), Paris, 18. April 2009.
Dr. Klaus Blech (BRD), Königswinter, 22. Juli 2009.
Prof. Siegfried Bock (DDR), Berlin, 05. März 2009.
Franz Ceska (AU), Wien, 24. April 2009.
Jaakko Illoniemi (FI), E-Mail.
François Nordmann (CH), Bern, 06. April 2009.
Vladimir Petrovsky (UdSSR), Genf, 10. April 2009.
Dr. Hans-Jörg Renk (CH), Basel, 03. April 2009.
Dr. Josef Schärli (CH), Zürich-Kloten, 11. August 2009.

Literaturverzeichnis

Benoît d'Aboville, Le projet de Conférence européenne sur le désarmement et l'échéance de Madrid, in: Pierre Lellouche (Hg.), La sécurité de l'Europe dans les années 80. Les relations Est-Ouest et le théâtre européen, S. 393-403.

Ljubivoje Acimovic, Das Belgrader KSZE-Folgetreffen. Eine Betrachtung aus jugoslawischer Sicht, in: Hermann Volle/Wolfgang Wagner (Hgg.), Das Belgrader KSZE-Folgetreffen. Der Fortgang des Entspannungsprozesses in Europa. Beiträge und Dokumente aus dem Europa-Archiv, Bonn 1978, S. 33-42.

Ljubivoje Acimovic, Problems of Security and Cooperation in Europe, Alphen aan den Rijn 1981.

Alfred Aebi, Der Beitrag neutraler Staaten zur Friedenssicherung untersucht am Beispiel Österreichs und der Schweiz, Zürich 1976.

Manfred Alexander, Kleine Geschichte Polens, Bonn 2005.

Claude Altermatt, Diplomatie, in: Historisches Lexikon der Schweiz, Bd. 3, S. 739-745.

Claude Altermatt, 1789-1998. Zwei Jahrhunderte Schweizer Aussenvertretungen, Bern 1998.

Claude Altermatt, La Politique étrangère de la Suisse pendant la guerre froide, Lausanne 2003.

Claude Altermatt, Les débuts de la diplomatie professionnelle en Suisse (1848-1914), Freiburg i. Ü. 1990.

Urs Altermatt (Hg.), Die Schweizer Bundesräte. Ein biographisches Lexikon, 2. Auflage, Zürich 1992.

Urs Altermatt, Geschichte der schweizerischen Außenpolitik. Vom Ende des Zweiten Weltkrieges bis zur Gegenwart (1945-1991), in: Alois Riklin/Hans Haug/Raymond Probst (Hgg.), Neues Handbuch der schweizerischen Außenpolitik, Bern 1992, S. 61-78.

Urs Altermatt, Schweizer Regierung: Sieben Bundesräte und kein Ministerpräsident, in: Karl Dietrich Bracher/Paul Mikat/Konrad Repgen u. a. (Hgg.), Staat und Parteien. Festschrift für Rudolf Morsey zum 65. Geburtstag, Berlin 1992, S. 237-251.

Urs Altermatt, Innenpolitische Aspekte der schweizerischen Außenpolitik, in: Schweizerische Gesellschaft für Aussenpolitik (Hg.), Möglichkeiten und Grenzen der schweizerischen Aussenpolitik, Bern u. a. 1985, S. 28-51.

Helmut Altrichter, Kleine Geschichte der Sowjetunion 1917-1991, 2. Auflage, München 2001.

Jacques Andréani, The place of the CSCE-Process in the evolution of the East-West Relations in the seventies, in: Carla Meneguzzi Rostagni (Hg.), The Helsinki Process. A Historical Reappraisal, Padua 2005, S. 79-86.

Jacques Andréani, Le Piège. Helsinki et la chute du communisme, Paris 2005.

Nils Andrén/Karl E. Birnbaum (Hgg.), Belgrade and Beyond. The CSCE Process in Perspective, Alphen aan den Rijn 1980.

Herbert von Arx, Die friedliche Schlichtung der Konflikte, Bern 1978 (Publikationen der Vereinigung der Weltföderalisten der Schweiz).

Pierre Aubert, Pour une politique étrangère plus active, in: Amnesty International/Schweizer Sektion (Hg.), Menschenrechte im Spannungsfeld. Eine Herausforderung für die Schweiz, Bern/Stuttgart 1978, S. 15-24.

Oliver Bange/Gottfried Niedhart (Hgg.), Helsinki 1975 and the Transformation of Europe, New York/Oxford 2008.

Oliver Bange/Gottfried Niedhart, Introduction, in: Dies. (Hgg.), Helsinki 1975 and the Transformation of Europe, New York/Oxford 2008, S. 1-21.

Arnulf Baring, Machtwechsel. Die Ära Brandt-Scheel, Berlin 1998.

Wolf Graf von Baudissin, Vertrauensbildende Maßnahmen als Instrument kooperativer Rüstungssteuerung, in: Jost Delbrück/Norbert Ropers/Gerda Zellentin (Hgg.), Grünbuch zu den Folgewirkungen der KSZE, Köln 1977, S. 215-229.

Csaba Békés, The Warsaw Pact, the German Question and the Birth of the CSCE Process 1961-1970, in: Oliver Bange/Gottfried Niedhart (Hgg.), Helsinki 1975 and the Transformation of Europe, New York/Oxford 2008, S. 113-128.

Stephan Bierling, Geschichte der amerikanischen Außenpolitik. Von 1917 bis zur Gegenwart, München 2004.

Vladimir Bilandzic/Milan Kosanovic (Hgg.), From Helsinki to Belgrade – The First CSCE Follow-up Meeting in Belgrade 1977/78, Belgrad 2008.

Rudolf Bindschedler, Die Madrider Folgekonferenz der KSZE. Bescheidene Erfolge – Unersetzliches Instrument, in: Schweizer Monatshefte 64 (1/1984), S. 61-69.

Rudolf Bindschedler, Obligatorische Verhandlungen und Konsultationen, in: Jörg Paul Müller (Hg.), Recht als Prozess und Gefüge. Festschrift für Hans Huber, Bern 1981, S. 533-540.

Rudolf Bindschedler, Die Konferenz von Belgrad – Episode oder Wendepunkt?, in: Europäische Rundschau 6 (1978), S. 15-24.

Rudolf L. Bindschedler, Der schweizerische Entwurf eines Vertrages über ein europäisches System der friedlichen Streiterledigung und seine politischen Aspekte, in: Hermann Volle/Wolfgang Wagner (Hgg.), KSZE. Konferenz über Sicherheit und Zusammenarbeit in Europa. Beiträge und Dokumente aus dem Europa-Archiv, Bonn 1976, S. 99-108.

Rudolf L. Bindschedler, Verfahren zur friedlichen Streiterledigung, in: Alois Riklin/Hans Haug/Hans Christoph Binswanger (Hgg.), Handbuch der schweizerischen Außenpolitik, Bern 1975, S. 875-889.

Karl E. Birnbaum, Bruno Kreisky als Entspannungspolitiker, in: Werner Gatty/Gerhard Schmid u. a. (Hgg.), Die Ära Kreisky. Österreich im Wandel 1970 bis 1983, Innsbruck 1997, S. 89-95.

Klaus Blech, Die KSZE als Schritt im Entspannungsprozeß. Bemerkungen zu allgemeinen Aspekten der Konferenz, in: Hermann Volle/Wolfgang Wagner (Hgg.), KSZE. Konferenz über

Sicherheit und Zusammenarbeit in Europa. Beiträge und Dokumente aus dem Europa-Archiv, Bonn 1976, S. 87–98.

Siegfried Bock, Die DDR im KSZE-Prozeß, in: Ders./Ingrid Muth/Hermann Schwiesau (Hgg.), DDR-Außenpolitik im Rückspiegel. Diplomaten im Gespräch, Münster 2004, S. 102–117.

Pierre du Bois, Pierre Graber, in: Urs Altermatt (Hg.), Die Schweizer Bundesräte. Ein biographisches Lexikon, 2. Auflage, Zürich/München 1992, S. 528–533.

Edgar Bonjour, Schweizerische Neutralität. Kurzfassung der Geschichte in einem Band, Basel/Stuttgart 1978, S. 206.

Edgar Bonjour, Geschichte der schweizerischen Neutralität. Vier Jahrhunderte eidgenössischer Aussenpolitik, 3 Bd., 2. Auflage, Basel 1965–1967.

Edgar Bonjour, Der Neuenburger Konflikt 1856/57. Untersuchungen und Dokumente, Basel 1957.

Edgar Bonjour, Europäisches Gleichgewicht und schweizerische Neutralität, Basel 1946 (Basler Universitätsreden 20).

Karl-Dietrich Bracher/Wolfgang Jäger/Werner Link (Hgg.), Republik im Wandel 1969–1974. Die Ära Brandt, Stuttgart 1986 (Geschichte der Bundesrepublik Deutschland 5/I).

Wilfried von Bredow, Der KSZE-Prozeß. Von der Zähmung zur Auflösung des Ost-West-Konflikts, Darmstadt 1992.

Christoph Breitenmoser, Strategie ohne Außenpolitik. Zur Entwicklung der schweizerischen Sicherheitspolitik im Kalten Krieg, Bern u. a. 2002.

Christoph Breitenmoser, Sicherheit für Europa. Die KSZE-Politik der Schweiz bis zur Unterzeichnung der Helsinki-Schlussakte zwischen Skepsis und aktivem Engagement, Zürich 1996 (Zürcher Beiträge zur Sicherheitspolitik und Konfliktforschung 40).

Douglas Brinkley, Gerald R. Ford, New York 2007.

Edouard Brunner, La négociation – quelques enseignements et quelques réminiscences, in: Mario A. Corti/Peter Ziegler (Hgg.), Diplomatische Negoziation. Festschrift für Franz A. Blankart zum 60. Geburtstag, 2. Auflage, Bern 1998, S. 33–36.

Edouard Brunner, Die schweizerische Neutralität und der Ost-West-Konflikt, in: Daniel Frei (Hg.), Ost-West-Beziehungen. Analysen und Perspektiven, Zürich 1985, S. 125–138.

Edouard Brunner/Franz E. Muheim/Paul Widmer u. a. (Hgg.), Einblick in die schweizerische Aussenpolitik. Festschrift für Staatssekretär Raymond Probst, Zürich 1984.

Edouard Brunner, Das KSZE-Treffen von Madrid aus der Sicht der neutralen Schweiz, in: Hermann Volle, Wolfgang Wagner (Hg.), Das Madrider KSZE-Folgetreffen. In Beiträgen und Dokumenten aus dem Europa-Archiv, Bonn 1984, S. 79–84.

Edouard Brunner, La CSCE, véhicule de politique étrangère pour la Suisse?, in: Emanuel Diez/Jean Monnier/Jörg P. Müller u. a. (Hgg.), Festschrift für Rudolf Bindschedler zum 65. Geburtstag, Bern 1980, S. 611–616.

Hugo Bütler, Die Schweiz und die KSZE. Betrachtungen nach dem Madrider Folgetreffen, in: Edouard Brunner/Franz E. Muheim/Paul Widmer u. a. (Hgg.), Einblick in die schweizerische Aussenpolitik. Festschrift für Staatssekretär Raymond Probst, Zürich 1984, S. 115–131.

Thomas Buomberger, Kampf gegen unerwünschte Fremde. Von James Schwarzenbach bis Christoph Blocher, Zürich 2004.

Jacob Burckhardt, Weltgeschichtliche Betrachtungen, [Berlin 1910] ND Wiesbaden 2009.

Lucius Caflisch/Blaise Godet, La Suisse et le réglement pacifique des différends internationaux, in: Alois Riklin/Hans Haug/Raymond Probst (Hgg.), Neues Handbuch der schweizerischen Außenpolitik, Bern 1992, S. 957–971.

Micheline Calmy-Rey, Vorwort, in: Georg Kreis (Hg.), Die Schweizer Neutralität. Beibehalten, umgestalten oder doch abschaffen?, Zürich 2007, S. 7–18.

Franz Ceska, Détente und KSZE-Prozess. Österreich zwischen Helsinki (1975) und Madrid (1983), in: Oliver Rathkolb/Otto M. Mascke/Stefan August Lütgenau (Hgg.), Mit anderen Augen gesehen. Internationale Perzeptionen Österreichs 1955–1990, Wien u. a. 2002, S. 509–521.

Franz Ceska, Das KSZE-Folgetreffen von Madrid. Eine Bilanz aus österreichischer Sicht, in: Österreichisches Jahrbuch für Internationale Politik 1 (1984), S. 1–25.

Bernhard Chiari, Kabul 1979: Militärische Intervention und das Scheitern der sowjetischen Dritte-Welt-Politik in Afghanistan, in: Andreas Hilger (Hg.), Die Sowjetunion und die Dritte

Welt. UdSSR, Staatssozialismus und Antikolonialismus im Kalten Krieg 1945–1991, München 2009, S. 259–280.

Michael Cotey Morgan, The United States and the Making of the Helsinki Final Act, in: Fredrik Logevall/Andrew Preston (Hgg.), Nixon in the World. American Foreign Relations 1969–1977, Oxford 2008, S. 164–182.

Michael Cotey Morgan, North America, Atlanticism, and the making of the Helsinki Final Act, in: Andreas Wenger/Vojtech Mastny/Christian Nuenlist (Hgg.), Origins of the European Security System. The Helsinki process revisted 1965–1975, London/New York 2008, S. 25–45.

Flavio Cotti, Vorwort, in: Claude Altermatt, 1789–1998. Zwei Jahrhunderte Schweizer Aussenvertretungen, Bern 1998, S. 3f.

Laurence Cuny, L'OSCE et le règlement pacifique des différends. La Cour de conciliation et d'arbitrage, Genf 1997.

Ernst-Otto Czempiel, Multilaterale Entspannungspolitik. KSZE-Prozess und das Ziel einer gesamteuropäischen Friedensordnung, in: Hans-Dieter Lucas (Hg.), Genscher, Deutschland und Europa, Baden-Baden 2001, S. 135–154.

Robert Dallek, Nixon and Kissinger. Partners in Power, New York 2007.

Norman Davies, Im Herzen Europas. Geschichte Polens, 2. Auflage, München 2001.

Richard Davy, The United States, in: Nils Andrén/Karl E. Birnbaum (Hgg.), Belgrade and Beyond. The CSCE Process in Perspective, Alphen aan den Rijn 1980, S. 3–15.

Jean Dehaime, Le projet français de Conférence de Désarmement en Europe et la Réunion de Madrid, in: Défense nationale, 36 (novembre 1980), S. 95–106.

Ludwig Dehio, Gleichgewicht oder Hegemonie. Betrachtungen über ein Grundproblem der neueren Staatengeschichte. Herausgegeben von Klaus Hildebrand, Zürich 1996.

Jost Delbrück/Norbert Ropers/Gerda Zellentin (Hgg.), Grünbuch zu den Folgewirkungen der KSZE, Köln 1977.

Alexander Demandt, Kleine Weltgeschichte, München 2003.

Emanuel Diez/Jean Monnier/Jörg P. Müller u. a. (Hgg.), Festschrift für Rudolf Bindschedler zum 65. Geburtstag, Bern 1980.

Emanuel Diez, Botschafter Bindschedler als Rechtsberater des Politischen Departements, in: Ders./Jean Monnier/Jörg P. Müller u. a. (Hgg.), Festschrift für Rudolf Bindschedler zum 65. Geburtstag, Bern 1980, S. 1–13.

Anselm Doering-Manteuffel, Internationale Geschichte als Systemgeschichte. Strukturen und Handlungsmuster im europäischen Staatensystem des 19. und 20. Jahrhunderts, in: Wilfried Loth/Jürgen Osterhammel (Hgg.), Internationale Geschichte. Themen, Ergebnisse, Aussichten, München 2000, S. 93–115.

Isabel Drews, „Schweizer erwache!". Der Rechtspopulist James Schwarzenbach, Frauenfeld 2005.

Dietrich Dreyer, Schweizer Kreuz und Sowjetstern. Die Beziehungen zweier ungleicher Partner seit 1917, Zürich 1989.

John Dubabin, The Cold War. The Great Powers and their Allies, Harlow 2008.

Jost Dülffer, Europa im Ost-West-Konflikt 1945–1991, München 2004 (OGG 18).

Jost Dülffer, Regeln gegen den Krieg? Die Haager Friedenskonferenzen 1899 und 1907 in der internationalen Politik, Frankfurt/Main 1981.

Franz Eibl, Politik der Bewegung. Gerhard Schröder als Außenminister 1961–1966, München 2001.

Helène Carrère d'Encausse, Conclusion. La Russie dans la géopolitique de Charles de Gaulle, in: Maurice Vaïsse (Hg.), De Gaulle et la Russie, Paris 2006, S. 273–279.

Jon A. Fanzun, Souveränität, Neutralität, Humanität. Zur schweizerischen Menschenrechtspolitik im Kalten Krieg, in: SZG 56 (2006), S. 459–472.

Jon A. Fanzun, Die Grenzen der Solidarität. Schweizerische Menschenrechtspolitik im Kalten Krieg, Zürich 2005.

Dante B. Fascell, Did Human Rights survive in Belgrade?, in: Foreign Policy 31/1978, S. 104–118.

Jean Claude Favez, Geschichte der schweizerischen Außenpolitik. De la Première Guerre mondiale à la Deuxième Guerre mondiale (1914-1945), in: Alois Riklin/Hans Haug/Raymond Probst (Hgg.), Neues Handbuch der schweizerischen Außenpolitik, Bern u. a. 1992, S. 41-59.

Luigi Vittorio Ferraris, Report on a Negotiation. Helsinki – Geneva – Helsinki 1972-1975, Alphen aan den Rijn 1979.

Arnold Fisch, Meine Bundesräte. Von Etter bis Aubert, Stäfa 1989.

Thomas Fischer, Bridging the Gap between East and West. The N+N as Catalysts of the CSCE Process 1972-1983, in: Poul Villaume/Odd Arne Westad (Hgg.), Perforating the Iron Curtain. European Détente, Transatlantic Relations, and the Cold War 1965-1985, Kopenhagen 2010, S. 143-178.

Thomas Fischer, Neutral Power in the CSCE. The N+N States and the Making of the Helsinki Accords 1975, Baden-Baden 2009.

Thomas Fischer, „A mustard seed grew into a bushy tree". The Finnish CSCE initiative of 5 May 1969, in: Cold War History 9 (2009), S. 177-201.

Thomas Fischer, Getting to know their limits. The N+N and the Follow-up Meeting in Belgrade 1977/78, in: Vladimir Bilandzic/Milan Kosanovic (Hgg.), From Helsinki to Belgrade – The First CSCE Follow-up Meeting in Belgrade 1977/78, Belgrad 2008, S. 373-399.

Thomas Fischer, Die Grenzen der Neutralität. Schweizerisches KSZE-Engagement und gescheiterte UNO-Beitrittspolitik im kalten Krieg 1969-1986, Zürich 2004.

Antoine Fleury, De la neutralité „fictive" à la politique de neutralité comme atout dans la conduite de la politique étrangère, in: Politorbis 44 (2008), S. 5-12.

Antoine Fleury, Les autorités suisses et la question des droits de l'homme, in: Ders./Carole Fink/Lubor Jílek (Hgg.), Les droits de l'homme en Europe depuis 1945, Bern u. a. 2003, S. 279-295.

Antoine Fleury, La Suisse et le défi du multilatéralisme, in: Georg Kreis (Hg.), Die Schweiz im internationalen System der Nachkriegszeit 1943-1950, Basel 1996, S. 68-83 (Itinera 18).

Antoine Fleury, La politique étrangère de la Suisse et la „Nouvelle Diplomatie", in: Itinera Fasc. 7 (1987), S. 54-75.

Christian Föllmi, Die Schweiz, Europa und die Welt im politischen Denken Albert Weitnauers (1960-1967), Lizentiatsarbeit Zürich 1992 (unveröffentlicht).

Daniel Frei, Schweizerische Außenpolitik, Zürich 1983 (Edition PRO HELVETIA).

Daniel Frei, Die Aera Petitpierre 1945-1961. Rückblick auf eine Epoche schweizerischer Außenpolitik, in: Louis-Edouard Roulet (Hg.), Max Petitpierre. Seize ans de neutralité active, Neuchâtel 1980, S. 165-174.

Daniel Frei, Das Washingtoner Abkommen von 1946. Ein Beitrag zur Geschichte der schweizerischen Außenpolitik zwischen dem Zweiten Weltkrieg und dem Kalten Krieg, in: SZG 19 (1969), S. 567-619.

Daniel Frei, Neutralität – Ideal oder Kalkül? Zweihundert Jahre außenpolitisches Denken in der Schweiz, Frauenfeld 1967.

Dieter Freiburghaus, Königsweg oder Sackgasse? Sechzig Jahre schweizerische Europapolitik, Zürich 2009.

Jürg Martin Gabriel, Swiss Neutrality and the „American Century". Two Conflicting Worldviews, Zürich 1998 (Beiträge der Forschungsstelle für Internationale Beziehungen 14).

John Lewis Gaddis, Der Kalte Krieg. Eine neue Geschichte, München 2008.

John Lewis Gaddis, Strategies of Containment. A critical Appraisal of American National Security Policy during the Cold War, Oxford 2005.

Raymond Garthoff, The Great Transition. American-Soviet Relations and the End of the Cold War, Washington D.C. 1994.

Raymond Garthoff, Détente and Confrontation. American-Soviet Relations from Nixon to Reagan, Revised Edition, Washington D.C. 1994.

Philipp Gassert, Kurt Georg Kiesinger. Kanzler zwischen den Zeiten, München 2006.

Curt Gasteyger, The Soviet Union and Belgrade, in: Nils Andrén/Karl E. Birnbaum (Hgg.), Belgrade and Beyond. The CSCE Process in Perspective, Alphen aan den Rijn 1980, S. 27-37.

Curt Gasteyger, Europa zwischen Helsinki und Belgrad, in: Hermann Volle/Wolfgang Wagner (Hgg.), Das Belgrader KSZE-Folgetreffen. Der Fortgang des Entspannungsprozesses in Europa. Beiträge und Dokumente aus dem Europa-Archiv, Bonn 1978, S. 1-8.

Curt Gasteyger, Die Aussichten der Entspannung. Europa nach dem KSZE-Folgetreffen in Belgrad, in: Hermann Volle/Wolfgang Wagner (Hgg.), Das Belgrader KSZE-Folgetreffen. Der Fortgang des Entspannungsprozesses in Europa. Beiträge und Dokumente aus dem Europa-Archiv, Bonn 1978, S. 71-78.

Curt Gasteyger, Ein europäischer Rütlischwur? Gedanken zur Europäischen Sicherheitskonferenz, in: Schweizer Monatshefte 55 (1975), S. 425-430.

Thomas Gees, Die Schweiz im Europäisierungsprozess. Wirtschafts- und gesellschaftspolitische Konzepte am Beispiel der Arbeitsmigrations-, Agrar-, und Wissenschaftspolitik, 1947-1974, Zürich 2006.

Michael Gehler, Neutralität und Neutralisierung in der bipolaren Welt. Zusammenfassung und weiterführende Thesen, in: Dominik Geppert/Udo Wengst (Hgg.), Neutralität – Chance oder Chimäre? Konzepte des Dritten Weges für Deutschland und die Welt 1945-1990, München 2005, S. 203-206.

Christine Gehrig-Straube, Beziehungslose Zeiten. Das schweizerisch-sowjetische Verhältnis zwischen Abbruch und Wiederaufnahme der Beziehungen (1918-1946) aufgrund schweizerischer Akten, Zürich 1997.

Simon Geissbühler, „Une Suisse neutre ne doit pas être une Suisse morte." Drei alternative Neutralitätskonzeptionen aus dem 19. und frühen 20. Jahrhundert, in: SZG 51 (2001), S. 535-541.

Dominik Geppert, Großbritannien und die Neue Ostpolitik der Bundesrepublik, in: VfZ 57 (2009), S. 385-412.

Dominik Geppert/Udo Wengst (Hgg.), Neutralität – Chance oder Chimäre? Konzepte des Dritten Weges für Deutschland und die Welt 1945-1990, München 2005.

Dominik Geppert, Störmanöver. Das „Manifest der Opposition" und die Schließung des Ost-Berliner Spiegel-Büros im Januar 1978, Berlin 1996.

Dieter Gescher, Vertrauensbildende Maßnahmen und bestimmte Aspekte der Sicherheit und Abrüstung in der Schlußakte von Helsinki, in: Hermann Volle/Wolfgang Wagner (Hgg.), KSZE. Konferenz über Sicherheit und Zusammenarbeit in Europa. Beiträge und Dokumente aus dem Europa-Archiv, Bonn 1976, S. 123-126.

Deutsche Gesellschaft für Auswärtige Politik (Hg.). Vortrag von Staatssekretär Edouard Brunner, gehalten vor den Mitgliedern der Gesellschaft in Bonn am 31. Oktober 1984.

Victor-Yves Ghébali, Les valeurs de la Grande Europe, produit du laboratoire politique de la CSCE, in: Relations Internationales 73 (1993), S. 63-80.

Victor-Yves Ghébali, La diplomatie de la détente. La CSCE d'Helsinki à Vienne (1973-1989), Brüssel 1989.

Victor-Yves Ghébali, Anatomie de la Réunion d'Experts de la CSCE sur le règlement pacifique des différends, in: Défense nationale 35 (1979), S. 25-39.

Victor-Yves Ghébali, La Réunion de Belgrade sur les suites de la CSCE. Évaluation et perspectives, in: Défense nationale 34 (1979), S. 57-72.

Benjamin Gilde, Keine neutralen Vermittler. Die Gruppe der neutralen und nicht-paktgebundenen Staaten und das Belgrader KSZE-Folgetreffen 1977/78, in: VfZ 59 (2011), S. 413-444.

Benjamin Gilde, „Kein Vorreiter". Österreich und die humanitäre Dimension der KSZE; in: Helmut Altrichter/Hermann Wentker (Hgg.), Der KSZE-Prozess. Vom Kalten Krieg zu einem neuen Europa 1975 bis 1990, München 2011, S. 41-50 (Zeitgeschichte im Gespräch 11).

Elisabeth R. Glas, Aufbruch der Schweiz in die multilaterale Welt. Die schweizerische Außenpolitik 1965-1977, Lizentiatsarbeit Zürich 1999 (unveröffentlicht).

Arthur J. Golberg, The Helsinki Final Act and the Madrid Review Conference. A case study of political non-communication, in: Political communication and persuasion. An international journal 2/1982, S. 1-19.

Manfred Görtemaker, Die unheilige Allianz. Die Geschichte der Entspannungspolitik 1943-1979, München 1979.

Manfred Görtemaker/Wichard Woyke/Klaus Nieder (Hgg.), Sicherheit für Europa? Die Konferenz von Helsinki und Genf, Opladen 1974.

Bernd Greiner/Christian Th. Müller/Dierk Walter (Hgg.), Krisen im Kalten Krieg, Bonn 2009.

Bernd Greiner, Krisen im Kalten Krieg. Bilanz und Ausblick, in: Ders./Christian Th. Müller/ Dierk Walter (Hgg.), Krisen im Kalten Krieg, Bonn 2009, S. 7-23.

Eugeniusz Guz/Hans Achim Weseloh, KSZE Belgrad. Das erste Folgetreffen der Konferenz über Sicherheit und Zusammenarbeit in Europa, Stuttgart 1978.

Christian Hacke, Zur Weltmacht verdammt. Die amerikanische Außenpolitik von J. F. Kennedy bis G. W. Bush, München 2005.

Christian Hacke, Die Außenpolitik der Bundesrepublik Deutschland, Berlin 2003.

Christian Hacke, Die Ära Nixon-Kissinger. Konservative Reform der Weltpolitik, Stuttgart 1983.

Helga Haftendorn, The link between CSCE and MBFR. Two sprouts from one bulb, in: Andreas Wenger/Vojtech Mastny/Christian Nuenlist (Hgg.), Origins of the European Security System. The Helsinki Process Revisted 1965-75, London/New York 2008, S. 237-258.

Helga Haftendorn, Deutsche Außenpolitik zwischen Selbstbeschränkung und Selbstbehauptung, Stuttgart/München 2001.

Helga Haftendorn, Entstehung und Bedeutung des Harmel-Berichts der NATO von 1967, in: VfZ 40 (1992), S. 169-221.

Keith Hamilton, Cold War by other means. British diplomacy and the conference on security and cooperation in Europe 1972-1975, in: Wilfried Loth/Georges-Henri Soutou (Hgg.), The Making of Détente. Eastern and Western Europe in the Cold War 1965-1975, London/New York 2008, S. 168-182.

Jussi M. Hanhimäki, An Elusive Grand Design, in: Fredrik Logevall/Andrew Preston (Hgg.), Nixon in the World. American Foreign Relations 1969-1977, Oxford 2008, S. 25-44.

Jussi M. Hanhimäki, Conservative goals, revolutionary outcomes: the paradox of détente, in: Cold War History 8 (2008) S. 503-512.

Jussi M. Hanhimäki, The Flawed Architect. Henry Kissinger and American Foreign Policy, Oxford 2004.

Jussi M. Hanhimäki, „They can write it in Swahili". Kissinger, the Soviets, and the Helsinki Accords, in: Journal of Transatlantic Sudies 1 (2003), S. 37-58.

Jussi M. Hanhimäki, Ironies and Turning Points. Détente in Perspective, in: Odd Arne Westad (Hg.), Reviewing the Cold War. Approaches, Interpretations, Theory, London/Portland 2001, S. 326-342.

Anja Hanisch, Die DDR im KSZE-Prozess 1972-1985. Zwischen Ostabhängigkeit, Westabgrenzung und Ausreisebewegung, München 2012 (Quellen und Darstellungen zur Zeitgeschichte 91).

John Lamberton Harper, The Cold War , Oxford 2011, S. 249.

Jonathan Haslam, Russia's Cold War. From the October Revolution to the Fall of the Wall, New Haven/London 2011.

Heiko Haumann, Geschichte Rußlands, Zürich 2003.

Wolfgang Heisenberg, Die vertrauensbildenden Maßnahmen der KSZE-Schlussakte. Theoretische Ansätze und praktische Erfahrungen, in: Bruno Simma/Edda Blenk-Knocke (Hgg.), Zwischen Intervention und Zusammenarbeit. Interdisziplinäre Arbeitsergebnisse zu Grundfragen der KSZE, Berlin 1979, S. 305-317.

Seppo Hentilä, Neutral zwischen den beiden deutschen Staaten. Finnland und Deutschland im Kalten Krieg, Berlin 2006.

Matthias Herdegen, Völkerrecht, 2. Auflage, München 2002.

Madeleine Herren/Sacha Zala, Netzwerk Außenpolitik. Internationale Kongresse und Organisationen als Instrumente der schweizerischen Außenpolitik 1914-1950, Zürich 2002.

Madeleine Herren, International History – a view from the top of the Alps, in: SZG 49 (1999), S. 375-384.

Klaus Hildebrand, Der Kalte Krieg als Détente. Die Phänomenologie der Staatenwelt während der siebziger Jahre des 20. Jahrhunderts, in: Karl Dietrich Bracher/Hans-Adolf Jacobsen/Volker Kronenberg u. a. (Hgg.), Politik, Geschichte und Kultur. Wissenschaft in Verantwortung für die res publica. Festschrift für Manfred Funke zum 70. Geburtstag, Bonn 2009, S. 111-125.

Klaus Hildebrand, Das vergangene Reich. Deutsche Außenpolitik von Bismarck bis Hitler, Studienausgabe, München 2008.

Klaus Hildebrand, The Cold War as Détente. The Phenomenology of the World Community of Nation States in the 1970s, in: Vladimir Bilandzic/Milan Kosanovic (Hgg.), From Helsinki to Belgrade – The First CSCE Follow-Up Meeting in Belgrade 1977/78, Belgrad 2008, S. 33-47.

Klaus Hildebrand, Probleme und Perspektiven der Forschung zur Deutschen Einheit 1989/90, in: VfZ 52 (2004), S. 193-210.

Klaus Hildebrand, Willy Brandt, Charles de Gaulle und „la grande Europe", in: HZ 279 (2004), S. 387-408.

Klaus Hildebrand, Sonderfall der Geschichte. Rezension zu Paul Widmer, Schweizer Außenpolitik und Diplomatie, in: FAZ vom 10.10.2003.

Klaus Hildebrand, Prinzip Ununiversalität. Neutralität – einst und jetzt, in: FAZ vom 30.09.2002.

Manfred Hildermeier, Geschichte der Sowjetunion 1917-1991. Entstehung und Niedergang des ersten sozialistischen Staates, München 1998.

Andreas Hilger (Hg.), Die Sowjetunion und die Dritte Welt. UdSSR, Staatssozialismus und Antikolonialismus im Kalten Krieg 1945-1991, München 2009.

Jörg K. Hoensch, Geschichte Polens, 3. Auflage, Stuttgart 1998.

Walther Hofer, Der Abbruch der Beziehungen mit dem revolutionären Rußland 1917-1927, in: SZG 43 (1993), S. 223-240.

Walther Hofer, Aussenpolitik und Menschenrechte, in: Schweizerische Gesellschaft für Aussenpolitik (Hg.), Möglichkeiten und Grenzen der schweizerischen Aussenpolitik, Bern u. a. 1985, S. 56-59.

René Holenstein, „Es geht auch um die Seele unseres Volkes." Entwicklungshilfe und nationaler Konsens, in: Mario König/Georg Kreis/Franziska Meister u. a. (Hgg.), Dynamisierung und Umbau. Die Schweiz in den 60er und 70er Jahren, Zürich 1998, S. 115-125.

Jerzy Holzer, „Solidarität". Die Geschichte einer freien Gewerkschaft in Polen, München 1985.

Peter Hug, Vom Neutralismus zur Westintegration. Zur schweizerischen Außenpolitik in der Nachkriegszeit, in: Walter Leimgruber/Werner Fischer (Hgg.), „Goldene Jahre". Zur Geschichte der Schweiz seit 1945, Zürich 1999, S. 59-100.

Peter Hug, Der gebremste Aufbruch. Zur Außenpolitik der Schweiz in den 60er Jahren, in: Mario König/Georg Kreis/Franziska Meister u. a. (Hgg.), Dynamisierung und Umbau. Die Schweiz in den 60er und 70er Jahren, Zürich 1998, S. 95-114.

Peter Hug, Verhinderte oder verpaßte Chancen? Die Schweiz und die Vereinten Nationen 1943-1947, in: Georg Kreis (Hg.), Die Schweiz im internationalen System der Nachkriegszeit 1943-1950, Basel 1996, S. 84-97.

Max Imboden, Helvetisches Malaise, 2. Auflage, Zürich 1964.

Walter Isaacson, Kissinger. A Biography, New York 2005.

David S. Jost, Rüstungskontrolle im KSZE-Prozeß. Zum Stand der Verhandlungen über ein Mandat für eine Konferenz über Abrüstung in Europa auf dem Madrider Folgetreffen, in: Hermann Volle/Wolfgang Wagner (Hgg.), Das Madrider KSZE-Folgetreffen. In Beiträgen und Dokumenten aus dem Europa-Archiv, Bonn 1984, S. 37-44.

Hans Ulrich Jost, Europa und die Schweiz 1945-1950. Europarat, Supranationalität und schweizerische Unabhängigkeit, Zürich 1999 (Schweizer Beiträge zur internationalen Geschichte 2).

Hans Ulrich Jost, Politik und Wirtschaft im Krieg. Die Schweiz 1938-1948, Zürich 1998.

Tobias Kaestli, Selbstbezogenheit und Offenheit. Die Schweiz in der Welt des 20. Jahrhunderts. Zur politischen Geschichte eines neutralen Kleinstaats, Zürich 2005.

Jörg Kastl, Das KSZE-Folgetreffen von Madrid. Verlauf und Schlußdokument aus Sicht der Bundesrepublik Deutschland, in: Hermann Volle/Wolfgang Wagner (Hgg.), Das Madrider KSZE-Folgetreffen. In Beiträgen und Dokumenten aus dem Europa-Archiv, Bonn 1984, S. 45-54.

Scott Kaufman, Plans unraveled. The Foreign Policy of the Carter Administration, DeKalb 2008.

Urban Kaufmann, „Nicht die ersten sein, aber vor den letzten handeln". Grundsätze der Anerkennung von Staaten und Regierungen durch die Schweiz (1945-1961), in: Antoine Fleury/Horst Möller/Hans-Peter Schwarz (Hgg.), Die Schweiz und Deutschland 1945-1961, München 2004, S. 69-87.

Walter Kälin/Alois Riklin, Ziele, Mittel und Strategien der schweizerischen Außenpolitik, in: Alois Riklin/Hans Haug/Raymond Probst (Hgg.), Neues Handbuch der schweizerischen Außenpolitik, Bern 1992, S. 167-189.

Walter Kälin, Die Menschenrechtspolitik der Schweiz, in: Jahrbuch der Schweizerischen Vereinigung für Politische Wissenschaft/SVPW 28 (1988), S. 185-208.

Patrick Keller, Neokonservatismus und amerikanische Außenpolitik. Ideen, Krieg und Strategie von Ronald Reagan bis George W. Bush, Paderborn 2008.

Paul Kennedy, Aufstieg und Fall der Grossen Mächte. Ökonomischer Wandel und militärischer Konflikt von 1500 bis 2000, Frankfurt/Main 1991.

Robert Keohane, Lilliputians' Dilemmas. Small States in International Politics. A Review Article, in: International Organization 23 (1969), S. 291-310.

Henry Kissinger, Diplomacy, New York 1994.

Henry Kissinger, Das Gleichgewicht der Großmächte. Metternich, Castlereagh und die Neuordnung Europas 1812-1822, Zürich 1986.

Manfred Kittel, Vertreibung der Vertriebenen? Der historische deutsche Osten in der Erinnerungskultur der Bundesrepublik (1961-1982), München 2007.

Arnold Koller, Der Bundesrat im politischen System der Schweiz, in: Franziska Metzger/Markus Furrer (Hgg.), Religion, Politik, Gesellschaft im Fokus. Beiträge zur Emeritierung des Zeithistorikers Urs Altermatt, Freiburg i. Ü. 2010, S. 99-105.

William Korey, The Promises we keep. Human Rights, the Helsinki Process, and American Foreign Policy, New York 1993.

William Korey, Das KSZE-Folgetreffen in Madrid. Ein Beitrag aus amerikanischer Sicht, in: Hermann Volle/Wolfgang Wagner (Hgg.), Das Madrider KSZE-Folgetreffen. In Beiträgen und Dokumenten aus dem Europa-Archiv, Bonn 1984, S. 85-92.

Andreas Kossert, Kalte Heimat. Die Geschichte der deutschen Vertriebenen nach 1945, München 2008.

Mario König/Georg Kreis/Franziska Meister u. a. (Hgg.), Dynamisierung und Umbau. Die Schweiz in den 60er und 70er Jahren, Zürich 1998.

Mario König/Georg Kreis/Franziska Meister u. a., Einleitung. Reformprojekte, soziale Bewegungen und neue Öffentlichkeit, in: Dies. (Hgg.), Dynamisierung und Umbau. Die Schweiz in den 60er und 70er Jahren, Zürich 1998, S. 11-20.

Mark Kramer, Jaruzelski, the Soviet Union, and the Imposition of Martial Law in Poland: New Light on the Mystery of December 1981, in: Cold War International History Project Bulletin 11 (1998), S. 5-14.

Joachim Krause, Arbeitsbedingungen für Journalisten nach der KSZE in: Jost Delbrück/Norbert Ropers/Gerda Zellentin (Hgg.), Grünbuch zu den Folgewirkungen der KSZE, Köln 1977, S. 411-429.

Georg Kreis (Hg.), Die Schweizer Neutralität. Beibehalten, umgestalten oder doch abschaffen?, Zürich 2007.

Georg Kreis, Aufbruch ohne Ankunft. Die schweizerische KSZE- und UNO-Politik 1969-1986. Rezension zu Thomas Fischer, Die Grenzen der Neutralität, in: NZZ vom 25. 06. 2005.

Georg Kreis, Kleine Neutralitätsgeschichte der Gegenwart. Ein Inventar zum neutralitätspolitischen Diskurs in der Schweiz seit 1943, Bern u. a. 2004.

Georg Kreis, Einleitung. Aus der Ära des Kalten Krieges, in: SZG 54 (2004), S. 119-122.

Georg Kreis (Hg.), Die Schweiz im internationalen System der Nachkriegszeit 1943-1950, Basel 1996.

Georg Kreis, Friedrich Traugott Wahlen, in: Urs Altermatt (Hg.), Die Schweizer Bundesräte. Ein biographisches Lexikon, 2. Auflage, Zürich 1992, S. 478-483.

Georg Kreis, Umstrittene Reisediplomatie, in: Schweizer Monatshefte 59 (3/1979), S. 209-219.

Dirk Kroegel, Einen Anfang finden. Kurt Georg Kiesinger in der Außen- und Deutschlandpolitik der Großen Koalition, München 1997.

Hartmut Kühn, Das Jahrzehnt der Solidarnosc. Die politische Geschichte Polens 1980-1990, Berlin 1999.

Ulrich Lappenküper, Die Außenpolitik der Bundesrepublik Deutschland, München 2008.

Melvyn P. Leffler, For the Soul of Mankind. The United States, the Soviet Union and the Cold War, New York 2007.

Wolf Linder, Schweizerische Demokratie. Institutionen - Prozesse - Perspektiven, 2. Auflage, Bern 2005.

Werner Link, Auf dem Weg zu einem neuen Europa, Baden-Baden 2006.

Werner Link, Die Entstehung des Moskauer Vertrages im Lichte neuer Archivalien, in: VfZ 49 (2001), S. 295–315.

Werner Link, Der Ost-West-Konflikt. Die Organisation der internationalen Beziehungen im 20. Jahrhundert, 2. Auflage, Stuttgart 1988.

Manfred Linke, Schweizerische Außenpolitik der Nachkriegszeit. Eine von amtlichen Verlautbarungen des Bundesrates ausgehende Darstellung und Analyse, Chur/Zürich 1995.

Fredrik Logevall/Andrew Preston (Hgg.), Nixon in the World. American Foreign Relations 1969–1977, Oxford 2008.

Olivier Long, Le dossier secret des Accords d'Évian, Lausanne 1988.

Wilfried Loth, Die Teilung der Welt. Geschichte des Kalten Krieges 1941–1955, München 2000.

Wilfried Loth, Helsinki, 1. August 1975. Entspannung und Abrüstung, München 1998 (20 Tage im 20. Jahrhundert).

Hans-Dieter Lucas, Europa vom Atlantik bis zum Ural? Europapolitik und Europadenken im Frankreich der Ära de Gaulle (1958–1969), Bonn 1992.

Michael R. Lucas, Schöpferische Spannung. Die USA und die Bundesrepublik in der KSZE, in: Detlef Junker (Hg.), Die USA und Deutschland im Zeitalter des Kalten Krieges, Bd. 2: 1968–1990, 2. Auflage, Stuttgart/München 2001, S. 66–76.

Cornelia Lüthy, Verfahren zur friedlichen Beilegung internationaler Streitigkeiten im Rahmen der OSZE, Diss. Zürich 1998.

Eckhard Lübkemeier, OSZE (Organisation für Sicherheit und Zusammenarbeit in Europa), in: Wichard Woyke (Hg.), Handwörterbuch Internationale Politik, 8. Auflage, Bonn 2000, S. 363–370.

Herbert Lüthy, La Suisse des deux après-guerres, in: Jahrbuch der Neuen Helvetischen Gesellschaft 35 (1964), S. 63–75.

Pawel Machcewicz, Die polnische Krise von 1980/81, in: Bernd Greiner/Christian Th. Müller/Dierk Walter (Hgg.), Krisen im Kalten Krieg, Bonn 2009, S. 477–504.

Thomas Maissen, Geschichte der Schweiz, Baden 2010.

Thomas Maissen, Wie die Eidgenossen ihre Neutralität entdeckten. Frühneuzeitliche Anpassungen an eine veränderte Staatenwelt, in: Georg Kreis (Hg.), Die Schweizer Neutralität. Beibehalten, umgestalten oder doch abschaffen?, Zürich 2007, S. 51–65.

Thomas Maissen, Die Geburt der Republic. Staatsverständnis und Repräsentation in der frühneuzeitlichen Eidgenossenschaft, Göttingen 2006.

Mauro Mantovani, Schweizerische Sicherheitspolitik im Kalten Krieg 1947–1963. Zwischen angelsächsischem Containment und Neutralitätsdoktrin, Zürich 1999.

John J. Maresca, To Helsinki. The Conference on Security and Cooperation in Europe 1973–1975, Durham/London 1987.

Vojtech Mastny, „Able Archer". An der Schwelle zum Atomkrieg?, in: Bernd Greiner/Christian Th. Müller/Dierk Walter (Hgg.), Krisen im Kalten Krieg, Bonn 2009, S. 505–522.

Leo Mates, Von Helsinki nach Madrid und zurück. Der KSZE-Prozeß im Schatten der Ost-West-Beziehungen, in: Hermann Volle/Wolfgang Wagner (Hgg.), Das Madrider KSZE-Folgetreffen. In Beiträgen und Dokumenten aus dem Europa-Archiv, Bonn 1984, S. 55–62.

Leo Mates, The neutral and nonaligned countries, in: Nils Andrén/Karl E. Birnbaum (Hgg.), Belgrade and Beyond. The CSCE Process in Perspective, Alphen aan den Rijn 1980, S. 51–63.

Robert J. McMahon, The Cold War. A very short introduction, Oxford 2003.

John Mearsheimer, The Tragedy of Great Power Politics, New York/London 2001.

Skjold G. Mellbin, Appendix. From Helsinki to Belgrade, in: Poul Villaume/Odd Arne Westad (Hgg.), Perforating the Iron Curtain. European Détente, Transatlantic Relations, and the Cold War 1965–1985, Kopenhagen 2010, S. 243–251.

Peter Merseburger, Willy Brandt (1913–1932), München 2004.

Yanek Mieczkowski, Gerald Ford and the Challenges of the 1970s, Lexington 2005.

Max Mittler, Der Weg zum Ersten Weltkrieg. Wie neutral war die Schweiz? Kleinstaat und europäischer Imperialismus, Zürich 2003.

Carlo Moos, Ja zum Völkerbund – Nein zur UNO. Die Volksabstimmungen von 1920 und 1986 in der Schweiz, Zürich 2001.

Daniel Möckli, European Foreign Policy during the Cold War. Heath, Brandt, Pompidou and the dream of political unity, London/New York 2009.

Daniel Möckli, Neutralität, Solidarität, Sonderfall. Die Konzeptionierung der schweizerischen Außenpolitik der Nachkriegszeit 1943-1947, Zürich 2000 (Zürcher Beitrage zur Sicherheitspolitik und Konfliktforschung 55).

Frédéric Muller, Modèles de prise de décision d'un État dans une négociation multilaterale: la Suisse face à la proposition soviétique de réunion à haut niveau sur l'énergie, in: Relations Internationales 40 (1984), S. 495-504.

Fritz Münch, Zur schweizerischen Initiative für die friedliche Beilegung von Streitigkeiten in Helsinki und Montreux 1973 und 1978, in: Emanuel Diez/Jean Monnier/Jörg P. Müller (Hgg.), Festschrift für Rudolf Bindschedler zum 65. Geburtstag, Bern 1980, S. 385-405.

Daniel A. Neval, „Mit Atombomben bis nach Moskau". Gegenseitige Wahrnehmung der Schweiz und des Ostblocks im Kalten Krieg 1945-1968, Zürich 2003.

Miroslav Novak, Les Groupes Helsinki et le processus d'Helsinki: entre la naissance et la mort du Groupe Helsinki de Moscou, in: Elisabeth du Réau/Christine Manigand (Hgg.), Vers la réunification de l'Europe. Apports et limites du processus d'Helsinki de 1975 à nos jours, Paris 2005, S. 179-204.

Christian Nuenlist, Expanding the East-West dialog beyond the bloc division. The Neutrals as negotiators and mediators 1969-1975, in: Ders./Andreas Wenger/Vojtech Mastny (Hgg.), Origins of the European Security System. The Helsinki Process Revisted 1965-75, London/New York 2008, S. 201-221.

Leopoldo Nuti, The origins of the 1979 dual track decision – a survey, in: Ders. (Hg.), The Crisis of Détente in Europe. From Helsinki to Gorbachev 1975-1985, London/New York 2009, S. 57-71.

Leopoldo Nuti (Hg.), The Crisis of Détente in Europe. From Helsinki to Gorbachev 1975-1985, London/New York 2009.

Karin Oellers-Frahm, The Arbitration Procedure established by the Convention on Conciliation and Arbitration within the OSCE, in: Lucius Caflisch, The Peaceful Settlement of disputes between States. Universal and European Perspectives, Den Haag/London/Boston 1998, S. 79-92.

Spencer Oliver, Edouard Brunner at the Follow-up Meetings of the CSCE (Belgrade 1977/78, Montreux 1978, Madrid 1980-1983), in: Andreas Wenger/Victor Mauer (Hgg.), Edouard Brunner ou la diplomatie du possible. Actes du colloque en son souvenir (Genève, 24 juin 2008), Zürich 2010, S. 59-63.

Torsten Oppelland, Gerhard Schröder (1910-1989). Politik zwischen Staat, Partei und Konfession, Düsseldorf 2002.

Jurii Pankov, Definition and Dimensions of Détente. A Soviet Viewpoint, in: Daniel Frei (Hg.), Definitions and Measurement od Détente. East and west Perspectives, Cambridge 1981, S. 57-61.

Marc Perrenoud, Politique économique et relations extérieures, in: Traverse 17 (1/2010), S. 171-183 (Themenheft Wirtschaftsgeschichte in der Schweiz).

Marc Perrenoud, La Suisse et les Accords d'Evian. La Politique de la Confédération à la fin de la guerre d'Algerie, in: Politorbis 31 (2002), S. 8-39.

Marc Perrenoud, Rudolf Bindschedler, in: Historisches Lexikon der Schweiz Bd. 2, S. 436.

Georges Perrin, Les relations avec l'URSS et la République populaire de Chine, in: Louis-Edouard Roulet, Max Petitpierre. Seize ans de neutralité active. Aspects de la politique étrangère de la Suisse (1945-1961), Neuchâtel 1980, S. 121-128.

Alfred Pfeil, Der Völkerbund. Literaturbericht und kritische Darstellung seiner Geschichte, Darmstadt 1976.

Friedbert Pflüger, Die Menschenrechtspolitik der USA. Amerikanische Außenpolitik zwischen Idealismus und Realismus 1972-1982, München 1983.

François Pictet, Edouard Brunner et la mutation du Département. Souvenirs d'un ancien, in: Andreas Wenger/Victor Mauer (Hgg.), Edouard Brunner ou la diplomatie du possible. Actes du colloque en son souvenir (Genève, 24 juin 2008), Zürich 2010, S. 169-173.

Ronald E. Powaski, The Cold War. The United States and the Soviet Union 1917-1991, Oxford 1998.

Raymond Probst, Bewährung in unsicherer Welt. Die Rolle des Kleinstaats auf der internationalen Bühne, in: Schweizer Monatshefte 62 (1982), S. 221-232.

Raymond Probst, Die Aussenpolitik der Schweiz als Teil der Sicherheitspolitik, in Curt Gasteyger (Hg.), Die Herausforderung der Zukunft. Zur Sicherheit der Schweiz, Zürich 1984, S. 59-74.

Yordanov Radoslav, Addis Abeba 1977: Brüderliche Militärhilfe und globale militärische Strategie. Die sowjetische Verwicklung in den Konflikt zwischen Äthiopien und Somalia, in: Andreas Hilger (Hg.), Die Sowjetunion und die Dritte Welt. UdSSR, Staatssozialismus und Antikolonialismus im Kalten Krieg 1945-1991, München 2009, S. 239-258.

Thomas Raithel/Thomas Schlemmer (Hgg.), Die Rückkehr der Arbeitslosigkeit. Die Bundesrepublik Deutschland im europäischen Kontext, München 2009.

Urs Rauber (Hg.), Der Fall Jeanmaire. Memoiren eines „Landesverräters". Der Ex-Brigadier im Fadenkreuz von Politik und Geheimdiensten, Vorwort, Zürich 1991.

Elisabeth du Réau/Christine Manigand (Hgg.), Vers la réunification de l'Europe. Apports et limites du processus d'Helsinki de 1975 à nos jours, Paris 2005.

Markku Reimaa, Helsinki Catch. European Security Accords 1975, Helsinki 2008.

Heinrich B. Reimann, Der Beitrag des KSZE-Prozesses zum besseren Schutze der Menschenrechte, in: Yvo Hangartner/Stefan Trechsel, Völkerrecht im Dienste des Menschen. Festschrift für Hans Haug, Bern/Stuttgart 1986, S. 217-224.

Volker Reinhardt, Geschichte der Schweiz, 2. Auflage, München 2007.

Hans-Jörg Renk, Der Weg der Schweiz nach Helsinki. Der Beitrag der schweizerischen Diplomatie zum Zustandekommen der Konferenz über Sicherheit und Zusammenarbeit in Europa (KSZE) 1972-1975, Bern 1996.

Hans-Jörg Renk, Zwischenbilanz der KSZE 1977 aus politischer Sicht, in: Schweizerischer Aufklärungsdienst (Hg.), Die Schweiz und die KSZE, Zürich 1977, S. 28-32.

Hans-Jörg Renk, Bismarcks Konflikt mit der Schweiz. Der Wohlgemuth-Handel von 1889. Vorgeschichte, Hintergründe und Folgen, Basel 1972.

Kimmo Rentola, Der Vorschlag einer europäischen Sicherheitskonferenz und die stille Krise zwischen Finnland und der Sowjetunion 1968-1971, in: Dominik Geppert/Udo Wengst (Hgg.), Neutralität – Chance oder Chimäre? Konzepte des Dritten Weges für Deutschland und die Welt 1945-1990, München 2005, S. 177-202.

Leo P. Ribuffo, Is Poland a Soviet Satellite? Gerald Ford, the Sonnenfeldt Doctrine, and the Election of 1976, in: Diplomatic History 14 (1990), S. 385-403.

Alois Riklin, Neutralität am Ende? 500 Jahre Neutralität der Schweiz, in: Zeitschrift für Schweizerisches Recht 125 (2006), S. 583-598.

Alois Riklin/Hans Haug/Raymond Probst (Hgg.), Neues Handbuch der schweizerischen Außenpolitik, Bern 1992.

Alois Riklin, Die Neutralität der Schweiz, in: Ders./Hans Haug/Raymond Probst (Hgg.), Neues Handbuch der schweizerischen Außenpolitik, Bern 1992, S. 191-209.

Alois Riklin/Hans Haug/Hans Christoph Binswanger (Hgg.), Handbuch der schweizerischen Aussenpolitik, Bern 1975.

Angelo Romano, The Main Task of the European Political Cooperation. Fostering Détente in Europe, in: Poul Villaume/Odd Arne Westad (Hgg.), Perforating the Iron Curtain. European Détente, Transatlantic Relations, and the Cold War 1965-1985, Kopenhagen 2010, S. 123-141.

Angelo Romano, From détente in Europe to european détente. How the West shaped the Helsinki CSCE, Brüssel 2009.

Angelo Romano, The European Community and the Belgrade CSCE, in: Vladimir Bilandzic/Milan Kosanovic (Hgg.), From Helsinki to Belgrade – The First CSCE Follow-Up Meeting in Belgrade 1977/78, Belgrad 2008, S. 257-277.

Jean Christophe Romer, L'URSS et le processus d'Helsinki de Brejnev à Gorbatchev, in: Elisabeth du Réau/Christine Manigand (Hgg.), Vers la réunification de l'Europe. Apports et limites du processus d'Helsinki de 1975 à nos jours, Paris 2005, S. 113-121, S. 115f.

Philip Rosin, Annäherung im Zeichen von multilateraler Entspannungsdiplomatie und Menschenrechtspolitik. Der KSZE-Prozess und die Entwicklung der schweizerisch-amerikanischen Beziehungen von Helsinki bis Madrid, 1972-1983, in: Traverse 16 (2/2009), S. 85-98 (Themenheft Schweiz-USA im kalten Krieg).

Carla Meneguzzi Rostagni (Hg.), The Helsinki Process. A Historical Reappraisal, Padua 2005.

Margit Roth, Die zweite KSZE-Nachfolgekonferenz in Madrid. Ein Dokument west-östlicher Uneinigkeit, in: APUZ 46/83 (1983), S. 17-33.

Louis-Edouard Roulet (Hg.), Max Petitpierre. Seize ans de neutralité active, Neuchâtel 1980.

Christoph Royen, Polen – wohin? Bedingungen und Grenzen der politischen Erneuerung, in: Hermann Volle/Wolfgang Wagner (Hgg.), Krise in Polen. Vom Sommer 80 bis Winter 81. Beiträge und Dokumente aus dem Europa-Archiv, Bonn 1982, S. 49-60.

Christoph Royen, Der „polnische Sommer" 1980. Zwischenbilanz und Ausblick, in: Hermann Volle/Wolfgang Wagner (Hgg.), Krise in Polen. Vom Sommer 80 bis Winter 81. Beiträge und Dokumente aus dem Europa-Archiv, Bonn 1982, S. 17-28.

Andreas Rödder. Deutschland einig Vaterland. Die Geschichte der Wiedervereinigung, München 2009.

Andreas Rödder, Die Bundesrepublik Deutschland 1969-1990, München 2004 (OGG 19A).

Javier Rupérez, Europa entre el miedo y la esperanza, Madrid 1976.

Michael Salewski, Geschichte Europas. Staaten und Nationen von der Antike bis zur Gegenwart, München 2000.

Svetlana Savranskaya, Human rights movement in the USSR after the signing of the Helsinki Final Act, and the reaction of Soviet authorities, in: Leopoldo Nuti, The Crisis of Détente in Europe. From Helsinki to Gorbachev 1975-1985, London/New York 2009, S. 26-40.

Svetlana Savranskaya, Unintended Consequences. Soviet Interests, Expectations and Reactions to the Helsinki Final Act, in: Oliver Bange/Gottfried Niedhart (Hgg.), Helsinki 1975 and the Transformation of Europe, New York/Oxford 2008, S. 175-190.

Svetlana Savranskaya, USSR and CSCE. From Inviolable Borders to Inalienable Rights, in: Vladimir Bilandzic/Milan Kosanovic (Hgg.), From Helsinki to Belgrade – The First CSCE Follow-Up Meeting in Belgrade 1977/78, Belgrad 2008, S. 231-255.

André Schaller, Schweizer Neutralität im Ost-West-Handel. Das Hotz-Linder-Agreement vom 23. Juli 1951, Bern 1987.

Catherine Schiemann, Neutralität in Krieg und Frieden. Die Außenpolitik der Vereinigten Staaten gegenüber der Schweiz 1941-1949, Chur 1991.

Jakob Schissler, US-Menschenrechtspolitik und KSZE. Innen- und außenpolitischer Entscheidungsprozeß vor der Belgrader Nachfolgekonferenz, in: Politische Vierteljahresschrift 21 (1980), S. 363-381.

Arthur M. Schlesinger, The imperial presidency, Boston 1973.

Peter Schlotter, Die KSZE im Ost-West-Konflikt. Wirkung einer internationalen Institution, Frankfurt/Main 1999.

Andrea Schmidt-Rösler, Polen. Vom Mittelalter bis zur Gegenwart, München 1996.

Erwin A. Schmidl, L'Autriche et le processus d'Helsinki, in: Elisabeth du Réau/Christine Manigand (Hgg.), Vers la réunification de l'Europe. Apports et limites du processus d'Helsinki de 1975 à nos jours, Paris 2005, S. 89-96.

David F. Schmitz/Vanessa Walker, Jimmy Carter and the Foreign Policy of Human Rights. The Development of a Post-Cold War Foreign Policy, in: Diplomatic History 28 (2004), S. 113-143.

Patricia Schneider/Tim J. Aristide Müller-Wolf, Der Vergleichs- und Schiedsgerichtshof innerhalb der OSZE. Entstehung, Stand, Perspektiven, Hamburg 2007 (Hamburger Beiträge zur Friedensforschung und Sicherheitspolitik 145).

Jürg Schoch, Fall Jeanmaire, Fall Schweiz. Wie Politik und Medien einen „Jahrhundertverräter" fabrizierten, Baden 2006.

Joachim Scholtyseck, The United States, Europe, and the NATO Dual-Track Decision, in: Matthias Schulz/Thomas A. Schwartz (Hgg.), The Strained Alliance. US-European Relations from Nixon to Carter, Cambridge/Mass. 2010, S. 333-352.

Joachim Scholtyseck, Die Außenpolitik der DDR, München 2003 (EdG 69).

Klaus Schwabe, Weltmacht und Weltordnung. Amerikanische Außenpolitik von 1898 bis zur Gegenwart, Zürich 2006.

Marius Schwarb, Die Mission der Schweiz in Korea. Ein Beitrag zur Geschichte der schweizerischen Außenpolitik im kalten Krieg, Bern 1986.

Hans-Peter Schwarz, Zwischenbilanz der KSZE, Stuttgart 1977.

Gebhard Schweigler, Jimmy Carter (1977-1981). Der Außenseiter als Präsident, in: Jürgen Heideking (Hg.), Die amerikanischen Präsidenten. 42 historische Portraits von George Washington bis George W. Bush, 3. Auflage, München 2002, S. 387-394.

Gebhard Schweigler, Von Kissinger zu Carter. Entspannung im Widerstreit von Innen- und Außenpolitik 1969-1981, München 1982.

Paul Schweizer, Geschichte der schweizerischen Neutralität, Frauenfeld 1895.

Schweizerische Gesellschaft für Aussenpolitik (Hg.), Möglichkeiten und Grenzen der schweizerischen Aussenpolitik, Bern u. a. 1985.

Schweizerischer Friedensrat (Hg.), Menschenrechtsvorbild Schweiz? Zum „humanitären" KSZE-Engagement der Schweiz, Zürich 1986.

Douglas Selvage, The politics of the lesser evil. The West, the Polish crisis, and the CSCE review conference in Madrid 1981-1983, in: Leopoldo Nuti (Hg.), The Crisis of Détente in Europe. From Helsinki to Gorbachev 1975-1985, London/New York 2009, S. 41-54.

Hans Senn, Gustav Däniker, in: Historisches Lexikon der Schweiz, Bd. 3, S. 578.

Albert W. Sherer, Helsinki's Child. Goldberg's Variation, in: Foreign Policy Summer 1980, S. 154-159.

Carroll Sherer, Breakdown at Belgrade, in: The Washington Quarterly 37/1978, S. 79-85.

Jens Siegelberg, Staat und internationales System. Ein strukturgeschichtlicher Überblick, in: Ders./Klaus Schlichte (Hgg.), Strukturwandel internationaler Beziehungen. Zum Verhältnis von Staat und internationalem System seit dem Westfälischen Frieden, Wiesbaden 2000, S. 11-56.

Danielle Siberschmidt, Die Schweiz und die Menschenrechte. Ihre Haltung an der Konferenz über Sicherheit und Zusammenarbeit in Europa (KSZE) 1972-1975. Lizentiatsarbeit. Zürich 2004 (unveröffentlicht).

Bruno Simma/Edda Blenk-Knocke (Hgg.), Zwischen Intervention und Zusammenarbeit. Interdisziplinäre Arbeitsergebnisse zu Grundfragen der KSZE, Berlin 1979.

Bruno Simma/Dieter Schenk, Der schweizerische Entwurf eines Verfahrens über ein System zur friedlichen Streiterledigung, in: Ders./Edda Blenk-Knocke (Hgg.), Zwischen Intervention und Zusammenarbeit. Interdisziplinäre Arbeitsergebnisse zu Grundfragen der KSZE, Berlin 1979, S. 363-400.

Jan Sizoo/Rudolf Jurrjens, CSCE Decision-Making: the Madrid Experience, Den Haag 1984.

Damir Skenderovic, The Radical Right in Switzerland. Continuity and Change 1945-2000, New York 2009.

Damir Skenderovic/Gianni D'Amato, Mit dem Fremden politisieren. Rechtspopulistische Parteien und Migrationspolitik in der Schweiz seit den 1960er Jahren, Zürich 2008.

Sarah B. Snyder, Human Rights Activism and the End of the Cold War. A Transnational History of the Helsinki Network, New York 2011.

Sarah B. Snyder, The Rise of the Helsinki Network. „A Sort of Lifeline" for Eastern Europe, in: Poul Villaume/Odd Arne Westad (Hgg.), Perforating the Iron Curtain. European Détente, Transatlantic Relations, and the Cold War 1965-1985, Kopenhagen 2010, S. 179-193.

Sarah B. Snyder, Follow-up at Belgrade. How human rights activists shaped the Helsinki Process, in: Vladimir Bilandzic/Milan Kosanovic (Hgg.), From Helsinki to Belgrade – The First CSCE Follow-Up Meeting in Belgrad 1977/78, Belgrade 2008, S. 189-206.

Ansgar Sonntag, Die Konferenz über Sicherheit und Zusammenarbeit in Europa – Versuch einer Gesamtdarstellung, Diss. München 1994.

Georges-Henri Soutou, La place d'Helsinki dans l'évolution de la guerre froide, in: Elisabeth du Réau/Christine Manigand (Hgg.), Vers la réunification de l'Europe. Apports et limites du processus d'Helsinki de 1975 à nos jours, Paris 2005, S. 223-230.

Georges-Henri Soutou, La guerre de cinquante ans. Les relations Est-Ouest 1943-1990, Paris 2001.

George-Henri Soutou, Was there a European Order in the Twentieth Century? From the Concert of Europe to the End of the Cold War, in: Contemporary European History 9 (2000), S. 329-353.

Georges-Henri Soutou, Conclusion, in: Ders./Jean Bérenger (Hgg.), L'ordre européen du XVIè au XXè siècle, Paris 1998.

Walter Spahni, Der Ausbruch der Schweiz aus der Isolation. Untersucht anhand ihrer Außenhandelspolitik 1944-1947, Frauenfeld 1977.

Jürg Späni-Schleidt, Die Interpretation der dauernden Neutralität durch das schweizerische und das österreichische Parlament, 2. Auflage, Bern/Stuttgart 1985.

Kristina Spohr Readman, National Interests and the Power of „Language". West German Diplomacy and the Conference on Security and Cooperation in Europe 1972-1975, in: The Journal of Strategic Studies 29 (2006), S. 1077-1120.

Kurt R. Spillmann/Andreas Wenger/Christoph Breitenmoser u. a. (Hgg.), Schweizer Sicherheitspolitik seit 1945, Zürich 2001.

Berndt von Staden, Der Helsinki-Prozeß, München 1990.

Konrad Stamm, Eine sorgfältige Außenpolitik ohne „Glamour". Staatssekretär Weitnauer, als Chef der Politischen Direktion der zweite Mann im EDA, in: Der Bund (Bern), 27. 10. 1979 (Reihe „Porträts zur Außenpolitik").

Pierre-André Stauffer, Pierre Aubert, in: Urs Altermatt (Hg.), Die Schweizer Bundesräte. Ein biographisches Lexikon, 2. Auflage, Zürich 1992, S. 569-574.

David L. Stebenne, Athur J. Goldberg. New Deal Liberal, Oxford 1996.

Therese Steffen Gerber, Das Kreuz mit Hammer, Zirkel, Ährenkranz. Die Beziehungen zwischen der Schweiz und der DDR in den Jahren 1949-1972, Berlin 2002.

Therese Steffen, Die Aufnahme und Entwicklung von diplomatischen Beziehungen zur UdSSR aus schweizerischer Sicht, in: Schweizerisches Bundesarchiv (Hg.), Integration oder Isolation? Die bilateralen Beziehungen zwischen der Schweiz und den Staaten Mittel- und Osteuropas seit dem Zweiten Weltkrieg, Bern 1996, S. 23-28.

Bernd Stöver, Der Kalte Krieg. 1947-1991. Geschichte eines radikalen Zeitalters, Bonn 2007.

Andreas Suter, Neutralität. Prinzip, Praxis und Geschichtsbewußtsein, in: Manfred Hettling/Mario König/Jakob Tanner u. a. (Hgg.), Eine kleine Geschichte der Schweiz. Der Bundesstaat und seine Traditionen, Frankfurt/Main 1998, S. 133-188.

Jeremi Suri, Henry Kissinger and American Grand Strategy, in: Fredrik Logevall/Andrew Preston (Hgg.), Nixon in the World. American Foreign Relations 1969-1977, Oxford 2008, S. 67-84.

Jeremi Suri, Détente and human rights. American and West European perspectives on international change, in: Cold War History 8 (2008) S. 527-545.

Jeremi Suri, Power and Protest. Global Revolution and the Rise of Detente, Cambridge/Mass. 2003.

Jakob Tanner, Grundlinien der schweizerischen Außenpolitik seit 1945, Bern 1993.

Jakob Tanner, Die Schweiz und Europa im 20. Jahrhundert. Wirtschaftliche Integration ohne politische Partizipation, in: Paul Bairoch/Martin Körner (Hgg.), Die Schweiz in der Weltwirtschaft (15.-20. Jahrhundert), Zürich 1990, S. 409-428.

Ernesto A. Thalmann, Raymond Probst – ein Lebenslauf, in: Edouard Brunner/Franz E. Muheim/Paul Widmer u. a. (Hgg.), Einblick in die schweizerische Aussenpolitik. Festschrift für Staatssekretär Raymond Probst, Zürich 1984, S. 17-53.

Daniel Thomas, The Helsinki Effect. International Norms, Human Rights, and the Demise of Communism, Princeton 2001.

Daniel Trachsler, Max Petitpierre. Schweizerische Aussenpolitik im Kalten Krieg 1945-1961, Zürich 2011.

Daniel Trachsler, Partizipation oder Alleingang? Die UNO-Beitrittsfrage aus der Sicht Max Petitpierres (1945-1961), in: Politorbis 44 (2008), S. 13-20.

Daniel Trachsler, Neutral zwischen Ost und West? Infragestellung und Konsolidierung der schweizerischen Neutralitätspolitik durch den Beginn des Kalten Krieges 1947-1952, Zürich 2002 (Zürcher Beiträge zur Sicherheitspolitik und Konfliktforschung 63).

Marc Trachtenberg, A constructed Peace. The Making of the European Settlement 1945-1963, Princeton 1999.

Unabhängige Expertenkommission Schweiz – Zweiter Weltkrieg (Hg.), Die Schweiz, der Nationalsozialismus und der Zweite Weltkrieg, Zürich 2002.

Maurice Vaïsse, La grandeur. Politique étrangère du général de Gaulle 1958-1969, Paris 1998.

Patrick G. Vaughan, Zbigniew Brzezinski and the Helsinki Final Act, in: Leopoldo Nuti (Hg.), The Crisis of Détente in Europe. From Helsinki to Gorbachev 1975-1985, London/New York 2009, S. 11-25.

Peter Veleff, Angriffsziel Schweiz? Das operativ-strategische Denken im Warschauer Vertrag mit Auswirkungen auf die neutralen Staaten Schweiz und Österreich, Zürich 2007.

Poul Villaume/Odd Arne Westad (Hgg.), Perforating the Iron Curtain. European Détente, Transatlantic Relations, and the Cold War 1965-1985, Kopenhagen 2010.

Hermann Volle/Wolfgang Wagner (Hgg.), Das Madrider KSZE-Folgetreffen. In Beiträgen und Dokumenten aus dem Europa-Archiv, Bonn 1984.

Hermann Volle/Wolfgang Wagner (Hgg.), Krise in Polen. Vom Sommer 80 bis Winter 81. Beiträge und Dokumente aus dem Europa-Archiv, Bonn 1982.

Hermann Volle/Wolfgang Wagner (Hgg.), Das Belgrader KSZE-Folgetreffen. Der Fortgang des Entspannungsprozesses in Europa. Beiträge und Dokumente aus dem Europa-Archiv, Bonn 1978.

Hermann Volle/Wolfgang Wagner (Hgg.), KSZE. Konferenz über Sicherheit und Zusammenarbeit in Europa. Beiträge und Dokumente aus dem Europa-Archiv, Bonn 1976.

Breck Walker, „Neither shy nor demagogic". The Carter administration goes to Belgrade, in: Vladimir Bilandzic/Milan Kosanovic (Hgg.), From Helsinki to Belgrade – The First CSCE Follow-up Meeting in Belgrad 1977/78, Belgrade 2008, S. 207-230.

Hervé de Weck, Jeanmaire, Jean-Louis, in: Historisches Lexikon der Schweiz, Bd. 6, S. 766f.

Albert Weitnauer, Plädoyer für eine originellere Aussenpolitik, in: Schweizerische Gesellschaft für Aussenpolitik (Hg.), Möglichkeiten und Grenzen der schweizerischen Aussenpolitik, Bern u. a. 1985, S. 64-69.

Albert Weitnauer, Außenpolitik und öffentliche Meinung, in: Urs Altermatt/Judit Garamvölgyi (Hgg.), Innen- und Außenpolitik. Primat oder Interdependenz? Festschrift zum 60. Geburtstag von Walther Hofer, Bern/Stuttgart 1980, S. 547-551.

Albert Weitnauer, Die heutige Außenpolitik der Schweiz, in: AP 28 (1977), S. 123-134.

Andreas Wenger/Victor Mauer (Hgg.), Edouard Brunner ou la diplomatie du possible. Actes du colloque en son souvenir (Genève, 24 juin 2008), Zürich 2010.

Andreas Wenger/Vojtech Mastny/Christian Nuenlist (Hgg.), Origins of the European Security System. The Helsinki process revisted 1965-1975, London/New York 2008.

Andreas Wenger/Wojtech Mastny, New perspectives on the origins of the CSCE, in: Dies. (Hgg.), Origins of the European Security System. The Helsinki process revisted 1965-1975, London/New York 2008.

Hermann Wentker, Außenpolitik in engen Grenzen. Die DDR im internationalen System 1949-1989, München 2007.

Hermann Wentker, Pursuing specific interests within the Warsaw Pact. The German Democratic Republic and the CSCE-Process, in Carla Meneguzzi Rostagni (Hg.), The Helsinki Process. A Historical Reappraisal, Padua 2005, S. 45-61.

Odd Arne Westad, The Global Cold War. Third World Interventions and the Making of Our Times, Cambridge 2005.

Odd Arne Westad, The Fall of Détente and the Turning Tides of History, in Ders. (Hg.), The Fall of Détente. Soviet-American Relations during the Carter Years, Oslo 1997, S. 3-33.

Gerhard Wettig, Sowjetische Euroraketenrüstung und Auseinandersetzung mit den Reaktionen des Westens, in: Philipp Gassert/Tim Geiger/Hermann Wentker (Hgg.), Zweiter Kalter Krieg und Friedensbewegung. Der NATO-Doppelbeschluss in deutsch-deutscher und internationaler Perspektive, München 2011, S. 49-64.

Gerhard Wettig, Die Sowjetunion in der Auseinandersetzung über den NATO-Doppelbeschluß 1979-1983, in: VfZ 57 (2009), S. 217-259.

Gerhard Wettig, Information, in: Jost Delbrück/Norbert Ropers/Gerda Zellentin (Hgg.), Grünbuch zu den Folgewirkungen der KSZE, Köln 1977, S. 393-410.

Paul Widmer, Die Schweiz als Sonderfall. Grundlagen – Geschichte – Gestaltung, Zürich 2007.

Paul Widmer, Schweizer Außenpolitik und Diplomatie. Von Charles Pictet de Rochemont bis Edouard Brunner, Zürich 2003.

Klaus Wiegrefe, Das Zerwürfnis. Helmut Schmidt, Jimmy Carter und die Krise der deutsch-amerikanischen Beziehungen, Berlin 2005.

Luzius Wildhaber, Kompetenzen und Funktionen der Bundeszentralverwaltung und des diplomatischen Dienstes im Ausland, in: Alois Riklin/Hans Haug/Hans Christoph Binswanger (Hgg.), Handbuch der schweizerischen Aussenpolitik, Bern 1975, S. 275-284.

Hans-Heinrich Wrede, KSZE in Wien, Kursbestimmung für Europas Zukunft, Köln 1990.

Paul Wuthe, Für Menschenrechte und Religionsfreiheit in Europa. Die Politik des Heiligen Stuhls in der KSZE/OSZE, Stuttgart 2002.

Rudolf Wyder, Die Schweiz und der Europarat 1949-1971, Bern/Stuttgart 1984 (Schriftenreihe der Schweizerischen Gesellschaft für Außenpolitik 10).

Sacha Zala, Publications sur les relations de la Suisse parues depuis la fin de la Guerre froide, in: Relations Internationales 113/2003, S. 115-133.

Martin Zbinden, Der Assoziationsversuch der Schweiz mit der EWG 1961-1963. Ein Lehrstück schweizerischer Europapolitik, Bern u. a. 2006.

Martin Zbinden, Die schweizerische Integrationspolitik von der Gründung der OEEC 1948 bis zum Freihandelsabkommen 1972, in: Michael Gehler/Rolf Steininger (Hgg.), Die Neutralen und die europäische Integration 1945-1995, Wien u. a. 2000, S. 389-420.

Alfred Zehnder, Die außenpolitische Lage der Schweiz am Ende des Zweiten Weltkrieges, in: Louis-Edouard Roulet (Hg.), Max Petitpierre. Seize ans de neutralité active. Aspects de la politique étrangère de la Suisse (1945-1961), Neuchâtel 1980, S. 13-32.

Gerda Zellentin, Zur Rolle der Konferenzdiplomatie in den Ost-West-Beziehungen, in: Dies./Jost Delbrück/Norbert Ropers (Hgg.), Grünbuch zu den Folgewirkungen der KSZE, Köln 1977, S. 13-26.

Michael Zielinski, Die neutralen und blockfreien Staaten und ihre Rolle im KSZE-Prozeß, Baden-Baden 1990.

Michael Zielinski, Vertrauen und Vertrauensbildende Maßnahmen. Ein sicherheitspolitisches Instrument und seine Anwendung in Europa, Frankfurt/New York 1989.

Vladislav Zubok, The Soviet Union and détente of the 1970s, in: Cold War History 8 (2008), S. 427-447.

Vladislav Zubok, A Failed Empire. The Soviet Union in the Cold War from Stalin to Gorbachev, Chapel Hill 2007.

Vladislav Zubok, Why did the Cold War End in 1989? Explanations of ‚The Turn‘, in: Odd Arne Westad (Hg.), Reviewing the Cold War. Approaches, Interpretations, Theory, London u. a. 2001, S. 343-367.

Personenregister

www.ingramcontent.com/pod-product-compliance
Lightning Source LLC
Chambersburg PA
CBHW031940090426
42811CB00002B/251